한국역학사 연구담론

한국역학사 연구담론

초판 1쇄 인쇄 2026년 1월 15일
초판 1쇄 발행 2026년 1월 20일

지은이 / 한국주역학회 편
인 쇄 / 북토리
디자인 / 세림, 수진

펴낸곳 / 도서출판 **동과서**
경기 고양시 일산서구 송파로 151번길 24
등록번호 / 제22-405호
D.K.S. Publishing Co.
24, Songpa-ro 151 beon-gil, Ilsanseo-gu,
Goyang-si, Gyeonggi-do, Korea

전화 / (02)333-7533
팩스 / (02)6280-2353

값 45,000원

ISBN 978-89-6525-173-6 (93150)

잘못된 책은 교환해 드립니다.

한국역학사 연구담론

한국주역학회 편

간행사

『주역』은 철학, 역사, 문화, 예술, 과학 등 전분야에 걸쳐 동아시아 문명의 근간을 이루는 사유 체계로, 이를 연구해 온 역학(易學)의 역사는 그대로 동아시아 사유의 역사라고 해도 과언이 아니다. 동아시아 학술의 집약이라고 할 수 있는 『사고전서총목제요(四庫全書總目提要)』에 실린 "『역』의 도는 광대하여 포괄하지 않는 것이 없다. 널리 천문, 지리, 음악, 병법, 음운, 산술의 분야에도 미치고 도가의 연단술과 같은 것까지도 역을 원용(援用)하여 자기 학설의 이론적 뒷받침으로 삼고 있다"라는 말이 이를 잘 알려준다. 그럼에도 한국의 역학사상사는 오랫동안 중국 역학의 영향사 혹은 조선 성리학사의 부차적 영역으로 다루어져 왔으며, 체계적인 사상사로서의 정립을 이루었다고 할 수 없다. 이런 상황 속에서 최근에는 해외에서도 한국역학에 대한 관심이 높아지면서 한국역학에 대한 연구성과가 속속 나오고 있다. 자칫하면 한국역학사가 중국에서 먼저 간행되어 전세계 연구자들이 중국의 성과를 기초로 한국역학을 연구할 가능성까지 대두되고 있는 실정이다.

한국주역학회는 오래전부터 이러한 문제의식을 바탕으로 때로는 학술대회의 장에서 때로는 학회모임의 자리에서 '한국역학사'의 집필을 놓고 여러 각도에서 진지하게 논의를 해왔다. 이 논의는 헛되지 않아서 지난 2023년부터 '한국역학사를 어떻게 쓸 것인가'를 아젠다로 하는 4차례 연속 학술대회로 이어졌다. 그 학술대회의 결과물을 결집한 것이 바로 이 책, 『한국역학사 연구담론』이다. 이 책 각 부의 주제들, "1부. 중국 · 대만 · 일본의 역학사 연구현황", "2부. 한국역학사의 틀", "3부. 조선 이전의 역학사 담론", "4부. 조선시대 역학사 담론"은 각 학술대회 대주제들이었다.

이 책은 '한국역학사' 출간이라는 문제의식에서 출발하여 학술대회를 통해 발표된 연구들을 집결한 것으로, '한국역학사'라는 연구 영역을 어떻게 설정하고 서술할 것인가라는 근본적인 질문에 답하고자 한다. 단순한 인물 열거식의 개설이나 중국 역학의 수용 양상을 정리하는 데 그치지 않고, 한국 사회의 역사적 조건 속에서 역학이 어떻게 움직여갔는지를 통론적으로 해명하는 것을 목표로 한다.

제1부에서는 중국 · 대만 · 일본에서 이루어진 역학사 연구의 현황을 검토한다. 이를 통해 동아시아 각 지역이 역학을 어떠한 학문적 범주로 인식하고, 어떤 방법론으로 사상사를 구성해 왔는지를 비교 · 분석하고자 하였다. 이는 한국역학사를 독자적으로 정립하기 위한 비교사적 전제이자 방법론적 토대가 될 것이다.

제2부에서는 본격적으로 한국역학사의 틀을 어떻게 구성할 것인가를 논의한다. 엄연석의 『조선전기역철학사』와 『한국경학자료집성-역경』의 분석, 조선의 학파별 역학이론에 대한 탐구, 그리고 한국역학사상의 주제별 분류 등이 주 내용을 이룬다. 한국역학사에 대한 통론에 해당한다고 하겠다.

제3부와 제4부는 이러한 문제의식을 바탕으로 시기별 역학사의 서술 가능성을 탐색한다. 제3부에서는 고대부터 고려시대를 포괄하는 조선 이전 시기를 대상으로, 『주역』의 동점(東漸)과 수용의 역사를 개

괄하고, 삼국과 통일신라기의 역학에 대해 살펴보며, 『삼국사기』, 『삼국유사』, 『고려사』에 보이는 역학에 대해 고찰한다. 이후 조선 역학의 포문을 여는 권근(權近, 1352~1409) 역학의 성격을 살펴보는 것으로 마무리한다.

제4부에서는 조선시대를 전기, 중기, 후기로 나누고, 19세기부터 현대에 이르는 시기까지 포괄하여, 각 시대별 역학사 서술의 방향성을 살펴본다.

이 책은 한국역학사의 프롤로그에 해당하는 저술이며, 그 사상사를 어떻게 써야 하는가에 대한 하나의 시도이자 제안이다. 그러나 다른 한편으로는 하나의 완결된 저작이기도 하다. 역학이라는 주제를 놓고 한국역학의 입장에서 과감한 접근을 시도하였으며, 이 성과물들은 역학을 연구하고 논하는 이들에게 좋은 길잡이가 되리라고 생각한다. 특히 이 책 각 파트의 저자들은 오늘날 한국에서 『주역』 연구를 대표하는 연구자들로 그들의 연구를 하나의 체계에서 엮어냈다는 것 또한 이 책이 지닌 장점이라고 자부한다.

『주역』 건괘(乾卦) 문언전(文言傳)에 "같은 소리는 서로 호응하고, 같은 기운은 서로 구한다(同聲相應, 同氣相求)"라고 한다. 이 책의 여러 연구는 같은 목적으로 같은 소리를 낸 것이다. 그 소리가 많은 이들을 통해 커다란 메아리로 돌아오기를 바란다. 이 책이 한국역학 연구의 지평을 확장하고, 동아시아 사상사 연구 속에서 한국역학의 위치를 제고하는 계기가 되기를 기대한다.

2025년 12월

한국주역학회 회장 원용준

| 필진 소개 |

구미숙(具美淑) :

부산대학교 철학과를 졸업하고, 같은 대학 대학원에서 「『주역』의 사유구조에 관한 연구」로 박사학위를 받았다. 부산대학교와 창원대학교에서 강사로 재직 중이다. 현재 『주역』과 칸트의 인식론을 비교하는 연구를 진행하고 있다. 논문으로는 「왕필의 득의망상(得意忘象)에 관한 연구」, 「『주역』의 은유와 상징」, 「칼융의 동시성 이론과 『주역』」 등이 있다.

김동진(金東鎭) :

고려대학교 철학과를 졸업하고 일본 교토대학에서 내지덕(來知德)의 역학사상에 대한 연구로 박사학위를 받았다. 국립경국대학교에서 강사로 재직 중이다. 동아시아의 역학사상을 연구하고 있다. 논문으로 「정약용의 주희 서법 개량과 그 의의」, 「『주역』 「잡괘전」의 착간 논쟁 연구」, 「주희의 점서법에 대한 가이호 교손의 비판과 변용」 등이 있다.

김영우(金永友) :

서울대학교에서 철학박사학위를 취득하고, 현재 인제대학교 자유전공학부 교수로 재직하고 있다. 서세동점의 시기 『주역』, 『상서』 등 다산 정약용이 이룩한 경학 사상에 관심을 두고 있다. 다산 역학을 중심으로 명·청대 역학과의 비교연구를 수행한 바 있다. 한국주역학회 회장을 역임하였다.

방인(方仁) :

서울대학교 인문대학 철학과를 졸업하였다. 한국학중앙연구원 한국학대학원에서 「다산역학사상에 대한 연구」로 석사학위를 취득하였고, 서울대학교 철학과에서 『태현의 유식(唯識)철학 연구』라는 논문으로 박사학위를 취득하였다. 2021

년 이후로는 경북대학교 명예교수로 있다. 저서는 『다산 정약용의 주역사전 기호학으로 읽다』(2014), 『다산 정약용의 역학서언, 주역의 해석사를 다시 쓰다』(2020) 등이 있으며, 역서로는 제자 장정욱과 공역한 『역주 주역사전』(전8권, 2007), 등효정(鄧曉正) · 김보름 · 최정섭 등과 공역한 『17-18세기 프랑스 예수회 신부들의 역경(易經) 이해』 상 · 하(2025) 등이 있다.

박영우(朴榮雨) :

국립대만대학 문학원 철학계에서 문학박사 학위를 취득하였으며, 성균관대학교에서 학술연구교수 겸 유교문화연구소의 책임연구원으로 재직 중이다. 현재 '은(隱)과 현(顯)의 명분론'이라는 중심 키워드를 통해, 『주역』의 '변-상'의 인지구조와 『춘추공양전』의 '행권''의 명분생성 구조에 관한 주제를 엮어서 연구하고 있다. 저서는 『21세기 유교연구를 위한 백가쟁명: 유교의 과거와 현재 그리고 미래』(공저), 『주역과 한국문화: 음과 양의 조화』(공저) 등이 있고, 논문으로 '『주역』 '점'-'상'의 은유투사 메커니즘' 등이 있다.

서근식(徐根植) :

성균관대학교에서 석사 및 박사를 받았으며, 성균관대학교 초빙교수로 재직중이다. 조선시대의 『주역』에 대한 연구를 진행하고 있다. 논문으로는 「화담 서경덕의 『황극경세서(皇極經世書)』 이해」, 「백운 심대윤 역학사상의 양명좌파적 성격과 점서적 특징」, 「초려 오징의 역학사상에 대한 양촌 권근의 수용과 비판 연구」, 「성호학파에서 다산 정약용 『주역사전』 「시괘전(蓍卦傳)」의 성립과정」 등이 있다.

안승우(安承宇) :

성균관대학교 유학대학에서 석사 및 박사학위를 받았으며, 성균관대학교 유학·동양학과 조교수로 재직 중이다. 한국역학 전반에 대한 연구와 주역철학의 현대적 재해석 연구를 진행하고 있다. 논문으로는 「한주학파 심설의 역철학적 전개」, 「주역의 자원순환철학」 등이 있다.

엄연석(嚴連錫) :

서울대학교에서 철학박사학위를 취득하고, 한림대학교 태동고전연구소 교수를 역임하였다. 주역학회 회장을 역임하였으며, 현재 한국인문사회연구소협의회 수석부회장으로 활동하고 있다. 저서는 『서양사상 유입과 유학계의 대응』(2024)(공저), 『조선전기역철학사』(2013)가 있다. 논문은 「유학 경전 속의 '열락'에 대한 심미적 이해와 정치적 교화」(2024), 「역동 우탁의 역학사상과 역학사적 지위」(2024) 등이 있다.

이난숙(李蘭淑) :

강원대학교에서 철학박사학위를 취득하고, 고려대학교 연구교수를 거쳐 강원대학교 연구교수로 재직하고 있다. 한국주역학회와 율곡학회의 부회장을 맡고 있다. 저서로 『율곡의 『순언』: 유학자의 노자 『도덕경』 이해』(공역, 2015), 『주역의 연원과 한중 역학의 지평』(공저, 2019) 등이 있다. 논문은 「『주역』은 이진법이 아니다, 불확실성에 대응하는 퍼지(Fuzzy)이론과 변(變)의 해석법」(2025), 「『주역』에 담긴 한의학의 이치와 맹아 고찰」(2023) 등이 있다.

이선경(李善慶) :

성균관대학교에서 박사학위를 취득하였다. 한국주역학회회장을 역임하였으며, 현재 동국대학교 철학과 대우교수로 재직하고 있다. 한국역학과 한국철학사상 및 문화의 매개적 연구에 관심을 두고 있다. 주요 저서로 『이원구 역학: 18세기 조선 철학으로 답하다』(2018), 『주역과 한국문화』(공저, 2022), 『주역의 눈』(2025) 등이 있고, 주요 논문으로 「주역의 죽음관」, 「한국사상사 연구방법론으로서 易의 가능성 시론」 등이 있다.

정병석(鄭炳碩) :

대만의 중국문화대학에서 철학박사학위를 취득하고(1990), 계명대학교와 영남대학교 철학과의 교수를 역임하였다. 저역서로 『점에서 철학으로』(2014), 『주역』 상 · 하(2011) 등이 있다. 논문은 「주역의 觀 -세계와 인간 자신에 대한 이해의 기점으로서의 觀-」(2003), 「태극 개념 형성의 연원적 배경과 해석」(2006),

「방통과 융합 -주역 해석 공간의 확장과 연속」(2016) 등이 있다.

최영성(崔英成) :

성균관대학교 대학원에서 석사 및 철학박사학위를 받았으며, 현재 국립 한국전통문화대학교 무형유산학과 교수로 재직 중이다. 한국 고대사상, 유불도 교섭사, 한국유학사 등이 주된 전공 분야다. 저서로 『한국유학통사』(전3권), 『최치원의 철학사상』 등이 있으며, 역서로 『역주 사산비명』, 『고운문집』, 『한재집(寒齋集)』 등이 있다. 논문으로는 한국사상, 한국유학사 관련 논문 160여 편이 있다.

최정준(崔廷準) :

성균관대학교에서 철학박사학위를 취득하고 동방문화대학원대학교 미래예측콘텐츠학과 교수로 재직하고 있다. 경기홍역학회회장으로 활동하고 있다. 저서는 『여헌 장현광의 사상과 한국역학』(2016), 『주역개설』(2014)이 있고, 역서로는 『경씨역전』(2016)과 공역으로 『한국주역대전』(2017)이 있다. 논문은 「여헌 장현광 역학사상의 철학적 탐구」(2006), 「한국문화와 역의 삼재론」(2022) 등이 있다.

황병기(黃昞起) :

연세대학교에서 철학박사학위를 취득하고, 현재 서경대학교 동양학과 특임교수와 대진대학교 인문학연구소 학술연구교수이다. 저서로 『정약용의 주역철학(연세국학총서 96)』(2014), 『공자혁명: 2000년 전의 유교, 현대 교육에 메스를 대다』(공저, 2015) 등이 있고, 역서로 『역주 대학공의 대학강의 소학지언 심경밀험』(공역, 2014) 등이 있으며, 논문으로 「여헌 장현광의 도맥과 퇴계학 전승의 문제」(2016) 등이 있다.

차 례

4부. 조선시대 역학사 담론 565

중국·대만·일본의 역학사 연구현황

주백곤의 『역학철학사』 서술 비평

-저술 목표에 대한 재검토-

엄 연 석

요약

이 글은 주백곤이 『역학철학사』를 저술한 취지와 구성 체제, 주제와 내용을 검토하였다. 구체적으로 『역학철학사』가 내포하고 있는 역철학적 의미와 역학사의 여러 학파와 계통의 연원과 전승 관계 등을 검토함으로써 일반 경학사 및 철학사와의 변별 지점과 상관적인 의미의 연속 관계 등을 살펴보았다.

주백곤은 『역학철학사』를 지은 가장 근본적인 취지를 서양 전통사유 방식의 부족한 점을 보충하여 '현대인의 사유와 생활방식의 향방에 거울 역할'을 하는 것이라고 하였다. 주백곤은 『역학철학사』를 통하여 『주역』에 관한 중국사의 역학철학사적 전개의 다양한 학문적 흐름을 서양철학적 개념을 통하여 해석하였다. 이러한 해석은 관점에 따라서 도식적이고 자의적인 측면이 있을 수 있지만, 역학철학사의 수많은 다양한 주제와 관점을 통하여 내용들을 철학적 개념으로 추상화하면서 그 보편적 의미를 드러내는 데 의미가 있다. 『역학철학사』는 중국에서 전개된 역학사의 수많은 역학적 개념과 주제, 이론들을 상세하게 설명하고 있다. 예컨대, 도서학, 수리학, 상수학, 의리역학, 심학적 역학 등과 같은 주제와 이론들은 모두 『주역』의 변역의 법칙에 대한 다양한 양상에 대한 분류학적 고찰로서, 『주역』이 지니는 인문 사회적 실천방법론과 절차, 방향 및 목적을 다양하게 드러내 준다. 이 점은 추후 한국역학사를 저술할 때 필수적으로 참고할 필요가 있다.

1. 머리말

이 글은 『한국역학사』 저술을 위한 토대 연구로 "한국역학사를 어떻게 쓸 것인가?"에 대하여 국외 역학사상사 연구 사례를 검토함으로써 한국역학사를 보다 내실 있고 의미 있게 구성하고자 하는 목적으로 주백곤(朱伯崑)이 『역학철학사』를 저술한 취지와 구성 체제, 주제와 내용을 검토하고자 한다. 이 글은 보다 구체적으로 『역학철학사』가 내포하고 있는 역철학적 의미와 역학사의 여러 학파와 계통의 연원과 전승 관계 등을 검토함으로써 일반 경학사 및 철학사와의 변별 지점과 상관적인 의미의 연속 관계 등을 살펴보고자 한다. 이러한 문제를 해명할 때 중국 역학철학사와 중국경학사, 그리고 중국철학사 사이에 내재해 있는 상대적 차이를 입체적으로 살펴볼 수 있다.

주백곤은 『역학철학사』의 저술을 통하여 추구했던 목표 중의 하나를 화하판 서문에서 "옛것을 익혀 새로운 것을 알게 됨"이라고 하였다. 곧 "그는 민족의 전통문화가 새롭게 생명력을 얻어 새로운 시대를 향해 진군하도록 하는 것이다. 과학기술이 나날이 급속도로 발전하고 인류역사가 급변하고 있는 이 시대에 중국 전통문화의 발휘 또한 세계의 미래를 향해 나아가야 한다"고 하였다. 그는 『역학철학사』를 지은 가장 근본적인 취지와 목적을 서양 전통사유 방식의 부족한 점을 보충하여 '현대인의 사유와 생활방식의 향방에 거울 역할'을 하는 것이라고 하였다. 이것은 『역학철학사』가 현대사회의 여러 문제를 새로운 시각에서 판단하고 실천할 수 있도록 현대인의 삶에 새로운 가치 기준을 이끌어내는 원천이 될 것을 기대하는 것이다.

『주역』은 본래 변역(變易), 불역(不易), 간이(簡易)를 근본 원리로 삼으면서 동시에 길흉(吉凶)의 가치판단을 통하여 시대적 문제를 흉한 것으로부터 길한 것으로 바꾸어 가는 지혜를 담은 저술이라고 할 수 있다. 이러한 『주역』의 목표와 구성 체제는 시대적 변화에 대한 통찰을 가져다주는 내용을 담고 있다. 따라서 역사적으로 전개된 『주역』에 대한 해석사를 살펴보는 것은 특정한 역사적 시기의 특징과 의미를 이해하는 데 도움이 될 것이다. 주백곤이 『역학철학사』를 저술한 취지는 바로 현대사회의 여러 문제를 중국 전통의 역학적 사유를 통하여 해결함으로써 새로운 미래지향적 가치기준을 성찰하고자 하는 의미를 가지고 있다고 하겠다.

『주역』 중에서도 『역전』에서는 천지자연의 변화를 통한 생명의 순환과 지속의 과정을 통한 만물의 본성 실현을 언급하면서 이렇게 생명을 실현하는 만물들 사이의 지극한 균형과 조화를 태극음양론(太極陰陽論)으로 설명한다. 나아가 『역전』은 인문사회적인 영역에서 인간이 허물을 개선하고 선으로 나아가야 한다는 실천적 당위를 언급하기도 하고, 사물마다 그 본성에 따라 자신의 몫을 가지고 균형과 조화를 유지하고 있음을 말하기도 한다. 『주역』이 내포하고 있는 이러한 이념들은 특히 현대사회가 직면하고 있는 생태계의 기후 위기나 수많은 사회문화적 대립과 갈등, 차별과 불공정 등의 문제를 해결할 수 있는 새로운 실천적 표준을 제공해 줄 수 있다. 주백곤이 『역학철학사』를 저술한 것도 바로 이렇게 『주역』에 담겨 있는 의미를 역학철학이 전개된 역사로부터 도출하고자 하는 데서 찾을 수 있을 것이다.

그러면 다음 장에서는 주백곤이 『역학철학사』 「서문」에서 어떤 취지로 『역학철학사』를 저술하게 되었는지를 언급하는 내용을 살펴보기로 한다. 이어서 춘추전국시대로부터 시작하여 청나라에 이르기까지 『역학철학사』에 다루는 내용의 구성 체계와 주제적 특성에 대하여 고찰하고자 한다. 마지막 결론에 해당하는 부분에서는 주백곤의 『역학철학사』가 지니는 현대적 의의를 정리하면서 『주역』이 지니는 미래적 의미를 전망하고자 한다. 마지막으로 한국역학사를 어떤 목표와 방향성에 따라 그리고 어떤 내용과 구성을 가지고 저술할 것인가에 대하여 숙고해 보고자 한다.

2. 『역학철학사』「서문」에 나타난 역학철학의 목표

이 장에서는 주백곤이 『역학철학사』를 저작하게 된 배경과 과정, 취지와 동기, 내용 및 목표를 「서문」을 통하여 살펴보고자 한다. 저자는 『주역』에 대한 역사적 변화를 추적하는 연구를 행하면서 저술 제목에 '역학철학사'라는 제목을 달았다. 단순한 역학사가 아니라 '역학철학'에 관한 역사라는 점을 강조하였다. 그는 중국 역학에 관한 역사적 연구에서 역학에 내포되어 있는 철학적 의미를 강조한 것이다. 「서문」에서 그는 역학과 철학, 경학이라는 개념을 구분하고 있다. 따라서 이 장에서는 주백곤이 제시한 역학철학을 역사적으로 규명하고자 한 목표가 어디에 있는지에 주목하고자 한다.

주백곤이 『역학철학사』를 저작하게 된 배경을 검토하려면 그가 풍우란(馮友蘭, 1895~1990)을 스승으로 모셨던 시대로 거슬러 올라가 당시 분위기를 살펴볼 필요가 있다. 풍우란은 1924년 존 듀이(John Dewey, 1859~1952)를 스승으로 모시고 콜롬비아대학(Columbia University)에서 박사학위를 취득한 이후 귀국하여 중국철학사를 강의하기 시작하면서 1927년부터 1934년 『중국철학사』 상 · 하를 출판하였다. 이후 지속적으로 중국철학사를 보완하는 연구를 통하여 『중국철학간편(中國哲學簡編)』, 『중국철학사신편(中國哲學史新編)』 등을 저술했고, 현대신유학적 관점에서 『정원육서(貞元六書)』를 저술하였다. 이 시기에 주백곤은 풍우란의 조교로 근무하면서 그의 중국철학사에 관한 학문적 성과를 학습하였고, 풍우란이 『중국철학사자료선집(中國哲學史資料選輯)』을 펴낼 때 편집인으로 활동하였다. 그는 1950년대부터 중국철학사를 교육하는 데 핵심적 역할을 하면서 '중국철학사(中國哲學史)', '중국철학사자료강해(中國哲學史資料講解)', '중국철학사학사(中國哲學史學史)', '역학철학사(易學哲學史)' 등의 강좌를 개설하였다.

이러한 경험으로 주백곤은 중국철학사에 관한 이해를 넓히면서 역학에 관한 연구를 진행함에 따라 중국 역학철학사에 관한 연구의 필요성을 느꼈다. 그는 서양철학이 중국에 수용되기 이전에 중국인의 철학적 사고가 기본적으로 역학을 토대로 단련되었다고 믿었기 때문에, 중국철학을 연구하면서 역학을 학습하지 않으면 중국의 전통 사상의 특징을 심도 있게 파악하지 못할 것이라고 보았다.

이러한 학문적 풍토에서 주백곤은 강의를 특히 많이 해온 현대 중국 철학자로서 풍부한 교육경험과 통찰력을 가지게 되었다. 문화대혁명 이후 국가에서 경직된 교과서를 발행하는 것에 대하여 철학자로서 오래된 독단적 접근을 벗어나 중국철학에 내재적 문제와 특징을 드러내는 것이 필요하다고 생각하였다. 그가 중국 『역학철학사』를 저술하게 된 배경에는 이처럼 어떤 이데올로기적 편향과 교조주의적 지도를 제거하고 중국철학사에 내재한 자체 이론적 특성과 의미, 변화 과정에 대한 객관적 분석과 설명이 필요하다고 생각한 것이다. 이러한 생각으로 구상한 저술이 바로 『역학철학사』이다.

주백곤의 『역학철학사』가 지니는 역학사적 의미를 분명히 하기 위해서, 그가 『역학철학사』를 저술해야 할 필요성을 어디에 두었으며 그 함축된 의미가 무엇인가를 살펴보아야 할 것이다. 그는 역학사 연구의 필요성을 설명하면서 '경학사'와 '철학사'라는 개념과 역학사 사이의 상호관계와 함께, 특별히 '역학철학'이라는 개념을 정의하였다. 이를 위해 먼저 '경학'과 '경학사'를 정의해 보기로 한다.

경학은 학술방면과 신앙방면의 두 가지 측면으로 구분할 수 있다. 첫째 경학은 고대의 경적(經籍)이 시대적 변천으로 말미암아 후대인들이 이해하기 어려워져서 경학의 스승들이 문자에 대한 훈독을 하는 것이 필요하며, 또 경서에서 말한 역사상의 인물사건, 명물제도에 대해서도 주석을 할 필요가 있다. 경서 중의 미언대의(微言大義)는 경학 스승들이 의리를 해명할 필요가 있다. 이밖에 경학 학파, 전승, 변화에 대한 연구와 같은 것도 모두 경학의 학술적 측면이다. 둘째, 신앙의 측면에서 경학은 고대에 경전(經典) 두 글자는 남용할 수 없었으며, 그것은 특별히 성현이 지은 책이었으며, 사람들이 존신하여 실행하는 인생의 잠언이었다. 경(經)에는 변치않음[常]이란 뜻이 있는데, 인류사회의 항상적으로 행하는 도(道)이고, 경(經)에는 법이란 뜻도 있으니, 사람들이 통상 말하는 대경대법(大經大法)으로 반드시 따라 행해야 한다는 뜻이다. 경전에 대한 존숭은 경전의 가치관에 대한 자각적 인정을 통해서 실현되는 것이다.[1)]

경학은 요컨대 고대 유가 경전이 담고 있는 의미를 해명하는 것과 그 학파적 전승 변화로서 경학사, 그리고 인간이 행해야 하는 항구불변한 원칙으로서 도와 이에 대한 존경을 뜻한다. 여기에서 경학은 넓은 의미로 경학사의 의미를 포함하고 있다. 주백곤은 경학사 연구에 대하여 "유가가 숭상하는 전적의 변천과 전승의 역사를 말하며, 그 내

1) 姜廣輝 主編, 『中國經學思想史』 第1卷, 中國社會科學出版社, 2010, 2쪽.

용은 전승의 계보 및 각 시대와 학파의 경전해석 경향, 경전 주소(注疏)의 정황과 성취, 전적의 진위 판별과 문자훈고, 고증을 포괄한다"[2]고 하였다. 경학사는 결국 유가 경전 또는 전적이 존중할 만한 성인의 도를 담고 있다는 전제하에, 이들 경전의 의미를 이해하기 위해 전승과정에서 이루어지는 모든 주석, 훈고, 고증 등의 학문적 탐색을 뜻한다.

주백곤에 따르면 과거에 역학사 연구는 경학사 연구 영역에 포함되어 있었다고 한다. 『주역』이 유가 경전에 속해 있고, 역학사가 『주역』에 관한 여러 문자훈고, 경전 주소와 의리에 대한 연구를 포괄하는 것이므로 이러한 견해는 당연하다. 하지만 그는 『주역』에 대한 연구에는 두 영역이 있다고 하였는데, 이것은 문자해석과 의리(義理) 연역의 두 방면을 포괄한다고 보았다. 이 두 부분 가운데 의리를 탐구하는 부분을 주백곤은 '역학철학'이라고 정의하며 다음과 같이 언급하였다.

> 『주역』의 문자는 매우 난해하고 간결하기 때문에 그 속에 담긴 의리를 이해하려면 먼저 괘효사의 뜻을 분명하게 이해해야 한다. 현재 전해 내려오는 『주역』의 주소 가운데 일부 내용은 바로 이런 글자 해석의 계통에 속한다. 역대의 역학자들은 또한 『주역』의 의리를 연구하였는데, 특히 철학자들은 그들의 의리에 대한 해석에 의거하여 자신의 철학체계를 세우고 발휘하였다. 『주역』의 의리에 대한 그들의 해석과 그 이론 사유에 대한 탐구와 논의는 우주와 인생의 근본 문제에 관련된 것으로 철학의 기본 문제와 사물 발전의 일반 규칙을 포괄하고 있으므로, 이런 내용은 '역학철학'이라고 부를 수 있을 것이다. … 과거의 경학사는 이 방면에 대해서는 거의 언급하고 있지 않으므로 우리의 진지한 연구와 총결을 필요로 한다.[3]

---

2) 주백곤 지음, 김학권 외 옮김, 『易學哲學史』 1권, 2016, 16쪽.

역대 『주역』에 관한 연구는 주백곤에 따르면 역학 경전으로서 『주역』의 내용을 구성하는 괘효사와 경전에 대한 주석과 문자훈고 등 기본적인 의미를 해명하기 위한 분야와 이를 바탕으로 하여 의리를 해명하는 분야로 구분된다. 이 중에 경전을 주석하고 문자를 훈고하는 앞부분이 경학사에 속하는 역학사에서 다루는 부분이었다면, 뒤의 의리를 해명하는 부분은 경학사에서 거의 연구하지 않은 역학연구 부분이라는 것이며, 이 부분을 그는 '역학철학'이라고 명명하였다. 따라서 경학사에서 역학을 연구한 부분은 역학사에서 의리를 연구하기 위한 전 단계로서 『주역』 괘효사와 「십익」의 내용에 대한 주석과 문자훈고를 통한 내용의 의미 이해를 주로 담당했다면, '역학철학'에서는 경학사와 역학사에서 연구한 주석과 훈고를 기초로 역학의 의리를 철학적으로 해명하는 것을 목표로 하였다.

그렇다면 중국에서 일반 철학사와 역학철학사는 각각의 범주에 있어서 어떻게 구분되는가? 이를 검토하기 위해서는 먼저 중국에서 철학과 철학사가 지니는 의미를 살펴볼 필요가 있다. 풍우란은 철학의 범주와 철학사를 다음과 같이 설명하였다. 철학은 세계에 관한 이론으로서 본체론과 우주론, 삶에 관한 이론으로 심리학 및 윤리학과 정치사회철학, 그리고 인식론과 인식규범을 탐구하는 논리학으로 구성된다. 또한 철학사 사료는 옛사람 저술 중에 철학의 범위에 속하는 것, 새로운 소견과 중심관념이 있는 사료, 이지적인 논변으로 표현된 사료, 저자의 인격을 드러내는 것으로 규정하였다.[4] 장립문(張立文)은 중국사에서 철학과 철학범주에 대하여 다음과 같이 설명하였다.

3) 주백곤 지음, 김학권 외 옮김, 『역학철학사』 1, 소명출판, 2106, 16쪽.

4) 풍우란 지음, 박성규 옮김, 『중국철학사』, 까치, 1999, 3쪽, 25-26쪽.

철학은 하나의 이론적 사유로 일련의 철학범주 혹은 여러 범주로부터 이루어진 일련의 명제를 통하여 표현되는 것이다. 한 민족의 이론적 사유, 한 시대의 철학적 사유, 혹은 한 철학자의 철학체계는 여러 철학 범주로 이루어진다. 매 시기 철학가와 유파의 철학체계는 상호 연관되고 상호 작용하는 여러 범주를 조직함으로써 전체적인 계통으로 구성된다. 이 때문에, 철학범주 연구를 통하여 중국 각 시기 철학의 내용과 그 선후의 관계를 드러낼 수 있다. 그래서 논리적인 일반개념, 범주의 발전과 운용의 관점으로부터 출발한 사상사는 우리들이 필요로 하는 것이다.[5]

철학은 바로 일련의 여러 개념적 범주, 그리고 이들의 연결을 통하여 명제를 구성하고, 여러 범주와 명제들을 계통적으로 조직함으로써 구성된 이론체계를 뜻한다. 각 시대의 철학사는 이러한 여러 철학범주의 의미의 변화와 발전, 전환 또는 확대와 같은 것을 반영하고 있는 만큼 철학범주사에 대한 연구가 필요하다는 것이다.[6]

---

5) 張立文, 『中國哲學範疇發展史(天道篇)』, 中國人民大學出版社, 1988, 1-2쪽. 장립문은 중국철학의 발전과정 중에서 선진시대부터 5 · 4운동 시기까지 상호 연관되어 있는 전체 철학범주체계를 확실히 구축하였다. 이 범주체계는 도(道)로부터 천도와 인도가 있다는 것이다. 천도는 천(天), 오행(五行), 기(氣), 물(物), 음양(陰陽), 무극태극(無極太極), 도기(道器), 무유(無有), 이기(理氣), 심물(心物), 형신(形神)과 상변(常變), 취산(聚散), 동정(動靜), 변화(變化), 일이(一二), 체용(體用)의 범주를 포괄한다. 또 인도는 인(人), 인성(人性), 의리(義利), 공사(公私), 이욕(理欲), 인의(仁義), 선악(善惡), 성정(性情), 명실(名實), 지행(知行), 능소(能所), 왕패(王霸), 리세(理勢), 중화(中和), 소장(消長), 건순(健順), 미발이발(未發已發), 격물(格物), 상수호발(相須互發), 경권(經權) 등의 범주를 포괄한다. 이로부터 상호 연관되는 천도와 인도의 범주가 구성된다.

6) 힐쉬베르거는 역사과학으로서 철학사를 다음과 같이 기술하였다. 그것은 "개념과 사상이 생겨나는 원인을 추적하고 이것들을 보다 커다란 사상 계열과 체계적인 연관과 포괄적인 정신적 조류, 특히 시대와 민족의 정신적 조류에 끼워 넣고, 마지막으로 철학의 개념과 문제와 학설이 생겨나는 모태라고도 할 수 있는 가장 기본적인 전제들과 궁극적인 가정을 발견해냄으로써 가능해진다"(요하네스 힐쉬베르

이처럼 자연론과 인간론을 포괄하는 철학 범주 중에 우주론과 본체론에 대하여 몽배원(蒙培元)은 두 가지가 구별되는 학문 영역이라고 주장하였다. 그에 따르면, 본체론은 세계의 본원, 제일존재 혹은 제일원리 등을 논하는 것이고, 우주론은 우주자연계의 생성과 발전 등의 문제를 논한 것이다. 선진철학은 우주론과 본체론의 초보적 형식을 제기하였고, 양한(兩漢) 철학은 우주론을 제시하였으며, 위진현학(魏晉玄學)과 수당의 불학(佛學)은 본체론에 속하였고, 이학(理學)은 두 가지의 결합으로 체계적인 우주본체론 철학을 건립하였다. 이학가가 제시한 이기 범주는 우주자연계가 어떻게 발생하고 발전하는가를 논의할 뿐만 아니라 천지만물의 근원 즉 세계의 근원, 본원 등 이른바 형이상학과 같은 문제를 탐구하였다[7]고 주장하였다. 요약하면, 중국 철학과 철학사는 우주본체론과 인성론, 윤리학, 사회정치철학, 인식론, 논리학 등의 학문적 연구와 역사적 탐구를 포괄한다.

거, 강성위 옮김, 『서양철학사』 상권 · 고대와 중세, 이문출판사, 2003, 1쪽)고 하였다. 철학사는 한편으로 철학적 개념과 사상이 생겨나는 외적 원인으로서 시대와 민족의 정신적 경향을 탐색하고, 다른 한편 철학적 개념과 학설이 내포하고 있는 궁극적 전제와 가정을 더듬는 작업을 통하여 성립한다는 것이다. 반면 버트런드 러셀은 철학사를 쓰면서 첫째 사회적 성격의 반영으로서의 철학과 둘째 사회의 성격을 조성하는 원인이 되는 것으로서 두 가지 철학의 의미를 고찰하고자 하였다. 그는 철학을 다음과 같이 정의하였다. "나는 철학이란 신학과 과학의 중간에 위치한다고 본다. 철학은 신학처럼 명확한 지식으로 단정 내릴 수 없는 여러 문제에 대한 사색으로 이루어지지만, 과학과 마찬가지로 이성에 호소하고 권위-전통적인 것이든 계시적인 것이든-에 호소하지 않는다. 명료한 지식은 모두 과학에 속하고, 명확한 지식을 초월한 모든 주장은 신학에 속한다. 그러나 신학과 과학 사이에는 중간지대가 있는데 이 지대가 바로 철학에 속한다"고 하여 철학을 명료한 과학적 지식과 불명료한 관념적 문제에 대한 사색을 하는 것으로 정의내리고 있다.(버트런드 러셀, 최문홍 역, 『서양철학사』 상, 집문당, 1쪽)

7) 蒙培元, 『理學範疇系統』, 人民出版社, 1989, 1쪽

그런데 중국의 일반 철학사에서는 역학에 관한 철학적 내용을 다루기는 하지만 역학 발전의 역사와 역학 사상 자체 문제를 벗어나 철학사상을 논한다. 여기에서 철학사와 역학사 또는 역학철학사 사이의 의미론적 포함관계를 정리할 필요가 있다. 결론적으로 먼저 살펴보면, 앞서 언급한 바와 같이 철학사는 우주론과 본체론, 인간론과 윤리학, 정치철학 등 철학의 여러 분야를 포괄한다. 이에 비하여 역학철학은 역학 자체의 술어와 범주, 명제에 의거하여 전개된 것으로 이러한 범주와 명제는 『주역』의 점술체계와 괘효상의 변화 및 괘효사에 대한 해석으로부터 나온 것이다. 때문에 나름의 독특한 이론 사유의 형식을 형성하게 되었고, 철학적 문제에 대한 대답도 그 이론 사유형식을 통해 나타나게 되었다. 특히 『주역』은 자연학적 견지에서 우주론과 본체론을 우선적으로 탐색하고 있는 만큼, 철학사의 여러 분야 중에 우주론과 본체론에 강조점을 두어 연구함으로써 철학사 속에 포함된다고 할 수 있다. 물론 『주역』에 대한 연구도 의리적 측면을 탐구하는 만큼 인간론과 윤리학적 관점 또한 포함된다.

여기에서 주백곤이 『역학철학사』를 저술하게 된 동기의 일단(一端)을 살펴볼 수 있다. 그에 따르면, 역학철학의 발전은 역학 자체 문제의 전개로 점술체제의 해석과 긴밀한 관련을 맺고 특유의 이론 사유의 발전의 논리과정과 규칙을 갖추었다는 것이다. 역학철학은 이런 문제에 대한 검토를 임무로 하므로 경학사로서 역학사와 다르고 일반적인 철학사와도 구별된다. 또한 그 연구대상은 역대 역학 중의 이론 사유 및 이로부터 형성된 철학체계 발전의 역사이며 전문주제 중심의 연구로 철학사의 지파(支派)라 할 수 있다고 보았다. 그는 중국 역학철학 발전 역사를 연구하는 핵심적인 의의를 중국철학의 민족적 특징, 중국 문화사상 전통, 중국고대철학의 발전을 이해하는 데 두었다.

❖역학철학사의 연구의의와 문화유산으로서의 인식과 정리

항목	주제	내용
역학철학 발전역사의 연구의의	『주역』의 미신적 성격과 철학적 특성	『주역』은 점술이라고 언급되는 미신으로 출발했으나, 점차 사람들의 생활을 지도하고, 언행을 규범화하며, 문제를 관찰하고 분석하는 지침으로 삼았다. 특히 음양변화법칙으로 일체 사물을 설명하는 것은 중국만의 특색으로 역학철학의 발전에 대한 연구는 중국 문화사상 전통 이해에 기여한다.
	『주역』의 이론적 사유의 중국사에 대한 영향	『주역』에는 연역, 유추, 형식화 등 형식논리적 사유가 있고, 총체적, 변역적, 음양 상보적 사유, 화해균형 사유 등의 변증법적 사유, 모방, 기능과 같은 직관적 사유, 의상(意象)합일, 상수(象數)합일과 같은 형상사유가 있다. 특히 『주역』의 변증법적 사유는 자연과 사회역사 현상의 변화를 관찰하는 데 중요한 영향을 미쳤다.
	중국철학의 내용과 발전에 대한 역학철학의 영향	위진 현학과 도교연단 이론, 송명 도학의 철학적 체계 등의 사상자료와 이론사유 형식이 역학을 통하여 발전되었다. 역대 역학철학이 다룬 문제는 천도와 인사를 논하였고, 사물발전의 일반법칙을 탐구하면서 여러 범주를 제기하였는데 그 기원과 변천 및 철학적 성격 해명이 필요하다.
문화유산으로서의 인식과 정리	역학 발전과정에서 이론적 사유노선	역학철학은 철학 발전의 보편적 법칙의 지배를 받는데, 역학발전 과정은 유물론과 유심론, 변증법과 형이상학이란 사유의 대립투쟁을 구현한다. 역학철학의 이론적 사유 발전의 일반법칙을 탐구하고 검토할 때 각 학파의 역학철학이 분기하게 되는 원인을 알 수 있다.
	특수 철학형태로서 역학철학의 고유한 발전법칙	역학철학의 현저한 특징은 『주역』의 점서체제에 대한 해석을 통하여 철학적 관점을 표명하는 것이다. 『역전』에서 괘효상과 괘효사에 대한 해석은 취상설과 취의설의 대립으로 이루어지는데, 이 두 설은 역전 체계에 병존하며 상보적이다.

	역학철학의 학술적 논쟁을 통한 상호영향과 지양	역학철학의 학술 논쟁은 상이한 학파들이 쟁론하는 과정에서 상대방의 사상적 자료와 개별적 논점을 흡수하여 자기 이론체계를 풍부하게 하였다. 역학철학사 연구에서는 투쟁의 대립국면보다 각 유파간의 상호영향과 연관성을 이해해야 한다.
	역학철학의 형식과 내용에 있어 사회역사적 조건과 제약	각 학파의 역학에서 해석의 차이는 그들이 처한 사회제도와 지위 및 문화사상의 교육과 불가분의 관계를 갖는 것으로 의식형태 발전의 일반적 법칙이다. 역학철학사 연구는 그것이 처해 있는 철학과학문화 사상의 발전 역사를 포괄하는 각 시대의 역사를 상세히 알아야 한다.
	역학철학사 연구에 적절한 사료 선택	역학철학사를 연구할 때는 그 영향이 크고 대표성이 있는 자료를 선택해야 하며, 마땅히 철학 사상가 및 철학사상이 풍부한 경학가의 저술을 위주로 해야 한다. 예컨대, 『주역』의 원리에 따라 자신의 철학 체계를 형성한 소옹이나 주희의 저술 자료가 여기에 해당한다.

이처럼 주백곤은 역학철학 발전 역사에 관한 연구가 지니는 의의를 설명하면서 『주역』이 미신적 특성으로부터 철학적 특성을 가지게 된 과정을 언급하였다. 그는 음양변화 법칙으로 일체 사물을 설명하는 것은 중국만의 특색이라고 강조하였다. 또한 『주역』의 이론적 사유의 중국사에 대한 영향에 대하여 언급하면서 특히 『주역』의 변증법적 사유는 자연과 사회역사 현상의 변화를 관찰하는 데 중요한 영향을 미친 것으로 보았다. 이어서 중국철학의 내용과 발전에 대한 역학철학의 영향에 대하여 해명하면서, 위진 현학과 도교연단 이론, 송명도학의 철학적 체계를 반영하는 자료와 이론사유 형식이 역학을 통하여 발전된 것으로 주장하였다.

그는 문화유산으로서의 인식과 정리라는 측면에서 역학의 발전과

정에서 이론적 사유노선이 전개되는 양상과 상수역학과 의리역학을 중심으로 하는 특수한 철학형태로서 역학철학의 고유한 발전법칙에 대하여 언급하였다. 또한 역학철학의 학술적 논쟁을 통한 상호영향과 지양을 통한 사상의 상호 흡수와 포용, 역학철학의 형식과 내용에 있어 사회 역사적 조건과 제약, 그리고 역학철학사 연구에 적절한 사료 선택 등의 내용을 해명하였다. 이러한 내용들은 대체로 주백곤이 역학철학사를 저술하게 된 배경이자 이유를 설명해 주는 것들인 동시에, 중국 역학철학사의 특징을 설명해 주는 내용들이다.

그는 또한 『역학철학사』 「서문」(대만판)에서 자신이 쓴 『역학철학사』가 역학의 철학적 문제 중에서도 주로 우주론과 본체론을 중심으로 논의를 전개한 목적과 이유를 강조하였다. 일부 유럽문화 중심론자들은 중국문화와 중국인의 사유방식에는 논리적 사유의 전통이 결핍되어 있거나 아예 없는 것으로 보면서, 그것을 직관주의나 경험주의 유형으로 결론짓는다. 이러한 무지한 학자들의 인식을 비판하는 의미에서 그는 "중국의 전통철학, 특히 유가계통의 철학은 자신들의 우주관과 형이상학의 전통을 가지고 있으며, 자신들의 논리적 사유와 과학적 사유를 갖추고 있어서 인류문명을 위해 공헌해 왔으며 결코 인생이나 윤리만을 논의한 것이 아니었음을 증명하고자 하는 것"[8]에서 『역학철학사』를 우주론과 본체론 위주로 저술한 것으로 언급하였다. 여기에서 주백곤이 『역학철학사』를 쓰게 된 이유와 방향이 분명히 드러나고 있다.[9] 이러한 관점 속에 바로 경학사 및 단순한 철학사

8) 주백곤, 앞의 책, 31쪽.

9) 주백곤은 『역학철학사』를 저술하기 위하여 유럽철학사의 일부 범주와 술어를 차용하여 형이상학(形而上學), 우주론(宇宙論), 본체론(本體論), 객관유심론(客觀唯心論), 주관유심론(主觀唯心論), 유물론(唯物論), 형식논리사유(形式論理思惟), 변증사유(辨證思惟) 등의 개념을 차용하였다.(『역학철학사』 1권, 32쪽)

와 구별되는 『역학철학사』만의 특징이 잘 드러난다고 할 수 있다.

3. 『역학철학사』의 구성 체계와 내용

이 장에서는 주백곤이 저술한 『역학철학사』가 어떤 체제와 편제, 내용으로 이루어졌는가를 살펴보고자 한다. 『역학철학사』는 네 번에 걸쳐 출판되었기 때문에 출판할 때 모두 서문을 따로 두었다. 따라서 저술 체제는 앞에 서문을 붙이고, 전체를 선진, 한당, 양송, 원명청 등 4편으로 나누고, 제1장 '춘추전국 시대의 역설'부터 제9장 '도학의 종결과 한학의 부흥'이란 제목으로 9장으로 시대순으로 구분하였다. 그리고 마지막으로 출판한 재판에는 백서본(帛書本) 「계사」, 「역설」, 백서 『역전(易傳)』, 그리고 「태극도(太極圖)」와 관련한 문제를 분석한 글이 덧붙여져 있다. 다음 [도표]는 그 체제와 내용을 정리한 것이다.

편수	시기	장	주제	내용
서문		·재판 서문, 북경대학판 서문, 대만판 서문, 화하판 서문		
제1편	선진	제1장	춘추전국 시대의 역설	·1. 점서와 『주역』: -점서와 거북점, -『주역』의 편찬에 관하여, -괘상과 괘 순서 중의 논리적 사유, -괘·효사 중의 세계관 ·2. 『주역』에 관한 해설: -『주역』의 점서체제를 논함, -'길흉은 사람에게서 비롯됨'과 '천도에는 영원불변함이 없음'에 관한 설, -음양변역설
		제2	『역전』과 그 철학	·1. 『역전』 형성 연대에 관하여: -「단전」, 「상전」, 「문언」, -「계사」, -「설괘」, 「서괘」, 「잡괘」

		장		·2. 역전의 철학적 문제들: -시초점의 원칙과 해석틀을 논함, -『주역』의 성질을 논함, -『주역』의 기본 원리를 논함
제2편	한당	제3장	한대의 상수역학	·1. 맹희와 경방의 괘기설: -맹희의 괘기설, -경방 『역전』, -맹희·경방의 괘기설이 역학과 철학에서 갖는 지위 ·2. 『역위』와 상수학: -「건착도」, -『역위』의 기타편 ·3. 동한 시기 상수학의 발전: -정현 역학의 오행관, -순상의 건곤승강설, -우번의 괘변설, -위백양의 월체납갑설
		제4장	위진현학파의 역학철학	·1. 왕필 『주역주』와 『주역약례』: -『주역』의 역해석 틀을 논하다. -역학 속의 현학관 ·2. 한강백의 「계사」주: -『주역』의 성질을 논하다. -역학 중의 현학 문제 ·3. 현학파와 상수파의 논쟁에 관하여: -위진시기의 역학철학적 문제에 관한 논의들, -남북조시기 역학 발전의 추세
		제5장	당대 역학철학의 발전	·1. 공영달의 『주역정의』: -『주역』 해석틀을 논함, -『주역』의 원리를 논함 ·2. 최경과 이정조의 역설: -최경의 『주역탐현』, -이정조의 역학관
제3편	양송	제6장	송대 역학의 형성과 도학의 흥기	·1. 도서지학의 유행: -진단의 상수학, -유목의 하도낙서의 학술, -이지재의 괘변설 ·2. 이구와 구양수의 역설: -이구의 「역론」, -구양수의 『역동자문』 ·3. 주돈이의 역학철학: -「태극도설」, -『통서』 ·4. 소옹의 『황극경세』: -선천역학, -후천역학 ·5. 정이의 『역전』: -『주역』의 성격과 체제를 논한다. -역학에서 이학의 문제 ·6. 장재의 『역설』: -『주역』의 성질과 의의를 논함, -역학 중의 기론철학
		제7장	남송시기 역학철학의 발전	1. 정씨역학의 유행과 상수역학의 분화: -주진의 『한상역전』과 「역·총설」, -양만리의 『성재역전』, -채원정과 채침의 하락학

<table>
<tr><td></td><td></td><td></td><td></td><td>2. 주희의 역학철학: -『주역』의 경과 전을 논하다, -역학철학 중의 리본론
3. 양간의 『역전』: -정호와 육구연의 역설, -양간의 『역전』
4. 공리학파의 역설: -설계선의 역설, -『주역』 경전에 대한 엽적의 평가</td></tr>
<tr><td rowspan="2">제4편</td><td rowspan="2">원명청</td><td>제8장</td><td>송대 역학의 번영과 이학의 쇠락</td><td>1. 원대 상수학: -뇌사제의 『역도통변』, -유염의 『역외별전』, -장리의 『역상도설』, -소한중의 『독역고원』
2. 명대 의리학파의 역학철학: -설선의 역설, -채청의 『주역몽인』, -나흠순의 역학철학, -왕정상의 역학철학
3. 명대 심학의 역학철학: -담약수의 역설, -왕기의 역설, -선종의 역설
4. 명대 상수학의 발전: -래지덕의 『주역집주』, -장개빈의 『의역의』
5. 방이지와 『주역시론합편』: -상수학을 논하다, -역학 중의 철학 문제</td></tr>
<tr><td>제9장</td><td>도학의 종결과 한학의 부흥</td><td>1. 왕부지의 『주역내전』과 『주역외전』: -『주역』 경전을 논함, -기본론의 역학철학
2. 청초 고증학의 도서학에 대한 검토: -황종희의 『역학상수론』과 황종염의 『도학변혹』, -모기령의 『중씨역』과 이공의 『주역전주』, -호위의 『역도명변』
3. 한학가의 역설: -혜동 『주역술』과 『역한학』, -장혜언의 『주역우씨의』와 『주역우씨소식』, -초순의 역학 삼서</td></tr>
<tr><td colspan="2">부록</td><td colspan="3">1. 백서본 「계사」를 읽고 나서
2. 백서본 「역설」을 읽고 나서
3. 백서 『역전(易傳)』 연구에 있어 몇 가지 문제
4. 「태극도(太極圖)」를 통해 본 역학사유의 특징</td></tr>
</table>

위 도표에서 '춘추전국시대의 역설' 및 '『역전』과 그 철학'에서는 『주역』이 점서와 거북점으로부터 형성발전 되기 시작한 때부터 도덕적 원리를 함축하게 된 상황을 거쳐 철학적 원리를 설명하는 『역전』

의 형성과 체제를 다루고 있다. 이어서 한당대는 한대 상수역학, 위진현학 역학, 당대 역학으로 구분하여 한 대 상수역학의 발전과 위진현학 시기의 도가적 의리역학의 형성, 당대의 상수와 의리를 종합하는 시각 등이 검토되었다. 다음으로 양송(兩宋) 시대 역학에서는 도서학과 상수학, 의리역학, 그리고 공리주의 역학이 전개되는 양상과 상호 영향 관계를 주로 다루었다. 이 시기는 도학파와 심학파, 그리고 공리학파의 역학이론이 주로 개진되었다. 이어 원명청대의 역학은 의리학파, 상수학파, 그리고 심학파 역학이 서로 경쟁하면서 각각의 학설을 제시하였다. 그러면 아래에서는 역사적 선후를 거쳐온 역학철학적 관점과 양상을 검토하고자 한다.

주백곤은 『역학철학사』를 저술하면서 '역학철학'이라는 주제적 의미를 강하게 피력하였다. 그런데 전체적인 구도로 생각할 때 상대적으로 소략하게 다룬 역학자들을 볼 수 있다. 의리역학이 형성되기 시작한 때는 여러 상수학적 흐름이 진행되던 한대(漢代)로 상수역학이 상대적으로 주도하던 시대였다. 여기에서 한대에 상수역학과 대립되는 학설로서 의리역학의 형성기에 의리적 관점을 제시했던 비직(費直)의 역학에 관해서는 자료의 부족 때문인지 다룬 내용이 거의 없다. 또한 당나라 때 상수역학을 총결한 이정조(李鼎祚)의 역학에 대해서도 매우 적은 분량으로 처리되었다. 북송대로 내려와서 정이의 스승이었던 호원(胡瑗)의 역학에 대해서도 다루지 않았고, 『동파역전』으로 대표되는 소식(蘇軾)의 역학은 전혀 다루지 않았다. 소옹(邵雍)의 경우는 선천역학을 위주로 다룸으로써 후천역학에 대해서는 소략하게 처리하였다. 정호(程顥)의 역학도 육구연(陸九淵)과 비교하면서 일부 다루면서 상대적으로 내용이 부실하다. 마지막으로 원나라 때 오징(吳澄)의 역학은 이민족 몽골이 다스리던 시기에 대한 비판적 평가 때문인지 매우 소략하게 다루어졌다. 그의 역학은 권근(權近, 1352~1409)부터 조선 후기 정약용(丁若鏞, 1762~1836)에 이르기까지 조선시대 학자들에게 상당한 영향을 미친 역학자였던 만큼 조금 자세한 경향을 다루었다면 좋았을 것이라는 아쉬움이 있다.

1) 선진한당 시기 역학철학의 내용

이 장에서는 주백곤이 제1편 선진 시기부터 한당 시기까지의 역학을 역학철학의 관점에서 어떻게 해석하고 평가하는가를 중심으로 살펴보고자 한다. 구체적으로 제1편 선진시기는 춘추전국시대의 역설과 함께 『역전』의 철학적 의미를 살펴보았다. 제2편 한당 시기는 맹희·경방의 괘기설, 『역위』의 상수학, 동한 시기 상수학을 중심으로 하는 한대 상수학을 검토하였고, 이어서 왕필과 한강백을 중심으로 하는 위진현학파와 당나라의 공영달과 이정조를 중심으로 하는 역학철학의 발전을 살펴보았다.

그러면 주백곤은 점서와 『주역』에 관한 해설을 중심으로 하는 춘추전국 시대의 역설을 어떻게 설명하는지 살펴보기로 한다. 그는 점서와 거북점에 대하여 이들은 상고시대 사람들이 천신 또는 귀신에게 점을 쳐서 길흉을 묻는 방법이었음을 확인한다. 그는 이들 방법은 중국 고대 사회의 생산과 생활의 발전과정을 반영하는 것으로 은나라는 어업과 목축업을 주로 하였기 때문에 거북껍질과 짐승뼈로 점을 쳤고, 주나라는 농업생산으로 번창했기 때문에 시초를 통해 점을 쳤다고 주장하였다. 그는 한 시대의 의식 형태의 발전이 각 시대의 역사적 산물이라고 보았다.[10)]

이어 주백곤은 괘상과 괘의 순서에 있어서 기우(奇偶)의 대립의 배열과 조합에 후대의 철학적 사유의 시원이 있다고 보았다. 그는 팔괘의 기우와 64괘의 대립적 괘상으로부터 32개의 대립적인 쌍의 상호 배합 체계는 후대 역학 발전에 심대한 영향을 준 것으로 평가하였다. 역대 역학가들이 대립적인 면의 상호관계로 사물의 변화를 설명한 사상의 최초의 싹이 괘상(卦象)과 괘서(卦序)에 존재했었다. 여기에서 주백곤은 『주역』 괘상과 괘서의 구성원리 안에 변증법적 상호 대립 국면의 변화라는 철학적 사유형식이 내포되어 있다고 생각하였다.11)

은나라의 복사(卜辭)와 비교하여 『주역』 괘효사에 반영된 세계관의 특징을 주백곤은 천도와 인사 사이의 일치성으로서 자연현상의 변화를 빌어 인사의 규칙을 설명하는 것을 들었다. 또한 사람의 삶의 상황이 바뀔 수 있다고 보는 것으로 길흉과 득실의 상호 전환의 관점을 제시하였다. 이어 괘효사가 지시하는 인사의 길흉에는 사람들을 훈계하고 깨우치게 하는 기능이 있다고 보았다.12)

주백곤은 『주역』의 점서체계를 변괘설(變卦說), 취상설(取象說), 취의설(取義說)을 중심으로 논의하였다. 그는 변괘설의 유래를 하나의 괘사나 하나의 효사만으로 복잡한 상황을 모두 상징하는 점을 칠 수 없기 때문에 괘효의 변화를 통해 지괘(之卦)를 형성함으로써 점친 일의 복잡한 상황에 부응할 수 있도록 한 것에서 찾았다. 또 취상설은 괘효사와 괘효상 사이에는 필연적 관계가 존재하고 그 연결고리가 바로 팔괘의 물상이라고 보는 데 근거한다. 반면 취의설은 괘명과 괘의 덕으로 중괘(重卦)의 괘상과 괘효사를 해설하고 일의 길흉을 판단하는 것이다. 주백곤은 취상설과 취의설을 비교하여 설명하고 있다. 곧 취상설

10) 주백곤 지음, 김학권 외 옮김, 『역학철학사』 1, 소명출판, 2016, 48쪽.

11) 주백곤, 위의 책, 64쪽.

12) 주백곤, 위의 책, 66-70쪽

은 괘명이 취한 물상의 외연을, 취의설은 괘명의 내함 곧 의리를 중시한다고 보았다.[13] 이처럼 그는 『주역』 괘효사를 해석하는 방법으로서 취상과 취의를 괘명과 물상의 외연과 내포의 관점에서 설명함으로써 철학적 사유형식을 드러내고 있다.

전국시대 역설은 음양 변역으로 『주역』을 해석하는 경향을 가졌는데 이것은 춘추시기 사관(史官)의 음양설에서 나온 것으로 후에 도가와 음양가에 의해 더욱 발전되어 『주역』 중의 철학적 원리를 해석하는 데 이용되었다.[14] 주백곤은 『주역』을 『역경』과 『역전』으로 구별하여 『역경』을 철학적으로 해석한 『역전』의 특징을 설명하였다. 그는 『역전』의 경(經) 풀이를 서법 해석 틀에 대한 논술과 괘상 및 괘효사에 대한 해석으로 말하여 모두 철학적 측면에서 개괄하고 있다. 『역전』에서 『역경』을 풀이할 때 유가의 윤리 관념과 도가 및 음양오행가의 천도관이 지도적 사상이 되었다.[15]

주백곤은 '시초점의 원칙과 해석틀'에 관한 철학적 문제들을 논의하면서, 괘효사를 해석하는 원칙으로 당위설(當位說)과 응위설(應位說), 중위설(中位說), 추시설(趨時說), 승승설(承乘說), 왕래설(往來說) 등에 대하여 해설하였다. 그는 이들 여러 설들을 효위설(爻位說)로 종합하고 있는데, 효위설은 춘추시대의 취상설과 취의설의 발전의 결과이며 『주역』의 내용을 논리화하고 체계화한 것이라고 보았다. 결론적으로 그는 『단전』과 『상전』의 효위설은 유가의 윤리 관념을 중심으로 도가와

---

13) 주백곤, 위의 책, 88쪽. 주백곤은 춘추시대의 역설(易說)은 점법(占法)으로 말하면 취상과 취의로 괘상과 괘효사를 해석하였고, 역리(易理)로 말하면 생활 가운데 경험적 교훈과 도덕 수양, 사물 변화의 법칙을 중시함으로써 『주역』을 철학화하는 길로 이끌었다.(99쪽)

14) 주백곤, 위의 책, 112쪽.

15) 주백곤, 위의 책, 145쪽.

음양가의 사상을 흡수하여 제기한 것이라고 보았다. 『단전』과 『상전』 작가의 이러한 논리화는 봉건제가 형성되었던 시기에 사회생활이 의식형태에 반영된 것이다.[16]

그는 또한 『주역』의 기본 원리를 설명하는 부분에서 건곤(乾坤) 두 괘에 대한 해석을 통하여 음양의 대립으로 64괘의 형성을 설명하고, 음양의 변화로 괘효의 변화를 설명하면서 음양 대립과 변화 법칙을 형이상(形而上)의 도라고 부른다고 하였다. 그리고 '일음일양지위도(一陰一陽之謂道)'라는 명제는 『주역』에 대한 추상화 과정에서 도출된 명제이며, 이 명제는 선진시대 이래 변증법적 사유의 총결론으로 훗날 역학과 철학의 발전에 깊은 영향을 미쳤다고 한다.

주백곤은 한당시기에 대한 설명에서 한대 상수역학의 대표자인 맹희(孟喜)와 경방(京房)의 괘기설, 『역위(易緯)』의 상수학, 동한(東漢)의 정현(鄭玄), 순상(荀爽), 우번(虞翻), 위백양(魏伯陽) 등의 상수역학의 발전을 개괄하였다. 그는 맹희 역학의 특징을 『주역』의 괘상으로 일년의 절기 변화로 해석하는데 4시, 12월, 24절기, 72절후에 배분하는 것을 괘기(卦氣)라고 말하였다. 맹희는 「월령」과 「서괘전」에서 사시(四時)가 사방(四方)에 배속되는 이론을 괘기설로 발전시켰는데, 음양 홀짝수로 음양 두 기운을 해석하고 괘상의 홀짝수의 변화로 음양 두 기운이 자라고 줄어드는 과정을 해석하였다. 반면 경방 역학은 괘기설을 통해 음양오행을 우주만물의 구조 형식으로 여기는 철학체계를 세웠다. 또 그는 음양 두 기운으로 『주역』의 원리를 해석하는 데 천문학 지식과 이론을 빌어 『주역』 경전의 사물변화와 관련된 이론을 발전적으로 기술했다[17]고 한다.

---

16) 주백곤, 위의 책, 161쪽.

17) 주백곤, 위의 책, 277쪽, 340쪽. 경방이 『주역』 중의 서법을 점서의 술책으로 이

주백곤은 역법 중의 수(數)와 서법 중의 수(數)를 한데 섞어서 괘기(卦氣)를 해석하면서 한대 역학의 상수학파를 형성한 저술로서 『역위』를 해설하였다. 『역위』의 핵심 내용은 「건착도」에 나오는데, 이것은 『주역』의 「계사전」에 해당한다. 「건착도」는 『주역』의 성질, 팔괘의 기원, 괘효상의 구조와 서법의 체례에 대하여 해설함으로써 한대 역학을 대표하는 저술로 한당대 역학의 발전에 지대한 영향을 미쳤다[18]고 하였다. 그에 따르면 『역위』의 상수학은 송대에 수학파 역학으로 발전하였다. 『역위』의 상수학이 고대 그리스의 피타고라스학파와 유사한 점이 있으나, 전자가 중국 고대 천문학에 기초한 반면, 후자는 수학에 기초하고 있다는 점이 구별된다.

이어 주백곤은 정현의 역학의 특징을 설명하면서 효진설(爻辰說)과 오행생성설을 제시하였다. 진한 시기 오행설에서 유래한 정현의 오행생성설은 『역전』의 천지지수(天地之數)와 대연지수(大衍之數)를 유기적으로 해석하려는 데 있었다. 정현은 오행생성설에서 대연지수가 천지지수에 유래한다는 관점을 취하여, 역학의 형식을 통하여 하나의 시공간 틀을 구성하고 이를 만물 생성의 법칙으로 삼았다. 이후 정현의 오행생성설은 송대에 이르러 역학 중에 도서역학으로 흡수되었다.[19] 그는 순상(荀爽)의 건승곤강설(乾升坤降說)에 대해서도 설명하였다. 건승곤강설은 건괘의 구이가 곤괘 육오의 자리로 가고, 곤괘 육오는 건괘 구이의 자리로 내려오는 것에 오위(五位)를 임금 자리로, 이위(二位)를 신하의 자리로 삼

끌어 천인감응의 미신을 선양하기는 했지만, 그가 제기하는 세계구조에 대한 모식은 후대 철학가들이 세계의 보편적 연관성을 탐구하게 했다는 점에서 계몽적 의의를 갖는다.(340쪽)

18) 주백곤, 위의 책, 355쪽, 405쪽. 주백곤은 구체적으로 태역설(太易說), 구궁설(九宮說), 팔괘방위설(八卦方位說), 효진설(爻辰說)을 논의하였다.

19) 주백곤, 위의 책, 432쪽.

아 해석하는 효위에 관한 설이라 할 수 있다. 순상은 건승곤강의 해석 틀을 널리 응용하여 음양효위승강설을 기초로 기타 괘들을 해석하였다. 그는 효위가 변함으로써 다른 괘로 변한다는 관점에서 건승곤강설을 괘변설로 발전시키고 있다. 또 그는 효위승강설에서 음양효위의 변역으로 『역전』에 있는 철학적 명제를 해석하였다.

주백곤은 이어서 우번의 괘변설에 주목하였다. 우번은 순상의 강유승강설을 발전시켜 괘기설을 괘변설로 이끌었고, 다시 괘변설로 『주역』을 해석하였다. 그 내용은 건곤부모가 육자로 바뀌는 것과 12소식괘가 잡괘(雜卦)로 바뀌는 것으로 이루어진다. 이러한 괘변설은 한 괘로부터 다른 괘를 도출하여 이를 통해 『주역』 경문을 해석하고자 하는 취지였다. 우번은 괘변설 이외에 방통설(旁通說)을 제기하여 『주역』 경전 문구를 해석하고자 하였다. 요컨대, 우번은 괘변설(卦變說), 방통설(旁通說), 호체설(互體說), 반상설(半象說)을 통해 한대 역학을 매우 번쇄한 『주역』 해석의 길로 이끌었다. 송명 시기의 역학가와 철학가들은 모두 괘변설을 부정하지 않는데, 그들의 관점이 우번과 동일하지는 않지만, 그 근원은 순상과 우번에게서 비롯되었다.[20]

그는 이어서 위백양의 『주역참동계』에 내포된 실용적 역학 사상을 검토하였다. 위백양은 동한 말기 황로학파 중의 연단가인데, 연단으로 신선이 될 수 있다는 목표를 가지고 『주역참동계』를 지었다. 그는 한대 맹희, 경방역학에서 『역위』, 정현, 순상의 『주역』 해석에서 모두 발전시킨 음양오행학설을 『주역』에 끌어들여 『주역』을 연단술의 이론적 기초로 삼았다. 역학철학의 영역에서 보면 『주역참동계』는 두 가지 문제를 핵심으로 하는데, 첫째, 음양변역의 법칙으로 단약(丹藥)의 형성을 해석하고, 둘째, 한대 괘기설을 월체납갑설(月體納甲說)로 발전

20) 주백곤, 위의 책, 446-465쪽.

시켜 단약의 제조에서 불의 크기와 시간을 해석하는 것이다.[21] 이처럼 주백곤은 단약 제조를 위한 이론적 토대로 『주역』을 해석하는 위백양의 도교적 응용역학을 언급하면서 한대 역학의 특징을 마무리하였다.

그는 한대 역학을 기술한 후에 위진현학파의 역학철학과 당대 역학의 발전에 대하여 고찰하였다. 구체적으로 왕필과 한강백의 역학을 조명하고 나서, 현학파와 상수파의 논쟁을 다루었다. 당대 역학의 전개에 대해서는 공영달(孔穎達)의 역학과 최경(崔憬), 이정조(李鼎祚)의 역학관을 규명하였다.

먼저 주백곤은 왕필(王弼)의 역학은 왕숙(王肅)의 역학에 영향을 받았으며 조위(曹魏)시기 고문경학과 노장현학이 결합된 산물이라고 하였다. 왕필은 「주역약례」에서 『주역』을 해석하는 틀을 설명하였는데, 이를 통해 왕필이 『주역』을 이해한 특징을 알 수 있다. 주백곤은 왕필이 『주역』을 해석하는 방법론을 취의설(取義說), 일효위주설(一爻爲主說), 효변설(爻變說), 적시설(適時說), 변위설(辨位說) 등으로 설명하였다. 왕필은 역은 상보다 괘상의 의리를 드러내는 것이 목표라고 하여 득의망상설(得意忘象說)을 제시하였다. 또 일효위주설은 하나의 괘에서 중요한 하나의 효를 위주로 전체 괘의 의미를 해석하는 것이다. 하나의 효의 의미가 변하는 것을 설명하기 위하여 효변설을 제시하기도 했다. 왕필에서 득의망상론은 그의 역학의 핵심적 특징이다.[22]

한강백(韓康伯)은 왕필이 달지 않고 넘어간 「계사」에 주석을 달아

---

21) 주백곤, 위의 책, 466-472쪽.

22) 주백곤 지음, 김학권 외 옮김, 『역학철학사』 2권, 109쪽. 왕필은 현상을 통발이나 올무와 같은 도구로 보아 본질을 인식한 후에 곧바로 물상을 버릴 수 있다고 생각했고, 나아가 물상을 잊어야 진정 그 본질을 볼 수 있다고 생각했다. 이는 현상과 본질을 분리시키는 관점이다.(109쪽)

『주역』과 노자의 사상을 결합하는 겸치역로(兼治易老)를 목표로 삼았다. 그는 왕필의 『주역주』와 『주역약례』를 인용하고 서법의 취의설을 통하여 의리적 시각으로 『주역』을 설명하되, 역리를 현학화함으로써 『주역』을 삼현(三玄)의 하나가 되는 것으로 보았다. 요컨대, 한강백은 왕필의 역학적 사유를 계승하여 현학적 유심주의를 표방하면서도 의리적으로 『주역』을 해석함으로써 송대 의리역학으로 이어지는 매개 역할을 하였다.

주백곤은 계속하여 위진 현학파와 상수파의 『주역』 학설에 관한 논쟁을 소개하였는데, 이것은 구체적으로 정현과 왕필 사이의 논쟁이다. 이들이 행한 논쟁 중에는 언의지변, 역상론, 태극론을 중심으로 전개되었다. 그는 구양건(歐陽建)의 '언진의론(言盡意論)'은 비록 『주역』의 구체적 문제로 괘상과 괘명, 괘의와 괘효사의 관계를 직접 논하지 않으나 그것은 상을 세워 뜻을 다하고 괘효사를 붙여서 그 말을 다한다는 전통을 계승하였다. 이것은 언부진의론(言不盡意論)에 대한 비판이면서 동시에 왕필의 득의망상론(得意忘象論)에 대한 부정이기도 하다. 이후에 손성(孫盛)과 은호(殷浩)는 역상(易象)의 문제에 관하여 대립된 견해를 표명하였다. 두 사람은 효상(爻象)의 변화를 받아들이면서도 손성은 도가 형기에 있다고 생각한 반면, 은호는 도가 형기를 초월한다고 여겼다.23)

당나라 때의 역학은 공영달의 『주역정의(周易正義)』로 종합되었다고 할 수 있다. 공영달은 이 저술에서 위진 시기 도가적 의리역학의 영향을 받아, 왕필 역학의 관점을 견지하면서도 양한 역학 발전의 성과를 일차적으로 총결하였다. 하지만 『주역정의』는 남북조시기의 상수와 의리학적 경향을 종합적으로 흡수하고 있다. 이를 통하여 이 저술

23) 주백곤, 위의 책, 206쪽.

은 위진 현학에서 송명 이학으로 넘어가는 데 있어서 사상적 밑거름을 제공하였다. 이정조의 『주역집해(周易集解)』 또한 공영달의 『주역정의』 이후에 출현하여 양한 역학을 총결한 것이다. 하지만 이들 저술은 전자가 한대 상수역학에 편중했다면, 후자가 현학파 의리에 치중했다는 점에서 구별된다.

공영달은 기본적으로 왕필의 취의설을 견지하면서도 취상설도 말함으로써 의리와 상수를 종합하고자 하는 취지를 가졌는데, 그는 상(象)·의(義)·수(數) 세 가지를 『주역』을 풀이하는 기본 방향으로 설정하였다. 그는 또한 역리는 유와 무를 포괄하는 것으로, 음도 양도 없는 것을 도라고 보는 것, 태극을 태극원기설의 관점에서 보는 설 등을 제시하였다. 특히 그는 취상설을 중시함으로써 현학 속의 귀무론(貴無論)을 숭유론(崇有論)으로 전환시켰다. 이를 통하여 그는 한대 역학 속의 원기설, 음양이기설을 거듭 긍정하면서 한걸음 나아갔다.[24]

주백곤은 이정조의 『주역집해』에 대해서는 상당히 소략하게 다루었다. 「주역집해서」에서 그가 언급한 내용을 통하여 그의 역학관의 단면을 언급하고 있다. 그에 따르면, 이정조는 정현의 학문을 높이 받들면서 역학은 하늘의 현상에 대하여 말해야 한다고 언급하였다. 이는 한 대 괘기설을 가리킨다. 반면 왕필에 대해서는 그의 후학들은 하늘의 현상에 대하여 말하지 않는다고 하였다. 그는 왕필의 역학이 사람의 일에 대해서만 말하고 있다고 하였다. 이것은 이정조가 『주역』을 해석하면서 취상설을 위주로 했음을 드러낸 것이다. 주백곤은 이정조가 한대 역학을 드러낸 목적이 공영달의 치우친 소를 바로잡는 데 있었고 당대(唐代)의 삼교(三教) 논쟁 속에서 『주역』의 권위를 세우고 각 학파의 사상을 통일시키고자 하는 데 있었다[25]고 하였다.

---

24) 주백곤, 위의 책, 329쪽.

2) 북송 남송 시기 역학철학의 내용

송대 역학은 크게 북송시기와 남송 시기의 역학으로 나뉠 수 있다. 북송의 역학이 진단(陳摶)과 유목(劉穆)의 하도낙서의 상수학을 잇고, 이구(李構)와 구양수(歐陽修)의 역학을 이어서, 주돈이(周敦頤), 소옹(邵雍), 정이(程頤), 그리고 장재(張載)의 역학이 전개되었다고 할 수 있다. 반면에 남송은 상수역학이 분화되면서 주진(朱震), 양만리(楊萬里), 채원정(蔡元定)의 역학이 전개되었고, 주희(朱熹)의 상수와 의리를 종합하는 『주역본의』와 『역학계몽』의 역학이 전개되었으며, 양간(楊簡)의 역전과 공리학파의 역설이 이어졌다. 주백곤은 송대 역학을 포괄하는 의미로 양송 역학이라고 하면서 송대 역학의 형성과 도학의 흥기를 북송역학으로, 남송 시기의 역학을 역학철학의 발전의 관점에서 고찰하였다.

주백곤은 송대 역학은 송대 경학 전통의 특징에 의존하고 송대 경학의 특징은 훈고가 아닌 경전해석의 주안점을 의리를 탐구하는 데 두고 있는 만큼, 역학 또한 의리를 규명하는 것에 중심이 있는 것으로 보았다. 이러한 측면에서 송대 역학의 특징은 『주역』의 원리를 고도의 철학적 이론으로 변화시킨 것에 있다고 보았다. 송대의 역학철학은 고대 역학철학의 발전의 정점을 의미하고 동시에 송명철학의 주된 내용이었다.

그는 먼저 도서지학(圖書之學)의 유행에 관하여 검토하였다. 그는 진단의 상수학을 선천태극도(先天太極圖), 용도(龍圖), 무극도(無極圖)를 중심으로 논의하였다. 이 세 가지 도는 진단의 상수학을 대표하는 것으로 선천태극도는 수학에 속하고, 용도는 상학에 속한다. 무극도는 감

25) 주백곤, 위의 책, 367쪽.

리의 괘상과 오행의 상을 설명하므로 상학에 속한다. 이 세 가지 도는 모두 음양변역의 법칙을 설명하고 있다는 점에서 송대 역학철학의 선구가 된다고 할 수 있다고 보았다.[26)]

주백곤은 유목(劉穆)의 하도낙서론을 기술하였는데, 도구서십설(圖九書十說)을 제시하였다. 유목의 하도낙서론은 진단의 용도역을 한 단계 더 발전시킨 것이라고 하였다. 또한 유목의 태극설을 설명하였는데, 여기에서 주백곤은 유목의 태극설이 오행의 생성수, 천지지수 자신의 변화 발전으로 태극 양의와 팔괘의 생성과정을 해석하고 있기 때문에 천지지수가 양의, 사상, 팔괘를 내포하고 있다고 보았는데, 이것이 훗날 이학파와 기학파 역철학의 본체론 발전에 영향을 주었다고 보았다. 이어 그는 이지재(李之才)의 괘변설을 다루었다. 그의 괘변도의 우수성은 우번의 괘변에 보이는 중복되는 괘와 규칙이 바뀌는 괘를 피할 수 있어서 우번의 괘변설을 발전시킨 것이고, 우번의 학설을 체계화 논리화했다는 것이다.[27)]

이구는 「역론」과 『산정유목역도서론』을 지었다. 이구의 역학은 왕필 이후의 의리역학을 이어 취의설을 중시하여 현학적 관점을 버렸다. 반면 한대 괘기설을 흡수하면서도 수가 상을 낳는다는 관점을 버렸다. 또한 음과 양의 두 가지 기를 중심으로 『주역』의 원리를 해석함으로써 송명 시대 기학파 역학의 선하가 되었다. 구양수는 『역동자문』을 저술하였다. 그는 「계사전」이 공자의 저술이 아니라는 것을 처음으로 문제시하고, 괘효사를 해석하는 데 의리에 치중하였으며 「단전」과 「상전」에서 주로 인간의 일에 관한 문제를 다루었다. 그는 「하도낙서」를 괴상한 것으로 봄으로써 그의 『역동자문』은 당시 유행하던

---

26) 주백곤, 위의 책, 『역학철학사』 3권, 51쪽.

27) 주백곤, 위의 책, 105쪽.

도서학파에 큰 타격을 주었다. 그는 「하도낙서」의 견해를 『주역』과 구분하여 하락학이 역학에 끼친 영향을 제거하려 하였다.[28)]

송대 역학에서 주돈이 역학은 중요한 위치를 점하고 있다. 왜냐하면 도가적 연원을 가지면서도 유가적 의리역학적 요소를 담고 있기 때문이다. 주돈이의 「태극도설」의 역철학사적 의미는 몇 가지가 있다. 첫째, 유가에서 주역을 해석하는 체제에 도가의 무극(無極) 관념을 넣은 것이고, 둘째는 음양동정으로 태극과 양의를 관계를 해석하였다. 셋째는 그는 「태극도설」을 통해 유가의 우주론에 전체적으로 완전한 체계를 제공했으며, 넷째 「태극도설」은 문자적 내용을 해설하는 동시에 도식으로 그림을 그린 것은 진단의 상수학에서 유래하였다. 이를 이어 『통서』에서의 역학은 진당 시대의 여각(旅閣)에서 의리학파의 전통을 계승하고, 왕필파의 현학적 관점을 없앤 것이다. 그의 역학은 도가와 도교의 영향을 지니고 있지만, 윤리학의 문제를 역학에 도입하여 도학파의 철학체계를 형성하는 데 우주론적 기초를 구축하였다.[29)]

주백곤은 소옹의 『황극경세서』를 중심으로 한 수리역학 체계를 검토하였다. 그는 송의 역학 체계를 선천역학과 후천역학으로 구분하여 선천역학을 「복희팔괘」와 「육십사괘」에 관한 내용 및 이론적 의미에 관한 논의라고 하였고, 후천역학은 문왕이 연역한 역학으로 문왕팔괘와 관련한 내용으로 이루어져 있다고 보았다. 그는 선천역학에서 「복희팔괘차서도」와 「복희육십사괘차서도」와 「방위도」를 논의하였으며, 이어서 「황극경세도」를 논의하였고, 「선천학」을 심법(心法)으로 보았다. 소옹의 선천역학으로 괘효상이 변화하는 내용에 관한 해석은 비록 선험론적이고 형이상학적이라고 해도 그가 제시한 문제는 송명 역

28) 주백곤, 위의 책, 173쪽.

29) 주백곤, 위의 책, 232쪽

철학사에서 심각한 영향을 끼쳤다.30)

정이(程頤, 1033~1107)는 호원(胡瑗)과 손복(孫復), 석개(石介) 등의 의리적 역해석을 계승하여 북송대 의리역학의 대표주자가 되었다. 그는 의리학파로서 노장적 관점에서 허무 개념으로 태극을 해석하는 왕필의 역학을 비판하였다. 주백곤은 정이 『역전』의 역학철학 체계가 체용일원, 현미무간, 음양의 근거가 되는 도, 동정무단, 음양무시, 성즉리로 이루어지는 것으로 보아 이들 개념을 중심으로 그의 역학철학을 해설하였다. 주백곤은 정이의 역학은 유형을 무형의 장애로 보지 않으므로 현학의 귀무론(貴無論)을 버렸지만, 왕필의 역학과 같이 추상적 의리를 추구하여 유형의 사물을 무형의 리의 화신으로 여겨 이본론(理本論)을 도출하였다고 보았다. 또한 정이의 인성론의 기본 관점인 성즉리설(性卽理說)은 그의 역학이론에서 나온 것이라고 보았다. 그는 건(乾)을 하늘의 성정으로 보고 이러한 관점을 연역하여 본성이 바로 리(理)라는 결론을 도출하였다.31)

장재는 북송대에 기 개념을 중심으로 성리학의 기론적 역학과 우주론을 제창하였다. 그는 한대 역학 중의 음양이기설과 공영달의 소와 이구의 설을 수용하여 기를 중심으로 하는 역학체계를 구성하였다. 그는 역학 저작으로 『주역』 경전 문구를 선택적으로 해설한 『횡거역설』을 썼다. 장재는 기의 본체인 '태허(太虛)'라는 말로 태극의 기를 표현한 것은 현학파 역학의 영향을 받은 것이다. 장재는 존신설(存神說)을 주장했는데, 그는 자연관에서 청허를 기의 본성으로 여기고 그것을 인성의 본질로 보았으며, 인의(仁義) 도덕은 청허(淸虛)의 성(性)으로부터 나오는 것이라고 생각하였다. 그는 신묘함을 보존하는 것을

30) 주백곤, 위의 책, 337쪽.

31) 주백곤, 위의 책, 426쪽, 521쪽.

도덕수양의 문제로 보았는데, 이 학설은 후에 도학가들에 의해 존덕성으로 해석되었다.32)

북송 대에 소옹, 주돈이, 정이, 장재의 역학 사상이 도덕역학과 선천역, 수리역학, 도가적 의리역, 유가적 의리역, 기론적 역학 등이 전개되었다. 이 가운데 소옹 정이, 장재의 역학이 남송대에 커다란 영향력을 발휘하였다. 북송을 이어 남송 시대에는 정이의 후학들이 의리역학을 이어서 연구하였고, 주희의 상수와 의리를 종합하는 역학 등이 전개되었다. 또한 양간과 육구연의 역설, 그리고 설계선(薛季宣)과 엽적(葉適) 등 공리학파의 역학이 형성되었다.

남송 대에는 정이 역학이 후학들에 유행하는 것과 상수역학이 분화되는 방향으로 역학이 연구되었다. 주진(朱震)이 대표적인 정이 역학의 계승자라 할 수 있다. 그는 정이 문하의 후학이었으므로 리학가들의 전통을 존중하면서 정이 『역전』의 괘변설을 받아들여 취상설을 수용하였다. 주진은 괘상과 그것이 취하고 있는 사물들의 상 속에서 괘효사의 의미를 찾고자 하였다. 그는 취상설에 의거하여 오행설을 긍정하였다. 그의 상수학은 기와 상을 첫째가는 지위에 올려놓았다. 나아가 그는 체용일원설을 주장하였는데, 이것은 기학파의 본체론을 형성하는 데 기반을 제공하였다.33)

남송 대에 장재 역학의 영향을 받은 학자로 『성재역전(誠齋易傳)』을 지은 양만리가 있다. 그는 『주역』 경전을 풀이하면서 장재의 『역설』에 나오는 문장을 인용하였다. 양만리는 '역사적 사실을 끌어다 경전의 내용을 입증함[引史證經]' 이외에 『주역』을 풀이하면서 문자와 의리 두 측면에서 글자를 해설하는 것을 중시하였다. 이렇게 하여 문리의

32) 주백곤, 위의 책, 521-655쪽.

33) 주백곤, 『역학철학사』 4권, 94쪽.

관통에 치중하고 훈고와 주소에 얽매이지 않음으로써 송대 학풍을 드러냈다. 또한 양만리의 역학철학에서 도(道)와 기(器)는 통일되어 있으나, 역의 도가 하늘과 땅, 음양보다 먼저 존재하고 태극보다도 먼저 존재한다고 여겼다. 세계의 본원에서 말하면 원기는 최종적으로 역의 도에 의존하고 있다는 것이다.[34]

남송 대에 부자간의 대를 이어 역학에 뛰어났던 인물로 채원정과 채침이 있다. 채원정의 『주역』에 관한 저술로는 『황극경세지요(皇極經世之要)』, 『대연상설』, 그리고 주희와 함께 지은 『역학계몽』 등이 있다. 그에게는 채연(蔡淵)과 채침(蔡沈)이라는 두 아들이 있었는데, 채연은 『주역훈해(周易訓解)』와 『역상언의(易象言意)』를 지었고, 채침은 부친의 상수역학을 이어 『홍범황극』을 썼다. 채원정과 채침은 주희의 문인이라고 해도 역학은 한대 역학과 송대 역학 중의 상수학을 이어받았다. 그것은 소옹의 수학의 영향을 받았으며, 하락학도 새롭게 해명한 것이 있었는데, 그 주요 주제는 하십락구설, 하우락기설 등이 있다. 주백곤은 채침의 하도학이 도서학파의 상수학을 새로운 단계로 발전시킨 것으로 평가하였다. 그는 수학의 형식을 빌어 만사 만물의 대립과 돌고 돎을 풀이하였으니, 이것은 변증적 사유의 요소를 지닌다[35]고 하였다.

주희는 남송대 역학을 대표하는 인물로 『역학계몽』, 『주역본의』를 지었다. 『역학계몽』은 점치는 법을 설명한 책으로 상수를 통하여 『주역』이 점을 치는 책이라고 하였다. 반면 『주역본의』는 『주역』 경과 전에 대한 주석서이다. 그는 한대 역학의 상수학파를 비판하였고, 왕필의 현학도 비판하였으나, 정이(程頤) 역학을 정통으로 계승하였다. 그

34) 주백곤, 『역학철학사』 4권, 146쪽.

35) 주백곤, 위의 책, 209쪽.

는 의리학파의 관점을 수용하면서 상수학파의 일부 관점을 수용하여 의리학파의 부족한 점을 보충하였다. 주희는 서법(筮法)에서 '역에는 태극이 있다'는 설에 근거하여 이기의 관계를 태극과 음양의 관계로 귀결시켜 리는 근본이고 기는 말단이라는 설을 제기하였다.

이 명제에 대하여 주희는 64괘 형성의 과정을 태극의 리의 자기 전개과정으로 보았는데, 그는 나뉘다[分], 흩어지다[散]로 '낳는다'를 해석하였다. 이것은 태극으로부터 384효로의 분화과정이 태극의 리 자신의 전개과정임을 표명한 것이다. 또 그는 괘효상과 괘효사 중의 의리를 정(靜)으로 보고, 괘효상과 괘효사에서 말하는 내용을 동(動)으로 보아 리는 정이고, 사(事)는 동이니 정으로 동을 제어해야 한다는 관점으로 점치는 법에서 길흉을 단정하는 활동을 해석하였다. 이런 역학관이 바로 본체론에 표현된 것이 태극부동설(太極不動說)과 주정설(主靜說)이다. 주백곤은 이어서 주희의 이학적 사유의 맹점은 오로지 개념의 상대적 독립성에만 주목하고 그것을 지나치게 확대하여 영원한 것으로 간주함으로써 결국 본체론 상에서 태극은 움직이지 않는다는 결론에 도달한 것이다[36]라고 하였다.

주백곤은 남송대 정호의 역설과 육구연의 역설을 소개하였다. 먼저 그는 정호의 역설을 정이의 역설과 구별하여 의리역학과 구별되는 심학적 역학이라고 보았다. 그에 따르면, 정호의 역설은 인덕과 지성의 경지로 '낳고 낳는 것을 일러 역이라 한다'를 해석함으로써, 천지의 도와 음양 변역의 법칙이 사람의 마음에서 떠날 수 없다고 보았다. 이와 비교하여 육구연의 역학은 취의설을 위주로 하여 이정 역학 계열에 속하는 것으로 보았다. 그는 천리로 『주역』을 해석하지만, 정호의 관점으로 천리와 역리를 해석하였다. 육구연은 우주와 인간은

36) 주백곤, 위의 책, 390쪽.

근본이 하나여서 인간의 본심은 곧 천리이다고 보았다. 이러한 관점이 역학철학에서 표현되면, 역리와 인간의 마음이 둘이 아니라거나, 효의 의미가 곧 내 마음의 리라거나, 괘효의 덕이 곧 성인의 마음이라는 관점이 된다. 육구연은 역수(易數)에 대해서도 이것이 무궁한 것은 모두 바뀔 수 없는 리에서 나오므로 사람들은 변화에 직면하여 조심하고 마음속에는 리를 간직하고 있어야 한다고 보았다.[37)]

양간은 육구연의 제자로 심학파 역학을 전승한 역학을 제시하였다. 그의 『주역』 관련 저술로는 『양씨역전(楊氏易傳)』과 『기역(己易)』이 있다. 양간은 송명시기에 '인심'으로 『주역』을 해석한 대표적 인물이다. 그의 역학은 정호와 육구연으로부터 출발하여 '자아의식'을 핵심으로 하는 본체론을 열었다. 그는 자신의 마음을 역이라고 보아 천지만물, 만사만리가 모두 내 심성에 원래부터 있는 것이다. 결국 우주를 자신의 확장으로 보고 객관을 주관의 현현(顯現)으로 보아, 개인의 의식을 본질로 하는 본체론을 형성하였다.[38)]

남송 대의 학술계는 이학파와 심학파 이외에 공리학파가 있다. 공리학파는 영가학파에 연원을 둔다. 영가 출신의 설계선(薛季宣) 또한 공리주의적 학설과 역설을 제시하였다. 설계선의 역학철학은 주로 도기(道器) 사이의 관계를 논의한 것이 대부분이다. 그는 진량(陳亮)에게 준 편지에서 도기 관계를 논하고 있다. 그에 따르면, 도는 기를 떠나서 존재하지 않고 도는 언제나 기 속에 존재한다. 곧 도는 결코 기를 떠나서 독립적으로 자존할 수 없다는 것이다. 그는 계속하여 기를 버려둔 채로 도를 구하려는 이단의 태도를 비판하였다.[39)]

37) 주백곤, 위의 책, 441쪽.

38) 주백곤, 위의 책, 479쪽.

39) 주백곤, 위의 책, 497쪽.

남송의 공리주의를 대표하는 학자로 엽적을 빼놓을 수 없다. 그는 「습학기언서목(習學記言書目)」에서 경학, 사학, 자학을 평론하였는데, 『주역』 또한 64괘의 의미를 해설하였다. 엽적은 소옹의 선천과 후천 역학을 비판하였고, 괘명에 입각한 취의설도 반대하였다. 그는 특히 '건은 있으나 곤은 없다'거나 '양만 있고 음은 없다'는 설을 제기하였는데, 이러한 관점은 역철학사에서 매우 드물게 보는 경우이다. 그는 『주역』의 의리에 대한 연구 역시 경험론에서 출발하였다. 그는 여덟 가지 물상으로 64괘의 괘의를 해석하고 여덟 가지 물상으로 오행을 해석하였다. 음기와 양기를 여덟 가지 물상의 근원이라고 생각하여 천지와 음양 이외에 세계는 실제로 헤아리기 어렵다고 주장하였다. 결국 그는 감성과 직관의 물리세계를 믿고 역학 중의 형이상학을 반대하였다. 이러한 경험론적 역학철학 역시 공리학파의 실용을 중시하고 의리에 대한 공리공담에 반대하는 학풍이 역학 연구에서 표현된 것이라 하겠다.[40]

3) 원명청(元明淸) 시기 역학철학의 내용

제8장에서 주백곤은 원명청 시기의 역학을 검토하였는데, 송대 역학이 한편으로 번영하면서 다른 한편 이학이 쇠퇴하는 국면을 검토하였다. 원대의 역학에 대하여 의리학파의 입장에서 『주역』을 해석한 내용은 새로운 것이 적은 반면, 상수학의 경우는 비교적 발달하였고 자신들만의 독특한 특색을 가지고 있다고 평가하였다. 유염(兪琰), 뇌사제(雷思齊), 장리(張履), 소한중(蕭漢中)과 같은 학자에 의해 원대 상수학

40) 주백곤, 위의 책, 590쪽.

이 심도 있는 경지에까지 이르렀다고 언급하였다. 주백곤은 원대 역학자들이 주로 논의한 문제는 하도낙서에 관한 논변, 상과 수의 관계, 상과 리의 관계에 대한 논변이었는데, 뒤의 두 문제는 상수학과 정주역학이 벌였던 논쟁의 초점이었다. 이런 논의에서 상학의 관점을 가졌던 오징은 중요한 위치를 차지한다고 하였다.

오징은 『역찬언(易纂言)』과 『역찬언외익(易纂言外翼)』을 지어 경전을 주석함에서 주희를 많은 부분 따랐지만, 취상설을 주장하여 상수학에 경도되었다. 그는 "복희가 그린 괘의 형상을 상(象)이라 하고, 문왕이 지은 괘명도 상(象)이라고 하며, 괘사와 효사에 들어 있는 사물 또한 상이라고 한다"[41]고 언급하였다. 오징은 이기(理氣) 문제에서 리(理)와 기(氣)가 별개 사물이라는 관점에 찬성하지 않고 도기(道器)에서도 역시 둘은 분리되지 않는다고 보았다. 그는 상수학의 영향을 받아서 상수와 관련된 문제를 깊이 연구하여 정주학파 역학철학 특히 주희 철학을 수정하여 명대 이학이 기학으로 전환되는 데 선구자가 되었다[42]고 한다.

이어서 주백곤은 원대 상수학으로 뇌사제의 『역도통변(易圖通變)』, 유염의 『역외별전(易外別傳)』, 장리의 『역상도설(易象圖說)』, 소한중의 『독역고원(讀易考原)』을 검토하였다. 주백곤에 따르면, 뇌사제는 『역서통변』과 『역도통변』에서 천지지수, 대연지수, 하도지수를 해석하여 수의 관점으로 세계의 보편적 연관성과 변화 규칙을 찾고자 했고, 이로써 수학파 역학철학을 풍부하게 전개했다고 요약하였다. 유염의 『역외별전』에 나타나는 역학에 대하여는 「선천도」에 대한 그의 해석이 상수

41) 吳澄, 『易纂言外傳』「象例」, "伏羲所畫之卦畫謂之象, 文王所名之卦名謂之象, 彖辭卦辭泛取所有之物, 亦謂之象."

42) 주백곤 지음, 김학원 옮김, 『역학철학사』 5권, 소명출판, 26-27쪽.

학 중에서도 상학 전통에 속하는 것으로 평가하였다. 또 유염은 소옹이 '심이 태극이다'할 때 '태극(太極)'을 생리학과 심리학적 심, 즉 심장과 정신능력으로 해석하여, 송명 역철학사에서 이채를 드러냈다. 나아가 유염은 「선천도」와 괘기설을 천시와 절기에 대한 설명으로부터 사람 몸의 혈맥과 호흡의 변화를 설명하는 이론을 도출하였다.43)

장리는 『역상도설』을 통하여 상수학 이론을 전개하면서 유목, 소옹, 주진 등의 『주역』 해석 학풍을 본받아 『주역』의 원리와 괘효상의 뜻을 해석하였다. 특히 장리의 「태극도설」은 유목 이래 상수학에 대한 일차적 총결로서, 주돈이의 「태극도설」을 강령으로 하여 하도낙서와 선후천설을 그 속에 도입하여 우주형성과 세계구조의 패러다임을 만든 것이라고 보았다. 그는 태극으로부터 64괘가 나오는 과정을 수학적 법칙으로 연역하면서 단순한 것으로부터 복잡한 것으로 전개되는 사물의 과정을 상호대립과 상호생성의 법칙으로 체현하고 있음을 설명하였다.44)

소한중의 『독역고원(讀易考原)』에서는 괘의 순서에 관한 이론을 제시하였다. 그에 따르면 괘의 순서는 건 · 곤 · 감 · 리의 정방위괘를 핵심으로 하여 64괘가 상 · 하경으로 나뉘게 된 논리구조를 추론하여, 자신의 이론을 형성하였다. 이 관점은 여덟 개의 단성괘로 56개의 괘까지 확장하였으므로 이른바 '그(팔괘) 괘체가 각각 서로 합쳐지면서 56괘를 낳게 되니, 이것이 팔괘 괘체의 작용이다'라는 의미로 연역적 사유에 속한다. 주백곤은 그가 추구했던 64괘의 논리적 구조, 특히 괘체를 주객으로 나눈 이론이 명대 상수학의 발전에 상당한 영향을 미친 것으로 보았다.45)

---

43) 주백곤 지음, 위의 책, 78-79쪽.

44) 주백곤 지음, 위의 책, 118~119쪽.

다음으로 주백곤은 명대 의리학파의 역학철학과 명대 심학의 역학철학을 차례로 검토하였다. 명대의 역학은 크게 이학파와 기학파, 심학파로 나뉜다. 이 중에 이학파와 기학파 역학은 송대 도학자들로 주돈이, 이정 형제, 장재, 주희의 역학, 특히 『주역본의』를 주석하면서 비판하는 과정에서 발전하였다. 이들은 공통적으로 정주학에서 『주역』을 주석한 틀을 준수하여, 호체설, 오행설, 납갑설 등으로 『주역』 괘효사와 괘효상 사이의 정합적 연관성보다는 경문과 전문의 의리를 밝히는 것을 중시하였다.[46] 하지만 기학파의 대표적 역학자들은 정주학의 주희의 역학철학을 비판하였다. 설선(薛瑄)과 같은 인물은 이학파에 속하면서도 주희의 견해를 존중하지 않고 이를 극복했으므로 명대 의리학파의 선구자가 되었다.

그는 명대 의리학파 역학자로 설선(薛瑄)의 「역설」, 채청(蔡淸)의 『주역몽인(周易蒙引)』, 나흠순의 열학철학, 왕정상의 역학철학을 검토하였다. 먼저 주백곤에 따르면, 설선은 『독서록(讀書錄)』에서 리와 기에 대한 논변, 체용일원설, 태극관, 주희 「태극도설해」에 대한 해설을 통하여 정주학의 역학을 드러냈다. 설선은 정주학의 의리역학을 이어서 상수와 의리를 겸하고 있는 주희를 따르면서도 체용일원(體用一源)과 이기상수(理氣象數)의 상대적 관계와 지위를 언급하면서 의리를 위주로 하는 정이를 근본으로 삼았다. 특히 그는 『독서록』에서 「태극도설」과 함께 『서명』, 『정몽』 등 장재의 저작을 주석함으로써 명대철학이 이본론에서 기본론으로 옮아가는 중간 다리 역할을 했다.

채청의 『주역몽인(周易蒙引)』은 주희의 『주역본의』의 주석에 의거하여 정주학파의 역학철학을 밝힌 것인데, 주희의 견해 중 『주역』 원문

45) 주백곤 지음, 위의 책, 144~145쪽.

46) 주백곤, 위의 책, 145쪽.

과 일치하지 않는 부분, 타당하지 않은 부분을 수정되어야 한다고 보았다. 그는 정주이학을 묵수하지 않고 이학을 극복함으로써, 명대의 이학자들을 정주학파로부터 분리시키고, 기론 철학을 제창한 학자가 되었다. 채청은 리를 기의 근거가 아니라 기가 운동하고 변화하는 법칙으로 보고, 이에 따라 태극의 리를 어떤 독립된 실체로 보지 않았다. 이러한 그의 관점이 주희의 이본론을 기본론으로 상승시켰고, 후대의 기본론에 큰 영향을 미쳤다.[47]

나흠순의 학문은 정주이학에 연원을 두었지만 그와 달랐고 명대의 심학을 반대하였다. 그는 역학 철학에서 태극과 양의 관계를 설명할 때, 이기합일설(理氣合一說)을 비판하였다. 그는 정주학파의 역학에 영향을 받아 격물궁리설에서도 궁리(窮理)를 하나의 괘와 하나의 효의 리를 궁리하는 것으로 보았다. 나아가 그가 제시한 격물궁리설은 음과 양이 변역하는 리 혹은 태극의 리는 음과 양의 두 가지 기가 변역하는 법칙을 가리키는 것으로 보아 유물론적 요소를 가지고 있다고 보았다. 주백곤은 이러한 그의 궁리설이 후대 유물주의, 특히 자연과학자들이 제창하고 계승한 격물궁리설에 영향을 끼쳤다[48]고 보았다.

왕정상은 명대 기학파를 대표하는 인물로 의리학파로 상수학과 도서학, 소옹의 수학을 비판하였다. 그가 지은 『왕씨가장집(王氏家藏集)』에는 「신언(愼言)」, 「아술(雅述)」 등의 논설이 있는데 이를 통하여 그의 역학철학적 견해를 살펴볼 수 있다. 역학철학에서 그는 장재가 말한 태허(太虛) 기에 근거하여 태극원기설(太極元氣說)을 주장하면서 이본론을 비판하였다. 왕정상은 "기(氣)는 사물의 본원이고, 리(理)는 기(氣)의 도구이며, 기(器)는 기(氣)가 이루어진 것이다"라고 하였다. 그는 역학

47) 주백곤, 위의 책, 261쪽.

48) 주백곤, 위의 책, 323쪽.

의 관점에서 이기상수(理氣象數) 중에 기가 근본이 되는 것으로 생각하였고, 기가 리에 우선하는 근원이 된다고 보았다.[49)]

명대 심학 계열의 역학은 왕수인이 "양지가 바로 역이다"라는 명제를 제기한 이후 양지의 본체와 희로애락의 미발과 이발의 관계를 해석함으로써 심학파 역학의 발전에 큰 영향을 주었다. 왕문 제자였던 계본(季本)은 『역학사동(易學四同)』을 저술하였고, 나홍선(羅洪先), 유방채(劉邦采), 만정언(萬廷言) 등도 『주역』을 전문적으로 주석한 학자들이다. 왕문 제자들 중 왕학의 심학을 명확하게 밝히고 계보를 이루었던 것은 왕기(王畿)의 역학이다. 그는 『대상의술(大象義述)』을 지어 「대상전」을 빌어 그 심학의 가르침을 분명히 밝혔다.

주백곤은 명대 심학 계열의 학자 가운데 담약수(湛若水)와 왕기의 역설을 검토하였고, 이어서 불교 선종에서 바라본 역설을 검토하였다. 담약수는 마음의 본체는 역의 본체이다[50)]라는 관점을 제시하였다. 그의 심학의 특징은 인간이 천지만물을 하나의 전체로 보고 인간의 마음을 천지의 마음으로 여기며 세계의 전체성 및 그 보편적 연관성을 추구하였다. 담약수에게서 체인(體認)은 미발과 이발, 동과 정이 분리되지 않음에 따라 천리를 체인한다는 것은 미발과 이발, 동과 정에 따라서 언제나 이루어진다. 왜냐하면 동정하는 것이 모두 나의 마음

---

49) 왕정상, 『신언愼言』, 「도체道體」, "氣, 物之原也. 理, 氣之具也. 器, 氣之成也." 왕정상은 태허 원기에 대하여 형상이 될 수 없으므로 태허라 한다(不可以爲象, 故曰太虛)고 하면서, 다른 한편으로는 원기가 바로 음양이다(元氣卽陰陽)라고 하였다. 그리고 음양에는 형상이 있다(陰陽有象)고 하였다. 이것은 바로 형상이 될 수 없는 것이 형상이 있다고 하는 것으로 모순된다. 여기에서 왕정상은 기론 철학의 두 가지 논점으로 본체론과 우주론을 융합하려 했으나, 온전하게 융합할 수 없었다.(주백곤, 『역학철학사』 5권, 387-388쪽)

50) 『감천선생문집』, 「어록」, "心之體卽是易體, 心之幾卽是爻變, 故用易全在九六, 而學問之功, 全在幾之變處, 非變, 無功也."

의 본체이고 체용이 일원이기 때문이다.[51] 그의 이러한 체용일원설은 주관과 객관을 일체로 융합하는 심학파 본체론적 특색을 지닌다고 보았다.

왕기(王畿)는 왕양명의 역학철학을 계승하여 왕학파의 『주역』을 해석한 대표가 되었다. 그는 장재가 말한 '역은 군자를 위해 도모한다'는 내용을 그의 역설의 기준으로 삼았다. 그가 「대상전」의 문장을 중시한 것은 이 문장이 유가의 윤리관념으로 의리를 체현하고 있으며 심학의 관점을 활용하는 데 편리하기 때문이었다. 또한 그가 선천역학에 관한 소옹의 논술을 통하여 그의 심학 이론을 밝힌 점은 역학사적 의미를 갖는다. 주백곤은 왕기가 체용일원으로써 선천과 후천의 도식을 해석하고 심학의 수양방법도 체용일원에 있음[52]을 논증하였다고 한다.

왕학의 심학적 관점을 견지하면서 선학(禪學)을 받아들여 『주역』 괘효사를 주석하고 해설한 인물로 태주학파의 초횡(焦竑)이 있다. 그는 공개적으로 유불합일론을 주장하였다. 반면 명대에 선사로 선(禪)으로 역을 해석한 인물로는 진가(眞可)와 지욱(智旭)을 들 수 있다. 지욱은 『주역선해(周易禪解)』를 지어 불가의 관점 혹은 선학으로 『주역』 괘효사와 『역전』 문장을 해설하였다. 그는 「건괘」를 해석하여 "불법에서 건괘 여섯 효를 해석한 것은 용이 신묘하게 통하고 변화하는 물건으로 불성을 비유하였다. 이즉(理卽)의 위치에서는 불성이 번뇌에 의해 뒤집힌 것이 되므로 '쓰지 말라'고 하였다"[53]라 하였다. 주백곤은 선

---

51) 『감천선생문집』, 「答孟生津」, "吾所謂體認者, 非分未發已發, 非分動靜. 所謂隨處體認天理者, 隨未發已發, 隨動隨靜, 蓋動靜皆吾心之本體, 體用一源故也."

52) 주백곤, 『역학철학사』 5권, 494쪽.

53) 智旭, 『周易禪解』 卷1, 「乾卦」, "佛法釋乾六爻者, 龍乃神通變化之物, 喩佛性也. 理卽位中, 佛性爲煩惱所覆, 故勿用."

불교에서 『주역』을 선(禪)으로 해석하는 것 또한 명대 심학이라는 역학철학의 관점에서 검토하였다.

이어서 주백곤은 명대 상수학의 발전을 래지덕(來知德)의 『주역집주』와 장개빈(張介賓)의 『의역의(醫易義)』를 중심으로 검토하였다. 그는 래지덕의 역학을 설명하면서 가장 먼저 "『주역』의 도는 사 · 변 · 상 · 점(辭 · 變 · 象 · 占) 네 가지일 뿐이다"54)라는 언급을 제시하였다. 리지덕의 점서(占筮) 체례에 대한 견해나 『주역』 괘효상과 괘효사에 대한 주석의 원칙은 모두 취상설로 귀결된다. 그가 제시한 착종, 효변, 중효 등의 해석 틀은 모두 취상설로 귀결된다. 래지덕은 「서괘전」과 「잡괘전」의 역에 대한 발전적 해석은 모두 착종설이 64괘의 논리구조임을 드러내는 동시에 '상을 버리고 역을 말할 수 없음'을 설명하는데 있다고 보았다.55)

송원 이래 상수학은 「선천도」와 「하도낙서」를 사람의 생리구조와 연관하여 설명을 하면서 고대의학에 대한 역학의 영향에 관심을 가지게 되면서 또 하나의 지류를 형성하였다. 주백곤은 명대의 의학대가인 장개빈의 이론을 통하여 역학이 고대 의학에 미친 영향을 검토하였다. 장개빈은 "비록 음양이 이미 『내경(內經)』에 갖추어져 있지만 변화는 『주역』보다 큰 것이 없기 때문에 천인이 하나의 리라는 것은 이 음양이 하나라는 것이고, 의(醫)와 역(易)이 근원이 같다는 것은 이 변

---

54) 來知德, 『易注』, 「繫辭上」, "易之道, 不過辭變象占四者而已."

55) 주백곤 지음, 『역학철학사』 6권, 59쪽. 래지덕이 대대와 유행으로 착종설과 팔괘방위설을 해석하는 것은 채연 역학철학을 계승하는 부분이다. 이것은 대대와 유행을 세계 운동 변화의 보편적 규율로 간주하고 대대를 유행의 근원으로 보며, 대립면의 상호작용으로 운동변화의 원천을 해석하고 있는 부분들이다. 이것은 분명한 변증법적 사유로 역학철학에서 음양설에 대한 발전적 전개이며, 그의 착종설과 대대유행설은 방이지와 왕부지 역학철학에 깊은 영향을 미쳤다.(79-80쪽)

화를 같이한다는 것이다"[56]고 하였다. 그는 이어 "마음을 깊은 경지에 이르게 하고 몸을 장수에 이르게 하면 기와 수를 수렴하고 천지를 되돌릴 수 있으니, 실로 어디인들 의가 아니며, 어디에 간들 역이 아니겠는가? 그런데도 역과 의가 어찌 두 가지가 있겠는가?"[57]라 하였다. 주백곤에 따르면, 이것은 몸과 마음속의 음양변역의 리를 드러내고 운용하는 것을 의학의 기본 의무라고 본 것으로, 역학의 수양론과 분리될 수 없는 것이다.[58]

원명대에 유행했던 상수학 전통은 명대 말기에 이르러 총결산을 행하는 작업이 이루어졌다. 이 작업은 명말 청초의 위대한 철학자이자 자연과학자, 음운학자였던 방이지(方以智)에 의해 이루어졌다. 그의 역학사상은 가학(家學)의 깊은 영향이 있었는데, 그의 부친 방공소(方孔炤)와 스승 왕선(王宣)에게서 유래하였다. 방공소가 지은 『주역시론합편(周易時論合編)』은 명말 상수학을 위주로 한 저술로 동성방씨(桐城方氏) 학파의 역학관을 대표하고 있다. 방이지 역학에서 가장 특징적인 이론은 '성인이 하늘을 주재한다'[聖人宰天說]는 관념이다. 방씨 역학의 재천설은 음양오행학설 위에 제기된 것으로 상수학의 형식으로 이론적 사유를 표현한 것이며, 인류가 음양오행의 원리를 파악한다면 천지만물을 주재할 수 있다고 생각한 것이다. 요컨대, 주백곤은 방씨 역학의 재천설(宰天說)이 지향하는 최종 목적은 철학적 원리로 자연계와 인류사회를 다스리는 데 있다고 보았다.[59]

56) 張介賓, 『類經附翼』「醫易義」, "雖陰陽已備於內經, 而變化莫大乎周易. 故曰天人一理者, 一此陰陽也. 醫易同源者, 同此變化也."

57) 張介賓, 『類經附翼』「醫易義」, "致心於玄境, 致身於壽域, 氣數可以挽回, 天地可以反複. 固無往而非醫, 亦無往而非易. 易之與醫, 寧有二哉."

58) 주백곤, 위의 책, 106쪽.

59) 주백곤, 위의 책, 508쪽.

요컨대, 주백곤은 8장에서 원대와 명대 역학철학의 여러 주제와 인물이 전개한 역학을 논의하였다. 원대 상수학과 관련해서는 뇌사제의 『역도통변』, 유염의 『역외별전』, 장리의 『역상도설』, 소한중의 『독역고원』을 검토하였고, 명대 의리학파의 역학철학에서는 설선의 역설, 채청의 『주역몽인』, 나흠순과 왕정상의 역학철학을 분석하였다. 명대 심학의 역학철학에 대해서는 담약수와 왕기의 역설을 검토하였고, 래지덕의 『주역집주』와 장개빈의 『의역의』를 통하여 명대 상수학의 발전을 점검하였다. 이어 방공소의 『주역시론합편』에 근거한 방이지의 상수학을 해명하였다. 다만 여기에서 한 가지 아쉬운 부분은 원대 역학에 대한 논의가 상대적으로 소략하다는 것이고, 특히 이 가운데서도 조선시대 역학에 커다란 영향을 미쳤던 오징의 역학이론을 매우 소략하게 다루었다는 점이다.

다음 제9장은 왕부지의 『주역내전』과 『주역외전』, 청대 고증학의 도서학, 그리고 한학가의 역설에 대하여 고찰하고 있다. 이 가운데 주백곤은 왕부지의 『주역내전』과 『주역외전』에 나타난 역설을 고찰하기 전에 명말 청초라는 역사적 혼란기에 처한 학술계의 상황을 설명하였다. 여기에서 그는 육왕의 심학이 자신들만 옳다고 생각하면서 양지(良知)와 심성(心性)을 공허하게 논하고 불교의 선(禪)으로 빠져들었던 학문 풍토를 극력 비판하였다. 명이 멸망하게 된 것도 이러한 학문적 풍토에 원인이 있는 것으로 보며 고염무(顧炎武), 황종희(黃宗羲), 왕부지(王夫之) 등이 정치 사회적 위기를 구하고자 한 지식인을 대표한다고 보았다.[60] 주백곤에 따르면, 왕부지는 의리학파의 각도에서 송명 이후 역학 및 철학을 총정리했는데, 구체적으로 송명 기학(氣學)과 상학(象學)의 전통을 계승하고 정주의 의리학을 수정하며, 심학을 비판하였

60) 주백곤 지음, 김학권 외 옮김, 『역학철학사』 7권, 소명출판, 2012, 5~8쪽.

다. 그는 송명 도학을 총결하여 기본론(氣本論) 체계를 완성하였다.

명청 교체기에 학술계의 중요한 경향은 '실학'을 연구하는 사조였다. 실학에는 두 가지 뜻이 들어 있다. 첫째는 경전의 문장 뜻을 이해하는 것에서 옛 교훈과 역사적 사실을 중시하는 것이다. 이런 경향은 고증학풍을 흥기시켰고, 경서의 본래 면모를 회복시켰다. 둘째는 경서를 연구하는 목적을 경세치용에 두는 것이다. 이러한 측면은 나라의 경제와 백성들의 삶에 유익한 실제적인 문제들을 해결하는 것에 중점을 두는 것으로, 도덕 성명을 공허하게 담론하는 것이 아니다.[61]

주백곤은 왕부지의 역학 체계를 설명하면서 먼저 그의 역학 관련 저술을 소개하였다. 곧 왕부지의 역학은 『주역고이(周易考異)』, 『주역패소(周易稗疏)』, 『주역외전周易外傳』, 『주역대상해(周易大象解)』, 『주역내전(周易內傳)』, 『주역내전발례(周易內傳發例)』와 같은 저술을 포함한다. 이 가운데 대표저술로서 『주역외전』이 상수가 변화하는 법칙을 잘 드러내면서, 『주역』 속에 있는 개념, 범주, 명제 및 이론적 사유를 발휘하고 세계를 풀이했다면, 『주역내전』은 경전의 글자와 구절을 쫓아가며 하늘과 사람의 이치를 드러냈다. 특히 『주역내전』은 『주역외전』보다도 더욱 예리하게 주희가 『주역』을 점치는 책으로 간주한 논의들을 비판하였다. 나아가 육왕 심학을 비판하고 장재의 학설을 역학의 정통이라고 보았다. 『주역내전』은 장재의 역학철학을 발전시킨 저술로 평가되며, 송명 역학 가운데 기학파 철학을 총결한 것이다.[62]

구체적으로 왕부지는 『주역』 경전을 논하면서 다음과 같은 이론들

61) 주백곤 지음, 위의 책, 11쪽. 이러한 학문적 경향은 송대 역학 가운데 도서학 및 소옹학파의 선천역학을 비판하였다. 그리하여 송대 역학 가운데 상수학은 결코 『주역』 경전의 본래 면모가 아니라고 지적하였고, 주희가 『주역본의』와 『역학계몽』에서 도서학을 긍정적으로 서술한 오류를 비판하였다.(13쪽)

62) 주백곤 지음, 위의 책, 28쪽.

에 주목하였다. 그는 점과 학을 동일한 이치[占學一理]라고 보면서, 득과 실, 화와 복을 구별하면서 『주역』에서 점을 득과 실, 즉 행위가 의리에 부합하느냐 않느냐를 미루어 판단하는 교과서라고 보았다. 이 외에도단과 효가 일치한다[彖爻一致]거나, 『주역』의 온전한 체는 상(象)이라는 관점, 건과 곤을 함께 세우는 것[乾坤竝建]가 관련한 이론을 제시하였다. 그리고 기본론의 역학철학에 근본하여 천하에 존재하는 것은 오직 기(器)라고 하였고, 만물을 신묘하게 하면서도 옛것이나 상규를 고집하지 않는다는 이론과 함께, 하늘을 이어 사람을 돕는다[延天而祐人]는 논리를 드러냈다.

왕부지가 하늘과 사람을 연속된다고 하는 논의가 지니는 의의를 주백곤은 다음과 같이 요약하였다. 곧 그의 천인(天人)에 관한 논의는 장재와 정이의 전통을 계승하고 더욱 분명히 밝힌 것이다. 물론 장재와 정이는 사람이 하늘에 합치해야 한다, 또는 천리에 합해야 한다, 태허의 기에 합치해야 한다고 했지만 사람이 하늘을 다스려야 한다고 말하지는 않았다.

하지만 왕부지는 역학 속의 인모설(人謀說)에 의거하여 숙명론을 반대하는 것으로부터 '하늘을 이어 사람을 돕는다'는 설을 제시하여 사람의 주관적 능동성을 긍정하였다. 또 그는 음양의 두 기, 천지만물 및 사람의 형체와 공능 등 자연이 준 것들을 모두 '하늘'이라 불렀고, 심령과 도덕관념을 '사람'이라고 보았다. 그의 천인설에서 하늘을 연장한다는 것과 사람을 돕는다는 것은 자연이 준 것들을 파괴하지 않는다는 것으로 사람과 자연이 병존한다는 것이고, 둘이 서로를 이루어 공동으로 발전한다는 것이다. 이런 이론은 자연의 파괴를 개조로 여기는 학설과 달리 사람과 자연의 관계를 변증법적으로 보는 것으로 이것이 바로 왕부지 역철학의 공헌이라 할 수 있다.[63]

주백곤은 이어 『역학상수론(易學象數論)』을 중심으로 한 황종희의 역학을 논의하였다. 그에 따르면 황종희는 한대 상수역학을 비판하면서도 괘효사의 해석에서는 주로 취상설을 이용하였다. 황종희의 역학은 기본적으로 의리역학에 속한다. 그의 도서학과 선천학에 대한 비판은 『주역』 경전 문구의 본의에 대한 존중으로 시작하여 역사적 사실 고증을 중시하는 데까지 이어졌다. 이어 황종희의 동생 황종염(黃宗炎)은 의리학파의 상학(象學) 전통을 계승하여 송대 역학의 도서역학을 비판하였다. 그의 『도학변혹(圖學辨惑)』은 황종희의 『역학상수론』과 함께 청대 초기의 의리학파가 송대 상수학을 청산한 대표적 저작으로 평가된다.64)

이어서 주백곤은 『중씨역(仲氏易)』에 대한 평가를 통하여 모기령(毛奇齡)의 역학의 특징을 언급하였다. 모기령 역학은 청대 한학가 『주역』 해석의 선구자로 괘효사의 문자 해석에서 훈고와 음운에 집중했고, 일부 해석은 의리학파 문자해석을 뛰어넘었다. 모기령은 또한 도서학과 주돈이의 「태극도설」에 대한 비판에서 그 사상적 자료와 역사적 연원을 고증하여 도서학이 도가와 불가에 근원하는 것으로 그것이 유가학설이라는 사실을 부정하였다. 하지만 이러한 관점은 『주역』의 상수학이 지니는 역학사와 철학사에서의 지위와 이론 사유 면에서 공헌을 부정하는 문제가 있다.65)

주백곤은 제9장 뒤에 백서본 「계사」와 「역설」에 대한 견해를 부록으로 게재하였다. 먼저 그는 백서본 「계사」에 대하여 다음과 같이 결론을 도출한다. 첫째, 백서본 「계사」는 그 문장이 이미 선진시대에 있었음을 증명해 준다. 둘째, 백서본으로 통행본 중에 잘못 옮겨 쓴 글

63) 주백곤 지음, 위의 책, 558-559쪽.

64) 주백곤 지음, 김학권 외 옮김, 『역학철학사』 8권, 13쪽.

65) 주백곤 지음, 위의 책, 104쪽.

자를 교감할 수 있다. 셋째, 백서본은 통행본 『역전』의 형성과정을 연구하는 데 있어서 하나의 단서를 제공해 준다. 그리고 그는 백서본 「역설」은 『역전』의 범주에 속하지 않지만, 역학사에서 중요한 의의를 갖는다고 보았다. 곧 백서 「역설(易說)」의 출토는 한대 역학 발전의 역사를 연구하는 데 새로운 사료를 제공함으로써, 백서본 『주역』 경전 문헌보다 가치가 크다고 보았다.[66] 또한 주백곤은 「태극도」가 내포하고 있는 특징을 음양이 서로 대립하면서도 상호 의존하는 것으로 표상되고, 원형으로 배치하여 음양이 끊임없이 변화하는 것을 나타내며, 음양의 상호보충과 상호 삼투를 통하여 화해하는 양상을 드러내고 있다고 보았다. 이러한 「태극도」의 특성은 과학기술이 고도로 발전된 시대에 서로 다른 민족과 국가와 지역, 다른 이데올로기와 관념, 다른 제도와 문화가 서로 움직이고 보충하는 길로 나아가는 데 하나의 철학적 근거가 될 수 있을 것[67]으로 보았다.

4. 『역학철학사』의 현대적 의의와 전망

이 글은 한국역학사를 보다 내실 있고 의미 있게 구성하고자 하는 목적으로 주백곤이 『역학철학사』를 저술한 취지와 구성 체제, 주제와 내용을 검토하였다. 구체적으로 『역학철학사』가 내포하고 있는 역철학적 의미와 역학사의 여러 학파와 계통의 연원과 전승 관계 등을 검토함으로써 일반 경학사 및 철학사와의 변별 지점과 상관적인 의미의

66) 주백곤 지음, 김학원 외 옮김, 위의 책, 334-336쪽.

67) 주백곤 지음, 위의 책, 370-377쪽.

연속 관계 등을 살펴보았다. 주백곤은 『역학철학사』를 지은 가장 근본적인 취지를 서양 전통사유 방식의 부족한 점을 보충하여 '현대인의 사유와 생활방식의 향방에 거울 역할'을 하는 것이라고 하였다.

유가 경전으로 『주역』에는 현대 인류사회가 드러내고 있는 여러 부정적인 문제를 성찰하고 개선할 수 있는 많은 철학적 가치론적 요소가 내포되어 있다. 현대 인류사회는 서양의 근대적 계몽적 이성관과 인간중심주의의 세계관에 따라 고도의 과학기술을 발전시킴으로써 풍요로운 물질문명을 구가하는 반대급부로 생태계의 기후위기와 수많은 사회문화적 문제를 드러내고 있다. 유가경전으로 중요한 지위를 차지하고 있는 『주역』과 그에 대하여 중국역학사에서 이루어진 주석과 해설은 이루 헤아릴 수 없을 정도이다. 이들 연구들은 모두가 천지자연과 인사의 변화법칙에 대한 설명을 통하여 인간이 길흉의 향방을 통찰하여 표준에 따른 시의적절한 행동을 하고자 하는 목표에서 벗어나지 않는다. 이것은 바로 정이(程頤)가 「역전서(易傳序)」에서 언급한 '수시변역이종도(隨時變易以從道)'라 할 수 있다. 주백곤의 『역학철학사』는 이러한 저술들에 담겨 있는 지혜를 철학적으로 이해함과 동시에 현대사회의 문제를 해결할 수 있는 새로운 가치기준을 도출하고자 하는 취지를 가지고 있다.

『주역』은 한편으로 천지자연의 변화라는 커다란 공능[大德]을 통하여 생명의 순환과 지속의 과정을 통한 만물의 본성의 실현을 언급하고, 다른 한편 생명을 실현하는 만물들 사이의 지극한 균형과 조화를 말하였다. 특히 「대상전(大象傳)」으로 포함한 『역전』에서는 자연의 변화가 상징하는 것들을 인문사회적인 영역에서 인간의 허물을 개선하고 선으로 나아가는 덕목으로 치환하여 인간이 행해야 실천적 당위를 언급한다. 『주역』의 이러한 사상들은 서구 문명이 드러내고 있는 수

많은 생태계의 위기와 사회문화적 문제들은 해결해 주는 실천적 표준을 제공해 줄 수 있다.

주백곤은 『역학철학사』를 통하여 『주역』에 관한 중국사의 역학철학사적 전개의 다양한 학문적 흐름을 서양철학적 개념을 통하여 해석하였다. 이러한 해석은 관점에 따라서 도식적이고 자의적인 측면이 있을 수 있지만, 역학철학사의 수많은 다양한 주제와 관점을 통한 내용들을 철학적 개념으로 추상화하면서 그 보편적 의미를 드러내는 것이다. 그리고 중국에서 전개된 역학사의 수많은 역학적 개념과 주제, 이론들을 상세하게 설명하고 있다. 예컨대, 도서학, 수리학, 상수학, 의리역학, 심학적 역학 등과 같은 주제와 이론들은 모두 『주역』의 변역의 법칙에 대한 다양한 양상에 대한 분류학적 고찰로서, 『주역』이 지니는 인문 사회적 실천방법론과 절차 그리고 방향 및 목적을 다양하게 드러내 주는 것이다. 이러한 점은 추후 한국역학사를 저술할 때 필수적으로 참고를 할 필요가 있을 것으로 보인다. ◆

【참고문헌】

朱伯崑, 『易學哲學史』, 北京大學出版社, 1988.

朱伯崑 지음, 김학권 외 옮김, 『易學哲學史』 1卷~8卷, 2016.

來知德, 『易注』

吳澄, 『易纂言外傳』「象例」

王廷相, 『신언愼言』, 「도체道體」

智旭, 『周易禪解』

張介賓, 『類經附翼』「醫易義」

버틀란트 러셀, 최문홍 역, 『서양철학사』 상, 집문당, 1985.

장대년 지음, 김백희 옮김, 『중국철학대강』 상 · 하, 까치, 1998.

풍우란 지음, 박성규 옮김, 『중국철학사』, 까치, 1999.

요하네스 힐쉬베르거, 강성위 옮김, 『서양철학사』 상권 · 고대와 중세, 이문출판사, 2003.

호적 지음, 송긍섭 외 옮김, 『중국고대철학사』, 대한교과서주식회사, 1985.

姜廣輝 主編, 『中國經學思想史』 第1卷, 中國社會科學出版社, 2010.

蒙培元, 『理學範疇系統』, 人民出版社, 1989

張立文, 『中國哲學範疇發展史(天道篇)』, 中國人民大學出版社, 1988.

鄭萬耕, 「朱伯崑先生的易学观」, 『中國哲學史』, 1998.8.

료명춘 등의 『주역연구사』(역본: 『주역철학사』) 서술 비평

-서술 원칙에 대한 재검토-

황 병 기

요약

이 글은 한국역학사를 서술하기 위한 참고자료로서 주변국의 역학사 저술에 대한 분석과 평가를 하는 기획의 하나로서 료명춘(廖名春), 강학위(康學偉), 양위현(梁韋弦) 3인이 저술한 『주역연구사(周易研究史)』(1991)를 심경호가 번역한 『주역철학사』(1994)를 기준으로 분석 평가한 글이다.

핵심적인 분석의 대상은 료명춘이 서론에서 제시한 "역학사 서술 원칙과 방법"에 대한 것이다. 그는 역학사 서술을 문헌사, 철학사, 인물사, 응용사로 나누어 범주를 정리하였다. 연구방법으로는 역학 연구 자체에 중점을 두고, 의리와 상수의 관계를 변증법적으로 처리하며, 역사주의 원칙을 준수할 것을 제시했다.

료명춘은 『주역』의 개념과 범주를 차용해 새로운 설을 제기한 저작물들을 역학 연구의 주요 대상으로 삼았는데, 이 점은 한국역학사 서술의 제1원칙으로 삼을 만한 경구이다. 또한 전통을 과도하게 경시하는 태도를 비판하며 역사주의적 원칙을 준수하는 것도 한국역학사 서술에 유념해야 할 원칙이다.

한국역학사를 어떻게 쓸 것인가라는 물음에 료명춘이 제시한 서술원칙들과 방법론은 시사하는 바가 크다. 한국역학사를 스스로 과장하거나 폄훼하는 일이 없도록 그가 언급한 원칙과 방법론에 귀 기울일 필요가 있다.

1. 머리말

이 글은 한국역학사를 서술하기 위한 참고자료로서, 주변국의 역학사 저술에 대한 분석과 평가를 하는 기획의 하나로서 료명춘(廖名春), 강학위(康學偉), 양위현(梁韋弦) 3인이 저술한 『주역연구사(周易研究史)』(1991)[1]를 분석한 글이다.

한국역학사 서술을 위한 논의를 시작할 때 기초적인 참고자료로서 중국역학사를 개괄할 수 있는 자료로 국내에 소개되어 있는 책 가운데 대중적이면서 인지도가 높고, 비교적 최근 출간된 두 종의 책을 선정했는데, 료명춘(廖名春) 등 3인의 『주역연구사(周易研究史)』와 주백곤(朱伯崑)의 『역학철학사(易學哲學史)』(전4권)(昆侖出版社, 2005)가 그것이다.

출간 시기로 볼 때 15년의 차가 있고, 분량으로도 아주 많은 차이가 있지만 국내 역학 연구자들에게 아마도 제일 많이 읽힌 책이지 않을까 싶다.

분석은 료명춘 등의 원서가 아니라 심경호[2]가 번역한 『주역철학사』(1994)[3]를 기준으로 하였다. 이 번역서는 신국판 양장본으로 930여 쪽이며, 한 면에 대체로 29줄로 된 방대한 양이다. 역자가 앞뒤로 추가한 자료를 제외할 경우 약 800여 쪽이다.

---

1) 廖名春, 康學偉, 梁韋弦 공저, 『周易研究史』, 長沙: 湖南出版社, 1991.

2) 심경호(沈慶昊): 1955년 충북 음성군 출생. 서울대 졸업 후 일본 교토(京都)대학에서 문학박사학위를 취득하였다. 고려대 한문학과 교수를 거쳐 2021년 퇴임 후 현재는 같은 대학교 명예교수이다. 한문학 관련 저서 30여 권과 번역서 40여 권 등이 있다.

3) 심경호 역, 『주역철학사』, 예문서원, 1994.(원서; 廖名春, 康學偉, 梁韋弦 공저, 『周易研究史』, 長沙: 湖南出版社, 1991)

번역자인 심경호는 「옮긴이의 말」에서, 교토대학에서 박사학위 논문을 준비할 때 조선 선조 때의 최립(崔岦, 1539~1612)의 역학을 접하면서, 그가 "『주역본의(周易本義)』와 『이천역전(伊川易傳)』을 아울러 채용하는 데 반발하고, 『주역본의』에만 의거하여 역리(易理)를 해석할 것을 주장했"는데 그의 이러한 주장이 우리 역학사에서, 나아가 우리 사상사에서 어떠한 의의를 지니는지가 자못 궁금했지만, "우리 역학사를 전면적으로 서술한 연구 서적을 찾을 수가 없었다"[4]고 토로하였다. 이 번역서는 1994년 9월에 초간된 것이니 30년이 지난 지금에도 후학으로서 부끄럽고 안타깝기 그지없다.

아래에서 책의 체제와 내용을 료명춘이 「서론」에서 밝힌 역학사 서술 원칙을 중심으로 정리하고자 한다. 3인의 공동저작이지만, 서두의 「지은이의 말」에서 밝혔듯이 각장마다 작성자가 다르므로 작성자를 기준으로 언급할 것이다. 「서론」은 료명춘이 작성하였는데, 이 책을 관통하는 서술원칙 등이 제시되어 있다.

2. 『주역철학사』의 저자와 구성 체계

1) 저자들에 대하여

저자들은 현대 중국의 뛰어난 역학전문 연구자들이며, 당시 중국 길림대학의 고적소(古籍所) 박사였던 김경방(金景芳) 교수의 제자들이다.

4) 심경호 역, 『주역철학사』, 6쪽.

이 책은 세 사람이 김경방 선생에게서 『역』을 공부한 결과를 묶은 것이며, 이 책을 집필하는 중에도 은사인 김경방 교수로부터 다방면으로 지도를 받았고, 원고의 일부를 교열받기도 하였다.

김경방(金景芳, 1902~2001)은 중국 요녕성 의현(義縣) 출신으로 한국계 중국인이다. 역사학자이자 문헌학자이고, 일가를 이룬 역학자로 잘 알려져 있다. 요녕성 제4사범학교 역사학과를 졸업하고, 길림대학교(吉林大學) 역사학과 교수를 지냈으며, 국제유학연합회 고문 등을 역임했다. 대학 졸업 후 섬서, 강소, 안휘, 호북, 호남, 사천 등지를 전전하다가, 1940년 사천성 낙산(樂山)시 복성서원(復性書院)에 들어가 일대유종(一代儒宗)으로 불리던 마일부(馬一浮) 선생을 따라 배웠다. 1941년에 사천 삼태(三台)현으로 쫓겨온 동북대학(東北大學)에서 교편을 잡았고, 강사, 부교수, 교수를 지냈다. 1954년 장춘(長春)시 동북인민대학(東北人民大學, 1958년 길림대학(吉林大學)으로 개명)의 역사학과 교수가 되었다. 저서로 『주역전해(周易全解)』[5], 『학역사종(學易四種)』, 『주역강좌(周易講座)』, 『주역계사전(周易繫辭傳) 신편상해(新編詳解)』, 『공자신전(孔子新傳)』 등 다수가 있다.

김경방의 역학은 대체로 의리(義理)를 핵심으로 삼고 상수를 보조적 해석 수단으로 보는 의리역학에 속한다. 그는 『주역』을 주희가 주장하는 점서(占書)나, 소옹(邵雍)이 주장하는 수리적 기호 체계로 보지 않고, 윤리학과 우주론, 인문철학이 결합된 사상서로 이해한 전형적인 의리학자이다. 『주역전해(周易全解)』와 『주역계사전(周易繫辭傳) 신편상해(新編詳解)』 등에서 그는 괘상(卦象)과 효상(爻象)을 인간 행위의 규범적 의미로 환원하였고, 음양(陰陽)과 강유(剛柔)를 도덕적이고 정치적인 판단 구조로 이해하였다. 그러나 그렇다고 하여 김경방이 상수를 배제

5) 『주역전해(周易全解)』는 여소강(呂紹綱, 1933~2008)과의 공저로 안유경이 상하권으로 번역출간(도서출판 심산, 2013)했다.

한 것은 아니고, 의리를 해명하는 보조적인 수단으로 활용하였다.

대체로 그에게 배운 료명춘 등 3인의 『주역철학사』도 상수를 보조적 수단으로 사용한 의리역학적 경향을 드러낸 책이라고 할 수 있다. 양위현이 스승인 김경방의 역학에 대해 정리한 글을 1995년 발표한 바 있는데, 이들이 대체로 어떤 역학적 노선에 서 있는지를 짐작할 수 있게 한다.

> 선생은 줄곧 『주역』이 사상을 논하는 책이라고 주장해 왔으며, 그 가치 또한 그 안에 담긴 사상에 있고, 복서(卜筮)는 다만 그 외형적 껍질에 불과하다고 보았다. 이미 1930년대에 선생이 『역통(易通)』을 저술할 때, 옛 성현들이 『역』을 지은 목적은 '하늘의 도(天之道)'와 '백성의 일(民之故)'을 밝히는 데에 있으며, 『역』은 자연의 법칙과 사회의 법칙을 논하는 책이라고 지적한 바 있다. 또한 『역통』에는 이미 「『주역』과 유물변증법」이라는 전문적인 장(章)이 있어, 『주역』에 담긴 변증법적 사상을 논술하였다.
>
> 선생이 1950년대에 발표한 논문 「역론(易論)」에서는, 점서인 복서가 본래 원시 종교의 한 형태임에도 불구하고 어째서 철학을 산출하게 되었는가라는 문제에 대해 한층 더 깊이 답하였으며, 동시에 『주역』 속에 포함된 대립과 통일의 법칙, 그리고 양적 변화가 질적 변화로 전환되는 법칙에 관한 사상도 더욱 심화하여 논의하였다.
>
> 1984년에 발표한 「설역(說易)」에서는, 『역전』이 비록 시초와 괘를 '신물(神物)'로 간주하였으나, 그 신물의 이면에는 '하늘의 도'와 '백성의 일'에 관한 고도의 지식이 저장되어 있음을 지적하였다. 『역경』과 『역전』을 지은 사람들 모두 괘에 영험함이 있어 미래를 미리 알 수 있다고 믿은 것이 아니라, 시초와 괘를 빌려 신도의 방식으로 교화를 행하였던 것이다.[6)]

---

6) 梁韋弦, 「金景芳的易學」, 『大易集義』(劉大鈞 主編), 上海古籍出版社, 2002.12. 원래 이 글은 『傳統文化與現代化』 1995年 第1期에 발표된 것인데, 2002년도에 『大易集義』에 재수록된 것이다.

료명춘(廖名春, 1956~)은 한족으로, 후난성 무강시(湖南省 武岡) 출신이다. 길림대학교(吉林大學)에서 역사학 박사학위를 받았으며, 청화대학교(淸華大學) 역사학과 교수이자 박사과정 지도교수이다. 산동대학교 「주역과 중국 고대철학 연구센터」 겸임교수, 중국인민대학교 공자연구원 및 수도사범대학교 중국시가연구센터 겸임연구원, 사천대학교 고적연구소 겸임교수, 안양사범학원 겸임교수, 한국 성균관대학교 객좌교수 등을 역임하였다.

1978년 소양사범전문학교(현 邵陽學院) 중문과를 졸업하고, 같은 해 8월부터 교편을 잡아 국어를 가르치다가 1985년 무한대학교(武漢大學) 고적연구소 고전문헌학 연구생 과정에 입학하여 1988년 문학 석사학위를 취득하였다. 1992년 길림대학교 고적연구소에서 중국 고대사 전공으로 역사학 박사학위를 취득하였다.

1992년 8월 청화대학교 사상문화연구소 교수가 되었고, 2002년 12월에 청화대학교 역사문헌학 교수로 임용되었다. 2008년 『공자문화』 제6호에 실린 「료명춘 선생 인상기(廖名春先生印象記)」[7]에 따르면, 그는 무한대학교 중문과 재학 시절 저명한 음운 · 훈고학자인 주대박(周大璞), 종복방(宗福邦) 교수의 지도를 받았고, 길림대학교 역사학과에서는 김경방(金景芳) 교수의 지도를 받았다.

공동집필자 3인 가운데 료명춘이 가장 왕성하게 역학전문가로서 저술과 논문 발표, 학회 활동 등을 현재까지도 이어오고 있다. 그는 마왕퇴 백서(馬王堆 帛書) 『역전(易傳)』을 가장 이른 시기에 정리한 학자 가운데 한 사람으로, 곽점 초간(郭店楚簡)과 상해박물관 소장 초간(楚簡), 그리고 선진 · 진한 시기의 학술사상사 연구 분야에서 가장 선도적인 연구자의 한 사람이다. 그는 국가사회과학기금 과제 「백서 『역전』과

7) 「廖名春先生印象記」, 『孔子文化』 第6期, 曲阜師範大學 孔子文化研究院, 2008.

선진 · 진한 학술사」, 교육부 사회과학기금 과제 「신출 간백(簡帛)과 사맹학파(思孟學派)」, 북경시 사회과학기금 과제 「전국시대 초간본 『노자』 연구」, 전국 고등학교 고적위원회 기금 과제 「백서 『역전』 교석(校釋)」, 교육부 성(省) 소속 대학 인문사회과학 중점연구기지 과제 「『공자 시론(孔子詩論)』과 선진 시학 연구」 등 다수의 연구 과제를 맡아 수행하였다. 또한 국가 고적정리 중점 사업인 『중국고적총목제요』 「주역 권」과, 국가 중점 과학기술 공관(攻關) 사업인 「하 · 상 · 주 단대공정」과 관련된 여러 전문 연구에도 참여하였다. 특히 이학근(李學勤) 교수와 공동으로 수행한 「출토 간백 역학 연구」와 「신출 간백과 중국 사상사 연구」는 교육부 인문사회과학 중점연구기지의 중대 연구과제로 추진된 것이었다.

강학위(康學偉, 1958~)는 길림성 영길현(吉林省 永吉) 출신으로, 통화사범학원(通化師範學院) 원장과 교내 학술위원회 주석을 역임하였으며, 교수이자 대학원 지도교수로 활동하였다. 길림사범대학교 부총장, 통화사범학원 원장, 길림성 주역학회 회장, 길림성 역사학회 부회장, 길림성 문학학회 부회장, 길림성 철학학회 부회장 등을 역임하였다. 저서로 『선진 효도 연구』, 『주역연구사』(공저), 『정현 평전』 등이 있고, 학술 논문 50여 편을 발표하였다. 또한 여러 차례 성 사회과학 우수 성과상과 장백산 도서상을 수상하였다.[8)]

그는 1982년 사평사범학원(四平師範學院) 중문과를 졸업하고, 1988년 무한대학교(武漢大學) 중문과에서 문학석사 학위를 취득하였으며,

8) 강학위(康學偉)에 대한 정보는 국내에 소개된 것이 별로 없다. 그가 소속했던 대학교와 90년대에 그가 출간한 책들의 서지정보 등에 의지할 수밖에 없다. 위 약력은 동북사범대학교의 학과소식란에서 가져온 자료로 2018년 3월 23일 문사학원 초청으로 학술 발표를 진행했을 때의 약력이다.

1991년 길림대학교에서 중국고대사 전공으로 역사학 박사학위를 취득하였다. 1994년 1월 동 대학교 교수가 되었고, 1996년 7월 길림사범대학교 부총장에 임명되었으며, 2005년 8월 통화사범학원 원장에 임명되었다. 2016년 11월에 통화사범학원 원장직에서 물러났다.

1991년 길림대학교 박사학위 논문은 선진(先秦) 시대의 효도(孝道)를 연구한 것으로, 선진사학의 여러 영역을 폭넓게 포괄하였으며, 지난 약 100년간 축적된 역사학 · 민족학 · 민속학 · 윤리학 · 인류학 · 고고학 등 여러 학문 분야의 방대한 새로운 자료를 분석 · 활용하였다. 이를 통해 선진 시기 효 관념의 형성 · 발전 · 융성 · 전환에 이르는 전 역사적 과정을 전면적이고 체계적으로 고찰하였다. 이 논문은 이듬해인 1992년 대만에서 같은 제목으로 출간되었다.[9)]

양위현(梁韋弦, 1953~2024.10)은 만주족이며, 1953년 길림성 동풍현(吉林省 東豊)에서 태어났다. 1982년 사평사범학원(四平師範學院)을 졸업하고, 1986년 동북사범대학교에서 법학 석사학위를 취득하였으며, 1992년 길림대학교에서 역사학 박사학위를 취득하였다. 복건사범대학교 사회역사학원 교수이자 박사과정 지도교수를 지냈으며, 1995년에 길림성 우수교원 칭호를 수여받았다. 저서로 『역학고론(易學考論)』, 『정씨역전도독(程氏易傳導讀)』 등이 있으며, 논문은 60여 편 넘게 발표하였다. 강학위와 다섯 살 차 위지만 동기동창으로 박사과정 중에 『주역연구사』를 공동집필한 것인데, 이후 강학위는 주로 행정가로서 활동하였고, 양위현은 꾸준히 역학전문가로서 저술과 논문발표, 출토문헌 연구 등 학술 방면에서 활동하였다.

그는 1991년 『주역연구사』를 공동집필한 이후, 여러 권의 굵직한 역학 전문서적을 출간하였다.[10)]

---

9) 康學偉, 『先秦孝道研究』, 台灣文津出版社, 1992.

2) 책의 구성에 대하여

서론을 포함하여 총 8개 장으로 구성되었는데, 3인이 나누어서 집필하였고, 원고가 완성된 후에는 료명춘이 책임을 지고 전체를 통괄하였다.[11] 장별 저자와 분량 등을 표로 정리하면 아래와 같다.

구 분	저자	면수	대상 시기
서론	료명춘(廖名春)	11면	
제1장 선진역학	료명춘	106면	약 1,000년(기원전 11세기~기원전 2세기)
제2장 양한역학	강학위(康學偉)	100면	약 400년(기원전 2세기~2세기)
제3장 위진수당역학	강학위	104면	약 700년(2세기~9세기)
제4장 송원역학 1	양위현(梁韋弦)	73면	약 400년(9세기~13세기)
제5장 송원역학 2	양위현	130면	
제6장 명청역학	료명춘(廖名春)	140면	약 500년(13세기~19세기)
제7장 현대역학	료명춘	112면	약 100년(19세기)

10) 양위현은 2003년 8월에 『程氏易傳導讀』(齊魯書社)을 출간하였고, 2009년에는 『周易口義 · 易童子問 · 温公易說 · 易說 · 伊川易傳 · 漢上易傳』의 교점(校點)본을 陳京偉, 劉保貞과 함께 내면서 북송의 張載와 程頤, 남송의 朱震 저작 부분을 책임 교점(校點)하여 북경대학출판사에서 출간하였다. 2010년에는 『淸人易學二種: 惠棟《易漢學》王夫之《周易大象解》評解』를 흑룡강인민출판사에서 출간하였고, 2014년에는 『古史辨僞學者的古史觀與史學方法: 《古史辨》讀書筆記』를 흑룡강인민출판사에서 출간하였다.

11) 심경호 역, 『주역철학사』, 「지은이의 말」 참조.

위 표를 좀더 거칠게 정리해 본다면, 료명춘이 선진역과 현대역을 집필하고, 강학위가 한역(漢易)을, 양위현이 송역(宋易)을 전담하여 집필한 것이다.

대체로 역학의 분기점이 되는 시대를 묶어 대략 3,000년의 시간을 7개의 시대로 구분하고, 각 시대별로 약 100면 정도로 균형을 맞추었다. 선진 시대과 현대의 역학 장을 제외하고, 대체로 두 왕조를 하나의 역학 단계로 묶어서 단계별 역학의 성격을 대략 알 수 있게 잘 구성했다고 할 수 있다. 7개로 구분된 시대는 실제적 기한이 상당한 차이를 보이지만, 저자들이 분류한 방식대로 특수한 기조들이 공통 분모로 작동하고 있기 때문에 설득력이 있다.

선진 시기는 역(易)의 탄생기로부터 기점을 삼을 경우 3,000여 년의 시기가 되겠지만, 「서론」에서 밝힌 서술 원칙에 따라 '역학(易學)'이라는 구체적 자료가 출현하는 서주(西周) 초기 곧 기원전 11세기 경부터 전국시대까지 대략 1,000년을 다루었다. 양한 시기는 약 400년이 넘는 기간으로 한역(漢易)의 성립기이다. 위진 수당기는 약 700년 가까운 기간으로 왕필의 역학이 정통역학의 지위를 차지해 가는 과정이면서 양한 역학의 상수역 이론들이 배제되는 시기이다. 송원시기는 400여 년의 짧은 시기이지만 소옹(邵雍), 정이(程頤), 주희(朱熹) 등 걸출한 역학자를 배출한 시기이다. 명청 시기는 박학역이 등장하여 많은 역학자들이 활동하였고 최근세기로서 자료가 풍성하니 140면도 부족한 면이 있다. 현대 역학기는 짧지만 비중있게 다루어야 할 시기이니만큼 가능한 분량이다. 이 책은 1989년까지 나온 자료를 이용하였으므로 현대 역학기는 1989년까지가 된다.

각장 아래 3~5개의 절을 두었는데 목록화하면 다음과 같다.

〈『주역철학사』(료명춘 등)의 장절 구분〉

장 제	절 제
제1장 선진 시대의 역학	제1절 선진 역학 개설 제2절 선진 시대의 역학설 제3절 경의 지위로 올라선 역전
제2장 양한 시대의 역학	제1절 양한 역학 개설 제2절 양한 시대의 상수역학 제3절 비씨 고문역 제4절 황로파 역학
제3장 위진수당 시대의 역학	제1절 위진수당 시대의 역학 개설 제2절 위진남북조 시대의 현학 의리파 제3절 위진남북조 시대의 상수파 역학 제4절 수당 시대의 역학
제4장 송원 시대의 역학 1	제1절 송대 역학 개설 제2절 북송의 상수파 역학 제3절 남송의 상수파 역학
제5장 송원 시대의 역학 2	제1절 북송의 의리파 역학 제2절 남송의 의리파 역학 제3절 원대의 송역
제6장 명청 시대의 역학	제1절 명청 역학 개설 제2절 명청 시대의 송역 제3절 청대 역학의 주류-박학역
제7장 현대의 역학	제1절 현대 역학 개설 제2절 현대의 의리역학 제3절 현대의 상수역학 제4절 현대의 고거역학 제5절 해외의 역학 연구

비교를 위해 주백곤의 『역학철학사』의 장절을 아래에 제시한다.

〈『역학철학사』(주백곤)의 편장절 구분〉

편수	시기	장	주 제
제1편	선진	제1장	춘추전국 시대의 역설

		제2장	『역전』과 그 철학
제2편	한당	제3장	한대의 상수역학
		제4장	위진현학파의 역학철학
		제5장	당대 역학철학의 발전
제3편	양송	제6장	송대 역학의 형성과 도학의 흥기
		제7장	남송시기 역학철학의 발전
제4편	원명청	제8장	송대 역학의 번영과 이학의 쇠락
		제9장	도학의 종결과 한학의 부흥

『주역철학사』(료명춘 등)와 『역학철학사』(주백곤)는 한눈에 보기에도 장절의 구분이 뚜렷하게 차이가 난다.

선진 시대에 대해서는 『주역철학사』와 『역학철학사』가 동일하고 다루는 내용도 유사하다. 그러나 『주역철학사』 제2장 양한 시대의 역학과 제3장 위진수당 시대의 역학 부분은 『역학철학사』에서는 제2편 한당 시기로 대략 1,100년의 기간이 한데 묶였고, 다루는 내용도 한대 상수역학, 위진현학파의 역학, 당대 역학으로 크게 세 장으로 갈래치기 하였다. 또 『주역철학사』의 제4장과 제5장은 송과 원 시기를 한데 묶어 상대적으로 비중있게 다루면서 400여 년의 기간을 두 장으로 구분하여 서술하였지만, 『역학철학사』는 원 시기를 제4편으로 넘기고 제3편에서 북송과 남송 시기를 묶어 양송(兩宋) 시기로 처리하였으며, 상대적으로 남송 시기를 더 비중있게 다루었다. 『주역철학사』는 명청 시기를 별도로 한 장으로 다루었지만 『역학철학사』는 원명청을 한 편에 묶어 서술하였다. 또한 『주역철학사』에서는 현대 역학을 비중있게 다루었지만 『역학철학사』에서는 다루지 않았다.

주백곤의 『역학철학사』 서술내용의 현황에 대해서는 앞글 엄연석이 정리한 부분을 발췌하는 것으로 대신한다.

주백곤은 『역학철학사』를 저술하면서 '역학철학'이라는 주제적 의미를 강하게 피력하였다. 그런데 전체적인 구도로 생각할 때 상대적으로 소략하게 다룬 역학자들을 볼 수 있다. 의리역학이 형성되기 시작한 때는 여러 상수학적 흐름이 진행되던 한대(漢代)로 상수역학이 상대적으로 주도하던 시대였다. 여기에서 한대에 상수역학과 대립되는 학설로서 의리역학의 형성기에 의리적 관점을 제시했던 비직(費直)의 역학에 관해서는 자료의 부족 때문인지 다룬 내용이 거의 없다. 또한 당나라 때 상수역학을 총결한 이정조(李鼎祚)의 역학에 대해서도 매우 적은 분량으로 처리되었다. 북송대로 내려와서 정이의 스승이었던 호원(胡瑗)의 역학에 대해서도 다루지 않았고, 『동파역전』으로 대표되는 소식(蘇軾)의 역학은 전혀 다루지 않았다. 소옹(邵雍)의 경우는 선천역학을 위주로 다룸으로써 후천역학에 대해서는 소략하게 처리하였다. 정호(程顥)의 역학도 육구연(陸九淵)과 비교하면서 일부 다루면서 상대적으로 내용이 부실하다. 마지막으로 원나라 때 오징(吳澄)의 역학은 이민족 몽골이 다스리던 시기에 대한 비판적 평가 때문인지 매우 소략하게 다루어졌다.[12)]

3. 『주역철학사』의 서술 원칙과 방법론

료명춘은 이 책의 「서론」(43쪽-53쪽)에서 『주역철학사』 서술의 원칙과 방법을 상세히 기술하였다. 한국역학사의 서술을 위해 참고할

12) 엄연석, 「주백곤의 『역학철학사』 서술 비평 -저술 목표에 대한 재검토-」, 『한국역학사 연구담론』, 동과서, 2026, 42쪽.

점이 많기 때문에 이를 집중적으로 분석할 것이다.

료명춘은 "『주역』은 중국 문화사상 비견할 만한 것이 없는 전적일 뿐만 아니라 세계 문화사에서도 반짝이는 별이다"(43쪽)라고 『주역』의 가치와 의미를 규정하였고, "중국의 철학을 연구하든 문학을 연구하든, 유학의 정신을 논하든 불교 도교의 이론을 논하든, 중국 과학 기술사를 공부하든 중국과 외국의 문화 교류사를 공부하든, 어느 경우에도 역학을 떠날 수가 없고 『주역』을 연구하지 않을 수가 없다"(44쪽)고 하여 『주역』의 영향권이 인문사회과학 분야와 자연과학 분야 모두에 미친다는 점을 강조했다. 그리고 이러한 『주역』에 대한 연구를 '역학(易學)'이라고 정의했다.

료명춘은 역학의 영향권이 이렇게 폭넓고 역학의 연구가 활발한 반면 역학사의 연구는 과거에도 현재에도 빈약하기 짝이 없다고 유감을 표명하고, 이전에 나온 역학사 저작을 비교하고 비평했다.

일본의 곤 도코(今 東光, 1898~1977)가 쓴 『역학사』라는 책[13]은 주희(朱熹)까지밖에 다루지 않았고, 도다 도요사부로(戶田 豊三郎)가 쓴 『주역주석사강(周易注釋史綱)』[14]은 청대까지의 주소학에 국한되어 있다고 보았다.

중국의 고회민(高懷民)이 쓴 『양한역학사(兩漢易學史)』[15]는 특정시대를 대상으로 했고, 주백곤(朱伯崑, 1923~2007)이 쓴 『역학철학사(易學哲學史)』[16]는 특정 주제를 전문적으로 연구했지만 료명춘이 책을 출간할 당시 남송시기까지밖에 출간되지 않아서[17] 2,000여 년에 걸친 역학

13) 今 東光, 『今氏易學史』, 東京: 紀元書房, 1941.

14) 戶田 豊三郎, 『易經注釋史綱』, 東京: 風間書房, 1968.

15) 高懷民, 『兩漢易學史』, 臺北: 臺灣商務印書館, 1970(民國59).

16) 朱伯崑, 『易學哲學史』(全4卷), 臺北: 昆侖出版社, 2005.

17) 료명춘 등이 이 책을 집필할 1991년 당시 주백곤(朱伯崑)의 『역학철학사』는 송대

연구를 역사적 논리적으로 총 결산하는 역학 통사를 집필해야 할 필요성이 있다고 언급했다. 이 책은 바로 그가 말한 중국 역학 연구 2천 년의 역학 통사인 것이다.

료명춘이 말하는 역학사에는 역학 문헌사, 역학 철학사, 역학 인물사, 응용 역학사가 포함된다. 역학사 내에서 이 네 분야는 각각 고유의 영역을 지닌다.

> 역학 문헌사는 역대 역학 저작물의 유포 및 전수의 계보, 주소(注疏)의 상황을 조사하고, 역학 저작물의 교감(校勘), 변위(辨僞), 문자 훈고의 고증을 수행하는 것으로 사료학(史料學)의 범위에 속한다.
>
> 역학 철학사는 역대 역학 중의 이론 사유와 그로부터 형성된 철학 체계가 발전해온 역사를 연구하는 것으로 철학사 또는 사상사의 범위에 속한다.
>
> 역학 인물사는 역대 역학가의 현황을 연구하고 그들의 역학 관점과 역학 저작을 살피며, 역학사의 위치 및 그 역학의 연원, 역학 연구와 사상 학술과의 관계를 다루는 것으로 전기사학(傳記史學)에 속한다.
>
> 응용 역학사는 두 방면에서 역대 역학의 응용 상황을 연구하는데, 첫째가 역학이 일반 철학과 기타 학문들을 지도한 역사적 상황을 연구하는 것이고, 둘째가 거꾸로 역학이 직접적이고 구체적으로 다른 학문에 응용된 역사

까지의 역학사가 상하 두 책(1988년 간)으로 출간되어 있었고, 2005년에야 전4권으로 완간되었다. 국내에는 2012년 소명출판사에서 완역 출판되었다. 역자 5인 가운데 김연재, 윤석민, 주광호는 주백곤의 지도 하에 북경대학에서 박사학위를 취득한 제자들이고, 김학권과 김진근은 연구학자의 신분으로 주백곤에게서 수학한 이들이다. 주백곤(朱伯崑)은 중국 천진시 출신으로 1923년 태어나 1952년 청화대학 철학과를 졸업하면서, 그의 스승인 풍우란(馮友蘭)과 함께 북경대학으로 옮겨 철학과 교수로 재직했고, 이후 2007년 사망할 때까지 줄곧 북경대학에서 후진을 양성했다. 그는 세계 역학 연구의 총본산이라고 할 수 있는 〈국제역학연합회(國際易學聯合會)〉와 〈동방국제역학연구원(東方國際易學硏究院)〉을 설립하고 주관하여 역학 분야 연구의 세계 교류와 발전에 이바지했다.

적 상황을 연구하는 것이다.(45쪽)

그런데 료명춘은 역학의 응용 분야에 있어 첫째 경우는 역학이 철학을 지도하여 사유를 계발한 면이 있기 때문에 다룰 만한 것이지만, 둘째 경우는 필연적 연관이 결여된 견강부회에 불과하기 때문에 역학연구사에서 다룰 만한 꺼리는 못된다고 보았다. 그러나 이런 것들은 교차사학(交叉史學) 또는 주변사학에 속하는 것으로서 역학의 본류는 아니지만 '역외별전사(易外別傳史)'로서는 다루어야 한다고 주장했다.

료명춘은 역학사를 연구하는 방법으로 세 가지를 제시했다.

첫째는 역학 연구 자체에 중점을 두어야 한다는 것이고, 둘째는 의리와 상수의 관계를 변증법적으로 처리해야 한다는 것이며, 셋째는 역사주의 원칙을 지켜야 한다는 것이다.(46-47쪽)

료명춘이 제시한 3가지 방법론은 주백곤의 『역학철학사』 방법론과 약간 결을 달리한다.

주백곤은 "역학이 각 시대의 철학사상과 긴밀한 교섭을 통해 발전한다"[18]는 전제에서 출발하여, 『주역』이 우주론, 인성론, 경세론 등의 관점을 두루 내포하고 있다고 생각했다. 그는 선진 · 양한 · 위진 · 송명의 철학이 각자의 사유를 전개함에 있어 『주역』을 그들 사상의 전거로 삼고 있기 때문에, 한대의 금고문 역학, 위진의 현학파 역학, 송명의 수학파 역학, 리학파 역학, 기학파 역학, 심학파 역학 등이 모두 역학과 시대철학의 긴밀한 교섭을 잘 보여주는 것으로 파악했다. 그에게 있어 『역학철학사』는 역학과 시대철학의 교섭을 논증하는 책이

18) 주백곤 지음, 김학권 외 옮김, 『역학철학사』 1, 소명출판, 2106, 16-17쪽 참조.

라도 말할 수 있다. 주백곤은 『역학철학사』의 구체적 논증을 다양하고 풍부한 문헌적 · 사상적 고증에 바탕하고 있기 때문에, 고증작업에서 『주역』 관련 저작만을 근거로 하는 것이 아니라, 사서, 문집, 어록 등 일체의 자료를 섭렵하고 있다. 이 때문에 주백곤의 『역학철학사』는 단지 '역학이 갖는 철학적 의미에 대한 사적 고찰'이 아니고 그 자체로서 온전한 '중국철학사'가 된다고도 할 수 있다.

반면에 료명춘은 역학 '연구' 자체에 중점을 두고, 다른 학문 분야에 응용된 역학을 주변적인 역학으로 치부하면서 본류에서 벗어난 역외별전(易外別傳)으로 다루고자 하는 의도를 분명히 했다. 료명춘이 의리와 상수의 관계를 변증법적으로 처리해야 한다고 주장한 것은 서술의 원칙이자 방법으로서 주변적인 수많은 논란들을 삭제하고 의리와 상수라는 관계의 변증사에 집중하겠다는 의지를 밝힌 것이다.

거칠게 두 책을 비교한다면, 주백곤의 『역학철학사』는 역학을 매개로 한 중국철학사를 서술한 것이고, 반면에 료명춘 등의 『주역철학사』(원제: 周易硏究史)는 역철학을 중심으로 의리와 상수의 변증법적 역학사를 서술한 것이라고 할 수 있다.

료명춘이 제시한 첫 번째 방법인 역학 연구 자체에 중점을 둔다는 것은 역학 문헌학과 역학 철학을 중심에 두겠다는 뜻이다. 료명춘은 역학 관련한 문헌학과 철학이 역학사 연구의 핵심이라고 보았다.

> 그중에서도 『주역』 경(經)과 전(傳)의 문헌을 연구하고 전본(傳本)을 연구하며, 『주역』 경 · 전의 의리를 밝히는 것이 역학의 본체이므로, 역학사도 마땅히 이 역학의 본체를 우선 고려해야 한다.(46쪽)

따라서 새롭게 발견된 숫자괘와 백서 주역을 크게 부각시켰고, 현대 역학에서 『주역』 경전의 작가 · 시대 · 내용을 변석한 내용들도 크게 부각시켰다.

우리가 그의 첫 번째 방법론에서 주목해야 할 것은 바로 그가 "『주역』의 개념 · 범주 · 명제를 차용하여 새로운 설을 내세운 저작물들을 역학사 연구의 주요 대상으로 삼았다"고 한 점이다. 그들이 일곱 단계로 시기를 구분한 것도 각 시기에 새로운 설이 등장하고 그것이 보편화되는 과정이 있었기 때문이다. 이 점은 한국 역학사 서술에 있어 제1원칙으로 삼아야 할 경구라고 주장하고 싶다. 정통과 이단의 구분을 금과옥조로 여기면서 이단을 사문의 난적으로 규정하는 습속으로는 새로운 가설의 탄생을 억제하고 폄하하게 될 것이다.

> 예를 들어 왕부지(王夫之)의 『주역내전(周易內傳)』과 『주역외전(周易外傳)』, 주돈이(周敦頤)의 『태극도설(太極圖說)』 등과 같이 비록 『주역』 경전의 본뜻에서 다소 벗어나 있다고 하더라도 그 이론이 『주역』 학설을 발전시켰거나 혹은 여러 가지로 『주역』의 사상을 풍부하게 만들었으면, 그것들도 역학사 연구의 주용 대상으로 삼았다. (46쪽)

료명춘의 말처럼 새로운 설을 역학사 연구의 대상으로 삼지 않는다면, 역학사 서술은 경학사 또는 주석사의 범주를 벗어나지 못할 것이다. 아마도 이것은 역학 자체의 발전사에서도 의미있는 것이 될 것이며, 역학의 문화사라는 면에서도 다양성을 확보할 수 있는 관점이 될 것이다. 특히 『주역』 발전사의 본류가 아닌 주변의 발전사에서는 문화적 다양성을 매우 중요한 언급 요소로 삼아야 할 것이고, 또한 주변 자체의 역학 발전사를 언급할 수 있어야 할 것이다.

료명춘은 한편 응용 역학 분야는 역학의 범위 바깥에 있는 것으로 치부하여 서술의 대상으로 삼지 않았다. 그는 응용 역학의 주 대상은 복서(卜筮)나 자연과학이 될 것이기 때문에, 역학 문헌학과 역학 철학 분야와는 중심과 주변 같은 관계에 불과하다고 보았다. 다만 주종과 경중을 구분하여 서술해야 하는데, 그것은 만약 이러한 역외별전을 역학사 서술에서 제외한다면 역학 발전의 맥락을 뚜렷이 말하기 어렵기 때문이다.

두 번째로 의리와 상수의 관계를 변증법적으로 처리해야 한다는 방법론을 제시한 것은 역학사 서술을 변증법이라는 메타논리 체계로 해석해야 한다는 주장이며, 이 방법은 마치 첫 번째 방법을 '변역(變易)'으로 보고 두 번째 방법을 '불변(不變)'으로 보는 역학의 두 요소를 겸비한 것이다. 즉 첫 번째 방법은 변화된 새로운 것들을 역학사에 담는 것이고, 두 번째는 의리와 상수라는 양대 범주를 역학사 서술의 불변 논리로 삼아 역학사를 서술한다는 뜻이다.

이것은 그가 언급하였듯이, "현대에 일어난 '과학역(科學易)'은 명칭이 아주 새로워 양파 6종에 속하지 않는 듯하지만, 사실을 따져 보면 그 근거와 이론이 기본적으로 상수역학에서 변화되어 온 것으로 상수역의 현대적 응용에 불과하다"(47쪽)라는 평가에서 잘 알 수 있다. 료명춘은 문학, 심리학, 정치학, 경제학 등의 분야에서 역학을 연구하는 것도 상수에 근거하거나 혹은 문사에 근거하므로 상수파와 의리파의 범위를 넘지 않는다고 보았다.

그러나 그렇다고 그것이 각각 분리될 수 있다고 말하는 것이 아니며, 의리를 위주로 해야 하지만 상수를 떠날 수 없다는 관점에서 말한 것이다. 료명춘이 보기에 괘효사는 언어 문자이기에 의미의 규정성이 강하지만 상과 수는 부호에 속하여 모호성이 크다. 따라서 임의로 설을 지어 논하는 데는 상수가 의리보다 장점이 있어서 응용 역학의 논설은 상수에 귀의한 일이 많았다고 정리하였다. 문맥에서 볼 수 있듯이 료명춘은 상수학을 응용 역학의 분야로 간주하였으며 역학의 본류는 의리학이라고 보았다. 그리고 공자가 개창한 의리역을 지지한다는 선언까지 하였다.

> 역학사를 연구하면서 우리는 공자가 개창한, 의리로써 『역』을 해석하는 학풍을 지지한다. 그것이 바로 『주역』을 연구하는 정확한 길이다. 다만 우리는 『주역』 자체의 고유한 상과 수도 역학의 본체라고 본다. 따라서 상수에 관한 역학가의 학설도 극히 중시하여, 역학 발전의 법칙을 정확하게 반영하고자 하였다. '역외별전'에 속하는 상수학에 대해서는 『주역』 연구상의 황당성과 오류를 지적하는 한편, 그것이 자연과학 연구나 기타 방면에서 지녔던 적극적 기능도 충분히 긍정하여 역학사에 응분의 위치를 부여하였다. 그래서 우리는 의리를 중시하되 의리를 전적으로 옳다고 보지 않았으며, 상수를 중시하지 않되 상수가 전적으로 잘못이라 여기지도 않았다.(48쪽)

문자의 뉘앙스에서 느낄 수 있듯이 료명춘은 의리와 상수의 연계 구도는 용인하되 의리를 주로 다루겠다는 것이며, 상수와 같은 역학은 응용 역학에 속하는 것으로 언급은 하되 중시하지는 않겠다는 뜻을 분명히 한 것이다.

세 번째로 전통 역학을 이해하는 데 역사주의 원칙을 지켜야 한다는 것이다. 예를 들어 현대 의고파(疑古派) 역학이 새로운 사실을 발견하고 증명한 것들도 많지만 기본적으로 전통을 지나치게 경시했다는 점을 지적하면서 의고파의 새로운 주장들이 발굴자료로 부정되는 사례 등이 있기 때문에 가볍게 전통 역설을 부정해서는 안 되는 것이라고 하였다.

그의 말처럼 『주역』 연구도 각 시기마다 서로 다른 역학이 있어

왔으니, 역사성에 근거하여 역학연구사를 서술할 필요가 있으며, 허무주의적 태도로 전통 역학을 치부해서는 안 될 것이다.

4. 『주역철학사』의 서술의 특징

1) 역학 연구의 시작을 서주 초기로 설정

료명춘 등이 중국의 역학사 시기를 7개 장으로 나누어 선진, 양한, 위진수당, 송원, 명청, 현대로 나눈 것은 앞서 살펴본 것처럼 주백곤이 선진, 한당, 양송, 원명청으로 묶은 시기 구분과 큰 차이가 있다. 주백곤의 『역학철학사』는 분량으로도 료명춘 등의 『주역철학사』와 압도적으로 차이가 난다. 대략 자수로 6배 이상이 될 것이다. 분량이 커진 만큼 내용도 세분화할 수 있을 것인데, 굳이 네 단계로 시기 구분을 한 것은 주백곤의 의리학으로 보는 역학철학이라는 철학적 의도가 진하게 녹아 있을 것이다. 같은 의미로 료명춘 등의 시기 구분도 역학의 연구사를 서술한다는 학술적 의도가 있을 것이다.

료명춘 등의 『주역철학사』는 원저명이 '주역연구사(周易硏究史)'라는 점을 주목할 필요가 있다. 역서명은 '주역철학사(周易哲學史)'인데, 원서 저자들의 취지를 살린다면 '주역연구사'가 더 어울리는 제목이다. 료명춘은 「서론」에서 "역학의 역사는 근원이 아득하다. 춘추 시대부터 계산하더라도 2,000여 년이다"(43쪽)라고 언급한 바가 있는데, 제1장 선진역학에서는 역학의 출발시점을 서주 초기로 잡았다.

일반적으로 역학을 언급하는 경우, 물론 사마천(司馬遷)의 『사기』의 영향이긴 하지만, 가장 먼저 복희(伏羲)의 팔괘를 언급하고 문왕(文王)과 주공(周公)의 연역(演繹)을 주장하는 것이 일반적이다. 복희라는 인물은 전설이라 하더라도 늘 기원전 3,000년에서 3,500년 즈음의 실존 인물로 언급되고 있으니, 이로부터 역학통사를 기술한다고 하면 적게 잡아도 5,000년의 역사가 된다. 그러나 료명춘은 명확하게 춘추시기부터 2,000여 년 혹은 서주 초기부터 약 2,400년을 역학 연구의 역사로 간주한다.

이는 역학사 서술 내용의 범위가 차이가 있다고는 해도 역사적 자료에 근거한다는 점에서 주백곤의 실증주의적 역학사 서술의 방법론과 맥을 같이하는 것이다.

료명춘은 선진 시기를 서주 초기를 분기점으로 하여 맹아 시기와 기초토대 시기로 구분하였다. 맹아 시기는 말 그대로 실체가 불분명하다.

> 춘추에서 전국까지는 역학의 기초가 놓인 단계이다. 후세 역학의 상수·의리 두 파는 이 시기에 이미 단초가 드러난다. 『좌전』, 『국어』 속의 무사(巫史)로 대표되는 점서파(占筮派)와 공자로 대표되는 의리파가 『주역』 연구에서 이미 확연히 다른 견해를 형성하여 이후 역학의 발전에 심원한 영향을 끼쳤다. 공자의 역학 사상을 대표하는 『역전』은 선진역학의 집대성이며, 또한 의리파 역학의 첫 이정표이다. 중국의 전통 학술사상은 기본적으로 모두 선진에서 단서를 열었는데 역학의 발전은 더욱 그러하다.(50쪽)

료명춘은 주역 연구사의 출발을 상수학과 의리학이 확연히 형성되어 각자의 길을 밝히게 된 춘추전국 시기를 기점으로 삼았다. 좀더 보탠다면 역학의 맹아 시기라고 한 서주 초기까지는 언급할 수 있으나, 저 너머의 시기는 다루지 않았다. 원저명이 '주역연구사'였던 것은 바로 이러한 이유 때문이다.

주백곤도 서술의 시작점을 선진 시대인 춘추전국 시기로 잡고 있지만, 다루는 내용에는 차이가 있다. 주백곤은 『역학철학사』에서 다루는 '역학철학'이라는 개념을 다음과 같이 정의했다.

> 역대의 역학자들은 또한 『주역』의 의리를 연구하였는데, 특히 철학자들은 그들의 의리에 대한 해석에 의거하여 자신의 철학체계를 세우고 발휘하였다. 『주역』의 의리에 대한 그들의 해석과 그 이론 사유에 대한 탐구와 논의는 우주와 인생의 근본 문제에 관련된 것으로 철학의 기본 문제와 사물 발전의 일반 규칙을 포괄하고 있으므로, 이런 내용은 '역학철학'이라고 부를 수 있을 것이다.[19]

그가 말하는 '역학철학'의 대상은 "우주와 인생의 근본 문제"와 "철학의 기본 문제와 사물 발전의 일반 규칙"을 포괄하고 있다. 역학자들이 의리를 연구하여 발휘한 것의 배후에 있는 환경적 요인, 문화적 배경까지 서술의 대상으로 삼은 것이다. 따라서 점서와 거북점을 중국 고대 사회의 생산과 생활의 발전과정을 반영하는 것이라 하여 의미있게 다루었고, 은나라의 복사(卜辭)를 자연현상의 변화를 빌어 인사의 규칙을 설명한 것이라 하여 『주역』 괘효사에 반영된 세계관과 일치하는 것으로 설명하였다.[20]

이는 료명춘 등이 응용 역학을 의도적으로 배제한 기본 관점과 매우 다른 것이다.

19) 주백곤 지음, 김학권 외 옮김, 『역학철학사』 1, 소명출판, 2106, 16쪽.

20) 주백곤 지음, 김학권 외 옮김, 『역학철학사』 1, 소명출판, 2106, 67-70쪽.

2) 송역(宋易)의 장르화와 원대역학의 홀시

료명춘이 집필한 제6장 명청 시대의 역학 편 제2절 '명청 시대의 송역'절에서 료명춘은 명대와 청대의 역학을 분류하면서 4개의 소절을 별도로 구분하였다. 1. '명대의 의리파 송역', 2. '명말 청초의 의리파 송역', 3. '청 중엽 이후의 의리파 송역', 4. '명청의 상수파 송역'이 그것이다. 한대 이후 양한의 상수학이 의리학과 대척점에 있는 하나의 장르가 되었다면, 송대 이후 명청 시대에 와서 의리와 상수의 대척 관념이 송역(宋易)의 하위 개념으로 분류되어 '송역'이라는 하나의 장르가 만들어진 것이다.

제1장 선진역학에서는 『역전』을 통해 의리역의 성립을 서술하고, 제2장에서는 상수역을 대세로 다루고, 제3장에서는 현학 의리파와 상수파를 대별하고, 제4장과 제5장에서는 송대의 상수파와 의리파를 양대 역학파로 서술하면서, 상수역과 의리역의 양대 구도로 역학사를 서술하였는데, 명청역학에서는 상수역과 의리역을 모두 송역이라는 대범주에 넣어 서술하였다. 다시 말해 상수와 의리의 구분이 사라지고 상수파도 송역이고 의리파도 송역이라는 장르에 귀속되는 것이다. 이러한 서술 형식은 주희가 상수와 의리를 통합적으로 논한 『주역본의(周易本義)』 이후로 그것이 송역을 대변하는 하나의 장르가 되었음을 지적하는 것이다.

그런데 송역이 새롭게 등장하여 하나의 장르가 되었지만, 한역(漢易)과 대척점에 있는 것은 아니라는 점이다. 소절 제목에서도 알 수 있듯이 송역 안에 의리파가 있고 상수파가 있으니 상수 일색이었던 양한시대와는 차별화된다.

동시에 주목해 보아야 할 것은 원역(元易)에 대한 홀시이다. 양위현은 제4장과 제5장의 송원 시대의 역학을 집필하였는데, 송원 역학을 1부와 2부로 나누어 서술하였다. 1부에서는 1절에서 송대 역학을 개설하고, 2절은 북송의 상수파 역학을, 3절은 남송의 상수파 역학을 다루었다. 2부도 세 절로 나누었는데, 1절에서는 북송의 의리파 역학을, 2절에서는 남송의 의리파 역학을 다루었다. 그리고 마지막으로 3절에서 '원대의 송역'이라는 타이틀로 원대 역학을 언급하였다.

이를 목록화하면 다음과 같다.

장	절	면수
第4장 송원 시대의 역학 1부	제1절 송대 역학 개설	12면
	제2절 북송의 상수파 역학	40면
	제3절 남송의 상수파 역학	22면
第5장 송원 시대의 역학 2부	제1절 북송의 의리파 역학	70면
	제2절 남송의 의리파 역학	42면
	제3절 원대의 송역	18면

번역본의 쪽수에 따라 면수를 산출하면, 위의 표와 같고, 송대의 역학은 총 185면을 차지하는 반면에 원대의 역학은 그나마 '원대의 송역'이라는 제목으로 단 18면밖에 기술하지 않았다.

원대에도 의리역이 있고 상수역이 있는데, 제목을 '원대의 송역'이라 붙여 원대의 역학을 송역의 아류로 평가절하하였다. 이 책의 저자들이 송역 이후의 역학을 기본적으로 한역(漢易)과 송역(宋易)의 대립과 수용의 역학사로 보기 때문에 생긴 분류이긴 하지만 원대에 송역만 있었던 것이 아니므로 대단히 의도적이라 아니할 수 없다.

저자들은 원대 역학을 다음과 같이 짧게 총평하였다.

요컨대 원대 역학은 송대 역학을 계승하여, 원대인이 『주역』을 연구한 방법과 내용은 기본적으로 송역의 범위를 벗어나지 않았다. 정주 리학의 지위가 확립됨에 따라 원대 유학자의 역 해석은 대부분 정주(程朱)를 종지로 삼았다. 그 가운데서도 실제로는 주희를 더 높이 쳤다. 주희의 역학이 상수를 겸하여 논하였으므로, 원대인의 역학은 의리학과 상수학을 합류시키는 남송 역학의 경향을 더욱 발전시켰고, 소옹의 상수학과 도교 역학을 한층 더 깊이 발명하였다.[21]

"정주 리학의 지위가 확립됨에 따라 원대 유학자의 역 해석은 대부분 정주(程朱)를 종지로 삼았다"는 말은 일리가 있는 평가이다. 송대에 중국역학사상 상수역과 의리역의 위대한 인물들이 출현하여 이후의 중국역학을 인도하였고, 원대에 주자학이 관학으로 승격하면서 도서학과 의리역을 포괄하고 있는 송역은 상수역에 치중했던 한역과 대비되었기 때문에 송역의 완성 이후 역학은 송역과 한역의 양대 학맥으로 전개되었다. 이것은 명청 시기, 그리고 중국 이외의 국가에서도 마찬가지 현상이었다.

그러나 간과해선 안 되는 점이 있는데, 주자학을 관학화한 것이 바로 원대인이라는 것이다. 주자학을 관학화하여 존숭한 것도 원대인의 학문적 이상을 담아낸 것이다. 결국 중국사에서 역학 분야만 놓고 보더라도 한역과 송역의 대립구도는 바로 원대인의 큰그림이었다는 것이다. 송대의 리학(理學) 구도는 정치학적으로는 인성의 차별없음을 지향하고 있기 때문에 이민족 왕조의 원대인에게 리학의 원만한 활용과 응용은 곧 세계통치에 결정적 도움이 될 수 있는 것이다.

역학 분야에서도 주희가 채택한 선천후천 이론은 결국 선천의 시기에 차별없는 이상적 세계가 있었고, 이것이 차별적 후천세계를 탄

21) 심경호 역, 『주역철학사』, 567쪽.

생시킨 것이므로 획전(畫前)의 원리적으로 형이상학적이고 초월적인 이상적 세계상을 확보한다면 이민족 정권도 중국통치의 정당성을 확보할 수 있었던 것이다. 따라서 주자학적 구도, 즉 송역의 한역에 대한 대응은 곧 원대인의 구도인 것이다. 이것은 곧 필자가 졸고 「원대 이후 『주역』 주석사에 나타난 중부괘 돈어(豚魚)의 의미 연구」(2013)에서 중부괘 '돈어(豚魚)'가 비천한 돼지나 물속에 숨어사는 물고기 같은 하찮은 존재가 아니라 상괭이나 돌고래 같이 어부들이 바람의 방향을 그들의 헤엄치는 모양만 보아도 알 수 있는 신뢰의 상징, 믿음의 신호, 곧 '최신자(最信者)'로 원대의 일군의 역학자들이 일제히 주장하는 모습과 일맥상통한다.

"원대인의 역학은 남송 역학의 경향을 더욱 발전시켰고, 소옹의 상수학과 도교 역학을 한층 더 깊이 발명하였다"는 평가는 실제로 우리가 원대 역학의 가치와 위상을 평가한다면 핵심적인 평가내용이 되는 말이지만, 이들이 원대역학을 정리한 전체 맥락으로 볼 때 다분히 수사적인 표현이다. 이들이 하고자 한 말은 "원대 역학은 송대 역학을 계승하여, 기본적으로 송역의 범위를 벗어나지 않았다"는 것이다.

양위현의 의도는 원대 역학의 발전을 송대 역학의 발전의 한 양상으로 평가절하하는 것이지만, 사실 의도치 않게 원대 역학의 독특한 특징을 잘 잡아내었다. 곧 "소옹의 상수학과 도교역학을 한층 더 발전시켰다"는 것이다. 이 말은 원대 역학의 특징을 잘 드러낸다.

그러나 그렇더라도 원대 역학을 이렇게 송역으로 한정할 수 없다는 것은 다방면에서 발견할 수 있다. 필자는 중부(中孚)괘 괘사의 주석사에서 원대 역학의 특이점을 제출한 바 있다. 괘사의 물상 '돈어(豚魚)'에 대한 원대인의 동시다발적 돌출 발언은 원대 역학의 이전 역학과의 차이점을 극명하게 보여준다. 아래에 요약하면 다음과 같다.

원대에는 초기부터 강돈설(江豚說)이 우세했다. 유염과 정역동, 오징 등이 거의 동시대에 돈어강돈설을 제기했다. … 어떻게 갑자기 한 시기에 강돈설이 『주역』의 주석사에 등장하여 압도하게 되었을까. 원대인의 심리도 청대인의 것과 같았을 것이다. 어쩌면 중국천하를 누린 청조보다도 지구천하를 누린 원조의 사람들은 더 사고의 규모가 달랐을 것이다. 원대의 학자들이 동시에 돈어를 최신자(最信者)의 단계로 격상시킨 것은 문명과 야만의 경계를 허문, 어쩌면 중국적 화이관을 부정한 파격일 것이다.[22)]

5. 맺음말

한국역학사를 어떻게 쓸 것인가라는 물음에 료명춘이 제시한 서술원칙들과 방법론은 시사하는 바가 크다. 한국역학사를 우리 자신이 스스로 지나치게 과장하거나 또는 폄훼하는 일이 없도록 기존의 성과들을 타산지석으로 삼을 필요가 있다.

료명춘이 언급한 역학사의 서술 대상인 문헌학, 철학, 인물학, 응용학이 모두 한국역학사의 서술 대상이 된다. 이 네 분야는 각각 고유의 영역을 지니는데, 결국 역사 사료로서의 문헌에 의거해야 한다는 것이고, 그로부터 형성 발전해온 철학사상이 주요 서술 대상이 되며, 역대 역학자들의 역학사적 위상과 그 관점의 연원을 탐구하는 것도 중요하고, 이렇게 형성된 역학이 다른 분야 학문에 미친 영향과 그 역사적 상황을 연구하는 것이 역학사 서술 대상이다.

그가 언급한 세 가지 연구방법도 유념해야 할 사안이다. 첫째가

22) 황병기, 「원대 이후 『주역』 주석사에 나타난 중부괘 豚魚의 의미 연구」, 『온지논총』 37, 온지학회, 2013, 242쪽.

역학 연구 자체에 중점을 두어야 한다는 것이고, 둘째는 의리와 상수의 관계를 변증법적으로 처리해야 한다는 것이며, 셋째는 역사주의 원칙을 지켜야 한다는 것이다. 특히 역학 연구 자체에 중점을 둔다는 것에 주목할 필요가 있다. 그는 『주역』의 개념 · 범주 · 명제를 차용하여 새로운 설을 내세운 저작물들을 역학 연구의 주요 대상으로 삼았는데, 이 점은 한국 역학사 서술에 있어 제1원칙으로 삼아야 할 경구이다. 그의 말처럼 새로운 설을 역학사 연구의 대상으로 삼지 않는다면, 역학사 서술은 경학사 또는 주석사의 범주를 벗어나지 못할 것이다. 역학 자체의 발전사에서도 단선적 발전이란 있을 수 없는 일이며, 역사적 환경과 배경에 따라 문화다원주의적 발전이 전개될 수밖에 없다는 관점을 한국역학사 서술에 반영해야 할 것이다.

또한 역사주의 원칙을 지켜야 한다는 것도 유념해야 할 방법론이다. 공간과 시간에 따라 서로 다른 역학이 전개되어 왔다는 역사적 사실에 근거하여 한국역학사를 서술할 필요가 있으며, 허무주의적 태도로 전통 역학을 방기해서는 안 된다. 길은 오히려 평이한 데 있다. 한국에서 『주역』이라는 경전을 수입하여 탐색하고 분석하는 과정에서 새로운 관점을 터득하거나 새로운 학설을 세우거나 이전에 없던 분석을 하였다거나 하는 것이 한국역학사 서술에 있어 역사주의 원칙을 적용하는 것이다.

료명춘은 역학의 응용 분야에 있어 필연적 연관이 결여된 견강부회에 불과한 것들은 역학연구사의 서술 대상이 아니라고 보았는데, 이는 한국역학사 서술에 있어서도 금과옥조로 여길 만하다. 다만 료명춘도 지적했듯이 응용 분야에 있어서도 역학이 인간의 사유를 계발한 영역은 당연히 한국역학사의 대상이 되어야 할 것이다. ◆

【참고문헌】

『四庫全書總目提要』
張善文 著, 『歷代易家與易學要籍』, 福州: 福建人民出版社, 1998.
潘雨廷, 『讀易提要』, 上海: 上海古籍出版社, 2003,
劉云超, 「融通和會 自得於心 -宋儒王申子理氣觀的特色與價值-」, 『철학연구』 136, 대한철학회, 2015.
朱伯崑 주편, 『周易知識總覽』, 濟南: 齊魯書社, 1993.
朱伯崑, 『易學哲學史』(全4卷), 臺北: 昆侖出版社, 2005.
廖名春, 康學偉, 梁韋弦 共著, 『周易研究史』, 長沙: 湖南出版社, 1991.
林忠軍, 『周易象數學史』(전3권), 上海故籍出版社, 2022.
徐遠和, 『洛學源流』(손흥철 역, 『이정의 신유학』, 고양: 동과서, 2011).
楊自平, 「胡炳文《易》學學統的建立與以《本義》會通衆說析論」, 『成大中文學報』 58, 國立成功大學中文系, 2017.

廖名春, 康學偉, 梁韋弦 공저, 심경호 역, 『주역철학사』, 예문서원, 1994. (원저: 廖名春, 康學偉, 梁韋弦 共著, 『周易研究史』, 長沙: 湖南出版社, 1991)
李中生 저, 임채우 역, 『언어의 금기로 읽는 중국문화』, 동과서, 1999.
엄연석, 『조선전기역철학사』, 서울: 학자원, 2013.
정병석, 『점에서 철학으로』, 고양: 동과서, 2014.
주백곤 지음, 김학권 외 옮김, 『역학철학사』, 소명출판, 2106, (원저: 朱伯崑, 『易學哲學史』(全4卷), 臺北: 昆侖出版社, 2005)
黃昞起, 『정약용의 주역철학』, 서울: 동과서, 2014.
황병기, 「원대 이후 『주역』 주석사에 나타난 중부괘 돈어(豚魚)의 의미 연구」, 『溫知論叢』 37, 2013.

대만학계 『주역』 연구의 역사와 경향

박 영 우

【요약】

이 글은 대만 주역의 형성과 발전에 관하여 참고할 가치가 큰 연구성과들을 목록학적 시각에서 그 개괄적인 소개하는 것이 목적이다. 전체 대만의 주역학의 연구성과들을 대략: '역학사 연구', '기간논문', '역학문헌 목록', '역학 학위논문 목록', '역학사전류', '해외역학 연구', '대만의 역학 대유', '중국대륙의 역학 대가', '역학논문집', '출토문헌 역학연구'로 세분하였다. 순서대로 연구성과의 목록을 다음과 같이 소개한다.

대만의 역학은 중국대륙과의 관계를 고려하지 않을 수 없는 특수성이 있다. 중앙연구원이나 고궁박물원뿐만 아니라, 대만의 주요 대학에서 그 초창기를 지도한 인물들은 대부분 중화민국의 '대만이전'이라는 역사적 사실과 함께 묶여져 있다는 점을 고려해야 한다. 초창 인물들의 교육으로부터 배출된 2세대부터는 '순수한 대만'의 맥을 수립할 과제를 제시하고 또 어떤 학자들은 아예 이 점을 강조하기도 한다는 점도 유념해 두어야 한다.

1. 머리말

대만의 역학은 중국대륙과의 관계를 고려하지 않을 수 없는 특수성이 있다. 중앙연구원이나 고궁박물원뿐만 아니라, 대만의 주요 대학에서 그 초창기를 지도한 인물들은 대부분 중화민국의 '대만이전'이라는 역사적 사실과 함께 묶여져 있다는 점을 고려해야 한다. 초창 인물들의 교육으로부터 배출된 2세대부터는 '순수한 대만'의 맥을 수립할 과제를 제시하고 또 어떤 학자들은 아예 이 점을 강조하기도 한다는 점도 유념해 두어야 한다.

크게 말하자면, 『주역』 연구영역을 포함하여 대만의 학술의 대부분은 서세동점이라는 역사적 흐름으로부터 형성된 중국대륙 시기의 중화민국으로 거슬러 올라가야 한다. 지금은 아마도 대만학술의 3단계 역사시기를 흐른다고 해도 과히 틀린 말은 아닐 것이다. 명실상부한 '대만'만의 특징을 지닌 '학술'의 면모를 지향하는 시대라고 할 만한 시기이다.

대만의 학술은 대륙이 공산화되기 이전에 수립되고 축적된 성과를 집적하고 있다는 특징이 주목되어야 할 것이다. 그리고 냉전시기에 대만에 자리잡은 국민당 정부와 대륙을 차지한 공산당 정부의 치하에서 각각의 학술적 차이는 매우 대립적이며 심지어는 이념적 강조를 배제하지 못할 것이다. 중화권 학술성과에 대한 연구는 이러한 이념적 특징과 차이를 고려해야 할 것이다.

대만과 중국의 학술이 그 이념적 측면에서 근접한 시기는 1980년대부터 시작된 이른바 '개혁개방'의 물결과 함께였으며, 팬데믹 이후의 근래에는 이른바 '신내셔널리즘'의 시대로 접어들면서 다시 간격이 벌어지는 현상을 노정하고 있기도 하다. 중화권 학술의 당대의 문헌이나 당대학자의 사상을 연구할 요량이면 이러한 역사적 변동의 기복을 고려해야 할 것이다.

이 '대만 학계 주역 연구의 동향'이라는 제목 아래 서술된 본문의 내용은 거칠고 초보적이다. 이 서술의 내용을 기반으로 하여 좀 더 깊고, 세밀한 데로 연구의 질을 나아가게 하는 디딤돌의 역할은 될 것이라고 기대한다.

2. 역학사 연구

일반적으로, 역학연구 영역에 관한 분류는 대체로 의리학 · 상수학 · 고거학 · 역사학 · 고고인류학 · 훈고학 · 현대철학 및 과학 · 출토문헌 등으로 나누어 이해하는 것이 사계에서 연구의 현주소이다. '역학사'에 관한 현대적인 연구는 고명(高明) 선생의 분류 방식이 가장 최초의 연구로 언급된다. 후대의 역학사 연구들은 기본적으로 고명 선생의 연구에 기초하여 확장과 발전을 한 것으로 평가된다.

一. 高明, 「五十年來之易學」, 『中國一周』 558期, 1961年.

1) 注釋派(漢唐宋明 大儒들의 易學에 주석을 단 연구들): 沈竹礽, 『周易易解』; 陳樹楷, 『周易補注集解』; 王凱運, 『周易箋』; 楊樹達, 『周易古義』; 高亨, 『周易古經今注』等.

2) 論述派(앞시대 학자들의 易學에 論述을 덧붙이는 연구들): 杭辛齋, 『辛齋易學』(上下); 屈萬里, 『先秦漢魏易例述評』; 程啟槃, 『雕菰樓易義』; 吳康, 『周易大綱』; 陳柱, 『周易論略』 등.

3) 考證派(고증학적 방법으로 주역 텍스트와 역학 이론들에 관한 검증과 재해석을 시도한 연구들): 余省吾, 『雙劍誃易經新證』; 聞一多, 『周易義證類纂』; 白承周, 『周易疏校記』; 高明, 『連山歸藏考』, 『易圖書學淵源』; 王明, 『周易參同契考證』; 白壽彝, 『周易本義考』; 郭沫若, 『周易的構成時代』; 顧頡剛, 『周易卦爻辭中的故事』; 譚戒甫, 『周易卦爻新論』; 李鏡池, 『易傳探源』, 『周易筮辭考』; 胡朴安, 『周易古史觀』; 屈萬里, 『周易爻辭中之習俗』; 徐世大, 『周易闡微』; 王忠林, 『周易正義引書考』 등.

4) 創新派(서구 사상을 역학에 끌어들여 새로운 역학 이론을 생성한 연구들): 朱謙之, 『周易哲學』 -서양의 宇宙論, 人生論, 知識論 등의 이론으로 易理를 해석함; 沈仲濤, 『the symbols of the Chinese Logic of Changes』 -역경원문을 번역했음, 『易卦與科學』; 丁超五, 『科學的易』 등.

二. 徐芹庭, 『易經源流: 中國易經學史』: 宋元明清代易學史를 다루었고 여기에 자신의 견해가 반영된 「易學別傳」을 덧붙였다. 「台灣易學著作與易學家」(『周易研究』, 1993年 第二期).

三. 朱伯崑, 『周易哲學史』: 易經, 易傳, 易學之分. 易學: 先秦에서 청말까지 주요 학자들의 역학이론을 수록하였다.

四. 廖名春, 康學偉, 梁韋弦, 『周易研究史』: 1989년까지의 역학문헌을 수집하여 정리했음. 先秦易學, 兩漢易學, 魏晉隋唐易學, 宋元易學, 明清易學, 現代易學等. 「現代易學」: 그중에서 현대역학은 民國初年~一九八0年代의 義理易學, 象數易學, 考據易學, 國外流傳與影響으로 세분하여 정리하였다.

五. 楊慶中, 『二十世紀中國易學史』: 이 책은 상편과 하편으로 나누어 각각 다음과 같은 체례로 구성하였다. 上篇: 經學家的易學研究, 古史辨派與唯物史觀派的易學研究, 易學研的新探索; 下篇: 五六十年代的易學研究, 八十年代以來『周易』經傳的注釋與研究, 易學史研究, 『周易』與出土文獻, 『周易』思想的現代詮釋, 1949年以來台灣地區的易學研究.

六. 潘雨廷, 『易學史叢論』: 自序, 三古的易學, 上古三代易簡論, 西周與東周的易學, 卦爻辭的原始意義, 先秦~東漢易論, 魏晉南北朝的三玄易, 宋明清易學, 附錄一: 易學史大綱.

七. 賴貴三, 『台灣易學史』, 臺北: 里仁書局, 2008年: 이 책은 상편에서 역사적 실록을 고찰하여 대만역학 발전의 역사적 요소를 객관적으로 서술하고 있으며, 모두 3단계 7시기로 구분하여 정리하였다. 부록에는 많은 자료를 첨부하여 참고 가치를 높였다. 하편은 대만 역학자들의 일단을 소개하고 대만 광복 이래 60여 년간의 28명의 대표적인 역학 선진들과 학계전문가들의 교육과 연구성과들을 소개하고 있다.

八. 賴貴三, 『台灣易學人物誌』, 臺北: 里仁書局, 2013年: 이 책은 台灣科學委員會專題研究計劃項目의 연구성과이며 『臺灣易學史』의 후속 성과이기도 하다. 구성은 回顧臺灣『易』學研究文獻, 早期『易』學史料與『易』學人物, 臺灣光復以來三代『易』學代表性人物的珠璣精粹 순으로 서술을 하되 '學案'식의 서술체례를 구사하고 있다. 이 책은 역사에 대한 거시적 시야를 견지하고 있으며 역학문헌 정리에서 의의가 크다.

九. 廖名春, 『周易經傳與易學史新論』, 『周易經傳與易學史續論: 與出土簡帛傳世文獻的互證』. 역경, 역전, 역학의 구분은 주백곤의 『주역철학사』의 구분법을 따른 것이지만, 출토 문헌까지 섭렵한 것은 이 연구의 특징이라 할 수 있다.

※ 대체적으로 볼 때, 후세대 학자들이 역학사를 정리할 때 사용했던 현대적 분류법이나 규모는 기본적으로 고명(高明), 「오십년래지역학(五十年來之易學)」의 체례가 기본적인 참고서 역학을 한 것으로 보이며, 고명 선생의 이 연구성과의 기초 위에서 확장 · 발전을 했다고 평가할 수 있다. 그런데 양경중(楊慶中)의 『이십세기중국역학사(二十世紀中國易學史)』와 뢰귀삼(賴貴三)의 『대만역학사』 등 후속 역학사 연구들은 역학자와 역학연구 성과를 수집하는 규모가 전면적이고, 또한 그 중에 새로 출토된 간백(簡帛) 문헌의 연구 성과들을 언급하고 있다는 사실이 주목되어야 할 것이다.

1) 정기간행(期刊) 논문

최근의 연구동향에 관해 논구한 논문들에 한해서 소개한다.

鄧聲國, 「21世紀易經文獻學研究展望」, 『周易研究』 2003年 第一期.

張紹時, 「1984年以來大陸『周易』思維研究述評」, 『雲夢學刊』 第39卷 第一期, 湖南師範大學文學院.

楊慶中, 「二十世紀中國易學研究的宏觀審視」, 『中國哲學史』 1999年 第2期.

楊慶中, 「中國易學研究在21世紀」, 『中國哲學史』 2001年 第4期.

黃沛榮, 「近代出土文物在『易』學研究上的意義」, 『中國文化大學中文學報』 第二十期, 2010年 4月.

宋錫同, 「建國六十年來大陸易學研究回顧與展望」, 『現代哲學』, 2011年 第4期. —이 논문의 구성은 1949年~1960年代的易學研究, 1980年代~2000年的易學研究熱潮, 新世紀初的易學研究與展望의 순서로 서술되었다.

曾春海 ; 吳進安, 「導言: 東亞易學研究成果之述評專題」, 『哲學與文化』 第四十二卷 第十二期, 2015.12.

鄭吉雄, 「『周易』全球化: 回顧與前瞻(一), 『周易研究』 2018年 第1期.

鄭吉雄, 「『周易』全球化: 回顧與前瞻(二), 『周易研究』 2018年 第1期.

金春峰, 「『周易』對中國哲學史研究之重要意義—以若干重要問題為例兼論重寫中國哲學史」, 『周易研究』 2018年 第3期.

歐陽康, 「『周易』與新時代中華文化建設」, 『周易研究』 2018年 第4期: 이 논문은 「國家社科規畫辦重大委托項目—十八大以來黨中央治國理政新理念新思想新戰略的折合學基礎」; 教育部社科司 2018年 「黨的十九大精神研究專題項目」이라는 별주에서 보듯이 현 중국 정부의 '일대일로' 정책에 이론적 지지를 보내는 연구이다. 매우 특수한 경우라 소개가 필요하다고 생각했다.

石永之, 「中西文化共祝天下大同—對十九大報告關於建構人類命運共同體的文化闡釋」, 『周易研究』 2018年 第5期: 國家社會科學基金項目—

「中西比較視域下的天下主義研究」: 이 논문도 정부의 시책에 역할 이론적 근거를 마련하려고 시도된 논문이다.

2) 역학문헌 목록

역학 문헌 목록은 사실상 주역학사에서 전통적인 목록학의 관점에서 통시적으로 역학문헌과 역학자들의 인물들을 망라하고 있는 연구들이라 참고 가치가 크다.

黃壽祺, 『易學群書平議』 七卷, 『六庵易話』 一卷, 『周易要略』 一卷 等.

張善文, 『歷代易學要籍解題』: 對歷代易說506種作詳解. 前言, 凡例, 先秦至兩漢, 三國志隋唐, 北宋, 南宋, 元代, 明代, 清代, 當現代, 後記. '당대(當代)' 부분만 약 101종에 달하는 역학연구 성과들을 소개하고 있다.

張善文, 『歷代易家考略』: 先秦, 西漢, 東漢, 三國 ; 西晉, 東晉, 南北朝至隨, 唐代, 北宋, 南宋, 元代, 明代, 清代, 近現代, 後記.

* 近現代: 王凱運, 皮錫瑞, 王樹枏, 廖平, 馬其昶, 杭辛齋, 尚秉和, 徐昂.

* 後記: 후기에서 저자가 黃壽祺 선생의 수학 과정과 그 스승들과의 관계를 간략히 소개하고 있다. 후기에 의하면 황수기 선생은 章太炎先生의 再傳弟子이며, 吳承仕, 尚秉和, 馬振彪, 楊樹達, 余嘉錫 등의 학자들로부터 수학하였다. 그중에서 吳, 尚 두 선생의 두터운 사랑을 받았음을 기록하고 있다.

林慶彰, 「『周易』研究著述分類目錄」, 『周易研究』 1991年 第3期/第4期, 1993年第1期/第3期/第4期, 1994年 第1期/第2期/第3期 -'린칭짱(林慶彰)' 선생은 세계적으로 유명한 경학자이며, 특히 경학의 목록학에 대한 연구가 탁월하다.

3) 학위논문 목록

1) 張金平, 「中國高校易學博士學位論文題名索引」(1990~2016), 『周易文化研究』第八輯.
2) 중국대륙 학술논문검색: CNKI(中國知網)檢索系統).
3) 대만 학술논문 검색: Airiti Library(華藝線上圖書館檢索系統).

4) 역학사전류

1) 中華易學大辭典編輯委員會編, 『中華易學大辭典』(上下), 上海: 上海古籍出版社, 2008.
2) 伍華主編, 『周易大辭典』, 廣州: 中山大學出版社, 1993.
3) 張善文主編, 『周易辭典』, 北京: 中國大百科全書出版社, 2005.
4) 呂紹綱主編, 『周易辭典』, 臺北: 漢藝色研, 民國90[2001].
5) 張其成主編, 『易學大辭典』, 北京: 華夏出版社, 1992.
6) 蕭元主編, 『周易大辭典』, 北京: 中國工人出版社, 1991.

5) 해외역학 연구

鄭炳碩, 「近五十年韓國易學發展史之成果及述評」, 『哲學與文化』 第四十二卷 第二期, 2015.12.

近藤浩之, 「日本易學研究之成果及述評 - 日本近五十年易學研究狀況及成果」, 『哲學與文化』 第四十二卷 第12期, 2015.12.

林忠軍, 「近六十年來中國大陸易學研究述評」, 『哲學與文化』 第四十二卷 第十二期, 2015.12.

6) 대만의 역학 대유

1) 屈萬里: 『讀易三種』(聯經)
2) 牟宗三: 『周易演講錄』(聯經), 『周易的自然哲學與道德含義』(全集 第一冊).
3) 方東美: 「周易邏輯問題」, 『生生之美』(黎明文化), 『原始儒家與道家哲學: 易經部分』, 『中國哲學精神及其發展 · 第三章』 등 여러 곳.
4) 愛新覺羅 毓鋆: 『毓老師說易經』(上中下), 陳絅筆記(成都: 天地, 2018), 『毓老師講易經: 乾坤繫辭說序』 卷一, 林世奇筆記(臺北: 中華奉元學會, 2016)
5) 唐君毅: 『中國哲學原論 · 原道篇二』 ―제24장, 제25장은 易學哲學의 연구에 관한 내용이다.
6) 高懷民: 『先秦易學史』, 『兩漢易學史』, 『宋元明易學史』, 『大易哲學論』 등.
7) 胡自逢: 『先秦諸子易說通考』(民國68), 『易學識小』(文史哲出版).
8) 黃沛榮: 『易學乾坤』, 『周易彖象傳義理探微』.
9) 程石泉: 『易學新探』, 『易學新論』, 『易辭新全』 등.
10) 黃慶萱: 『乾坤經傳通釋』(三民), 『周易縱橫談』(東大).
11) 戴璉璋: 『易傳之形成及其思想』(文津, 1989), 『周易經傳疎解』(臺北: 中央研究院中國文哲研究所, 民國110[2021]年). 후자는 저자의 관점에서 '백화문' 주해서로써, 평이하지만 학술적 가치를 고려한 주해서로 평가된다.
12) 吳怡: 『易經繫辭傳解義』(三民書局, 民國90).
13) 曾春海: 『易經的哲學原理』 등.
14) 陳鼓應: 『周易注譯與研究』(與趙建偉共著), 『易傳與道家思想』, 『道家易學建構』.
15) 傅佩榮: 『解讀易經』 등.
16) 鄭吉雄: 『易圖象與易詮釋』(2002), 編『周易經傳文獻新全』(台大出版中心).
17) 南懷瑾, 徐芹庭: 『周易今注今譯』(臺灣商務).
18) 徐志銳: 『周易大傳新注』(臺北: 里仁, 1996/齊魯書社, 1986), 이 책은 같은 제목으로 대륙과 대만에서 모두 출간되었다.
19) 林麗真: 『義理易學鉤玄』(台北: 大安, 2004).

20) 何澤恆: 『焦循研究』(台北: 大安, 2009). 이 책은 저자의 '초순'에 관한 전문 연구서이고, 초순의 역학 자료 또한 이 책에서 핵심점을 다루었다.

21) 楊自平: 『世變與學術:明清之際士林易學與殿堂易學』(臺大出版中心, 2012).

7) 중국대륙의 역학 대가

이 항목에 소개되는 상당 부분의 학자들은 청말민초(清末民初) 서세동점과 신문화 운동의 시기에 중국학문의 역사적 향배에 영향력을 지닌 대가들이다. 대만이나 홍콩의 학자들 또한 이들의 직계 제자이거나 직간접적인 영향을 크게 받았다. 물론 중국 사회주의 체제에서 1980년대 이른바 '개혁개방' 시대에 학계에 이름을 올린 학자들도 수록하였다.

1) 馬一浮, 『複姓書院講錄』 下冊의 「觀象卮言」, 下冊의 「洪範約義 · 七稽疑」.
2) 熊十力, 『讀經示要』 下卷, 『乾坤衍』, 『原儒』下篇 등은 모두 易學哲學에 관한 논술을 하고 있다.
3) 尚秉和: 『周易尚氏學』, 『周易評義』, 『周易象數通論』, 『周易古筮考』, 『周易圖典舉要』 등.
4) 黃壽祺, 張善文: 『周易譯註』, 『周易漫談』 등.
5) 金景芳, 呂紹綱: 『周易全解』, 『周易通解』, 『周易的哲學精神-呂紹綱易學文選』 등.
6) 朱伯崑 主編: 『易學哲學史』, 『周易通覽』, 『易學基礎教程』, 『易學漫步』 등.
7) 高亨: 『周易古經今注』, 『周易大傳今注』, 『高亨周易九講』(王大慶整理, 中華書局).

8) 李鏡池: 『周易探源』, 『周易通義』 —최근 출판된 『李鏡池周易著作全書』(四册) 李明建整理, 2019).
9) 劉大均, 林忠軍: 『大易集釋』, 『周易經傳白化解』, 『歷代易學名著研究』, 『明代易學史』(張沛, 張韶宇 등 共著), 『周易源流與現代闡釋』.
10) 蕭漢明: 『傳山易學研究』, 『周易本義導讀』, 『易苑漫步』 등.
11) 唐明邦: 『周易評注』, 『周易通雅: 唐明邦易學論文選』.
12) 汪學群: 『淸初易學』, 『淸代中期易學』.
13) 郭彧: 『易文獻辨詁』.
14) 張其成: 『易道主幹』, 『象數易學』.
15) 鄭萬耕: 『易學與哲學』.
16) 蘭甲云: 『周易卦爻辭研究』(湖南大學, 2006).
17) 楊慶中: 『周易經傳研究』(北京: 商務, 2005).
18) 余敦康: 『漢宋易學解讀』(中華書局, 2017).

8) 역학논문집

1) 嚴靈峰主編, 『無求備周易集成 · 易學論集(195)/易學匯考(192)』.
2) 『易學論叢: 附易學書目匯纂』, 台北縣: 廣文書局, 民國60[1971]: 이 책은 章太炎『易論』, 沈竹礽『惠棟易漢學正誤』, 沈延國『京氏易傳證僞』, 錢基博『周易通志』, 熊十力『易經大義』, 道仁甫『易學書目匯纂』을 수록하고 있다. 「書目匯纂」에는 『四庫全書總目』과 『江蘇省立國學圖書館圖書總目錄』, 그리고 역대 주요 문헌 속에 수록되어 있는 역학관련 문헌의 출처를 밝히고 있다. 매우 귀하고 참고 활용도에서 편리한 책으로 판단된다.
3) 黃壽祺, 張善文編, 『易學研究論文集』(全4冊).
4) 邱亮輝等編, 『國際易學研究』, 현재의 編製는 第12輯까지이다.
5) 張濤主編, 『周易文化研究』(北京: 東方出版社): 이 편집은 2009년에 시작되었고, 지금까지 『周易文化研究』 第九集(2017年 12月)까지 발간되었다.
6) 黃沛榮編, 『易學論著選集: 附朱熹周易本義』(民國74[1985]年): 여기

에는 중화민국 초기 역학 대가 12명의 역학연구 논문을 싣고 있다.

7) 劉大鈞主編, 『簡帛考論』(上海古籍, 2007): 이 자료는 모두 25편의 논문을 수록하고 있으며, 죽간이자 백서 관련 자료인데, 이 중 15편이 주역관련 의제를 다루고 있다.
8) 蔡尙思編, 『十家論易』(上海人民, 2006).
9) 李學勤, 朱伯崑 等, 『周易二十講』(廖名春選編, 北京: 華夏, 2008).
10) 劉大鈞主編, 『周易硏究』: 이 學刊은 1988년 劉大鈞 교수가 발기하여 2001년까지는 계간으로 간행하다가 2002부터 雙月刊으로 발행하고 있다. 2000년에 '全國中文核心期刊'과 '全國人文社會科學核心期刊'(CSSCI)로 승격되었다. 2019年 第2期(2019.04.)를 기준으로 지금까지 總發刊號는 모두 第一五四期이다. 역학관련 학술지로서 규모가 가장 방대하고 역사 또한 가장 오래된 학간이다.
11) 吳秋文, 孫晶主編, 『中國周易』(中國社會科學院, 2011.9.): 이 학간은 第一輯만 발행하고는 멈추었다.

※ 소개된 논문집은 모두 각 시대의 역학연구의 논저들을 대표하는 논문들이라 참고 가치가 매우 크다.

9) 출토문헌 연구

1) 邢文, 『帛書周易硏究』(人民出版社, 1997).
2) 鄧球柏, 『帛書周易校釋』(湖南人民, 2002).
3) 張立文, 『周易帛書今注今譯』(臺灣學生書局, 民國80).
4) 張政烺, 『論易叢稿』, 李零等整理(中華書局, 2011).
5) 金春峰, 『周易: 經傳梳理與郭店楚簡思想新釋』(北京: 中國言實出版社, 2004).
6) 廖名春, 『帛書周易論集』(上海古籍, 2008).

7) 李零, 『中國方術考』(北京: 東方出版社, 2001 第二板), 『中國方術續考』(2000), 『郭店楚簡校讀記』(人民大學, 2007), 『上博楚簡三篇校讀記』(人民大學, 2007): 리링(李零)의 이 성과는 비록 주역관련 자료를 직접 다루지는 않았지만 연구 방법이나 자료처리에 관한 연구성과는 참고할 가치가 있을 것이다.
8) 陳仁仁, 『戰國楚竹書周易言究』(武漢大學, 2010).
9) 郭沂, 『郭店竹簡與先秦學術思想』(上海教育, 2001): 일부의 내용은 주역과 밀접한 연관이 있고, 특히 죽간 자료를 다루고 있으므로 주목할 필요가 있는 자료이다.
10)丁四新, 『楚竹書與漢帛書周易校注』(上海古籍, 2011), 『周易溯源與早期易學考論』(中國人民大學, 2017), 『玄圃畜艾: 丁四新學術論文選集』(中華書局, 2009).
11) 張玉金, 『甲骨卜辭語法研究』(廣東高等教育, 2002).
12) 梁韋弦, 『易學考論 · 上篇』(黑龍江人民, 2009).
13) 晏昌貴, 『簡帛數術與歷史地理論集』(北京: 商務, 2010).
14) 于豪亮, 『馬王堆帛書周易釋文校注』(上海古籍, 2013).

※ 대만학자들의 출토문헌에 대한 연구는 작고한 주봉오(周鳳五) 선생이 가장 대표적일 것이다. 그 문하에서 배출한 적지 않은 제자들이 출토문헌 연구에 종사하고 있다. 다만 대륙학자들의 성과에 비해 그 성과면에서는 아직 발전할 여지가 많이 남아 있는 편이다.

3. 맺음말

이상에서 소개한 대만의 역학 영역의 연구성과들은 온전한 목록이 아니다. 일반적으로 역학을 연구하는 초학자들이 참고할 만한 연구성과들 중에서 참고 가치가 큰 성과들에 제한할 수밖에 없었다. 여기에 소개된 자료들을 통해 좀 더 전면적이고 체계적인 역학 연구의 목록을 도모하는 것은 이후의 과제로 남겨두게 된 아쉬움이 있다.

대만의 학계에서 작금의 시대는 그 학술연구의 영역이 어떠하든지 간에 모두 '본토의식'이라는 부담감에서 벗어나기 어렵다. 이 시대의 대만 학계(아마도 학계에만 그치지 않을 것이다)에 종사하는 학자들은 '대만본토의식'과 '중화의식' 사이에서 끊임없이 흔들려야 할지도 모른다. 이후의 대만학계는 바로 이러한 큰 연구조건 속에서 자신이 학문적 지정학을 설정할 수밖에 없을 것이다. ◆

일본역학사 고찰과 한국역학사 서술 제언*

-응와이밍(吳偉明)과 천웨이진(陳威瑨)의 연구를 중심으로-

김 동 진

〈요약〉

일본과 해외의 학자들이 일본 근세 유학자들의 역학사상에 주목하기 시작한 것은 비교적 최근의 일로, 일본역학사에 대한 체계적인 서술은 일본 자국의 연구자가 아닌 해외 연구자들에 의해 이루어진 상황이다. 본 논문에서는 그 대표적 성과인 응와이밍(吳偉明)의 『도쿠가와 일본에 대한 역학의 영향』과 천웨이진(陳威瑨)의 『일본 에도시대 유가역학 연구』를 중심으로 일본역학사 연구의 특징을 살펴보았다. 그들의 연구는 에도시대에 국한되기는 하지만 현재로서는 일본역학사에 관한 가장 체계적이며 특색 있는 연구라 할 수 있다. 그들의 연구는 일본역학사를 서로 다른 관점과 연구방법론을 바탕으로 서술하고 있기 때문에 한국역학사 서술과 관련해서 유용한 본보기로 활용할 수 있다.

양자의 특징을 간략히 설명하자면, 응와이밍의 연구는 지성사, 문화사적 관점에서 접근한 것이고 천웨이진의 연구는 경학사, 철학사적 관점에서 접근한 것이다. 본 논문에서는 이에 대한 고찰을 통해 한국역학사 서술과 관련해서 다음과 같은 시사점을 도출하였다. 첫째는 역학사의 접근방식이다. 둘째는 새로운 연구관점이다. 셋째는 한국역학 저작들에 대한 목록학적 고찰이다. 넷째는 한국역학사의 외연 확장이다.

* 이 글은 『동양철학연구』 118(동양철학연구회, 2024)에 게재된 논문을 수정보완한 것임을 밝힌다.

1. 머리말

이 글에서는 응와이밍(吳偉明)의 『도쿠가와 일본에 대한 역학의 영향』과 천웨이진(陳威瑨)의 『일본 에도시대 유가역학 연구』[1]를 중심으로 일본역학사 연구의 특징을 고찰하고, 이를 통해 한국역학사 서술을 위한 유의미한 시사점을 도출하고자 한다. 한일 양국의 역학사는 중국의 역학을 수용하고 이를 독자적으로 발전시켰다는 점에서 유사성을 지닌다. 이에 본보기로 삼을 만한 일본역학사 연구를 살펴보는 것은 "한국역학사를 어떻게 서술할 것인가"라는 문제와 관련해서 무의미한 작업은 아닐 것이다.

513년 백제의 오경박사 단양이(段楊爾)에 의해 『주역』이 일본에 전해진 이래로 오늘에 이르기까지 일본의 역학 연구는 우리나라와 마찬가지로 그 역사가 장구하다. 일본역학사의 주요 부분인 1868년 메이지유신 이전의 전통 한학 시대에는 중국 역학의 많은 저작들이 꾸준히 수입되었고, 왕필의 고주와 정 · 주의 신주 등 주요 주석서의 경우 에도시대 상업출판이 성행하면서 다량으로 출판 · 유통되었다. 일본의

1) 吳偉明(영문명은 Wai-Ming Ng)의 『易學對德川日本的影響』(香港: 中文大學出版社, 2009)은 자신의 영문저서 *The I Ching in Tokugawa Thought and Culture*(Univ of Hawaii Pr, January 1, 2000)를 중역하면서 수정보완하고 일본역학 관련 3개의 목록을 부록으로 추가한 것이다. 그의 영문저서는 2001년 전미도서관협회(American Library Association)와 미국대학출판사협회(Association of American University Presses)에서 각각 우수도서로 선정되었고 같은 해 '존 휘트니 홀 학술상(John Whitney Hall Book Prize)'을 수상하였다. 陳威瑨의 『日本江戶時代儒家《易》學研究』(臺北: 政大出版社, 2015)는 자신의 박사학위논문(대만대학, 2013)을 수정보완한 것이다.

학자들이 남긴 많은 역학 관련 저작들은 대다수 에도시대의 산물이기 때문에 일본역학사에서 에도시대(1603~1868)는 중심적인 위치를 점한다.

일본역학사는 아직 충분히 해명되지 않은 분야인 동시에 중국역학사와 구별되는 독특한 전개양상을 보이기 때문에 역학 관련 연구자에게는 분명 흥미로운 연구주제라 할 수 있다. 그러나 이러한 자국의 역학사에 대한 일본 학계의 관심과 연구는 우리나라나 중국만큼 활성화되어 있지 않다. 필자는 이전에 「일본의 『주역』 연구 동향」(2019)이라는 글에서 일본 국내의 역학사 연구 현황에 대해 간략히 정리한 바 있다. 그 글에서 언급한 것처럼 “일본의 연구자들이 자국의 전통시대 사상가들의 역학사상에 주목하기 시작한 것은 비교적 최근의 일로, 그 연구성과들은 대부분 80년 이후의 것들이다.”[2) 그 특징을 간추리면 다음과 같다.

첫째는 에도시대 유학자들의 역학사상에 대한 기초적 연구가 주를 이루고 있다는 점이다. 지금까지의 연구들을 살펴보면, 주자학파의 야마자키 안사이(山崎闇齋, 1618~1682), 나카이 리켄(中井履軒, 1732~1817), 양명학파의 구마자와 반잔(熊澤蕃山, 1619~1691)과 사토 잇사이(佐藤一齋, 1772~1859), 고학파의 야마가 소코(山鹿素行, 1622~1685), 이토 진사이(伊藤仁齋, 1627~1705)와 아들 이토 토가이(伊藤東涯, 1670~1736), 오규 소라이(荻生徂徠, 1666~1728), 다자이 슌다이(太宰春臺, 1680~1747), 절충학파의 이노우에 킨가(井上金峨, 1732~1784), 미나가와 키엔(皆川淇園, 1734~1807), 고증학파의 오오타 킨조(大田錦城, 1765~1825), 가이호 교

2) 김동진, 「일본의 『주역』 연구 동향」, 『다산학』 35, 다산학술문화재단, 2019, 364쪽. 1980년부터 2019년까지의 구체적인 연구 목록은 365-367쪽을 참고할 것. 이 목록에는 皆川淇園 관련 연구가 빠져 있는데 이는 陳威瑨, 위의 책, 7-8쪽을 참고할 것.

손(海保漁村, 1798~1866) 등 학파별로는 고르게 연구가 이루어졌지만 일부 주요 사상가들에 국한되어 있고 그 성과 또한 많다고 할 수 없다. 아직은 개별 역학사상에 대한 단편적 고찰이 주를 이루지만 최근 이를 보완하려는 심층 연구 또한 진행되고 있다. 일례로 야마자키 안사이의 기몬(崎門)학파의 역학 관련 문헌들에 대한 연구[3], 미나가와 키엔의 역학체계인 '개물학(開物學)' 관련 문헌들의 번각·주해 등이 확인된다.[4]

둘째로는 일본역학에 대한 해외 연구자들의 연구 참여도와 성과를 들 수 있다. 현재 자국의 역학을 중심테마로 삼고 있는 일본인 연구자는 우리나라나 중국과 비교해 많지 않다. 최근 이토 토가이의 『주역경익통해(周易經翼通解)』를 번역한 하마 히사오[5]나 나카이 리켄의 『주역봉원(周易逢原)』을 번역한 츠츠미 코지[6] 등 몇몇 원로 학자들을 꼽을 수 있지만, 그들을 이어 일본역학을 연구하는 일본인 신진연구자들은 소수에 그친다. 이러한 상황에서 흥미를 끄는 점은 최근 일본에서 일본역학을 주제로 박사학위를 취득한 연구자들이 모두 일본인이 아닌 외국인이라는 점[7], 그리고 일본역학에 대한 역학사적 접근이

3) 西田智子, 「淺見絅齋『易學啓蒙講義』における鬼神概念」, 『東アジア文化研究科院生論集』 12, 2022, 83-98; 「小濱市立圖書館酒井家文庫蔵: 山崎闇齋·淺見絅齋易學關連著述文獻解題」, 『東アジア文化交涉研究』 16, 2023, 301-320.

4) 濱田秀, 「皆川淇園門人公巖口授·惠廣筆記『易學開物小箋記聞』について(上)(下)」, 『近世京都』 3(2019, 39-74), 4(2021, 1-45); 「公巖『易原律運說解』翻刻と解說(一)(二)」, 『山邊道: 國文學研究誌』, 61(2021, 85-97), 62(2022, 1-66); 「公巖『易原指麾』卷一翻刻と解說(一)(二)」, 『天理大學學報』 72-1(2020, 1-32), 72-2(2021, 43-73); 「公巖『易原指麾』卷二翻刻と解說(一)(二)」, 『天理大學學報』 73-1(2021, 1-32), 73-2(2022, 1-28); 「皆川淇園『易原発揮』翻刻と解說」, 『天理大學學報』 74-2, 2023, 1-14.

5) 濱久雄, 『易を讀む: 伊藤東涯『周易經翼通解』全譯』, 東京: 明德出版社, 2020.

6) 塘耕次, 『中井履軒『周易逢原』と朱子『周易本義』』, 東京: 汲古書院, 2023.

7) 왕신(王鑫)의 「日本近世易學研究」(關西大學 박사학위논문, 2012)는 야마자키 안사이, 이토 진사이와 토가이 부자, 다자이 슌다이 등 에도시대 주요사상가들의 역학사상

라고 할 수 있는 그들 연구의 선행적 연구가 일본이 아니라 해외에서 먼저 이루어졌다는 사실이다. 그 대표적인 예가 바로 앞서 언급한 홍콩중문대학의 응와이밍과 대만대학의 천웨이진의 두 연구서이다.

위의 두 저서는 에도시대에 국한되기는 하지만 현재로서는 일본역학사에 관한 가장 체계적이며 특색 있는 연구라 할 수 있다.[8] 이들은 일본의 역학사를 서로 다른 관점과 연구방법론을 바탕으로 서술하고 있기 때문에 한국역학사 서술과 관련해서 유용한 모델로 활용할 수 있다. 후술하겠지만 양자의 특징을 간략히 설명하자면 응와이밍의 연구는 지성사와 문화사적 관점에서 접근한 것이고 천웨이진의 연구는 경학사와 철학사적 관점에서 접근한 것이다. 본론에서는 먼저 양자의 일본역학사 연구를 순차적으로 살펴보고, 이를 바탕으로 결론에서는 한국역학사 서술을 위한 유의미한 시사점을 제시하고자 한다.

을 고찰한 것으로, 가이호 교손의 연구가 추가되어 2017년에 같은 제목으로 북경대학출판사에서 출판되었다. 료하이화(廖海華)의 「江戶時代の易學に關する硏究」(北海道大學 박사학위논문, 2019)는 에도시대 주자역학에 대한 비판양상을 고학파의 이토 토가이와 국학파의 히라타 아츠타네(平田篤胤, 1776~1843) 두 인물을 중심으로 고찰한 것이며, 료좐(廖娟)의 「中國と日本における易經學の近代的變容」(東京大學 박사학위논문, 2019)은 에도시대부터 메이지시기까지의 일본역학을 동시기 중국역학과 비교하여 경학으로서 역학의 근대적 변모양상을 고찰한 것이다.(료하이화의 박사학위논문은 입수할 수 없어 인터넷상에 공개되어있는 논문요지를 참고하였다.)

8) 일본인의 일본역학 관련 연구서로는 濱久雄의 『東洋易學思想論攷』(東京: 明德出版社, 2016)와 『東洋思想論攷 -易と禮を中心として』(東京: 明德出版社, 2018)가 있지만 두 저서 모두 단편논문 모음집의 성격이 강하고 일본역학이 전체 주제도 아니다. 이외에 왕신(王鑫)의 박사학위논문은 일본에서 이루어진 초기의 일본역학사 연구라는 점에서 분명 연구사적 의의가 크지만, 천웨이진의 연구가 이에 대한 비판적 검토를 바탕으로 일본역학사를 보다 체계적이고 상세하게 서술하고 있기에 본 연구에서는 채택하지 않았다.

2. 응와이밍(吳偉明)의 『도쿠가와 일본에 대한 역학의 영향(易學對德川日本的影響)』

응와이밍의 연구서는 역학이 에도시대 일본의 사상과 문화 형성에 끼친 영향을 정치, 경제, 신도, 불교, 과학, 의학, 군사, 문예 여덟 가지 방면에서 고찰한 것으로 3부, 11장, 3개의 부록으로 구성되어 있다. 목차를 소개하면 다음과 같다.

먼저 제1부 '역사배경'에서는 본격적인 고찰에 앞서 『주역』의 전파와 보급 및 각 시기별, 학파별 역학의 특징 등 일본역학사의 전반적인 배경지식을 다루고 있다. 제1장 「도쿠가와 이전의 일본역학」은 고대 일본(539~1186, 나라와 헤이안 시기)의 『주역』 전래와 유전 및 중세 일본(1186~16세기, 가마쿠라 막부와 무로마치 막부 시기)의 『주역』 교육과 송대 주석의 보급 과정을 정리한 것으로, 주로 중세 역학과 근세 에도시대 역학의 연속성을 중점적으로 논하고 있다. 그는 일본 중세 역학의 특징을 '『주역』의 현지화와 평민화의 초보적 단계',

‘절충주의적이며 실용주의적 연구 경향’, ‘신주의 보급’, ‘역점의 중시’ 등으로 정리하고, 이러한 특징이 근세로 이어져 에도시대 역학 발전의 토대가 되었다고 설명한다.[9]

제2장 「도쿠가와 일본의 역경 보급」은 다음 네 가지 측면에서 통계조사를 통해 당시 『주역』의 보급 및 역학의 성행을 고찰한 것이다.[10] 먼저 ① ‘에도시대 일본인 역학 저작의 출판’에서는 메이지시기 장서가로 유명한 데라다 보난(寺田望南, 1849~1929)의 『대일본경해목록』과 하야시 다이스케(林泰輔, 1854~1922)[11]의 『일본경해총목록』을 바탕으로 본인의 추가조사를 보충해 총 413명 1082종의 역학 저작들을 내용과 저자의 학파를 기준으로 분류한다. 그는 저자의 학파를 ㉠유학(주자학, 고학, 양명학, 절충학, 역점학), ㉡비유학류(국학, 서학, 신도, 불교 등), ㉢응용류(의학, 병학, 문예 등)로 분류하고, 저작의 내용을 ㉠의리(전석, 주소, 고증), ㉡상수, ㉢점복, ㉣응용으로 분류하면서, 이를 바탕으로 유학이 에도시대 역학의 주류였지만 『주역』의 연구와 응용이 당시 지식인의 공통된 문화사업으로 유학자만의 전유물은 아니었다고 정리한다. 이 책의 권말 부록(1)은 위의 조사분류를 목록화한 것으로 연구의 충실함을 엿볼 수 있다. 다만 그가 무엇을 기준으로 학파와 내용을 구분하였는지 언급하지 않아 그 분류 기준이 명확하지 않다. 특히 저작의 분류에서 의리에 속하는 전석, 주소, 고증이 어떻게 구분되는지, 그리고 상수, 점복, 응용이 어떠한 차이를

---

9) 吳偉明, 위의 책, 14-15쪽.

10) 吳偉明, 위의 책, 17-28쪽.

11) 林泰輔는 동경제국대학, 동경고등사범학교 교수를 역임한 메이지, 다이쇼 시기의 대표적 한학자로, 중국 고대사(갑골학)와 조선사 연구로도 유명하다. 그의 자세한 약력과 저서에 대해서는 町田三郎, 「林泰輔と日本漢學」, 『東洋の思想と宗教』 14호, 早稲田大學東洋哲學會, 1997, 21-36쪽을 참고.

지니는지에 대해서는 별도의 설명이 없고, 목록상의 조사라는 한계로 인해 오류가 없지 않아 그의 조사분류를 활용할 시에는 주의를 요한다.12) 그의 분류표를 그대로 인용하면 아래와 같다.

〈표〉 저자의 학파 분류

종류	학파	인물수	백분율
儒學	朱子學 古學 陽明學 折衷學 易占學	201 42 13 46 49 합계: 351	48.7 10.2 3.1 11.1 11.9 합계: 85
非儒學類	國學, 西學, 神道, 佛學 등	40	9.7
應用類	醫學, 兵學, 文藝 등	22	5.3

〈표〉 저작의 내용 분류

종류	수량	백분율
義理	653 全釋 363 注疏 170 考證 120	60.3
象數	146	13.5

---

12) 일례로 아라이 하쿠가(新井白蛾, 1715~1792)의 『古周易經斷』, 『古易斷』, 『古易斷內外編』은 제목만 다를 뿐 동일한 저작이다. 그러나 吳偉明은 이를 모두 다른 종으로 셈하는 동시에 각각의 내용을 점복, 의리(고증), 의리(고증)로 다르게 분류하였으며, 같은 저작으로 보이는 『易斷內外編』은 의리(전석)로 분류하고 있다.(吳偉明, 위의 책, 160-161쪽) 이는 그의 조사분류가 지니는 한계를 명확히 보여주는 사례라 할 수 있다.

占卜	228	21.1
應用	55	5.1

② '중국역학 저작의 간행'에서는 에도시대 일본에서 간행된 중국역학 저작들을 조사해 총 69종(162판)을 시대별로 분류해 통계를 내고, 이를 통해 송 이후의 저작이 70퍼센트를 넘고 정주역학 관련 저작들이 수차례 중간되었다는 점 등을 근거로 당시 정주역학의 성행을 명확하게 드러낸다. 권말 부록(2)는 그 조사내용을 목록화한 것이지만, 위의 예와 마찬가지로 일부 오류가 발견되기도 한다.[13] 참고로 이 목록에는 퇴계의 『계몽전의』(日本重版 1657, 1669)와 최항(崔恒)의 『역학계몽보요해』(日本重版 1669)가 추가되어 있다.

③ '중국역학 저작의 수입'에서는 나가사키항을 통해 수입된 중국경학 관련 서적에 대한 오오바 오사무(大庭修, 1927~2002)의 통계조사(총 267종 중 『주역』 관련이 118종)를 바탕으로 자신의 추가조사를 보충해 총 209종의 수입서적들을 시대별로 분류해 통계를 내고 있다. 권말 부록(3)은 그 조사내용을 목록화한 것이다. 그의 통계에 따르면 209종 중 191종은 청대 판본, 14종은 명대 판본, 1종은 조선본(『주역전의대전』), 3종은 필사본이다.

④ '표점'은 에도시대에 간행된 역학 관련 주요 표점본들을 조사한 것이다. 표점이란 일본식 현토(懸吐)를 말한다. 일본식 현토를 이용한 일본의 전통적인 한문 독법을 통상 '훈독(訓讀)'이라 하는데, 이 훈

---

13) 일례로 정이의 『역전』과 주희의 『본의』의 합본인 『周易傳義』가 에도시대에 『易經集注』(1종 6판, 부록2의 목록 52번)란 이름으로 여러 차례 간행되었는데, 그는 이를 『역경집주』란 이름으로 통용되기도 한 명대 來知德의 『周易集注』와 혼동하고 있다. (吳偉明, 위의 책, 206쪽)

독은 일본 사상계가 중국의 경학을 수용하고 현지화하는 데 큰 역할을 하였다. 그의 연구에 따르면 중국의 주요 역학 저작에 일본식 표점을 붙이는 것은 중세의 선승과 귀족들에 의해 시작되어 17세기 주자학파의 학자들에 의해 완성되었다. 그의 통계조사에 따르면 유학자 총 18인에 의해 고주 2종(8회), 신주 12종(18회)의 표점작업이 이루어졌는데, 에도 초기에는 특히 『주역본의』, 『주역전의』, 『역학계몽』의 표점본이 수차례 중간되었다. 이들 표점본이 막부 관할의 창평횡(昌平黌)과 각 지방의 번교, 사숙의 교재로 활용되면서 에도시대에 정주역학이 유행할 수 있었다고 본다.

제3장 「도쿠가와 시기의 역경 연구와 응용」은 에도시대를 전기(17세기 초~18세기 초)와 중기(18세기 초~19세기 초), 후기(19세기 초~1868)로 구분하고 주자학파, 양명학파, 고학파, 역점파, 국학파의 주요 사상가와 역학 저작을 중심으로 각 시기별 역학사의 특징을 개괄한 것이다. 그의 설명에 따르면, 에도 전기는 주자학파를 중심으로 양명학파, 고학파 모두 대표적 사상가들이 등장한 역학의 황금기이고, 중기는 절충학파와 국학파, 역점파의 신흥세력이 등장한 시기이며, 후기는 역학의 쇠락기로 『주역』에 대해서 학술적 연구보다는 당시 막부 말기의 정치경제적 혼란에 대응하기 위한 학파별 실용적 접근, 즉 각자의 정치경제적 입장의 정당화를 위한 활용이 이루어진 시기로 정리한다. 참고로 그는 에도시대에 출현한 역점을 직업으로 삼는 일군의 무리를 '역점파' 또는 '역점학파'로 통칭한다. 그에 따르면 이 학파의 인물들은 역점 활동에 그치는 것이 아니라 사숙을 열어 『주역』과 한학을 가르치고 역점과 역학 관련한 많은 저작들을 남겼는데 학통상으로는 대다수 주자학파나 절충학파에 속한다.[14] 이들은 역점을 중시

14) 吳偉明, 위의 책, 36-37쪽. 그는 역점학파의 대표적인 인물로 가가번(加賀藩)의 번

하는 특성으로 인해 당대 학자들에게는 높이 평가받지 못했지만, 그는 역점이론과 역학의 응용 측면에서 이 학파의 공헌을 인정해 일본역학사의 대상에 포함시키고 있다.[15]

응와이밍은 이러한 '역사배경'을 바탕으로 제2부 '사상충격'에서는 사상사 또는 지성사적 관점에서 에도시대의 역학이 정치사상, 경제사상, 신도사상, 불교사상 네 방면에서 어떻게 활용되고 어떠한 영향을 주었는지를 고찰하고 있다. 제3부 '문화영향'에서는 문화사적 관점에서 자연과학, 의학, 군사, 문예 네 방면에서 에도시대의 역학이 어떻게 활용되고 어떠한 영향을 주었는지를 고찰하는데, 실제 내용은 대체로 역학이라기보다는 음양오행론을 위주로 한 문화사적 고찰이라 할 수 있다. 아래에서는 '역학사'와의 연관성을 고려해 제2부 중 일부를 살펴보기로 한다.[16]

제4장 「역과 정치사상」은 에도시대의 정치가와 학자들이 『주역』의 추상성과 '가소성'(可塑性)[17]을 이용해서 각자의 정치적 목적을 정

교 明倫堂의 學頭를 역임한 아라이 하쿠가(新井白蛾)와 그의 제자 마세 추슈(眞勢中州, 1754~1817)를 들고 있는데, 그들의 학맥은 '『주역』은 점서를 위한 책'이라는 주희의 주역관을 충실히 계승한 야마자키 안사이에 연원을 둔다. 김동진, 「마세 추슈(眞勢中州)의 『주역』의 이해와 古易 복원 -『周易釋故』를 중심으로」, 『율곡학연구』 52, (사)율곡학회, 2023, 251쪽.

15) 그는 일본역학사의 문헌조사와 분류작업에서 역점학파를 중요하게 다루고 있지만 이 장과 제9장 「易與醫學」에서 간략히 서술할 뿐 당시의 역점 문화나 문헌에 대해서 자세히 다루지는 않는다. 이와 관련해 역점학파에 대한 보다 본격적인 연구성과로는 나라바 마사루(奈良場勝)의 『近世易學研究 -江戶時代の易占』(東京: おうふう, 2010)이 있다.

16) 역학과 음양오행론의 긴밀한 관계를 부정할 수는 없겠지만 음양오행론(특히 오행론)이 역학만의 전유물은 아니라는 점에서 '역학사'의 전문 주제로 보기는 힘들 것이다.

17) 가소성은 '변형 또는 활용 가능성'의 의미로 『주역』이 지니는 다양한 실용성과

당화하고 있음을 밝힌 것이다. 그는 일본인들이 부지불식간에 중국의 정치 이념을 왜곡해 당시 국내의 정치 현실에 맞게 변형하였다고 본다. 그에 따르면 에도 전기에는 『주역』을 이용해 도쿠가와 막번체제와 쇼군의 통치를 합리화하였다. 일례로 구마자와 반잔은 건괘를 해석하면서 막번체제의 천자, 쇼군, 귀족, 다이묘, 관리, 평민(士農工商)의 6계급론을 주장하고 양위의 쇼군(5효), 다이묘(3효), 사무라이(士, 초효)가 실권을 장악하고 음위의 천자(상효)와 귀족(4효)을 정치에서 배제하는 막번체제의 신질서를 정당화하였고,[18] 다자이 슌다이는 '선왕이 비괘를 본받아 만국을 세우고 제후들과 친교하였다'는 비괘 「대상전」을 활용해 막번의 봉건체제를 옹호하였다.[19] 이처럼 에도 막부를 옹호하는 근거로 활용되었던 『주역』은 에도 후기에는 반대로 개혁파와 유신파가 막부를 비판하는 근거로 활용되었다. 일례로 개혁파 인물인 아이자와 세시사이(會澤正志齋, 1782~1863)는 『주역』을 바탕으로 존왕양이와 국방 등의 개혁론과 민족주의적이며 신도적 색채가 강한 국체론을 주장하였고, 유신파 지사들은 복괘를 활용해 왕정복고의 유

확장성을 설명하기 위해 저자가 애용하는 표현이다.

18) 吳偉明, 위의 책, 52쪽. 熊澤蕃山, 『繫辭上傳』(『熊澤蕃山全集4』, 1978), "今日本天子在上位. 高而無民, 尊而無位. 大將(將軍)在九五之位. 九四爲三公之位, 世襲大臣(公卿)也. 雖僅在大君(將軍)之下, 在陰位, 不掌權. 掌權則害天下凶其家. 唯享尊名重祿, 遠觀政事. 九三爲諸侯之位, … 以一國之君主, 雖小亦有大臣及執政. 既爲人君, 大君以賓客待之. 九二 … 雖低位比九四勢重, 執政之位也. 初九爲民之位也. 士亦在其中. 兵應以農兵爲本. 士居下然其志通上, 才學兼上下. 人多而有賢者在其中. 知人情時變之位也."(52쪽에서 재인용) 이하 원전의 원문은 모두 吳偉明의 같은 책, 같은 쪽에서 그대로 재인용한 것으로 출처를 생략한다. 원문 중 소괄호와 줄임표는 저자가 보충한 것이고 일부 원문들은 본래 日漢文혼용체였던 것을 저자가 한문체로 번역한 것이다.

19) 吳偉明, 위의 책, 52쪽. 太宰春臺, 『斥非』, "昔者三代之聖王, 不以天下爲己所有. 必建大小之國以封諸侯. … 易(比卦大象)曰, '地上有水, 比. 先王以建萬國, 親諸侯.' 夫封建者, 聖人之制也."

신이 '천지의 마음'에 부합하는 역사의 필연적 귀결이라 정당화했다.[20] 메이지유신의 정신적 지도자로 평가받는 요시다 쇼인(吉田松陰, 1830~1859)은 『주역』을 활용해 자신의 행위원칙과 신념을 드러내었다. 일례로 그는 '곤경에 처해도 믿음을 잃지 말라'는 뜻의 감괘 괘사를 일생의 좌우명으로 삼았다고 하며, 처형되기 수개월 전에 남긴 시구 "충신은 충성을 다해 나라를 위해 죽는다(忠臣蹇蹇, 爲國而死)"는 건괘 육이 효사를 활용해 자신의 충정과 죽음에 대한 각오를 밝힌 것이다.[21] 저자는 이러한 고찰을 바탕으로 '『주역』은 에도시대 정치적 상황의 바로미터'였다고 평가한다.[22]

제6장 「역과 신도사상」은 일본의 전통종교인 신도의 사상가들이 『주역』을 어떻게 이해하고 활용하였는지를 고찰해 에도시대의 신도와 역학의 관계를 밝힌 것이다. 그에 따르면 에도 초기의 유학자와 신도 사상가들은 『주역』을 근거로 신도와 유학의 가르침이 같다는 '신유일치론'을 제창하고 역학의 요소들을 흡수해 신도사상을 발전시켰다. 일례로 하야시 라잔(林羅山, 1583~1657)은 "성인이 신도로 가르침을 세워 천하가 복종한다"는 관괘 「단전」을 바탕으로 신도가 추구하는 바가 유학이 추구하는 왕도, 성인지도와 같다고 주장하였고[23], 야마자

---

20) 吳偉明, 위의 책, 54-56쪽. 會澤正志齋, 『新論』, "夫神州(日本)位東方, 向朝陽, 帝出於震, 於五行爲木, 所以宜穀."; 『下學邇言』, "天道陽尊陰卑. 地在天之中. 東方爲首屬陽, 西方爲末屬陰. 神州與漢土朝陽當尊位." 복괘 단전의 원문은 "彖曰, 復亨, 剛反, 動而以順行, 是以出入无疾, 朋來无咎. 反復其道, 七日來復, 天行也. 利有攸往, 剛長也. 復, 其見天地之心乎?"

21) 吳偉明, 위의 책, 57쪽. 감괘 괘사는 "習坎, 有孚, 維心亨, 行有尙." 蹇괘 六二 효사는 "王臣蹇蹇, 匪躬之故."

22) 吳偉明, 위의 책, 58쪽.

23) 吳偉明, 위의 책, 74-75쪽. 林羅山, 『神道傳受折中俗解』, "周易觀卦曰, 聖人以神道設教而天下服矣. 此非王道乎? 此非聖人之道乎?" 관괘 단전의 원문은 "彖曰, 大觀在上, 順而巽, 中正以觀天下. 觀盥而不薦有孚顒若, 下觀而化也. 觀天之神道而四時不忒, 聖人以神道設教而天下

키 안사이는 신도와 유학이 동일한 자연율에 기반하며 양자의 최종목적이 모두 인륜과 군신존비의 분수를 건립하는 것이라 보았다.[24] 또한 그들은 신도에서 모시는 일본신화의 신들을 『주역』의 개념들과 관계 지어 설명함으로써 신도와 유학의 '근원적 동일성'을 강조하였다. 일례로 그들은 일본신화에서 근원신에 해당하는 '구니노토코타치노미코토(國常立尊)'를 태극, 일본을 창조한 남신 '이자나기(伊弉諾)'와 여신 '이자나미(伊弉冉)'를 각각 양과 음, 이들 이외의 다섯 신들을 오행으로 설명하고 있는데, 이러한 설명방식은 당시 신도의 여러 문헌들에서도 확인된다.[25] 저자는 당시 신도와 유학이 불교의 영향으로부터 독립하려던 시기였기 때문에 이와 같은 양자의 습합이 가능했고, 특히 신도측은 송명리학의 형이상학 체계를 흡수해 신도사상을 풍부하게 했다고 본다.[26]

이러한 습합을 거친 에도 중기에는 유학의 입장에서 신도와의 연관성을 부정하는 흐름이 두드러지는데 그 대표적 인물로 무로 규소(室鳩巢, 1658~1734)를 든다. 그는 신유일치론의 핵심 근거인 관괘 「단전」의 '신도(神道)'를 '성인의 신묘한 도', '인도(仁道)'로 해석해 양자의 관련성을 부정하는 동시에 양자의 차이점을 지적하며 유학의 우월성을 강조하였다.[27] 에도 후기의 특징으로는 국학파에 의한 '『주역』의

服矣."

24) 吳偉明, 위의 책, 75쪽. 山崎闇齋, 『洪範全書』, "日本自天地初開, 伊弉諾伊弉冉隨天神好卜筮, 從陰陽而設教化, 天地之理一也. 悉神或聖人則看其出自日出之國(日本)或日落之國(中國). 兩教本相同也."

25) 吳偉明, 위의 책, 74-78쪽.

26) 吳偉明, 위의 책, 74쪽.

27) 吳偉明, 위의 책, 79쪽. 室鳩巢, 『駿臺雜語』, "有聖人以神道設教, 其所謂神道者, 指聖人之道神妙也, 也可稱仁道, 此衆道之一而已. 然吾聞世人言今之所謂神道, 竟以之爲我國之道, 比聖人之道高一等, 吾難以接受." 그가 지적한 양자의 차이점은 다음과 같다. 첫째, 유학은

신도화'를 든다. 국학파란 불교의 영향을 받은 중세의 불가신도나 유학의 영향을 받은 에도 전기의 유가신도와 달리, 외래사상에 반대하고 『고사기』, 『일본서기』 등 일본 고전 연구를 통해 일본 고유의 정신과 문화 회복을 주장하는 신도 일파를 말한다.28) 이러한 국수주의적 성격으로 인해 국학파의 대표적 사상가인 모토오리 노리나가(本居宣長, 1730~1801)는 음양오행과 일본의 신들을 연결시키는 유가신도의 설명방식을 비판하고 『주역』과 신도의 연관성을 부정하였다.29)

그러나 후기의 국학파를 대표하는 히라타 아츠타네(平田篤胤, 1776~1843)는 현행본 『주역』과 본래의 '옛 『역』[古易]'을 구분하고 '고역은 본래 일본의 신들이 지은 일본 고유의 경전'이라 주장하며 고역을 신도의 연원으로 삼았다. 복희는 본래 일본의 신[大物主神]으로 중국의 인민들을 교화하기 위해 잠시 중국에 건너가 하도낙서를 전수하고 『역』을 지었다고 보는 그는, 복희의 고역이 신농과 황제[모두 일본의 신]의 정리를 거쳐 각각 『연산』과 『귀장』으로 전해졌지만 문왕이 이를 개변하고 주공과 공자가 중국화, 유학화하면서 고역이 실전되었다고 주장하였다. 그는 「대상전」과 「단전」에 고역의 면모가 남아있다고 보

정치와 도덕교화를 중시하는데, 신도는 종교전수를 중시한다. 둘째, 유학은 천하에 통용되는 보편적인 도리인데, 신도는 일본 일국의 종교일 뿐이다. 셋째, 유학은 역사적으로 입증된 것인데 반해 신도는 전설과 허구가 뒤섞인 것에 불과하다.

28) 에도 중기에 등장한 국학파의 '국학'은 당초 일본 고유의 역사와 문화 등 古道를 탐구하는 학문 일반을 가리켰지만, 국학파가 추구하는 고도가 결국 神道로 귀결되기에 국학은 神道學, 古道神道, 復古神道 등의 명칭으로 불리기도 한다. 송휘칠, 「근세 日本의 國學派 형성과 그 전개」, 『퇴계학과 유교문화』 24, 경북대학교 퇴계연구소, 1996, 163쪽을 참고.

29) 吳偉明, 위의 책, 81-82쪽. 本居宣長, 『直昆靈』, "然唐書曰, 聖人以神道設教. 故有人以吾國神道取名於此. 言者皆無心明白事理之輩. 自始吾國神靈之義與彼國不同. 彼國以陰陽講鬼神宇宙, 皆空理. 皇國之神乃天皇之祖先, 絶非空理也."

고 『고역대상경』과 『단역론』 등을 지어 고역을 복원하고자 했고, 그의 후학들 역시 이러한 『주역』의 일본화 또는 신도화 작업을 계승, 발전시켜 나갔다.[30] 저자는 에도 초기 신도의 중국화 또는 유학화의 근거로 활용되던 『주역』이 역으로 일본화 또는 신도화되어 가는 이러한 역사가 에도시대 역학의 특수성과 독창성을 대표하며 유학과 신도가 복잡하게 얽혀 있는 일본사상사와 『주역』의 긴밀한 관계를 잘 보여준다고 평가한다.[31]

이상과 같이 응와이밍이 일본역학사를 다루는 방식은 인물 또는 문헌 중심으로 사상가들의 역학사상을 고찰하고 이를 학파별, 시대순으로 정리하는 기존의 역학사 연구 방식과 상당한 차이를 보인다. 그의 연구가 개개의 인물 또는 문헌에 대한 상세하고 체계적인 고찰을 목적으로 한 것은 아니기 때문에 주요 사상가들의 역학사상에 대한 심화된 이해를 제공하지는 않는다. 그러나 한국역학사 서술과 관련해서 다음과 같은 특징들은 주목할 만하다.

첫째는 역학사에 대한 새로운 접근방식이다. 에도시대의 역학사를 통시적 관점에서 주제별로 살펴보는 그의 지성사적 접근방식은 '당시 지식인들이 실제 현실의 다양한 문제 속에서 『주역』을 어떻게 이해하고 활용하였는가'라는 그 실천적 양상과 시대적 경향성을 규명하고자 할 때 매우 효과적인 방법론으로 활용될 수 있다. 다만 그와 같은 접근을 위해서는 역학 관련 저작뿐만 아니라 역사서와 개인 문집 등 유관 문헌 전반에 대한 고찰이 필요할 것이다. 둘째는 역학 저작들에 대한 목록학적 고찰이다. 그가 제1부 '역사배경'에서 시도한 역학 저작의 통계조사 및 내용분류는 한 시대의 역학의 전반적 특징을 파악

30) 吳偉明, 위의 책, 82-84쪽.

31) 吳偉明, 위의 책, 85-86쪽.

하고 드러낼 수 있는 유용한 연구방법이라 할 수 있다. 셋째는 역학사의 외연 확장이다. 기존의 역학사에서는 다루어지지 않던 역점 관련 인물들을 '역점학파'라는 새로운 범주로 묶어 제시한 그의 시도는 구체적인 성과로 이어지지는 못했지만 일본역학사의 외연을 넓힐 수 있는 계기를 마련하였다는 점에서 유의미한 시도였다고 할 수 있다.

3. 천웨이진(陳威瑨)의 『일본 에도시대 유가역학 연구(日本江戶時代儒家《易》學研究)』

천웨이진의 연구서는 에도시대 유가의 역학을 경학사적 관점과 철학사적 관점에서 고찰한 것으로 서론과 결론 포함 총 6장으로 구성되어 있다. 아래에서 살펴볼 본론의 목차를 소개하면 다음과 같다.

제2장「江戶時代儒家《易》學之歷史背景」: (1)《周易》與江戶時代以前之儒學, (2)《周易》在江戶時代儒學環境下的流傳

제3장「江戶時代儒學的《周易》註釋特色比較」: (1)伊藤東涯與《周易經翼通解》, (2)太宰春臺與《周易反正》, (3)中井履軒與《周易逢原》, (4)皆川淇園與《周易繹解》, (5)佐藤一齋與《周易欄外書》, (6)大田錦城與《九經談》

제4장「江戶時代儒者思想中的《易》學哲學開展」: (1)《易》學開展出之理氣論觀點, (2)《周易》與陽明學者的神祕性道德論, (3)皆川淇園獨樹一幟的「開物學」

제5장「江戶時代儒學論爭議題中的《周易》」: (1)崎門弟子破門事件: 《文言傳》「敬內義外」詮釋論爭, (2)「欲斥性理, 必自《周易》始焉」: 反徂徠與《周易》

먼저 제1장 서론에서는 선행연구로서 응와이밍과 왕신(王鑫)의 연구[32]를 검토하고 자신의 연구 관점을 제시한다. 응와이밍의 연구에 대해서는 에도시대 역학 저작의 출판, 수입 등에 관한 자세한 통계조사와 목록작업, 문화사적 접근 등 새로운 연구 관점의 제시 등을 높이 평가하면서도 에도 역학의 기본적 윤곽을 드러내는 데 그쳐 특히 유가사상의 형이상학, 윤리학 등에 대한 심층적 분석을 결여하였다고 비판한다.[33] 왕신의 연구에 대해서는 전자와 비교해 개별 유학자들의 역학사상에 대한 입체적이고 심층적인 분석이 이루어졌지만 소수의 고찰에 그쳐 연구제목처럼 '일본근세역학'을 포괄하기에는 불충분했다고 평가한다.[34] 이러한 선행연구 검토에 이어서 그는 주백곤의 『역학철학사』 '전언'을 인용하며 이를 비판적으로 검토한다. 그가 인용한 '전언'은 아래와 같다.

> 역학사 연구는 과거 경학사의 영역에 속했다. 경학사에서 연구하는 것은 유가가 존숭하는 전적의 변화와 전수의 역사로, 그 내용은 전수의 과정, 시대와 학파에 따른 경전 해석 경향, 경전 주소의 대강과 성취, 전적의 변위와 문자 훈고의 고증 등을 포괄한다. 역학사 연구도 대체로 이러한 내용이다. … 역대의 역학자들도 『주역』의 의리를 연구했는데, 특히 철학자들은 그 의리 해석을 바탕으로 자신의 철학 체계를 건립하고 천발하였다. 그들의 『주역』 의리에 대한 해석과 그 이론적 사유에 대한 탐구는 우주와 인생의 근본적인 문제와 연관되어 철학의 기본문제와 사물 발전의 일반법칙을 포괄한다. 이러한 내용은 역학철학이라 부를 수 있다. … 역학철학은 자체적 특성을 지니는데, 그 철학은 역학 자체의 개념, 범주, 명제를 바탕으로 전개

32) 각주 7, 8번을 참고할 것.

33) 陳威瑨, 『日本江戶時代儒家《易》學硏究』, 臺北: 政大出版社, 2015, 12-13쪽.

34) 陳威瑨, 위의 책, 14-15쪽.

> 된다. 그리고 이들 범주와 명제는 또한 『주역』의 점서 체례, 괘효상의 변화 및 괘효사에 대한 해석에서 나오고 따라서 하나의 독특한 이론적 사유형식을 형성하였다. … 이러한 문제들을 탐구하는 것이 바로 역학철학사의 임무이다. 이것은 하나의 새로운 연구과제로, 그 내용은 경학사로서의 역학사와도 다르고 일반적인 철학사와도 다르다. 이것은 불교사, 불학사, 불교철학사의 관계처럼 연관성도 있고 차이점도 있어 각자의 특수적 임무가 있다.[35]

그는 위와 같이 '역학철학'에 중점을 두는 주백곤의 관점을 조심히 비판하며, 『주역』이 유가 경전인 동시에 철학 전적이기 때문에 완정한 역학사 연구를 위해서는 경학사적 연구와 철학사적 연구 어느 하나도 소홀히 할 수 없고 양자를 모두 고려해야 역사상의 『주역』의 전반적 영향을 드러낼 수 있다고 주장한다.[36] 그는 주희의 역학을 예로 들어 자신의 역학사 연구 관점을 설명한다. 주희가 고본 『주역』을 복원하고자 한 것은 경학사적 작업이라 할 수 있고 동시에 『주역』에 이기이원론적 함의를 부여하고자 한 것은 철학사적 작업이라 할 수 있는데, 이러한 주희의 역학을 제대로 연구하기 위해서는 『주역본의』와 같은 역학 관련 저작에만 초점을 맞춰서는 안 되며 『주자어류』, 『주문공문집』 등의 문헌들을 통해 주희사상의 중요부분을 파악하고 다른 철학적 문제에서 접근해야 주희사상의 전체체계 내에서 역학의 지위를 온전히 발견할 수 있다고 설명한다.[37]

그는 역학사의 대표적 인물들을 선택해서 인물을 중심으로 장절을 구성하는 주백곤의 서술방식이 경학사적 연구와 철학사적 연구를

---

35) 朱伯崑, 『易學哲學史』 1권, 1-3쪽.(陳威瑨, 위의 책, 15-16쪽에서 재인용. 줄임표는 저자.)

36) 陳威瑨, 위의 책, 15쪽.

37) 陳威瑨, 위의 책, 15-16쪽.

동시에 진행하려는 연구에는 적합하지 않다고 보고 자신의 일본역학사 연구에서는 새로운 구성방식을 적용하고자 한다. 그에 따르면 경학사의 맥락에서 『주역』을 다루는 것은 『주역』의 전파, 대표적 주해서, 경전 해석의 특징 등의 문제와 연관되고, 철학사의 맥락에서 『주역』을 다루는 것은 학자들이 『주역』의 요소들을 이용해 건립한 사상체계와 내용에 중점을 두고 아울러 철학적 분석 방식으로 서술하는 것이다.[38] 이러한 의도에서 그는 본론의 전반부 2장은 경학사적 연구로, 후반부 2장은 철학사적 연구로 구성한다.

이를 살펴보면, 제2장 「에도시대 유가역학의 역사적 배경」은 에도시대 이전의 『주역』의 전파와 보급 및 역학의 발전 과정을 개괄하고 에도 초기에 유가역학이 흥성할 수 있었던 배경을 고찰한 것으로, 그 내용은 응와이밍의 제1장을 보완, 발전시킨 것이라 할 수 있다. 그는 일본 중세 사상계의 대표 집단인 선승(禪僧), 박사가(博士家), 아시카가(足利)학교의 역학을 상세히 고찰함으로써 중세 역학이 에도시대 유가역학의 발전 기반을 마련하였음을 보다 명확히 한다.[39] 또한 17세기에 일본이 식자율과 독서량의 수준이 높은 '문자사회'의 단계에 도달하였다는 쓰지모토 마사시(辻本雅史)의 연구 등을 바탕으로 에도시대의 주요 교육기관인 창평횡, 번교, 사숙에서의 유학과 『주역』의 교육 정황을 고찰함으로써, 당시 『주역』이 일본문화 속에 깊숙이 뿌리내리고 이에 대한 일본인들의 관심과 이해가 성숙할 수 있었던 이유를 보다 구체적으로 해명하고자 한다.[40]

제3장 「에도시대 유학의 주역 주석의 특색과 비교」는 에도시대 유

38) 陳威瑨, 위의 책, 17쪽.

39) 陳威瑨, 위의 책, 40-49쪽을 참고.

40) 陳威瑨, 위의 책, 49-64쪽을 참고.

학자의 주요 역학 저작들을 선정해 역학사상의 일반적 연구방법을 바탕으로 그들의 『주역』 이해와 해석법 등을 고찰한 것이다. 고학파 이토 토가이의 『주역경익통해』, 고문사학파 다자이 슌다이의 『주역반정』, 주자학파 나카이 리켄의 『주역봉원』, 절충학파 미나가와 키엔의 『주역역해』, 양명학파 사토 잇사이의 『주역난외서』, 고증학파 오오타 킨조의 『구경담』, 이상의 순서로 총 6인의 대표 저작들을 선별해 그들의 역학사상을 고찰하고 있다. 여기서 저자는 고찰 인물의 학파가 중복되지 않도록 선별하였는데, 이는 그들 간의 차이와 연관성을 보다 뚜렷하게 드러내려는 의도에서였다고 한다.[41] 이 중에서 제1절 「이토 토가이와 『주역경익통해』」를 살펴보기로 한다.

그는 먼저 이토 토가이의 학문적 특징과 평가, 『주역경익통해』(이하 『통해』로 약칭)의 체재를 설명한다. 토가이는 진사이 사후 부친이 남긴 저작들을 정리, 출판하고 수많은 저작과 교육 활동을 통해 공맹유학의 복원을 지향한 부친의 '고학(古學)'을 충실히 계승하고 발전시키는 데 일생을 바친 인물이다. 역학 관련해서 『주역전의고이』, 『독역사설』, 『태극도설관견』, 『태극도설십론』 등 많은 저작들을 남겼는데, 『주역』에 대한 완정한 주해서로는 『통해』(총18권)가 유일하다. 진사이가 『주역』 전체를 주해하지 않았기 때문에 토가이의 『통해』는 고학파의 역학사상을 대표하는 동시에 에도시대의 주요 역학 저작 중 하나로 평가받는다. 이러한 『통해』는 왕필과 한강백의 주석에 자신의 견해를 덧붙인 것으로 체재는 왕필본을 따르고, 권수의 「석례(釋例)」에서는 자신의 주역관, 역학의 전승과정, 승승(乘承)·비응(比應)·중정(中正) 등의 역례, 강유(剛柔)·왕래(往來)·육구(六九) 등의 개념, 본서의 저술의도를 해설하고 있다.[42] 이어서 그는 『통해』의 고찰을 통해 그 역학사

41) 陳威瑨, 위의 책, 65쪽.

상의 특징을 다음과 같이 정리한다.

첫째는 진사이 역학의 전면적 계승이다. 토가이는 부친이 만년에 『역』의 고의(古義)를 밝히려 했지만 건괘와 곤괘, 「대상전」만을 주해하고 미완성으로 끝나 그 유지를 받들어 『통해』를 지었고 『통해』의 기본방침 또한 부친의 역학을 바탕으로 한다고 밝히는데, 그 방침이란 '『역』은 의리를 위주로 하지 복서를 따르지 않는다', '십익은 공자의 저작이 아니다', '『역』은 기(氣)를 말하지 리(理)를 말하지 않는다', '고역(古易)에는 복서와 의리가 있다' 등이다.[43] 저자는 진사이의 역학을 계승한 『통해』의 주해가 정이의 의리역을 계승, 발전시킨 것으로 보고, 이를 건괘 구오 효사, 사괘 괘사 등의 해석을 고찰하며 구체적으로 논증한다.[44] 둘째는 상수역학의 취사선택이다. 진사이는 기본적으로 복서와 연관된 상수역학적 요소들을 유가의 역학이 아니라고 배척하였다. 이에 비해 「단전」의 '왕래(往來)'를 '괘변'으로 이해하는 토가이는 정이와 주희의 괘변설을 비판하고 내지덕의 착종설과 유사한 방식으로 해석하며, 복서를 도외시하지 않고 서법과 연관된 문제들을 상세히 고증하여 자신의 견해를 밝히고 있다.[45] 이러한 예들을 선행연

42) 陳威瑨, 위의 책, 66-68쪽. 참고로 『주역경익통해』는 『漢文大系』(제16권, 富山房)에 수록되어 있다.

43) 陳威瑨, 위의 책, 69-70쪽. 伊藤東所(東涯의 子), 「周易經翼通解序」, "吾祖考晩年將注易, 已解乾坤及大象, 名以古義. 先考自夙歲深好易, 考傳義之異同, 題之上幀, 苦心盡力, 剖別甚精, 祖考嘗稱曰, 殆不讓古人好易者. 祖考見背, 古義亦未成. 故本過庭之大意, 考索傳義, 以爲注述, 名曰經翼通解."; 伊藤東涯, 「釋例」, "胤不肖, 紹述遺志, 敍之舊聞, 僭爲此解. 但曰易主義理不從卜筮, 曰十翼非夫子之所作, 曰易言氣而不言理, 曰古易有卜筮義理兩端, 凡此大義數條, 皆本于先子之緜蕞."(재인용)

44) 陳威瑨, 위의 책, 70-76쪽. 저자는 토가이가 정이의 의리적 해석을 계승, 발전시킨 점으로는 ①人事와 史事로 경전을 해설한 점, ②왕필의 현학적 해석을 배척한 점 두 가지를 든다.

구에서는 진사이와 구별되는 토가이 역학의 특징적 요소로 평가하지만, 저자는 그러한 견해에 찬동하지 않고 '『역』에는 의리적 요소와 상수적 요소가 모두 있지만 의리가 중요하다'는 진사이 역학의 기본입장을 계승한 것으로 평가한다.[46] 셋째는 송학적 요소에 대한 비판이다. 토가이가 비판적 태도를 보이는 주요 요소는 이기심성론적 해석, 하도낙서의 도서학, 소옹의 선천역학이다. 저자는 이상의 고찰을 종합해 토가이의 『통해』가 부친의 역학과 정이 『역전』의 의리적 해석을 계승, 발전시킨 고학파의 대표적 역학 저작임을 명확히 한다.[47]

제4장 「에도시대 유가사상의 역학철학의 전개」는 주백곤이 제시한 '역학철학'이란 개념을 염두에 두고 이기론과 도덕론을 주제로 에도시대 주요 사상가들의 역학사상에 나타나는 개인 또는 학파별 특징과 차이를 비교분석한 것이다. 제1절 「역학에서 전개되는 이기론 관점」은 이기론을 중심으로 주자학파의 이기이원론, 고학파의 기일원론, 오규 소라이의 반리학(反理學) 사상을 비교고찰한 것이다. 저자는 주자학의 이기이원론과 긴밀히 연관되어 있는 『주역』의 문제들, 즉 '태극과 음양의 관계', '괘효 및 괘효사와 그 근거로서의 리', '형이상과 형이하의 관계' 등을 중심으로 세 학파의 『주역』 해석에 나타나는 특징과 차이를 상세히 고찰하고, 이를 통해 이토 가문의 고학파와 오규 소라이의 고문사학파 모두 『주역』의 새로운 해석을 통해 이기이원론

45) 陳威瑨, 위의 책, 76-79쪽. 일례로 '칠팔구육'의 기원을 하도낙서로 보고 「계사전」 '대연지수'장에서 괘륵지수를 正策, 과설지수를 餘策으로 해석하는 주희의 견해를 비판하고, 토가이는 과설지수가 정책이고 '칠팔구육'의 수는 하도낙서가 아니라 정책인 과설지수(36, 32, 28, 24를 4로 나눈 것이 9, 8, 7, 6), 즉 서법에서 기원한 것이라 본다.

46) 陳威瑨, 위의 책, 80-81쪽.

47) 陳威瑨, 위의 책, 81-86쪽.

적 세계관에서 벗어나 독자적 세계관을 건립하고 있음을 밝히고 있다.[48] 제2절 「『주역』과 양명학파의 신비적 도덕론」은 양명학자 나카에 토주(中江藤樹, 1608~1648)와 구마자와 반잔이 공통적으로 『효경』과 『주역』의 종교적 이해를 통해 신비주의적 도덕론을 주창하고 있음을 밝힌 것이고,[49] 제3절 「미나가와 키엔의 독자적 이론, 개물학」은 그의 독창적 역학체계인 '개물학'을 고찰한 것이다.[50]

제5장 「에도시대 유학 논쟁 속의 『주역』」은 에도유학사에서 『주역』과 관련된 논쟁 두 가지를 다루고 있다. 제1절 「기몬의 제자 파문사건」은 곤괘 「문언전」, "군자는 경으로 안을 바로잡고 의로 바깥을 바르게 한다(君子敬以直內, 義以方外)"의 해석을 둘러싸고 일본의 대표적 주자학파인 기몬학파 내부에서 벌어진 '경내의외(敬內義外)' 논쟁을 고찰한 것이다. 스승인 야마자키 안사이는 '내'를 심신을 포괄하는 것으로 보고 『대학』의 팔조목과 연관 지어 '수신'까지를 '직내'로 해석하고 '외'를 외부세계로 보아 '방외'를 '제가치국평천하'로 해석하였다. 제자인 사토 나오카타(佐藤直方, 1650~1719)와 아사미 케이사이(淺見絅齋, 1652~1711)는 내와 외를 각각 마음과 몸으로 보고 '경이직내'를 '거경', '의이방외'를 '궁리(격물치지)'로 이해한 주희의 해석을 고수하며 만년에 신도로 기운 스승의 사상적 변화를 비판하였다. 이들의 논쟁은 결과적으로 스승의 견해에 반대했던 두 제자가 파문을 당하면서

48) 陳威瑨, 위의 책, 217-275쪽을 참고.

49) 陳威瑨, 위의 책, 275-307쪽을 참고.

50) '개물'이란 말은 「계사상전」의 "開物成務"에서 유래하는데, 키엔의 '개물학'은 '명칭(物)의 의미를 밝히는(開) 학문'의 뜻으로 상수역학과 음운학을 결합한 독특하고 복잡한 역학체계를 말한다. 이와 관련된 한글자료로는 미우라 슈이치(三浦秀一), 「목민(牧民)과 신(神) -미나가와 키엔(皆川淇園) 『메이츄(名疇)』의 통치자론과 그 사상기반」(『다산학』 11, 다산학술문화재단, 2007)이 있다.

기몬학파의 분열(순수주자학파와 유신일치파(儒神一致派))을 초래하였다. 저자는 양자의 논쟁이 단순히 경전의 해석 차이에 머물러 있는 것이 아니라 유학의 공부론과 신도, 불교 등 이단에 대한 입장 차이와도 연관되어 있음을 밝히고, 『주역』이 일본유학사와 그 독자적 전개에 끼친 영향을 보여주는 실례로서 그 의의를 평가한다.[51] 제2절 「반소라이와 『주역』」은 18세기에 성행한 반소라이학의 사조에 주목해 소라이학과 반소라이학 사이의 쟁점들을 『주역』과의 연관성 속에서 고찰한 것이다.[52]

이상과 같이 천웨이진은 에도시대 주요 사상가들의 『주역』 해석을 중점적으로 고찰한 경학사적 연구를 본론의 전반부에 배치하고 역학을 중심으로 에도시대 유학사상사를 고찰한 철학사적 연구를 후반부에 배치함으로써 양자의 조화를 도모하고자 했다. 이러한 그의 연구는 에도시대의 역학사를 보다 입체적으로 드러낸다는 점에서 기존의 역학사 서술과 구별되는 뚜렷한 특색과 장점을 지닌다고 평가할 수 있다.

---

51) 陳威瑨, 위의 책, 354-394쪽을 참고. 저자는 심신을 구분하지 않는 스승 측의 해석이 『주역』 경문이나 주자의 해석에는 부합하지는 않지만 내재심성을 강조하는 불교와의 차별성과 외재적 실천, 경세제민의 정치성을 강조한다는 점에서 수기치인을 지향하는 유학의 본질을 벗어나지 않으며, 때문에 큰 틀에서는 유학으로서의 주자학에 위배된다고 말하기는 어렵다고 평가한다.

52) 陳威瑨, 위의 책, 395-436쪽을 참고. 저자는 小島康敬의 연구(『徂徠學と反徂徠學』, 東京: ぺりかん社, 1994)를 바탕으로 반소라이학(反徂徠學)의 쟁점을 다음 네 가지로 정리한다. 첫째 정치적 공리를 중시하고 개인적 수양론을 경시한 점에 대한 비판, 둘째 고문사학의 방법론에 나타나는 자의적 문헌고증에 대한 비판, 셋째 소라이학의 중화주의와 도의 보편성 강조에 대한 비판, 넷째 성인이 치국평천하를 위해 제작한 예악형정을 도로 한정하는 소라이학의 도의 후천성, 작위성 강조에 대한 비판.

그러나 그의 접근방식에 의문점이 없는 것은 아니다. 경학사적 연구와 철학사적 연구를 명확히 구분하는 그의 방식은 오히려 개별 사상가의 역학사상을 체계적으로 드러내는 데 한계로 작용하기도 한다. 이는 역학사상 자체가 경학적 요소와 철학적 요소를 모두 포괄하고 있고, 경학과 철학의 관계 또한 중첩적이라 명확하게 구분되는 것은 아니기 때문이다. 이와 관련해 고학파나 고문사학파와 같이 두 연구에서 반복적으로 다루어지는 경우 고찰이 중복되는 감이 없지 않다. 비록 그 또한 이를 최소화하고자 노력한 듯 보이지만 그와 같은 접근방식에서는 피할 수 없는 문제로 보인다. 이러한 한계에도 불구하고 한국역학사 서술과 관련해서 다음과 같은 특징들은 주목할 만하다.

첫째는 역학사에 대한 접근방식이다. 그가 제시하고 있는 경학사적 연구와 철학사적 연구는 사실 새로운 연구방법론은 아니다. 그의 연구의 독창성은 양자의 방법론을 역학사의 차원에서 새롭게 재구성한 점이라 할 수 있다. 그와 같은 접근방식은 한국역학사를 보다 입체적으로 드러내고자 할 때 효과적인 방법론으로 활용될 수 있을 것이다. 다만 앞서 언급한 것처럼 주요 사상가들의 역학사상을 체계적으로 전달할 수 있는 역학사를 염두에 둔다면 오히려 주백곤이나 엄연석의 연구[53]와 같이 기존의 인물 중심의 역학사 서술이 보다 적합해 보인다. 둘째는 새로운 연구관점의 발굴이다. 필자가 그의 연구에서 가장 참신하다고 본 것은 사상사의 주요 논쟁을 『주역』 또는 역학을 중심으로 고찰한 제5장이다. '사단칠정' 논쟁이나 '인물성동이' 논쟁과 같이 한국사상사의 주요 논쟁 또한 그와 같이 논쟁자들의 역학사상에 초점을 맞춰 새롭게 고찰할 수 있을 것이다. 이에 대한 연구는 한국역학사는 물론 한국사상사를 다양한 관점에서 재조명하는 자

53) 엄연석, 『조선전기역철학사』, 서울: 재단법인 한국연구원, 2013.

료로 활용될 수 있을 것이다.

4. 한국역학사 서술을 위한 제언

일본과 해외의 학자들이 일본 근세 유학자들의 역학사상에 주목하기 시작한 것은 비교적 최근의 일로, 일본역학사에 대한 체계적인 서술은 일본 자국의 연구자가 아닌 해외 연구자들에 의해 이루어진 상황이다. 이 글에서는 그 대표적 성과인 응와이밍과 천웨이진의 연구를 중심으로 일본역학사 연구의 특징을 살펴보았다. 그들 스스로 밝힌 것처럼 두 연구가 일본역학사를 완정하게 반영하고 있다고는 말할 수 없을 것이다. 그러나 이는 그들의 연구 역량 때문이라기보다는 일본역학에 대한 연구가 전반적으로 미진했기 때문이라 할 수 있다. 각각의 한계에도 불구하고 기존의 연구방법과 차별화되는 그들의 역학사 서술 시도는 우리에게 많은 시사점을 제공한다.

첫째, 역학사의 접근방식이다. 천웨이진의 경학사적, 철학사적 접근방식은 현재 학계에서 이루어지고 있는 역학사상 연구의 대표적 연구방법들의 상호보완을 꾀한 것이다. 이에 비해 응와이밍의 지성사적 접근방식은 현재 국내 학계에서는 잘 이루어지지 않은 참신한 접근방식이라 할 수 있다. 이에 대해 개개의 역학사상에 대한 심화된 이해를 제공하지 못하는 점을 단점으로 꼽고 있지만, 필자는 응와이밍의 연구를 고찰하면서 '역학사가 반드시 경학사적 관점이나 철학사적 관점에만 이루어져야 할까'라는 의문이 들기도 했다. 주요 사상가들의 역학사상을 역사순으로 체계적으로 밝히는 것이 역학사 서술의 기본적인 과제이겠지만, 한편으로는 한 시대를 살아가는 다양한 인물들이 자신이 처한 시대적 상황과 문제의식 속에서 『주역』을 어떻게 이해하고 활용하였는가를 밝히는 것 또한 역학사나 사상사 연구에서 소홀히 할 수 없는 과제일 것이다. 양자의 접근방식을 한 권의 한국역학사에 모두 채용하기에는 무리가 있고 우선은 경학사적 접근방식이나 철학사적 접근방식에 의한 한국역학사 서술이 필요하다고 판단되지만, 응와이밍식의 지성사적 접근 또한 앞으로 이루어져야 할 연구라 생각한다.

둘째, 새로운 연구관점이다. 이는 위의 접근방식과도 연관된 문제로, 응와이밍의 지성사적 접근과 이 글에서는 다루지 않은 문화사적 접근은 한국역학사를 새롭게 접근할 수 있는 연구관점으로 활용할 수 있을 것이다. 또한 사상사의 주요 논쟁들을 『주역』 또는 역학을 중심으로 고찰한 천웨이진의 철학사적 접근은 한국의 역학사와 사상사를 재조명하는 연구관점으로 충분히 활용 가능하다고 생각한다.

셋째, 한국역학 저작들에 대한 목록학적 고찰이다. 응와이밍의 연구가 증명한 것처럼 역학 저작들의 통계조사 및 내용분류는 한국역학사의 전반적 특징을 파악하고 드러내는 방법으로 활용할 수 있을 것이다. 다만 일본처럼 상세한 목록이 부재한 국내의 여건을 고려한다면 먼저 기존의 『한국경학자료집성-역경편』(전37권, 성균관대학교 대동문화연구원)과 『한국역학대계』(전60권, 여강출판사)를 보완해 한국의 역학자료들을 추가적으로 조사, 집성하고 이에 대한 해제 작업 등 기초적 연구를 바탕으로 역학 저작들의 학파별, 내용별 분류작업을 시도해야 할 것이다.

넷째, 한국역학사의 외연 확장이다. 앞서 언급한 것처럼 응와이밍은 외연 확장을 통해 일본역학사를 보다 풍부히 하는 기초를 마련하였다. 그와 같은 외연 학장은 한국역학사 연구의 발전을 위해서도 시도해 볼 만한 것이라 생각한다. 다만 그러한 외연 확장을 위해서는 한국역학 저작들에 대한 충실한 목록학적 고찰이 선행되어야 할 것이다. ◈

【참고문헌】

엄연석, 『조선전기역철학사』, 서울: 재단법인 한국연구원, 2013.
奈良場勝, 『近世易學研究-江戶時代の易占』, 東京: おうふう, 2010.
塘耕次, 『中井履軒『周易逢原』と朱子『周易本義』』, 東京: 汲古書院, 2023.
濱久雄, 『東洋易學思想論攷』, 東京: 明德出版社, 2016.
_____, 『東洋思想論攷 - 易と禮を中心として』, 東京: 明德出版社, 2018.
_____, 『易を讀む: 伊藤東涯『周易經翼通解』全譯』, 東京: 明德出版社, 2020.
小島康敬, 『徂徠學と反徂徠學』, 東京: ぺりかん社, 1994.
吳偉明, 『易學對德川日本的影響』, 香港: 中文大學出版社, 2009.
王鑫, 『日本近世易學研究』, 北京: 北京大學出版社, 2017.
伊藤東涯, 『周易經翼通解』(『漢文大系』 제16권), 富山房, 1913.
朱伯崑, 『易學哲學史』 제1권, 北京: 昆侖出版社, 2009.
陳威瑨, 『日本江戶時代儒家≪易≫學研究』, 臺北: 政大出版社, 2015.

김동진, 「일본의 『주역』 연구 동향」, 『다산학』 35, 다산학술문화재단, 2019.
_____, 「마세 추슈(眞勢中州)의 『주역』의 이해와 古易 복원 -『周易釋故』를 중심으로」, 『율곡학연구』 52, (사)율곡학회, 2023.
미우라 슈이치(三浦秀一), 「목민(牧民)과 신(神) -미나가와 키엔(皆川淇園) 『메이츄(名疇)』의 통치자론과 그 사상기반」, 『다산학』 11, 다산학술문화재단, 2007.
송휘칠, 「근세 日本의 國學派 형성과 그 전개」, 『퇴계학과 유교문화』 24, 경북대학교 퇴계연구소, 1996.
町田三郎, 「林泰輔と日本漢學」, 『東洋の思想と宗教』 14, 早稻田大學東洋哲學會, 1997.

한국역학사의 틀

엄연석의 『조선전기역철학사』를 통해 본 한국역학사의 서술 전망

방 인

〈요약〉

엄연석의 저서는 『한국경학자료집성(역경편)』(성균관대학교 대동문화연구소, 1999) 총37권을 토대로 조선 전기 역학의 전개 양상을 체계적으로 분석하였다. 저자는 조선 역철학사의 체계를 확립하기 위해 상수역학, 의리역학, 역학계몽의 세 가지 준거틀을 제안한다. 이 체계는 조선 전기의 역철학적 성취를 정리하고, 조선역학사의 전체적 흐름을 조망하는 데 기여하는 중요한 틀로 평가된다. 엄연석의 『조선전기역철학사』는 조선 전기의 역학사상의 전개의 전체 과정을 망라해서 요약하였으며, 조선 전기의 성과를 기반으로 조선역학사 전체를 통합적으로 서술하기 위한 방향을 제시하였다는 점에서 향후에 조선의 중·후기 역철학사 서술하기 위한 초석을 마련한 것으로 평가된다. 다만 이 책은 주요 연구 자료로 『한국경학자료집성』(역경편) 총 37권에 의존하고 있는데, 『한국역학대계』(한미문화사, 1998)과의 상호 보완적 검토도 필요한 것으로 보인다. 그 다음으로 시대구분이 자의적으로 행해져서, 전기, 중기, 후기를 구분하는 경계가 모호하다는 점도 문제점으로 지적될 수 있다.

1. 머리말

2024년 2월에 한국주역학회에서는 한국역학사의 틀을 어떻게 만들 것인가?"라는 대주제를 기획하고, 필자에게 엄연석(嚴連錫)의 저서 『조선전기역철학사(朝鮮前期易哲學史)』(한국연구원, 2013)에 대한 학술적 비평을 부탁해 왔다. 이 책에 대한 학술적 비평으로는 2017년 7월에 "주역의 조선경학사적 의미와 현대적 재해석"이라는 주제로 개최된 한국주역학회에서 필자가 "한국역학사의 회고와 전망: 한국역학사의 서술을 위한 범주화 시론"이라는 제목의 기조강연에서 엄연석의 『조선전기역철학사』의 출간이 갖는 의의를 다룬 바 있었다.[1] 필자는 이번에 2017년의 논지를 보완하고, 앞으로 쓰여져야 할 한국역학통사의 서술방향에 대해서도 모색해보고자 한다. 『조선전기역철학사』는 한국역학사의 전 시기를 포괄하는 통사(通史)는 아니지만 현재까지 나온 한국역학사 서술 가운데 가장 탁월한 업적으로 평가되고 있다.[2] 이제

---

1) 졸고, 「한국역학사의 회고와 전망: 한국역학사의 서술을 위한 범주화 시론」, 『2017년 한국주역학회 춘계학술회의 논문집 -주역의 조선경학사적 의미와 현대적 재해석』, 한국주역학회, 2017년 7월 7일.

2) 엄연석(嚴連錫, 1960~)의 『조선전기역철학사(朝鮮前期易哲學史)』(한국연구원, 2013) 이전에도 조선조 역학에 관한 통사(通史) 성격의 저서가 없었던 것은 아니다. 금장태의 『조선유학의 주역사상』(예문서원, 2007), 윤종빈의 『한국역학의 논리』(문경출판사, 2007)는 한국역학통사를 표방하고 있지만 그 다루는 범위가 지극히 제한되어 있었다. 전자는 권근(權近, 1352~1409), 성이심(成以心, 1682~1739), 정약용(丁若鏞, 1762~1836) 등 세 인물에 대해서만 다루고 있을 뿐이며, 후자는 단군신화, 퇴계(退溪) 이황(李滉), 노서(魯西) 윤선거(尹宣擧, 1610~1669), 남당(南塘) 한원진(韓元震, 1682~1751), 운암(芸菴) 한석지(韓錫地, 1709~1791), 동무(東武) 이제마(李濟馬, 1837~1900), 일부(一夫) 김항(金恒, 1826~1898) 등에 대해서만 다루고

엄연석의 『조선전기역철학사』가 출간된 지 10년이 넘어, 그 사이에 『주역』을 전공한 학자들도 상당히 많아졌고, 연구분야도 점점 다양해지고 있다. 현재 역학 분야는 동양철학계뿐 아니라, 한국사 · 한문학 · 한의학 · 국악 · 기호학 등 여러 인접분야의 학자들에 의하여 학제간적 연구가 활발히 이루어지고 있다. 그리고 집단연구가 강화되어, 조선시대의 역류 관련 문헌에서 역학자 58인의 주석을 발췌하고, 그것을 다시 집성(集成)하여 『한국주역대전(1-14권)』(학고방, 2017)을 펴낸 것도 중요한 성과라고 볼 수 있다. 이처럼 한국역학계는 괄목할 만한 학문적 성취를 이루어 냈고, 지금도 인문학계에 중요한 기여를 하고 있다. 그러나 이러한 성취에도 불구하고 조선 시대 전체를 망라하는 역학사가 아직 나오지 않은 것은 참으로 안타까운 상황이다. 이러한 상황은 중국에서 료명춘(廖名春) · 강학위(康學偉) · 양위현(梁韋弦)의 『주역연구사(周易硏究史)』(湖南出版社, 1991)와 주백곤(朱伯崑)의 『역학철학사(易學哲學史)』(昆侖出版社, 全4卷, 2005) 등이 발간되어 있는 것과 비교가 된다. 그렇다면 우리는 왜 조선역학통사 혹은 한국역학통사를 아직 내놓지 못하고 있는가? 전(全) 시대를 아우르는 역학사를 서술하기 위해서는 먼저 개별 역학자들에 대한 연구가 축적되어 있어야 한다. 그런데 한국의 역학 전공자의 층(層)은 중국에 비교해서 상대적으로 엷고, 개별 역학자들에 대한 연구논문도 그렇게 많지 않다는 것이 문제이다. 최근에는 『한국경학자료집성(韓國經學資料集成)』(『역경편』, 1999)에 수록된 개별 역학자들을 중심으로 조선시대 역학자들에 대한 연구논문들이 속속 발표되고 있기 때문에, 조선 중기와 후기의 역학사를 망라하는 한국역학통사(韓國易學通史)도 결국에는 나오게 될 것으로 낙관한다. 만약 한국의 주역학계가 한국역학통사를 기획한다면, 『조선전기역철학

있을 뿐이다.

사』에 대한 비판적 독해를 통해서 장점은 취하고, 단점은 극복할 필요가 있다.

2. 『조선전기역철학사』의 내용

1) 『조선전기역철학사』의 체제와 활용자료

『조선전기역철학사』의 체제를 살펴보면, 12장(제0장을 빼면 11장)과 서론 및 결론으로 구성되어 있다. 2부에서는 조선초기를 다루고 있고, 3부는 조선전기를 다루고 있다. 2부에는 권근(權近, 1352~1409), 정도전(鄭道傳, 1342~1398), 세조(世祖, 1417~1468), 김시습(金時習, 1435~1493) 등과 훈민정음을 다루고 있고, 3부에서는 이세응(李世應, 1473~1528), 서경덕(徐敬德, 1489~1546), 황효공(黃孝恭, 1496~1553), 이황(李滉, 1501~1570), 조식(曺植, 1501~1572), 이이(李珥, 1536~1584) 등에 대해 서술하였다. 『조선전기역철학사』에서 중점적으로 활용하고 있는 연구자료는 성균관대학교 대동문화연구원에서 펴낸 『한국경학자료집성(韓國經學資料集成)』(『역경편(易經編)』) 총37권이다. 특히 제1장, 제4장, 제6장, 제7장, 제8장, 제9장, 제11장에서 『한국경학자료집성』의 역학자료를 활용하고 있다. 『한국경학자료집성』(역경편)에 수록되어 있는 자료 가운데 유빈(柳贇, 1520~1591)의 『역도목록(易圖目錄)』을 제외한다면, 조선 전기의 역학자들의 저서는 대부분 포함되어 있다. 『한국경학자료집성』(『역경편』)에 포함되어 있지 않은 자료를 활용한 것도 있는데, 제2장에서 정도전(鄭道傳)의 『삼봉집(三峰集)』, 제3장에서 『훈민정음해례본(訓民正音解例本)』, 제5장에서 김시습(金時習)의 『매월당집(梅月堂集)』, 제10장에서 조식(曺植)의 『남명선생문집(南冥先生文集)』 등이 여기에 해당된다. 저자는 총12장으로 구성된 저서에서 7장을 『한국경학자료집성』(『역경』편)에 의존해서 서술하고 있다. 『조선전기역철학사』에서 『한국경학자료집성』(『역경』편)에 의존하여 서술하고 있는 것이 대략 전체의 2/3이며, 기타 자료에 의존하고 있는 것이 1/3 정도가 된다. 이것을 도표로 정리하면 다음과 같다.

	『韓國經學資料集成』(『易經』編)			其他	
	人物	著書	卷數	人物	著書
제1장	權近	『周易淺見錄』	제1권	×	×
제2장	×	×	×	鄭道傳	『三峰集』
제3장	×	×	×	鄭麟趾	『訓民正音解例本』
제4장	世祖, 崔恒, 韓繼禧	『易學啓蒙要解』	제1권	×	×
제5장	×	×	×	金時習	『梅月堂集』
제6장	李世應	『安齊易說』	제1권	×	×
제7장	徐敬德	『花潭文集』	제1권	×	×
제8장	黃孝恭	「易範圖」(『龜巖集』)	제1권	×	×
제9장	李滉	『周易釋義』『啓蒙傳義』	제2권	×	×
제10장	×	×		曺植	『南冥先生文集』
제11장	李珥	「易數策」(栗谷全書)	제2권		

2) 시대 구분

『조선전기역철학사』에서 활용하고 있는 역학자료들의 범위는 권근(權近, 1352~1409)에서부터 이이(李珥, 1536~1584)에 이르기까지이다. 이 시기는 조선왕조가 출범한 이후 초기 2백년 정도의 시기에 해당한다. 1392년부터 1910년까지 약 518년간 지속된 조선 왕조의 역사 가운데 2백 년이면, 대략 5분의 2 정도의 역학자가 있을 것 같지만, 실제로는 그렇지 않다. 이 책에서 다루고 있는 조선 전기의 역학자들은 권근(權近, 1352~1409), 최항(崔恒, 1409~1474), 한계희(韓繼禧, 1423~1482), 이세응(李世應, 1473~1528), 서경덕(徐敬德, 1489~1546), 황효공(黃孝恭, 1496~1553), 이황(李滉, 1501~1570), 이이(李珥, 1536~1584) 등이며, 『한국경학자료집성』(『역경』편)에서는 제1권과 제2권에 배치되어 있다. 따라서 제1권과 제2권을 모두 합한다고 하더라도 그 분량은 총37권에 달하는 『한국경학자료집성』(『역경편』)의 2/37에 불과하다. 따라서 엄연석의 『조선전기역철학사』는 총37권에 달하는 『한국경학자료집성』(『역경』편) 중에서 제1권과 제2권을 바탕으로 이루어진 것이고, 그 뒤의 나머지 35권에 대해서는 아직 통사적 서술이 되어 있지 않다. 저자가 『조선전기역철학사』에서 일반적으로 역학자들의 범주에 포함시키지 않는 정도전(鄭道傳, 1342~1398), 김시습(金時習, 1435~1493), 조식(曺植, 1501~1572) 등을 포함시키고, 훈민정음까지 다룬 데에는 이러한 내용의 빈약함을 채워 넣으려는 고심이 있었을 것이다.

그렇다면 저자가 '조선전기'를 설정한 시대 구분의 기준은 무엇인가? 저자는 『조선전기역철학사』에서 시대 구분에 관한 자신의 설정 기준을 다음과 같이 제시하고 있다.

조선전기역철학사를 연구하는 데 있어서 고려해야 할 핵심사항은 역학에 있어서 조선전기라는 시대를 어떻게 규정하는가 하는 점이다. 일반적으로 역학에서 조선시대(1392~1910)의 역사는 크게 전기와 후기로 나누며, 전기를 다시 둘로 나눠 전기와 중기로 보아, 전기-중기-후기로 구분하기도 한다. 이때 전기-후기를 가르는 기준은 임진왜란(1592~1598)이며, 전기-중기-후기를 나누는 기준은 다시 전기와 중기 사이는 중종반정(1506), 중기와 후기 사이는 임진왜란 또는 병자호란(1636~1637)이다. 하지만 이러한 시대구분 또한 어떤 절대적 기준이 있는 것이 아니라, 커다란 시대적 차이를 낳은 분기가 되는 사건을 중심으로 구별한 의미론적인 것이라 하겠다. 본 연구에서 역철학사적으로 규정하고자 하는 조선전기라는 시대 또한 절대적이고 보편적인 구분 기준을 제시할 수는 없다. 본 연구에서 역철학사적 관점에서 구분한 조선전기는 역학이 고려 말기에 중국으로부터 도입된 이후 형성되는 단계를 전기 이후 학파적인 또는 응용적인 연구가 진행되던 단계를 중기, 마지막으로 역학이 시대적 변화에 따라 새로운 발전과 전환을 이루는 단계를 후기로 구분할 수 있다는데 근거를 두고 있다, 본 연구에서는 여말(麗末)에 성리학과 함께 역학을 중국으로부터 도입한 이후 조선초기를 거쳐 상수와 의리역학적 이해를 도모하면서 퇴계와 율곡 단계에 이르러 역학상 전반적인 문제들이 논의되는 단계까지를 조선전기로 규정하였다. 이후 역학이 상수역학과 의리역학, 도상학, 그리고 응용역학 등이 확립된 이후 여러 분야로 다양화되면서 전개되던 시기를 조선 중기로 규정하였다. 이 시기는 대체로 이황과 이이의 학문을 계승한 조호익(曺好益), 장현광(張顯光) 등 후학들로부터 이익(李瀷), 한원진(韓元震) 등의 학자들이 활동한 시기이다. 마지막 후기는 청대 고증학파의 역학의 영향을 받은 다산(茶山) 정약용(丁若鏞), 이원구(李元龜) 등이 활동했던 시기 이후부터 조선시대 말기까지이다. 하지만 이러한 시대구분은 커다란 틀에서 잠정적으로 규정한 것이라 할 수 있다. 조선시대 역철학사에 대한 보다 의미있는 시대구분이 가능하기 위해서는 조선시대 역철학사에 대한 전체적인 연구가 보다 진전되고 나서, 비로소 가능할 것이다.[3)]

위의 인용문을 통해서 우리는 시대를 구분하는 저자의 판단기준을 알 수 있다. 저자는 "역철학사적으로 규정하고자 하는 조선전기라는 시대 또한 절대적이고 보편적인 구분 기준을 제시할 수는 없다"는 어려움을 토로한다. 저자는 역사학계에서 통용되는 전기(前期)-중기(中期)-후기(後期)의 시대구분을 빌려 왔다. 전기는 권근에서부터 이황(李滉, 1501~1570), 이이(李珥, 1536~1584)에까지 이르는 시기이고, 중기는 조호익(曺好益, 1545~1609), 장현광(張顯光, 1554~1637) 등으로부터 이익(李瀷, 1681~1763), 한원진(韓元震, 1682~1751) 등이 활동한 시기이다. 그리고 후기는 정약용(丁若鏞, 1762~1836), 이원구(李元龜, 1758~1828) 등의 시기 이후부터 조선시대 말기까지이다.

전 기 (前期)	고려 말기에 성리학과 함께 역학이 도입되어 이황(李滉)과 이이(李珥)에 의해 역학의 전반적 문제점이 토론되던 시기
중 기 (中期)	조호익(曺好益)과 장현광(張顯光) 등 후학들로부터 이익(李瀷)과 한원진(韓元震) 등이 활동했던 시기까지
후 기 (後期)	청대 고증학파의 영향을 받은 정약용(丁若鏞), 이원구(李元龜) 등이 활동했던 시기로부터 조선시대 말기까지

저자가 밝혔듯이, 역사학계에서 통상적으로 쓰이는 시대구분이 동시에 조선시대 역철학사에 대해서도 통용될 수 있는 "의미있는 시대구분"이 되는 것은 아니다. 저자는 이러한 시대구분은 커다란 틀에서 잠정적으로 규정한 것에 불과하기 때문에, 역학사 서술에서 역사학계의 시대구분을 반드시 따를 필요는 없다고 주장한다. 조선시대 역철학사에 대한 보다 의미있는 시대구분은 조선시대 역철학사에 대한 전체적인 연구가 보다 진전된 이후라야 비로소 가능하다. 어쨌든 저자

3) 엄연석, 『조선전기역철학사』, 한국연구원, 2013, 22쪽.

는 시대를 기계적으로 분할하고 있는데, 이러한 강제적인 구분은 문제를 발생시킨다. 조선 전기의 하한(下限)에 배치한 이이(李珥, 1536~1584)와 조선 중기의 시점(始點)에 배치한 조호익(曺好益, 1545~1609), 장현광(張顯光, 1554~1637)이 활동한 시기는 불과 10년 혹은 20년 정도의 차이밖에 나지 않는다. 그 밖에도 최립(崔岦, 1539~1612), 이덕홍(李德弘, 1541~1596), 안민학(安敏學, 1542~1601), 유성룡(柳成龍, 1542~1607) 등의 경우도 마찬가지이다. 이들은 이이(李珥, 1536~1584)보다 몇 년 뒤에 태어났지만 활동시기는 겹친다. 따라서 같은 시대에 활동한 인물인데도 이이(李珥)보다 몇 년 뒤에 태어났다고 해서, 다른 시기에 배치해야 하는가 하는 곤혹스러운 문제가 발생한다. 역학사에서 의미있는 시대구분을 하기 위해서는 역학사의 흐름이 그 분기점(分岐點) 이후로 명확하게 다른 흐름을 보여준다는 것을 제시하는 것이 필요하다.

저자의 시대구분에 있어서 또 다른 문제점은 조선초기와 전기를 별도로 설정한 데 있다. 『조선전기역철학사』의 1부에서 조선전기역철학사개관, 2부에서 조선초기, 3부에서 조선전기를 다루고 있다. 저자는 2부에 조선초기의 인물로 권근(權近, 1352~1409), 정도전(鄭道傳, 1342~1398), 세조(世祖, 1417~1468), 김시습(金時習, 1435~1493) 등과 훈민정음을 배치하였고, 3부에 이세응(李世應, 1473~1528), 서경덕(徐敬德, 1489~1546), 황효공(黃孝恭, 1496~1553), 이황(李滉, 1501~1570), 조식(曺植, 1501~1572), 이이(李珥, 1536~1584) 등에 대해 서술하였다. 이러한 분류는 매우 혼란스럽다. 이렇게 되면 조선전기가 다시 조선초기와 조선전기로 나누어지게 되어, 조선전기가 중복되는 결과를 초래한다. 저자가 조선초기와 조선전기를 구분하는 기준은 무엇인가? 저자의 인물 배치로 보면, 초기가 전기보다는 더 앞선다. 그러나 전기와 초기는 영어로는 모두 'early'로 번역되며, 한국어에서도 같은 의미로 통용되는 경우가 많다.

3) 준거틀

저자는 조선시대 역학사에 대해 인물별, 혹은 주제별도 다양한 연구가 진행되어 왔으나, 그 전체적인 체계와 흐름을 파악하는 데에는 많은 한계가 있었다고 진단한다. 조선시대 역학의 전체적인 이론적 지형도를 파악하기 위해서는 무엇보다도 조선시대 역학을 체계적으로 파악할 수 있는 준거틀(frame of reference)을 구성하는 것이 요청된다.[4] 저자는 준거틀의 구성을 "복잡다단한 특성을 가지는 자료와 학자들의 철학적 관점을 일정한 기준을 가지고서 표준화하여 체계적으로 연구하는" 작업으로 정의한다.[5] 아마도 역학사에서 널리 알려지고, 가장 많이 인용되는 준거틀은 『사고전서총목제요(四庫全書總目提要)』의 양파육종(兩派六宗)의 분류일 것이다. 이 분류기준에 따르면, 역학사는 상수학과 의리학의 양파(兩派)의 전개로 요약되며, 상수파와 의리파는 각각 세 단계의 변천사를 겪었다.

(1) 상수학의 역사

① 『좌전』에 쓰인 여러 점(占)은 대개 태복(太卜)의 유법(遺法)인데, 한유(漢儒)들이 상수(象數)를 말한 것은 옛날로부터 멀지 않았다.

② 한 번 변하여서, 경방(京房)과 초연수(焦延壽)에 이르러 기상(機祥)에 빠졌다.

---

4) 엄연석, 『조선전기역철학사』, 한국연구원, 2013, 24쪽.

5) 엄연석, 『조선전기역철학사』, 한국연구원, 2013, 23쪽.

③ 또 한 번 변하여서 진단(陳摶)과 소강절(邵康節)의 무궁조화(無窮造化)의 학(學)이 되었다.

(2) 의리학의 역사

① 『역』이 드디어 백성의 일상의 실용적 목적에 절실하게 활용되지 못하게 되자, 왕필이 상수(象數)를 내쫓았다. 그리고 노장(老莊)의 학설을 택했다.

② 또 한 번 변하여 호원(胡瑗)과 정이천(程伊川)이 유학의 의리를 천명(闡明)하기 시작했다.

③ 또 한 번 변하여 이광(李光)과 양만리(楊萬里)가 역사적 사건(史事)을 참증(參證)하는 학이 되었다.[6)]

사고관신(四庫館臣)은 해석방법과 해석목적이라는 두 가지 분류방식을 혼합하여 준거틀을 구성하였다. 상수와 의리가 전자에 해당된다면, 기상(機祥), 무궁조화(無窮造化), 천명의리(闡明義理) 등은 후자에 속한다. 조선조 역학사의 전개과정을 일목요연하게 파악하기 위해서도 이러한 종류의 범주화 및 유형화는 필요하다.[7)] 저자가 『조선전기역철학사』의 준거틀을 설계하였을 때, 아마도 『사고전서총목제요』의 양파육종(兩派六宗)의 분류체계를 염두에 두었던 것 같다. 그는 조선역학사의 흐름을 대략적으로 6부류로 분류하였다.[8)]

---

6) "左傳所記諸占, 蓋猶太卜之遺法. 漢儒言象數, 去古未遠也. 一變而為京, 焦,入於禨祥, 再變而為陳, 邵, 務窮造化, 易遂不切於民用. 王弼盡黜象數, 說以老莊. 一變而胡瑗, 程子, 始闡明儒理, 再變而李光, 楊萬里, 又參證史事, 易遂日啟其論端. 此兩派六宗, 已互相攻駁."(「四庫全書總目提要」, 一, 經部, 易類一)

7) 拙稿, 「한국역학사의 회고와 전망: 한국역학사의 서술을 위한 범주화 시론」, 한국주역학회, 춘계학술회의 논문집, 2017, 5쪽.

①	정이(程頤)의 역전(易傳)의 형향을 받아 중정(中正), 비응(比應) 등과 같은 의리역학적 방법론을 써서 『주역』을 해석하는 부류로서 권근(權近)과 이세응(李世應)의 경우
②	주희(朱熹)의 "역학계몽』을 연구하는 상수학적 계열로서, 이황의 『계몽전의(啓蒙傳疑)』가 그 대표적 저술
③	괘변(卦變), 효변(爻變), 납갑(納甲), 비복(飛伏) 등 한대(漢代) 상수역학의 해석방법에 따른 해석
④	태극(太極)과 이기(理氣) 등의 개념을 중심으로 성리학(性理學)의 형이상학적 본체론(本體論)을 전개함.
⑤	소옹(邵雍)의 선천역학(先天易學)을 계승한 도상학적(圖象學的) 상수학으로서 권근(權近)의 『입학도설』과 서경덕(徐敬德)의 역학 등의 분류
⑥	주역의 원리를 음운학(音韻學)에 적용한 응용역학의 부류로서 『훈민정음』과 서경덕의 『성음해(聲音解)』 등의 부류

또 저자는 조선조 역학 전반에 걸쳐 적용할 수 있는 준거틀을 확립하기 위해, 조선역학사를 네 가지 주제영역으로 나누었다. 네 가지 주제영역이란 1) 의리역학 2) 도상학적(圖像學的) 선천(先天) 역학을 포함한 상수역학 3) 『역학계몽』에 관한 연구 4) 성리학적 이기론에 입각된 주역 연구 등이다.

요컨대, 조선전기역철학사에 대한 연구는 기본적으로 네 가지 주제영역으로 나뉘어진다. 첫째, 의리역학적 관점을 기준으로 하는 연구, 둘째, 도상학적 선천역학을 포함하여 상수역학적 관점을 기준으로 삼는 연구, 그리고 셋째, 『역학계몽』의 내용을 주석하거나 분석하는 자료에 대한 연구, 마지막으로 성리학의 이기론과 연관하여 『주역』의 원리를 해명하고자 하는 연구

8) 엄연석, 『조선전기역철학사』, 한국연구원, 2013, 60-61쪽; 拙稿, 「한국역학사의 회고와 전망: 한국역학사의 서술을 위한 범주화 시론」, 한국주역학회, 춘계학술회의 논문집, 2017, 6쪽.

로 구분된다. 따라서 본 연구는 이러한 몇 가지 연구영역을 중심으로 조선 전기 여러 학자들의 역학적 특징을 체계적으로 해명할 예정이다.[9)]

저자는 다시 네 가지 주제영역을 세 가지로 압축하여, 1) 상수역학 2) 의리역학 3) 역학계몽으로 압축하였다.

『한국경학자료집성』에 수록되어 있는 조선시대 전시기의 역철학사 자료는 여러 가지 복잡한 주제로 얽혀 있지만, 크게 상수역학, 의리역학, 그리고 역학계몽으로 구분할 수 있다. 이들 자료는 시기에 있어서 조선 전기로부터 조선 후기까지를 포괄하고 있다. 이러한 분류는 역학의 내적 의미와 특정한 목적을 가진 저술로 구분한 것으로 조선전기부터 후기에 이르기까지 주제별로 역철학사를 연구할 때 일정한 주제를 가지고 일관성있게 그 다양한 변주(變奏)와 특징을 이끌어낼 수 있음을 보여준다.[10)]

이어서 저자는 역철학사적으로 비교적 중요한 저작을 주제별로 분류하여 상수역학, 의리역학, 역학계몽의 세 범주에 관하여 각각 도표를 작성하였다.[11)] 저자는 신뢰할 만하고, 유용한 준거틀을 확립한 것에 안도하면서, 이를 토대로 조선전기뿐 아니라 조선시대 전체를 아우르는 역철학사를 저술할 수 있게 되었다고 기대하였다.

이제 본 조선전기역철학사에 관한 연구에서는 그동안 부분적으로 이루어져온 조선시대 역학연구를 역철학사의 전체적인 조망 속에서 주역이 내표하고 있는 전체적인 구성에 유의하여 그 준거틀을 정립함으로써 체계적으로 연구하고자 한다. 구체적으로 『조선전기역철학사(朝鮮前期易哲學史)』

9) 엄연석, 『조선전기역철학사』, 한국연구원, 2013, 25-26쪽.

10) 엄연석, 『조선전기역철학사』, 한국연구원, 2013, 28쪽.

11) 엄연석, 『조선전기역철학사』, 한국연구원, 2013, 29-34쪽.

는 조선전기에 전개되었던 역학을 철학적 그리고 철학사적 관점에서 선천도(先天圖), 하도(河圖)와 낙서(洛書) 같은 도상(圖象)을 중심으로 하는 상수역학과 수리역학, 역학계몽을 중심으로 하는 연구, 의리역학, 그리고 응용역학 등과 같은 주제를 연구하고자 한다. 이러한 주제에 대하여 일정한 기준과 관점을 가지고 연구를 행할 때 조선전기역철학사뿐만 아니라 조선시대 전체 역철학사는 보다 높은 수준에서 의미있는 연구성과를 이룰 수 있을 것이다.[12)]

논평자는 준거틀을 확립하고자 하는 저자의 논지에 전적으로 공감한다. 만약에 이러한 준거틀이 없다면, 역학사는 의미없는 자료의 나열에 불과하게 될 것이기 때문이다. 다만 논평자의 관점에서, 저자가 제시한 세 가지 분류방식에 대하여 문제를 제기하고자 한다. 『사고전서총목제요』에서 역학사를 상수와 의리로 양분(兩分)하는 관점은 일반적으로 통용되는 관점이다. 그런데 저자의 분류방식에 따르면, 상수파와 의리파 이외에 별도로 『역학계몽』에 연관된 범주를 추가하고 있다. 아마도 저자는 조선 전기 역학저서에 특히 『역학계몽』과 관련된 연구가 많았기 때문에 별도로 독립적 범주로 설정해야 할 필요성을 느꼈던 것으로 보인다.[13)] 그러나 『역학계몽』은 주자(朱子)의 저서

12) 엄연석, 『조선전기역철학사』, 한국연구원, 2013, 35쪽.

13) 『역학계몽』은 중국보다 오히려 조선에서 활발히 연구되었다. 중국에서는 주희의 직계문인 들 및 원대의 황서절(黃瑞節), 호방평(胡方平), 호일계(胡一桂) 등에게 전수되고, 청대 강희제 시대에 편찬된 『주역절중』에서는 여러 집설(集說) 들 및 강희제의 안설(案說)과 함께 수록되었다. 따라서 주희 이후 중국에서 『역학계몽』에 대한 연구는 호방평(胡方平)의 『역학계몽통석(易學啓蒙通釋)』, 호일계(胡一桂)의 『주역계몽익전(周易啓蒙翼傳)』, 한방기(韓邦奇)의 『계몽의견(啓蒙意見)』 등 몇 편에 불과하다. 이것은 조선 시대의 역학계몽 관련 연구저작이 30편을 상회하는 것과 대조적이다.(『완역 성리대전』, 윤원현(尹元鉉) 번역, 『역학계몽』, 역자 해설, 학고방(學古房), 2018, 582-583쪽)

로서 일반적으로 상수(象數)에 포섭되기 때문에, 굳이 의리와 상수에 역학계몽류를 추가할 필요가 있는가 하는 의문이 든다.[14)]

한 가지 아쉬운 점이 있다면 응용역학에 대한 고려가 부족해 보이는 점이다. 저자가 확립한 준거틀은 1)상수역학류 2)의리역학류 3)역학계몽류의 세 가지로 요약될 수 있는데, 여기에는 응용역학이 세부적으로 범주화되어 있지 않다. 저자가 서문에서 강조하고 있듯이, 역학은 단지 경학의 한 부분으로서가 아니라 한국문화의 저변에 깔려 있는 일종의 문화양식이다.

> 조선 시대 율려, 회화, 건축, 무용, 천문역법 등 사회문화, 자연과학 및 예술 분야의 근저에는 주역 사상과 이론의 토대가 있다. 이러한 분야에서 주역의 기초이론에 대한 이해를 넓힌다면 보다 수준높은 연구성과를 이룰 수 있을 것이다. 본 연구가 이들 분야에 대한 연구수준을 고양시킴으로써 한국문화가 심원한 지혜의 원천으로서 주역에 뿌리를 두고 있음을 드러내는 바탕이 되기를 기대한다.[15)]

엄연석이 말한 것처럼, "조선시대 율려(律呂), 회화(繪畵), 건축, 무용, 천문역법 등 사회문화, 자연과학 및 예술 분야의 근저에는 『주역』

---

14) 저자처럼 조선조 역학문헌을 상수역학, 의리역학, 『역학계몽』의 세 부류로 정리하지 않고, 다른 방식으로 범주화도 가능하다. 예를 들면, 대만(臺灣)의 뢰귀삼(賴貴三) 교수는 『한국경학자료집성(역경편)』의 역학자료를 주자역학류, 의리역학류, 상수역학류의 세 가지 방식으로 분류하였다. 뢰귀삼 교수의 분류방식은 엄연석의 분류와 상수, 의리의 두 영역은 일치하지만, 『역학계몽』 대신에 주자역학류로 대체하였다. 이러한 방식은 『역학계몽』뿐 아니라, 주자의 또 다른 역학저서 『주역본의(周易本義)』까지 포괄하기 때문에, 하나의 대안으로 고려할 필요가 있다.(賴貴三, 「韓國朝鮮李氏王朝(1392~1910)易學研究」, 『東海中文學報』 第25期, 2013)

15) 엄연석, 『조선전기역철학사』, 한국연구원, 2013, 11쪽.

사상과 이론의 토대가 있다."[16] 그 밖에도 도자기, 훈민정음, 서예, 사상의학, 건축, 천문역법 등의 분야에도 역학의 원리가 적용되었다.[17] 이처럼 역학은 동양인의 인간관과 윤리관은 물론 우주 자연에 대한 인식까지도 모두 포괄하고 있는 학문이었다.[18] 따라서 준거틀을 짤 때, 소위 경학적 이해와 응용역학의 이해가 적절히 어우러진 체계를 확립한다면 좋겠다는 생각이 든다. 앞서 지적했듯이, 『사고전서총목제요(四庫全書總目提要)』의 양파육종(兩派六宗)의 분류는 역학의 해석방법론과 해석목적이라는 두 가지 준거틀을 혼합한 것이다. 역학사를 상수학과 의리학의 두 학파로 구분하는 것은 중국뿐 아니라, 조선과 일본 등에도 통용될 수 있는 일반적 분류기준이지만, 거기에 시대적 변화와 철학사적 조류(潮流)의 변화를 담아낼 수 없다는 문제점이 있다. 역학사의 준거틀은 사상의 거대조류가 형성되고, 분기(分岐)되는 지점을 포착하고, 표현할 수 있도록 짜여져야 한다. 따라서 조선조 역학에 대해서도 방법론적 기준과 더불어 철학적 경향성과 해석목적, 시대적 특징 등의 변화를 드러낼 수 있는 준거틀의 확립이 요구된다.

3. 한국역학기초자료집의 출간 상황과 문제점 검토

조선조 역학사에 대한 통사적 서술을 위해서 필요한 것은 개별 역학자들에 대한 상세한 연구이다. 그리고 조선조 역학자들에 대한 연

16) 엄연석, 『조선전기역철학사』, 한국연구원, 2013, 11쪽.
17) 엄연석, 『조선전기역철학사』, 한국연구원, 2013, 38쪽.
18) 엄연석, 『조선전기역철학사』, 한국연구원, 2013, 24쪽.

구를 위해서는 먼저 그 토대가 되는 역학저술에 대한 수집과 정리 작업이 반드시 필요하다. 유감스럽게도 한국학계에서 조선조 역류문헌에 대한 정리 작업은 1990년대 후반에 와서 비로소 이루어졌다. 그 중에서도 중요한 것을 열거해 보면 다음과 같다.

첫째, 1996년에 성균관대학교 대동문화연구원에서 『한국경학자료집성(韓國經學資料集成)』(『역경편(易經編)』) 총37권을 출간하였다.[19]

둘째, 1998년에 한미문화사(韓美文化社)에서 『한국역학대계(韓國易學大系)』(1-32권)(제1차)과 33-60권(제2차)이 나왔고, 그 판권을 여강출판사(麗江出版社)에서 인수해서 『한국역학대계』(여강출판사, 2001) 60권을 출간하였다.

셋째, 2017년에 한국학중앙연구원이 지원한 한국학토대사업(2012. 09.~2015.08)의 연구성과물로 성균관대학교 유교문화연구소의 '한국주역대전편찬팀'이 편찬한 『한국주역대전(1-14권)』(학고방, 2017)이 간행되어 나왔다.[20]

---

19) 『한국경학자료집성』은 『대학(大學)』(8책), 『중용(中庸)』(9책, 『논어(論語)』(17책), 『맹자(孟子)』(14책), 『서경(書經)』(22책), 『시경(詩經)』(16책), 『역경(易經)』(37책), 『예기(禮記)』(10책), 『춘추(春秋)』(12책) 등 모두 145책으로 이루어져 있다. 이 중에서 『역경(易經)』에 관련된 문헌이 다른 경전에 비해 압도적으로 많은 것을 알 수 있다. 『한국경학자료집성-역경평(韓國經學資料集成-易經編)』(전 37책)은 총 171여명의 유학자에 의한 총 339종류의 역학자료를 수록하고 있다.(이난숙, 「한국경학자료집성-역경 (24책~37책)의 구성내용과 역학적 특징분류(Ⅲ)」, 『동양철학연구』 120, 2024. 179쪽)

20) 이 연구 성과물은 『주역』 전체(64괘와 십익)에 대한 조선시대의 주석을 수집하여 표점 · 번역 · 주해 · 해제를 작성하고, 집해(集解) 형식으로 분류 · 정리한 것이다. 이 연구성과는 2017년 8월에 학고방에서 출간된 『한국주역대전(1-14권)』에 조선의 역학자 58인의 역류 관련 문헌에서 발췌한 주석이 수록되어 있다. 이선경은 「주역 번역의 현황과 과제 -한국주역대전집성을 중심으로」(『민족문화』 52, 한국고전번역원, 2018)에서 『한국주역대전』에 수록된 역학자와 저서를 소개하고, 발간 의의

이상에서 소개한 세 종류의 한국역학자료총서는 현재 상황에서 한국역학연구를 위한 기초자료로 활용될 수 있는 매우 중요한 자료이다. 앞으로 한국역학 분야의 연구자들은 이 세 종류의 자료집에 의존해서 연구를 진행하게 될 것이다.[21] 이 두 종류의 자료집들은 매우 중요한 기초자료를 제공하기는 하지만, 여기에 최종적 권위를 부여하기에는 아직 이르다. 이 두 종류의 자료집을 검토해 볼 때, 발견되는 문제점은 다음과 같다.

첫째, 한국역학자료집성은 모두는 아니더라도 중요한 대부분의 역학자료들을 빠짐없이 총망라해야 한다. 이것을 우리는 열거의 원칙이라고 부르기로 하자. 그런데 두 종류의 자료집에 이러한 열거의 원칙이 관철되었는지는 의문이다. 『한국경학자료집성』(역경편)[22]은 모두 37책이고, 『한국역학대계』는 60책이다. 두 종류의 총서를 대조해 보면, 공통적으로 포함된 저서들도 있지만, 어느 한쪽에만 있는 경우도 상당수가 된다. 예를 들면, 하빈(河濱) 신후담(愼後聃, 1702~1761)의 『주역상사신편』은 『한국역학대계』(1998)에는 수록되어 있으나, 『한국경학자료집성』(성균관대학교 대동문화연구원)에는 포함되어 있지 않다. 신후담의 『주역상사신편』이 한국역학연구에서 차지하는 비중을 고려

를 설명하였다.(이선경, 「주역 번역의 현황과 과제 -한국주역대전 집성을 중심으로」, 『민족문화』 52, 한국고전번역원, 2018, 150-152쪽)

21) 대만(臺灣)에서도 『한국경학자료집성(韓國經學資料集成)』(『역경편(易經編)』) 총37권을 바탕으로 한국역학저술에 대한 기초연구가 이루어졌다. 그 중에 대표적인 것은 다음의 두 편의 연구이다. (1)황패영(黃沛榮), 「한국한문역학저작적정리여연구(韓國漢文易學著作的整理與研究)(2/2)」, 「行政院國家科學委員會補助專題研究計畫」, 2007. (2)賴貴三, 「韓國朝鮮李氏王朝(1392~1910)易學研究」, 『東海中文學報』, 第25期, 2013. 두 개의 연구 중에서 전자(前者)에는 『한국경학자료집성(韓國經學資料集成)』(『역경편(易經編)』) 총37권에 수록된 역학저서에 대해서 해제(解題)가 달려 있다.

22) 한국경학자료시스템(http://koco.skku.edu/)으로 접근이 가능하다.

하면, 이러한 중요자료의 결여(缺如)는 자료집의 신뢰도를 손상시킬 것이다. 반대로 『한국경학자료집성』(역경편)에는 포함되어 있으나, 『한국역학대계』(1998)에는 포함되어 있지 않은 경우도 있다. 따라서 두 목록을 종합하여, 전체를 포함한 역학자와 역학서적들의 목록을 작성하는 것이 필요하다.

『한국역학대계』(한미문화사 · 여강출판사, 1998)에는 포함되어 있으나, 『한국경학자료집성』(역경편, 대동문화연구원, 1997)에는 포함되어 있지 않은 목록표를 제시하면 다음과 같다.

	인 물	저 서
9	윤선거(尹宣擧, 1610~1669)	『후천도설(後天圖說)』
10	김방한(金邦翰, 1635~1697)	『주역집해(周易集解)』
12	이진(李溍, 1654~1727)	『역설(易說)』
14	정영진(鄭榮振, 1672~1728)	『하락도해(河洛圖解)』
17	신후담(愼後聃, 1702~1761)	『역의수록(易義隨錄), 『역학계몽보주(易學啓蒙補註)』
18	신후담(愼後聃, 1702~1761)	『주역상사신편(상)(周易象辭新編(上)』
19	신후담(愼後聃, 1702~1761)	『주역상사신편(하)(周易象辭新編(下)』
22	김시화(金時和, 미상-미상)	『삼재도회회문서(三才圖會回文序) ; 복괘설(復卦說)』
27	정혁신(鄭赫臣, 1719~1793)	『하락이수변화출입설(河洛理數變化出入說)』
	윤동석(尹東晳, 1722~1791)	『노운삼관통역해설(老耘三官通易解說)』
32	이정국(李楨國, 1743~1807)	『역경여측(易經蠡測)』
	황덕일(黃德壹, 1748~1800)	『심역의의(心易議擬)』, 『역학심전(易學心傳)』

33	윤동야(尹東野, 1757~1827)	『역상경편의도(易上經篇義圖)』
37	정약용(丁若鏞, 1762~1836)	『역의(易義)(上下)』[23]
38	정약용(丁若鏞)	『역의(易義)(上下)』
40	유희문(柳徽文, 1773~1827)	『계몽고의(啓蒙攷疑)』 『시괘고오해(蓍卦考誤解)』 『역설관규(易說管窺)』
43	장복추(張福樞, 1815~1900)	『역학계몽(易學啓蒙)』
45	금기일(琴基一, 1836~1895)	『도서문답(圖書問答)』
46	이규준(李圭晙. 1855~1923)	『주역주전쇄관(周易注傳刷管)』
	정호용(鄭灝鎔, 1855~1935)	『삼경총의(三經總義)』의 역(易) 부분
47	최승모(崔承謨, 미상-미상)	『길포역설(吉浦易說)』
48	최현달(崔鉉達, 1867~1942)	『역지유언(易旨孺言)』
50	백계하(白啓河, 1878~1953)	『역경해의(易經解義)』
51	박란서(朴蘭緖, 미상-미상)	『훈몽역의(訓蒙易義)』(上)
52	박란서(朴蘭緖, 미상-미상)	『훈몽역의(訓蒙易義)』(下)
53	이존박(李存樸, 1731~1796)	『무명도기(無名圖記)』
	하상구(河相球, 1894~?)	『일재정주주역(日齋正註周易)』
57	상양자(向陽子)	『역학계몽사고(易學啓蒙私考)』, 『역중(易中)』
58	저자미상	『역학계몽단석(易學啓蒙段釋)』
59	저자미상	『역학전의고(易學傳義考)』(上)
60	저자미상	『역학전의고(易學傳義考)』(下)

23) 『역의(易義)』(上-下)는 경인문화사에서 간행한 『여유당전서보유(與猶堂全書補遺)』에 실려 있었고, 한미문화사에서 나온 『한국역학대계』에도 정약용의 저술로 수록되어 있다.(김언종, 「여유당전서보유의 저작별 진위문제에 대하여(下)」, 『다산학』 11, 다산학술문화재단, 2007, 337쪽)

따라서 이러한 점을 감안하여, 『한국경학자료집성』(역경편)의 제2차 결집(結集)을 펴낼 필요가 있다. 제2차 결집에는 『한국역학대계』(한미문화사 및 여강출판사, 1998)에는 포함되어 있지만, 대동문화연구소 자료집에는 포함되어 있지 않았던 부분까지도 수록되어야 한다는 것은 당연한 요청이다. 그밖에 규장각(奎章閣)[24]과 장서각(藏書閣)[25] 도서 중에서 한국본 역류(易類) 문헌에 대해서도 누락되는 것이 없도록 전수(全數) 조사가 필요하다. 그리고 조선조 학자들의 문집류에 역학에 관련된 자료들이 많이 포함되어 있으므로, 이들 자료들이 누락되는 일이 없도록 추가로 수집하는 것이 중요하다.

둘째, 『한국경학자료집성』(성균관대학교 대동문화연구소, 1996)과 『한국역학대계』(한미문화사 및 여강출판사, 1998)에는 일단 역류(易類) 문헌을 모두 수집하는 일에 급급하다 보니, 수집된 문헌들에 대한 기초적 내용분석과 더불어 가치평가 작업이 이루어지지 못했다. 이처럼 역류 문헌을 모으는 데 치중하다 보면, 특별히 중요하지 않은 문헌들까지도 포함되었을 가능성이 있다. 따라서 수집자료에 대한 평가작업을 통해서 자료의 옥석(玉石)을 가려내는 것이 반드시 필요하다. 그리고 이러한 평가를 거쳐서 그다지 중요한 것이 아닌 것으로 확인되는 자료는 제2차 역류 문헌 결집에서는 제외하는 것이 옳다. 이 두 번째 원칙을 평가의 원칙이라고 부르기로 하자. 역학사에서는 이러한 종류의 작업의 선례(先例)로 『사고전서총목제요(四庫全書總目提要)』 역류 문헌

24) 김영우의 연구에 따르면, 규장각도서한국본종합목록의 역류(易類) 도서 중 중복된 것을 제외하면 한국에서 간행된 역학 관련 도서는 37종이 확인된다. 이 중에서 우리나라 학자에 의해 새롭게 저술 편찬한 것은 26종이고 나머지 11종은 중국 도서를 조선에서 재간행한 것이다.(김영우, 「규장각 소장 역학 관련 도서의 현황과 의미」, 서울대학교 규장각한국학연구원, 『한국문화』 74, 2016, 8쪽.)

25) 『장서각한국본해제(藏書閣韓國本解題)-경부(經部)』, 한국학중앙연구원, 장서각, 2012.

해제가 있다. 이것은 청대 초기 건륭제(乾隆帝) 때 『사고전서총목제요』을 편찬하면서, 거기에 수록된 역류 문헌에 대해 편찬자의 포폄(褒貶)과 코멘트[案語]를 덧붙인 것이다. 이러한 종류의 해제집은 역류 문헌 총서에 수록된 모든 문헌에 대해 평가함으로써 역류 문헌의 편찬이 어떠한 기준에서 이루어졌는지를 알 수 있게 해준다.

『한국역학자료집성』에 수록된 문헌들에 대해서는 해제(解題) 작업이 되어 있으며, 인터넷으로도 활용가능하다. 현재 『한국경학자료집성(韓國經學資料集成)』(『역경편(易經編)』) 총37권에 대해서는 대만에서 나온 해제가 있고,[26] 『한국주역대전(1-14권)』에 조선의 역학자 58인의 역류 관련 문헌에 대해서도 간략한 해제가 있다. 이러한 해제를 보완하여, 보다 완전한 해제가 이루어져야 할 것이다. 그리고 선별(選別) 작업에서 저자(著者)에 대한 고증이 필요한 부분도 있다. 예를 들면, 『역의(易義)』(上-下)는 경인문화사에서 간행한 『여유당전서보유(與猶堂全書補遺)』에 실려 있었고, 한미문화사에서 나온 『한국역학대계』에도 정약용의 저술로 수록되어 있다. 그러나 현재는 고증에 의하여 정약용의 저술이 아니라는 것이 판명되어, 저자 미상으로 재분류되어 있는 상태이다.[27]

셋째, 한국역학자료의 전산화 및 표점화가 이루어져야 한다. 이와 관련하여 필자는 2017년 7월 7일에 개최된 한국주역학회의 기조강연 논문, 「한국역학사의 회고와 전망: 한국역학사의 서술을 위한 범주화 시론」에서 다음과 같이 지적한 바 있다.

---

26) 黃沛榮, 「韓國漢文易學著作的整理與研究(2/2)」, 「行政院國家科學委員會補助專題研究計畫」, 2007.

27) 김언종, 「여유당전서보유의 저작별 진위문제에 대하여(下)」, 『다산학』 11, 다산학술문화재단, 2007, 337쪽.

현 단계에서 한국 주역학계의 당면 과제는 한국역학자료의 전산화 및 표점화(標點化)를 완료하는 것이다. 조선 시대 역류(易類) 문헌은 그 방대함에도 불구하고, 표점(標點)과 해제(解題) 등의 기초연구가 이루어져 있지 않아서 원시림과 같은 상태로 방치되어 왔다. 『한국경학자료집성』(성균관대 대동문화연구원, 1996)과 『한국역학대계』(전60권, 한미문화사, 2015)에는 연구자의 눈길이 한번도 미치지 않은 문헌들도 상당수 있다. 한국학중앙연구원의 한국학진흥사업단의 연구과제로 수행된 『한국주역대전』 프로젝트는 한국역학자료의 편찬, 표점, 주해, 번역, 해제 등 데이터베이스 구축을 목표로 출범하였는데, 이러한 작업은 매우 의의가 깊은 사업이라고 여겨진다. 다만 여러 자적들에 흩어져 있는 주해(註解)를 각각의 괘효사에 붙여서 통합시키는 방식이어서, 개별 문헌에 대한 데이터베이스화는 이와는 별도로 이루어져야 하는 상황이다. 최근에는 중국의 『유장(儒藏)』의 역류(易類) 문헌 편찬에 한국서적들이 포함될 것이라는 전망이 있어, 자칫 잘못하다가는 남의 손을 빌려서 내 코를 푸는 상황이 전개될 가능성도 있다.[28)]

현재 표점이 완료된 한국역학서적으로는 정약용의 『주역사전』과 『역학서언』 등이 있다. 앞으로 『한국경학자료집성』(성균관대 대동문화연구원, 1996)과 『한국역학대계』(전60권, 한미문화사, 2015)에 수록된 역학자료에 대해서도 표점화가 이루어진다면, 한국역학에 대한 본격적 연구를 위한 토대가 구축되는 것이 된다.

28) 拙稿, 「한국역학사의 회고와 전망: 한국역학사의 서술을 위한 범주화 시론」, 한국주역학회, 춘계학술회의 논문집 2017, 4-5쪽.

4. 한국역학사 어떻게 써야 하나? -준거틀의 문제와 관련하여

엄연석은 『조선전기역철학사』를 마무리하는 부분에서 앞으로 쓰여져야 할 조선중후기 역철학사의 서술방향에 대해서도 구도(構圖)를 제시하였다.[29] 그는 『조선전기역철학사』에서도 앞으로 쓰여져야 할 중후기 역학사의 서술방향에 대한 전망을 다음과 같이 제시하였다.

> 인류의 역사와 철학, 사상, 문화의 전개와 발전에 비약이 없는 것처럼 조

---

29) 저자는 『조선전기역철학사(朝鮮前期易哲學史)』(2013)의 출간 이후에 조선 중후기의 역학철학사의 서술을 위해서 준비를 해왔던 것으로 보인다. 실제로 2013년 이후에 발표한 논문들에서 저자는 상촌(象村) 신흠(申欽, 1566~1628), 여헌(旅軒) 장현광(張顯光, 1554~1637), 다산(茶山) 정약용(丁若鏞, 1762~1836) 등 조선 중후기의 역학자들에 대해서 다루고 있다. 엄연석이 『조선전기역철학사(朝鮮前期易哲學史)』(2013) 출간 이후에 발표한 한국역학 관련 논문을 열거하면 다음과 같다. ①「퇴계역학문헌의 상수 의리학적 특성과 미래적 연구방향」, 『퇴계학논집』 17, 영남퇴계학연구원, 2015. ②「여말선초 학자들의 주역 경전에 대한 상수역학 및 의리역학적 이해」, 『태동고전연구』 36, 태동고전연구소. 2016. ③「상촌 신흠의 역학에서 상수역과 의리역의 상보적 특성」, 『동양철학』 48, 한국동양철학회』. 2017. ④「정약용의 소옹과 주희 주역 수리설 비판에 대한 재조명」, 역학서언의 주자본의발미와 소자선천론을 중심으로, 『다산학』 33, 다산학술문화재단. 2018. ⑤「퇴계역학에서 자연학과 도덕학 사이의 가역적 전환 문제」, 『퇴계학보』 146, 퇴계학연구원. 2019. ⑥「여헌 역학사상의 경위설과 분합론의 도덕실천적 의미」, 『동양철학』 56, 한국동양철학회. 2021. ⑦「장현광의 태극설과 경위설의 문화다원론적 재조명 -여헌선생성리설의 이론적 해명을 중심으로」, 『남명학연구』 70, 경남문화연구원. 2021. ⑧「조선초기 경학사상의 문화다원론적 특징, 미시적 접근과 거시적 접근을 중심으로」, 『공자학』 48, 한국공자학회. 2022. ⑨「이만부의 역통과 역대상편람의 역학적 특징과 문화다원론적 지향」, 『대동철학』 99, 대동철학회, 2022.

선시대역철학사 또한 선후 시대가 한편으로 일정한 연속성을 가지고서 이전시대의 여러 학문적 성과를 그대로 계승하면서도 다른 한편으로 새로운 시대적 경향과 흐름에 부응하고자 하는 특징을 가진다고 할 수 있다. 이제 조선시대역철학사가 전후시기에 일정한 연속성을 가지는 측면과 새로운 시대적 요청에 부응하여 전개되어 나아가는 과정을 정리함으로써 조선전기역철학사의 의의를 조명해 보기로 한다.[30)]

엄연석에 따르면, "조선전기역철학사는 중기 및 후기의 역철학사의 다양한 흐름을 형성하는 데에도 영향을 미쳤기 때문에, 그 이후의 역학사의 단초를 이루는 의미를 지닌다."[31)] 엄연석은 중후기의 역학을 전기역학과의 관계에 따라 두 부류로 분류하였다. 즉 첫째는 계승(繼承)의 부류로서 전기역학의 흐름이 그대로 연속된다. 둘째는 창신(創新)의 부류로서 새로운 시대적 요청에 부응하여 전개되어 나아간다.

첫째 계승의 부류에 속하는 사례들은 다음과 같다.

의리역학의 계열

①중정론(中正論)과 비응론(比應論) 등 의리역학의 방법으로 괘효사를 해석하는 부류: 유정원(柳正源, 1703~1761)의 『역해참고(易解參攷)』, 김상악(金相岳, 1724~1815)의 『산천역설(山天易說)』, 오희상(吳熙常, 1763~1833)의 『잡저(雜著) -역(易)』(『노주집(老洲集)』)

②정이의 역전과 주희의 본의를 비교하여, 주역의 의리적 측면을 강조하는 부류: 이유태(李惟泰)의 「역설(易說)」

30) 엄연석, 『조선전기역철학사』, 575쪽.

31) 엄연석, 『조선전기역철학사』, 579쪽.

③성리학의 본체론의 관전에서 『역』을 해석하는 부류: 박지계(朴知誡, 1573~1635)의 『주역건곤괘차록(周易乾坤卦箚錄)』, 권구(權榘, 1672~1749)의 『독역쇄의(讀易瑣義)』·『역괘취상(易卦取象)』·『역중기의(易中記疑)』(『병곡집屛谷集)』)

상수역학의 계열

①상수학파 중 특정한 유파에는 속하지 않지만 다양한 상수역학의 방법을 활용함 : 조호익(曹好益, 1545~1609)의 『역상설(易象說)』(三卷), 김만영(金萬英, 1624~1671)의 『역상소결(易象小訣)』, 계덕해(桂德海, 1708~1755)의 『경설(經說): 역(易)』(『봉곡계찰방유집(鳳谷桂察訪遺集)』), 심정진(沈定鎭, 1725~1786)의 『역설(易說)』(『제헌집(霽軒集)』)

②소옹(邵雍) 역학의 계열: 신흠(申欽, 1566~1628)의 『선천관규(先天管窺)』, 서명응(徐命膺, 1716~1787)의 『선천사연(先天四演)』(『보만재총서(保晚齋叢書)』), 이만운(李萬運, 1723~1797)의 『팔괘방도(八卦方圖)』 외(『묵헌문집(默軒文集)』)

③주희의 역학계몽(易學啓蒙)의 계열: 정경세(鄭經世, 1563~1633)의 『사문록(思問錄): 역학계몽(易學啓蒙)』(『우복별집(愚伏別集)』), 서명응(徐命膺, 1716~1787)의 『역학계몽집전(易學啓蒙集箋)』·『계몽도설(啓蒙圖說)』, 황윤석(黃胤錫, 1729~1791)의 『주역강령(周易綱領)』·『역학계몽해(易學啓蒙解)』(『이재속고(頤齋續稿)』), 홍대용(洪大容, 1731~1783)의 『삼경문변(三經問辨)』-『주역변의(周易辨疑)』·『부계몽기의(附啓蒙記疑)』(『담헌서(湛軒書)』)

둘째 창신(創新)의 부류에서는 변화된 시대적 요청에 부응하여 새로운 시각을 가지고 주역을 연구하거나 해석하는 경향이 드러나기도 하였다. 그는 이러한 사례로 장현광(張顯光)의 『역학도설(易學圖說)』, 이익(李瀷)의 『역경질서(易經疾書)』, 성이심(成以心)의 『인역(人易)』 등을 들고 있다. 이어서 엄연석은 조선후기에 새롭게 등장한 역학으로 청대의 고증학의 영향을 받은 역학, 중국의 여러 시대 상수학적 경향을 종합한 정약용의 상수학, 역학을 과학사상과 연관하여 재해석한 서명응, 이원구 등을 대표적 사례로 들었다.32)

저자가 상수와 의리라는 범주를 전기뿐 아니라 중후기에까지 적용한 것은 타당하다. 왜냐하면 상수와 의리는 역학 방법론을 구성하는 양대범주(兩大範疇)이기 때문에 어떤 해석방법이라도 이런 틀을 벗어날 수는 없기 때문이다. 이것은 계승(繼承)뿐 아니라 창신(創新)의 경우에도 마찬가지로 적용될 수 있을 것이다. 따라서 상수와 의리라는 기본 준거틀을 유지하면서, 그 하위범주에 여러 유파(流派)를 배치하는 것이 바람직해 보인다.

필자의 견해로는 조선중후기의 역학사상에서 상수학파와 관련하여 보충되어야 할 요소가 있다.

첫째, 중국의 고증학의 영향을 받아 특히 한역(漢易)을 중시하는 학풍이다. 청대 고증학자들에서는 한대 역학을 중시하는 경향이 현저하게 나타나는데, 이러한 경향성은 조선후기의 역학에서도 재현된다. 석천(石泉) 신작(申綽, 1760~1828)의 『역차고(易次故)』는 한대 역학을 종주로 삼고 있으며, 추사(秋史) 김정희(金正喜, 1786~1856)의 『주역우의고(周易虞義考)』도 역시 한역에 경도(傾倒)되어 있는 모습을 보여준다. 이 부류는 정약용과 같은 한송절충파와도 구분된다. 정약용은 한대의 상수학에 대해서 우번(虞翻)과 순구가(荀九家)를 높이 평가하였으나, 초연수(焦延壽)와 경방(京房)의 역학에 대해서는 매우 비판적이었다. 정약용

32) 엄연석, 『조선전기역철학사』, 579쪽.

의 역학은 한대와 송대의 역학에 대해 어느 한쪽으로 기울어지는 것을 경계하고, 절충적 경향을 보여준다. 또 정약용은 송대 도서학의 근간이 되는 하도와 낙서의 기원에 대해 의심하였고, 소옹의 선천역학을 근본적으로 부정하였다.

둘째, 한역(漢易)보다 더 거슬러 올라가서 선진(先秦) 시기의 역학을 중시하는 경향이다. 특히 성호(星湖) 이익(李瀷), 하빈(河濱) 신후담(愼後聃), 다산(茶山) 정약용(丁若鏞), 백운(白雲) 심대윤(沈大允, 1806~1872)으로 이어지는 조선 후기 효변학파의 흐름은 주목할 만하다. 효변 사상은 이익에게서도 단편적으로 나타나지만, 본격적으로 전개한 것은 신후담이었다. 정약용의 경우에는 효변설을 괘변설(卦變說)과 결합하여, 더욱 발전시켰다. 심대윤도 1842년에 저술한 『주역상의점법(周易象義占法)』에서 효변설을 적용하여 역사(易詞)를 해석하였다.[33] 조희영은 신후담·정약용·심대윤 세 사람은 서로 영향을 주고받은 관계는 없지만, 『춘추좌씨전』를 전거(典據)로 삼아 동일하게 효변설을 주장했다는 점에서, 세 사람을 조선에서 자생한 효변학파라고 부를 수 있다고 주장했다.[34] 그러나 『춘추좌씨전』을 중시한 것은 조선효변학파의 창견(創見)은 아니며, 중국에서 모기령(毛奇齡) 등의 고증학파에서 이미 나타났던 경향이라는 점은 지적되어야 한다. 위의 세 사람 가운데 신후담은 특히 선진역학(先秦易學)에 깊이 빠져들었던 인물이다. 신후담이 자술(自述)한 바에 따르면, "나는 어릴 적부터 선진문자를 즐겨 보았다(余自少喜看先秦文字)"고 하였으며, 1732년(31세)에 저술한 『잡서수필(雜書隨

33) 조희영, 「周易象義占法에 나타난 白雲 沈大允 易學의 특색 -새로운 占法과 爻變說 및 先後天說을 중심으로」, 『민족문화연구』 82, 305쪽.

34) 조희영, 「周易象義占法에 나타난 白雲 沈大允 易學의 특색-새로운 占法과 爻變說 및 先後天說을 중심으로」, 『민족문화연구』 82, 325쪽.

筆)』에서 급총서(汲冢書)』·『목천자전(穆天子傳)』·『죽서기년(竹書紀年)』 등에 대해 언급하였다. 『급총서』란 서진(西晉) 무제(武帝) 시기인 태강(太康) 2년(281)에 하남(河南)의 급군(汲郡) 사람 부준(不準)이 전국시대 위양왕(魏襄王)의 무덤에서 발굴한 죽간이다. 신후담이 이때 읽은 문자들은 선진 시대의 과두문자(蝌蚪文字)로 쓰여져 있던 것을 관청에서 다시 정리하여 예서(隸書)로 써서 보관한 것이다. 따라서 신후담이 이들 문자를 선진문자(先秦文字)의 원형 그대로 읽은 것은 아니다. 그렇지만 신후담이 1748년(47세)에 저술한 『독임당양씨시교고금문역기의(讀林塘楊氏時喬古今文易記疑)』는 실제로 전국시대(戰國時代)의 문자를 다루고 있다. 이 저서는 명대(明代)의 역학자 임당(林塘) 양시교(楊時喬, 1531~1609)가 쓴 『주역고금문전서(周易古今文全書)』를 읽고 쓴 독서기(讀書記)이다.[35] 양시교의 고문역은 고대의 자형(字形)을 근거없이 두찬(杜撰)한 것이 아닌가 하는 의심을 받았으나, 현대에서 출토문헌이 대량으로 발굴되면서, 그 중요성이 다시 부각되고 있다. 조선에서 고문(古文)을 중시했던 것은 남인의 전통이었으며, 특히 미수(眉叟) 허목(許穆, 1596~1682)은 전초(傳抄) 고문경전(古文經典) 및 사주(史籒)의 주문(籒文), 『설문해자』의 고문 등에 특별한 관심을 두고 고문자를 수집했다. 선진의 고문(古文)을 숭상하는 남인의 학풍은 식산(息山) 이만부(李滿敷, 1664~1732)를 거쳐서 신후담에게로 이어졌다. 이처럼 고문역에 대한 관심은 명청대의 고증학자들에게도 뚜렷이 나타나는 특징이기 때문에, 신후담의 역학은 고대역학의 원형을 밝히려는 고증학자들의 경향과 궤를 같이하고 있다고 볼 수 있다.

35) 졸고, 「양시교의 고문역에 대한 신후담의 이해 : 『독임당양씨시교고금문역기의』와 『주역고금문전서』를 중심으로」, 한국학중앙연구원, 제47권, 제2호, 통권 175호, 2021. 244쪽.

셋째로, 조선후기에 하도와 낙서를 부정하지 않을 뿐 아니라, 오히려 새로운 차원의 도상학(圖象學)적 상수학으로 전개시키는 흐름이 존재한다. 일부(一夫) 김항(金恒, 1826~1898)의 『정역(正易)』은 소옹(邵雍)의 도상학적 상수학에 기반을 두었으나, 복희역도 아니고, 문왕역도 아닌 제3의 『정역팔괘도(正易八卦圖)』를 주장하였다. 이것은 중국역학에는 없는 독특한 요소이며, 조선후기의 후천개벽사상과도 밀접한 관련이 있다. 후천개벽사상은 역학사의 한 경향을 드러내는 데 그치지 않고, 조선후기의 역사적 변동과 맞물려 있다. 임채우는 동학의 후천개벽(後天開闢) 사상은 양난(兩亂) 이후 조선 후기 사회의 변혁사상과 새로운 세계관의 결실이라고 주장한다.

> 후천개벽은 『성경』에서 말한 말세와 구원의 과정과 매우 유사하다. 이는 종말로 끝나버리는 것이 아니라, 대혼란과 재앙 속에서 예수가 재림해서 최후의 심판을 통해 구원이 이루어진다. 마찬가지로 후천개벽론에서도 새로운 구세주로서 정도령이나 상제(上帝)의 구세주가 등장해서 천년왕국이나 지상선경을 연다고 말하기 때문이다. 이러한 후천개벽 개념이 기존의 역학적 세계관과 어긋난다거나 틀렸다고 지적할 필요는 없다. 후천개벽은 한국의 근대 민중종교운동에서 서학의 영향을 받아 자생적으로 발생한 개념이기 때문이다. 동학의 후천개벽(後天開闢) 개념은 양란 이후 조선 후기 사회의 변혁사상과 새로운 세계관의 결실로서, 조선 후기 예언사상의 집대성이자 구원론의 한국적 버전이라 할 수 있다.[36]

후천개벽론과 별도로 경상북도 상주(尙州)의 동학교(東學教)는 선천회복론(先天回復論)을 주장했는데, 이 역시 역학사상에 근거를 두고 있다. 동학의 남접(南接) 계열에 속하는 상주 동학교는 김주희(金周熙,

---

36) 임채우, 「서학이 근대 민중종교운동에 미친 영향」, 『선도문화』 30, 2021. 291쪽.

1860~1944)에 의하여 창설되었다. 김주희는 수운(水雲) 최제우(崔濟愚, 1824~1864)의 사상을 계승하여, 젊은 시절에 동학군에 가담하였으나, 동학혁명이 실패한 뒤로 1915년을 전후하여, 상주군 은척면에 들어와 교당을 건축하고 교세를 확장하였다.[37] 상주 동학교의 선천회복론은 최제우나 최시형의 후천개벽론과는 큰 차이를 드러낸다.[38] 후천개벽론에서는 선천을 타락한 세상, 후천을 선천의 타락을 극복할 세상으로 보았으나, 상주동학교에서는 선천을 천도(天道)의 시대, 후천(後天)을 지도(地道)의 시대로 보아, 그 다음에 이어지는 인도(人道)의 시대에서는 다시 선천으로 회복된다고 보았다.[39]

선후천 이론은 『주역』을 종교적 관점에서 해석하는 경향에 이론적 근거를 마련해 주었다. 수운(水雲) 최제우(崔濟愚, 1824~1864)의 동학(東學), 일부(一夫) 김항(金恒, 1826~1898)의 정역(正易), 강일순(姜一淳, 1871~1909)의 증산교, 소태산(少太山) 박중빈(朴重彬, 1891~1943)의 원불교 등에서도 소옹의 선후천(先後天) 이론에 대한 종교적 해석을 볼 수 있다. 그리고 진암(眞菴) 이병헌(李炳憲, 1870~1940)은 공자교(孔子教) 운동을 전개하였으며, 『역경』의 금문학적 재해석을 통해 유교의 종교적 근거를 밝히려고 시도하였다.

넷째로, 과학사상과 연관된 응용역학인데, 이제마(李濟馬, 1837~1900)의 사상의학(四象醫學)과 김석문(金錫文, 1658~1735)의 천문역학이 여기에 속한다. 이제마는 사상(四象)의 역학적 패러다임을 한의학(韓醫學)에 접목시켜 사상의학(四象醫學)을 창립하였다. 그리고 김석문(金錫文,

---

37) 백운용, 「상주동학교경전의 구성과 내용」, 『동학교 경전의 심층적 이해』, 제7회 상주동학문화제, 항주동학 심포지엄, 2023. 3-4쪽.

38) 김문기 · 김용만, 「상주 동학교와 동학가사 책판 및 판본 연구」, 『퇴계학과 한국문화』 39, 2006. 181쪽.

39) 같은 책, 178쪽.

1658~1735)은 『역학도해(易學圖解)』에서 지전설(地轉說)을 주장하였다. 이러한 사례들은 역학이 자연과학의 패러다임 형성을 위해 사용된 경우이다.

5. 맺음말

한국의 역학사상사는 매우 훌륭한 자산을 가지고 있으면서도 그 저장창고에 소장된 전적(典籍)들 중에는 연구자의 눈길이 한 번도 미치지 못한 책들도 수두룩하다. 한국의 역학계는 이제 겨우 저장창고의 재고조사(在庫調査)에 나서서 그 자산목록의 정리작업을 진행하고 있다. 그런데 그 목록 조사가 충실하게 된 것은 아니어서, 하빈 신후담은 매우 중요한 역학자임에도 불구하고, 『한국역학대계』(전60권, 한미문화사, 1998)에는 포함되어 있지만 『한국경학자료집성』(『역경편』)에는 빠져 있다. 이것은 중대한 결함이기 때문에, 누락된 역류(易類) 문헌들에 대한 전수(全數) 조사를 통해 온전한 자료집성을 만들어 내는 것이 필요하다. 재고조사가 이루어지면 그 다음에는 자산에 대한 평가작업이 이루어져야 하는데, 이를 위해서는 문헌들을 실제로 읽어서, 그 내용을 파악하고, 그 문헌에 대한 기본 해제(解題)가 이루어져야 한다. 그리고 기본 해제를 바탕으로 전문적 연구가 진행되어야 하는데, 자료총서가 간행된 것이 겨우 1998년과 1999년 사이이기 때문에, 아직 전문적 연구가 충분히 축적되지 못했다.

『한국역학대계』(전60권, 한미문화사, 1998), 『한국경학자료집성』(『역경편』, 전37권, 성균관대, 대동문화연구원, 1999), 『한국주역대전』

(전14권, 학고방, 2017)은 한국 주역학계가 집단적으로 성취한 의미있는 성과들이다. 이들 총서 가운데 엄연석의 저서는 성균관대 대동문화연구원에서 간행한 『한국경학자료집성』에 의거해서 조선전기역학사상사를 구성하고 있다. 그가 주로 다루고 있는 인물로는 권근(權近, 1352~1409), 최항(崔恒, 1409~1474), 한계희(韓繼禧, 1423~1482), 이세응(李世應, 1473~1528), 서경덕(徐敬德, 1489~1546), 황효공(黃孝恭, 1496~1553), 이황(李滉, 1501~1570), 이이(李珥, 1536~1584) 등이며, 이들의 문헌자료는 『한국경학자료집성』(『역경』편)에서는 제1권과 제2권에 배치되어 있다. 그의 저술이 갖는 의의는 무엇보다도 오직 개별 사상가들에 한정된 연구를 지양(止揚)해서, 조선 전기 역학사상가들의 공통적 경향성을 추출하고, 준거틀을 정립해서 체계적으로 역학사상사를 서술했다는 데 있다.

한국의 주역학계는 아직 중국의 료명춘(廖名春) · 강학위(康學偉) · 양위현(梁韋弦)의 『주역연구사(周易研究史)』(湖南出版社, 1991)와 주백곤(朱伯崑)의 『역학철학사(易學哲學史)』(昆侖出版社, 전4권, 2005)에 비견될 만한 한국역학통사를 갖지 못했다. 엄연석의 『조선전기역철학사』는 총37권에 달하는 『한국경학자료집성』(『역경』편) 중에서 제1권과 제2권을 바탕으로 이루어진 것이고, 그 뒤의 나머지 35권에 대해서는 아직 통사적 서술이 되어 있지 않다. 『한국경학자료집성』(『역경』편)의 자료 중에서 37분의 35에 해당하는 부분에 대한 역학사가 쓰여지지 않았다는 것은 앞으로 우리 학계가 나아가야 할 길이 아직 많이 남아있다는 것을 의미한다. 엄연석이 다루고 있는 시기는 권근(權近)에서부터 이황(李滉)과 이이(李珥)까지 대략 2백년 정도의 기간이며, 그 기간동안에 산출된 역류문헌은 중후기와 비교해 볼 때, 현저하게 적다. 따라서 그 후로 전개된 중후기의 역류문헌은 종류도 다양해지고, 그 다루어야 할 내용도 매우 풍부하다. 앞으로 한국의 주역학계는 한국역학통사를 쓰는 과제에 도전해야 하며, 그 목표는 조만간에 달성되리라고 낙관한다. 엄연석의 『조선전기역철학사』가 나옴으로 해서, 한국 주역학계는 우리가 나아가야 할 여정(旅程)의 첫 구간을 완주(完走)한 셈이 되었다. 우리는 다음 여정에 나서기 전에 첫 구간의 여행에서 겪었던 여러 문제점을 점검해야 한다. 엄연석의 저서는 향후에 쓰여질 조선의 중·후기 역철학사 서술하기 위한 초석을 마련하였다는 점에서 그 의의가 크다. ◆

【참고문헌】

『한국경학자료집성(韓國經學資料集成)』(『역경편(易經編)』, 전37권, 성균관대, 대동문화연구원, 1999.

『한국역학대계(韓國易學大系)』, 전60권, 한미문화사, 1998.

『한국주역대전』, 전14권, 한국주역대전편찬실, 학고방, 2017.

『사고전서총목제요(四庫全書總目提要)』, 경부(經部), 역류(易類)

『완역 성리대전』, 윤원현(尹元鉉) 번역, 『역학계몽』, 역자 해설, 학고방(學古房), 2018.

『장서각한국본해제(藏書閣韓國本解題)-경부(經部)』, 한국학중앙연구원, 장서각, 2012.

黃沛榮, 「韓國漢文易學著作的整理與研究(2/2)」, 「行政院國家科學委員會補助專題研究計畫」, 2007.

賴貴三, 「韓國朝鮮李氏王朝(1392~1910)易學研究」, 『東海中文學報』, 第25期, 2013.

금장태, 『조선유학의 주역사상』, 예문서원, 2007.

김문기 · 김용만, 「상주 동학교와 동학가사 책판 및 판본 연구」, 『퇴계학과 한국문화』 39, 2006.

김언종, 「여유당전서보유의 저작별 진위문제에 대하여(下)」, 『다산학』 11, 다산학술문화재단, 2007.

김영우, 「규장각 소장 역학 관련 도서의 현황과 의미」, 서울대학교 규장각한국학연구원, 『한국문화』 74, 2016.

방인, 「한국역학사의 회고와 전망: 한국역학사의 서술을 위한 범주화 시론」, 『2017년 한국주역학회 춘계학술회의 논문집 -주역의 조선경학사적 의미와 현대적 재해석』, 한국주역학회, 2017.

방인, 「양시교의 고문역에 대한 신후담의 이해: 『독임당양씨시교고금문역기의』와 『주역고금문전서』를 중심으로」, 한국학중앙연구원 47, 제2호, 통권 175호, 2021.

백운용, 「상주동학교경전의 구성과 내용」, 『동학교 경전의 심층적 이해』, 제7회 상주동학문화제, 항주동학 심포지엄, 2023.

嚴連錫, 『정이 역전의 역학이론에 관한 연구』, 서울대 철학과 박사학위 논문, 1999.

엄연석, 『조선전기역철학사(朝鮮前期易哲學史)』, 한국연구원, 2013.

윤종빈, 『한국역학의 논리』, 문경출판사, 2007.

이난숙, 「『한국경학자료집성-역경』(1책~11책)의 구성 내용과 역학적 특징 분류(Ⅰ)」, 동양철학연구회, 『동양철학연구』 119, 2024.

이난숙, 「『한국경학자료집성-역경』(12책~13책)의 구성 내용과 역학적 특징 분류(Ⅱ)」,

율곡학회, 『율곡학연구』 57, 2024.
이난숙, 「『한국경학자료집성-역경』(24책~37책)의 구성내용과 역학적 특징분류(III)」, 『동양철학연구』 120, 2024.
이선경, 「주역 번역의 현황과 과제 -한국주역대전 집성을 중심으로」, 『민족문화』 52, 한국고전번역원, 2018.
임채우, 「서학이 근대 민중종교운동에 미친 영향」, 『선도문화』 30, 2021.

인터넷 자료

한국학중앙연구원(http://waks.aks.ac.kr/rsh/?rshID=AKS-2012-EAZ-2101)
한국경학자료시스템(http://koco.skku.edu/)

[부록(1)] 『한국경학자료집성(『역경편)』(대동문화연구원)과 『한국역학대계』(한미문화사) 대조표

권수	인명	『한국경학자료집성(『역경편)』(대동문화연구원) 서명	한미·여강 권수
1	권근(權近, 1352~1409)	『주역천견록(周易淺見錄)』	제1권
	최항(崔恒, 1409~1474), 한계희(韓繼禧, 1423~1482)	『역학계몽요해(易學啓蒙要解)』	제1권
	이세응(李世應, 1473~1528)	『안재역설(安齋易說)』	×
	서경덕(徐敬德, 1489~1546)	「육십사괘방원지도해(六十四卦方圓之圖解)」·「괘변해(卦變解)」(『화담문집(花潭文集)』)	×
	황효공(黃孝恭, 1496~1553)	「역범도(易範圖)(『구암문집(龜巖文集)』	제3권
2	이황(李滉, 1501~1571)	『주역석의(周易釋義)』·『계몽전의(啓蒙傳義)』	제3권
	유빈(柳贇, 1520~1591)	『역도목록(易圖目錄)』	×
	유원지(柳元之, 1598~1674)	「유권옹역도해(柳倦翁易圖解)」·「선천도총론(先天圖總論)」·「일원소장도(一元消長圖)」(『졸재선생문집(拙齋先生文集)』)	제8권
	유세명(柳世鳴, 1630~1690)	「권옹역도기의(倦翁易圖記疑)」(『우헌선생문집(寓軒先生文集)』)	×
	신흠(申欽, 1566~1628)	『구정록(求正錄):역(易)」·「선천규관(先天窺管)』(『상촌선생문집(象村先生文集)』, 卷五十五)	×
	이이(李珥, 1536~1584)	「역수책(易數策)(『율곡전서(栗谷全書)』, 卷十四)	×
	최립(崔岦, 1539~1612)	『주역본의구결부설(周易本義口訣附說)』	×
	이덕홍(李德弘, 1541~1596)	「주역질의(周易質疑)」·「역초구상효의(易初九上六爻義)」(『간재선생문집(艮齊先生文集)』)	제4권

	안민학(安敏學, 1542~1601)	「하도낙서설(河圖洛書說)」(『풍애집(楓厓集)』	제4권
	유성룡(柳成龍, 1542~1607)	「하도낙서진유시야성인이신도설교(河圖洛書眞有是耶聖人以神道設敎)」·「건원형이정설(乾元亨利貞說)」·「현군룡무수설(見群龍無首說)」·「역점(易占)」·「초씨역림(焦氏易林)」(『서애선생문집(西厓先生文集)』)	×
	조호익(曺好益, 1545~1609)	『역상설(易象說)』(三卷)	×
	곽설(郭設, 1548~1630)	『역전요의(易傳要義)』(『서포집(西浦集)』)	×
	김장생(金長生, 1548~1631)	『경서변의(經書辨疑):周易』(『沙溪先生全書』, 卷十五)	×
3	장현광(張顯光, 1554~1637)	『역학도설(易學圖說)』상(上)(九卷)	제5권
4	장현광(張顯光, 1554~1637)	『역학도설(易學圖說)』하(下)(九卷)	제6권
5	선우협(鮮于浹, 1588~1653)	「역학도설(易學圖說)」·「제해(諸解)」·「태극변해(太極辨解)」·「대역이상(大易理象)」(『돈암전서(遯菴全書)』)	×
	권극중(權克中, 1585~1659)	『주역참동계주해(周易參同契註解)』	×
	정경세(鄭經世. 1563~1633)	『사문록(思問錄): 역학계몽(易學啓蒙)』(『우복별집(愚伏別集)』)	×
	권강(權杠, 1567~1626)	「역도설(易圖說)」(『방담문집(方潭文集)』)	×
	노경임(盧景任, 1569~1620)	「역설(易說)」·「역학계몽설(易學啓蒙說)」(『경암집(敬菴集)』)	제4권
	김치관(金致寬, 1569~1661)	「역도서(易圖書)」(『역락재문집(亦樂齊文集)』)	×
	조수홍(曺守弘, 1574~1608)	「책(策):역(易)」(『사촌유집(沙村遺集)』)	×
	박지계(朴知誡, 1573~1635)	「차록(箚錄)-건괘(乾卦)·곤괘(坤卦)」·「계사상전(繫辭上傳)」(『잠야집(潛冶集)』)	제7권
	허목(許穆, 1595~1682)	「경설(經說):역설(易說)」(『기언(記言)』, 卷三十一)·「경설(經說):역학전수(易學傳授)」(『기언(記言)』, 卷五十)	×

	심지한(沈之漢, 1596~1657)	「월괘도설(月卦圖說)」(『창주별집(滄洲別集)』)	제8권
	이유태(李惟泰, 1607~1684)	「역설(易說)」·「건곤이간설(乾易坤簡說)」·「도근구원설(道近求遠說)」·「삼이원장설(三二圓章說)」·「사영성역서(四營成易書)」·「삼천양지문(參天兩地文)」·「천지인서(天地人書)」·「희역소역부동사(羲易邵易不同辭)」·「복희강절하도팔괘상좌설(伏羲康節河圖八卦相左說)」·「총론(總論)」(『초려전집(草廬全集)』, 卷二十四)	×
6	송시열(宋時烈, 1607~1689)	『역설(易說)』	×
	석지형(石之珩, 1610-미상)	『오위귀감(五位龜鑑)』	제9권
	이휘일(李徽逸, 1619~1672)	「일원소장도후어(一元消長圖後語)」·「계몽도설(啓蒙圖說)」(『존재문집(存齋文集)』)	×
	홍여하(洪汝河, 1620~1674)	「책제(策題):문역(問易)」·「독서차기(讀書箚記)-주역(周易)」(『목재집(木齋集)』)	×
	김만영(金萬英, 1624~1671)	『역상소결(易象小訣)』(『남포집(南圃集)』)	×
	김해(金楷, 1633~1716)	『역학계몽복역(易學啓蒙覆繹)』	제2권
7	박창우(朴昌宇, 1636~1702)	『주역전의집해(周易傳義集解)』	제11권
8	이형상(李衡祥, 1653~1733)	「병와강의(甁窩講義)-주역(周易)·연역주해(衍易注解)」(『병와전서(甁窩全書)』)	×
9	이형상(李衡祥, 1653~1733)	병와강의(甁窩講義)-문주연(文周衍)·선후천先後天)(『병와전서(甁窩全書)』)	×
10	한여유(韓汝愈, 1642~1709)	「잡도변해부(雜圖辨解附)」·「여지수정징사론역학계몽별지(與篪叟鄭徵士論易學啓蒙別紙)」(『돈옹집(遁翁集)』)	×
	이현석(李玄錫, 1647~1703)	「역의규반(易義窺斑)」	×
	임영(林泳, 1649~1696)	「독서차록(讀書箚錄):주역(周易)」(『창계집(滄溪集)』)	×
	정제두(鄭齊斗, 1649~1736)	「하락역상(河洛易象)·선후천설(先後天說)·선원경학통고(璇元經學通攷):역(易)」(『하곡외집(霞谷外集)』)	제12권

	최규서(崔奎瑞, 1650~1735)	「병후만록(病後漫錄): 역(易)」(『간재집(艮齋集)』	×
	김석문(金錫文, 1658~1735)	「역학이십사도총해(易學二十四圖總解)」·「대곡역학도해(大谷易學圖解)」	×
	최두병(崔斗柄, 1663~1726)	「인통의예지신도(仁統義禮智信圖)」·「역춘추도(易春秋圖)」·「선천학후천학(先天學後天學)」·「사시십이월팔절십육기지도(先天學四時十二月八節十六氣之圖)」(『평암집(坪菴集)』)	×
	서성구(徐聖耉, 1663~1735)	「학리도설(學理圖說)」(『눌헌집(訥軒集)』)	×
	김도(金濤, 미상~1379)	「주역천설(周易淺說)」(『공묵당집(恭默堂集)』	×
11	이만부(李萬敷, 1664~1732)	「역통(易統)」·「역대상편람(易大象便覽)」·「잡서변상(雜書辨上)」·「대번주씨준남독서록: 역설(代藩朱氏俊枏讀書錄: 易說)」(『식산전서(息山全書)』)	第13권
	강석경(姜碩慶, 1666~1731)	「역의문답(易疑問答)」(『끽면공집(喫眠公集)』)	第13권
	민상정(閔相廷)	「역의발(易疑跋)」[40](『끽면공집(喫眠公集)』	
	홍석주(洪奭周)	「서강처사역설후(書姜處士易說後)」[41](『끽면공집(喫眠公集)』	
	권구(權榘, 1672~1749)	『독역쇄의(讀易瑣義)』·『역괘취상(易卦取象)』·『역중기의(易中記疑)』(『병곡집屛谷集)』	第14권
12	이현익(李顯益, 1678~1717)	「잡저(雜著)·주역설(周易說)」(『정암집(正菴集)』)	×
	전기대(全氣大, 1679~1744)	「원획괘(原畫卦)」(『복암집(伏菴集)』)	×
	박치화(朴致和, 1680~1767)	「주역(周易)계사전(繫辭傳)·역학계몽(易學啓蒙)」(『설계수록(雪溪隨錄)』	×
	윤봉조(尹鳳朝, 1680~1761)	「학역천견(學易淺見)」(『포암집(圃巖集)』)	×
	이익(李瀷, 1681~1763)	『역경질서(易經疾書)』(『성호전서(星湖全書)』)	第15권
13	한원진(韓元震, 1682~1751)	「역학계몽(易學啓蒙)」·「역학답문(易學答問)」·「문왕역석의(文王易釋義)」·「경의기문록(經義記聞錄)」·「주자언론동이고(朱子言論同異攷)-역(易)」·	×

		「선후천명역지의(先後天名易之義)」·「왕조예복서하부(王朝禮卜筮下附)」·「역학계몽(易學啓蒙)」·「의례경전통해보(儀禮經典通解補)」(『남당문집(南塘文集)』)	
	성이심(成以心, 1682~1739)	『인역(人易)』(『반곡성생인역(盤谷成先生人易)』	第56권
	채지홍(蔡之洪, 1683~1741)	「역학십이도(易學十二圖)」(『봉암집(鳳巖集)』	×
14	이세형(李世珩, 1685~1761)	「규반록(窺斑錄)-칙도서괘설(則圖畫卦說)·칙서배괘설(則書排卦說)·십이벽괘도설(十二辟卦圖說)」(『서헌문집(恕軒文集)』)	×
	유의건(柳宜健, 1687~1760)	「독역의의(讀易疑義)」·「선천변위후천설(先天變爲後天說)」·「독역해조(讀易解嘲)」·「독역관규(讀易管窺)」(『화계문집(花溪文集)』)	×
	권만(權萬, 1688-미상)	「역설(易說)」·「태극상권청탁변(太極上圈清濁辨)」(『강좌문집(江左文集)』)	×
	남국주(南國柱, 1690~1759)	「역범통록(易範通錄)」·「서법(筮法)」(『봉주문집(鳳洲文集)』)	×
	유관현(柳觀鉉, 1692~1764)	「역도촬요(易圖撮要)(『양파집(陽坡集)』)	第16권
	심조(沈潮, 1694~1756)	「역상차론(易象箚論)」(『정좌와집(靜坐窩集)』)	×
	윤동규(尹東奎, 1695~1773)	「경설(經說)-역(易)」·「계사지의(繫辭志疑)」·「독역대전제이장기의(讀易大傳第二章起疑)」·「극의상괘의의(極儀象卦疑議)」·「독설괘기의(讀說卦記疑)」(『소남문집(邵南文集)』	第16권
	양응수(楊應秀, 1700~1767)	「곤괘강의(坤卦講義)」·「역본의차의(易本義箚疑)」(『백수문집(白水文集)』)	×
	서종화(徐宗華, 1700~1748)	「역상관견서(易象管見序)」·「복희지역유획무문하상지역유점무문변(伏羲之易有畫無文夏商之易有占無文辨)」(『약헌유집(藥軒遺集)』)	×
	김원행(金元行, 1702~1772)	「미상경의(渼上經義)-주역(周易)」(『미호집(渼湖集)』)	×
	이곤수(李崑秀, 1762~1788)	「주역강의(周易講義)」(『수제유고(壽齊遺稿)』)	×

	계덕해(桂德海, 1708~1755)	『경설(經說): 역(易)』(『봉곡계찰방유집(鳳谷桂察訪遺集)』)	×
	송능상(宋能相, 1709~1758)	「계사전질의(繫辭傳質疑)」·「역학계몽질의(易學啓蒙質疑)」·「역학계몽품목(易學啓蒙稟目)」·「역학계몽원품(易學啓蒙原稟)」·「기문록계몽편품목(記聞錄啓蒙篇稟目)」(『설평문집(雪坪文集)』)	×
	임성주(任聖周, 1711~1788)	「주역(周易)」(『녹문선생문집(鹿門先生文集)』)	×
	김교행(金敎行, 1712~1766)	「역학계몽본도서오위상득설(易學啓蒙本圖書五位相得說)」·「주역차록(周易箚錄)」·「역학계몽차록(易學啓蒙箚錄)」(『유근당유고(惟勤堂遺稿)』)	제23권
	안정복(安鼎福, 1712~1791)	「경서의의(經書疑義)-역(易)」·「잡괘설(雜卦說)」·「잡괘후설(雜卦後說)」(『순암문집(順菴文集)』)	제23권
	김근행(金謹行, 1712-미상)	「주역차의(周易箚疑)」·「역학계몽차의(易學啓蒙箚疑)」·「독역범례(讀易凡例)」·「주역의목(周易疑目)」(『용제집(庸齊集)』)	×
15	유정원(柳正源, 1703~1761)	『역해참고(易解參攷)』상(上)	제20권
16	유정원(柳正源, 1703~1761)	『역해참고(易解參攷)』하(下)	제21권
17	서명응(徐命膺, 1716~1787)	『역학계몽집전(易學啓蒙集箋)』·『계몽도설(啓蒙圖說)』	제24-25권
18	서명응(徐命膺, 1716~1787)	「경익(經翼)-선천사연(先天四演)」(『보만제총서(保晩齊叢書)』)	제24-25권
	백봉래(白鳳來, 1717~1799)	「삼경통의(三經通義)-역전(易傳)」·「서역본의(序易)」(『구룡제문집(九龍齊文集)』)	제26권
19	김상악(金相岳, 1724~1815)	『산천역설(山天易說)』	제28-29권
20	심정진(沈定鎭, 1725~1786)	『역설(易說)』(『제헌집(霽軒集)』)	제30권
	위백규(魏伯珪, 1727~1798)	「논하락도설(論河洛圖說)」·「원류(原類)-원도서(原圖書)」·「원류(原類)-원팔괘(原八卦)」(『존재집(存齊集)』)	×

	오재순(吳載純, 1727~1792)	「하도해(河圖解)」·「복희칙도획괘도설(伏羲則圖畫卦圖說)」·「팔괘설(八卦說)」·「하도해후설(河圖解後說)」·「역론(易論)」·「건상대(乾象對)」(『순암집(醇庵集)』)	第30권
	이엽(李爗, 1729~1788)	「포희씨앙관부찰이획팔괘도해(包犧氏仰觀府察以畫八卦圖解)」외(外)(『농은집(農隱集)』)	×
	김규오(金奎五, 1729~1791)	「독역기의(讀易記疑)」(『최와집(最窩集)』)	×
	황윤석(黃胤錫, 1729~1791)	『주역강령(周易綱領)』·『역학계몽해(易學啓蒙解)』(『이재속고(頤齋續稿)』)	×
	유광천(柳匡天, 1732~1799)	「어제경의문대(御製經義問對)-주역(周易)」(『귀락와집(歸樂窩集)』)	×
	조유선(趙有善, 1731~1809)	「경의(經義)-주역본의부정전계몽(周易本義附程傳啓蒙)」(『나산집(蘿山集)』)	×
	홍대용(洪大容, 1731~1783)	『삼경문변(三經問辨)』-『주역변의(周易辨疑)』·『부계몽기의(附啓蒙記疑)』(『담헌서(湛軒書)』)	×
	성대중(成大中, 1732~1809)	「역서통의(易書通義)」·「역송(易頌)」·「괘변도(卦變圖)」	×
	박윤원(朴胤源, 1734~1799)	「경의(經義)-역경차략(易經箚略)」·「역계차의(易繫箚疑)」(『근제집(近齊集)』)	第31권
	박종(朴琮, 1735~1793)	「주역강의(周易講義)」(『당주집(鐺洲集)』)	×
	이만운(李萬運, 1723~1797)	『팔괘방도(八卦方圖)』외(外)(『묵헌문집(默軒文集)』)	×
21	성윤신(成允信, 1737~1808)	「인역괘효(人易卦爻)(『신묵제집(愼默齊集)』)	×
	조진관(趙鎭寬, 1739~1808)	「역문(易問)」(『가정유고(柯汀遺稿)』)	×
	김귀주(金龜柱, 1740~1786)	「주역차록(周易箚錄)」·「역학계몽차록(易學啓蒙箚錄)」(『경사차록(經書箚錄)」	×
	기학경(奇學敬, 1741~1809)	「경의조대(經義條對)-주역(周易)」(『겸제집(謙齊集)』)	×

	고정봉(高廷鳳, 1743~1822)	「어제경서의의조대(御製經書疑義條對)-주역(周易)」(『수촌집(水村集)』)	×
	이원배(李元培, 1745~1802)	「경의조대(經義條對)-역(易)」(『구암집(龜巖集)』)	×
22	박제가(朴齊家, 1750~1805)	「주역(周易)」	×
	정조(正祖, 1752~1800)	「경사강의(經史講義)-역(易)·총경(總經)」(『홍제전서(弘齊全書)』)	×
	심취제(沈就濟, 1752~1809)	「역학촬요(易學撮要)」·「독역의의(讀易疑義)」(『겸와집(謙窩集)』)	×
	장사경(張思敬, 1756~1817)	「대역도설(大易圖說)」·「역괘효찬(易卦爻贊)」(『이계문집(耳溪文集)』)	제33권
23	배상열(裵相說, 1759~1789)	「역설제도(易說諸圖)」·「추대연수(推大衍數)」·「괘변도해(卦變圖解)」·「계몽전의고의(啓蒙傳疑攷疑)」(『괴담유고(槐潭遺稿)』)	×
	윤홍규(尹弘圭, 1760~1826)	「가인괘도설(家人卦圖說)」(『도계유고(陶溪遺稿)』)	×
	신작(申綽, 1760~1828)	『역차고(易次故)』	×
	남공철(南公轍, 1760~1840)	「역계사론(易繫辭論)」(『금릉집(金陵集)』)	×
	성해응(成海應, 1760~1839)	「경해(經解)-역위설(易緯說)」·「경익역류(經翼易類)」·「통지당경해서목(通志堂經解書目)·역(易)」(『연경제전집(研經齊全集)』)	×
	윤행임(尹行恁, 1762~1801)	「이문강의(摛文講義)-역(易)」「석제고(碩齊稿)」·「신호수필(薪湖隨筆)-역(易)」·계사전(繫辭傳)」(『석제별고(碩齊別稿)』)	×
24	정약용(丁若鏞, 1762~1836)	『주역사전(周易四箋)』·『역학서언(易學緒言)』	제34-36권
25	서유신(徐有臣, 1735~1800)	「역의의언(易義擬言)」	제39권
26	오희상(吳熙常, 1763~1833)	「잡저(雜著)-역(易)」(『노주집(老洲集)』)	×

	강필효(姜必孝, 1764~1848)	「겸괘도(謙卦圖)·역설(易說)」(『해은유고(海隱遺稿)』)	×
	백경해(白慶楷, 1765~1842)	「독역(讀易)」(『수와집(守窩集)』)	×
	강엄(康儼, 1766~1833)	「주역(周易)」(『관서수록(觀書隨錄)』)	×
	하우현(河友賢, 1768~1799)	「역의의(易疑義)」(『예암집(豫菴集)』)	×
	박문건(朴文健. 1770~1809)	「주역연의(周易衍義)」(『정관재문집(靜觀齊文集)』)	×
	유희문(柳徽文, 1773~1832)	「독역쇄의(讀易瑣義)-역(易)」(『호고와문집(好古窩文集)』·「시괘고오해(蓍卦考誤解)」·「주역경전통편범례(周易經傳通編凡例)」·「독서자의(讀書雰義)-역(易)」(『호고와속집(好古窩續集)』)·「계몽고의(啓蒙攷疑)·전의여론(傳疑餘論)」(『호고와별집(好古窩別集)』)	×
27	이병원(李秉遠, 1774~1840)	「계몽기의(啓蒙記疑)」(『소암문집(所菴文集)』)	×
	홍석주(洪奭周, 1774~1842)	「독역잡기(讀易雜記)·홍씨독서록(洪氏讀書錄)-역(易)」(『연천집(淵泉集)』)	×
	이지연(李止淵, 1777~1841)	「주역차의(周易箚疑)(『희곡유고(希谷遺稿)』)	×
	김성호(金性昊, 1777~1845)	「역도발휘(易圖發揮)」·「도괘회통(圖卦會通)」(『일제문집(一齊文集)』)	×
	최상룡(崔象龍, 1786~1849)	「계몽차의(啓蒙箚疑)」(『봉촌문집(鳳村文集)』)	제37-38권
	김정희(金正喜, 1786~1856)	「주역우의고(周易虞義攷)·「역서변(易筮辨)」(『완당집(阮堂集)』)	제41권
	최효술(崔孝述, 1786~1870)	「잡저(雜著)-만록(謾錄)·수장설(手掌說)」(『지헌집(止軒集)』)	×
	이규경(李圭景, 1788~1856)	「역괘효단상변증설(易卦爻彖象辨證說)」외(外)(『오주연문장전산고(五洲衍文長箋散稿)』	×
	윤종섭(尹鍾燮, 1791~1870)	「경(經)-역(易)」(『온유제집(溫裕齊集)』)	×
28	이항로(李恒老, 1792~1868)	「주역전의동이석의(周易傳義同異釋義)」외(外)(『화서문집(華西文集)』)	×

	고몽찬(高夢贊, 1793~1858)	「하도설촬요(河圖說撮要)」 외(外)(『금주집(錦洲集)』)	×
	이장찬(李章贊, 1794~1860)	「역학원류(易學源流)·역학기의(易學記疑)·주역강해(周易講解)」(『향은집(薌隱集)』)	×
	김기례(金箕澧, 1796~1854)	「역요선의강목(易要選義綱目)」(『묵천집(默泉集)』	第42권
29	허전(許傳, 1797~1886)	「역고(易考)」(『성제집(性齊集)』)	第42권
	기정진(奇正鎭, 1798~1879)	「답문류편(答問類編)-역(易)」	×
	이종상(李鍾祥, 1799~1870)	『역학여작(易學蠡酌)』	×
	이우상(李瑀祥, 1801~1877)	「역상하편의(易上下篇義)」·「괘변관견(卦變管見)」·「괘차혹문(卦次或問)」·「몽초육설(蒙初六說)」·「정회설(貞悔說)」(『희암문집(希庵文集)』	×
	장지완(張之琬, 미상-미상)	「답주역문목(答周易問目)(『침우당집(枕雨堂集』)	×
	김대진(金岱鎭, 1800~1871)	「계몽(啓蒙)」(『정와문집(訂窩文集)』)	×
	박종영(朴宗永, 1804~1875)	「경지몽해(經旨蒙解)-주역(周易)」(『송오유고(松塢遺稿)』)	×
	김응건(金應楗, 1808~1885)	「하도수기의(河圖數記疑)(『기암문집(棄崑文集)』)	×
	이준(李埈, 1812~1853)	「주역잡록(周易雜錄)」(『괴원집(槐園集)』)	×
	심규택(沈奎澤, 1812~1871)	「역학책(易學策)」(『서호집(西湖集)』)	×
30	심대윤(沈大允, 1806~1872)	『주역상의점법(周易象義占法)』	第54권 第55권
31	이진상(李震相, 1818~1886)	「역학관규(易學管窺)」·「천지사상론(天地四象論)·「괘획설(卦畫說)」·「주역괘서설(周易卦序說)」 외(外)(『한주집(寒洲集)』)	第44권
	박만경(朴萬瓊, 1817~1898)	「심역(心易)」(『호은유고(壺隱遺稿)』)	第43권

	유중교(柳重教, 1832~1893)	「역설(易說)」·「하도낙서설(河圖洛書說)」(『성제문집(省齊文集)』)	제45권
	최세학(崔世鶴, 1822~1899)	「선천변위후천설(先天變爲後天說)」·「주역단전괘변설(周易彖傳卦變說)」·「삼양설(參兩說)」(『성암문집(惺巖文集)』)	×
	백민수(白旻洙, 1832~1885)	「책(策)-역도(易道)」(『광산유고(匡山遺稿)』)	×
	채종식(蔡鍾植, 1832~1890)	「주역전의동귀해(周易傳義同歸解)」(『일제문집(一齊文集)』)	×
	허훈(許薰, 1836~1907)	「하도낙서설(河圖洛書說)」·「선천도총론(先天圖摠論)」(『방산전집(舫山全集)』)	×
	김재경(金在敬, 1841~1926)	「역리설(易理說)」·「괘획론(卦畫論)」(『지암유고(持菴遺稿』	×
	전우(田愚, 1841~1922)	「독원형이정설(讀元亨利貞說)」·「곤복설변(坤復說辨)」·「곤복설재변(坤復說再辨)」·「역유태극(易有太極)」외(外)」(『간재사고(艮齊私稿)』)	×
	이재령(李在齡, 1845~1910)	『역학기견(易學記見)』	×
32	박문호(朴文鎬, 1846~1918)	「주역도설상설(周易圖說詳說)」·「서의상설(筮儀詳說)」(『호산전집(壺山全集)』)「경설(經說)-주역(周易)」(『풍산기문록(楓山記聞錄)』)	×
33	곽종석(郭鍾錫, 1846~1919)	「후천괘어(後天卦語)」·「역역수설(易逆數說)」(『면우문집(俛宇文集)』)	×
	이용구(李容九, 1848~1906)	「역괘해선(易註解選)」·「태극론(太極論)」(『송하유집(松下遺集)』)	×
	이건창(李建昌, 1852~1898)	「독역수기(讀易隨記)」	×
	이정규(李正奎, 1864~1945)	「독역집(讀易記)」(『항제집(恒齊集)』)	×
	이병헌(李炳憲, 1870~1940)	「역경금문고통론(易經今文考通論)」·「역경금문고소전(易經今文考小箋)」·「공경대의고(孔經大義考)」(『이병헌전집(李炳憲全集)』)	제49권
	조긍섭(曺兢燮, 1873~1933)	「독역수기(讀易隨記)」(『엄서문집(巖棲文集)』)	제48권

34	홍도(洪覩, 미상-미상)	『경서의오강해(經書疑誤講解)』	×
	지암(砥菴, 미상-미상)	『독역완의(讀易玩義)』	×
	백계하(白啓河, 미상-미상)	『역경해의(易經解義)』	×
	김홍임(金弘任, 미상-미상)	「양한오경전문보(兩漢五經顓門譜)-역(易)」(『삼원관산고(三圓觀散稿)』)	×
35	오치기(吳致箕, 1807~?)	『주역경전증해(周易經傳增解)』	×
36	이민덕(李敏德, 1793~1866)	「역첨(易籤)」(『동산집(洞山集)』)	×
	박광일(朴光一, 1655~1723)	「삼재일태극도설(三才一太極圖說) 외(外)(『손제문집(遜齊文集)』)	×
	이해익(李海翼, 미상-미상)	「주역(周易)(『경의유집(經疑類輯)』	×
	김한록(金漢祿, 1722~1790)	「역의비설(易義備說)」·「독역차기(讀易箚記)」(『한간문집(寒澗文集)』)	×
	일명(佚名)	「경서기의(經書記疑)-독역기의(讀易記疑)」	×
	일명(佚名)	「칠서변의(七書辨疑)」	×
37	일명(佚名)	『주역통론(周易通論)』	×
	일명(佚名)	『수헌역설(秀軒易說)』	×
	일명(佚名)	『역설관규(易說管窺)』	×

40) 「역의발(易疑跋)」: 강석경(姜碩慶)의 〈역의문답(易疑問答)〉(『끽면공집(喫眠公集)』 가운데 포함되어 있으나, 이것은 민상정(閔相廷)의 저술 〈역의발(易疑跋)〉이므로 분리되어야 한다.(701-702쪽)(黃沛榮, 「韓國漢文易學著作的整理與研究(2/2)」, 「行政院國家科學委員會補助專題研究計畫」, 2007. 5쪽)

41) 「서강처사역설후(書姜處士易說後)」: 강석경(姜碩慶)의〈역의문답(易疑問答)〉(『끽면공집(喫眠公集)』 가운데 포함되어 있으나, 〈서강처사역설후(書姜處士易說後)〉는 홍석주(洪奭周)의 저술이므로 분리되어야 한다.(703-704쪽)(黃沛榮, 「韓國漢文易學著作的整理與研究)(2/2)」, 「行政院國家科學委員會補助專題研究計畫」, 2007. 5쪽.

[부록(2)] 『한국역학대계(韓國易學大系)』(한미문화사, 1998)와 『경학자료집성(역경편)』(대동문화연구원) 대조표

한국역학대계(韓國易學大系) 한미문화사(韓美文化社)(1998)· 여강출판사(麗江出版社)(2001)			성균관대 대동문화 연구원 경학자료집성(역경편)
권수	인 명	서 명	권수
1	권근(權近, 1352~1409)	『주역천견록(周易淺見錄)』	제1권
	세조(世祖, 1417~1468) 최항(崔恒, 1409~1474), 한계희(韓繼禧, 1423~1482)	『역학계몽요해(易學啓蒙要解)』	제1권
2	김굉필(金宏弼, 1454~1504)	『역학계몽복역(易學啓蒙覆繹)』	제6권
3	황효공(黃孝恭, 1496~1553)	『역범도(易範圖)』	제1권
	이황(李滉, 1501~1570)	『계몽전의(啓蒙傳疑)』	제2권
4	이덕홍(李德弘, 1541~1596)	『주역질의(周易質疑)』	제2권
	안민학(安敏學, 1542~1601)	「하도낙서설(河圖洛書說)」	제2권
5	장현광(張顯光, 1554~1637)	『역학도설(易學圖說)』(上)(下)	제3권
6	장현광(張顯光, 1554~1637)	『역학도설(易學圖說)』(上)(下)	제4권
7	노경임(盧景任, 1569~1620)	『역설(易說)』	제5권
	박지계(朴知誡, 1573~1635)	「주역건곤괘설(周易乾坤卦說)」	제5권

8	심지한(沈之漢, 1596~1657)	「월괘도설(月卦圖說)」, 「후천방원도(後天方圓圖)」	제5권
	류원지(柳元之, 1598~1674)	「상수소설(象數小說)병서(幷序)」	제2권
9	석지형(石之珩, 1610-미상)	『오위귀감(五位龜鑑)』	제6권
	윤선거(尹宣擧, 1610~1669)	『후천도설(後天圖說)』	×
10	김방한(金邦翰, 1635~1697)	『주역집해(周易集解)』	×
11	박창우(朴昌宇. 1636~1702)	『주역전의집해(周易傳義集解)』	제7권
12	정제두(鄭齊斗, 1649~1736)	『하락역상(河洛易象)』	제10권
	이진(李[illegible], 1654~1727)	『역설(易說)』	×
13	이만부(李萬敷, 1664~1732)	『역통(易統)』·『역대상편람(易大象便覽)』	제11권
14	권구(權榘, 1672~1749)	『독역쇄의(讀易瑣義)』	제11권
	정영진(鄭榮振, 1672~1728)	『하락도해(河洛圖解)』	×
15	이익(李瀷, 1681~1763)	『역경질서(易經疾書)』	제12권
16	유관현(柳觀鉉, 1692~1764)	『역도촬요(易圖撮要)』	제14권
	윤동규(尹東圭)	『역설(易說)』	제14권
17	신후담(愼後聃, 1702~1761)	『역의수록(易義隨錄)』·『역학계몽보주(易學啓蒙補註)』	×
18	신후담(愼後聃, 1702~1761)	『주역상사신편(周易象辭新編)』(上下)	×
19	신후담(愼後聃, 1702~1761)	『주역상사신편(周易象辭新編)』(上下)	×

20	유정원(柳正源, 1703~1761)	『역해참고(易解參考)』(上)(下)	第15권
21	유정원(柳正源, 1703~1761)	『역해참고(易解參考)』(上)(下)	第16권
22	김시화(金時和, 미상-미상)	「삼재도회회문서(三才圖會回文序)」·「복괘설(復卦說)」	×
23	안정복(安鼎福, 1712~1791)	「잡괘설(雜卦說)」	第14권
	김교행(金敎行, 1712~1766)	『주역차록(周易箚錄)』	第14권
24	서명응(徐命膺, 1716~1787)	『계몽도설(啓蒙圖說)』	第17-18권
25	서명응(徐命膺, 1716~1787)	『역학계몽집전(易學啓蒙集箋)』·「선천사연(先天四演)」	第17-18권
26	백봉래(白鳳來, 1717~1799)	「서역(序易)」·「삼경통의(三經通義)」·「역전(易傳)」	第18권
27	정혁신(鄭赫臣, 1719~1793)	「하락이수변화출입설(河洛理數變化出入說)」	×
	윤동석(尹東晳, 1722~1791)	「노운삼관통역해설(老耘三官通易解說)」	×
28	김상악(金相岳, 1724~1815)	『산천역설(山天易說)』(上)(下)	第19권
29	김상악(金相岳, 1724~1815)	『산천역설(山天易說)』(上)(下)	第19권
30	심정진(沈定鎭, 1725~1786)	「역설(易說)」	第20권
	오재순(吳載純. 1727~1792)	「하도해(河圖解)」	第20권
31	박윤원(朴胤源, 1734~1799)	「역경차략(易經箚略)」·「역계차의(易繫箚疑)」	第20권
32	이정국(李楨國, 1743~1807)	『역경여측(易經蠡測)』	×
	황덕일(黃德壹, 1748~1800)	『심역의의(心易議擬)』·『역학심전(易學心傳)』	×

33	장사경(張思敬, 1756~1817)	『대역도설(大易圖說)』	제22권
	윤동야(尹東野, 1757~1827)	『역상경편의도(易上經篇義圖)』	×
34	정약용(丁若鏞, 1762~1836)	『역학서언(易學緖言)』	제24권
35	정약용(丁若鏞, 1762~1836)	『주역사전(周易四箋)』(上)(下)	제24권
36	정약용(丁若鏞, 1762~1836)	『주역사전(周易四箋)』(上)(下)	제24권
37	정약용(丁若鏞, 1762~1836)	『역의(易義)』상(上)·하(下)	×
	최상룡(崔象龍, 1786~1849)	『계몽차의(啓蒙箚疑)』	제27권
38	최상룡(崔象龍, 1786~1849)	『계몽차의(啓蒙箚疑)』	제27권
	정약용(丁若鏞, 1762~1836)	『역의(易義)』상((上)·하(下)	×
39	서유신(徐有臣, 1735~1800)	『역의의언(易義擬言)』	제25권
40	류희문(柳徽文, 1773~1827)	「계몽고의(啓蒙攷疑)」·「시괘고오해(蓍卦考誤解)」·「역설관규(易說管窺)」	×
41	김정희(金正喜, 1786~1854)	「주역우의고(周易虞義攷)」·「혁괘설(革卦說)」·「역서변(易筮辨)」	제27권
42	김기례(金箕澧, 1796~1854)	『묵천별집역요선강목(默泉別集易要選綱目)』	제28권
	허전(許傳, 1797~1886)	『역고(易考)』	제29권
43	장복추(張福樞, 1815~1900)	『역학계몽(易學啓蒙)』	×
	박만경(朴萬瓊, 1817~1898)	『심역(心易)』	제31권
44	이진상(李震相, 1818~1886)	『역학관규(易學管窺)』·「괘획설(卦畫說)」	제31권

45	유중교(柳重敎, 1832~1893)	「강설잡고(講說雜稿)」	第31권
	금기일(琴基一, 1836~1895)	「도서문답(圖書問答)」	×
46	이규준(李圭晙. 1855~1923)	「주역주전쇄관(周易注傳刷管)부(附)경전석문(經傳釋文)」	×
	정호용(鄭灝鎔, 1855~1935)	「역(易)」(『삼경총의(三經總義)』)	×
47	최승모(崔承謨, 미상-미상)	『길포역설(吉浦易說)』	×
48	최현달(崔鉉達, 1867~1942)	『역지유언(易旨孺言)』	×
	조긍섭(曺兢燮, 1873~1933)	『독역수기(讀易隨記)』	第33권
49	이병헌(李炳憲, 1870~1940)	『역경금문고(易經今文考)』·『청량역과(淸凉易課)』	第33권
50	백계하(白啓河, 1878~1953)	『역경해의(易經解義)』	×
51	박란서(朴蘭緖, 미상-미상)	『훈몽역의(訓蒙易義)』(上)	×
52	박란서(朴蘭緖, 미상-미상)	『훈몽역의(訓蒙易義)』(下)	×
53	이존박(李存樸, 1731~1796)	『무명도기(無名圖記)』	×
	하상구(河相球, 1894~?)	『일재정주주역(日齋正註周易)』	×
54	심대윤(沈大允, 1806~1872)	『주역상의점법(周易象義占法)』(上)(下)	第30권
55	심대윤(沈大允, 1806~1872)	『주역상의점법(周易象義占法)』(上)(下)	第30권
56	성이심(成以心, 1682~1739)	『반곡선생인역(盤谷先生人易)』	第13권
57	상양자(向陽子)	『역학계몽사고(易學啓蒙私考)』·『역중(易中)』	×

58	저자미상,	『역학계몽단석(易學啓蒙段釋)』	×
59	저자미상,	『역학전의고(易學傳義考)』(上)	×
60	저자미상,	『역학전의고(易學傳義考)』(下)	×

[부록(3)] 『한국주역대전』(역학자 및 역학자료 58건)·『한국경학집성』(성균관대 대동문화연구원)·『한국역학대계』(한미/여강출판사) 대조표42)

번호	한국주역대전	저서 및 역학자료	한국경학집성(성대)	한국역학대계(한미/여강)
1	권근(權近, 1352~1409)	『주역천견록(周易淺見錄)』	第1권	第1권
2	유성룡(柳成龍, 1542~1607)	「건원형이정설(乾元亨利貞說)」	第2권	×
3	조호익(曺好益, 1545~1609)	『역상설(易象說)』	第2권	×
4	곽설(郭設, 1548~1630)	『역전요의(易傳要義)』	第2권	×
5	김장생(金長生, 1548~1631)	『경서변의(經書辨疑)-주역(周易)』	第2권	×
6	박지계(朴知誡, 1573~1635)	『주역차록(周易箚錄)』	第5권	第7권
7	송시열(宋時烈, 1607~1689)	『역설(易說)』	第6권	×
8	석지형(石之珩, 1610-?)	『오위귀감(五位龜鑑)』	第6권	第9권
9	홍여하(洪汝河, 1621~1678)	「책제(策題):문역(問易)·독서차기(讀書箚記)-주역(周易)」	第6권	×
10	김만영(金萬英, 1624~1671)	「역상소결(易象小訣)」	第6권	×
11	이현석(李玄錫, 1647~1703)	『역의규반(易義窺斑)』	第10권	×

42) 『한국주역대전』, 『한국경학집성』(역경편, 대동문화연구원), 『한국역학대계』(한미/여강출판사)의 세 종류의 총서의 비교를 통해, 『한국주역대전』이 기본적으로 『한국경학집성』(역경편, 대동문화연구원)을 저본으로 편찬되었음을 알 수 있다.

12	임영(林泳, 1649~1696)	『독서차록(讀書箚錄)』	제10권	×
13	박광일(朴光一, 1655~1723)	「고괘선갑삼일후갑삼일도병설(蠱卦先甲三日後甲三日圖竝說)」	제36권	×
14	김도(金濤, ?~1739)	『주역천설(周易淺說)』	제10권	×
15	권구(權榘, 1672~1749)	『독역쇄의(讀易瑣義)』·『역중기의(易中記疑)』·『역괘취상(易卦取象)』	제11권	제14권
16	이만부(李萬敷, 1664~1732)	『역통(易統)·역대상편람(易大象便覽)·잡서변(雜書辨)』	제11권	제13권
17	강석경(姜碩慶, 1666~1731)	『역의문답(易疑問答)』	제11권	제13권
18	이현익(李顯益, 1678~1717)	『주역설(周易說)』	제12권	×
19	박치화(朴致和, 1680~1764)	『설계수록(雪溪隨錄)』	제12권	×
20	이익(李瀷, 1681~1763)	『역경질서(易經疾書)』	제12권	제15권
21	권만(權萬, 1688~1749)	『역설(易說)』	제14권	×
22	심조(沈潮, 1694~1756)	『역상차론(易象箚論)』	제14권	×
23	윤동규(尹東奎, 1695~1773)	『경설(經說)-역(易)』	제14권	×
24	양응수(楊應秀, 1700~1767)	「곤괘강의(坤卦講義)·역본의차의(易本義箚疑)」	제14권	×
25	김원행(金元行, 1702~1772)	『미상경의(渼上經義)-주역(周易)』	제14권	×
26	유정원(柳正源, 1703~1761)	『역해참고(易解參攷)』	제15-16권	제20-21권
27	송능상(宋能相, 1710~1758)	「계사전질의(繫辭傳質疑)」	제14권	×
28	임성주(任聖周, 1711~1788)	『주역(周易)』	제14권	×

29	안정복(安鼎福, 1712~1791)	『경서의의-역(經書疑義-易)·잡괘설·잡괘후설(雜卦說·雜卦後說)』	제14권	제23권
30	김상악(金相岳, 1724~1815)	『산천역설(山天易說)』	제19권	제28-29권
31	김규오(金奎五, 1729~1789)	『독역기의(讀易起疑)』	제20권	×
32	조유선(趙有善, 1731~1809)	『경의(經義)-주역본의(周易本義)』	제20권	×
33	박윤원(朴胤源, 1734~1799)	『경의(經義)·역경차략(易經箚略)·역계차의(易繫箚疑)』	제20권	제31권
34	서유신(徐有臣, 1735~1800)	『역의의언(易義擬言)』	제25권	제39권
35	김귀주(金龜柱, 1740~1786)	『주역차록(周易箚錄)』	제21권	제31권
36	박제가(朴齊家, 1750~1805)	『주역(周易)』	제22권	×
37	심취제(沈就濟, 1753~1809)	『독역의의(讀易疑義)』	제22권	×
38	윤행임(尹行恁, 1762~1801)	『신호수필(薪湖隨筆)·역(易)』	제23권	×
39	오희상(吳熙常, 1763~1833)	「잡저(雜著)-역(易)」	제26권	×
40	강엄(康儼, 1766~1833)	『주역(周易)』	제26권	×
41	박문건(朴文健, 1770~1809)	『주역연의(周易衍義)』	제26권	×
42	유희문(柳徽文, 1773~1827)	「시괘고오해(蓍卦考誤解)」	제26권	×
43	이지연(李止淵, 1777~1841)	『주역차의(周易箚疑)』	제27권	×
44	김기례(金箕澧, 1796~1854)	『역요선의강목(易要選義綱目)』	제28권	제42권
45	윤종섭(尹鍾燮, 1791~1870)	『경(經)-역(易)』	제27권	×

46	이항로(李恒老, 1792~1868)	『주역전의동이석의(周易傳義同異釋義)』	제28권	×
47	이장찬(李章贊, 1794~1860)	「역학기의(易學記疑)」	제28권	×
48	허전(許傳, 1797~1886)	「역고(易考)」	제29권	제42권
49	박종영(朴宗永, 1804~1875)	『경지몽해(經旨蒙解)·주역(周易)』	제29권	×
50	심대윤(沈大允, 1806~1872)	『주역상의점법(周易象義占法)』	제30권	제54-55권
51	오치기(吳致箕, 1807-?)	「주역경전증해(周易經傳增解)」	제35권	×
52	이진상(李震相, 1818~1886)	『역학관규(易學管窺)』	제31권	제44권
53	최세학(崔世鶴, 1822~1899)	「주역단전괘변설(周易彖傳卦變說)」	제31권	×
54	채종식(蔡鍾植, 1832~1890)	「주역전의동귀해(周易傳義同歸解)」	제31권	×
55	박문호(朴文鎬, 1846~1918)	『경설(經說)·주역(周易)』	제31권	×
56	이정규(李正奎, 1864~1945)	「독역기(讀易記)」	제33권	×
57	이용구(李容九, 1868~1912)	「역주해선(易註解選)」	제33권	×
58	이병헌(李炳憲, 1870~1940)	『역경금문고통론(易經今文考通論)』	제33권	제49권

『한국경학자료집성-역경』(1책~11책)의 구성 내용과 역학적 특징 분류(Ⅰ)*

이 난 숙

〈요약〉

이 글은 『한국역학사』를 저술하기 위한 기초토대 연구로서 『한국경학자료집성-역경』 전 37책 가운데 1책~11책을 연구하였다. 그 내용은 각 저술의 구성 내용과 저술 분량 및 역학적 특징과 의미를 살펴보고, 『한국주역대전』에서의 번역 현황을 함께 고찰하였다. 14세기~18세기 초까지 활동한 49여 명 유학자와 그 역학을 분석하여 도표로 정리하고, 각 저술의 역학적 특징을 11가지로 분류하였다.

핵심적인 역학문헌은 『주역』 주석서 8편, 『역학계몽』 주해서 3편, 『황극경세서』 주석서 1편, 『주역참동계』 주석서 1편이 있다. 또 기의(記疑)·요의(要義)·변해(辨解)·소결(小訣)·차록(箚錄)·문답(問答)·쇄의(瑣義) 등 다양한 형식의 역설이 집록되었다. 한대 위백양(魏伯陽)의 도가역부터 송원대(宋元代)의 유가역 등 중국역학을 관통해 연구하였고, 특히 정주(程朱)와 소옹의 역학 및 『역학계몽』을 논한 특징이 있다. 역학이론은 역리를 포함해 수리, 점법, 도상, 서의(筮義) 등을 상세하게 논하였다. 『주역』에 포괄된 심층적 역리를 해명함과 동시에 중국역학을 논평한 조선 유학자들의 역학 인식과 심층을 파악할 수 있는 한국역학 자료이다. 이로써 『한국역학사』 저술의 근간이자 기초토대로서 중요한 의미가 있음을 확인하였다.

* 이 글은 『동양철학연구』 119(동양철학연구회, 2024.08)에 게재된 것을 수정·보완하였음을 밝힌다.

1. 머리말

이 논문은 한국역학사(韓國易學史)를 저술하기 위한 기초토대 연구로서[1], 한국역학을 최초로 집성해 출간한 『한국경학자료집성(韓國經學資料集成)-역경(易經)』 전 37책 가운데 1책~11책을 연구하고자 한다. 각 저술의 구성 내용과 저술 분량 및 역학적 특징과 의미를 고찰하고, 한국역학을 집록해 번역한 『한국주역대전』 전 14권 가운데 위 1책~11책의 번역 현황을 함께 살펴볼 것이다.

『한국경학자료집성-역경』(전 37책)은 총 171여 명의 조선 유학자에 의한 총 339종류의 한국역학 자료를 수록하고 있다. 이는 방대한 자료이므로, 본 연구인 1차 연구에서 1책~11책(Ⅰ), 2차 연구에서 12책~23책(Ⅱ), 3차 연구에서 24책~37책(Ⅲ)으로 나누고, 각각 수록된 역학자료를 분석해 고찰하고자 한다.

한국역학 자료를 집록해 출간된 문헌으로는, 첫째, 1996년~1997년 성균관대학교 대동문화연구원이 최초로 『한국경학자료집성-역경』(전 37책)을 출간하였다. 둘째, 1998년 한미문화사가 『한국역학대계(韓國易學大系)』(전 60권)을 출간하였다. 셋째, 2001년 한국역학대계 편찬위원회는 여강출판사에서 『한국역학대계』(전 58책)을 출간하였다. 둘째와 셋째의 문헌은 내용이 동일해 재출간된 것이다. 그리고 한국역

---

1) 한국주역학회는 〈한국역학사상사를 어떻게 쓸 것인가〉를 대주제로 2023년부터 다음의 소주제로 학술대회를 개최하였다. 2023년도 "중국 · 대만 · 일본의 역학사상사 연구 현황 검토", "한국역학사상사 서술의 틀을 어떻게 만들 것인가", 2024년도 "조선시대 이전의 역학사상사를 어떻게 접근할 것인가" 이 글은 학술대회에 발표된 논문으로 『한국경학자료집성-역경』을 연구하였다.

학 자료를 모아서 번역한 문헌은 2017년 한국주역대전 편찬실이 학고방에서 출간한 『한국주역대전(韓國周易大全)』(전14권)이 있다. 여기에는 한국역학과 중국역학 자료가 함께 번역되어 있다.

중국의 주백곤(朱伯崑) 교수는 『역학철학사(易學哲學史)』(소명출판 참조)에서 경학사(經學史)와 역철학사(易哲學史)의 차이점을 규정한 바 있다. 그는 “경학사는 유교 경전의 변천과 전승의 계보와 역사 및 각 시대와 학파의 경전해석 경향을 비롯해 주소(注疏) 및 전적(典籍)의 진위 판별과 문자의 훈고와 고증을 포괄한다”[2]라고 했다. 또 “역학철학은 역학 자체의 술어와 범주, 명제에 의거해 전개된 것으로, 그 범주와 명제는 『주역』의 점술 체계와 괘효상(卦爻象)의 변화 및 괘효사(卦爻辭)의 해석으로부터 나온다. 이 때문에 독특한 이론 사유의 형식을 형성하고, 철학적 문제에 대한 대답도 역시 그 이론 사유의 형식을 통해 나타난다”[3]라고 하였다. 간략히 말하면, 경학사는 역학의 변천사와 전승이라는 거시적인 흐름에 초점을 두고, 역학문헌의 고증과 진위 등까지 해명한다. 반면 역학철학사는 학자별, 이론별, 철학사상에 초점을 두고, 각 학자의 철학적인 문제의식과 역학 사상, 세밀한 해석 및 이론적 특징 등 미시적인 역학을 집중적으로 규명한다는 의미로 이해된다.

따라서 향후 한국역학사를 저술하게 되면, 그 저술의 관점부터 어떻게 정할 것인지를 분명히 논의할 필요성이 있다.

현재까지 한국역학 연구현황을 보면, 고대부터 21세기까지 한국역

2) 주백곤 저, 김학권 옮김, 『역학철학사』 1권(소명출판, 2012), 16쪽; 엄연석, 「중국역학사 서술 비평(1) -주백곤의 역학철학사의 목표에 대한 재검토」, 주역학회 학술대회자료집, 2023, 3쪽.

3) 주백곤 저, 김학권 옮김, 『역학철학사』 1권(소명출판, 2012), 17쪽.

학의 통시적(通時的) 흐름을 연구한 한국역학사가 아직 출간되지 못하였다. 여러 원인이 있겠지만, 크게 두 가지의 이유가 있다고 생각된다. 첫째는 고대부터 삼국(三國), 고려(高麗), 조선(朝鮮)을 아우르는 한국역학 자료의 수집과 연구가 원활하지 못하였다. 특히 조선시대를 제외하면 연구가 매우 미비하였다. 둘째는 조선 역학 연구에 있어서 저명한 유학자와 주목할 만한 역학문헌을 집중적으로 연구했기 때문에 아직 연구되지 않는 유학자와 역학자료가 많이 남아 있다.

필자가 앞으로 한국역학사와 관련된 논의를 진행할 때 고려할 사항을 제안하면, 다음과 같다. 첫째, 일차적으로 한국역학 자료가 집성된 문헌들의 현황과 구성 내용 및 특징과 의미 등을 상세히 연구할 필요성이 있다. 그리고 각 학자들의 역학을 전문적이고 객관적으로 평가할 필요성이 있다.

둘째, 한국역학사를 저술하면서 수록될 시종(始終)의 시기를 선정하고, 수록할 만한 가치가 있는 유학자와 역학문헌을 선정할 필요가 있다. 수많은 한국역학 자료는 모두 각각의 의미를 지닌다. 하지만 역학사를 서술하면서 이들 인물과 역학자료를 모두 포괄할 수 없는 한계가 있기 때문이다. 그리고 한국역학의 인물과 문헌자료를 선정할 때 보편적인 역학평가를 위한 준거(準據)의 마련도 시급하다. 그것은 최근에 중국의 『사고전서(四庫全書)』에서 사용된 양파육종(兩派六宗) 분류법의 문제를 비판한 논문들이 발표되었기 때문에 한국역학사에 맞는 분류 및 각 역학의 보편적인 평가를 위한 일관된 기준 마련과 대책이 필요하다는 의미이다.

셋째, 선행 연구된 한국역학 연구사를 종합하고, 시대별, 학자별, 사상별, 학파별, 문헌별로 분류해 역학사상과 이론의 심층을 객관적으로 정리할 필요성이 있다. 이러한 연구는 『한국역학사』 저술에 많은 도움을 줄 수 있다.

넷째, 한국역학사를 저술하면, 동아시아 역철학사에서 한국역학만이 지닌 고유한 특징과 정체성을 해명하고 이론으로 체계화할 필요성이 있다. 이에 중국역학과 차별적인 창의적인 한국역학을 주목함과 동시에 각 학자의 역학 수준을 객관적으로 평가할 체계적인 이론 정립으로 보편적인 한국역학의 의미를 규명함이 바람직하다고 생각하기 때문이다. 이로써 유의미한 연구 결과물이 집약된 한국역학사가 저술되길 기대한다.

이제 『한국경학자료집성-역경』의 1책~11책에 수록된 유학자와 그들의 역학문헌의 세부 내용과 특징 및 각각의 저술 분량을 살펴본다. 제1책에는 조선역학의 태두(泰斗)가 되는 권근(權近, 1352~1409)의 『주역천견록(周易淺見錄)』이 첫 번째로 수록되었다. 그리고 제11책에는 권구(權榘, 1672~1749)의 『역통(易統)』·『역대상편람(易大象編覽)』·『잡서변상(雜書辨上)』이 수록되었으니, 주로 14세기~18세기 초까지 활동한 총 49여 유학자와 그들의 역학자료가 집록되어 있다. 『주역』과 여러 역학문헌의 주석서는 물론이고, 차록(箚錄)·차의(箚疑)·질의(質疑)·쇄의(瑣義) 등 다양한 형식의 역설이 포함되었다. 이들 수록된 자료에 포함된 구체적인 내용과 이론 및 세부적인 논점과 해석방법론 등을 종합적으로 살펴보고자 한다.

2. 『한국경학자료집성-역경』(1책~11책)의 구성 내용

1988년~1998년 성균관대학교 대동문화연구원은 사서삼경(四書三經)

에 관한 한국경학 자료를 수집해 『한국경학자료집성』 제1집~제8집을 간행하였다.4) 이 가운데 『역경』은 제7집과 제8집으로 편집되어 총 37책이 수록되었다. 사서삼경 관련 『한국경학자료집성』의 문헌량이 총 123책이므로, 『역경』의 37책은 다른 경전보다 가장 방대한 분량이다. 『한국경학자료집성-역경』 1책~23책은 1996년에 출간되고, 24책~37책은 1997년에 출간되었다.5) 이로써 전 37책에는 역학에 조예가 깊은 한국유학자 166여 명과 저자 미상인 5명 등 총 171여 학자와 그들의 역학자료 총 339종류가 집록되었다.6)

1책에는 권근의 『주역천견록』과 세조(世祖)의 왕명에 의해 최항(崔恒) · 한계희(韓繼禧) 등이 저술한 『역학계몽요해(易學啓蒙要解)』가 있다. 마지막 37책에는 저자 미상인 『주역통론(周易通論)』, 『수헌역설(秀軒易說)』, 『역설관규(易說管窺)』 등이 수록되었다. 편집된 순서는 주로 저자의 생몰연대 순이며, 간혹 생몰연대가 바뀌어 수록된 자료들은 문헌자료의 분량이나 편집 의도에 따른 것으로 보인다. 이로써 『한국경학자료집성』(전 37책)에는 14세기~19세기 말까지 한국역학 자료인 영인본, 수장본, 필사본, 인쇄본 등 다양한 판본이 수록되었다.

그 가운데 『한국경학자료집성-역경』 1책~11책을 보면, 총 49여 명의 학자와 그들의 역학문헌과 역설이다. 그 구성 내용, 특징과 의미

---

4) 『한국경학자료집성』에서 사서삼경 자료는 제1집 『대학 · 중용』(전8권, 전9권), 제2집 『논어』(전17책), 제3집 『맹자』(전14권), 제4집과 제5집 『서경』 상 · 하편(전22책), 제6집 『시경』(전16책), 제7집 · 제8집 『역경』 상 · 하편(전37책)으로 편집되어 있다.

5) 성균관대학교 대동문화연구원, 『한국경학자료집성-역경』 제24권 「간행사」(1997), 1쪽.

6) 『한국경학자료집성-역경』에 수록된 역학자료는 한국경학자료시스템 홈페이지(http://koco.skku. edu/)에 디지털 자료로 업로드되어 있다. 구분은 총목록과 분류별, 주석별, 저자별, 서명별로 되어 있어 검색이 가능하다.

및 저술 분량 등의 현황을 【표1】로 정리한다. 여기서 '◎'의 표시는 『한국주역대전』에서 번역된 자료이다. 주석서는 바탕색으로 표시하고, 여러 역학자료가 있는 경우 주석서를 진한 색으로 표시하였다.

【표1】『한국경학자료집성-역경』(1책~11책)의 한국역학 자료 현황7)

책수	저자	서명(書名)	구성 내용
1책	1. 권근權近 (1352~1409) 호 陽村	『周易淺見綠』 ◎ ①주역주석서 보물 550호 (1971년 지정) 3쪽-124쪽	- 저술연대: 1391년~1393년(연보 참조) - 간행연대: 서문 · 발문 · 刊記가 없음(3권 3책 목판본. 전 소장자 이겸노(李謙魯)가 3책으로 분리함) 판식은 古形, 행간에 계선이 없고, 글씨체는 구양순체에 가깝고 판식 · 자체 · 지질은 세종대 간행으로 추정됨. - 관련 기록: 『세종실록』 세종 15년(1433년) 2월. 成均司藝 김반(金泮)이 스승 권근의 易 · 書 · 詩 · 春秋淺見錄의 간행을 건의해 세종이 예조에 검토를 명함. - 저서: 『오경천견록』 · 『입학도설』 등 『양촌집』 40권 10책이 있음. - 내용: 『주역천견록』은 『易說上經』 · 『下經』 · 『易繫辭』(합본1책, 필사본)으로 구성. 상경 30괘, 하경26괘, 계사전(易說) · 설괘전 일부를 주석. 정이 · 주희 · 오징(吳澄)의 주석 가운데 오류를 비판하고 자신의 견해[愚案]로 논함. 권근은 "역은 변역이며, 천도의 변역은 誠이고, 인도의 변역은 中"이라고 함.(처음엔 완정한 역학문헌으로 추정됨) - 의의: 조선 전기의 주역주석서로 한국역학사 연구에서 중요한 자료로 평가됨.
	최항崔恒 (1409~1474) ·	『易學啓蒙要解』 ①역학계몽	- 간행연대: 1465년(세조11) 간행. 4권 2책 목판본. 세조의 왕명으로 최항 · 한계희와 김국광(金國光) 등 학자 10명이 편집, 교열함. - 내용: 권1. 本圖書, 권2. 原卦畫, 권3. 明蓍

7) 【표1】의 도표는 『한국경학자료집성-역경』(전37책)의 해제, 『한국주역대전』 해제, 한국학중앙연구원의 한국민족문화대백과와 한국향토문화전자대전 등의 사전류를 비롯해 선행 연구 논문들을 참조해 필자가 정리하였다.

	한계희韓繼禧 (1423~1482) 외	주해서 125쪽-554쪽	策, 권4. 考變占임. 『역학계몽』에서 오행과 수리, 상징, 괘효 등 난해한 부분에 대해 大註·小註·補解를 割註(分註)로 표시하고 자세하게 설명함. 보해는 12군데 정도. 掛扐過揲總圖 등 여러 附圖와 筮義를 부록에 수록함. - 특징: 권두에 세조의 御製序, 권말에 최항의 발문. - 의의: 조선시대 최초의 『역학계몽』 연구서로 의미가 지대함.
	이세응李世應 (1473~1528) 호 安齋	『安齋易說』 ②주역주석서 555쪽-729쪽	- 저술 간행연대: 미상. 2권 2책 필사본. 국립중앙도서관 소장. - 내용: 상경 30괘과 하경 34괘를 괘별로 구분하지 않고, 필요한 곳에서 괘를 대입해 견해를 밝힘. 처음에 無極·太極의 변화 과정, 兩儀의 발생, 理氣의 조화, 五行의 상생·상극과 만물의 발생 원리를 설명함. 인류 발생으로 三才가 형성되었음을 지적함. 『주역』은 乾坤의 변화 과정이자 만고 불변의 원리라고 이해함. 그 운행·변화·歸藏 과정이 모두 역의 원리라고 함. 大象·彖·象·九六·四象·귀장·삼재·四聲·부부·正中·中正·比應 등 개념을 해설하고 인간의 생로병사를 64괘로 설명하기도 함. - 특징: 중정론·비응론·호체론 등 해석방법론을 활용해 논리 정연하게 서술함. - 의의: 조선전기 주역주석서로 학술적 의미가 있음.
	서경덕徐敬德 (1489~1546) 호 花潭	「六十四卦方圓之圖解」·「卦變解」 731쪽-737쪽	- 간행연대: 1605년 허엽, 박민헌 등이 『화담집』 4권 1책을 초간함. - 내용: 『화담문집』에 수록. 소옹의 64괘 방원도와 그를 해설한 도설. - 내용: 괘변도, 用蓍法, 推大衍數를 중심으로 해석한 짧은 역설. - 특징: 장재와 소옹 역학을 수용하고, 선천기론과 상수역학 사상을 제시함. 서경덕은 「理氣說」에서 太虛卽氣의 기일원론을 주장함.
	5. 황효공黃孝恭 (1496~1553) 호 龜巖	「易範圖」	- 출간연대: 1837년(헌종3)에 10대손 인팔(麟八)이 『구암문집』 4권 2책을 편집. 손자 언주(彦柱)의 유고 『農皐公逸稿』와 합간함. - 내용: 『구암문집』에 수록. 하도낙서, 팔괘

		739쪽-826쪽	차서도, 64괘방원도, 기자홍범구주지도, 문왕후천팔괘, 옥재총술주자괘륵과설도지도, 구봉황극내편범수지도, 염계선생태극도 등 도상과 도설이 중심임. - 특징: 『역학계몽』과 소옹 도상설이 중심.
2책	이황李滉 (1501~1570) 호 退溪	『周易釋義』 ③주역주석서 1쪽-43쪽	- 저서: 『역학계몽전의』, 『성학십도』, 『주자서절요』 등 『퇴계전서』 51권 31책이 있음. 『경서석의』는 임진왜란 때 불타버림.(금응훈 발문에 의함) - 간행연대: 1609년(광해군1) 문인 금응훈(琴應壎) 등 후학이 전사본을 보완해 『경서석의』 8권 2책 간행. - 내용: 『주역석의』 상하와 「계사석의」 상하로 구성. 정이 『역전』의 의리 해석을 중심으로 하며, 『정전』에서 불명확한 부분은 주희 『본의』로 해석함. 십익은 「계사전」의 주요 문장만 해석함.[8] 『주역』의 어려운 구절을 한글, 한자를 혼용해 해석하고, 학자들의 訓釋과 자신의 견해를 적거나 잘못을 수정함. 문인들의 問辯을 연구해 손수 기록한 내용이 있음. - 특징: 언해본의 중요 토대가 된 문헌자료.
		『啓蒙傳義』 ②역학계몽 주해서 45쪽-206쪽	- 저술연대: 1557년(명종12). 『퇴계집』 속집의 1책 목판본과 안정복(安鼎福)의 수택본이 있음. - 내용: 小序와 本圖書, 原卦畫, 明蓍策, 考變書으로 구성되었고, 箚記 형태로 『역학계몽』을 辨釋해 주석한 문헌. 역이 한대의 간지납갑법을 따른다면서 상수학설을 수용해 도상과 도상설을 주장한 특징이 있음.
	유빈柳贇 (1520~1591) 호 倦翁	「易圖目錄」 207쪽-288쪽	- 저서: 『倦翁先生文集』 2권 1책. 재종질인 유성룡의 「易圖」 발문이 있음. 저자 유빈이 서촌에 은거해 경학과 역학에 치력했다고 기록함. - 내용: 『역학계몽』과 함께 소옹과 제유의 도설을 주로 참작해 河圖生統成數, 洛書奇統偶數, 河圖相連爲十五圖, 辟卦黑白之圖 등 총 52개의 도상을 그려 넣고, 간략히 의견을 논한 역설.

	유원지柳元之 (1598~1674) 호 拙齋	「柳倦翁易圖解」·「倦翁易圖記疑」 289쪽-331쪽	- 저술연대: 1672년. - 저서: 『졸재집』 14권 7책. 유성룡의 손자. - 내용: 「유권옹역도해」는 권옹 유빈의 「역도목록」 가운데 해석이 없는 도상 제40조 가운데 몇 조를 설명한 역설. 일부는 설명이 없어 詳略이 다르므로 미완성 저술로 보임. - 내용: 「권옹역도기의」는 권옹 유빈의 역도에 관한 의문과 설명을 기록함.
	신흠(申欽) (1566~1628) 호 象村	「求正錄:易·先天窺管」 ①황극경세서 해설서 333쪽-428쪽	- 청강(淸江) 이제신(李濟臣)에게 수학. - 저서: 『상촌집』 66권 22책이 있음. - 간행연대: 1630년 아들 신익성이 간행. 1965년 『상촌집』 60권(부록 3권)을 重刊. - 내용: 『상촌집』 51권~54권 「구정록」上·下에 수록됨. 후학들에게 소강절 역학의 指南이 되고자 『황극경세서』의 난해한 부분을 해설했다고 저술 의도를 밝힘. 동정, 음양, 강유 등으로 괘획 원리를 밝히고, 동시에 하도와 7·8·9·6의 역수, 선천도, 동물식물의 수, 성음창화도 등을 해석함. - 특징: 조선시대 『황극경세서』에 관한 첫 해설서라는 학술적 의미가 있음[9]
	10. 이이李珥 (1536~1584) 호 栗谷	「易數策」	- 저술연대: 1558년(명종13) 명경과 장원급제 책문. - 저서: 『성학집요』·『격몽요결』 등 『율곡전서』 44권 38책이 있음. - 내용: 『주역』의 象·數·理를 중심으로 역리가 자연학적 지혜에서 비롯된 實理임을 논함. 자연세계의 실리를 역리로써 해석하고 理氣妙用을 주장함. 자연세계가 無始無終하고 하고, 畵前有易을 긍정함. 기의 취산을 生生之易의 역리적 자연현상으로써 확장해 이해하고, 64괘는 유한하지만 무궁한 자연의 이치를 包越한 역리를 내포한 無窮之本의 수라고 해석. 수리와 역리를 通變的으로 해석하고, 道統과 역학의 根幹을 제시함. 역수의 이해와 함께 성리학의 학술적 기반을 논술하고, 역학은 역리의 근원을 관통해야 하는 학문이자 聖學, 道學이라고 정리한 책문.[10] - 특징: 회전유역, 이기묘용, 도통관, 역학의 근간, 무한을 포월하는 유한 등 역리를 주제

		429쪽-444쪽	로 역·수·태극을 해석. 인물 비평을 통한 역학관과 역리해석의 세부적 특징이 드러남.
	최립崔岦 (1539~1612) 호 簡易	『周易本義口訣附說』 445쪽-680쪽	- 저술연대: 1605년경 강원도 간성군수 재직 시절(3년)(저자「進周易本義口訣疏」 참조). - 간행연대: 17세기 인조 근간 『주역본의구결부설』 2권 2책 목판본 간행. - 내용: 『주역본의』에 한글로 구결을 단 문헌. 책머리의 범례와 소로서 편찬 의도를 알 수 있음. 명나라에 사신으로 갔을 때 『주역』 1부를 사와 탐독하고, 의문 사항을 설명해 덧붙임. 한국의 『주역』 구결은 정이 『역전』을 위주로 되어 있으나, 최립은 주자의 『본의』를 중심으로 구결했다는 특징이 있음. 괘효 해석 뒤에 '彖曰'의 단전 해석과 각 괘사를 분리해 해석함. 『주역』 본문과 『본의』의 글을 혼동하게도 함. - 의미: 한글 구결은 유학사와 국어사의 연구자료로 의미가 있음.(한국학진흥사업 성과포털)
	이덕홍李德弘 (1541~1596) 호 艮齋	『周易質義』 681쪽-736쪽	- 저서: 『周易質疑』·『四書質疑』『朱子書節要講錄』 등 『간재집』 59권 31책이 있음. - 간행연대: 1666년(현종7)에 외증손 김만휴(金萬烋)가 초본을 엮고 발문을 수록함.(『주역질의』 1권 1책 필사본) - 내용: 『주역』에서 문제가 되는 구절을 뽑아서 스승 이황과 함께 질의 문답 형식으로 한 토론 30여 조가 수록되어 있음.
		「易初九上六爻義」 737쪽-742쪽	- 내용: 『간재선생문집』에 수록된 짧은 역설. 효명 가운데 특히 초효와 상효의 명칭이 초구, 상육으로 다른 이유를 비롯해 효의를 주로 해석함.
	안민학安敏學 (1542~1601) 호 楓厓	「河圖洛書說」 743쪽-752쪽	- 내용: 『풍애집(楓厓集)』 2권 1책에 수록. 하도낙서의 수리와 오행 및 방위 관련 해석을 비롯해 太極動靜之理 등을 논한 역설.
	유성룡柳成龍 (1542~1607) 호 西厓	「河圖洛書眞有是耶聖人以神道設教」·「乾元亨利貞說」◎	- 저서: 『서애집』 20권 11책. 『懲毖錄』·『愼終錄』·『永慕錄』·『觀化錄』·『雲巖雜記』·『亂後雜錄』이 있음. - 내용: 『서애문집』에 수록된 짧은 역설들. 「건원형이정설」은 216자로 '元亨利貞'에 관한 해석에서 사람들이 『본의』를 위주로 삼고

		·「見群龍無首說」·「易占」·「焦氏易林」 753쪽-763쪽	『정전』을 없앨까 걱정하여 지었다고 밝힘. 「乾元亨利貞說」로 경계하는 마음과 점서 중심의 『본의』는 결국 『정전』의 범위에서 벗어나지 않음을 설명함. - 내용: 「견군용무수설」『서애집』 15권 수록. - 내용: 「역점」『주역』의 占卦에 관한 역설. - 내용: 『서애문집』 15권 「잡저」에 수록. 「초씨역림」은 초연수(焦延壽)의 『易林』에 관한 역설로 형식은 議·辨·論·說로 표현되어 논술되어 있음.
	15. 조호익曺好益(1545~1609) 호 芝山	『易象說』 ◎ ④주역주석서 765쪽-942쪽	- 간행연대: 미상. 『역상설』 3권 1책 목판본. 5대손 조선적(曺善迪)이 편집·성편한 것을 6대손 조덕신(曺德臣)이 1779년(정조3)에 『지산집』 속집을 원집·속집을 합간해 간행함. 『역상설』만은 이상정(李象靖)의 감정을 거쳐 1편으로 따로 간행. 이상정의 발문에는 원래 초고를 후손이 간행했다고 기록함. - 내용: 『역상설』은 乾卦~55번째 豐卦까지 해석했고, 「계사전」上은 3장, 8장 제외하고 10개의 장을 해석함. 「계사전」下는 1·2·5·6·7·9·12장을 해석. 「설괘전」은 1·2·6·9·11장을 해석. 「서괘전」은 頤·晉괘를 설명하고, "돌아갈 곳을 얻은 자는 반드시 크다"를 해석함. 「잡괘전」은 臨·觀괘와 損·益괘의 관계성에 대해서 견해를 밝힘. - 특징: 『주역』에서의 의문점을 板頭에 頭註 형태로 메모해 둔 것을 후인들이 모아서 정리함. 『역상설』의 체계와 특징은 『주역전의대전』에 포함된 총 112명의 송원대 학자의 주석 가운데 호일계(胡一桂)의 小注[70여 회], 호병문(胡炳文), 오징(吳澄) 등의 주석을 인용하고, 互體·卦氣·卦變·升降·物象 등 역상과 관련된 해석방법론을 적용해 해석함.
	곽설郭說(1548~1630) 호 西浦	『易傳要義』 ◎ 943쪽-960쪽	- 저서: 『서포집』 7권 4책이 있음. - 내용: 『西浦先生集』1권 「잡저」에 수록됨. 역도와 성인사도(聖人四道) 및 『주역』에서 중요한 의미를 지닌 9괘의 10개 효사를 발췌해서 정리한 역설임.
	김장생金長生(1548~1631)	『經書辨疑-周易』	- 저술연대: 1618년(광해군10) - 간행연대: 1666년(현종7). 저자 서문, 장

	호 沙溪	◎ 961-1004쪽	유(張維) · 송시열(宋時烈) 발문이 있음. - 저서: 『사계전서』 51권 24책이 있음. - 내용: 『경서변의』는 『사계전서』 11권~16권에 수록. 『소학』 · 『대학』 · 『논어』 · 『맹자』 · 『중용』 · 『서전』 · 『주역』 · 『예기』의 순서로 되어 있음. 『경서변의-주역』은 『주역전의대전』을 표준으로 본문과 朱子註 · 小註 · 언해에서 의문점과 설명이 필요한 부분을 제시하고, 관련 학설을 인용해 자신의 견해를 밝힌 차록. - 특징: 『주역』의 기초와 핵심을 명확히 정리해 간결하게 해석하고, 송대 주석과 학자들 토론 및 고금의 학설을 취합, 선별한 안목이 돋보임.
3책	장현광張顯光 (1554~1637) 호 旅軒	『易學圖說』 권1~4 1쪽-584쪽	- 저술연대: 장현광이 55세에 편찬.(규장각도서, 국립중앙도서관 소장) - 간행연대: 1645년(인조23)에 임담(林墰)이 『여헌집』 9권 9책을 간행. 임담의 발문이 있음. - 내용: 역학 관련 도설을 중심으로 함. 그 구성은 자서, 권1. 총괄편 권2. 本原篇 권3. 巧著篇 권4. 體用上篇(卦劃) 권5. 體用下篇(蓍策, 變占) 권6. 類究篇 권7. 祖述篇 권8. 旁行篇 권9. 未窺篇 등. 도상 총 355종류가 수록되어 있음. 도설에 대해서 자기의 견해를 증보하고, 역학과 성리학 및 술수 등의 학문을 집대성함. - 관련 기록: 『순조실록』(순조7 3월 29일)에 "장현광은 약관에 학행이 특출해서 천거에 뽑혔는데 누차 불러도 나오지 않았고, 혼조에서 제수했지만 그때마다 어기곤 했습니다. 인조반정 때 우선 國子司業에 제수되었습니다. 國初에는 이러한 관직이 없었는데 師儒를 위해 특별히 마련한 것입니다. 병자년(1636, 인조14) 이후 영양(永陽)의 입암(立巖)에 깊이 들어가 죽음을 달게 여기겠다는 의리를 가지고 살았습니다. 정승에 막 의망되었을 적에 갑자기 세상을 떠났는데, 그가 저술한 『역학도설』, 『喪制手錄』, 『冠昏儀』와 같은 篇들은 모두 세상을 깨우쳐 주는 旨訣입니다"라고 장현광의 학문에 관한 평가를
4책		『易學圖說』 II 권5~9	

		1쪽-684쪽	기록하고 있음. - 의미: 한국역학 연구에 학술적 가치 높음.
5책	선우협鮮于浹 (1558~1653) 호 遯菴	「易學圖說」 · 「諸解」· 「太極辨解」 · 『大易理象』 ⑤주역주석서 1쪽-386쪽	- 저서: 『遯菴全書』 7권 5책이 있음. - 38세에 도산서원을 찾아가 이황의 장서 수백 권을 열람하고, 돌아오는 길에 장현광(張顯光)을 찾아가 학문을 질문함. 많은 제자가 있고 후진양성에 힘씀. 김집(金集)과 토론했고, 그를 關西夫子로 존칭함. - 내용: 「역학도설」에서는 하도낙서, 복희팔괘, 문왕팔괘, 홍범, 64괘도, 六爻中正上下皆應 등 역학의 도상과 수를 선유의 견해를 포함하여 해석함. - 내용: 「제해」는 역, 괘, 괘체, 괘재, 단, 상, 변, 길흉, 회 등의 개념을 해석. - 내용: 「태극변해」는 1647년 저술로 주돈이 「태극도설」에 담긴 중요 개념을 해설. - 내용: 『대역리상』은 64괘와 「계사전」을 주석한 권1 · 권2가 있음. 『주역전의대전』의 주석을 취사선택해 옮겨 놓은 것이 많음.
	20. 권극중權克中 (1560~1614) 호 青霞	『周易參同契註解』 ①주역참동계 주해서	- 저술 · 간행연대: 5권 1책 필사본. 1639년(인조 17)에 간행.(규장각도서 소장) - 내용: 후한(後漢) 위백양(魏伯陽)의 『참동계』에 관한 주석서. 연단법을 『주역』의 역리에 參通契合시켜 설명함. 천지의 원칙에 따라 연단하며 延命長壽의 목적을 역리로 설명한 『참동계』를 해석함. 내단설과 외단설이 있음. 김시습(金時習)이 윤군평(尹君平)에게 몇 가지 도교 비법을 전수하면서 『참동계』와 『龍虎經』을 전했다고 기록함. 윤군평은 이것을 곽치허(郭致虛)에게, 곽치허는 한무외(韓無畏)에게 전했다고 함. 주석에서 자신의 연단설을 전개했음. 권두 魏眞人本傳 주해서. 1권. 참동계 상편 32장 2권. 참동계 중편 25장 3권. 참동계 하편 7장 4권. 참동계 疏論으로 原本 · 煉己 · 制度 · 採取 · 火候 · 互修 5권. 참동계 도설로 鼎器 · 藥物 · 坎離交姤 · 隆流逆還 · 五行三要 · 八卦 · 三關 · 納甲 · 周天火候 · 明鏡晦朔弦望 · 陰陽升降節候進退 · 六十四卦方圓 · 太極을 논함. 3권까지는 주석이고, 4 · 5권은 당시 유행하던 還反之學을 체계적으로 종합 정리하였음.

		387쪽-594쪽	- 의미: 성리학, 단학, 역리를 통일하여 이론 체계를 수립한 학술적 의미가 있음.
	정경세鄭經世 (1563~1633) 호 愚伏	「思問錄-易學啓蒙」 595쪽-620쪽	- 유성룡의 문인. 이항복은 '정경세가 참으로 뛰어난 侍講才이다'라고 평가함. - 내용: 『우복선생별집』 2권에 수록. 『역학계몽』에서 하도낙서, 복희팔괘도, 문왕팔괘도 등과 상수를 해석함. 주자 『역학계몽』과 퇴계의 『계몽질의』에서 문장을 발췌하고 그 의문과 문제를 비판적으로 질의함.
	권강權杠 (1567~1626) 호 方潭	「易圖說」 621쪽-642쪽	- 간행연대: 1853년(헌종1)에 후손 형복(馨復)·재동(載東) 등이 『방담문집』 4권 2책 목판본 편집·간행함. - 내용: 『방담문집』 3권 「잡저」에 수록. 「역도설」은 역도를 해석한 역설로서 하도, 伏羲則河圖作易圓圖, 작역횡도, 낙서, 大禹則洛書作範圖 및 태극·음양·사상·팔괘의 도상과 64괘의 횡도·원도가 있음. - 특징: 괘기설의 관점에서 도상을 해석함.
	노경임盧景任 (1569~1620) 호 敬菴	「易說」·「易學啓蒙說」 643쪽-668쪽	- 내용: 『경암집』 3권에 수록. 삼백여 자. 역학 전통의 계승은 문왕부터라고 주장하고, 정이·주희·소옹의 역학을 중심으로 논함. 정이 『역전』은 역리를 밝혔고, 『본의』는 점에 주의했으며, 소옹은 수를 추산했다면서 선천역학의 의미를 강조해 설명함. - 내용: 「역학계몽설」은 『역학계몽』을 발췌 정리하고, 의미를 논함. 주희가 『본의』와 『역학계몽』을 지어 괘변, 점서의 오묘함을 밝혔다면서 주희 역학을 추종해 의미 부여함.
	김치관金致寬 (1569~1661) 호 亦樂齋	「易圖書」 669쪽-724쪽	- 장현광의 문인. - 간행연대: 1896년에 8대손 필화(弼華)가 『역락재문집』 4권 2책을 간행함. - 내용: 『역락재문집』 3권에 수록. 「역도서」는 先天八卦象河圖圖를 비롯해 後天八卦本河圖圖, 後天八卦本先天圖 등 24개의 역도와 이를 해설한 역설.
	25. 조수홍曺守弘 (1573~1607) 호 沙村	「策:易」	- 내용: 『사촌문집』에 수록. 『역경』의 의미를 물은 질문에 저자가 견해를 피력한 책문으로, 질문 요지는 역경이 오경의 근본이며 문학과 의리의 祖宗이라는 것임. 그 내용은 주

		725쪽-746쪽	로 공대하여 모든 사물의 법칙과 인사의 도리를 담고 있다는 것을 설명하고 있음.
	박지계朴知誡 (1573~1635) 호 潛冶	「箚錄-乾卦·坤卦·辭上傳」◎ 747쪽-796쪽	- 저서: 『잠야집』 10권 5책. 『주역』·『논어』·『중용』·『근사록』의 차록 등이 있음. - 내용: 건괘·곤괘의 효사와 단전·상전·문언전 및 주자 『본의』의 일부를 자신의 견해로 해석함. 理先氣後를 말함으로써 기론적 관점을 가지고 있고, 엄격한 신분 관계가 『주역』 건·곤괘의 의미라는 해석을 차록 형식으로 서술함. - 내용: 「계사상전」 가운데 '乾以易知', '易則易知' 등을 자신의 견해로 논한 역설임.
	허목許穆 (1595~1682) 호 眉叟	「經說-易說·「易學傳授」 797쪽-814쪽	- 저서: 『眉叟記言』·『經禮類纂』·『經說』·『績紳類纂』·『堯舜禹傳授心法圖』와 역사서로서 『東事』·『淸士列傳』·『檀君世家』 등이 있음. - 내용: 「經說-易說」은 易統, 易義, 卦義, 易圖統論의 4편으로 구성됨. 「역통」은 주역통론이고, 역의 義理와 時用을 상보적 관계로 인식하고 있음. 역은 변역의 명칭이고 변역은 消長이라고 함. 하도, 선천팔괘, 육십사괘의 변화법칙과 단사·효사·상사가 모두 길흉을 밝힌 것이라고 해석함. 역의는 勸善戒惡의 의미가 있고역괘는 가일배법으로 만들어졌다고 함. 역도통설에서는 하도낙서의 조직과 사상과 오행의 생극 법칙을 설명함. 전체적으로 독창적인 견해는 보이지 않음.
	심지한沈之漢 (1596~1657) 호 滄洲	『月卦圖說』 815쪽-986쪽	- 저서: 『창주집』 4권 3책. 저자 서문, 1720년 작성된 정호(鄭澔)의 서문과 말미에 1706년 작성된 권상하(權尙夏)의 발문 있음. -『시경』·『서경』·『대학』·『주례』의 골자를 따서 『四圖』를 편찬해 효종에게 바치고, 호피(虎皮)를 상으로 하사받음. - 내용: 『창주집』 별집에 수록. 전반부는 선천팔괘조화지도, 선천육십사괘차서지도, 후천십이월괘기지도 등 10개의 도상과 그 해설이고, 후반부는 음양의 변화가 역도라면서 12개월의 벽괘 관련 괘사, 단전, 상전, 효사와 선유들의 주석과 자신의 견해를 밝힘. - 특징: 12월괘 관련 독창적인 역설.

	이유태李惟泰 (1607~1684) 호 草廬	『易說』 987-1072쪽	- 김장생의 문인. - 내용: 『초려선생문집』 권64에 수록. 乾易坤簡說, 道近求遠書, 三二園章說, 四營成易書, 參天兩地文, 天地人書, 羲易邵易有不同辭, 伏羲康節河圖八卦相左說, 總論 등으로 구성됨. 태극, 양의, 사상, 팔괘 및 하도낙서, 복희팔괘, 문왕팔괘 등의 도상에 관한 비판적이고 독특한 학설을 주장함. 소옹은 도가역학을 수용하고 점(占)에 탁월했지만, 유학의 본의에 어긋났다고 비판함.
6책	30. 송시열宋時烈 (1607~1689) 호 尤庵	『易說』 ◎ ⑥주역주석서 1쪽-164쪽	- 저서: 『우암집』 158권 53책이 있음. 『尤菴先生後集』·『尤菴遺稿』·『宋書拾遺』·『朱子大全箚疑』·『心經釋義』 등. 사후에 『宋子大全』에 합본. - 내용: 정이가 의리만 말하고 상수를 논하지 않음을 비판하고, 象·義·占이 모두 중요하다고 논함. 구성은 우암역설서, 역도, 하도설, 구육설, 괘획설, 설괘취상, 역경, 계사상전, 계사하전, 설괘전, 서괘, 잡괘, 십익변으로 되어 있음. 괘효의 해석에서는 효변, 물상, 점사 등을 모두 고려해 저술하였음. - 특징: 『역설』은 조선후기 상수역학사에서 래지덕 역학을 수용해 상수론을 독자적으로 제기한 의미 있음.
	석지형石之珩 (1610~ ?) 호 壽峴	『五位龜鑑』 ◎ 165쪽-224쪽	- 저서: 『수현집』 2권 2책. 『南溪日記』 4권이 있음.(규장각 필사본) - 작성연대: 1653년 개성 교수(教授) 석지형이 상소해 오위귀감을 올림. - 내용: 『주역』 64괘 가운데 임금 자리를 상징하는 5효를 재해석하고, 『주역』이 임금에게 주는 교훈을 중심으로 군왕의 도를 서술함. 마지막에는 '임금이 5효를 스스로 거울로 삼아서 안으로 덕을 살피면 크게 길하고, 후회 없는 방법을 구할 수 있지 않겠는가'라면서 王道를 강조함.
	이휘일李徽逸 (1619~1672) 호 存齋	「一元消長圖後語」· 「啓蒙圖說」	- 저서: 『존재문집』 8권 3책. 『求仁略』·『洪範演義』 등이 있음. - 간행연대: 1694년(숙종20)에 아우 현일(玄逸)이 간행함. 권해(權瑎)의 서문, 임원구(任元耈)의 발문이 있음.(국립중앙도서관·장서

			각도서 · 규장각 소장) - 내용: 「일원소장도후어」는 스승 장흥효(張興孝)의 「一元消長圖」를 해석한 역설임. 복희역과 문왕역이 있었듯이 누구나 자신의 삶의 시공간에 따라서 다른 역이 있을 수 있음을 주장함.
		225쪽-238쪽	- 내용: 「계몽도설」은 『역학계몽』 제9조의 하도를 설명하고, 그림의 점의 수가 1~5인데, 모두 한 점이라고 한 것에 관해 해석함.
	홍여하洪汝河 (1621~1678) 호 木齋	『讀書箚記-周易』·「策題:周易」 ◎ 239쪽-280쪽	- 저서: 『목재문집』 13권 7책. 편서로 『周易口訣』 · 『儀禮考證』 · 『四書發凡口訣』 · 『彙纂麗史』 · 『東史提綱』 · 『海東姓苑』 · 『經書解義』 등이 있음. - 내용: 「독서차기-주역」은 『주역』을 읽고 자유롭게 적은 箚記 형식의 글. - 내용: 책제 가운데 『주역』에 관한 의문만을 뽑아 놓은 글로 해답은 없지만, 물음 자체가 일종의 해답으로 볼 수도 있음. 정이와 주희 역학의 차이점을 질문하고, 주희의 『본의』를 중시할 것을 강조한 역설.
	김만영金萬英 (1624~1671) 호 南浦	『易象小訣』 ◎ 281쪽-290쪽	- 저서: 『남포집』 18권 6책이 있음. - 내용: 「역상소결」은 10행 20자의 행자를 갖추고 있음. 권수제가 「易象小訣」로 각각의 효상과 효변을 가지고 역의를 해명하고자 함. 말미에는 학생들을 위해 시작했으나 병으로 訟卦에서 그쳤다고 附記함으로써 미완성본임을 밝힘.
	35. 김해金楷 (1633~1716) 호 負暄堂	「易學啓蒙覆繹」 ③역학계몽 주해서	- 저서: 『부훤당문집』 4권 2책. 『역학계몽복역』 6권 4책이 있음. - 내용: 『역학계몽』에서 본도서, 원괘획, 명시책까지 3장을 해석해 미완성으로 추정됨. 권1. 「本圖書」는 하도 · 낙서 · 相生圖 · 周甲氣圖 등 34개의 도상을 해석, 권2~4. 「原卦劃」에서는 태극 · 양의 · 사상팔괘 · 십육괘용사 · 참동계납갑 · 복희팔괘 · 문왕팔괘 등 도설 37편을 수록함. 권5 · 6. 「明蓍策」에는 주자설도 · 玉齋說圖 · 四變圖 등 도설 13편을 해석함. 세주로 중국과 조선 학자들의 견해를 인용하고, 주로 『역학계몽보해』와 『역학계몽요해』를 인용해 해석함. 저자는 楷案에서 ①注에 관한 부분 ②선유의 견해를 검토

		290쪽-952쪽	· 비판 ③미진한 부분에 관한 설명 ④종합 정리 등을 통해서 해박한 식견을 드러냄.
7책	박창우朴昌宇 (1636~1702) 호 槐泉	『周易傳義集解(周易集解)』 ⑦주역주석서 1쪽-522쪽	- 허목의 문인. 김방한(金邦翰) · 유극배(柳克培) 등과 함께 『주역집해』 3권을 찬술해 경연에 진상하자 왕이 극찬함. 내각에서 勘訂해 간행토록 명했으나 이루어지지 않았음. -박창우를 고려 때 易東 우탁(禹倬)과 비교해 '易南先生'으로 일컫기도 함. - 저서: 『槐泉文集』 2권 1책. 『주역집해』 3권 있음. - 내용: 정이 『역전』과 주희 『본의』 가운데 서로 보완이 되는 부분과 소략한 부분을 모아 집해. 『주역집해』 권6의 구성은 권1. 서문 · 주역집해총목 · 상경(乾卦~大有卦) 권2. 상경(謙卦~離卦) 권3. 하경(咸卦~巽卦) 권4. 하경(革卦~未濟卦) 권5. 계사상전 권6. 계사하전 · 설괘전 · 서괘전 · 잡괘전의 주석임. 簡易의 이치에 따라서 傳義의 所論과 衆說의 辯析을 모아 闕漏된 것을 보완했기에 집해라고 칭함.
8책	이형상李衡祥 (1653~1733) 호 瓶窩	『瓶窩講義-周易』 ⑧주역주석서 1쪽-848쪽	- 효령대군의 10대손. 청백리. 경학 · 천문지리 · 문학 · 역수 · 역상에 조예가 있음. - 저서: 『병와집』 18권 9책. 손자 만송(晩松)이 간행함. 『遯筮錄』 · 『樂學便考』 · 『江都志』 · 『樂學拾零』 · 『先後天』 등이 있음. - 내용: 『병와강의』는 『주역』이 주대의 역서로서 특히 時라는 표제어를 내세우고, 易을 日月을 합한 상형자라고 주장. 程朱의 交易을 강조하고, 역경이 변화원리를 말하는 변역서라고 설명. 전 64괘의 차서에 따라서 漢唐 이후의 주석을 모아 역경을 해석했고, 권 3~4에는 계사전 · 설괘전 · 서괘전 · 잡괘전을 비롯해 권말에 인용한 주석의 선유들을 열거함. - 특징: 「物則」편에서는 23개의 항목으로 괘상을 인간의 도덕적 규범을 설명.
		『衍易注解』	- 내용: 「연역주해」는 『주역』을 만고의 聖寶書 가운데 가장 귀한 책이라면서 大衍數를 주해함. 모두 圖와 圖說로서 구성된 해설서로서 태극을 비롯해 리기 · 음양 · 상수 등을

		849-1160쪽	설명함. 도상으로는 太極圖, 象圖, 數圖, 理圖, 氣圖·陰陽圖와 도설이 있고, 태극·리기·체용·端·物則·名 등의 구조로서 해석함.
9책		『瓶窩講義-文周衍·先後天』 1쪽~1022쪽	- 저서 이형상의 『병와문집』 18권이 있음. - 내용: 『병와강의』에 수록된 「文周衍」은 문왕과 주공의 뜻으로 수를 부연한 책. 역학의 전승을 정리하고, 역은 交易을 체로 삼고 變易을 용으로 삼아 상과 형이 모두 同處에서 움직이고 또 움직여 交하고 혹 變하는 것이 음양과 강유로 나타나고, 奇偶로 상수로 나타나는 것이 변화 원리라고 명함. 건괘의 反卦를 곤괘로 설명하고, 효변을 포함시켜 相變하는 역리를 해석함. 大衍數의 역리를 「문왕연」에서 설명함. - 내용: 「선후천」은 복희선천, 문왕주공의 후천, 공맹의 선후천, 선천은 하도에 근거하고 후천은 낙서에 근거하는 것이 없었다는 설이 잘못임을 해명한 역설. 선후천이 착종되어 64괘로 만물 관계를 밝혔다고 함. 乾坤을 實虛, 屯蒙을 明晦라고 對로서 설명함.
10책	한여유韓汝愈 (1642~1709) 호 遁翁	「辨解附·與篪叟鄭徵士論易學啓蒙別紙」 1쪽-122쪽	- 송시열의 문인. - 저서: 『先後天圖說』·『乾坤辨』·『三十六宮解』·『王魯齋造化論說』·『中庸或問後說』·『大學潔規論章』·『周禮職方氏議』 등 『둔옹집』 8권3책 있음. - 간행연대: 후손인 弼悌와 文健이 목판본 『둔옹집』을 간행. - 내용: 『둔옹집』 4권-5권에 수록된 「변해부」는 19편의 글로 대부분 圖解와 자신의 역리관을 해석. - 내용: 「여지수정징사론역학계몽별지」는 『역학계몽』의 朱子註와 송대 諸賢의 주를 적고 자신의 견해로서 해석함. 이는 정규양(鄭葵陽)이 퇴계의 말을 인용해 반박하면서 하도낙서와 선후천팔괘를 중심의 논함.
	이현석李玄錫 (1647~1703) 호 游齋	『易義窺斑』 ◎	- 저서: 『유재집』 24권 8책. 『明史綱目』, 『易義窺斑』 등이 있음. - 저술연대: 대략 1680년(숙종6) 추정. 저자의 서문, 발문이 있음. - 내용: 『역의규반』은 잡저에 수록됨. 왕명에 의해 君道와 治國의 방법을 『주역』의 괘

		 123쪽-216쪽	효와 역리로서 논한 저술. 『주역』 384효는 각각 쓰임이 달라서 한가지로 해석할 수 없지만, 건괘부터 미제괘까지 5효에서 상징한 임금의 지위에 관한 내용 가운데 28개의 항목을 적고 이를 역사적 사실로 해설하고자 함. 제명인 '규반(窺斑)'은 "대통 구멍으로 표범을 보면 표범 털 무늬의 한 반점만을 본다(管中窺豹 時覩一斑)"는 말에서 취했다고 함.
	40. 임영林泳 (1649~1696) 호 滄溪	『讀書箚錄-周易』 ◎ 217쪽-298쪽	- 이단상, 박세채의 문인. 윤증, 최석정, 김창협과 교유. - 저서: 『창계집』 27권 13책. 동생 임정(林淨)이 유문을 편집. - 김창협은 『창계집』·「序」에서 임영을 평가하길, "聖學의 진면모를 찾으려고 노력하여, 송나라 학자들의 전적을 널리 읽고 정밀히 연구했다. 그러나 실마리를 찾고 법도를 따른 것은 오로지 고정(考亭: 朱熹)에 있었다"라고 서술하였음. - 내용: 『창계집』 20권에 수록된 『독서차록-주역』은 변역의 역의를 중심으로 辭를 알고, 辭로서 象을 살펴 이치를 깨닫는다면서 傳義의 同異와 제가의 得失을 살펴서 해석함. 건괘·곤괘를 중심으로 주희의 『본의』에서의 문제를 지적하고, 의문에 자답 형식으로 주로 건괘를 설명함.
	정제두鄭齊斗 (1649~1736) 호 霞谷	「河洛易象」·「先後天說」·「璇元經學通攷-易」 299쪽-418쪽	- 저서: 『學辨』·『存言』·『중용설』·『대학설』·『논어설』·『맹자설』·『三京箚錄』·『경학집록』·『河洛易象』·『通書解』, 『하곡문집』 22권 22책 있음. - 내용: 『하곡외집』에 수록된 「하락역상」은 상수학적 견해를 서술. - 내용: 「선후천설」은 천체 운행에 관한 자신의 이해를 논술. - 내용: 「선원경학통고-역」은 星曆學에 속하며, 天元故驗篇·坤久成篇·忠信道器篇·說卦測象篇 등 4편으로 구성되어 있음. 「춘신도기편」은 천체 운행의 바른 모습을 인간 심성의 바람직한 운용 원리로 설명함.
	최규단崔奎端 (1650~1735)	「病後漫錄: 易」	- 최석정, 정제두, 윤증, 이명한 등과 교유. - 저서: 『간재집』 15권 7책이 있음.

	호 艮齋	419쪽-442쪽	- 내용: 『간재집』 13권-15권에 수록된 「병후만록-역」은 陽은 仁을, 陰은 義를 상징한다면서, 음양분속음양이획도를 그리고, 양3·음2의 삼천양지와 그것이 火·金에 속한다고 설명함. 12개월을 運世의 변화로 설명하면서 역사적 치란과 봉건사회의 지배구조를 말함. 주렴계의 5와 소옹의 4는 하도낙서의 차이일 뿐 근본은 하나라고 주장함.
	김석문金錫文 (1658~1735) 호 大谷	「易學二十四圖總解」·「大谷易學圖解」 443쪽-528쪽	- 내용: 「역학24도총해」에서 24圖는 太極圖로부터 시작해 天返於道圖 등으로 다양한 그림을 수록함. 지구, 태양과 달, 목화토금수 오성의 상대적인 크기와 각각의 운동궤도가 제시하고 있음. 티코 브라헤의 지구 중심설을 채택하고서도 지구가 자전을 하루에 1회 한다는 것을 태극도설과 성리학설을 끌어들여 설명. 지전설은 김원행, 안정복, 이규경, 홍대용 등에게 많은 영향을 줌.
	최두병崔斗柄 (1663~1726) 호 坪庵	「元統亨利貞圖」·「易春秋圖」·「先天學四時十二月八節十六氣之圖」 529쪽-548쪽	- 간행연대: 1938년 후손이 『평암집』 3권 1책 간행. - 내용: 『평암집』 권2에 수록된 「원통형리정도」는 「仁統義禮知信圖」와 짝을 이루며, 원형이정의 元을 중심으로 이해함. - 내용: 「역춘추도」는 오경 가운데 『주역』은 全體이고, 『춘추』는 그 大用이며, 『서경』은 상벌로 정치를 행한 것이고, 『시경』은 권선징악을 말로 드러낸 것이며, 『예기』는 節文을 통한 실천이라고 함. - 내용: 「사시십이월팔절십육기지도」는 태극, 팔괘, 24절기에 이르는 역법 관련 도해와 해석을 한 역설.
	45. 서성구徐聖耉 (1663~1735) 호 納軒	「學理圖說」	- 간행연대: 1898년 후손들이 『납헌집』 6권 3책 간행 - 내용: 『납헌집』 권4~5 「잡저」에 수록된 「학리도설」은 저자 서문과 하도낙서를 비롯해 도식을 수록하고 해설을 붙였음. 권말에 이만도(李晩燾)의 발문이 있음. 마음으로 보는 것보다 눈으로 보는 것이 낫기에 도설을 만들었다면서 「洛書範數圖」와 태극, 팔괘, 홍범구주, 선천후천팔괘, 점법 등 다양한 내용을 토대로 46개의 도상을 싣고 해석함. 끝에는 「仁說圖」·「西銘圖」·「敬齋箴圖」·「夙興夜

		549쪽-722쪽	寐箴圖」 등이 있고, 한대 공안국 · 유흠과 송대 소옹 · 장재 · 주희 · 여조겸 · 장식 등과 원대 학자와 조선의 장현광 · 이황 · 정구 등의 유학자의 글을 다양하게 모아놓음. 특히 마지막 4개의 도상이 治心의 요체라면서, 理象에 근본하지 않으면 會統할 수 없다고 주장함.
	김도金濤 (? ~1739) 호 恭默堂	「周易淺說」 ◎ 723쪽-836쪽	- 김상헌의 문인. 송병순(宋秉珣)의 발문이 있음. - 간행연대: 1909년 『공묵당집』 4권 2책 간행함. - 내용: 『공묵당집』 4권에 수록된 「주역천설」은 자서 · 선천설 · 후천설 · 육십사괘대상설로 구성되어 있음. 『주역』 가운데는 「대상전」만을 주석하고 자신의 견해를 총론으로 역설함. 중국역학의 계승과 四聖人의 역이 占筮를 주로 하지만, 大象에 관한 주공의 글은 인사에 관한 것이라고 설명함. 점서법은 주자의 『본의』를 따르고, 대상은 제가의 주석을 취하되, 자신의 견해를 덧붙인 역설임. 태극은 음양이 나타나기 이전의 無形之理이고, 實有로서 有와 無 사이를 잘 분변해야 한다고 주장함.
11책	이만부李萬敷 (1664~1732) 호 息山	『易統』 · 『易大象編覽』 · 『雜書辨上』 ◎	- 이재 · 이형상 등과 교유. 이형상과 역학을 논함. - 이만부는 주돈이 · 정명도 · 정이 · 장재 · 주희 등 5賢의 眞像을 벽에 걸고 존모했고, 이황을 정주학의 嫡傳으로 존숭하여 主理的 경향을 가지고 있음. - 저서: 『식산집』 36권 20책. 『도동편』9권, 『역통』3권 · 「역대상편람」1권 · 『사서강목』 4권 등이 있음. - 간행연대: 1798년 증손 이경유 등이 家藏草稿를 토대로 편집에 착수하고 1813년(순조13) 정종로(鄭宗魯) 등 교정을 받아 간행. - 내용: 『역통』은 저자 65세에 쓴 서문 포함 8권의 저술. 역의 원류를 계통적으로 정리하기 위해서 서문, 범례와 7편의 편장으로 나누어 서술함으로써 자신의 역학을 총망라해 저술함. 7편은 原易, 象易, 劃易, 演易, 繫易

		1쪽-588쪽	(상하), 用易(상하), 翼易 등으로 구성됨. - 내용: 「역대상편람」은 대상전 상·하편으로 17개의 항목으로 구성됨. 臣謹按이라고 하여 임금에게 성군이 되도록 덕을 닦을 것을 간곡히 당부함. - 내용: 「잡서변상」은 명나라의 『論學解經』을 보고, 성학에 어긋나는 내용을 뽑아서 비판함. 주로 태극음양의 도라는 12개의 도상을 수록하고, 그 해설을 집중적으로 비판한 특징이 있음.
	강석경姜碩慶 (1666~1731) 호 喫眠窩	「易疑問答」 ◎ 589쪽-716쪽	- 『주역』, 천문과 복서에 능하였음. 송시열의 성리설을 정론으로 여겼고, 『정전』이 상수와 무관한 의리 내지 비유를 했다고 비판하였음. - 저서: 『끽면와집』 4책. 「역의문답」·「望海島法」·「下簾雜說」·「總斷瞽說」·「箚疑自敍」·「총단고설후서」·「퇴계선생성학십도중제육심통성정도」·「율곡선생심성정도」·「심성정이기오행소속도」 등이 있음. - 내용: 「역의문답」은 『주역』에서 의심나는 대목을 발췌해 자문자답 형식으로 논함. 서문과 『주역』의 가르침이 정치하고 은미함을 전제해 쉽게 이해하기 어렵다면서, 의문인 부분을 해석해 후학에게 無疑之域에 이르도록 하려는 저술의도를 가지고 있음. 응비승승 관계의 해석. 괘변설은 정주의 학설 모두를 비판하고 교역·변역으로 괘변을 해석함.
	49. 권구權榘 (1672~1749) 호 屛谷	『讀易瑣義』 ·「易中記疑」 ·「易卦取象」 ◎ 717쪽-782쪽	- 이현일(李玄逸)의 문인. 경학·예설·성리학 연구하고, 이황의 理氣互發說을 추존함. - 저서: 『병곡집』 10권 5책. 『經義就正錄』·『讀易瑣義』·『璣衡註解』 등이 있음. - 내용: 『독역쇄의』는 평소 역에 관한 저자의 견해를 서술함. 의리와 상수의 관계를 리·기로 비유해 설명하고, 기로서 리를 파악한다고 해석함. - 내용: 「역중기의」는 모두 9조로서 『주역』의 의심나는 부분을 적어 取正의 자료로 삼고자 한 의도로 저술한 역설. - 내용: 「역괘취상」은 『주역』의 각 괘상을 논하고 상수학의 필요성을 논함.

【표1】을 보면, 『한국경학자료집성-역경』(1책~11책)에는 권근, 최항 외, 이세응, 서경덕, 황효공, 이황, 유빈, 유원지, 신흠, 이이, 최립, 이덕홍, 안민학, 유성룡, 조호익, 곽설, 김장생, 장현광, 선우협, 권극중, 정경세, 권강, 노경임, 김치관, 조수홍, 박지계, 허목, 심지한, 이유태, 송시열, 석지형, 이휘일, 홍여하, 김만영, 김해, 박창우, 이형상, 한여유, 이현석, 임영, 정제두, 최규단, 김석문, 최두병, 서성구, 김도, 이만부, 강석경, 권구 등 49여 명의 유학자의 역학자료가 수록되어 있다. 주로 14세기~18세기 초까지 활동했으며, 잘 알려진 학자도 있지만, 아직 학계에서 연구가 되지 않은 학자와 문헌도 상당히 포함되어 있다.

1책~11책의 내용에는 한역(漢易)부터 원역(元易)까지의 중국역학을 망라해 연구하고, 역리와 역도를 논했으며, 다양한 도상(圖象)에 관한 세부적인 역학이론을 비롯해 사(辭)·변(變)·상(象)·점(占) 등을 논한 논변 및 『주역』 형성 요소에 관한 논설 등 상세하고 집중적인 논변이 많은 특징이 있다.

---

8) 황병기, 「퇴계 이황의 주역학과 주역석의」, 『국학연구』 25(한국국학진흥원, 2014), 153-154쪽.

9) 조희영, 「신흠의 『선천규관』-조선시대 『황극경세서』 첫해설서」, 『동양철학연구』 91(동양철학연구회, 2017), 7-8쪽.

10) 이난숙, 「역수책에 드러난 율곡의 자연학적 역학관」, 『율곡학연구』 25(율곡학회, 2012), 161쪽.

3. 『한국경학자료집성-역경』(1책~11책)의 역학적 특징 분류

『한국경학자료집성-역경』 1책~11책에는 『주역』과 『역학계몽』, 『황극경세서』, 『주역참동계』에 관한 주석서가 포함되었다. 『주역』 주석서[64괘 대다수와 십익을 주석한 문헌]는 권근의 『주역천견록』, 이세응의 『안재역설』, 이황의 『주역석의』, 조호익의 『역상설』, 선우협의 『대역리상』, 송시열의 『역설』, 박창우의 『주역전의집해』, 이형상의 『병와강의-주역』 등 8편이 속한다. 『역학계몽』 주해서는 최항 · 한계희의 『역학계몽요해』와 이황의 『계몽전의』, 김해의 『역학계몽복역』의 3편이다. 『황극경세서』 주석서는 신흠의 『구정록-선천규관』 1편이 있고, 『주역참동계』 주석서는 권극중의 『주역참동계주해』 1편이 있다.

글의 형식은 기의(記疑) · 요의(要義) · 변해(辨解) · 소결(小訣) · 차록(箚錄) · 문답(問答) · 쇄의(瑣義) 등 다양하다. 저자들의 관점에 의한 역설은 물론이고, 『주역』에서 의문점을 채록해 논하거나, 문답형 논술 및 역대 중국의 역설을 비판한 역설들이 포함되었다. 또한 64괘 방원도와 하도낙서를 비롯해 다양한 도상을 해석하고, 대연수(大衍數)와 역수(易數) 및 역점(易占) 등을 논한 역설도 많다.

더불어 국왕에게 5효(五爻)만의 의미를 재해석한 석지형의 『오위귀감(五位龜鑑)』이 있으며, 이현석이 왕명에 의해 저술한 『역의규반(易義窺班)』에서는 군도(君道)와 치국(治國)의 방법을 논하였다. 이로써 조선시대에 왕도정치와 국왕이 지닐 도학적 태도 및 정치적 문제해결 능력을 역학을 통해 열망했음을 확인할 수 있다. 또 과거(科擧)에 출제된 책문(策文)은 당시 국왕이 지닌 문제의식과 국가의 정치철학을 파악할 수 있는 자료이다.

이상의 『한국경학자료집성-역경』(1책~11책)에 수록된 역학자료의 특징을 나누면, 다음의 11가지로 분류할 수 있다.

1. 『주역전의대전』 중심의 주석이나 세주를 논평한 한국역학

   권근의 『주역천견록』, 이황의 『주역석의』, 유성룡의 「건원형이정설」, 조호익의 『역상설』, 선우협의 『대역리상』, 노경임의 「역설」, 송시열의 『역설』, 박창우의 『주역전의집해』, 이형상의 『병와강의-주역』, 임영의 『독서차록-주역』, 김도의 『주역천설』 등

2. 『역학계몽』을 주석하거나 일부를 논평한 한국역학

   최항 · 한계희의 『역학계몽요해』, 이황의 『계몽전의』, 정경세의 「사문록-역학계몽」, 노경임의 「역학계몽설」, 이휘일의 「계몽도설」, 김해의 『역학계몽복역』, 한여유의 「여지수정징사론역학계몽별지」 등

3. 창의적인 관점의 한국역학

   심지한의 「월괘도설」, 최두병의 「역춘추도」 등

4. 비판적 관점의 한국역학

   권근의 『주역천견록』, 조수홍의 「책:역」, 정경세의 「사문록-역학계몽」, 이유태의 「역설」, 이만부의 「잡서변상」, 강석경의 「역의문답」 등

5. 의문점이나 저술 의도에 따른 한국역학

   이덕홍의 『주역질의』, 김장생의 『경서변의-주역』, 박지계 「차록-건괘 · 곤괘」, 허목의 「경설-역설」, 홍여하의 「독서차기-주역」 등

6. 한대 역설과 주역해석방법론을 논설한 한국역학

이세응의 『안재역설』 등

7. 언해본과 구결, 현토가 포함된 한국역학

이황의 『주역석의』, 최립의 『주역본의구결부설』 등

8. 왕명[세자 포함]에 의하거나 문답 및 책문 등의 한국역학

최항 · 한계희의 『역학계몽요해』, 이이의 「역수책」, 석지형의 『오위귀감』, 이현석의 「역의규반」 등

9. 도상(圖象)을 중심에 둔 한국역학

서경덕 「64괘방원지도해」, 황효공의 「역범도」, 유빈의 「역도목록」, 유원지의 「유권옹역도해」, 안민학 「하도낙서설」, 장현광의 『역학도설』, 선우협의 「역학도설」, 권강의 「역도설」, 김치관의 「역도서」, 심지한의 「월괘도설」, 이휘일의 「계몽도설」, 이형상의 「연역주해」, 한여유의 「변해부」, 정제두의 「하락역상」, 김석문의 「역학24도총해」, 서성구의 「학리도설」 등

10. 수리(數理)와 점(占)의 해석을 논한 한국역학

장현광의 『역학도설』, 서경덕 「괘변해」(대연수), 이이의 「역수책」, 최규단의 「병후만록-역」과 유성룡의 「역점」 등

11. 『황극경세서』 및 『주역참동계』 주석서

신흠의 『구정록-역, 선천규관』, 권극중의 『주역참동계주해』 등

『한국경학자료집성-역경』(1책~11책)의 내용에서 정주(程朱) 역학의 수용과 『역학계몽』 등 도설에 상당한 관심이 있음이 파악된다. 또한 중국역학을 비판한 문헌과 창의적인 주석의 한국역학도 주목된다. 그

러한 역설은 심지한의 「월괘도설」, 최두병의 「역춘추도」 등과 권근의 『주역천견록』, 조수홍의 「책:역」, 정경세의 「사문록-역학계몽」, 이유태의 「역설」, 이만부의 「잡서변상」, 강석경의 「역의문답」 등이 있다. 이들 자료는 한국역학의 문제의식과 창의성 및 변역(變易)적 사유를 확인할 수 있다. 또한 역학은 조선의 국시인 성리학의 철학적 토대였으므로, 국가적 기틀을 마련하는 중요한 축이 되었음도 확인할 수 있다.

구체적인 내용은 송대의 유가역을 중심에 두면서도 한대의 도가역 등 역학사에서의 다양한 이론들이 포괄하였다. 송역을 수용하면서도 새롭게 주석하거나 이론적 보완 및 비판을 한 역학들이 각축한다. 이들 자료로는 조선 역학의 태동과 수용사를 비롯해 변천사 및 역학 전승에 담긴 특징과 정체성을 살펴볼 수 있는 근거가 된다.

4. 『한국경학자료집성-역경』(1책~11책)의 번역 현황

『한국주역대전』(전 14권)은 2012년 9월부터 2015년 8월까지 한국학중앙연구원의 한국학토대연구지원사업(연구책임자 최영진 교수)으로 출간되었다. 여기에는 중국과 한국의 『주역』 주석서와 세주 및 역설이 수집되어 번역되었다. 『주역』 경문은 괘사 · 효사 등을 나누어 상경 592개의 문장, 하경 653개의 문장과 「계사전」 이하 210개의 문장으로 분절하여 수록되었다.

정이(程頤) 『역전(易傳)』과 주희(朱熹) 『본의(本義)』인 『주역전의대전』과 이를 해석한 송원(宋元)대 학자들의 세주(細紬)를 【中國大全】으로 분류하였다. 권근의 『주역천견록』부터 시작해 이병헌(李炳憲)의 『역경금

문고통론』까지 총 58명의 한국유학자의 역학을 【韓國大全】으로 분류하고 번역하였다.11)

연구책임자 최영진 교수는 「한국주역대전을 펴내며」에서 다음과 같이 회고하였다. "지난 수십 년간 유교 경학과 한국학의 급속한 성장에도 불구하고 한국역학은 여전히 불모의 상태를 벗어나기 어려웠다. 개별 연구들이 적지 않게 축적되어 왔고, 이에 고무되어 한국역학사를 공동으로라도 엮어보자는 호기로운 시도가 없었던 것은 아니지만, 그것이 아직 시기상조라는 자각과 함께 무산되곤 하였다." "한국역학 원전자료는 한국경학자료 가운데 단연 방대한 양을 자랑한다. 반면 전문 연구자는 턱없이 부족하다. 사정이 이러하니 한국역학이 우뚝 서기까지 아직 갈 길이 멀기만 하다. 이러한 정황 속에서 한국주역대전의 출간은 매우 기쁜 일이 아닐 수 없다."12) 이를 보면, 한국역학의 연구자들 사이에 한국역학사를 공동 저술하려는 1차 논의가 있었음과 『한국주역대전』 출간이 지니는 의미가 무엇인지를 가늠할 수 있다.

하지만 『한국주역대전』은 재목과 달리 중국역학의 분량이 많았다. 이 때문에 한국의 역학 대가들 자료가 누락된 아쉬움이 있다. 그 대표적인 학자가 조선의 역학대가인 정약용이며, 그의 『주역사전(周易四箋)』과 『역학서언(易學緒言)』이 함께 수록되지 못하였다. 『주역사전』은 2007년에 경북대학교 방인 교수팀에서 총 8권으로 번역·출간되었지만, 2천년 중국역학사를 비평해 학술적 가치가 높은 『역학서언』은 아직 미번역 상태였다. 그 밖에도 이황(李滉, 1501~1570), 김시습(金時習, 1435~1493), 신흠(申欽, 1566~1628), 허목(許穆, 1595~1682)을 비롯해 신후담

11) 『한국주역대전』은 〈한국학진흥사업 성과포털〉에 DB자료가 업로드되어 있으므로 번역과 해제를 검색할 수 있다.

12) 한국주역대전편찬실, 『한국주역대전』 1권(학고방, 2017), 45쪽.

(愼後聃, 1702~1761), 성해응(成海應, 1760~1839), 유중교(柳重敎, 1832~1893) 등의 한국역학 자료도 누락되었다. 더불어 19~20세기의 한국역학인 일부(一夫) 김항(金恒, 1826~1898), 야산(也山) 이달(李達, 1889~1958) 등의 역학문헌도 수집 · 번역이 이루어지지 못하였다. 이는 연구지원사업의 연구 목표나 연구 기간에 따른 것이겠지만, 미번역된 자료의 번역 연구도 시급한 실정임을 보여준다.

다음으로 『한국주역대전』(전14권)에서 『한국경학자료집성-역경』(1책~11책)을 번역한 자료는 무엇이며, 분절체계[상경 592개 문장, 하경 653개 문장, 「계사전」 이하 210개 문장]에 따른 수록 횟수가 어떠한지를 정리하면 【표2】와 같다.

【표2】『한국주역대전』의 『한국경학자료집성-역경』(1책~11책) 번역 현황

1. 권근(權近) 『주역천견록』 - 상경 64회, 하경 39회, 계사전 이하 28회
2. 유성룡(柳成龍)의 「건원형이정설」 - 1회, 0회, 0회
3. 조호익(曺好益)의 『역상설』 - 166회, 160회, 53회
4. 곽설(郭說)의 「역전요의」 - 7회, 8회, 1회
5. 김장생(金長生)의 『경서변의-주역』 - 52회, 37회, 12회
6. 박지계(朴知誡)의 「주역차록」 - 18회, 0회, 2회
7. 송시열(宋時烈)의 『역설』 - 214회, 290회, 46회
8. 석지형(石之珩)의 『오위귀감』 - 30회, 32회, 0회
9. 홍여하(洪汝河)의 「독서차기-주역」 - 40회, 0회, 0회
10. 김만영(金萬英)의 「역상소결」 - 31회, 0회, 0회
11. 이현석(李玄錫)의 「역의규반」 - 14회, 15회, 0회
12. 임영(林泳)의 『독서차록-주역』 - 32회, 0회, 0회
13. 박광일(朴光一)의 「고괘선갑삼일후갑삼일도병설」 - 1회, 0회, 0회
14. 김도(金濤)의 「주역천설」 - 30회, 20회, 0회

15. 권구(權榘)「독역쇄의 · 역중기의 · 역괘취상」- 1회, 4회, 0회
16. 이만부(李萬敷)의「역통 · 역대상편람 · 잡서변」- 29회, 40회, 2회
17. 강석경(姜碩慶)의「역의문답」- 26회, 11회, 0회

위의 도표를 보면, 권근『주역천견록』, 조호익『역상설』, 송시열『역설』 등은 분량이 많다. 반면 유성룡의「건원형이정설」과 박광일의「고괘선갑삼일후갑삼일도병설」 등은 그 분량이 적은 역설에 속한다. 따라서 【표1】의 저술 분량과 【표2】의 수록 횟수를 비교해 역학자료들의 분량을 간략히 확인할 수 있을 것이다.

이로써『한국경학자료집성-역경』(1책~11책)에 수록된 총 49여 명 유학자의 역학자료 가운데『한국주역대전』은 17종류의 역학자료를 번역하였다. 저술이 여러 편인 학자들의 경우, 모두 번역한 것은 아니며,『주역』경문과 관련된 역설을 중심으로 번역되었음도 확인된다.

5. 맺음말

『한국경학자료집성-역경』(전37책)에서 1책~11책에는 14세기~18세기 초까지 49여 명의 유학자들의 역학자료가 수록되었다.『주역』주석서 총 8편은 권근의『주역천견록』, 이세응의『안재역설』, 이황의『주역석의』, 조호익의『역상설』, 선우협의『대역리상』, 송시열의『역설』, 박창우의『주역전의집해』, 이형상의『병와강의-주역』으로, 이들은 한국역학사를 연구하는 중요한 자료이다.『역학계몽』주해서 총 3편은 최항 · 한계희의『역학계몽요해』와 이황의『계몽전의』, 김해의

『역학계몽복역』이 있고, 신흠의 『구정록-선천규관』는 『황극경세서』 주석서로 유일하다. 권극중의 『주역참동계주해』는 『주역참동계』 주석서이다. 이들 역학자료를 통해서 조선역학의 학술적 지평과 의미를 파악할 수 있다.

그리고 1책~11책에는 한대 위백양의 도가역부터 송대 유가 역까지 망라되었다. 역학이론과 해석법에 관한 다양한 연구도 이루어졌다. 세부적인 이론으로는 오행의 생극(生剋)과 수리(數理), 상징(象徵), 괘효(卦爻)나 건곤(乾坤)의 변화 원리와 역리에 관한 해석을 비롯해 중정(中正), 정중(正中), 응비(應比) 등을 해석한 이론이 있다. 또 서의(筮義), 대연수(大衍數)와 하도낙서(河圖洛書)와 방원도(方圓圖), 괘변도(卦變圖) 등 상(象)·수(數) 및 점법(占法)을 논한 상수 이론도 많다. 또 율곡의 「역수책」은 회전유역과 도통관 및 역·수·태극 등 역학의 근간을 해명했고, 최립은 주희의 『본의』를 중심으로 구결을 달아 국어사 연구에 기여하였다.

또한 『주역』의 중요한 요소에 관하여 곽설은 성인사도(聖人四道)를 논했고, 송시열은 정이가 의리만 말하고 상수를 논하지 않았음을 비판하고 상(象)·의(義)·점(占)의 중요성을 역설했다. 이러한 관점은 역학의 해석과 분석에서 성인사도가 중요함을 논한 의미가 있다. 이 밖에도 한국유학자의 역설을 수록한 서성구의 「학리도설」과 함께 유정원의 『주역참고』, 이해익의 「경의류집-주역」 등도 역학사적 가치가 있다. 5효와 관련해 역사적 사실로 치도(治道)를 논한 『역의규반』과 오효의 역의로서 군도(君道)와 군덕(君德)을 재해석한 『오위귀감』도 정치사상과 관련된 의미가 깊다.

종합적으로 『한국경학자료집성-역경』(1책~11책)에는 14세기~18세기 초까지의 한국역학이 수록되었다. 중국역학을 관통하되 정주(程朱)

중심의 송역(宋易)을 토대로 연구한 자료가 포함되었다. 또 소옹의 역학과 『역학계몽』 등 도상학에도 관심을 가졌고, 역의(易義)의 정치(精緻)함과 은미(隱微)함을 논한 역설 등 다양한 역학이 각축한다. 이들 자료는 『한국역학사』를 저술하는 주요한 근간이자 기초토대로서 중요한 의미를 지닌다. ◆

【참고문헌】

성균관대학교 대동문화연구원, 『한국경학자료집성-역경』(전37책), 1996~1997.

성균관대학교 대동문화연구원, 『한국경학자료집성-총목록』, 1998.

한미문화사, 『韓國易學大系』(전60권), 서울: 한미문화사, 1998.

한국역학대계편찬위원회, 『한국역학대계』(전58책), 여강출판사, 2001.

한국주역대전편찬실, 『한국주역대전』, 고양: 학고방, 2017.

엄연석, 『조선전기역철학사』, 서울: 학자원, 2014.

張舜徽 著, 성균관대 한문고전번역협동과정 譯, 『四庫全書 이해의 첫걸음』, 성균관대출판부, 2016.

R. KentGuy 著, 양휘운 譯, 『四庫全書』, 서울: 생각의 나무, 2009.

김학권 외 5인, 「조선 역학의 범주적 분류와 사상사적 전개에 관한 연구」, RNF 결과보고서, 2016.

이난숙, 「역학평가의 준거 -성인사도인 辭·變·象·占 연구」, 율곡학회, 『율곡학연구』 50, 2022.

이선경, 「『주역』 번역의 현황과 과제 -『한국주역대전』 집성을 중심으로-」, 한국고전번역원, 『민족문화』 52, 2018.

이선경, 「조선 象數易學의 전개양상과 그 현재적 의미 연구 -朱熹 『易學啓蒙』의 수용과 재해석을 중심으로-」, RNF 결과보고서, 2012.

이영호·함영대, 「디지털 경전주석학의 모색 -한국경학시스템을 중심으로」, 성균관대 대동문화연구원, 『대동문화연구』 101, 2018.

정병석, 「조선역학사에서 圖象學的 상수학의 수용과 비판 -주자의 圖書易學과 소강절의 先天易學을 중심으로-」, 한국유교학회, 『유교사상문화연구』 58, 2014.

하정승, 「고려시대 유학 교육과 여말선초 학맥의 형성」, 동방한문학회, 『동방한문학』 82, 2020.

『한국경학자료집성-역경』(12책~23책)의 구성 내용과 역학적 특징 분류(II)*

이 난 숙

〈요약〉

이 글은 한국역학사를 저술하기 위한 기초토대 연구로서 『한국경학자료집성-역경』 전 37책 가운데 12책~23책을 연구하였다. 각 저술의 구성 내용과 분량 및 역학적 특징과 의미를 살펴보고, 『한국주역대전』에서의 번역 현황을 함께 고찰하였다. 17세기~19세기 초에 활동한 58명 유학자와 그 역학을 분석하여 도표로서 정리하고, 각 저술의 역학적 특징을 8가지로 분류하였다.

핵심적인 역학문헌은 『주역』 주석서 7편, 정조의 왕명에 의한 『역학계몽』 주해서 1편 등이 있다. 그리고 역학의 의문점을 해명하거나 창의적, 비판적인 관점의 역설들이 포함되었다. 한역(漢易)부터 송원역(宋元易) 등을 논했고, 정주 역학과 『역학계몽』의 오류를 비판하는 양상이 표면화되었다. 또 정조와 경연에서 논한 조대(條對)와 대책(對策)을 비롯해 괘변, 호체, 역상, 도상 및 독역 방법을 논한 역설을 비롯해 성인사도(聖人四道)에 관한 인식을 드러낸 자료도 수록되었다. 이로써 당시 조선의 국왕과 저명한 유학자들이 『주역』을 해석한 사상적 토대와 역학이론 및 해석방법론 등을 구체적으로 파악할 수 있다. 이들 한국역학 자료는 한국역학사 저술의 근간이자 기초토대로서 중요한 의미가 있다.

* 이 글은 『율곡학연구』 57(율곡학회, 2024.09)에 게재된 것을 수정·보완하였음을 밝힌다.

1. 머리말

본 연구는 한국역학사(韓國易學史)를 저술하기 위한 기초토대 연구로서, 『한국경학자료집성-역경』 전 37책 가운데 12책~23책을 연구한다. 고찰할 내용은 각 저술의 구성 내용과 역학적 특징과 의미 및 저술 분량을 고찰해 분류하고, 『한국주역대전(韓國周易大全)』(전 14권) 가운데 12~23책의 자료가 번역된 현황을 함께 살펴볼 것이다. 『한국경학자료집성-역경』(전 37책)에는 총 171여 명의 유학자에 의한 총 339 종류의 역학 자료가 수록되었는데, 1차 연구에서 1책~11책(Ⅰ)을 살펴보았고, 2차 연구에서 12책~23책(Ⅱ)을 살펴볼 것이다. 3차 연구에서 24책~37책(Ⅲ)을 분석하여 한국역학을 집성한 최초로 출간된 문헌의 구체적인 현황을 고찰하고자 한다.[1)]

1차 연구된 『한국경학자료집성-역경』(1책~11책)의 내용과 특징을 간략히 다음과 같이 요약한다. 1책~11책에는 14세기~18세기 초까지의 49여 명의 유학자와 그들의 역학자료를 수록되었다. 『주역』 주석서 총 8편, 『역학계몽』 주해서 3편, 『황극경세서』 주석서 1편, 『주역참동계』 주석서 1편[2)]이 포함되었다. 시기적으로는 한대(漢代) 위백양

---

1) 이난숙, 「『한국경학자료집성-역경』(1책~11책)의 구성 내용과 역학적 특징(Ⅰ)」, 『동양철학연구』 119(동양철학연구회, 2024), 79쪽.

2) 『한국경학자료집성-역경』 1책~11책에 수록된 『주역』 주석서 8편은 권근의 『주역천견록』, 이세응의 『안재역설』, 이황의 『주역석의』, 조호익의 『역상설』, 선우협의 『대역리상』, 송시열의 『역설』, 박창우의 『주역전의집해』, 이형상의 『병와강의-주역』 등이 있다. 『역학계몽』 주해서 3편은 최항 · 한계희의 『역학계몽요해』, 이황의 『계몽전의』, 김해의 『역학계몽복역』 등이 있다. 더불어 『황극경세서』 주석서 1편은 신흠의 『구정록-선천규관』이며, 『주역참동계』 주석서 1편은 권극중의 『주역참

(魏伯陽)의 도가역부터 송대(宋代) 유가역까지 중국역학을 망라해 연구했고, 주로 송원대의 『주역전의대전』에 관한 세주와 『역학계몽』 세주 및 소강절의 도상을 깊이 연구하였다. 64괘에서 5효만을 재해석하여 군왕의 도리와 현덕(賢德)을 제시한 석지형(石之珩)의 『오위귀감(五位龜鑑)』과 숙종의 왕명으로 5효의 역의(易義) 및 역사적 사실을 설명해 군도(君道)와 치국(治國)을 논한 이현석(李玄錫)의 『역의규반(易義窺班)』도 포함되었다.

그 세부적인 이론에는 오행의 생극(生剋)과 수리, 상징, 괘효와 건곤의 변화 원리 및 역리를 해석한 역설들을 비롯해 중정(中正), 정중(正中), 응비(應比) 등의 의리 해석론과 서의(筮義), 대연수, 하도낙서와 방원도, 괘변도 등 상수 및 점법을 논한 많은 상수의 역설이 포함되었다. 특히 역학의 분석과 평가를 위한 범주로서, 곽설(郭說)은 성인사도(聖人四道)인 사 · 변 · 상 · 점(辭變象占)를 논했고, 송시열(宋時烈)은 정이(程頤)가 의리만 말하고 상수를 논하지 않았음을 비판하면서 상(象) · 의(義) · 점(占) 모두의 중요성을 역설하였다. 이러한 인식은 역학의 근본적인 형성과 역학 평가에서 중요한 준거를 논한 의미가 있다. 자료 형식에는 문답론, 강의(講義), 촬요(撮要), 차의(箚疑) · 기의(記疑), 차록(箚錄), 조대(條對), 의의(疑義) 등 다양하다. 의문점을 채록해 논하거나 저자의 의도에 의한 역설들이다.

이로써 『한국경학자료집성-역경』(1책~11책)에는 중국역학을 관통하면서도 정주(程朱) 중심의 송역에 관한 연구와 저술들이 많은 경향성을 보인다. 소강절의 선천역학과 『역학계몽』에 수록된 도상을 연구했으며, 정치(精緻)하고 은미(隱微)한 역의(易義)를 논한 역설이 많은 경향성이 나타난다. 이는 한국역학의 이론적 수준과 사상적 지평을 확인

동계주해』가 있다.

할 수 있는 자료들이다.[3)]

이제 2차 연구로서 『한국경학자료집성-역경』 가운데 12책~23책을 살펴보고자 한다. 12책에는 이현익(李顯益, 1678~1717)의 「주역설(周易說)」과 전기대(全氣大, 1679~1744)의 「원획괘(原畫卦)」를 시작으로, 박치화(朴致和)와 윤봉조(尹鳳朝)의 역설 및 성호(星湖) 이익(李瀷)의 『역경질서(易經疾書)』가 수록되었다. 그리고 23책에는 배상열(裵相說, 1759~1789)과 윤홍규(尹弘圭, 1760~1826)의 역설 및 석천(石泉) 신작(申綽, 1760~1826)의 『역차고(易次故)』와 남공철(南公轍), 성해응(成海應)의 역설, 윤행임(尹行恁)의 역학자료가 수록되었으니, 주로 17세기~19세기 초까지 활동한 총 58명의 유학자에 의한 역학자료가 중심이 된다.

12책~23책에 수록된 총 58명의 유학자와 그들의 역학문헌을 중심으로 각 저술의 내용과 분량 및 각각의 역학적 특징과 의미를 살펴보고 도표로 요약 정리할 것이다. 또 그 역학적 특징을 분류하되, 분류방법은 1차 연구와의 범주적 분류를 동일하게 유지한다. 동시에 한국역학을 집록해 번역한 『한국주역대전』(전 14권)에서 위 12책~23책의 자료에 관한 번역 현황까지 종합적으로 살펴보고자 한다.

2. 『한국경학자료집성-역경』(12책~23책)의 구성 내용

『한국경학자료집성-역경』(12책~23책)에는 걸출한 역학자들이 많다. 성호(星湖) 이익(李瀷), 남당(南塘) 한원진(韓元震)을 비롯해 반곡(盤谷)

---

3) 이난숙, 「『한국경학자료집성-역경』(1책~11책)의 구성 내용과 역학적 특징(Ⅰ)」, 『동양철학연구』 119(동양철학연구회, 2024), 108-200쪽.

성이심(成以心), 녹문(鹿門) 임성주(任聖周), 순암(順庵) 안정복(安鼎福), 삼산(三山) 유정원(柳正源), 보만재(保晩齋) 서명응(徐命膺), 위암(韋庵) 김상악(金相岳), 담헌(湛軒) 홍대용(洪大容), 김귀주(金龜柱), 초정(楚亭) 박제가(朴齊家), 석천(石泉) 신작(申綽) 등의 학자가 포함되었다. 국왕 정조(正祖)의 명령으로 저술된 『역학계몽』 주해서가 있고, 경연(經筵)에서 여러 신하와 논한 역학에 관한 조대(條對)와 대책(對策)은 물론이고, 사도세자가 『주역』의 대지(大旨)를 강론하면서 의문이 되는 부분을 반복 토론한 내용을 정리한 자료도 포함되었다. 이는 당시 조선의 국왕과 저명한 유학자들의 『주역』을 해석한 사상적 토대와 역학이론의 다양성 및 해석방법론을 구체적으로 파악할 수 있는 자료이다.

『한국경학자료집성-역경』 12책~23책에 수록된 총 58명의 유학자와 그들의 역학 저술 및 역설의 내용, 그 특징과 의미 및 저술 분량 등을 살펴보고, 【표1】로 정리하였다. '◎'의 표시는 번역서 『한국주역대전』에서 번역한 자료이다. 주석서인 문헌은 바탕색으로 표시하고, 여러 자료가 있는 경우 주석서를 진한 색으로 표시하였다.

【표1】『한국경학자료집성-역경』(12책~23책)의 한국역학 자료 현황[4)]

책	저자	서명(書名)	구성 내용
12책	1. 이현익李顯益 (1678~1717) 호 正菴	「周易說」 ◎	- 광평대군 이여(李璵)의 후손. 권상하, 김창협의 문인. 송시열 잇는 노론. - 저서: 『正菴集』 20권 10책이 있음. - 내용: 『정암집』 8권에 수록된 「주역설」은 『주역』에서 문제의식을 가진 내용을 발췌해서 논함. 『주역대전』의 세주

4) 【표1】은 『한국경학자료집성-역경』(전 37책) 해제와 『한국주역대전』의 해제 및 한국학중앙연구원의 한국민족문화대백과와 한국향토문화전자대전 등 사전류를 비롯하여 선행 연구논문을 참조해 필자가 정리하였다.

		1쪽-84쪽	가운데 임천오씨, 운봉호씨, 쌍호호씨, 절재채씨, 융산이씨, 진재서씨 등의 해석 가운데 정이 『역전』과 주희 『본의』와 불일치한 부분을 程朱 중심으로 옹호함. 저자가 정이, 주희, 소옹의 주석을 다시 해석한 이유는 주희 이후 학자들의 이론에는 잘잘못을 말할 것이 많고, 주희의 本旨를 지나친 것이 있기에 주희의 뜻을 밝히고 『주역』의 바른 의미를 정리하려고 했다고 밝힘. 즉 주희역학을 토대로 제가 학설의 시비를 논한 역설임.
	전기대全氣大 (1679~1744) 호 伏菴	「原畫卦」 85쪽-92쪽	- 내용: 『복암집』 권2에 수록된 「원괘획」은 복희팔괘의 뜻을 해석한 역설로서 복희가 앙관부찰해 팔괘를 그렸고, 여기에는 鳥獸草木의 생장 도리와 身心性命의 이치가 들어 있으니 開物成務한 공이 있다고 주장함. 팔괘를 설명함에는 특히 음양, 동정에 중점을 두고, 소옹의 「原圖詩」, 「橫圖詩」를 인용해 설명함.
	박치화朴致和 (1680~1764) 호 雪溪	『雪溪隨錄 -周易繫辭傳 ◎ · 易學啓蒙』 93쪽-178쪽	- 저서: 『설계수록』 27권 11책이 있음. 송환기(宋煥箕)의 서문과 안영(安榮)의 행장과 박영수 등의 발문이 있음. 『주례』·『춘추』·『의례』·『예기』·『주역』·『역학계몽』·『가례』·『율려신서』·「律呂證辨」·『황극경세서』·「홍범황극내편」·「황제소문」·「팔진도설해」 등의 저술이 있음. - 내용: 『설계수록-주역 · 계사전』은 「계사전」을 해석하고 구절과 구절의 관계 및 장의 전체적인 취지를 설명함. 『본의』 입장에서 『역전』을 수용하고, 독자적인 견해를 확고하게 주장함. - 내용: 『설계수록 · 역학계몽』 15편은 『역학계몽』의 본도서, 원괘획, 명시책, 고변점의 차례대로 뜻을 풀이하고 견해를 덧붙임. 『역학계몽』에서 잘못된 이해를 방지하려는 의도로 저술했다고 밝힘. 저자는 주희의 견해를 따르면서도 자신의 방대한 지식과 견해로 독자적인 해석

			체계를 정립함.
	윤봉조尹鳳朝 (1680~1761) 호 圃巖	「學易淺見」 179쪽-288쪽	- 내용: 『포암집』 15권 잡저에 수록된 「학역천견」은 제주도 유배시절 『역학계몽』의 도설 가운데 의문점이 있거나 난해한 부분을 자신의 견해로 해석함. 「先天變後天圖」의 도설, 주희 팔괘도와 호옥재의 팔괘도를 비교해 논하고, 퇴계의 橫圖로 주희의 설을 밝힌 것의 得失을 논함. 「橫圖合圓之圖」와 그 해석 및 주희 소옹의 「四象圖」·「反對圖」·「互體圖」·「虛一象太極說」 등 도상과 해석을 주로 논한 역설.
	5. 이익李瀷 (1681~1763) 호 星湖	『易經疾書』 ◎ ①주역주석서	- 『역경질서』 6권 3책. 필사본.(국립중앙도서관 소장) 1747년 자서에서 "다행스럽게도 늦게 태어나서 『주역』이 간직한 깊은 뜻에 대하여 羣賢들의 訓辭를 보게 된 것을 기쁘게 생각한다"고 하고, 『주역』이 어렵지만 군현들의 말에 의지해 추구하면 이해하게 된다고 함. 또 공자가 말한 '吾道一以貫之'에서 일(一)은 성(誠)이라고 해석함. - 저서: 『성호선생문집』 70권이 있음. 『성호사설』·『藿憂錄』·『李先生禮說』·『四七新編』·『사서삼경』·『근사록』·『심경』·『이자수어』 등 있음. - 내용: 『역경질서』는 『주역』의 성립 과정을 체계적으로 설명하고, 64괘의 순서대로 해석한 주석서. 저자는 384효의 뜻을 근거로 괘의 진의까지 설명함. 1·2권은 건괘~이괘 30괘, 3·4권은 함괘~미제괘 34괘, 5·6권은 계사전·설괘전·서괘전·잡괘전 각 1편으로 구성됨. 건괘에서 "하늘은 정체의 이름이요 건은 덕을 표시하는 字이며, 初上은 위치요 九六은 物이다. 초상을 一六으로 표기하지 않음은 그 本末의 표시이고, 먼저 초상을 말하고 뒤에 구육을 말함은 위는 중하고 물은 경하기 때문이다"라고

		 289쪽-833쪽	함. 더불어 선유들이 언급하지 않은 부분까지 해명한 주석서. - 의의: 성호의 독창적인 사상과 해석으로 한국역학 연구에 귀중한 자료가 됨.
13 책	한원진韓元震 (1682~1751) 호 南塘	「易學啓蒙」 · 「易學答問」 · 「文王易釋義」 1쪽-146쪽	- 저서: 『남당집』 38권 19책. 편저로 『經義記聞錄』·『退溪集疏釋』·『儀禮經傳通解補』·『莊子辨解』·『禪學通辨』·『王陽明集辨』·『春秋別傳』·『近思錄註說』 등, 1741년의 『주자언론동이고』가 있음. - 내용: 「역학계몽」은 『경의기문록』 4권에 수록. 1715년 완성. 『역학계몽』 가운데 하도낙서의 기원부터 數의 문제 등과 역의 도상에 관한 근원을 비롯해 시초법을 논하고, 변효의 점법 등 『역학계몽』의 차례대로 자신의 견해를 상세히 밝힘. - 내용: 「역학문답」은 『경의기문록』의 5권의 부록. 자문자답 형식. 하도, 태극, 복희의 획괘, 문왕의 팔괘와 하도와의 관계 등 도상들을 해석. - 내용: 「문왕역석의」는 『경의기문록』 5권에 수록. 「설괘전」 원문과 함께 문왕역의 성립 차례와 운행으로 4괘 운행과 36괘, 8괘의 관계를 논함.
		「朱子言論同異攷-易」 147쪽-166쪽	- 내용: 주희의 『본의』, 語類, 經傳註釋 등을 종합적으로 검토해 난해한 부분과 차이를 보이는 부분을 분석하고, 주희 定說을 확인할 목적으로 저술함. 『주역』은 『서경』, 『맹자』와 함께 수록. 당시 문인과 제유의 서신을 모아서 『역경』 이론들에 관한 시비를 辨正하고, 『본의』, 『역학계몽』의 차이점이 있는 해석과 『易綱領淵錄』과 문인들의 물음에 대해 시비 판단기준을 제시하고 논함.
		「先後天名易之義」 167쪽-178쪽	- 내용: 『남당집』 21권에 수록. 문인들과 경전을 논한 서간문. 이외에 「후천팔괘」·「후천64괘」·「건괘·송괘·比卦·대과괘·姤卦·취괘·井卦·豊卦」와 「陰陽不測之謂神」 등의 항목을 논한 역설.

		「王朝禮卜筮下附-易學啓蒙」	- 내용: 『儀禮經傳通解補』에 수록. 선유의 의례에 관한 내용을 중심으로 보완 편찬한 예설서로서 주희의 『儀禮經傳通解』, 황간의 『儀禮經傳通解續』, 양복(楊復)의 「儀禮圖」 등에서 주희 학설을 인용해 보완함. 본문은 『역학계몽』 상당 부분 수록하였음.
		179쪽-310쪽	
	성이심成以心 (1682~1739) 호 盤谷	『人易』 ②주역주석서	- 『인역』은 5권 3책. 목활자본(규장각도서 소장) - 내용: 『주역』의 의미를 인간의 심성론을 토대로 해석한 창의적인 주석서. 표제는 '盤谷先生人易', 권두에 총론격의 擬議圖說 · 文字膾凡例가 있음. 권1~4. 문자회 권5. 11개 도설로 구성됨. 「의의도」는 『인역』의 전 체계를 제시하고, 「문장장본」에서 문답 형식으로 『인역』을 저술함. 『인역』을 통해서 역학의 정종이 심성의 기법임을 강조한 특징이 있음. 「문자회범례」에서는 『인역』이 『通鑑』과 『대학』 · 『중용』에 의거하고 있다고 했고, 의리와 상수의 관계를 논함. 「문자회」1~4는 두 부분으로 「문자회 1」에는 『인역』과 태극에 해당하는 命, 양의에 대비되는 貌와 心 그리고 사상인 言聽視思와 팔괘인 칠정과 경을 다룸. 「문자회 2」~「문자회 4」까지는 64가지의 덕목을 64괘에 대비해 논하였음. 예) 實을 无妄卦에, 信을 中孚卦에 대비시킴. 문답 형식으로 덕목을 『주역』 괘효사와 단상전과 연관시켜 역학적 견해로서 괘의 본질을 인간학적인 차원에서 해명함. - 의미: 『인역』은 인간을 세계의 중심으로 극히 중요시하고, 송역과 조선조 사단칠정론을 이론적 근거로 논함. 한국역학사의 귀중한 문헌임.
		311쪽-706쪽	
	채지홍蔡之洪 (1683~1741) 호 鳳巖	「易學十二圖」	- 저서: 『봉암집』 17권 8책이 있음(고활자본) - 내용: 「태극지도」 · 「양의지도」 · 「사상

		707쪽-757쪽	지도」·「팔괘지도」 등 도상들을 해석함. 『역학계몽』에서 주희와 채원정이 하도를 體로 낙서를 用으로 하도를 常으로 낙서를 用으로 해석한 내용을 대체로 수용.
14책	이세형李世珩 (1685~1761) 호 恕軒	「窺斑錄-則圖畫卦說」·「則書排卦說」·十二辟卦圖說」 1쪽-21쪽	- 저서: 『서헌집』 4권 2책이 있음. - 간행연대: 1856년(철종7)에 후손 이상호(李相虎)·이상기(李相驥) 등이 간행함. 이상기의 발문, 시·소·書·잡저·序·기·발·상량문·제문·행장과 부록으로 만사·제문·家狀·묘갈명·행장 등이 있음. - 내용 : 『서헌집』 2권에 수록. 「규반록」은 태극, 음양오행, 사단칠정론 등 우주론, 성리학을 논함. - 내용 : 「則圖畫卦說」, 「則書排卦說」, 「十二辟卦圖說」은 도상과 해석을 정리함. 태극·양의·사상·팔괘와 하도낙서 및 12벽괘를 설명한 역설.
	10. 유의건柳宜健 (1687~1760) 호 花溪	「讀易疑義·讀易解嘲·讀易管窺」 23쪽-49쪽	- 내용: 『화계문집』 11권에 수록된 「독역의의」는 괘변에 관해 의심나는 부분과 선천·후천설 가운데 쌍호호씨의 학설을 인용하고 자신의 견해를 밝힘. - 내용: 「독역해조」는 가상의 인물을 빌어 대화 형식으로 程朱의 『역전』과 『본의』의 독역 방법으로 조롱하는 것을 저자가 변론한 형식의 역설. - 내용: 「독역관규」는 주희 『본의』에서 의심나는 부분을 자신의 견해로 해석한 역설.
	권만權萬 (1688~1749?) 호 江左	「易說」 ◎	- 저서: 『강좌집』 10권 4책. 정범조 서문 있음. - 이광정(李光庭)의 문인. 이상정, 이재 등 교유. - 내용: 『강좌집』 7권에 수록. 「역설」은 「卦名說」·「彖上傳」·「彖下傳」·「象上傳」 등으로 구성. 늦은 이광정의 견해를 좇아서 古文易을 공부한 이후 역 전체를 공부할 수 있었고, 그 후 정이와 주희

		51쪽-142쪽	역학으로 자신의 학설을 검증했다고 함. 괘명설로서 64괘의 명칭은 古文의 天, 坤, 火, 川[水]의 네 글자에 근거하여 정해졌다고 주장함.
	남국주南國柱 (1690~1759) 호 鳳州	「易範通錄」 143쪽-180쪽	- 내용: 『봉주선생문집』 3권 「잡저」에 수록된 「역범통록」은 앞부분에는 건곤, 팔십일주, 64괘 도상을 그리고, 뒷부분에서 개략적으로 해설함. 「河圖洛書」, 「作易範二圖」, 「作卦疇四圖」, 「八十一疇對待之圖」 등 20여 개의 도상이 있음. 저자는 禹가 낙서를 본받아 홍범구주를 만들었다고 함. 서법에 대해서 견해를 덧붙여 역학의 근원을 해명한 역설.
	유관현柳觀鉉 (1692~1764) 호 陽坡	「易圖撮要」 181쪽-230쪽	- 내용: 『양파집』 3권에 수록된 「역도촬요」는 사도세자와 함께 『주역』의 大旨를 강론할 때, 의문처를 반복 토론하자 번다한 易圖 가운데 요긴한 것을 易學圖와 함께 선유들의 긴요한 訓을 달아 바친 글. 구체적인 내용은 일월위역, 하도낙서, 복희팔괘차서도, 복희팔괘상각생팔괘도, 복희팔괘방위도, 복희육십사괘분배절후도, 문왕팔괘차서도, 문왕팔괘방위도, 문왕개역선천위후천도, 문왕십이월괘기도 등의 도식과 관련하여 핵심적인 설명으로 구성됨.
	심조沈潮 (1694~1756) 호 靜坐窩	『易象箚論』 ◎ 231쪽-322쪽	- 권상하의 문인. 한원진, 이재 등과 경전을 논함. 『의례』·『가례』와 선유의 학설을 절충해 「喪禮箚記」를 만들어 治喪節次 확정함. - 내용: 『정좌와집』 9권에 수록. 64괘를 간략히 정리하고, 이해가 어려운 부분은 차의(箚疑)를 통해서 알기 쉽고 일목요연하게 핵심을 해설함. 독자적인 해석보다는 程朱와 선유의 설을 기본으로 난해한 부분과 중요한 부분을 체계적으로 정리함.
	15.	「經說-易」	- 성호 이익의 문인. 안정복, 이가환, 권

	윤동규尹東奎 (1695~1773) 호 召南	◎ 323쪽-362쪽	철신 등과 교유. 「四水辨」을 저술함. - 내용: 『소남문집』에 수록된 「경설-역」은 괘 · 계사전 · 태극 · 양의 · 사상 · 팔괘와 설괘에 관한 의문내용 등을 논함. 일정한 체계로서 문제 전반을 논한 것은 아니며, 64괘에서는 小畜 · 謙 · 隨 · 蠱 · 同人 · 旅 · 豊 · 無妄 · 賁 · 觀괘와 繫辭志疑를 논함. 괘 해석의 의문점을 주제로 자신의 독특한 견해를 밝힘.
	양응수楊應秀 (1700~1767) 호 白水	「坤卦講義 · 易本義箚疑」 ◎ 363쪽-392쪽	- 이재(李縡)의 문인. 인물성동이론 洛論 지지, 만년에 박성원, 김원행, 송명흠 등과 교유. - 저서: 『백수문집(白水文集)』 30권 17책이 있음. 서간집 『白水書簡選』 등. - 내용: 『백수문집』 8권에 수록. 「곤괘강의」는 곤괘에 관해서 주희설 중심으로 논한 역설. - 내용: 「역본의차의」는 『백수문집』 12권에 수록. 주희의 설을 중심으로 난해한 부분을 논하고, 현토를 자신의 견해로 수정함.
	서종화徐宗華 (1700~1748) 호 藥軒	「易象管見序 · 伏羲之易有畫無文夏商之易有占無文辨」 393쪽-400쪽	- 도암 이재, 우세일의 문인. - 내용: 『약헌집』 4권에 수록된 「역상관견서」는 역상(易象)을 관견한 서문으로 『주역』 관련 단상을 기록함. 『정전』 중심의 해석을 거부하고 역의 최요(撮要)가 상(象)이며, 가장 어려운 것을 밝힌 것도 상이라고 역상(易象)의 중요성을 역설함. - 내용: 복희가 만든 역에 그림이 있고 文이 없는 이유와 夏商의 역에 占筮만 있고 文이 없는 이유를 간략히 변론함.
	김원행金元行 (1702~1772) 호 渼湖	「渼上經義-周易」 ◎	- 종조부 김창협(金昌協)의 손자(입양). 1722년(경종2) 종조부 창집(昌集)이 노론 4대신으로 賜死되어 집안이 귀양가자 어머니 配所에 따라가서 『맹자』와 이이 · 송시열의 저서를 탐독함. 노론의 주요한 계승자 중 한 사람. - 저서: 『미호집』 20권 10책. 권10 경

		 401쪽-414쪽	서질의 · 성리학 등 홍대용과의 논변은 실학연구의 중요자료. - 내용: 「미상경의-주역」은 『미호집』에 수록. 김원행이 이의소(李儀韶)와 임성주(任聖周), 이규위(李奎緯) 등과 『주역』의 괘와 『본의』의 설, 음양의 一奇一偶의 상관관계 등을 문답한 글을 모은 역설. 김창흡의 계사에 관한 설과 임영의 不生不滅 관련 설도 포함됨.
	이곤수李崑秀 (1702~1788)	「周易講義」 415쪽-458쪽	- 내용: 『壽齋遺稿』 4권에 수록된 「주역강의」는 條對 형식의 글. 64괘 중 28개의 괘와 「계사전」의 條問에 관한 답글. 주로 程朱를 따른 역설임.
	20. 계덕해桂德海 (1708~1775) 호 鳳谷	「經說:易」 459쪽-564쪽	- 저서: 『鳳谷桂察訪遺集』 12권 3책. 「讀易要訣」·「古今易」·「三十六宮圖」·「蓍數」·「八卦圖象」 등. - 내용: 『鳳谷桂察訪遺集』 1권-3권에 수록. 『주역』의 제 문제를 요목을 정해서 상수, 錯綜, 變, 중효, 正綜錯變圖 등을 설명함. 古今易, 讀法, 음양, 先思畫前畫後 등의 항목과 독역방법을 논함.
	송능상宋能相 (1710~1758) 호 雲坪	『繫辭傳質疑』◎ · 『易學啟蒙質疑 · 易學啟蒙稾目 · 易學啟蒙原稾 · 記聞錄啓蒙篇稾目』 565쪽-602쪽	- 우암 송시열의 현손. 한원진의 문인. 윤봉구 · 이재 · 임성주 · 송환기 등 노론 학자들과 교유. - 내용: 「계사전질의」는 원문 중심으로 以經治經하면서 최대한 경문을 簡易直切하게 간명히 해석함. - 내용: 『역학계몽』 가운데 의심나는 부분을 재해석한 역설. 제가의 소주와 옥재호씨(호방평)의 주석 가운데 의문이 있는 부분을 주로 변증함.
	임성주任聖周 (1711~1788) 호 鹿門	『周易』 ◎	- 낙론의 대표자인 이재(李縡)에게 수학. - 저서: 『녹문집』 26권 13책이 있음. - 간행연대: 1795년(정조19) 아우 정주(靖周)가 『녹문집』 26권 13책을 간행함. - 내용: 『녹문집』14권 「잡저」에 수록. 『주역』의 의미, 괘의 설명, 『주역』의 세부적인 이해를 잡기 형식으로 서술함.

		 603쪽-632쪽	서두에서 원형이정의 해석이 다른 까닭은 문왕은 卜筮로 해석했고, 공자는 義理로 이해했기 때문이라고 주장함. 「계사」와 『중용』은 성인 말씀 가운데 지극히 순수하며, 「계사」는 더욱 오묘하다고 함. 64괘 일부와 「계사전」을 주석함.
	김교행金教行 (1712~1766) 호 惟勤堂	『周易箚錄』 · 「易學啓蒙箚錄」 외 633쪽-656쪽	- 저서: 『유근당유고』 9권 5책이 있음. - 내용: 『유근당유고』 6권의 「주역차록」은 『주역』 건괘, 문언을 주희 『본의』 관점에서 해석. - 내용: 「역학계몽차록」은 『역학계몽』의 도상과 『주역』 해석을 수용, 자신의 견해로 작성한 역설.
	안정복安鼎福 (1712~1791) 호 順庵	『經書疑義-易 · 雜卦說 · 雜卦後說』 ◎ 657쪽-678쪽	- 근기남인. 성호 이익의 문인. 공서파 대표 인물. 세손(정조)을 교육함(1772~1775), 이이의 학설은 참신하지만 自得이 많고, 이황은 前賢의 학설을 존중한 근본이 있다고 그 학설을 따름. - 저서: 『天學考』(1785년), 『天學問答』 등이 있음. 『동사강목』(1759년)은 단군조선~고려말까지의 역사서. 이외에 당(唐)왕조 역사를 저술한 『列朝通紀』(1767년)이 있음. - 내용: 『순암문집』 11권에 수록된 「경서의의-역 · 잡괘설 · 잡괘후설」은 역학 개념, 팔괘, 효 등에 관한 역설. 「잡괘설」은 「잡괘전」에서 乾坤 咸恒만이 不雜하고, 나머지는 雜한 것과 萃, 升 이하 20괘가 相渙하는 이유를 문답 형식으로 적은 역설오 잡괘의 순서가 뒤바뀐 것의 원리를 탐색해 논함. - 내용: 「잡괘후설」은 「잡괘전」의 차서의 마지막 8괘의 순서 및 배열순서의 원리를 자신의 견해로 제시한 논설로 주로 의심나는 부분을 논함.
	25. 김근행金謹行 (1712~1782)	『周易箚疑 · 易學啓蒙箚疑 · 讀易凡	- 내용: 『용재집』 9권, 11권에 수록. 「주역차의」는 「계사전」상의 몇 장에 대해서 견해를 밝힘.

	호 庸齋	例 · 周易疑目』 679쪽~730쪽	- 내용: 「역학계몽차의」는 『역학계몽』의 의문을 도식화하고 풀이한 역설. - 내용: 「독역범례」는 『주역』 독법을 설명함. - 내용: 「주역의목」은 선천후천, 乾元, 송괘 췌괘, 「계사전」의 문리 및 의심처와 그에 관한 견해를 간략히 정리함. 별다른 이설은 보이지 않음.
15책	유정원柳正源 (1703~1761) 호 三山	『易解參攷』 ◎ ③주역주석서	- 경연관으로 영조와 신하들의 신임을 받음. - 저서: 『三山文集』 8권 4책과 『易解參攷』 등. - 간행연대 : 1852년(철종3)에 현손 형진(衡鎭)이 『역해참고』 17권 10책 간행.(규장각도서 소장) - 내용: 『주역』 원문과 제가의 설을 주기하고 해석함. 강필효(姜必孝) · 유치명(柳致明)의 서문과 유장원(柳長源)의 범례를 겸한 識와 유치호(柳致皓)와 형진의 발문이 있음. 권1에는 總目 · 引用諸書先儒姓氏 · 易傳序 · 易書上下篇義 · 易圖說 · 筮儀 · 易說綱領 · 歸藏六十卦名 · 歸藏初經 · 費氏直易 · 鄭氏玄易 · 王氏弼易 · 晁氏說之易 · 呂氏祖謙易 · 胡氏旦易 · 胡氏瑗易 · 呂氏大防易 · 程氏迥易 · 程子傳 · 朱子本義 등 각 1편의 구성임. 권2의 건괘부터 권3~권13의 미제괘까지 해석한 주석서. 권14 · 15는 계사2편, 권16은 설괘전 · 서괘전 · 잡괘전 등 3편, 권17은 河洛指要임. 『주역』을 유가의 지상 경전이자 만물의 이치를 포함한 철학서로 보고, 수천 년의 연구 동안 아직까지 완벽한 해석서가 나오지 못하고 나름대로 풀이했다면서 수천 종의 해석서 가운데 가장 합리적인 것을 종합적으로 원문 · 요약 · 해설을 붙였다고 함. 敬을 역학의 본원으로 봄. 「하락지요」는 「하도 · 낙서」 · 「河洛經緯」 · 「天地之數」 · 「以六十爲節之

		1쪽-648쪽	圖」·「五音六律司日辰之圖」·「陰陽稺盛不同之圖」·「水火互根金木定質之圖」·「方圓經緯之道」·「河洛三同二異之圖」 등 도상과 「先天卦氣疏密之圖」·「離當寅坎當申之圖」·「虛一無爲之圖」·「一奇象圓二偶象方之圖」 등 자신의 학설을 전개함. 「인용제서선유성씨」에는 자하(子夏)·맹희(孟喜)·비직(費直)·경방(京房)·유향(劉向)·양웅(揚雄)·정상(鄭象)·황영(黃穎)·마융(馬融)·정현(鄭玄)·허신(許愼)·송충(宋衷) 등 172명 중국학자를 비롯해 이언적·이황 등 한국학자의 설을 인용함.
16책		『易解參攷』 II 1쪽-600쪽	상동
		「易序疑義·易解參攷篇題」·「易傳八則陽生說」 601쪽-613쪽	- 내용: 『二程全書』와 주희의 성리설과 鄱陽董氏 등의 해석을 언급하고, 모두 다른 말이라서 의리가 의심스럽다면서 자신의 견해를 밝힌 역설. - 내용 : 易은 천지자연의 역이고, 복희의 역부터 시작해 역도가 무궁하다는 점을 설명한 역설.
17책	서명응徐命膺 (1716~1787) 호 保晩齋	「易學啓蒙集箋」 ①역학계몽 주해서	- 규장각 초대 提學. 북학파의 비조. - 저서: 『보만재집』 16권 8책,(『보만재총서』, 『보만재잉간』 등) 『역학계몽집전』·『황극일원도』·『계몽도설』 등 역류 및 『列聖誌狀通記』·『耆社慶會曆』·『箕子外紀』·『大丘徐氏世譜』·『兩漢詞命』 사서류 있음. - 간행연대: 1822년(순조 22)에 아들 형수·호수, 손자 유구 등이 『보만재집』 16권 8책을 간행함. 1772년 『역학계몽요해』 4권 2책을 芸閣에서 간행함. - 내용: 정조의 왕명에 의해 서명응이

		 1쪽-384쪽	『역학계몽』을 순차대로 해설해 편찬한 책. 권두에 정조의 서문, 권말에 최항(崔沆)·서명응의 발문이 있음. 정조가 왕세손일 때 명나라에서 영락(永樂) 연간에 편찬한 『역학계몽부주』를 강의받으면서 『역학계몽요해』와 『계몽전의』를 읽은 뒤 다시 여러 학자의 주해를 읽고, 서명응에게 명하여 편찬한 문헌. 『역학계몽요해』와 『계몽전의』가 『역학계몽』과 편제가 다르므로 불편하여 두 책을 합편해 편리하게 만듦. 또한 附註는 意象을 생략하고 文義만을 내세웠고, 선유의 설을 뽑아 주를 달고 그 아래 考異를 붙임. -의의: 일목요연한 『역학계몽』 해설서로 가장 정리 잘된 문헌으로 평가됨.
		「啓蒙圖說」 385쪽-902쪽	- 간행연대: 6권 3책 목판본. 1772년에 간행.(국립중앙도서관, 규장각도서) - 내용: 『역학계몽』을 알기 쉽게 해설함. 권1. 河圖旋毛眞體圖 등 21편 권2. 先天四圖 등 26편 권3. 方位內外四正圖 등 25편 권4. 先天變爲後天圖 등 12편 권5. 幽贊生蓍圖 등 8편을 수록. 「하도선모진체도」는 하도 기본수의 위치와 수생성의 원리를 설명해 괘획의 근본이 됨을 지적함. 「선천사도」는 하도의 기본수가 차지하는 방위와 오행의 소속 음양과 오행의 연관, 사상과 팔괘의 변화를 설명, 法·象·理·數의 근원을 밝힘. 「방위내외사정도」는 64괘를 내외의 방위에 배치하고 正方과 間方을 구분, 포함시켜 64괘의 사방에 차지한 비중을 상세히 밝힘. 「선천변위후천도」는 복희선천 팔괘의 방위가 문왕후천에서 바뀌는 과정의 이유를 설명함. 「명시책」은 복희씨가 만든 揲蓍와 설괘법을 밝힘. 「고변도」는 설시와 설괘에서 변화를 추구하고, 변화에 따른 길흉회린의 판정법을 설명함. 「일괘변위육십사괘도」는 1괘→ 64괘→

			4,096괘로의 변화를 논함.
18 책		「經翼-先天四演」 1쪽-198쪽	- 내용: 『보만재총서』 권1~권2의 「經翼」에 수록. 복희역을 중심으로 선천 造化와 양상을 설명했음. 「선천사연」에서는 言·象·數·意를 四道라고 하고, 하도~복희선천사도[팔괘도·방위도·차서도·방원도]를 言·象·數·意로 분석하여 설명함.
	백봉래白鳳來 (1717~1799) 호 九龍齋	『三經通義-易傳』·「序易本義」 199쪽-650쪽	- 저서: 『구룡재문집』 23권 10책. 『역대통운』, 『四書通理』, 『三經通義』, 『서역』 등이 있음. - 내용: 『구룡재문집』 16권에 수록. 『易傳』·『詩傳』·『書傳』의 本末과 體用·性情 관계가 결국 하나의 이치에 귀일하며, 서로 뗄 수 없는 관계라면서 여러 가지 圖解를 그리고 설명한 문헌. 賢聖의 유교와 여훈을 참작해 도해를 설명함. - 내용: 「서역본의」는 『구룡재문집』 22권-23권에 수록. 64괘의 차례를 설명한 「서괘전」의 뜻을 자신의 견해로 설명함. 권1 상경, 권2 하경으로 각 괘를 해석하고, 칠언율시의 贊을 지어 附記함.
19 책	김상악金相岳 (1724~1815) 호 韋庵	『山天易說』 ◎ ④주역주석서	- 김장생의 6세손. - 저서: 『韋庵詩錄』 등 『산천역설』 12권 6책이 있음. - 간행연대 : 1879년 증손 상현(相鉉)이 간행. - 내용: 윤정현(尹定鉉)은 서문에서 김상악이 "사람을 대할 때에도 『주역』을 논하는 외에는 별말을 하지 않았다"고 함. 제목인 '山天'은 대축괘의 상에서 따온 것이고, "옛 사람들의 언어와 행동을 연구하여 덕을 기른다"는 취지로 거처도 「산천재」라 함. 『산천역설』의 구성은 상경(권1~권5), 하경(권6~권10), 계사전 상하(권11), 설괘전·서괘전·잡괘전, 도설(권12). 『주역』 원문과 기본적인 설명,

		1쪽-959쪽	동그라미 표시로 자신의 역설을 서술함. 『주역』의 '周는 육허에 두루 유행한다는 뜻이고, 易은 剛·柔가 서로 바뀐다는 뜻'으로 봄. '건원형이정'은 문왕이 붙였으며, 元而亨은 一本으로 萬殊이고, 利而貞은 萬殊로서 一로 돌아가는 것이라고 주장함. 元亨은 陽, 利貞은 陰으로 해석. 이러한 견해로서 64괘와 설괘전~잡괘전 및 도설을 주석함. 辭·變·占은 모두 象으로부터 나오며, 이들 하나도 폐해서는 안 된다고 주장함.
20책	30. 심정진沈定鎭 (1715~1786) 호 霽軒	「易說」 1쪽-26쪽	- 내용: 『제헌집(霽軒集)』 4권 잡저에 수록. 「역설」은 「序卦說 幷圖」, 「大明終始說」, 「納甲說 幷圖」, 「得朋喪朋說」 1.2 「甲庚先後說」, 「河洛三同二異說」, 「先後天八卦說」, 「卦爻說」 총 9편 구성됨.
	위백규魏伯珪 (1727~1798) 호 存齋	「論河洛圖說·原類-原圖書」·「原八卦」 27쪽-50쪽	- 내용: 「논하도낙서설」은 513자로 하도낙서를 중심으로 선후천의 관계 등을 논한 역설. - 내용: 『존재집』에 수록. 「原圖書」와 「原八卦」는 하도낙서와 팔괘에 대해서 수리적으로 논한 상수학적 관점의 역설.
	오재순吳載純 (1727~1792) 호 醇庵	「河圖解·伏羲則圖劃卦圖說·八卦說·河圖解後說·易論·乾象對」 51쪽-72쪽	- 저서: 『周易會旨』 6권, 『玩易隨言』 2권, 『讀書起疑』, 『聖學圖』와 『순암집』 6권 3책이 있음. - 간행연대 : 1741년 형 병연(秉淵), 아들 도중(度重), 이질 유엄(柳儼)이 간행. - 내용: 『순암집』 9권 잡저에 수록. 주로 괘효의 의미를 演繹하는 주안점을 둔 특색이 있는 짧은 역설. 「하도해」·「복희칙도획괘도설」·「팔괘설」·「하도해후설」·「역론」·「건상대」 등으로 구성됨.
	이엽李燁 (1729~1788) 호 農隱	「包犧氏仰觀俯察以畫八卦圖解」·「伏羲氏畫一奇一偶以至	- 이엽의 학문은 문학사적으로 중요한 비중이 있다고 평가됨. 기국진(奇國鎭)·유광천(柳匡天)·이기경(李基敬)·홍낙명(洪樂命)·서배수(徐配修) 등 교유. - 간행연대: 1960년 후손 이도형(李道衡)

		八卦圖」· 「天易圖」· 「人易圖」 외 11편 73쪽-114쪽	등이 『농은집』 7권 3책의 석인본을 편수·간행함. 기정진(奇正鎭)의 서문, 후손 이기완(李起完)·이도형의 발문이 있음. 『學古集』·『田居錄』·『洛下錄』 등은 현재 전하지 않음. - 내용: 『농은집』 3권 잡저에 수록. 이 엽은 송역이 이일분수에 편향된 나머지 상수의 변화에 소홀했다고 비판함. 주희에 이르러 觀象玩辭之道와 觀變玩占之機가 모두 갖추어져 역학 연구에 문경이 열렸다고 함. 또 주희 역학에서 발명되지 못한 곳을 확충하고, 미비함을 천명한다는 취지에서 도설을 남김.
	김규오金奎五 (1729~1789) 호 最窩	『讀易記疑』 ◎ 115쪽-240쪽	- 한원진(韓元震), 윤봉구(尹鳳九) 문하 수학. - 저서: 『최와집』 8권과 『經書記疑』 등이 있음. 『송자대전』을 간행하라는 왕명으로 송환기(宋煥箕)와 함께 교정 담당하기도 함. - 내용: 『최와집』 6권 잡저에 수록된 『독역기의』는 처음에 총목, 易傳序와 도설로 선천팔괘재하도도, 소자문왕설, 주자복희설 등 몇 가지를 수록하고, 건괘~중부괘까지 자세히 정밀하게 논함.
	35. 황윤석黃胤錫 (1729~1791) 호 頤齋	「周易綱領」 241쪽-456쪽	- 저서: 『이재유고』 4권 1책이 있음, 『頤齋續稿』·『理藪新編』·『恣知錄』 등. 『이재유고』는 「字母辨」·「華音方言字義解」 등 국어학적 연구대상임. - 내용: 「주역강령」은 『주역』의 主腦가 되는 요점을 뽑아 선유의 설과 함께 배열함. 『역학계몽』을 기본으로 『주자어류』의 설을 인용해 논함.
		「易學啓蒙解」 457쪽-468쪽	- 내용: 주희의 『역학계몽』 가운데 난해한 대목을 뽑아 순차에 따라서 안설을 붙이고 해석한 역설임.
	유광천柳匡天 (1732~1799) 호 歸樂窩	「御製經義問對-周易」	- 간행연대: 1935년. 5세손 유영희(柳永禧)와 6세손 유병구(柳秉九)·유병희(柳秉熙) 등이 『歸樂窩集』 16권8책을 간행함.

		469쪽-500쪽	유영희 연보 작성, 유병구와 유병희의 발문이 있음. 서문은 없음. 위백규의 『存齋集』권21에 「歸樂窩序」가 확인됨. - 내용: 『귀악와집』 8권-9권에 수록. 「어제경의문대-주역」은 정조가 九經의 旨義를 물은 것을 應對한 내용을 모았음.
	조유선趙有善 (1731~1809) 호 蘿山	『經義 -周易本義』 ◎ 501쪽-522쪽	- 김원행(金元行)의 문인. 낙론을 계승자. '西京數百年來一人'의 평을 받음. - 저서: 스승 김원행의 명으로 지은 『考亭遺事』·『師友淵源錄』과 『나산집(蘿山集)』 12권 4책 있음. - 내용: 『나산집』 권6에 수록. 「경의-주역본의」는 주희의 『본의』 가운데 난해하거나 중요한 부분을 뽑아 여러 설을 인용해 비교 해석함. 贊·圖說·乾·屯·蒙·師·小畜·履·无妄·坎·遯·睽·蹇·損·夬·鼎·漸·歸妹·旅·渙·節괘를 비롯해 단전·상전·계사·문언·설괘로 구성됨.
	홍대용洪大容 (1731~1783) 호 湛軒	「三經問辨- 周易辨疑 附:啓蒙記疑」 523쪽-566쪽	- 저서: 『乙丙燕行錄』·『毉山問答』·『籌解需用』·『林下經綸』 등이 있음. - 내용: 『담헌서』 1권 「삼경문변」에 수록. 「주역변의」는 의심나는 부분을 뽑아 조목별로 分辨함. - 내용: 「계몽기의」에서는 『역학계몽』에 내재된 신비적·비과학적 내용을 비판하고, 술수가들이 부회한 말을 무비판적으로 수용하여 태극도와 역을 해석한 주희를 비롯해 경전적 근거를 갖추지 못하였음을 비판함.
	성대중成大中 (1732~1812) 호 菁成	「易書通義」 567쪽-632쪽	- 홍대용·박지원·이덕무·유득공·박제가 등과 교유. - 저서: 『청성집』 10권 5책이 있음. - 저술연대 : 1758년(영조 34년) - 내용: 「역서통의」는 『주역』 공부에서 중요한 주제를 뽑아서 논한 역설.
	40. 박윤원朴胤源	『經義-易經 箚略·易繫	- 저서: 『근재집』 32권 16책이 있음. - 내용: 『근재집』25권에 수록된 「역경차

	(1734~1799) 호 近齋	箚疑』◎ 633쪽-696쪽	략」은 『역경』 건괘의 원형이정부터 계사상까지 난해하고 중요한 대목을 채록해 표제어로 제시하고 견해를 밝힘. - 내용: 『근재집』 26권. 「역계차의」는 「계사전」에서의 의문점을 논한 역설.
	박종朴琮 (1735~1793) 호 鏜洲	「周易講義」 697쪽-806쪽	- 내용: 『당주집』 18권-19권에 수록. 「주역강의」는 각종 圖와 卦圖 및 해설로 구성짐. 하도낙서를 비롯해 「십이벽괘배절기지도」 등과 64괘를 24절기로 연관시킨 그림 도설 등 40여 도설을 논함.
	이만운李萬運 (1736- ?)	「八卦方圖」 외 13편 807쪽-830쪽	- 내용: 「팔괘방도」, 「선후천수」, 「팔괘변서도」, 「획일원소장도후」 등 주로 상수를 중심에 둔 도설에 관한 역설.
21 책	성윤신成允信 (1737~1808) 호 愼默齋	「人易卦爻」 1쪽-230쪽	- 내용: 『신묵재집』에 수록. 성이심 『반곡선생 인역』을 좀 더 체계화시켜 연구한 역설인 「인역괘효」는 『주역』의 차서와 같은 체제로 매 괘에 도를 그려 넣고, 괘사를 달고 자신 해설을 붙임. 괘효를 설정해 효사를 달고, 『주역』 계사에 해설을 붙임.
	조진관趙鎭寬 (1739~1808)	「易問」 231쪽-390쪽	- 내용: 『가정유고(柯汀遺稿)』 9권~10권에 수록. 모두 20문항. 상권에 太極問·河圖問·七辯問 등 질문 형식으로 논술하고, 일일이 도를 참조시키면서 선유들의 학설을 예로 들어 논리적으로 서술함.
	45. 김귀주金龜柱 (1740~1786)	『周易箚錄』 ◎·「易學啓蒙箚錄」 391쪽-674쪽	- 여동생이 정조의 계비 정순왕후. 벽파 영수. - 내용: 『주역』 경문 가운데 자신의 견해를 적어 모은 역설. 坤·屯·蒙·需·訟·師·比·小畜·履·泰·否·同人·大有·謙·豫·隨·蠱 등 상경의 18괘를 주석. 중국 제가의 역학을 적극적으로 비판한 경향이 있음. - 내용: 『역학계몽』에 관한 차록 형식의 글. 『역학계몽』 4조항을 중심으로 문제점을 지적하고 자신의 견해를 논함.
	기학경奇學敬	「御製經義條	- 간행연대: 1935년 후손 세철에 의하

	(1741~1809) 호 謙齋	對-周易」 675쪽-688쪽	여 편집 · 간행됨(고려대도서관 소장) - 저서: 『겸재집』 8권 2책이 있음. - 내용: 『겸재집』 6권에 수록. 정조의 질문에 답술한 「경의조대」 가운데 『주역』 관련 기록으로 下問의 내용은 없음. 7조항이며 1조는 양웅(揚雄)의 상수설, 2조 구양수 · 항안세의 하도 · 낙서 · 緯書說, 4조는 괘효의 時義 5조는 괘사 · 괘명, 6조는 선천후천 7조는 원형이정에 관한 답술. 자신의 견해로 논함.
	고연봉高延鳳 (1734-?) 호 水村	「御製經書疑義條對-周易」 689쪽-714쪽	- 저서: 『수촌집』 13권 6책이 있음. - 내용: 『수촌집』 6권에 수록.(이원배(李元培)의 『龜巖集』에도 수록됨) 정조의 질문에 답술한 『어제경서의의조대』 가운데 『주역』 관련 부분. 조목은 없고 차례는 易理와 易占에 관한 문답으로 시작해 하도 · 낙서의 출현 시점, 緯書와 僞作說에 관한 문답, 주희의 『본의』가 점서에 중점을 둔 이유, 64괘의 괘명에서 주효를 하나로 둔 경우와 두 효를 주효로 삼은 경우, 彖, 傳에서의 괘명, 괘사 풀이 및 팔순괘에서 괘명과 괘사를 괘체로 풀이하지 않은 이유, 주희 설시법에서 종래의 7 · 8을 쓰지 않고 구양수의 9 · 6 수를 쓴 이유, 元亨利貞 해석에서 『程傳』 · 『本義』가 서로 다른 이유 등 7조항의 문답으로 구성됨.
	이원배李元培 (1745~1802) 호 龜巖	「經義條對-易」	- 저서: 『구암집』 16권 8책이 있음. - 내용: 『구암집』 3권에 수록. 정조의 질문에 답술한 經義條對 중의 『주역』 관련 내용으로 7조항의 답술로 구성. 역리와 상수점이 천하의 하나의 이치인 이유, 하도낙서의 출현 시점과 緯書 僞作說에 대한 문답, 주희 『본의』가 점서에 역점을 둔 이유, 64괘의 괘명을 정할 적에 주효를 한 효로 삼은 이유, 단, 전에서의 괘명, 괘사 풀이 및 팔순괘의 괘명과 괘사를 괘체로 풀이하지 않은 이

			유, 주희 설시법에서 7·8을 쓰지 않고 구양수의 9·6을 쓴 이유, 원형이정의 설명이 『정전』과 『본의』가 다른 이유 등 문답. 위의 고연봉의 「어제경서의의조대-주역」의 질문과 동일하지만 답변은 다른 내용임.
		715쪽-734쪽	
22책	박제가朴齊家 (1750~1805) 호 楚亭	『周易』 ◎ ⑤주역주석서	- 연암 박지원의 문인. 이서구·이덕무·유득공과 교유. - 저서: 『北學議』가 있음. 1778(정조2)년 번암 체제공의 수행원으로 청(淸)에 다녀와 건륭기의 문물과 조선에 필요한 내용을 서술한 견문록. - 내용: 정이 『역전』과 주희 『본의』의 해석을 수록하고, 자신의 견해로 「계사전」까지 주석함. 정주(程朱) 해석을 비판적으로 검토해 그와 달리 주석하고, 경문의 내용도 문법적 입장에서 자신의 견해로 수정함. 박제가 역학의 독창성이 특징임. - 의미: 조선 후기 실학파의 경학관 연구와 북학파 사상 연구의 중요 자료임.
		1쪽-256쪽	
	50. 정조正祖 (1752~1800) 호 弘齋	『經史講義』-易·「經史講義-總經;易」	- 조선의 22대 국왕. - 내용: 『홍재전서』 101권~105권에 수록. 문왕의 단사, 주공의 효사, 공자의 십익 등의 뜻이 다름이 없는데, 역 중의 대강령인 元亨利貞의 해석이 문왕은 점사로 말하고, 공자는 사덕으로 해석한 이유와 건괘의 다섯 효사가 龍을 칭했지만 구삼만이 용을 칭하지 않은 이유 등 수준 높은 토론이 포함됨. 한정된 條文에서 역의 핵심 사상을 빠짐없이 다룸. - 내용: 『경사강의총경-역』은 정조가 關東의 窮經讀書之士인 유생(춘천 박사철, 횡성 안석재, 양양 최창유 등)들과 경연한 癸丑 강연에서 역에 관한 10개 조문의 논설. 예를 들면 역에는 상수학과 의리역이 있어 廣大悉備하다. 그러나 상수의 지리함보다는 의리의 平易切實함을

		257쪽-688쪽	추구함이 낫다. 이에 이천이 의리역을 주창하고 제가가 따르는데, 주희가 역을 占筮之書로 보고 점사로 해석했는데, 점서 상에도 의리를 추구할 수 있는가? 등의 문제와 소강절의 선천도, 양웅의 태현경, 順數와 逆數, 『역학계몽』의 巳生, 未生 등 어제조문에 역의 기본사상과 역학사에 관련된 것을 망라해서 논구함. 무오년 경연에서는 7개 조문을 의론함. 특히 주희설에 문제를 삼은 것 등은 당시의 정치적 상황에서 의미심장함. - 특징: 『경사강의-역』은 의리학을 토대로 실용이 되는 名物度數學을 다루어 상호 보완한 특징이 있음. 정조의 박학다식함과 높은 경륜이 드러남. - 의미: 『경사강의-역』은 정조와 당시의 문신들의 역학적 관점을 파악하는 데 중요한 자료로서 조선후기 사상사를 이해하는데 필수 자료가 됨.
	심취제沈就濟 (1753~1809) 호 謙窩	「易學撮要」 · 『讀易疑義』 ◎ 689쪽-756쪽	- 이상정(李相靖)의 문인. - 저서: 『겸와집』 4권 2책이 있음. - 간행연대: 1849년(철종1) 손자 한승(漢升)이 『겸와집』을 편집 · 간행함. 안광직(安光直)의 서문과 심의승(沈宜升) 발문 있음.(연세대도서관 소장) - 내용: 「역학촬요」는 역학의 핵심적인 요점을 추려서 자신의 관점에서 설명한 역설. 건괘 · 곤괘는 천지의 性情, 坎卦 · 離卦는 천지의 구체적인 정신이라고 함. 또 음양과 강유를 설명하고 하도는 음양, 낙서는 강유로 해석함. 체계적인 저술보다는 역학의 근본과 요점을 논했음. - 내용: 「독역의의」는 10행 22자의 행자를 갖춘 목판본. 구성은 「계사전」상하 · 「설괘」 · 「서괘」 · 「잡괘」 등의 어렵거나 의문점 등을 집중적으로 논함.
	장사경張思敬 (1756~1817)	「大易圖說」 ·	- 저서: 『五行傳』 · 『朞三百衍義』 · 『先後天圖說』, 『이계선생문집』 天 · 地 · 人이 있음.

	호 耳溪	「易卦爻贊」 757쪽-938쪽	- 간행연대: 1906년(광무10)에 증손 장익홍(張翊弘)이 『耳溪先生文集』 간행함. - 내용: 「대역도설」은 하도설, 낙서설, 선천도설, 후천도설, 양의사상도설, 팔괘도설, 육십사괘도설, 掛一辨, 십이월변, 삼십육궁변, 九六解, 삼천양지해, 大衍數記, 乾坤論, 咸恒論, 姤復論 등 9개의 說, 3개의 辨, 2개의 解, 1개의 記, 3개의 論으로 구성됨. 주로 程朱의 해석을 수용하면서 그 의미를 상세히 설명해 역학 초보자가 이해하기 쉽도록 설명함. - 내용: 「역괘효찬」은 괘효에 관한 贊頌. 괘의 전반을 개괄하고 괘상·괘덕을 설명하며, 말미에 四字句의 찬문으로 결론을 지음. 효사에 관한 찬문은 一句四字의 四句로 16자로 통일한 특징 있음.
23책	배상열裵相說 (1759~1789) 호 槐潭	「易說諸圖」 · 「推大衍數」 · 「卦變圖解」 · 「啓蒙傳疑攷疑」 1쪽-40쪽	- 저서: 『괴담유고』 6권 3책이 있음. 『性理纂要』·『四書纂要』·『啓蒙圖解』 등. - 내용: 『괴담유고』 4권 잡저에 수록. 「역설제도」는 河圖之圖, 則河圖劃八卦之圖 등을 비롯해 掛扐過渫之圖 등 16개의 도설. 「圓圖從中起之圖」는 주희 『본의』 위주의 설, 「方圓從中起之圖」는 정이 『역전』 위주의 설 등 程朱 해석을 안배 설명함. - 내용: 「추대연수」는 「계사전」 대연수를 설명함. - 내용: 「괘변도해」는 『역학계몽』의 괘변도를 부연 설명한 역설. - 내용: 「계몽전의고의」는 이황의 『계몽전의』에서의 의문점을 고찰해 논함.
	윤홍규尹弘圭 (1760~1826) 호 陶溪	「家人卦圖說」 41쪽-50쪽	- 저서: 『喪禮笏記』 등과 『도계유고』 4권 2책. - 내용: 『도계유고』 3권 「잡저」에 수록. 「가인괘도설」은 가인괘에 담긴 父子, 夫婦, 長幼 등의 家人之道를 역괘를 중심으로 풀이한 역설.

	55. 신작申綽 (1760~1828) 호 石泉	『易次故』 ⑥주역주석서	- 정제두의 외증손. 1821년 정약용이 『周易四箋』과 『易學緖言』의 평가를 석천에게 요청함. 신작은 벽괘의 辟에 대해서 '경방은 소식괘를 辟으로 삼았다. 벽은 임금이다. 식괘는 태음이고 소괘는 태양이다. 그 나머지 소음소양은 신하를 말한다'면서, 신하가 공·후·경·대부라고 정약용에게 전함. - 저서: 『詩次故』·『書次故』·『易次故』·『春秋左氏傳例』·『老子旨略』 등 총 31권 12책이 있음. 소실되어 다시 모은 것은 『시차고』 7책임. - 내용: 주희 『본의』에서의 선·후천도 등 도상을 싣지 않고, 「계사전」 대연수의 해석에서도 선·후천도를 전혀 언급하지 않음. 漢易을 높이고, 소옹의 도서상수학을 배격함. 정이가 『역전』에서 「서괘전」 언구를 64괘 첫머리에 붙인 것도 따르지 않음. 한역의 상수파와 의리파의 역설을 선별해 인용하고, 자신의 견해를 수록함. 중국학자로서 혜동(정현·순상·간보 등 역설 요약수록), 장혜언(우번역설 편중), 초순(旁通·相錯·時行으로 괘상·괘효사를 전면재해석)과 비교됨. - 특징: 『역차고』는 『주역』 상하경과 십익 모두를 주석한 주석서로 수록 범위가 광범위하고 한역 연구의 귀중한 자료임.
		51쪽-472쪽	
	남공철南公轍 (1760~1840) 호 金陵	「易繫辭論」	- 저서: 『金陵集』 24권 12책이 있음. 『高麗名臣傳』와 『歸恩堂集』·『穎翁續藁』·『穎翁再續藁』 등 - 내용: 구양수의 「繫辭非孔子作說」을 발단으로 「계사전」의 작자에 관해 논한 글로 「계사전」은 공자가 아니라 공문의 여러 제자가 문답한 내용을 잡기함.
		473쪽-480쪽	
	성해응成海應 (1760~1839) 호 研經齋	「經解-易頌·易緯說」·	- 실학자. 樸學的, 고증학적 경향. - 저서: 『연경재전집』 188권 102책(고려대 도서관 소장) - 한대(漢代)에는 經

			에 치중했고 송대(宋代)에는 四書에 치중했다면서 본집에 서·기·전 등으로 구성함. 별집 중 경해·예론에서는 경서, 예설에 관한 설·변·解로 고증·연구함. 외집은 漢魏叢書의 예에 의해 經翼·史料·子餘·載籍 등 네 부문임. 四門에서 구양씨(歐陽氏)의 類說을 모방해 부문별로 분류한 방대한 문헌임. 특히 역학에서 『주역전의』 이전에는 왕필의 공이 적지 않으며, 예는 정현의 주, 시는 주희의 傳箋, 서는 蔡傳이 좋으며, 古文과 孔傳은 오징, 주이준 학설을 참고할 것을 주장함. - 간행연대: 1840년(헌종 6)경 추정. - 내용: 『연경재전집』 별집에 수록. 64괘의 의리를 四言四句로 노래함. 모두 256구로 이루어짐. - 내용: 「경익역류」은 괘사·효사, 단전·상전, 십익을 구분해 고문역의 원형을 복구하려 함. 본래 상하경 2편, 10편의 傳이 각각 따로 있었지만 비직과 왕필이 彖箋, 象傳, 文言傳을 경에 붙여 合編되었고, 이것이 공영달 『正義』, 정이의 『易傳』에 답습되었다고 하고, 여대방·조열지·여조겸이 이의를 제기하고, 주희의 『본의』도 經·傳을 분리했고 함. 주희해석을 상당 부분 수용함. 성해응은 伏羲卦, 文王彖, 周公象, 孔子傳의 설과 『주역』 해석에 이광지의 『周易通論』을 인용함. 「경익-역류」에서는 이광지 역학이 각괘의 主爻를 논하고 괘효 점사를 논한 점을 주목하지 않고, 경전의 원형의 복원과 掛扐說로 설시법을 논함. - 내용: 「통지당경해서목-역」은 청의 徐乾學이 당송원명의 경해를 모아 편집한 『通志堂經解』 가운데 역류의 서목을 발췌한 것임.
		「經翼易類」 · 「通志堂經解書目-易」	
		481쪽-660쪽	
	58.	「摘文講義-	- 내용: 『碩齋稿』 5권에 수록. 「이문강의-역」은 윤행임의 규장각 대교 재직 당

		易」 661쪽-696쪽	시 정조가 나이가 적은 문신을 뽑아 월과제강(月課製講)에 참여하도록 했을 때 『주역』·『시경』·『논어』·『대학』·『중용』·『맹자』 등 규장각에서 강의한 내용 가운데 역학을 정리함. 종래 학설을 설명하고 의리적 의미를 주장함.
	윤행임尹行恁 (1762~1801) 호 碩齋	『薪湖隨筆-易』·『薪湖隨筆-繫辭傳』 ◎ ⑦주역주석서 697쪽-804쪽	- 초계문신. 서학 신봉으로 참형 당함. - 저술: 『碩齋稿』 20권11책, 『碩齋別稿』·『方是閑集』·『東三攷』 등이 있음. - 내용: 『신호수필』은 『석재별고』 7권·8권 수록. 7권은 각 괘를 괘사·상전·문언전·계사전으로 설명하고 주희 설명으로 보충함. 8권은 계사전을 절로 나눠 논하고, 문언전의 '敬以直內 義以方外'는 '千古道學之淵源'이라면서 주희 학설을 잘 이해하면 어렵지 않다고 함. - 특징: 괘사, 상전, 문언전과 계사전의 의리를 발명한 특징이 있음.

【표1】을 보면, 『한국경학자료집성-역경』(12책~23책)에는 17세기~19세기 초에 활동한 총 58명 유학자와 그들의 역학자료가 수록되었다. 여기에 조선 국왕인 정조(正祖) 이산((李山)의 『경사강의』와 사도세자와 강론한 유관현의 『역도촬요(易圖撮要)』 등 귀중한 자료도 포함되어 있다.

『한국경학자료집성-역경』 12책~23책에는 『주역』 주석서는 7편과 『주역』의 64괘 일부를 주석한 문헌 및 『역학계몽』 주해서 1편이 있다. 그러나 『황극경세서』와 『주역참동계』에 관한 주석서는 보이지 않는다. 역설로는 창의적이고 비판적인 관점의 논설이 많다. 또한 정조와 관동(關東)의 선비들과 나눈 역학과 국왕과 학자들이 논한 조대(條對)와 대책(對策)도 유의미하며, 사(辭)·변(變)·상(象)·점(占) 등 성인사도(聖人四道)와 관련된 다양한 관점과 주장을 제시한 역설들이 포함되어 자료가 다양하고 풍부하다.

그 세부적인 이론에는 조선 중기까지 활발히 논의되던 의리역학은 물론이고, 도상과 역수, 도설에 관한 다양한 상수역학이 포함되었다. 중국역학 연구로는 한역(漢易) 학자들의 이론과 해석방법을 논평하고 논박한 역설들이 포함되어 한역 연구가 본격화되는 양상을 보인다. 또 원대 역학에 관한 관심도 여전하다. 역대 조선 유학자들의 역학 이론까지 채록해 논한 역설도 있다. 특히 주희 역학과 『역학계몽』에 대해서는 추존하거나 혹은 비판적인 사유로서 각자의 문제의식을 논해 이론적으로 반박하는 역설들이 저술된 독특한 양상도 나타난다.

3. 『한국경학자료집성-역경』(12책~23책)의 역학적 특징 분류

【표1】 가운데 『주역』 주석서 7편은 핵심적인 역학자료이다. 구체적으로 살펴보면 첫째, 이익(李瀷)의 『역경질서(易經疾書)』는 『주역』의 성립 과정을 설명하고, 64괘 384효의 뜻을 근거로 괘의 진의(眞義)를 독창적으로 해석했다. 또 선유들이 언급하지 않은 부분까지 해명하였다.

둘째, 성이심(成以心)의 『인역(人易)』은 『주역』 해석에서 인간의 심성론을 토대로 주석하였다. 그가 심성론을 주목한 이유는 역학의 정종이 심성의 기법에 있다고 판단했기 때문이다. 그는 의의도설(擬議圖說), 문자회범례(文字膾凡例) 등을 저술하고, 문자회 및 11개의 도설을 독창적으로 해석하였다. 후대에 성윤신은 「인역괘효」를 저술해 성이심이 저술한 『반곡선생 인역』을 좀 더 체계화시켰다. 또 매 괘마다 도(圖)를 그려 넣어 자신의 해석도 덧붙였다.

셋째, 유정원(柳正源)의 『역해참고(易解參攷)』는 비직(費直)과 정현(鄭玄)·왕필(王弼)·조열지(晁說之)·여조겸(呂祖謙)·호단(胡旦)·호원(胡瑗)·여대방(呂大防)·정형(程逈)·정이(程頤)·주희(朱熹) 등 여러 시대 중국학자의 역설을 조목조목 논했다. 또 「인용제서선유성씨」에서는 자하(子夏)·맹희(孟喜)·비직(費直)·경방(京房)·유향(劉向)·양웅(揚雄)·정상(鄭象)·황영(黃穎)·마융(馬融)·정현(鄭玄)·허신(許慎)·송충(宋衷) 등 172명의 중국학자와 이언적(李彦迪)·이황(李滉) 등 한국학자의 이론을 인용해 논하는 등 박학한 역학 연구의 지평을 보여주었다.

넷째, 김상악(金相岳)의 『산천역설(山天易說)』은 '건원형이정'을 비롯해 64괘와 십익 및 도설까지 해석하였다. 그는 『주역』의 '주(周)가 육허에 두루 유행한다는 뜻이고, 역(易)은 강유(剛·柔)가 서로 바뀐다는 뜻으로 보았다.

다섯째, 박제가(朴齊家)의 『주역(周易)』은 정이 『역전』과 주희 『본의』의 해석을 비판적으로 고찰하고 자신의 견해로 주석하였으며, 경문도 문법적 입장에서 수정한 독창성을 지닌다.

여섯째, 신작(申綽)의 『역차고(易次故)』는 주희 『본의』의 선·후천도를 수록하지 않았으며, 대연수 해석에서도 선·후천도를 전혀 언급하지 않았다. 그는 한역(漢易)을 높였고 소옹의 도서상수학을 배격했다. 이로써 한역의 상수파와 의리파의 역설을 선별해 인용하고 자신의 견해를 담았다. 중국학자로는 혜동(정현·순상·간보 등 역설 요약 수록), 장혜언(우번 역설 편중), 초순(旁通·相錯·時行 등 전면 재해석) 등 한역을 비교 연구하였다. 이는 정약용의 역학과 더불어 중국역학에 관한 평가를 연구하는 중요한 자료가 된다.

일곱째, 윤행임(尹行恁)의 『신호수필(薪湖隨筆)-역』, 『신호수필-계사전』은 각 괘를 설명하고 주희 설명으로 보충하였다. 그는 「문언전」의

'경이직내(敬以直內) 의이방외(義以方外)'라는 문장을 '천고도학지연원(千古道學之淵源)'으로 보았다. 그 외에도 김규오의 『독역기의』와 김귀주의 『주역차록』 등은 64괘 전부를 논하지는 못했지만, 괘효의 해석에 중점을 둔 주석서이다.

다음으로 『역학계몽』 주해서 1편은 서명응(徐命膺)의 『역학계몽집전(易學啟蒙集箋)』이다. 이 문헌은 정조(正祖)가 명령하여 서명응이 『역학계몽』을 토대로 자세히 주석하였다. 정조가 왕세손으로 있을 때 명나라에서 편찬된 『역학계몽부주』를 강의받으면서 『역학계몽요해』와 『계몽전의』과 여러 학자의 주해를 읽을 때 서명응에게 편찬토록 명령하였다. 서명응은 『역학계몽요해』와 『계몽전의』의 편제가 『역학계몽』과 다르므로 두 문헌을 합편하고, 부주(附註)에서 의상(意象)을 생략하고 문의(文義)만을 설명했으며, 선유의 학설을 채록해 논하고 그 아래에 고이(考異)를 붙였다. 서명응의 『역학계몽요해』는 『역학계몽』 주해서 가운데 가장 일목요연하게 정리된 문헌으로 평가받고 있다.

이와 같이 『한국경학자료집성-역경』(12책~23책)에 수록된 각각의 역학적 특징과 의미를 토대로, 1차 연구에서의 분류 방법과 통일성을 유지해 다음의 8가지로 분류한다.

1. 『주역전의대전』 중심의 주석이나 세주를 논평한 한국역학

   이현익의 「주역설」, 권만의 「역설」, 서종화의 「역상관견서」, 이곤수의 「주역강의」, 유정원의 『역해참고』, 성해응의 「경익역류」, 윤행임의 『신호수필-역』 등

2. 『역학계몽』을 주석하거나 일부를 논평한 한국역학

   윤봉조의 「학역천견(學易淺見)」, 박치화의 『설계수록-역학계몽』, 한원진의 「역학계몽-경의기문록」, 김교행의 「역학계몽차

록」, 서명응의 『역학계몽집전』과 「계몽도설」 등

3. 창의적인 관점의 한국역학

이익의 『역경질서』, 성이심 『인역』, 김상악의 『산천역설』, 성윤신의 「인역괘효」, 신작의 『역차고』 등

4. 비판적 관점의 한국역학

한원진 「문왕역석의」, 홍대용의 「계몽기의」, 김귀주의 『주역차록』, 박제가의 『주역』, 남공철의 「역계사론」 등

5. 의문점이나 저술 의도에 따라 저술된 한국역학

유의건의 「독역규관」, 심조의 「역상차론」, 윤동규의 「경설-역」, 양응수의 「역본의차의」, 김원행의 「미상경의-주역」, 계덕해의 「경설:역」, 송능상의 「기문록계몽편품목」, 임성주의 「주역」, 안정복의 「경서의의-역」, 김근행의 「주역의목」, 백봉래의 「서역본의」, 심정진의 「역설」, 김규오의 『독역기의』, 황윤석의 「주역강령」, 조유선의 『경의-주역본의』, 성대중의 「역서통의」, 성대중의 「경의-역경차략」, 박윤원의 「역계차의」, 조진관의 「역문」, 윤홍규의 「가인괘도설」 등

6. 한대 역설과 주역해석방법론을 논설한 한국역학

유정원의 「인용제서선유성씨」, 신작의 『역차고』 등

7. 왕이나 왕명에 의한 편집, 왕[세자]과 문답론 등 한국역학

유관현의 「역도촬요」, 서명응의 『역학계몽집전』, 유광천의 「어제경의문대-주역」, 기학경의 「어제경의조대-주역」, 고연봉의 「어제경서의의조대-주역」, 이원배의 「경의조대-역」, 정조의 「경사강의-역 · 총경역」 등

8. 도상(圖象)을 중심에 둔 한국역학

전기대의 「원획괘」, 윤봉조의 「학역천견」, 채지홍의 「역학12도」, 이세형의 「규반록~12벽괘도설」, 남국주의 「역범통록」, 서명응의 「계몽도설」, 위백규의 「논하도낙서설」, 오재순의 「하도해」, 이엽의 「천역도」와 「인역도」, 박종의 「주역강의」, 이만운의 「팔괘방도」, 김귀주의 「역학계몽차록」 등

위에서 주목할 만한 한국역학으로는 비판적인 관점으로 서술된 홍대용의 「계몽기의」가 있다. 그는 『역학계몽』에 내재된 신비적이고 비과학적인 내용을 비판하고, 술수가들이 부회한 말을 무비판적으로 수용해 태극도(太極圖)와 역(易)을 해석한 주희도 비판하였다. 이에 『역학계몽』이 경전적 근거를 갖추지 못했다고 비판하였다. 또 김귀주는 『주역차록』에서 중국 제가의 이론을 적극적으로 비판하고, 『역학계몽차록』에서는 『역학계몽』의 여러 문제점을 지적해 논함으로써 중국역학의 세부적인 이론에 관한 냉철한 비판적 사유를 드러냈다. 또한 한원진 「문왕역석의」와 박제가의 『주역』, 남공철의 「역계사론」 등도 비판적 관점을 지닌 역학자료로서 비판의 근거와 이론적 차이점을 주목할 필요성이 있다.

다음은 창의적인 한국역학 자료로 이익의 『역경질서』, 성이심 『인역』, 김상악의 『상천역설』, 성윤신의 「인역괘효」, 신작의 『역차고』 등을 꼽을 수 있다. 이들 역학자료에 관해서는 보다 정밀한 연구와 분석 및 연구자들의 다양한 관점에 의한 연구를 진행해 각 문헌자료에 내재된 역학사상과 해석이론 및 해석방법론 등을 유학자별로 정리해 그 창의성과 철학적 문제의식을 분석할 필요성이 있다고 생각된다.

또한 역학의 분석 및 평가와 관련된 인식을 파악할 자료로는 서종화(徐宗華)가 『주역』에서 가장 중요한 요점[易之撮要]이 상(象)이고, 가장

어려운 것을 밝힌 것도 상이라면서 역상을 『주역』 해석에서 가장 중요한 요소라고 한 이론이 있다. 또 서명응은 언·상·수·의(言象數意)를 사도(四道)로 정하고, 하도부터 복희선천사도[팔괘도·방위도·차서도·방원도] 등의 도상을 언·상·수·의로서 나누어 해석해 역학의 근원에 관한 인식을 드러냈다. 그리고 김상악은 사·변·점(辭·變·占)이 모두 상(象)으로부터 나왔다고 하고, 이들 가운데 어느 하나도 폐해서는 안 된다고 주장하였다. 이로써 상을 토대로 성인사도(聖人四道)의 중요성을 강조한 의미가 있다. 더불어 이엽(李燁)은 송대 역학이 이일분수(理一分殊)에 편향되어 상수 변화를 해석하는 데 소홀했다고 비판하면서 주희 역학이 관상완사지도(觀象玩辭之道)와 관변완점지기(觀變玩占之機)를 갖춘 역학이라고 평가했다. 즉 주희가 사·변·상·점 모두를 해명한 학자라는 관점이다. 이들 내용을 종합하면, 서종화는 역상, 서명응은 언·상·수·의, 김상악은 사·변·상·점, 이엽도 사·변·상·점을 중요하게 인식한 학자가 된다. 이들을 포함해 조선 유학자들의 성인사도(聖人四道)에 관한 인식을 비교 연구하면, 한국 역학자들이 어떤 범주와 요소로서 역학을 인식하고 평가했는지 그 중요한 근거를 찾을 수 있다.

종합적으로 역학 이론에는 태극, 양의, 사상, 팔괘 및 음양오행과 강유, 역 개념, 괘덕(卦德), 괘명(卦名) 등에 관한 역설과 정주(程朱) 역설 및 후대의 세주를 비롯해 고문역(古文易)까지 다양한 관심이 표출되었다. 또한 선천, 후천, 도상, 대연수(大衍數), 순수(順數), 역수(逆數), 서법(筮法), 역상(易象) 등 의리와 상수를 망라한 많은 문헌자료가 축적되었다. 이들 자료는 한국역학의 다양성 및 정체성과 창의적 사고, 역학의 이론토대와 해석방법론의 구체적인 이론과 중국역학에 관한 유학자들의 비판적 사유까지 확인할 수 있다.

4. 『한국주역대전』에서의 번역 현황

『한국주역대전』(전 14권)은 2012년~2015년까지 한국학토대연구지원사업(연구책임자 최영진 교수)으로 중국과 한국의 역학문헌을 집록해 번역하였다. 정이(程頤) 『역전(易傳)』과 주희(朱熹) 『본의(本義)』를 비롯해 송원대(宋元代) 학자들의 세주(細註)가 【中國大全】으로 번역되었고, 권근의 『주역천견록』부터 이병헌(李炳憲)의 『역경금문고통론』까지 총 58명의 역학자료가 【韓國大全】으로 번역되었다.[5] 중국역학과 한국역학이 함께 번역되었기 때문에, 상대적으로 한국역학 자료에 누락된 조선의 역학 대가들의 문헌과 역설이 있는 아쉬움이 있다.[6]

『한국주역대전』은 『주역』 경문을 괘사 · 효사의 의미로서 분절해 수록하였다. 상경 592개의 문장, 하경 653개의 문장과 「계사전」 이하 210개의 문장으로 분절하여 역학자료를 번역하였다.

『한국주역대전』에서 『한국경학자료집성-역경』 12책~23책의 어떤 자료를 번역해 분절체계[상경 592문장, 하경 653문장, 「계사전」 이하 210문장]에 따라 수록했는지를 정리하면 【표2】와 같다.

5) 『한국주역대전』은 〈한국학진흥사업 성과포털〉에 DB자료로 업로드되었으므로 그 번역과 해제 내용을 검색할 수 있다.

6) 필자는 1차 연구에서 정약용의 『주역사전(周易四箋)』과 『역학서언(易學緖言)』에 관한 번역 및 이황(李滉), 김시습(金時習), 신흠(申欽), 허목(許穆)을 비롯해 신후담(愼後聃), 성해응(成海應), 유중교(柳重教) 등과 조선 말기의 김항(金恒)과 이달(李達) 등 한국역학사에 중요한 의미를 지닌 학자들의 역학자료가 수집, 번역되지 않음을 아쉬워했다.

【표2】『한국주역대전』의 『한국경학자료집성-역경』(12책~23책) 번역 현황

1. 이현익(李顯益)의 「주역설」 - 상경 49회, 하경 47회, 계사전 이하 4회
2. 박치화(朴致和)의 「설계수록」 - 0회, 0회, 64회
3. 이익(李瀷)의 『역경질서』 - 181회, 249회, 99회
4. 권만(權萬)의 「역설」 - 22회, 101회, 0회
5. 심조(沈潮)의 「역상차론」 - 137회, 130회, 0회
6. 윤동규(尹東奎)의 「경설-역」 - 3회, 7회, 8회
7. 양응수(楊應秀)의 「곤괘강의 · 역본의차의」 - 20회, 2회, 0회
8. 김원행(金元行)의 『미상경의-주역』 - 1회, 2회, 0회
9. 유정원(柳正源)의 『역해참고』 - 409회, 426회, 166회
10. 송능상(宋能相)의 「계사전질의」 - 0회, 0회, 13회
11. 임성주(任聖周)의 「주역」 - 1회, 4회, 0회
12. 안정복(安鼎福)의 『경서의의-역(잡괘설 · 잡괘후설)』 - 0회, 0회, 9회
13. 김상악(金相岳)의 『산천역설』 - 516회, 546회, 220회
14. 김규오(金奎五)의 『독역기의』 - 131회, 89회, 0회
15. 조유선(趙有善)의 『경의-주역본의』 - 8회, 11회, 1회
16. 박윤원(朴胤源)의 『경의 · 역경차략 · 역계차의』 - 88회, 0회, 37회
17. 서유신(徐有臣)의 『역의의언』 - 555회, 589회, 127회
18. 김귀주(金龜柱)의 『주역차록』 - 229회, 0회, 0회(상경만)
19. 박제가(朴齊家)의 『주역』 - 106회, 172회, 7회
20. 심취제(沈就濟)의 「독역의의」 - 0회, 0회, 58회
21. 윤행임(尹行恁)의 『신호수필 · 역』 - 81회, 68회, 68회

『한국경학자료집성-역경』(12책~23책)의 총 58명 유학자의 역학자료 가운데 『한국주역대전』에서는 21종류의 역학자료를 번역하였다.

여러 역설을 저술한 학자의 경우, 『주역』 경문을 중심으로 된 자료가 번역되었다. 이익의 『역경질서』, 유정원의 『역해참고』, 김상악의 『산천역설』, 서유신의 『역의의언』, 김귀주의 『주역차록』, 박제가의 『주역』, 윤행임의 『신호수필-역』 등은 분량이 많은 편이다. 반면 박치화의 「설계수록」, 송능상의 「계사전질의」, 심취제의 「독역의의」 등은 「계사전」 이하를 논한 적은 분량의 역설이다. 이로써 【표1】의 저술 분량과 【표2】의 수록 횟수를 비교해 간략히 저술의 분량을 파악할 수 있다.

5. 맺음말

『한국경학자료집성-역경』 12책~23책에는 17세기~19세기 초까지 활동한 유학자 총 58명의 역학자료가 집록되었다. 여기에는 『주역』 주석서 7편과 『역학계몽』 주석서 1편이 포함되었다. 『주역』 주석서 7편 가운데 주목할 만한 자료는 역학사적 의미를 지닌 성호 이익이 『역경질서』와 창의적인 한국역학인 성이심의 『인역』, 역대 주석서를 종합해 연구하여 역의 본원을 해명한 유정원의 『역해참고』, 한역(漢易) 관련 상세한 연구를 포함한 신작의 『역차고』 등이 돋보인다. 특히 신작과 유정원의 주석서는 『한국경학자료집성-역경』 24책에 수록된 정약용의 『주역사전(周易四箋)』과 『역학서언(易學緖言)』과 비교하여, 조선후기 유학자들의 중국역학 관련 논평 및 학술적인 평가 내용을 비교 분석할 수 있다.

그리고 『역학계몽』 주해서 1편으로 『역학계몽집전』은 정조의 명령으로 서명응이 저술한 문헌으로 그 내용이 상세하다. 정조와 관동(關東) 지역 문신들과의 역학에 관한 식견을 파악할 『경사강의-역』은 조선후기의 역학사상을 확인하는 의미가 크다. 또한 정조와 역학을 논한 조대(條對)에 기학경, 고연봉, 이원배의 대책 비교도 유의미할 것이다. 이와 더불어 창의적인 관점으로 저술된 성이심 『인역』, 김상악의 『상천역설』, 성윤신의 「인역괘효」 등과 비판적인 관점으로 저술된 한원진 「문왕역석의」, 홍대용의 「계몽기의」, 김귀주의 『주역차록』, 박제가의 『주역』, 남공철의 「역계사론」 등은 독창적인 한국역학의 이론체계를 파악할 자료가 된다. 이처럼 많은 역학자료들을 통해서 조선역학의 변천사와 『주역』 해석학의 지평을 확인할 수 있다.

12책~23책에 담긴 세부적인 이론은 태극, 양의, 사상, 팔괘 및 음양오행과 강유, 역 개념, 괘덕, 괘명 등에 관한 내용과 정주 역설 및 후대의 세주를 비롯해 고문역(古文易)에 관한 관심까지 다양하다. 또한 선천, 후천, 도상, 대연수, 순수(順數), 역수(逆數), 서법, 역상 등과 괘변, 착종, 변, 독법, 점법 등 세부적인 해석방법 및 독역방법을 논한 역설로 의리와 상수가 망라되었다. 또 사변상점(辭變象占)의 성인사도에 관한 역설들로 『주역』 해석의 중요 요소 및 역학 평가를 위한 범주를 논하여 그 이론 토대가 더욱 다양해졌다.

종합하면, 『한국경학자료집성-역경』(12책~23책)에는 17세기~19세기 초까지의 한국역학을 수록하였다. 한대부터 청대까지의 중국역학을 관통해 논구했고 주희 역학에 관해서는 추존과 비판이 대치한다. 송역에서 벗어나 상수와 의리를 종합해 연구하려는 경향성도 짙어진다. 조선 초기에 비해서 소옹 역학이나 『역학계몽』의 도상설을 비판한 역설도 많으므로, 중국역학을 보다 객관적으로 평가하려는 경향성이 나타난 것이다. 따라서 이들 한국역학의 자료는 모두 한국역학사

를 저술하는 근간이자 토대로서 역학사의 변천을 확인할 중요한 의미가 있다. ◆

【참고문헌】

성균관대 대동문화연구원, 『한국경학자료집성-역경』(전37책), 1996~1997.

성균관대 대동문화연구원, 『한국경학자료집성-총목록』, 1998.

한국주역대전편찬실, 『한국주역대전』(전14권), 고양: 학고방, 2017.

엄연석, 『조선전기역철학사』, 서울: 학자원, 2014.

R. KentGuy 저, 양휘운 역, 『사고전서』, 서울: 생각의 나무, 2009.

張舜徽 저, 성균관대 한문고전번역협동과정 역, 『사고전서 이해의 첫걸음』, 성균관대출판부, 2016.

김학권 외 5인, 「조선 역학의 범주적 분류와 사상사적 전개에 관한 연구」, RNF 결과보고서, 2016.

이난숙, 「역학평가의 준거 -성인사도인 辭·變·象·占 연구」, 율곡학회, 『율곡학연구』 50, 2022.

이선경, 「『주역』 번역의 현황과 과제 -『한국주역대전』 집성을 중심으로-」, 한국고전번역원, 『민족문화』 52, 2018.

이선경, 「조선 상수역학의 전개양상과 그 현재적 의미 연구 -주희 『역학계몽』의 수용과 재해석을 중심으로-」, RNF 결과보고서, 2012.

이영호·함영대, 「디지털 경전주석학의 모색 -한국경학시스템을 중심으로」, 성균관대 대동문화연구원, 『대동문화연구』 101, 2018.

정병석, 「조선역학사에서 도상학적 상수학의 수용과 비판 -주자의 도서역학과 소강절의 선천역학을 중심으로-」, 한국유교학회, 『유교사상문화연구』 58, 2014.

하정승, 「고려시대 유학 교육과 여말선초 학맥의 형성」, 동방한문학회, 『동방한문학』 82, 2020.

『한국경학자료집성-역경』(24책~37책)의 구성 내용과 역학적 특징 분류(Ⅲ)

이 난 숙

〈요약〉

이 글은 『한국경학자료집성-역경』 전 37책에 관한 3차 연구로서 24책~37책을 고찰하였다. 주된 연구 내용은 각 저술의 구성 내용과 분량 및 역학적 특징과 의미를 살펴보고, 『한국주역대전』에서의 번역 현황을 함께 고찰하였다. 18세기~20세기에 활동한 학자와 저자 미상인 학자까지 총 64명의 유학자와 그 역학을 분석해 도표로 정리했으며, 각 저술의 역학적 특징을 10가지로 분류하였다.

핵심적인 역학문헌은 『주역』 주석서 15편(13편과 저자 미상 2편)과 중국역학비평서 1편 등이 있다. 그 내용에는 한대(漢代)부터 청대(淸代)까지의 중국역학을 연구하고, 정주(程朱) 역학에 대해서는 긍정과 비판이 대치한다. 또한 중국역학을 재평가하고 고증학적 입장에서 논박도 이루어졌다. 조선 유학자들의 역학을 논평했으며, 철종(哲宗)의 책문, 대책도 포함되었다. 역학이론에는 의리와 도상, 변점(變占), 복서(卜筮), 서법 등을 비롯해 사·변·상·점(辭變象占)을 논한 역설이 있다. 이로써 역의 원류와 형성, 전승 과정 등 한국역학의 지평과 면모를 파악할 수 있다. 이들 자료는 한국역학사 저술의 근간이자 기초토대가 되는 중요한 의미가 있음을 확인하였다.

* 이 글은 『동양철학연구』 120(동양철학연구회, 2024.11)에 게재된 것을 수정·보완하였음을 밝힌다.

1. 머리말

본 연구는 한국역학사(韓國易學史)를 저술하기 위한 토대연구로서[1), 『한국경학자료집성(韓國經學資料集成)-역경(易經)』 전 37책[2)에 관한 3차 연구이다. 그 내용은 24책~37책을 대상으로, 구성된 역학 문헌의 내용과 저술 분량 및 역학적 특징과 의미를 고찰해 분류하는 것이다. 더불어 『한국주역대전』(전 14권)에서 24책~37책의 어떤 자료를 번역했는지 그 현황도 함께 고찰하고자 한다.

성균관대학교 대동문화연구원이 1996년~1997년 국내 최초로 한국역학을 집성한 『한국경학자료집성-역경』(전 37책)에는 총 171여 명의 유학자에 의한 총 339종류의 역학자료가 수록되었다. 1차 연구에서 1책~11책(Ⅰ), 2차 연구에서 12책~23책(Ⅱ)을 살펴보았고, 마지막인 3차 연구에서 24책~37책(Ⅲ)을 고찰할 것이다.

앞서 이루어진 1차 연구와 2차 연구의 결과를 요약하면 다음과 같다. 『한국경학자료집성-역경』 1책~11책은 14세기~18세기 초까지 총 49여 명의 유학자와 그들의 역학자료를 수록했다. 『주역』 주석서

---

1) 한국주역학회는 〈한국역학사상사를 어떻게 쓸 것인가〉를 아젠다로 2023년부터 일련의 학술대회를 개최하였다. 2023년의 주제는 "중국 · 대만 · 일본의 역학사상사 연구 현황 검토", "한국역학사상사 서술의 틀을 어떻게 만들 것인가"였다. 그리고 2024년에는 "조선시대 이전의 역학사상사를 어떻게 접근할 것인가"를 주제로 정기학술대회를 개최했다. 본고는 이러한 목적에 의한 연구로서 『한국경학자료집성-역경』을 분석한 논문이다.

2) 『한국경학자료집성-역경』 자료는 한국경학자료시스템 홈페이지(http://koco.skku.edu/)에 디지털 자료로 업로드되어 있다. 총목록을 비롯해 분류별, 주석별, 저자별, 서명별로 검색이 가능하다.

8편과 『역학계몽』 주해서 3편, 『황극경세서』 주석서 1편과 『주역참동계』 주석서 1편을 포함한다. 시기적으로는 한대(漢代) 위백양(魏伯陽)의 도가역학부터 송원대(宋元代) 『주역전의대전』, 『역학계몽』과 소옹(邵雍) 역학까지 깊이 연구되었는데, 이들의 역학적 특징을 14종류로 분류하였다. 그리고 『한국주역대전』(전 14권)은 1책~11책의 역학자료 가운데 17종을 번역하였다.[3)]

다음으로 『한국경학자료집성-역경』 12책~23책에는 17세기~19세기 초까지 총 58명의 유학자와 그들의 역학자료가 수록되었다. 『주역』 주석서 7편과 정조(正祖)의 왕명에 의한 『역학계몽』 주해서 1편이 포함되었다. 여기에는 창의적 관점의 주석서와 『주역』과 『역학계몽』에서의 의문점들을 자신의 관점으로 해명한 역설도 많다. 한역(漢易)에 관한 논변부터 송원대 역학을 포함해 연구했으며, 정주(程朱) 역학에 관한 비판적 인식을 드러냈다. 성인사도(聖人四道)에 관한 학자들의 역설과 상수, 의리에 관한 다양한 논설 및 해석방법론, 독역(讀易)방법을 논한 저술들도 포함되었다. 이러한 역학적 특징을 8종류로 분류하였다. 그리고 『한국주역대전』(전 14권)은 12책~23책의 자료 가운데 21종을 번역하였다.[4)] 이러한 상세한 분석은 두 편의 논문에 해명되었다.

3차 연구 대상인 『한국경학자료집성-역경』 24책에는 정약용(丁若鏞, 1762~1836)의 『주역』 주석서 『주역사전(周易四箋)』과 역대 중국역학 2천년사를 주도했던 중국역학 대가(大家)들의 역학을 비판적으로 논평한 『역학서언(易學緖言)』부터 시작된다. 25책에는 역학에 조예가 깊은 유학

---

3) 상세한 내용은 이난숙, 「『한국경학자료집성-역경』(1책~11책)의 구성 내용과 역학적 특징(Ⅰ)」, 『동양철학연구』 119(동양철학연구회, 2024), 77-113쪽 참조 바람.

4) 상세한 내용은 이난숙, 「『한국경학자료집성-역경』(12책~23책)의 구성 내용과 역학적 특징(Ⅱ)」, 『율곡학연구』 57(율곡학회, 2024), 153-186쪽 참조 바람.

자 서유신(徐有臣, 1735~1800), 강엄(康儼, 1766~1833), 박문건(朴文健, 1770~1809), 유휘문(柳徽文, 1773~1827), 홍석주(洪奭周, 1774~1842), 이지연(李止淵, 1777~1841), 김정희(金正喜, 1786~1856), 이규경(李圭景, 1788~1856), 이항로(李恒老, 1792~1868), 김기례(金箕澧, 1786~1854), 이종상(李種祥, 1799~1870), 심대윤(沈大允, 1806~1872), 이진상(李震相, 1818~1886), 유중교(柳重教, 1832~1893), 전우(田愚, 1841~1922), 박문호(朴文鎬, 1846~1918), 이병헌(李炳憲, 1870~1940), 오치기(吳致箕, 1807~?) 등의 역학저술이 수록되었다. 그리고 36책과 37책에는 저자와 생몰연대가 불분명한 학자들의 역학자료도 집록되었다. 24책~37책에는 18세기~20세기에 활동한 유학자와 저자 미상의 학자까지 총 64명 유학자의 역학자료가 집록되어 있다.

『한국경학자료집성-역경』 24책~37책(Ⅲ)에 수록된 총 64명의 학자가 저술한 각각의 문헌 내용과 역학적 특징과 의미 및 저술 분량 등을 간략히 도표로 정리하고자 한다. 또 각각의 문헌자료에 담긴 세부적인 역학적 특징을 토대로 분류를 한다. 『한국주역대전』(전 14권)에서는 『한국경학자료집성-역경』 24책~37책 가운데 어떤 자료를 번역했는지 그 현황까지 살펴보고자 한다.

2. 『한국경학자료집성-역경』(24책~37책)의 구성 내용

『한국경학자료집성-역경』의 24책~37책을 보면, 『주역』 주석서가 총 15편이 있다. 15편은 저자가 분명한 13편과 저자 미상인 주석서 2편을 포함한다. 그리고 역대 중국역학사를 구체적으로 비평한 중국역학비평서 1편이 포함되었다. 역설로는 의언(疑言), 의의(疑義), 연의(衍義), 서언(緖言), 질의(質疑), 문답(問答), 기의(記疑), 강목(綱目), 유편(類篇) 등 다양한 형식의 저술이 포함되었다.

중국역학을 연구한 현황은 양한(兩漢) 역학부터 시작해 전문 역학자와 조정(朝廷)의 박사(博士)들 계보 및 역학서를 기록한 저술도 있다. 이로써 한역의 학자들 및 세부적인 문헌에 많은 관심을 가졌음을 알 수 있다. 그리고 위진(魏晉), 송(宋), 원(元), 명(明), 청대(淸代)를 아울러 중국역학의 변천사를 연구하고 논하였다. 여기에는 창의적인 관점의 『주역』 주석서는 물론이고, 비판적 관점의 논설과 의문점을 해명한 역설들이 많다. 또 철종(哲宗)이 왕명으로 내린 책문(策問)과 학자들의 대책(對策)도 포함되었다. 이로써 조선 말기의 조정(朝廷)과 유학자들의 역학에 관한 이해 및 수준까지 살펴볼 수 있다.

『한국경학자료집성-역경』의 24책~37책에 수록된 총 64명의 유학자 및 저술 서명(書名)과 분량, 그 역학적 특징 및 의미를 분석한다. 『주역』 주석서는 ① 등 일련번호로 표기하고, 『한국주역대전』에서 번역된 자료는 ◎로 표시한다. 여러 역학자료가 저술된 경우에는 주석서를 진한 글자로 표기하였다. 주요 내용은 【표1】과 같다.

【표1】『한국경학자료집성-역경』(24책~37책)의 한국역학 자료현황5)

책수	저자	서명	내용
24책	1. 정약용丁若鏞	『周易四箋』 ①주역주석서	- 저술연대: 1804~1808년. 1804년 출간된 갑자본을 시작으로 매년 수정·보완해 최종본인 무진본 『주역사전』(전 24권)을 완성함.(서울대

5) 【표1】은 『한국경학자료집성-역경』(전 37책) 해제와 『한국주역대전』의 해제 및 한국학중앙연구원의 한국민족문화대백과와 한국향토문화전자대전 등 사전류를 비롯해 선행연구 논문들을 참조하여 필자가 정리하였다.

	(1762~1836) 호 茶山	1쪽-716쪽	규장각 소장) - 간행연대: 1934~1938년 신조선사(新朝鮮社)의 정약용 서거 100주년 기념 『여유당집』 154권 76책을 재편집 간행. - 내용: 『여유당전서』 경집 37권~44권에 수록된 『주역사전』은 「자찬묘지명」에서 『周易心箋』이라고 기록함. 무진본에는 四箋小引을 비롯해 23종의 括例表, 讀易要旨 18칙, 28종의 易例比釋 등 해석사례를 분석하였음. 64괘를 주석했으며, 뒤에는 「춘추관점보주」, 「대상전」, 「계사전」상하, 「시괘전」, 「설괘전」까지 주석해 수록함. 독창적인 이론으로 주석 · 변증함. - 특징: 「역례비석」에서 推移 · 物象 · 互體 · 爻變을 易理四法이라 하고, 괘 · 효사를 해석할 중요한 해석방법론이라고 함. - 의미: 程朱 중심의 송역이나 의리역학을 벗어나 한역부터 시작해 역학문헌, 역사, 해석법 등을 고증해 『주역』 해석을 위한 주요 방법론과 이론들을 규정한 창의적인 주석서로서 학술적 의미가 크다. 조선역학사와 이론적인 변천을 연구할 중요한 자료가 됨.
		『易學緖言』 ①중국역학 비평서	- 저술연대: 1804년~1821년 저술함. - 내용: 『역학서언』 4권 2책에는 총 21편의 역학평론을 수록함. 漢代부터 淸代까지 중국역학에 영향력이 지대했던 대가들의 역학을 연구해 시비를 가리고, 논리적 오류와 해석을 비판적으로 논평함. 21편의 역학평론에는 1.李鼎祚集解論 2.鄭康成易註論 3.班固藝文志論 4.漢魏遺義論 5.王輔嗣易注論 6.韓康伯玄談考 7.孔疎百一評 8.唐書卦氣論 9.朱子本義發微 10.邵子先天論 11.沙隨古岾駁 12.吳草廬纂言論 13.來氏易註駁 14.李氏折中鈔 15.陸德明釋文鈔 16.郭氏擧正駁議 17.王蔡胡李評 18.卜筮通義 19.周易答客難 20.玆山易柬 21.茶山問答이 있음. 복서론, 역학문답론, 역학서간문을 포함함. 정약용의 역학에 관한 전문지식과 해박한 식견 및 중국역학사를 관통하는 정약용의 학문적 평가를 파악할 중요한 문헌자료임. - 특징: 중국역학사에서 명성이 있는 역학대가의 역학을 비판적으로 재평가함과 동시에 경문해석에 관해 조목조목 논박하며 학술적인 평가

		717-1044쪽	를 단행함. 중국역학 2천년사를 논한 정약용의 인식과 평가를 담음 학술적 가치가 큰 자료임.
25책	서유신徐有臣 (1735~1800) 호 華東老人	『易義擬言』 ◎ ②주역주석서 1쪽-692쪽	- 저술연대: 1788년 전후 완성 추정.(『역의의언』 부록 「妙硏篇」에 의함)(홍국영의 모함으로 방축된 시기임) - 내용: 전체 15권이나 7권·8권의 계사 상하는 편목만 있고 본문이 없으므로 실제는 13권임. 구성은 상경(1~3권). 하경(4~6권). 계사전 상하(7~8권). 문언전(9권). 대상전(10권). 설괘전(11권). 서괘전(12권). 잡괘전(13권), 遠近篇(14권) 등으로 구성됨. 단전과 소상전을 괘효 아래에 배치해서 고문경의 체제를 준용했고, 주희 『본의』의 체제를 따름. 「원근편」은 '近取諸身 遠取諸物'을 본뜬 장으로 괘효사에 담긴 취상 원리를 밝힌 편으로 「설괘전」에 수록된 물상의 해석이 완전히 상응하지 못해서 호체, 괘변 등의 해석법을 창안 또는 부회한 해석이 있다고 보고 서술한 것임. 「묘연편」은 四象 원리를 推硏함. 『본의』처럼 象占을 易本義로 보고, 理·氣·象·數를 역의 근원이라고 해석하고자 함.
26책	오희상吳熙常 (1763~1833) 호 老洲	『雜著-易』 ◎ 1쪽-18쪽	- 저서: 『노주집』 38권 19책이 있음. 自修自得의 학문 태도를 중시한 학자로 김창협 학풍이며, 이기절충과 인물성동론을 지지함. - 내용: 『잡저-역』은 「乾坤大象曰」 이하 총 40조의 논설을 수록함. 저자는 天의 四德을 流行과 變化로 나누고, 乾坤과 誠敬의 관계를 논하였음. 역의 묘용은 時와 位에 있다면서 길흉회린을 해석하고, 효사의 특징과 의미까지 주석함.
	강심효姜心孝 (1764~1848) 호 海隱	「謙卦圖」· 「易說」 19쪽-30쪽	- 저서: 『해은유고』 20권 12책이 있음. - 내용: 『해은유고』 9권 「잡저」에 수록된 「겸괘도」는 겸괘(謙卦)를 圖로서 만들고 저자가 해석한 역설. 古易에 관심을 가지고 있음.
	5. 백경해白慶楷 (1765~1842)	「讀易」 31쪽-38쪽	- 저술연대: 1804년. - 내용: 『수와집(守窩集)』 7권 「잡저」에 수록된 「독역」은 총 24조의 箚記 형식으로 된 역설. 주희 『본의』를 수용하면서 자신의 견해로 주석한 특징이 있음.
	강엄康儼 (1766~1833) 호 謹庵	『周易』 ◎	- 저서: 『顔子實記』·『理氣集說』 등 『謹庵文集』 4권 2책. - 내용: 『관서수록』 24권~26권에 수록된 『주

		③주역주석서 39쪽-218쪽	역』은 64괘를 모두 주석하고, 경문을 표제어로 제시하고 '按說'을 붙이고 해석함. 『역전』·『본의』의 해석을 부연 설명하되, 『본의』 중심으로 자신의 견해를 주석함.
	하우현河友賢 (1768~1799) 호 豫庵	「易疑義」 219쪽-262쪽	- 저서: 『예암집』 5권2책이 있음. - 내용: 「역의의」는 『주역』에서 의심스러운 부분을 논했는데, 상경은 누락되고 현재는 臨卦~未濟卦까지 28괘에 관한 논설만 남아있음.
	박문건朴文健 (1770~1809) 호 靜觀齋	『周易衍義』 ◎ ④주역주석서 263쪽-456쪽	- 저서: 『정관재문집』 4권 1책. 『주역상하경연의』 등이 있음. - 내용: 『정관재문집』에 수록. 상경·하경을 나누고 원문을 자신의 견해로 주석함. 작은 글씨의 문답을 더해 견해를 보충함. 저자는 『연산역』의 첫괘가 艮卦, 『귀장역』은 坤卦, 『주역』은 乾卦인 이유에 대해서 夏나라는 人統을 사용, 商나라는 地統을 사용, 周나라는 天統을 사용했다고 함으로써 유흠의 삼통설을 수용해 논함. 이렇게 三代 때에 모두 易이 있었다면 重卦는 반드시 복희부터라고 주장함.
	유휘문柳徽文 (1773~1827) 호 好古窩	「讀書瑣義-易」·『蓍卦考誤解』◎·「周易經傳通編凡例」·「讀易瑣義-易」·「啓蒙攷疑」·「傳疑餘論」 457쪽-918쪽	- 저서: 『호고와문집』 29권 15책이 있음. 『周易經傳通編』·『啓蒙通解』·『啓蒙翼要』·『啓蒙攷疑』·『近思補錄』·『近思後編』·『近思集解刪補』 등. - 내용: 「독서쇄의-역」은 종래에 논란이 된 구절과 주석을 중심으로 자신의 견해를 밝힘. - 내용: 「시괘고오해」는 주자의 『蓍卦考誤』에 담긴 설시법 해석을 비판적으로 고찰하고 설시법을 전문적으로 논한 역설. 상당 부분 유정원과 해석이 겹침. 주자설을 긍정하고, 주자가 비판한 공영달의 『周易正義』나 곽옹의 『辨證釋疑』 등을 비판하기도 하고, 주로 곽옹의 학설을 비판하고 장재의 주장 등도 해명함. - 내용: 「주역경전통편범례」는 『주역』 편차의 범례를 적음. - 내용: 「계몽고의」는 『역학계몽』을 역학의 근본으로 보고, 호옥재의 『역학계몽통석』을 元明 역학의 宗으로 파악함. - 내용: 『호고와집』 13권 잡저에 수록된 「전의여론」은 퇴계의 『계몽전의』에 관한 내용을 차록 형식으로 저술함.

27책	10. 이병원李秉遠 (1774~1840) 호 所庵	「啓蒙記疑」 1쪽-14쪽	- 간행연대: 1904년(광무8) 증손 이찬도(李贊燾)가 『소암선생문집』을 간행함. - 내용: 『소암집(所庵集)』에 수록된 「계몽기의」는 『역학계몽』에 관한 선유의 학설 가운데 저자가 발췌해 논한 역설.
	홍석주洪奭周 (1774~1842) 호 淵泉	「讀易雜記」·「洪氏讀書錄-易」 15쪽-74쪽	- 저서: 『연천집』 44권 20책이 있음. 『學海』·『永嘉三怡集』·『東史世家』·『鶴岡散筆』과 편서 『續史略翼箋』·『象藝薈粹』·『豊山世稿』 등. - 내용: 「독역잡기」는 『주역』의 여러 내용에 관한 논설. 공자 설괘는 문왕이 말하지 못했고, 문왕의 괘사는 복희가 말하지 못했으니, 선인의 말을 연구해 말 못한 내용도 이해하라고 함. - 내용: 「홍씨독서록-역」은 중국역학을 주로 연구했으며, 한나라 경방의 『경씨역전』부터 양웅 『태현경』, 이정조 『주역집해』, 정이 『정씨역전』, 소옹 『황극경세서』, 주자 『본의』와 『역학계몽』, 항안세 『주역완사』, 원의 허형 『독역사언』, 동진경 『주역회통』, 호광 『주역대전』, 이광지 『주역관단』과 『주역통론』 등을 논평함. 홍석주는 역이 본래 점서이며 상수를 버릴 수는 없다고 주장했음. 정주(程朱)의 역은 공자의 역을 복원한 것이고, 『주역대전』은 왕필(王弼)의 영향을 받았다고 평가함.
	이지연李止淵 (1777~1841) 호 希谷	『周易箚疑』 ◎ ⑤주역주석서 75쪽-250쪽	- 세종의 아들 광평대군 후손. 『순조실록』 편찬에 참여. - 저서: 『희곡유고』 14권 8책. 편서 『章懿公子孫譜』 등이 있음. - 내용: 「주역차의」는 『희곡유고』 別編에 수록됨. 10행 20자의 행자이며, 행을 바꾸어 제목 「주역차의」를 적었음. 구성은 별권 1권. 상경, 별편 2권. 하경의 해석임. 괘별로 괘명과 괘 그림을 그리고 자신의 주장을 피력했는데, 주로 程朱의 주석을 참고하면서 『周易大全』의 세주를 인용해 시비를 논함. 역을 卜筮로만 보지 않고 義理를 구해야 한다고 함. 坎·離괘는 生生之用, 咸·恒괘는 生生之路, 旣濟·未濟괘는 生生之利를 의미한다고 주장함.
	김성호金性昊 (1777~1845) 호 一齋	「易圖發揮」·「圖卦會通」	- 저서: 『일재문집』 10권5책이 있음. 유치명(柳致明)의 서문과 말미에 증손 석동(錫東)의 後識이 있음. 「題栗谷書後」·「本原性氣質性說」·「易圖

		 251쪽-454쪽	發揮」·「圖卦會通」·「冠婚主人辨」 등. - 내용: 「역도발휘」는 역도의 변화에 관한 그림과 설명을 포함한 역설. 도상은 易圖와 易圖一變으로부터 易圖十二變까지 구성됨. - 내용: 「도괘회통」은 태극, 하도, 팔괘, 擲數生爻位卦圖, 태극과 그에 관한 설명이 포함된 역설. 도상의 설명과 의의를 서술하고, 도상을 통해서 變化會通之妙를 드러냈다고 함.
	최상용崔象龍 (1786~1849) 호 鳳村	「啓蒙箚義」 455쪽-618쪽	- 간행연대: 1893년 후손 최영환(崔永煥) 등이 간행. 권두에 신석우(申錫愚)와 김도화(金道和)의 서문, 권말에 최익현(崔益鉉), 서찬규(徐贊奎) 발문 있음.(국립중앙박물관 소장) - 내용: 『봉촌문집』에 수록. 「계몽차의」는 『역학계몽』의 세주 가운데 서로 다른 견해를 '주자의 본뜻에 합하는가'를 기준으로 논한 역설. 주자설의 의문점과 『계몽전의』의 이황의 설과 명나라 한방기(韓邦奇)가 저술한 『易學啟蒙意見』의 학설을 비교해 논함.
	15. 김정희金正喜 (1786~1856) 호 秋史	「周易虞義攷」 ·「易筮辨」 619쪽-626쪽	- 박제가 문인. 淸의 옹방강(翁方綱) · 완원(阮元)과 교유. - 간행연대: 네 차례 간행됨. 1867년 『阮堂尺牘』(2권 2책), 『覃揅齋詩藁』(7권 2책). 1868년 『완당선생집』(5권 5책). 1934년 『완당선생전집』(10권 5책)은 종현손 김익환(金翊煥)이 최종 간행함. - 내용: 「주역우의고」는 우번(虞翻)의 주석을 비판한 역설. 예를 들어 履卦 상전의 해석에서 謙卦가 변해 履卦가 된 것을 경전에서는 위는 天, 아래는 澤이라고 했지, 地 가운데 山이 있다고 하지 않았으니 謙으로 履를 풀이할 수 없다고 함. - 내용: 「역서변」은 역이 점서를 위한 책이 아니고, 허물을 줄이기 위한 책이라는 의리적 입장으로 저술한 역설. 주공이 효사를 지었다는 설을 실증할 만한 경전이 없고, 억측은 경전의 뜻을 해치므로 실제 증거가 없다면 차라리 그냥 두는 것이 좋다고 고증학적 입장을 보임.
	최효술崔孝述 (1786~1870) 호 止軒	「雜著-謾錄」 ·「手掌說」	- 저서: 『지헌집』 15권 7책이 있음. - 내용: 「잡저-만록」은 하도낙서, 36궁설, 선천후천, 음양오행, 가일배법 등 선유의 이론을 설

		627쪽-662쪽	명한 역설. 수화가 조화생성의 근본이라는 의미를 설명. - 내용: 「수장설」은 손[手]을 가지고 음양오행의 이치를 설명한 역설. 머리가 둥글고 발이 네모인 것은 天圓地方을 나타낸다고 함.
	이규경李圭景 (1788~1856) 호 五洲	「易卦爻彖象辨證說」·「四象辨證說」·「卦畫自下而上辨證說」·「周易辨證說」·「經典類-易經」 663쪽-706쪽	- 저서: 천문·曆數·種族·역사·지리와 문학·音韻·종교·서화·풍속·冶金·兵事·초목·魚鳥 등을 고정 변증한 1,400여 항목의 『五洲衍文長箋散稿』 60권과 『五洲書種博物攷辨』 등의 저술이 있음. - 내용: 「역괘효단상변증설」은 易·卦·爻·彖·象을 논함. - 내용: 「사상변증설」은 역의 四象을 원형이정, 춘하추동, 동서남북으로 연관시킨 논설로 주자가 사상을 태양·태음·소양·소음이라고 본 것을 잘못이라고 함. - 내용: 「괘획자하이상변증설」은 괘획이 아래부터 위로 올라가는 이유를 설명했는데, 음양이 아래부터 올라가기 때문이라고 주장함. - 내용: 「주역변증설」은 역의 형성, 전승과정, 판본, 주석사를 논함. -내용: 「경전류-역경」은 역경 형성과 주석사를 해설함.
	윤종섭尹鍾燮 (1791~1870) 호 溫裕齋	『經-易』 ◎ 707쪽-767쪽	- 오희상(吳熙常)·홍직필(洪直弼)의 문인. - 저서: 『온유재집』 6권 3책이 있음. - 내용: 『경-역』은 伏羲先天圖, 文王後天圖, 天地定位日月運行圖를 자신의 견해로 해석함. 복희선천도에서 선천을 음양이 對待하는 자리로 봄. 음양의 기가 하늘에 운행해 그 순환이 일정함을 天으로 보며, 일은 없고 그러한 이치가 있음이 선천이라면서 복희선천도의 팔괘를 음양으로 풀이하였음. 문왕후천도에서 후천은 오행이 유행하는 차례로 보고, 오행의 질이 땅에 갖추어져 운행함에 혼란스럽지 않은 것으로 먼저 이치가 있고 또 그러한 일이 있음을 후천이라고 정의함. 문왕후천도의 팔괘를 오행에서 가장 성대한 水火로 설명함.
28책	이항로李恒老 1792~1868 호 華西	**『周易傳義同異釋義』**◎·「易說」·	- 이기이원론 주장. 심전주리론을 토대로 尊王攘夷의 춘추대의와 자주의식 강조한 것은 민족운동의 실천적 이념인 위정척사론의 기초가 됨.

		「先天後天圖卦說」·「南八灘啓蒙八圖說質疑」·「卦著說」·「先後天說」·「陰符經考異序記疑」·「易序記疑」·「易與太極圖同異說」·『朱子元亨利貞說句解』·외 4편. ⑥주역주석서 1쪽-398쪽	- 저서: 『華西集』 32권 16책, 『華東史合編綱目』 33권 33책, 『朱子大全箚疑輯補』·『華西雅言』 12권 등 방대한 저술이 있음. - 내용: 『주역전의동이석의』는 『화서문집』 29권·30권에 수록됨. 정이 『역전』과 주희 『본의』의 동이점을 살펴보고, 형식과 내용의 차이점이 있지만 의리의 발명은 동일하다는 견해로 釋義함. 모호함을 분별치 못하면 격물궁리가 아니고 역해독의 관점을 얻을 수 없다고 주장함. -내용: 「역설」은 「주역전의동이석의」 뒤에 붙은 부록으로 『주역』을 改過遷善의 책으로 서술해 자신의 견해를 밝힘. - 내용: 「선천후천도괘설」은 『화서문집』 19권 「잡저」에 수록함. 복희 선천도와 문왕 후천도의 원리를 설명했는데, 선천도는 明體로, 후천도는 致用으로 보는 의미를 해석함. - 내용: 「남팔탄계몽팔도설질의」는 『역학계몽』 八圖에 관한 남팔탄(南八灘)의 설을 붙이고 의문처를 논한 역설. - 내용: 「괘시설」은 시초점의 원리를 자세하게 분변함. - 내용: 「선후천설」은 『화서문집』 21권에 수록. 선천과 후천에 대해서 배현(裵絢)에게 설명한 것을 기록한 역설.
	20. 고몽찬高夢贊 (1793~1858) 호 錦州	「河圖說撮要」·「洛書說撮要」·「先天卦說撮要」·「後天卦說撮要」·「易學源流」 399쪽-418쪽	- 저서: 『금주집』 6권 3책 있음.(연세대도서관 소장) - 간행연대: 1892년(고종29). 큰아들 문겸이 간행함. - 내용: 「하도설촬요」는 『금주집』 3권에 수록됨. 하도에 관한 선유들의 학설 가운데 요점을 가려 뽑아 이해하기 쉽도록 적은 글이며, 「낙서설촬요」는 낙서 관련 학설의 요점을 정리함. -내용: 「선천괘설촬요」는 선천설 가운데 요점을 간추려 놓은 글이고, 「후천괘서촬요」는 후천설에서 요점을 정리함. - 내용: 「역학원류」는 역의 원류인 무극·태극·양의·사상·팔괘 등의 개념을 설명한 역설. 16괘 32괘, 감괘설 등의 조목으로 이루어짐.
	이장찬李章贊 (1794~1860)	『易學記疑』 ◎	- 토정 이지함의 후손. 송치규의 문인. - 저서: 『향은문집』 6권3책이 있음. - 내용: 『역학기의』는 『향은문집』 3권에 수록.

	호 鄭隱	「周易講解」 419쪽-660쪽	그 구성은 「서괘도」, 「서괘전통론」, 「서괘전」상 · 하편 등이며, 그 외에 「역학원류」가 있음. - 내용: 「주역강해」는 문답 형식의 글로 『주역』의 상수와 술수 측면을 질문하고, 상수 · 의리의 조화를 추구하면서 답변한 형식의 역설.
	김기례金箕澧 (1786~1854) 호 默泉	『易要選義綱目』◎ ⑦주역주석서 661쪽-790쪽	- 홍직필의 문인. 30년 성리학과 역학 연구. - 저서: 『묵천집』 4권 2책이 있음. - 저술연대: 1845년(저자 49세). - 내용: 「역요선의강목」은 『묵천집』 별집 1권~2권에 수록. 구성에는 서문 · 범례 · 默泉別集目錄 · 八卦性情物象이 첨부됨. 상경 · 하경을 나누고 64괘 가운데 난해한 구절을 발췌해 설명함. 程朱를 참작하되 제가의 言外의 뜻을 보충해 강목을 만들었다고 밝힘. 물상 · 효변 · 괘의 · 괘덕 · 괘재 등을 고려해 주석함. 그 외 「역학의 범례」 · 「八卦性情物象」 등이 있음.
29책	허전(許傳) (1797~1886) 호 性齋	『易考』 ◎ (주역 일부) 1쪽-32쪽	- 허균(許筠) 자손. 이익 · 안정복의 학통 이은 황덕길의 문인. - 저서: 『성재집』 · 『宗堯錄』 · 『哲命編』 · 『士儀』 등 - 내용: 「역고」는 『성재집』에 수록. 그 서두에 總論을 제시하고, 乾 · 坤 · 屯 · 蒙 · 需 · 訟 · 師 · 履 · 同人 · 大有 · 豫 · 隨 · 蠱 · 臨 · 噬嗑 · 賁 · 剝 · 復 · 无妄 · 大畜 · 頤 · 咸 · 姤 · 萃 · 井 · 革 · 鼎 · 豊 · 渙 · 中孚卦까지 30괘에 관하여 견해를 밝힘. 괘에는 體 · 名 · 義 · 德 · 才 · 位가 있다고 전제하고 이를 자세히 설명함.
	기정진奇正鎭 (1798~1876) 호 蘆沙	「答問類編-易」 33쪽-44쪽	- 성리학 6대가(서경덕 · 이황 · 이이 · 임성주 · 이진상 · 기정진)에 포함되는 학자. - 간행연대: 1882년 『노사집』. 1890년 『답문유편』이 간행됨. 1902년 문인들이 경남 新安精舍에서 『노사집』 15권 6책을 간행.(연세대도서관 소장) 1976년 영인본 출간된 총 22권 11책 등이 있음. - 내용: 「답문유편-역」은 문인들이 의문점을 자기하고 저자가 답변한 역설. 제자들이 소장한 자료들을 분류별로 편집. 내용은 論道體, 論學, 論經, 論周程張朱之書, 論禮, 論史, 訓文人 등의 7조목으로 구성됨.
	25. 이종상李種祥	『易學蠡酌』 ◎ ⑧주역주석서	- 저술연대: 1842년 『역학려작』 저술함. - 내용: 권두의 서문이 있고, 범례는 「八純卦凡例」, 「五位一爻凡例」, 「象傳用字皆有凡例」가 있음.

	(1799~1870) 호 定軒	(58괘만) 45쪽-252쪽	상편은 師卦, 比卦를 제외한 28괘를 해석했고, 하편은 遯卦, 大壯卦, 蹇卦, 艮卦 제외한 30괘를 주석해 총 58괘에 대한 해석이 있음. 권말에는 「貞吉悔亡貞凶悔亡說」, 「易學蠡酌考異」가 있음.
	이우상李瑀祥 (1801-?) 호 希庵	「易上下篇義」 ·「卦變管見」 ·「卦次或問」 ·「蒙初六說」 ·「貞悔說」 253쪽-332쪽	- 저서: 『희암문집』 6권 3책이 있음.(규장각도서, 충남대도서관 소장). 「易上下篇義」, 「卦變管見」 등 역설 21편 있음. - 내용: 『희암집』 5권 잡저에 수록된 「역상하편의」는 정현이 쓴 것으로 알려진 「上下篇義」의 내용 중 부자연스러운 곳이 있지만, 역을 음양에 따라 나누었다는 적확한 증거가 있음을 밝힌 역설임. - 내용: 「괘변관견」은 주자가 정현의 설을 견강부회했다고 비판했지만, 주자의 설이 타당하지 않음을 조목조목 비판함. - 내용: 「몽초육설」은 몽괘 초육 언해본 토를 수정해야 한다고 함. - 내용: 「정회설」에서는 貞과 悔는 복서가들이 항용 쓰는 말로, 본괘를 貞, 지괘를 悔라고 하고, 두 가지를 합쳐서 말한 적이 없는데, 정현과 주자가 貞吉悔亡이라고 함에 의문을 가지고 견해를 밝힘.
	장지완張之琬 (1806~1858) 호 枕雨堂	「答周易問目」 333쪽-378쪽	- 저서: 『침우당집』 6권 3책이 있음. - 내용: 「답주역문목」은 『주역』의 문목에 관한 답설로서 古易, 注疏의 득실과 정이의 『역전』과 주희의 『본의』와의 동이점 및 괘변·호괘·설괘 등에 관하여 논함. 특히 설괘가 공자의 저작인지를 고증한 뒤, 방위, 時序 등 12개의 항목에 관해 설명한 역설.
	김대진金岱鎭 (1770~1843) 호 訂窩	「啓蒙」 379쪽-422쪽	- 저서: 『정와집』 20권 10책이 있음. - 내용: 『정와집』 9권 잡저에 수록. 『역학계몽』의 未隱處를 변석한 역설로서 계몽 괘변과 역도 괘변이 같지 않음과 두 가지는 상통할 수 없다는 점 등 오류들을 논함.
	박종영朴宗永 (1804~1875) 호 松塢	『經旨蒙解-周易』◎ (주역 일부)	- 여호 김양행의 문인. 박종영은 가학을 계승함. - 누나가 정조 후궁인 수빈(綏嬪)으로 순조(純祖)를 낳음. - 저서: 『송오유고』 23권 8책이 있음.(성균관대, 연세대도서관 소장) - 내용: 『송오유고』 별집에 수록된 『경지몽해-

		 423쪽-480쪽	주역』은 64괘 가운데 乾·坤·蒙·比·履·謙·觀·賁·剝·復·大畜·頤·坎·恒·遯·大壯·晉·家人·蹇·損·益·姤·升·困·鼎·震·艮·漸·兌등 30괘의 원문과 계사 관련 제가의 설과 함께 쉽게 설명하며 논지를 전개함.
	30. 김응건金應楗 (1808~1885)	「河圖數記疑」 481쪽-504쪽	- 내용: 「하도수기의」는 『기암문집(棄嵒文集)』 3권 잡저에 수록됨. 하도의 수와 팔괘의 수의 합치 여부에 대해 자신의 논지를 전개함. 하도의 수가 10인 이유와 주자, 소옹의 설을 원용해 간명하게 설명함.
	이준李俊 (1812~1853) 호 槐園	「周易雜錄」 505쪽-534쪽	- 저서: 『괴원집』 13권7책이 있음(국립중앙도서관 소장) 書는 홍직필(洪直弼)에게 올린 글과 아버지 이항로의 문인인 김평묵, 유중교, 최익현 등과의 서간문이 많음. - 내용: 『괴원집』 14권 잡저에 수록된 「주역잡록」은 역단괘변, 삼변설수(三變揲數), 팔괘책수, 설괘전, 서괘전 등의 항목에 관한 역설.
	심규택沈奎澤 (1812~1871) 호 西湖	「易學策」 535쪽-551쪽	- 남이목(南履穆), 유신환(兪莘煥), 심의덕(沈宜德), 강진(姜溍), 조병덕(趙秉悳) 등과 서신으로 학문을 논함. - 저서: 『서호문집』 20권 10책이 있음. 『太極名義說』·『中庸記疑』·『大學經傳記疑』·『大學或問經一章分節』·『太極圖群書句解記疑』 등이 있음. - 내용: 『서호문집』 19권 잡저에 수록된 「역학책」은 철종(哲宗)의 책문에 관한 대책임. 『주역』 관련 질문과 우리나라 역학을 크게 밝힐 방안을 주로 논함.
30책	심대윤沈大允 (1806~1872) 호 白雲	『周易象義占法』 ◎ ⑨주역주석서	- 이희영·강혜백·유영건·정치형 등과 교유. 천주학을 邪說로 보고, 공자의 도를 회복해야 한다고 주장. - 저술연대: 1842년 5책 저술(규장각 소장) - 저서: 『福利全書』·『中庸訓義』·『東史』·『春秋四傳續傳』·『禮記正解』·『詩經集傳辨正』·『政法隨錄』·『大順新書』등 110책. - 내용: 구성은 상경 2책, 하경 3책. 역도에 대해서 언·동·제기·복서[言·動·制器·卜筮]의 네 가지로 설명. 상경 서문에서 역과 태극의 관계·양의·사상·팔괘·64괘까지의 분화 원리, 선후천, 氣·數·形·理의 관련성, 易·象·理의 법칙, 상경·하경의 구조원리 등을 논함. 잡괘전 이후는 하도낙서 등 도상과 소옹의 글이 있음.

		1쪽-861쪽	말미에는 발문 형식으로 정이 『역전』과 주희 『본의』에 관한 비평 및 『주역상의점법』에 관한 독창적인 저술관을 밝힘. 정이의 도리 위주의 주석, 주희의 점서 위주의 해석 모두 편향적이므로 옳지 않다고 반박함. 정주학이 해석 오류인 것은 천도·인도가 일치함을 알지 못해서라고 주장함. 「독역십법」에서는 ①卦名 ②卦義 ③卦道 ④卦用 ⑤卦變 ⑥卦位 ⑦卦時 ⑧爻位 ⑨爻象 ⑩卦辭의 10가지를 괘효사의 해석법이라고 독창적 이론을 정립해 주장함. - 의의 : 정주학의 역학 해석에서 벗어나 천주학과 중세 봉건의 사상을 극복하기 위한 근대 지향의 대응의식으로 경학을 연구한 특징 있음.
31책	이진상李震相 (1818~1886) 호 寒洲	『易學管窺』 ◎ 1쪽-156쪽	- 저서: 『한주집』 38권 20책 등 『理學宗要』·『四禮輯要』·『春秋集傳』 85책이 있음. 근세유학 三大家(이항로, 기정진, 이진상)이자 리학 六大家로 불림. 주자, 이황 주지론 추존. - 저술연대: 종가에 미간행 상태로 소장된 필사본임. 한때 빌려간 학자가 분실했다가 수소문하여 원본을 찾음. - 내용: 『한주집』 31권~32권에 수록된 『역학관규』는 大易圖象, 八卦 集象, 啓蒙箚疑, 易經箚疑, 原占의 6편으로 구성. 이들은 각각 다른 시기에 이루어진 독립 저술로 편마다 별도 서문 있음.
		「天地四象論」 ·「卦畫說」· 「周易卦序說」 · 「卦變說」· 「八則陽生說」 · 「析合補空說」 157쪽-192쪽	- 내용: 「괘획설」은 하도로서 팔괘의 획괘 원리를 규명함. - 내용: 「주역괘서설」은 64괘의 배열 순서를 설 괘전의 순서에 입각해 上下卦體와 陰陽奇偶 등 상수적인 분석 역설. - 내용: 「괘변설」은 程朱 괘변설에 문제제기를 한 역설. - 내용: 「팔즉양생설」은 정이의 坤卦 초육 효사를 주석함. - 내용: 「석합보공설」은 주자 『역학계몽』에서 하도에 근거해 전개한 이론으로, 하도가 사정방에만 수를 배치하고, 간방이 비어있기 때문에 사방의 수를 나누어 사우의 빈 곳을 보충하고자 함. 『역학계몽』 본도서의 소주를 수록하고 주자설은 정밀하지 못하기 때문에 주자설로 보기 어렵다고 주장함. 乾一, 兌二, 離三, 震四, 巽九, 坎八, 艮七, 坤六의 설을 창안함.

	35. 박만경朴萬瓊 (1817~1898) 호 壺隱	『心易』 ⑩주역주석서 193쪽-416쪽	- 특별한 사승 없이 독학으로 경학 연구. 『심역』 5권 저술. - 간행연대: 1779년 초간본 6권 2책을 간행.(서울대 규장각 소장) 1835년 중간됨.(성균관대 도서관 소장) - 내용: 『호은유고』에 수록됨. 『심역』 1권에는 하도지도, 천명인사합일지도, 양의사상팔괘기우도 등 도설을 수록. 2권에는 心易說, 周禮作卦用爻擬議論, 태극무극론, 천인상여론, 聖賢氣數論, 오경총론, 사서합론, 주례의례합론, 예론, 악론, 성리정기심형론, 성리사단론, 史略首章論 등의 논설을 수록함. 3권에는 文字膾로서 人易·命·貌·心·身心·言·聽·視·思·喜·怒·哀·懼·愛·惡·欲·敬 등 제 문제를 논설함. 4권에는 64괘에 관한 자신의 견해를 주석하고, '누가 심역을 아는가'라면서 나의 몸과 마음에 있다고 견해를 밝힘. 5권은 도설을 포함함.
	유중교柳重教 (1832~1893) 호 省齋	「易說」· 「河圖洛書說」 417쪽-600쪽	- 이항로, 김평묵의 문인. 이항로 문하의 심설논쟁이 있음. - 저서: 『성재문집』 60권 30책. 1897년, 1927년 간행됨. - 내용: 「역설」은 『성재문집』 27-29권에 수록. 총 6편이며, 6편은 미완성. 도설까지 역의 제 문제를 논설함. 「독역방법」에서는 천지의 이치가 象에 나타나고, 성인의 情은 역의 辭에 나타난다고 함. 역을 잘 배우는 자는 사에 마음을 궁구해 성인의 정을 구하고, 이미 성인의 정을 얻었다면 상이 그 가운데 있고 천지의 이치에 가깝다고 함. - 내용 : 「하도낙서설」은 하도출현은 천지가 개벽하고 인문이 몽매한 때로, 수를 펼침에 奇偶交錯의 상이 있으므로 성인이 본받아 역을 만들어 開物成務의 용을 이루었다고 함.
	최세학崔世鶴 (1822~1899) 호 惺巖	「先天變爲後天說」· 『周易彖傳卦變說』◎ 「參兩說」	- 재종질 최익수(崔翊壽)의 「小識」(『성암문집』 8권)에 저자의 생애를 기록함. 역학은 『易學蠡酌』을 지은 이종상의 영향을 받음. - 저서: 『성암문집』 8권 4책. 1901년 간행. - 내용: 「선천변위후천설」은 乾坤 가운데 효가 변하여 離坎이 되고, 리감 상하효가 변하여 震兌가 되고, 진태 가운데 효가 불변하여 艮巽이 되고, 간손 상하효가 불변하여 乾坤이 되었다고

		601쪽-646쪽	주장함. - 내용: 「주역단전괘변설」은 64괘의 단전만을 해설함. 강유 왕래에 의한 괘변에 초점을 두고, 건곤괘는 강유 왕래가 없으므로 괘변을 말하지 않고 大哉, 至哉라고 찬탄함. 크면 포함하지 않는 것이 없고, 지극하면 다하지 않음이 없으니 부모괘라고 설명함. - 내용: 「삼양설」은 삼천양지 수를 논한 역설로 천수 3, 지수 2에 1을 태극의 체로 보고서 2와 3의 의미를 논설함.
	백민수白旻洙 (1832~1885) 호 匡山	「策-易道」 647쪽-666쪽	- 저서: 『광산유고』 2권 1책이 있음. - 내용 : 「책-역도」는 천지만물이 역상에 따라서 변화하며 존립한다는 내용이며, 역도에 經國治民의 도가 있다고 함.
	채종식蔡鍾植 (1832~1890) 호 一齋	『周易傳義同歸解』 ◎ 667쪽-718쪽	- 사미헌 장복추(張福樞)의 문인. - 저서: 『일재문집』 6권 3책이 있음. - 내용 : 『주역전의동귀해』는 『역전』은 의리를 미루어 공자의 단전을 따랐고, 주자의 『본의』는 복서를 주로 해 문왕의 본지에 근원해 크게 통했다고 평가하고, 비록 해석이 다를지라도 본뜻은 같다고 주장함. 두 문헌의 해석상 차이를 자신의 견해로써 의미가 같다고 설명함.
	40. 허훈許薰 (1836~1907) 호 舫山	「河圖洛書說」·「先天圖摠論」 719쪽-732쪽	- 저서: 『방산전집』 22권 12책이 있음. 「心說」·「四七管見」·「鹽說」·「砲說」·「淚水說」 등이 있음. 이이 학설을 비판하고, 이황을 계승함. - 간행연대: 1910년 맏아들 숙이 간행함(규장각 도서 소장) - 내용: 「하도낙서설」에서는 팔괘로 인간의 가족관계를 설명. - 내용: 「선천도총론」은 선천도에 대해서 復에서 시작해 坤에서 마쳐서 一元의 시작과 마침을 맞추었다고 함. 천지 만상 만화의 이치가 이 하나의 도상에 포괄되었음을 주장함.
	김재경金在敬 (1841~1926) 호 持菴	「易理說」·「卦畫論」 733쪽-745쪽	- 김장생의 후손(양자). - 간행연대: 1928년 김기팔(金起八)이 『지암선생문집』 13권 6책 간행함. - 내용: 「역리설」은 『역학계몽』 내용을 논설함. - 내용: 「괘획론」은 팔괘~64괘의 생성 과정과 괘들의 특성을 해석함.
			- 저서: 『顔子篇』·『艮齋私稿』 등 『간재집』 15권 7책 있음.

	전우田愚 (1841~1922) 호 艮齋	「讀元亨利貞說」·「坤復說辨」·「坤復說再辨」·「易有太極」·「易與周邵太極」·「易心道性」 745쪽-754쪽	- 내용: 「독원형이정설」은 주자 「원형이정설」을 읽고 짧게 논평한 역설임. - 내용: 「곤복설변」과 「곤복설재변」은 미발·이발과 곤괘·복괘의 관계를 설명한 역설로서 주자와 송시열의 이설에 관한 언급이 있음. - 내용: 「역유태극」은 '易有太極 是生兩儀'에 관한 주희, 소옹의 설을 인용하고, 말에 얽매이지 말고 그 뜻을 깊이 생각하라고 주장함. - 내용: 「역여주소태극」은 역과 주돈이, 소옹이 설명한 태극의 이치가 동일하다고 주장한 역설임. - 내용: 「역심도성」은 역은 心, 도는 性인데, 嶺儒가 易 자를 實理로 본데 대해 易有太極을 理有太極으로 본 것은 불가하다고 주장함.
	이재령李在齡 (1845~1910) 호 竢菴	「易學記見」 755쪽-818쪽	- 간행연대: 1904년 「역학기견」 간행. 1931년 『사암문집』 3권 2책 간행. 장석영(張錫英) 서문과 서규석(徐奎錫), 이능서(李能序) 발문 있음. - 내용: 「역학기견」은 「역학기견석의」와 「역학기견」으로 나뉨. 卦가 있은 후에 辭가 있다면서 괘는 體요 源이며, 辭는 用이며 流이니, 진실로 그 체와 근원을 알면, 용과 류는 궁구하지 않더라도 저절로 알게 된다고 함. 圖에서 복희씨가 괘를 확립한 뜻을 얻은 뒤에 문왕, 주공, 공자의 글을 보면, 거의 의심이 없을 것이라고 주장함.
32책	박문호朴文鎬 (1846~1918) 호 壺山	「周易圖說詳說」·『周易本義詳說』·「周易五贊詳說」·「筮儀詳說」	- 한원진의 학통을 계승한 이상수에게 수학. 1872년 楓林精舍에서 후학 양성. 1877년(고종14) 나라 인재를 구할 때 학행으로 추천받음. - 1885년(고종22). 간재 전우와 인물성동이에 관한 서신을 주고받음. 『호산집』 권11~권26에도 徐應淳·宋秉璿·宋近洙·韓章錫·崔益鉉·姜瑋·田愚·梁必成·尹景組·金敬周 등의 서신이 있음. - 저서: 『大學章句詳說』·『論語集註詳說』·『孟子集註詳說』·『詩集傳詳說』, 『書集傳詳說』·『周易本義詳說』·『楓山記聞錄』, 『中東古今人家希有錄』·『女小學』·『壺山集』·『人物性考』 등 100여 권이 있음. - 내용: 「주역도설상설」은 『호산전집』 5책에 수록. 하도낙서, 복희팔괘차서지도를 비롯해 9개의 도설을 수록하고 해설함. - 내용: 「주역본의상설」은 주희 『본의』를 상세

		1쪽-748쪽	히 설명함. - 내용: 「주역오찬상설」은 주희 原象 · 明筮 · 稽類 · 警學 주역오찬을 논함. - 내용: 「서의상설」은 주희의 筮儀에 관한 학설을 설명함.
		『經說-周易』 ◎ ⑪주역주석서 789쪽-932쪽	- 내용: 『호산전집』 6책의 『楓山記聞錄』 20권~22권에 수록된 『경설-주역』은 1888년부터 1896년 사이에 문인인 박순형(朴洵衡)과 한상필(韓相弼)이 『주역』 전반 강설을 기록해 모은 책. 박문호가 만년에 풍산노초(楓山老樵)를 자처했기에 『풍산기문록』이라고도 함. 『풍산기문록』 첫머리에 35명의 제자 명단이 나옴. 그 내용은 일관되지 않거나 단락마다 다른 내용도 있으며, 총론을 앞, 각 괘의 설명은 뒤에 붙여 놓았음. 대전본의 단왈, 상왈을 단전왈, 상전왈로 해야 한다고 하고, 정이와 주희의 문헌체제가 다르므로 대전본으로 합친 것은 잘못이라고 주장함.
33책	45. 곽종석郭鍾錫 (1846~1919) 호 俛宇	「後天卦語」· 「易逆數說」 1쪽-12쪽	- 저서: 『면우문집』 165권 63책이 있음. 속집 13권, 연보 4권, 승교록 1권, 총 183권의 영인본이 있음. - 내용 : 「후천괘어」는 문왕후천괘의 방위, 괘기설 등을 논한 역설. - 내용 : 「역역수설」은 「설괘전」에 있는 '지나간 것을 헤아리는 것은 順이요, 다가올 것을 아는 것이 逆이다'를 토대로 역수 원리를 해석.
	이용구李容九 (1848~1906) 호 松下	『易註解選』· 「太極論」	- 저서: 『송하유집』 2권 1책이 있음. - 간행연대: 1957년. 손자 종택(鍾澤)이 『송하유집』 간행. 권두에 안길수(安吉壽)의 서문과 권말에 종택의 발문이 있다. - 내용: 『역주해선』은 『주역』 64괘 가운데 조목을 선택해 해설함. 『주역전의대전』과 중국 · 한국의 선유들 문집 가운데 중요한 주해를 택선해 해석했는데, 고주보다 신주에 치중한 의리역임. 성리학자들의 추상적, 함축적인 주석보다 역대의 전고와 사실로 역리로 해명한 특징이 있음. - 내용: 「태극론」은 「계사전」에 있는 태극, 음양 등 성리학적 문제를 중점적으로 다룬 문답형 논술. 역리는 선현들의 말을 인용해 설명하고 자신의 견해를 첨가함. 태극의 의미, 무극에서 태극으로의 변천, 음양의 이치, 군자와 소인, 길흉

		13쪽-48쪽	과 회린의 관계를 밝혔으며, 주렴계의 「태극도설」과 주자 「태극도설해」 등을 주로 인용함.
	이건창李建昌 (1852~1898) 호 寧齋	「讀易隨記」 49쪽-158쪽	- 저서: 『明美堂集』·『讀易隨記』 등이 있음. 비교적 공정한 입장에서 당쟁 원인과 전개 과정을 기술한 명저로 높이 평가됨. - 내용: 「독역수기」의 대부분은 도(圖)와 도설로 이루어짐. 도상을 통해 역리를 이해하고자 시도한 역작이라면서 그 공적을 칭하기도 함.
	이정규李正奎 (1865~1945) 호 恒齋	『讀易記』 ◎ 159쪽-208쪽	- 의암 유인석의 문인. 스승과 함께 참전 독립투쟁을 함. - 저서: 『항재문집』 8권 4책이 있음. 「잡저」에는 「從義錄」·「義兵情事」·「讎辨」 등은 의병운동사의 중요자료가 됨. - 내용: 「독역기」는 『주역』을 읽다가 중요한 문제들을 해석하거나 소감을 기록해 둔 글. 『주역』 64괘에 대해서 논함.
	이병헌李炳憲 (1870~1940) 호 眞庵	**『易經今文考通論』**◎ · 『易經今文考小箋』·『孔經大義考-周易』 ⑫주역주석서 209쪽-728쪽	- 『易經今文考』는 금문 입장에서 『주역』을 해석한 주석서. - 내용: 『역경금문고통론』은 孔子敎와 금문학자의 주석에 근거한 주석임. 이병헌은 永嘉[漢 沖帝 연호] 이후에 施孟梁邱 三家의 역이 없어지고, 오직 왕필본이 행해졌지만, 왕필본은 비씨역으로 공자 문하에서 전해진 역과는 많이 배치된다고 주장함. 송대 이후에는 진희이의 무리에 점유 당해 학역자가 있어도 따를 곳이 없었다면서 금문 경사들의 글을 중시해 논함. 구성은 상권, 하권, 역대전 순서로 되어 있음. - 내용: 「역경금문고소전」은 「역경금문고통론」에서 다루지 못한 것을 小箋이라는 형식으로 보완한 역설. - 내용: 「공경대의고-주역」은 孔經을 통해 유교의 종교성과 유교 교주로서의 공자의 위치를 논하고자 함.
	50. 조긍섭曺兢燮 (1873~1933)	「讀易隨記」 729쪽-755쪽	- 내용: 『주역』을 공부하면서 평소 생각한 바를 箋註체를 빌려 기록해 놓은 내용을 엮음. 건괘와 곤괘를 비롯해 29조의 해설이 있음. 학문의 진보를 觀省하는 자료로 삼고자 했음.
34책	홍기洪□ 생몰미상 호 海藏翁	『經書疑誤講解-周易』	- 간행연대: 1668(현종9). 대사헌 민정중의 건의로 經書校正廳을 설치해 홍기의 주관하에 경서 교정에 착수함. 1694년(숙종20)에 홍기·민

		1쪽-60쪽	진후(閔鎭厚) · 이호남(李豪男)이 사서삼경, 『논어혹문』, 『맹자혹문』 등에서 誤字 · 落字 · 相似 · 顚倒의 부분을 바로잡은 『경서의오강해』 2권 2책(목판본)을 간행. 권두에 송시열의 서문, 권말에 홍기와 이호남의 발문 있음. 총 120항목으로 구성되어 있음.(국립중앙도서관 소장) - 내용: 『경서의오강해』 상권에 수록된 『경서의오강해-주역』은 『주역』에서 疑誤가 되는 부분을 바로잡아 논함. 그 내용은 圖說, 五贊, 筮儀, 綱領, 篇題 등 총 60항목임. 교정할 부분을 적고 다음 줄에 바로잡은 내용에 대해 교정자의 견해를 기술함. 疑字質義에 관해 송시열이 답한 부분은 특별히 구분해 答曰으로 한 글자 올려서 표기하고 있음.
	지암砥菴 생몰미상 호 砥菴	『讀易玩義』 61쪽-368쪽	- 간행연대: 1780년(정조4). 증손 현(鉉)의 발문이 있음. - 내용: 『독역완의』는 건 · 곤 두 책으로 구성됨. 건은 乾卦~革卦까지의 상경이고, 곤은 咸卦~未濟卦까지로 하경으로 구성됨. 단전과 상전을 제외하고 64괘의 괘효사인 역경만을 대상으로 논하였음. 저자는 당시 학자들이 역리를 깊이 연구하지 않고, 호괘 · 변괘의 설에만 천착하고 문의와 훈고에 막혀서 역을 공부하면서도 의리와 상수 모두에 어둡다고 비판함.
	백계하白啓河 생몰미상 호 雲齋	『易經解義』 369쪽-788쪽	- 저서: 『역경해의』 4권 2책(목활자본)이 있음. - 내용: 서술 체계는 『역경』 경문을 제시하고, 다음 칸에 解曰로서 자신의 견해를 풀어놓음. 『본의』를 비롯해 선유들의 제설에 충분히 설명된 부분은 다시 설명하지 않고, 밝히지 않은 부분에 대해서 자신의 견해로 역설함.
	김홍임金弘任 생몰미상	「兩漢五經顓門譜-易」 789쪽-846쪽	- 내용: 「양한오경전문보-역」은 『三圓觀散稿』의 「霜獄發問」에 수록된 것으로 양한(兩漢) 역학의 전문 학자와 조정의 역학 박사들의 계보 및 역학서를 기록한 역설.
35책	55. 오치기吳致箕 (1807- ?) 자 子範	『周易經傳增解』 ◎ ⑬주역주석서	- 저술연대: 1875년.(이화여대도서관 소장) - 저서: 곡성에서 간행된 『浴川續誌』, 『周易經傳增解』 있음. - 내용: 『주역경전증해』는 自序와 「篇題」 · 「正義」 · 「凡例」가 책 앞부분에 있고, 다음으로 『주역전의대전』의 편제에 따라서 주해하였음. 책 뒷부분에는 「諸圖」, 「總論」이 있음. 서괘전, 잡

		1쪽-822쪽	괘전, 설괘전을 배치해 설괘전을 맨 마지막에서 논함. 程朱의 주석을 중심으로 하되, 宋元 학자의 역설과 자신의 견해로 해석함.
36책	이민덕李敏德 생몰미상 호 洞山	『易籤』 1쪽-146쪽	- 내용: 『동산집』에 수록된 『역첨』은 1846년 여름에 작성한 서문과 小引이 포함되어 있음. 序卦之意를 앞에 서술하고, 64괘를 간략히 적고서 序卦를 중심으로 논술함. 선유들이 서괘에 관심을 가지지 않은 것은 서괘전을 성인의 글이 아니라고 생각했기 때문이라면서 이를 안타깝게 여긴다고 했음.
	박광일朴光一 (1655~1723) 호 遜齋	「三才一太極圖說」·「河圖生成數幷解參天地」·『蠱卦先甲三日後甲三日圖並說』◎·「易卦剛柔變易來往圖」 147쪽-172쪽	- 송시열(宋時烈) 문하. 권상하, 정호 등과 교유. - 저서: 『손재문집』 12권 6책이 있음. - 간행연대: 1782년 박하진 初刊. 1908년 박노준 重刊. - 내용: 『손재선생문집』 6권 잡저에 수록. 「삼재일태극도설」은 삼재가 하나의 태극이라는 점을 도상으로 만들어 「태극도설」처럼 설명함. - 내용: 「하도생성수병해참천지」는 하도 생수와 성수 등에 관해서 논함. - 내용: 「선갑삼일후갑삼일도병설」은 蠱卦 단사 '선갑삼일후갑삼일'을 육십갑자로 풀이한 것으로 선갑을 甲보다 삼일 앞선 辛으로, 후갑을 甲보다 삼일 뒤인 丁으로 해석함. 상수와 의리를 해석함. - 내용: 「역괘강유변역래왕도」는 서괘인 괘의 배열과정에서 연관성이 높은 괘로 剛柔의 효가 來往하는 변화를 圖와 說로서 설명한 역설임.
	이해익李海翼 (1849~ ?)	『經疑類輯-周易』 173쪽-232쪽	- 내용: 『의경유집』 8권에 수록. 『주역전의대전』 중심으로 역대 주석을 수록하고, 64괘 가운데 일부의 괘효만을 채록해 주석함. 한국학자로 이언적, 이황, 김인후, 이이, 최립, 김장생, 송시열, 송준길, 이단상, 권상하 등의 문집에 담긴 역설을 논평한 특징이 있음. 부록에는 『역학계몽』에 있는 본도서, 원괘획, 명시책을 덧붙임.
	김한록金漢祿 생몰 미상	「易義備說」·「讀易箚記」 233쪽-386쪽	- 내용: 「경의비설」 상권은 64괘의 역상을 저자의 견해로 논설함. 하권은 계사전 상하부터 「설괘전」, 「서괘전」, 「잡괘전」을 논설함. - 내용: 「독역차기」는 『주역』의 의문점과 중요한 점 정리.

	60. 미상	『經書記疑-讀易記疑』 387쪽-570쪽	- 저서: 사서삼경을 비롯해 『근사록』 등을 풀이한 5책. 필사본으로 그 내용은 1책은 「大學記疑」·「讀庸記疑」·「近思錄記疑」. 2책은 「讀詩記疑」·「讀書記疑」. 3책은 「孟子記疑」. 4책은 「論語記疑」. 5책은 「讀易記疑」 등을 수록하고 있음. - 내용: 「독역기의」는 『주역언해』를 많이 참고해서 논함.
	미상	『七書辨疑-주역』 571쪽-816쪽	- 저서: 사서삼경 등 칠서의 어려운 구절을 논한 것으로 9권 9책이 있음. 그 내용은 1권 『주역』, 2·3권 『논어』, 4·5권 『맹자』, 6권 『중용』, 7권 『대학』, 8권 『서전』, 9권 『시전』의 순서로 구성됨. - 내용: 『주역』 正文에서 표제 어구를 뽑아 정의한 뒤에 해설을 붙여 논함.
37책	미상	『周易通論』 1쪽-228쪽	- 저서: 『주역통론』 3권 1책이 있음.(국립중앙도서관 소장) - 내용: 『주역』의 원류와 대의 및 次序·命名·십익·辭 등 소주제별로 짧게 논한 역설이며, 그 구성은 1권에 易本·易教·論經傳次序·論位. 2권에는 彖傳釋名摠例·論離心學·論中孚心學·論大小過卦義. 3권에는 論易言陰陽之序·論易簡之原·論幽明之故·論鬼神之情狀·論死生之說·論河圖으로 구성되어 있음.
	미상	『秀軒易說』 ⑭주역주석서 229쪽-542쪽	- 『수헌역설』 상·하권 필사본(규장각도서 소장) - 내용: 『秀軒遺稿』의 3책·4책에 수록. 호가 修井인 문장에 의해 편저자를 정경순(鄭景淳)으로 추정하지만, 호가 秀軒인 학자를 알 수 없음. - 내용: 『주역』 64괘를 상·하로 나누고, 『주역』의 괘사·효사·상사를 나열하고 끝에 해설함. 단사와 「문언전」에 관해서는 언급하지 않음.
	64. 미상	『易說管窺』 ⑮주역주석서 543쪽-750쪽	- 『역설관규』는 유휘문(柳徽文)의 종택에서 발견된 필사본. - 내용: 『주역』 64괘와 십익의 「단전」 등에 관하여 주자의 견해를 토대로 저자가 해석한 주석서임.

【표1】에서 핵심적인 역학문헌으로 『주역』 주석서는 총 15편이 있다. 정약용의 『주역사전』과 서유신의 『역의의언』과 강엄의 『주역』, 박

문건의 『주역연의』, 이지연의 『주역차의』, 이항로의 『주역전의동이석의』, 김기례의 『역요선의강목』, 이종산의 『역학려작』(58괘만), 심대윤의 『주역상의고점』, 박만경의 『심역』, 박문호의 『경설-주역』, 이병헌의 『역경금문고통론』, 오치기의 『주역경전증해』 등 13편이 있다. 저자 미상의 저술로는 『수헌역설』과 『역설관규』의 주석서 2편이 포함된다. 더불어 정약용의 중국역학비평서 『역학서언』 1편이 함께 수록되어 있다.

24책~37책에서 논한 역학이론은 도상(圖象), 복서(卜筮), 서의(筮義) 등과 삼천양지(參天兩地), 역수(逆數) 등 수리(數理) 및 추이(推移), 물상(物象), 호체(互體), 효변(爻變) 등 해석방법론을 비롯해 괘의(卦義), 괘덕(卦德), 괘재(卦才) 등 의미를 논한 이론들이 다양하다. 24책~37책에는 『역학계몽』 주해서나 『황극경세서』 주석서가 없다. 그렇지만 송역의 핵심 이론과 세주를 논했고 도상과 관련된 역설이 많은 특징이 있다. 이들 역설들은 송역에 관한 무비판적인 수용보다 비판적인 재해석을 통하여 송역을 새롭게 이해하거나 평가하려는 경향이 있고, 역학의 원류를 해명하려는 이론이 많아진 특징도 있다.

그리고 독역방법론인 정약용의 「독역요지(讀易要旨)」 18칙을 비롯해 심대윤의 「독역십법(讀易十法)」은 『주역』을 읽는 방법론을 독창적으로 체계화하여 밝힌 이론이다. 이러한 수많은 한국역학 자료를 통해서 역의 형성과 전승 과정에 관한 유학자들의 해석과 판본과 주석사를 비롯해 조선후기 학자들의 도학정신과 실천사상의 토대가 된 역학사상을 파악할 수 있고, 미래를 도모한 사상적 원천으로서 역학의 위상도 함께 확인해 볼 수 있다.

3. 『한국경학자료집성-역경』(24책~37책)의 역학적 특징 분류

『한국경학자료집성-역경』(24책~37책)에 수록된 자료들의 다양한 역학적 특징은 10가지로 분류될 수 있다. 이들 역학적 특징의 분류는 후속 연구를 통해서 심층적인 연구에 활용할 수 있을 것이다.

1) 『주역전의대전』 중심이거나 세주를 인용해 논한 한국역학

서유신의 『역의의언』, 백경해의 「독역」, 강엄의 『주역』, 이지연의 『주역차의』, 김기례의 『역요선의강목』, 이항로의 『주역전의동이석의』, 장지완의 「답주역문목」, 채종식의 『주역전의동귀해』, 박문호의 『경설-주역』, 이용구의 『역주해선』, 백계하의 『역경해의』, 오치기의 『주역경전증해』, 이해익의 『경의류집-주역』 등

2) 『역학계몽』을 주석하거나 그 일부를 논평한 한국역학

유휘문의 「계몽고의」, 이병원의 「계몽기의」, 최상용의 「계몽차의」, 최효술의 「잡저-만록」, 윤종섭의 『경-역』, 김대진의 「계몽」, 김재경의 「역리설」 등

3) 창의적인 관점으로 저술된 한국역학

정약용의 『주역사전』, 오희상의 「잡저-역」, 강심효의 「겸괘도」, 박문건의 『주역연의』, 이우상의 「정회설」, 홍석주의 『홍씨독서록-역』, 심대윤의 「독역십법」, 박만경의 『심역』 등

4) 비판적 관점으로 저술된 한국역학

정약용의 『역학서언』, 김정희의 「역서변」, 이규경의 「사상변증설」, 이우상의 「괘변관견」, 심대윤의 『주역상의점법』, 홍기의 『경서의오강해-주역』 등

5) 의문점이나 저술 의도에 따라 논설한 한국역학

하우현의 「역의의」, 유휘문의 「독서쇄의-역」, 유휘문의 「전의여론」, 이규경의 「역괘효단상변증설」, 이규경의 「주역변증설」, 고몽찬의 「역학원류」, 이장찬의 「주역강해」, 이장찬의 『역학기의』, 허전의 『역고』, 기정진의 「문답류편-역」, 장지완의 「답주역문목」, 박종영의 『경지몽해-주역』, 이준의 「주역잡록」, 이진상의 『주역관규』, 이진상의 「석합보공설」, 유중교의 「역설」, 최세학의 「주역단전괘변설」, 백민수의 「책-역도」, 전우의 「역여주소태극」, 이재령의 「역학기견」, 박문호의 「서의상설」, 이용구의 「태극론」, 이정규의 「독역기」, 이병헌의 「공경대의고-주역」, 조긍섭의 「독역수기」, 지암의 『독역완의』, 이민덕의 「역첨」, 박광일의 「선갑삼일후갑삼일도병설」 등

6) 한대 역설 등 주역해석방법론에 관한 논변이 포함된 한국역학

정약용의 『역학서언』, 김정희 「주역우의고」, 이우상의 『역상하편의』, 김홍임의 「양한오경전문보-역」 등

7) 서법(筮法)을 주로 논한 한국역학

정약용 「복서통의」, 유휘문의 「시괘고오해」, 김정희 「역서변」, 이항로의 「괘시설」 등

8) 왕명에 의한 책문과 대책의 한국역학

심규택의 「역학책」(철종)

9) 도상(圖象)을 중심에 두고 논한 한국역학

김성호의 「역도발휘」, 김성호의 「도괘회통」, 윤종섭의 『경-역』, 이항로의 「선천후천도괘설」, 고몽찬의 「하도설촬요」, 유중교의 「하도낙서설」, 최세학의 「선천변위후천설」, 허훈의 「선천도총론」, 박문호의 「주역도상설」, 곽종석의 「후천괘어」, 이건창의

「독역수기」 등

10) 수리(數理) 해석을 주로 논한 한국역학

김응건의 「해도수기의」, 최세학의 「삼양설」, 곽종석의 「역역수설」, 박광일의 「하도생성수병해참전지」 등

『한국경학자료집성-역경』(24책~37책)의 역학자료 가운데 『주역』 주석서인 문헌의 특징 몇 가지를 살펴보자. 첫째, 정약용의 『주역사전(周易四箋)』은 그의 「자찬묘지명(自撰墓誌銘)」에 『주역심전(周易心箋)』이라고 기록되어 있다. 강진으로 유배간 정약용은 1801부터 『주역』 연구에 몰두해 1804년 갑자본(甲子本) 주석서를 저술하였다. 그리고 매년 수정·보완을 하여 최종본인 무진본(戊辰本)을 완성하였다. 『주역사전』에는 사전소인(四箋小引)과 23종의 괄례표(括例表), 독역요지(讀易要旨) 18칙 및 28종의 역례비석(易例比釋) 분석 및 64괘의 주석을 비롯해 「춘추관점보주」, 「대상전」, 「계사전」상하, 「시괘전」, 「설괘전」의 주석이 포함되었다. 그리고 정약용은 추이(推移), 물상(物象), 호체(互體), 효변(爻變)을 괘효사를 해석할 중요한 역리사법(易理四法)으로 설정해 이론을 정립하였다. 정약용 역학은 해박한 역학적 이해와 창의적인 역학 저술을 통해서 한국역학사에서 중요한 학술적 의미를 지닌다.

둘째, 서유신의 『역의의언(易義擬言)』은 주희의 『본의』처럼 고문경의 체제를 준용하였다. 그는 상·점(象占)이 역본의(易本義)이고, 리·기·상·수(理氣象數)가 역의 근원이라고 주장했으며, 「설괘전」의 물상이 해석에서 완전히 상응하지 못하였으므로, 호체와 괘변 등의 해석방법을 창안하거나 부회하여 해석하게 되었다고 하였다.

셋째, 박문건의 『주역연의(周易衍義)』는 유흠(劉歆)의 삼통설(三統說)을

수용하는 면모를 보인다. 그는 『연산역』의 첫괘가 간괘(艮卦), 『귀장역』의 첫괘가 곤괘(坤卦), 『주역』의 첫괘가 건괘(乾卦)로 구성된 이유를 하(夏)나라는 인통(人統), 은(殷)나라는 지통(地統), 주(周)나라는 천통(天統)을 사용했기 때문이라고 하였다.

넷째, 이지연의 『주역차의(周易箚疑)』에서는 괘별로 괘명, 괘 그림을 그렸고 의리를 논하고, 주로 정주(程朱)의 『주역전의대전』과 그에 관한 세주를 인용해 시비를 논하고 의리를 구하였다.

여섯째, 이항로의 『주역전의동이석의(周易傳義同異釋義)』는 정이 『역전』과 주희 『본의』 두 문헌의 동이점을 분석하고, 형식과 내용의 차이점에도 불구하고 의리적인 면에서 동일성이 있다고 하였다.

일곱째, 김기례의 『역요선의강목(易要選義綱目)』은 물상, 효변, 괘의, 괘덕, 괘재 등을 고려해 64괘 가운데 난해한 구절을 발췌해 주석하였다.

여덟째, 심대윤은 『주역상의점법(周易象義占法)』에서 정이의 의리적인 주석과 주희의 점서적인 주석 모두가 편향적이기 때문에 옳지 않다고 평가하였다. 그처럼 정주학에 해석 오류가 있는 것을 천도와 인도가 일치함을 알지 못해서라고 비판하였다. 이로써 심대윤은 정주학을 벗어나 새로운 역학을 정립하고자 하였다. 또 「독역십법」은 ①괘명(卦名) ②괘의(卦義) ③괘도(卦道) ④괘용(卦用) ⑤괘변(卦變) ⑥괘위(卦位) ⑦괘시(卦時) ⑧효위(爻位) ⑨효상(爻象) ⑩괘사(卦辭) 등 괘효사의 해석법 10가지를 새롭게 제시하였다.

아홉째, 박만경은 『심역(心易)』에서 64괘를 주석하였다. 여기서 도설, 이론적 논설, 문자회 등을 해명해 창의적으로 자신만의 새로운 역학을 발양하였다. 이러한 『주역』 주석서들은 다양한 저자들의 관점을 포함한 주석서라고 할 수 있다.

다음으로 주목되는 역학자료로는 정약용의 중국역학비평서 『역학서언(易學緖言)』이 있다. 이 문헌은 조선 유학자로서 거의 유일하게 한대(漢代)부터 청대(淸代)까지의 2천년 중국역학사를 논평한 특징이 있다. 특히 영향력이 지대한 중국의 역학대가(大家)들의 역학을 중심으로 그 시비를 가려 비평했는데, 훈고학, 고증학, 문자학 등을 활용하고, 각각의 역학이론에 관한 연원까지 고찰하였다. 이로써 총 21편의 역학평론을 저술하였다. 여기에는 한(漢), 위진(魏晉) 당(唐), 송(宋), 원(元), 명(明), 청대(淸代)의 역학을 망라하는 역학평론 17편과 복서론 1편, 역학문답론 2편, 역학 서간문 1편이 포함되었다.[6] 이 문헌은 정약용이 중국역학사의 대학자들의 역학을 학문적으로 평가할 만큼 중국역학사에 전문적인 식견을 지닌 대학자임을 드러내는 의미가 있다.

또 중국역학을 논한 자료로 홍석주의 『홍씨독서록(洪氏讀書錄)-역(易)』도 있다. 홍석주는 한대 경방의 『경씨역전』부터 이광지의 『주역단관』과 『주역통론』 등 한역부터 청역까지 10여 학자의 역학을 논하였다. 정약용과 홍석주는 가까운 사이였으므로, 서로 간에 영향이 있었을 것으로 추측된다. 다만 홍석주의 『홍씨독서록-역』과 정약용의 『역학서언』에 비하면 홍석주의 저술 분량이 상대적으로 적은 편이다. 홍석주의 견해를 살펴보면, 『역』이 본래 점서(占書)이므로 상수(象數)를 버릴 수는 없다는 관점이다. 그리고 김홍임(金弘任)의 「양한오경전문보(兩漢五經顓門譜)-역」에서는 양한시대 역학자와 역학 전문박사(博士)들의 계

6) 정약용의 『역학서언』에 포함된 총 21편의 역학평론은 1.李鼎祚集解論 2.鄭康成易註論 3.班固藝文志論 4.漢魏遺義論 5.王輔嗣易注論 6.韓康伯玄談考 7.孔疏百一評 8.唐書卦氣論 9.朱子本義發微 10.邵子先天論 11.沙隨古占駁 12.吳草廬纂言論 13.來氏易註駁 14.李氏折中鈔 15.陸德明釋文鈔 16.郭氏擧正駁議 17.王蔡胡李評 18.卜筮通義 19.周易答客難 20.玆山易柬 21.茶山問答 등이다. 앞의 17편은 중국역학평론이고, 1편은 복서(卜筮) 관련 역설이며, 2편은 역학문답론이고, 1편은 역학서간문이 포함되어 있다.

보 및 역학서를 기록하였다. 이처럼 조선후기 유학자들이 한역부터 중국역학에 관심을 가지고, 논변하고 중국역학을 평가함으로써 각 유학자들의 역학관을 파악할 중요한 자료라고 판단된다.

다음 비판적인 한국역학으로 김정희(金正喜)의 「역서변(易筮辨)」이 있다. 김정희는 주공이 효사를 지었다는 설을 실증할 만한 경전이 없으며, 억측은 경전의 뜻을 해치므로 실제 증거가 없다면 차라리 그냥 두는 것이 좋다고 하였다. 더불어 「주역우의고(周易虞義攷)」에서는 한대 학자인 우번(虞翻)의 역학을 비판한 역설이다. 이규경(李圭景)은 「사상변증설(四象辨證說)」에서 역의 사상(四象)을 원형이정, 춘하추동, 동서남북으로 보고 자연적 시공간과의 연관성을 주장하였다. 그는 주희가 태양·태음·소양·소음을 사상이라고 본 것이 잘못이라는 견해를 가지고 있다. 이우상(李愚祥)의 「정회설(貞悔說)」에서는 정(貞)과 회(悔)가 복서가들이 항용 쓰는 말이므로 정현과 주자의 정길회망(貞吉悔亡) 해석에 의문을 제기하고 자신의 견해로 재해석했으며, 심대윤(沈大允)의 『주역상의점법(周易象義占法)』에서는 정이와 주희 역학이 모두 의리나 점서에 편향된 문제점이 있음을 지적하였다. 또한 이진상(李震相)의 「괘변설(卦變說)」에서는 정주의 괘변설에 대해 문제를 제기했고, 「석합보공설(析合補空說)」에서는 『역학계몽』에 있는 주자설이 정밀하지 못하기 때문에 주자설로 보기 어렵다고까지 하였다.

이들 한국역학 자료는 비판적인 사유를 토대로 한 역학 저술이다. 여기서는 정주학은 물론이고 중국역학의 이론과 사상의 문제점을 지적하고, 그 한계에서 벗어나 독창적으로 『주역』을 해석함으로써 한국역학을 정립하려는 시도가 있었다고 판단된다.

국왕과 관련된 역학자료는 심규택(沈奎澤)의 『역학책(易學策)』으로 철종(哲宗)의 책문에 관한 대책이 있다. 여기서 『주역』에 관하여 질문하였고, 역학을 크게 밝힐 방안을 주로 논했다. 이 밖에도 최세학(崔世鶴)의 「삼양설」은 천수 3, 지수 2에 1을 태극의 체로 보는 삼천양지수를 해석했고, 곽종석(郭鍾錫)의 「역역수설(易逆數說)」도 역수(逆數)를 논했으며, 백민수(白旻洙)의 「책-역도」에서는 천지 만물이 역상에 따라서 변화하며 존립한다고 주장하였다. 이해익(李海翼)의 『경의유집(經疑類輯)-주역』은 한국 유학자로 이언적, 이황, 김인후, 이이, 최립, 김장생, 송시열, 송준길, 이단상, 권상하 등 선유들의 역설을 논평하였다. 그 내용의 비교는 학술적 가치가 있다.

성인사도(聖人四道)에 관한 논설로는 정약용이 『주역사전』에서 사(辭) · 변(變) · 상(象) · 점(占)의 성인사도가 되는 형성요소 모두를 고려하여 주석하였다. 서유신은 상(象) · 점(占)을 『역』의 본의로 보고, 리(理) · 기(氣) · 상(象) · 수(數)를 역의 근원이라고 했으며, 홍석주는 『역』이 본래 점서이므로, 상 · 수(象數)를 버릴 수 없다고 주장하였다. 심대윤은 언(言) · 동(動) · 제기(制器) · 복서(卜筮) 네 가지를 역도로 보았다. 심대윤의 주장은 「계사전」에서 제시된 성인사도와는 다른 입장이다. 또 유중교는 「독역방법」에서 '천지의 이치는 상(象)에 나타나고, 성인의 정(情)은 역의 사(辭)에 나타난다'라면서 상(象)과 사(辭)로써 천지의 이치를 해명할 수 있다고 보았다. 이재령은 괘(卦)가 있고 사(辭)가 있다면서 이를 체용(體用) 관계로 해석한 이론을 정립하였다. 이처럼 역의 근원이나 『주역』을 형성한 중요한 요소들에 관한 다양한 해석 관점들이 표출되었다.

따라서 24책~37책의 한국역학 자료를 통해서 유학자들이 지녔던 창의적 사고와 비판적 사유와 더불어 역학 사상과 이론이 다변화되는 양상 및 그들이 각각 지향했던 역학의 지평까지 모두 확인할 수 있다.

4. 『한국경학자료집성-역경』(23책~37)의 번역 현황

『한국주역대전』(전 14권)은 한국학중앙연구원의 2012년~2015년 한국학토대연구지원사업(연구책임자 최영진 교수)의 연구결과물이다. 『한국주역대전』은 정이의 『역전』과 주희의 『본의』를 비롯해 송원대(宋元代) 세주까지 【中國大全】으로 번역하였다. 한국역학은 권근(權近)의 『주역천견록(周易淺見錄)』부터 이병헌(李炳憲)의 『역경금문고통론』까지 총 58명의 역학자료를【韓國大全】으로 분류하여 번역하였다.[7] 『주역』 경문은 괘사 · 효사 등은 의미에 따라서 나누었는데, 상경 592개의 문장, 하경 653개의 문장과 「계사전」 이하 210개의 문장으로 분절해 수록하였다.

『한국경학자료집성-역경』 24책~37책 가운데 『한국주역대전』에서 번역된 자료들과 분절체계[상경 592개 문장, 하경 653개 문장과 「계사전」 이하 210개 문장]에 따른 수록 횟수는 【표2】와 같이 정리된다.

【표2】『한국주역대전』의 『한국경학자료집성-역경』(24책~37책)의 번역 현황

1. 오희상(吳熙常) 「잡저-역」 - 상경 2회, 하경 1회, 계사전 이하 16회
2. 강엄(康儼)의 『주역』 - 107회, 106회, 0회
3. 박문건(朴文健)의 『주역연의』 - 511회, 254회, 0회
4. 유휘문(柳徽文)의 「시괘고오해」 - 0회, 0회, 3회

---

7) 『한국주역대전』은 〈한국학진흥사업 성과포털〉에 DB자료가 업로드되어 있어서 번역과 해제를 검색할 수 있다.

5. 이지연(李止淵)의 『주역차의』 - 229회, 246회, 0회
6. 김기례(金箕澧)의 『역요선의강목』 - 386회, 395회, 0회
7. 윤종섭(尹鍾燮)의 『경-역』 - 36회, 41회, 25회
8. 이항로(李恒老)의 『주역전의동이석의』 - 116회, 109회, 1회
9. 이장찬(李章贊)의 「역학기의」 - 0회, 0회, 59회
10. 허전(許傳)의 「역고」 - 43회, 12회, 0회
11. 박종영(朴宗永)의 「경지몽해 · 주역」 - 39회, 28회, 2회
12. 심대윤(沈大允)의 『주역상의점법』 - 419회, 456회, 108회
13. 오치기(吳致箕)의 『주역경전증해』 - 476회, 503회, 198회
14. 이진상(李震相)의 『역학관규』 - 300회, 329회, 57회
15. 최세학(崔世鶴)의 「주역단전괘변설」 - 28회, 32회, 1회
16. 채종식(蔡鍾植)의 「주역전의동귀해」 - 42회, 27회, 2회
17. 박문호(朴文鎬)의 『경설 · 주역』 - 214회, 256회, 43회
18. 이정규(李正奎)의 「독역기」 - 62회, 62회, 0회
19. 이용구(李容九)의 「역주해선」 - 41회, 29회, 0회
20. 이병헌(李炳憲)의 『역경금문고통론』 - 271회, 286회, 55회

위에서 박문건의 『주역연의』, 이지연의 『주역차의』 김기례의 『역요선의강목』, 심대윤의 『주역상의점법』, 오치기의 『주역경전증해』, 이진상의 『역학관규』, 박문호의 『경설 · 주역』, 이병헌의 『역경금문통고』 등은 분량이 많은 편이다. 반면 오희상의 「잡저 -역」과 유휘문의 「시괘고오해」 등은 분량이 적은 역설이다. 【표1】의 저술 분량과 【표2】의 수록 횟수를 비교하면 각 자료의 분량을 대략적으로 파악할 수 있다.

정리하면 『한국주역대전』에서는 『한국경학자료집성-역경』(24책~37책)에 수록된 총 64명의 역학자료 가운데 20종을 번역하였다. 여러 편의 역학자료를 저술한 유학자의 경우에는 『주역』 경문을 중심에 둔 역설만을 번역하였다. 따라서 『한국경학자료집성-역경』(24책~37책)에도 미번역, 미연구된 자료가 많다. 그러므로 『한국역학사』를 저술하려

면 지속적으로 한국역학 자료를 수집 분석 연구하고, 한글 번역하는 과정이 함께 병행되어야 할 것이다.

5. 맺음말

『한국경학자료집성-역경』 24책~37책에는 주로 18세기~20세기 유학자와 저자 미상인 학자까지 총 64명의 역학자료를 수록하고 있다. 『주역』 주석서 총 15편과 중국역학비평서 1편이 포함되었다. 학자들은 양한 역학부터 위진당대 및 송대, 원명청대 역학까지 망라해 논함으로써 중국역학에 지속적인 관심을 가지고 있었다. 또 중국역학의 문헌과 주석 및 제반 이론에 관한 비판적인 검토와 고증학적인 입장의 논변이 많다. 정주 역학과 성리학으로 시대적인 문제를 해결하려는 역학도 여전히 존재하지만, 정주 역학을 비판하는 경향성도 전면에 드러난다. 그리고 역대 조선유학자의 역학을 논변한 문헌과 역설도 저술되었다. 또 철종의 책문과 그 대책도 포함되었기 때문에 조선후기 역학의 정치적 · 사회적 의미와 영향력까지 파악이 가능하다.

세부적인 역학이론으로는 역의 형성과 전승과정, 역학의 원류 및 무극, 태극, 양의, 사상, 팔괘 등 개념과 괘의, 괘덕, 괘재의 의미를 논한 내용이 있다. 또 하도낙서와 선후천의 도상 및 서의(筮儀), 삼천양지(參天兩地), 역수(逆數) 등 수리를 논하였고, 36궁설, 가일배법 등과 물상, 효변, 괘변, 호체 등의 해석방법론도 중요하게 다루었다. 더불어 역학의 근원과 『주역』의 핵심 요소로서 성인사도인 사 · 변 · 상 · 점(辭變象占)에 관한 의론과 해석방법이 다양하게 정립되었다. 이들은 『주역』에 포괄된 의리, 상수, 도상, 변점(變占) 등에 관한 이론으로 창의적, 비판적인 관점의 이론까지 비교 분석할 자료가 된다.

종합하면 『한국경학자료집성-역경』 24책~37책에는 저자 미상을 제외하면 주로 18~20세기의 한국역학을 수록하였다. 한역부터 청역까지 중국역학을 객관적으로 해명하고 비판함으로써 한국적인 역학을 정립하려는 시도도 있었다. 조선 말기 시대적 격변 속에서 역학도 다변화하고, 시대에 응변(應變)할 역학의 모색도 이루어졌다. 따라서 24책~37책에 수록된 한국역학 자료들은 한국역학사의 변천을 파악할 중요한 자료로서 한국역학사를 저술할 근간이자 기초토대로서 학술적 의미가 큼을 다시금 확인하게 된다. ◆

【참고문헌】

성균관대학교 대동문화연구원, 『韓國經學資料集成-易經』(전37책), 1996~1997.

성균관대학교 대동문화연구원, 『韓國經學資料集成-총목록』, 1998.

한국주역대전편찬실, 『韓國周易大全』(전14권), 고양: 학고방, 2017.

張舜徽 저, 성균관대 한문고전번역협동과정 역, 『四庫全書 이해의 첫걸음』, 성균관대출판부, 2016.

R. KentGuy 저, 양휘운 역, 『四庫全書』, 서울: 생각의 나무, 2009.

김학권 외 5인, 「조선 역학의 범주적 분류와 사상사적 전개에 관한 연구」, RNF 결과보고서, 2016.

이난숙, 「역학평가의 준거 -성인사도인 辭·變·象·占 연구」, 율곡학회, 『율곡학연구』 50, 2022.

이난숙, 「『한국경학자료집성-역경』(1책~11책)의 구성 내용과 역학적 특징 분류(Ⅰ)」, 동양철학연구회, 『동양철학연구』 119, 2024.

이난숙, 「『한국경학자료집성-역경』(12책~13책)의 구성 내용과 역학적 특징 분류(Ⅱ)」, 율곡학회, 『율곡학연구』 57, 2024.

이선경, 「『주역』 번역의 현황과 과제 -『한국주역대전』 집성을 중심으로-」, 한국고전번역원, 『민족문화』 52, 2018.

이영호 · 함영대, 「디지털 경전주석학의 모색 -한국경학시스템을 중심으로」, 성균관대 대동문화연구원, 『대동문화연구』 101, 2018.

정병석, 「조선역학사에서 도상학적 상수학의 수용과 비판 -주자의 도서역학과 소강절의 선천역학을 중심으로-」, 한국유교학회, 『유교사상문화연구』 58, 2014.

조선후기 역학사상에 대한 관점 고찰*

-노론(老論), 소론(少論), 기호남인(畿湖南人)의 역학사상을 중심으로-

서 근 식

〈요약〉

조선후기 학계는 매우 활발하게 활동하였다. 특히 경신환국(庚申換局) 이후로는 이전보다 더 활발하게 활동하게 되었다. 이렇게 활발하게 활동할 수 있었던 것은 조선후기 학계가 노론(老論), 소론(少論), 기호남인(畿湖南人)으로 나뉘었기 때문이다.

노론은 송나라 의리역학을 취하였다. 그러나 해당 인물이 특수한 상황이라면 해당 인물이 본받고자 했던 인물의 역학이론을 따랐다. 소론은 첫째 순수하게 소론의 역학을 연구한 그룹, 둘째 강화학파(江華學派) 역학이론을 연구한 그룹, 셋째 『훈민정음(訓民正音)』을 새롭게 이해하려는 그룹, 넷째 서양 천문학을 새롭게 이해하려는 그룹으로 나뉜다. 첫째와 둘째는 해당 인물이 관직에 있었다면 송나라 상수역학을 따르려고 했고, 관직과 거리를 두고 있었다면 한나라 의리역학을 따르려고 했다. '따르려고 했다'는 것은 반드시 해당 학설을 따른 것이 아니라 기본적으로 해당 학설에 바탕을 두지만 다른 여러 이론들에도 관심을 가졌다는 말이다. 셋째와 넷째는 『황극경세서(皇極經世書)』를 변용하여 수용하였으므로 송나라 상수역학을 따랐다. 기호남인은 한나라 상수역학을 따랐다.

* 이 글은 『한국철학논집』 82(한국철학사연구회, 2024.08)에 게재된 것임을 밝힌다.

1. 머리말

조선후기 학계의 사상가들은 매우 활발하게 활동하였다. 특히 1680년 경신환국(庚申換局)[1] 이후로 서인(西人)이 남인(南人)의 처리문제에 강경한 탄압을 주장했던 우암(尤庵) 송시열(宋時烈, 1607~1689)로 대표되는 노론(老論)과 온건하게 처리하려는 명재(明齋) 윤증(尹拯, 1629~1714)으로 대표되는 소론(少論)으로 분리되면서부터 보다 활발하게 활동하게 된다. 이를 계기로 학계에서는 이들을 노론, 소론, 남인으로 부르게 되었다. 이들에 관해서는 정치적 · 사회적 · 경제적 문제에 대해서 많은 논문들이 나왔고, 그 가운데 우리의 관심은 이들이 역학(易學)에서 어떤 입장을 취했는가에 관해서이다.

역학사상의 입장에서 노론, 소론, 기호남인(畿湖南人)은 어떻게 나누어 보아야 하는가? 큰 틀에서 보면 노론은 『주역전의대전(周易傳義大全)』에 대해 이천(伊川) 정이(程頤, 1033~1107)의 의리역학(義理易學)의 입장을 따르려고 하였고, 기호남인은 『주역전의대전』에 실려 있는 내용은 정이와 회암(晦庵) 주희(朱熹, 1130~1200)의 형이상학화된 입장이 반영된 것이라고 보고 이들보다 이전의 사상인 한나라 상수역학을 따르

1) 1680년(숙종 6년)에 南人이 정치적으로 대거 실각한 사건을 말한다. 최초로 일어난 換局으로 西人의 입장에서는 庚申大黜陟, 南人의 입장에서는 庚申士禍라고도 한다. 나름대로 이론싸움으로 禮儀를 갖추며 싸우던 禮訟論爭과 달리 한 편이 완전히 몰락해나가는 대대적인 肅淸은 관료들에게 큰 충격을 가져왔고, 이로 말미암아 상호공존의 朋黨政治는 붕괴하기 시작한다. 또한 西人의 分派도 가져왔는데, 南人 처벌에 있어 강경한 입장인 宋時烈의 老論과 비교적 온건한 입장인 尹拯의 少論으로 分派된다. 宋時烈과 尹拯의 대립은 1681년에 懷尼是非라는 斯文의 是非문제로 드러나게 되었다.

려고 하였다.

그렇다면 소론은 어떻게 규정지을 수 있을까? 소론의 역학사상은 스펙트럼이 넓기 때문에 다양하게 살펴보아야 한다. 소론은 이러한 넓은 스펙트럼 때문에 소론이라는 이름 아래에서 연구된 논문은 거의 없다. 소론이라는 이름 아래에서 연구된 논문은 역학사상의 경우에는 이제 강화학파(江華學派)의 역학사상에 대해 첫발을 떼고 있는 정도이다. 그렇다면 소론의 역학사상은 어떻게 살펴볼 수 있을까? 소론의 역학이론은 순수하게 소론의 역학이론을 연구한 그룹, 강화학파 역학이론을 연구한 그룹, 『훈민정음(訓民正音)』을 새롭게 해석하려는 그룹, 서양 천문학을 새롭게 해석하려는 그룹으로 나뉜다. 이 가운데 『훈민정음』을 새롭게 해석하려는 그룹과 서양 천문학을 새롭게 해석하려는 그룹의 논문은 대부분 국어학, 중어학, 과학사 관련 논문이고 철학적 논문은 해당 인물별로 1-2편밖에 없다. 이것도 소론 역학이론을 연구하는데 하나의 걸림돌이다.

본 논문에서는 노론, 소론, 기호남인을 나누어 보고, 이들의 역학이론에 대해 고찰해 보겠다. 본 논문을 통해 위와 같은 어려움이 있음에 자극받아 소론에 대한 연구가 좀 더 활발하게 진행했으면 하는 바람이다.

2. 노론(老論)의 역학사상

노론 역학사상의 특징을 큰 틀에서 보면 송나라 의리역학을 따랐다는 데 있다. 흔히 노론은 주희의 입장을 절대시했다고 알려져 있다.

그렇다면 노론은 주희의 도서상수역학(圖書象數易學)을 따르는 것이 맞는다. 그러나 해당 학자들의 『주역』 관련 저술을 보면 주희의 『주역본의(周易本義)』 입장을 따른 것이 아니라 정이의 『정씨역전(程氏易傳)』의 입장을 따랐다. 이는 왜 그런 것인가? 이는 조선이 교재로 삼았던 『주역전의대전』과 주자학을 정학(正學)으로 삼았던 정조(正祖)의 입장을 생각해 볼 필요가 있다. 먼저 조선이 『주역』의 교재로 삼았던 『주역전의대전』은 정이의 주석과 주희의 주석을 함께 모아 놓은 책이다. 그러나 편집된 「범례(凡例)」를 보면 체제상 정이의 입장을 강조하고 있다. 또한 주희의 입장을 강조했던 청나라에서는 강희제(康熙帝)의 칙명(勅命)으로 『주역절중(周易折中)』이 1713년 편찬되기 시작하여 1715년에 완성되었다. 그러나 조선은 『주역전의대전』을 조선시대 동안 교재로 사용하였으므로 『주역전의대전』의 「범례」에서 말한 부분을 지켰다. 따라서 주희의 견해보다는 정이의 견해를 따르려고 하였다. 그에 따라 당시 정권에 있던 노론도 정이의 입장을 따르려고 했던 것이다. 그리고 주자학을 정학(正學)으로 삼았던 정조의 입장이다. 정조는 『주역절중』을 빠르게 수입할 만큼 주희의 입장에 적극적이었다. 그러나 『주역절중』의 편찬을 담당했던 용촌(榕村) 이광지(李光地, 1642~1718)는 조선에서 인정받을 수 없었다. 이광지가 인정받을 수 없었던 결정적인 이유는 주희의 입장을 존중하여 『주자전서(朱子全書)』나 『주역절중』을 편찬하기는 하였지만 양명학설을 따랐다는 점에 있다.[2] 따라서 『주역절중』도 학자들의 관심에서 멀어졌다. 노론은 이러한 입장에서 정이의 의리역학의 입장을 따랐다. 본 논문에서는 초정(楚亭) 박제가(朴齊家, 1750~1805(?))[3], 완당(阮堂) 김정희(金正喜, 1786~1856)[4], 화서(華

2) 이에 대한 자세한 내용은 신재식, 「조선후기 지식인의 李光地 수용과 비판」, 『한국실학연구』 34, 한국실학학회, 2017.12, 603-606쪽을 참조할 것.

西) 이항로(李恒老, 1792~1868)[5]의 입장을 통해 살펴보자.

박제가는 북학파(北學派)의 한 사람으로 그의 『문집(文集)』에는 『주역(周易)』에 관한 저술이 없었다. 그러다가 1966년 5월 28일에 일본과의 〈문화재 및 문화협력에 관한 협정〉에 의해서 박제가의 『주역』에 관한 저술이 있음을 알게 되었고, 한국으로 반환되어 우리에게 알려졌다.[6] 또한 반환된 박제가의 『주역』관련 저술의 이름은 '『주역』'이라고 되어 있어, 본래의 『주역』과 혼동되는 측면이 있다. 그래서 본 논문에서는 박제가의 저술을 『초정주(楚亭註) 주역』[7]으로 이름붙이겠다. 박제가의 역학이론은 『주역전의대전』에 나오는 정이와 주희의 주석이외에는 다른 것을 인용하지 않았다. 이러한 박제가의 역학이 의리역학이라는 것은 『초정주 주역』의 내용에서 「하도(河圖)」·「낙서(洛書)」에 관한 것은 없으며, 주희의 『주역본의』에 나오는 점서법(占筮法)에 관한 「서의(筮儀)」도 없다는 점을 통해서 정이의 의리역학을 따랐음을 알 수 있다.[8] 또한 박제가는 「상전(象傳)」과 「대상전(大象傳)」을 구분해야 함을

3) 서근식, 「楚亭 朴齊家의 『周易』 解釋方法에 관한 硏究」, 『퇴계학보』 118, (사)퇴계학연구원, 2005.12.

4) 서근식, 「북학파의 『주역』 해석 방법론 연구(II) -추사(秋史) 김정희(金正喜)와 근기남인과의 대비를 중심으로-」, 『민족문화』 53, 한국고전번역원, 2019.06.

5) 김병애, 「화서 이항로의 斥邪衛正思想에 대한 이론적 근거와 실천 -『周易傳義同異釋義』와 斥邪疏를 중심으로-」, 『민족문화』 53, 한국고전번역원, 2019.06.

6) 일본으로부터 반환된 전적문화재에 관해서는 윤병태, 「日本 返還 典籍文化財의 書誌學的 硏究」, 『서지학연구』 8, 서지학회, 1999.12를 참조하기 바란다.

7) 박제가의 『楚亭註 周易』에 대해서는 성균관대학교 대동문화연구원에서 1996에 影印한 『韓國經學資料集成』 108(『易經』 22)에 실려 있는 『周易』을 참고하였다. 이 책은 필사본이므로 쪽수는 『韓國經學資料集成』의 쪽수를 사용할 것이며, 명백히 誤脫字라고 생각되는 것은 수정하여 인용하였다.

8) 서근식, 「楚亭 朴齊家의 『周易』 解釋方法에 관한 硏究」, 『퇴계학보』 118, (사)퇴계학연구원, 2005.12, 236-237쪽.

언급하고 있는데, 「대상전」에 관하여 다음과 같은 언급은 그가 의리역학에 집중하고 있음을 보여준다.

> 「대상전」은 오로지 자기의 수양(공부)에 속한 것을 말한 것이므로 「상전」과는 다르다.[9]

「대상전」은 본래에 「상전」 속하는 것이다. 그러나 「상전」과 「대상전」은 구분되어야 한다. 박제가는 「대상전」에서 자신의 수양을 강조하고 있으므로 의리역학적 해석을 한 것이다. 본래 「대상전」은 어떤 괘상(卦象)을 보고 자신이 어떻게 해야지 괘상과 같이 될 수 있을까를 기록한 글이다. 여기서 괘상을 본다는 것을 강조하면 상수역학자가 되지만 박제가와 같이 어떻게 하면 괘상과 같이 될 것을 강조한다면 의리역학자가 된다. 또한 박제가는 건괘(蹇卦) 「상전」에서 다음과 같이 말한다.

> 대저 상(象)에는 직상(直象: 직접적으로 외부로 드러난 실제의 상(象)을 말함. -필자주)이 있고, 의상(意象: 유형(有形)의 상(象)이 아니라 의미상의 상(象)을 말함. -필자주)이 있다. 직상 가운데 또 획을 그은 이후로 인하여 상(象)이 되는 것이 있고, 획을 긋기 전을 근거로 상(象)이 되는 것이 있다. 의상 가운데 또 상(象)으로 인하여 의(意)를 말한 것이 있고, 자체적으로 지닌 뜻으로써 상(象)을 세우는 것도 있고, 전체도 있고 한 부분만 있는 것도 있어 취하고 버리는 것이 교묘하여 방물(方物)[10]할 수 없다.[11]

---

9) 『楚亭註 周易』「大有卦」 42쪽. "大象 專屬自己功夫說 故與象不同."

10) 方物은 『周易』「繫辭傳」 上 1章의 "方以類聚 物以群分"을 줄인 말이다.

11) 『周易』「蹇卦」 120-121쪽. "夫象 有直象 有意象. 直象之中 又有因卦畫之後爲象者 有原畫卦之前爲象者. 意象之中 又有因象說意者 有以自意立象者 有全體 有半邊 取去者 巧妙 不可以方物."

박제가가 상(象)을 직상과 의상으로 나누어 본 것은 의상이 있음을 강조하기 위해서이다. 박제가는 『초정주 주역』 곳곳에서 그것이 직상이 아니라 의상임을 강조하고 하고 있다. 이런 측면에서 보면 박제가는 송나라 의리역학을 따랐음을 알 수 있다.

다음으로 김정희에 대해 살펴보자. 김정희의 저술인 『완당전집(阮堂全集)』[12]은 2번이나 자신이 기록한 글을 불태웠기 때문에 현재 남아 있는 것이 그리 많지 않다. 남아 있는 글도 그가 공부하기 위해서 적어놓은 글도 있다. 따라서 김정희의 글은 완전한 것으로 보기 힘들다.[13] 그렇기는 하지만 김정희의 저술 가운데 서간문(書簡文)과 「주역우씨고(周易虞氏攷)」 등은 참고가 된다. 김정희도 송나라 의리역학적 입장을 따랐다. 김정희는 「주역우씨고」를 통하여 한나라 상수역학의 이론을 다음과 같이 적극적으로 비판하였다.

> 『주역』의 「단전(彖傳)」·「상전」 및 「대상전」에서는 오직 본괘(本卦)의 건장함[健]·순함[順]·움직임[動]·들어감[巽]·험난함[險]·밝음[明]·그침[止]·기뻐함[說]에 관한 덕(德)과 하늘[天]·땅[地]·우뢰[雷]·바람[風]·물[水]·불[火]·산[山]·연못[澤]의 상(象)에서 뜻을 취하였으므로 각각 본괘와는 같지 않은 것이 없어서 의리가 지극히 분명한 것이다. 그런데 우씨(虞氏)는 괘의 방통(旁通)[14]으로 잘못 해석하여 비록 마음을 다하여 임시변통으로 꾸며 놓았으나, 경전(經典)의 본래 뜻에 관해서는 충분히 통하지는 못

---

12) 김정희의 『阮堂全集』은 2003년 민족문화추진회에서 影印한 『韓國文集叢刊』 301을 참고하겠다. 명백히 誤脫字라고 생각되는 것은 수정하여 인용하겠다.

13) 서근식, 「북학파의 『주역』 해석 방법론 연구(II) -추사(秋史) 김정희(金正喜)와 근기남인과의 대비를 중심으로-」, 『민족문화』 53, 한국고전번역원, 2019.06, 404쪽.

14) 『周易』 乾卦 「文言傳」에 나오는 "六爻發揮 旁通情也"에 근거한 말로써 錯卦 혹은 配合卦라고도 한다. 旁通은 『周易虞氏義』에서는 陽爻와 陰爻가 서로 반대로 되는 卦를 이른다고 하였고, 『周易本義』에서는 曲盡함을 뜻한다고 하였다.

하였다.[15]

김정희의 이러한 입장은 정이의 『정씨역전』을 긍정적으로 바라보고 이를 수용하는 것으로 역학사상을 전개하였다. 또한 김정희는 점서법에 대해 부정적인 입장을 가지고 있었다. 김정희의 다음과 같은 말은 이를 잘 보여준다.

> 복서(卜筮)가 비록 성인(聖人)의 도(道) 4가지 가운데의 하나이지만, 군자의 『주역』은 "말[言]하는 사람은 그 글[辭]을 숭상하고, 행동하는 사람은 그 변화를 숭상할"[16] 뿐이요 반드시 복서를 통하여 스스로 『주역』의 도에 부합시킬 필요는 없는 것입니다.[17]

김정희는 「계사전(繫辭傳)」 상 10장에서 성인의 도(道) 4가지를 설명하면서 반드시 복서를 통하여 『주역』의 도에 합치시킬 필요는 없음을 강조하고 있다. 이것은 굳이 점을 칠 필요가 없음을 드러내는 것이다. 즉, 정이가 강조하고 있는 성인의 도 4가지 가운데 하나인 점법은 『주례(周禮)』에 나오는 구서(九筮) 가운데 하나이지만 굳이 점을 쳐서 성인의 도와 부합시킬 필요는 없음을 말한 것이다. 만약 김정희가 상수역학적 입장이었다면 점서법을 긍정하였을 것이지만 그가 정이의 『정씨역전』을 따랐으므로 점서법을 긍정하지 않은 것이다.

---

15) 『阮堂全集』 卷1 「周易虞氏攷」 1右. "易之彖象及大象 惟取義於本卦健順動巽險明止說之德 天地雷風水火山澤之象 無不各如其本卦 義至明也. 虞以卦之旁通釋之 雖極意彌縫 於經未必盡通."

16) 『周易』 「繫辭傳」 上 10章. "易有聖人之道四焉 以言者尙其辭 以動者尙其變 以制器者尙其象 以卜筮者尙其占."

17) 『阮堂全集』 卷3 「書牘」 〈與權彝齋敦仁〉(1書) 2右. "卜筮雖四道之一 而君子之易 以言者尙其辭 以動者尙其變 不必卜筮而自合於易之道."

다음으로 이항로를 살펴보자. 이항로의 『주역전의동이석의(周易傳義同異釋義)』[18]는 저술의 이름에서 알 수 있듯이 『주역전의대전』에서 정이의 입장과 주희의 입장의 차이점을 밝힌 것이다. 그런데 이항로의 입장은 다른 노론들과는 다르다. 다른 노론은 정이의 『정씨역전』의 입장을 따랐는데, 이항로는 주희의 『주역본의』의 입장을 따랐기 때문이다. 그렇다면 이항로는 왜 주희의 입장을 긍정했으며, 주희의 상수역학 이론을 따른 것인가? 이항로가 주희의 입장을 따른 것은 특수한 상황 때문이다. 당시 조선은 서양의 침입에 대항하기 위해 노력하였다. 이는 김병애가 그녀의 논문[19]에서 위정척사(衛正斥邪)를 언급한 것도 이런 이유 때문이다. 주희는 화의론(和議論)과 척화론(斥和論) 사이에서 척화론을 강하게 주장했던 인물이다. 따라서 이항로도 주희의 척화론의 사상을 이어받아 다른 노론들과는 달리 주희의 『주역본의』의 입장을 따른 것이다. 이항로는 건괘(乾卦)를 해석하면서 다음과 같이 말하였다.

> 내가 살펴보았다. 「계사전」에 "『주역』에는 태극(太極)이 있으니 이것이 양의(兩儀)를 낳고, 양의가 사상(四象)을 낳고, 사상이 팔괘(八卦)를 낳았다"라 하였다. … (원(元) · 형(亨) · 이(利) · 정(貞)의) 네 가지 덕으로 해석하면 점으로 볼 수 없기 때문에, 정이가 해석한 다른 괘의 예에 따라 '크게 형통하고 지극히 바르다[大通至正]'라고 해석하였다.[20]

---

18) 이항로의 『周易傳義同異釋義』는 민족문화추진회에서 2003년 影印한 『韓國文集叢刊』 304~305의 『華西集』에 나오는 것이다. 명백히 誤脫字라고 생각되는 것은 수정하여 인용하겠다.

19) 김병애, 「화서 이항로의 斥邪衛正思想에 대한 이론적 근거와 실천 -『周易傳義同異釋義』와 斥邪疏를 중심으로-」, 『민족문화』 53, 한국고전번역원, 2019.06.

20) 『周易傳義同異釋義』 권29, 2右. "按 繫辭 易有太極 是生兩儀 兩儀生四象 四象生八卦. … 用四德解則无以見占 故從程子所釋 他卦例以大通至正釋之."

이항로는 『주역』「계사전」상 11장을 예로 들고 있는데, 「계사전」에 나오는 의미를 주희의 『주역본의』가 따르고 있으므로 정이가 네 가지 덕으로 해석한 것을 따르지 않고 주희의 입장을 따랐다고 하였다. 표면상 이렇게 언급했지만 실제적으로는 위정척사 사상에 근거하여 주희의 입장을 따른 것으로 생각된다.

노론의 역학사상은 『주역전의대전』을 중심으로 그 속에 담겨 있는 정이의 사상과 주희의 사상을 재검토하는 방식으로 논의가 이루어졌다. 따라서 노론은 소론과 기호남인과는 다르게 『주역전의대전』의 그늘에서 벗어날 수 없었다. 따라서 『주역전의대전』을 넘어서는 다양한 이론을 내놓지 못한 점이 있다.

3. 소론(少論)의 역학사상

소론의 역학사상은 노론과는 다르게 다양한 스팩트럼을 가지고 있다. 소론의 역학사상의 특징은 해당 인물이 관직에 있었으면 송나라 상수역학을 따르려고 했고, 관직과 거리를 두고 있으면 한나라 의리역학을 따르려고 했다는 것이다. 여기서 중요한 것은 '따르려고 했다'는 부분인데, 이는 전적으로 따랐다는 말이 아니라 다른 역학이론에도 관심을 가졌다는 의미이다. 위에서 소론의 역학사상을 순수하게 소론의 역학이론을 연구한 그룹, 강화학파 역학이론을 연구한 그룹, 『훈민정음』을 새롭게 해석하려는 그룹, 서양 천문학을 새롭게 해석하려는 그룹으로 나누어 보았다. 순수하게 소론의 역학이론을 연구한 그룹으로는 이계(耳溪) 홍양호(洪良浩, 1724~1802)[21]를 중심으로 살펴볼 것이며, 강화학파 역학이론을 연구한 그룹은 하곡(霞谷) 정제두(鄭齊斗, 1649~1736)[22], 석천(石泉) 신작(申綽, 1760~1828)[23], 백운(白雲) 심대윤(沈大允, 1806~1872)[24] 등이 있지만 여기서는 정제두와 신작을 중심으로 살펴볼 것이다. 『훈민정음』을 새롭게 해석하려는 그룹은 명곡(明谷) 최석정(崔錫鼎, 1646~1715)[25]과 여암(旅庵) 신경준(申景濬, 1712~1781)[26]이 있지만 본 논문에서는 신경준을 중심으로 살펴볼 것이다. 서양 천문학을 새롭게 해석하려는 그룹은 정제두[27], 대곡(大谷) 김석문(金錫文, 1658~1735)[28], 신경준[29], 보만재(保晩齋) 서명응(徐命膺, 1716~1787)[30]

---

21) 이승재, 「洪良浩의 象數易 수용과 응용 양상 고찰」, 『동방한문학』 97, 동방한문학회, 2023.12.

22) 서근식, 「강화학파(江華學派) 역학사상의 전개 양상 연구(Ⅰ) -하곡(霞谷) 정제두(鄭齊斗) 역학사상의 하락(河洛)·선후천(先後天)적 특징」, 『율곡학연구』 49, (사)율곡학회, 2022.09.

23) 서근식, 「강화학파(江華學派) 역학사상의 전개 양상 연구(Ⅱ) -석천(石泉) 신작(申綽) 역학사상의 훈고적(訓詁的) 특징」, 『율곡학연구』 51, (사)율곡학회, 2023.03.

24) 조희영, 「『周易象義占法』에 나타난 白雲 沈大允 易學의 특색 -새로운 占法과 爻變說 및 先後天說을 중심으로-」, 『민족문화연구』 88, 고려대학교 민족문화연구원, 2019.02.

25) 조희영, 「明谷 崔錫鼎, 易數로 邵康節과 소통 후 남긴 메시지 탐색 -『經世訓民正音』 坤冊 聲音篇과 『皇極經世書』 역수론 비교를 중심으로-」, 『동방학지』 189, 연세대학교 국학연구원, 2019.12.

26) 조희영, 「旅菴 申景濬의 『韻解訓民正音』에 담긴 邵康節易學과 현대적 의미 -康節易學을 통한 분석으로 국어학계와 다른 주장을 제시함-」, 『대동문화연구』 108, 성균관대학교 대동문화연구원, 2019.12.

27) 박권수, 「霞谷 鄭齊斗의 象數學的 自然哲學」, 『한국사상사학』 30, 2008.06.

28) 조희영, 「金錫文의 『易學二十四圖解(總解)』 다시 보기 -象數易學, 특히 소강절역학의 관점에서-」, 『민족문화연구』 88, 고려대학교 민족문화연구원, 2020.08.

29) 박권수, 「여암 신경준의 과학사상」, 『한국실학연구』 29, 한국실학학회, 2015.06.

30) 조희영, 「徐命膺의 《皇極一元圖》에 나타난 易學思想 분석 -소강절 역학과 서명응 역학의 영향과 관련하여-」, 『규장각』 57, 서울대학교 규장각 한국학연구원, 2020.12.

등이 있지만 본 논문에서는 김석문을 중심으로 살펴보겠다.

먼저 순수하게 소론의 역학이론을 연구한 그룹인 홍양호에 대해 살펴보자. 홍양호 역학사상은 기본적으로 주희의 도서상수역학을 따랐지만 다른 여러 이론에도 관심을 가졌다. 홍양호는 문장가로 널리 알려진 인물이다. 이는 홍양호가 정조시기에 문형(文衡)을 지냈으며, 그의 문장이 다른 사람이 편찬한 글에도 들어가 있음을 통해서도 알 수 있다. 그리고 홍양호의 『시문집(詩文集)』은 『사고전서(四庫全書)』 총찬수관인 춘범(春帆) 기윤(紀昀, 1724~1805)이 작성하였다는 사실도 그가 한·중 관계에서 상당히 중요한 위치에 있음을 말해준다. 문장가로서의 홍양호에게 역학저술인 『역상익전(易象翼傳)』[31]이 있음은 매우 고무적인 일이다. 홍양호와 가까웠던 친구인 신경준은 『운해훈민정음(韻解訓民正音)』이라는 저술이 있으므로 『훈민정음』을 새롭게 해석하려는 그룹으로 들어가야 할 것 같지만, 홍양호의 『역상익전』을 보면 『훈민정음』과는 관련이 없고 순수하게 소론의 역학이론을 전개하였다. 홍양호의 『역상익전』에는 「하도」와 「낙서」가 나오는데 이는 전형적인 주희의 도서상수역학을 따랐음을 알 수 있다. 그리고 홍양호는 『역상익전』에서 다음과 같이 말하였다.

> 준괘(屯卦)는 상괘(上卦)가 감괘(坎卦)이고 하괘(下卦)가 진괘(震卦)이다. 괘(卦) 가운데 호체(互體)는 곤괘(坤卦)와 간괘(艮卦)이다. 나무가 물을 얻어 땅으로 솟았는데, 산을 만나 형통하지 못한 형상이다.[32]

---

31) 홍양호의 『易象翼傳』은 민족문화추진회에서 2000년 影印한 『韓國文集叢刊』 241~204의 『耳溪集』에 포함되어 있다. 명백히 誤脫字라고 생각되는 것은 수정하여 인용하겠다.

32) 『耳溪外集』 『易象翼傳』 권4, 屯卦, 4左. "上坎下震. 中互坤艮. 木得水而出土 遇山而未暢之象也."

홍양호가 준괘의 괘상(卦象)을 해석한 것은 상수역학적 방법이다. 그런데 여기서 좀 특이한 것은 호체(互體)를 언급하였다는 점이다. 호체는 한나라 상수역학의 방법이다. 따라서 홍양호는 주희의 도서상수역학을 기본으로 하였지만 호체와 같이 한나라 상수역학도 수용하였음을 알 수 있다.

다음으로 정제두의 역학사상에 대해 살펴보자. 정제두는 강화학파의 창시자로 그의 저술은 『하곡집(霞谷集)』[33]으로 발간되었다. 정제두의 『문집』은 2번이나 『문집』을 발간하기 위해 자료를 모았지만 중간에 좌초되고 결국에는 자료들만 보아서 『하곡집』이 편찬되었다. 정제두가 역학이론을 전개한 것은 『하락역상(河洛易象)』이라고 알려져 있지만, 서근식은 『하락역상』은 편이름이지 책의 제목이 아니라고 하고 있으며, 아마 미완성의 저술이기 때문이라고 하였다. 따라서 정제두의 역학사상에 관한 저술은 「하락역상」, 「복희칙하도(伏羲則河圖)」, 「후천도(後天圖)」, 「선후천설(先後天說)」, 「선후천도설(先後天圖說)」, 「염계태극도설의(濂溪太極圖說義)」로 이루어져 있다.[34] 정제두는 관직에 있었고 그가 강화도로 내려간 후에도 계속해서 관직이 내려졌다. 따라서 정제두의 역학이론은 송나라 상수역학을 따르려고 하였다. 이러한 점은 정제두가 「복희칙하도」에서 다음과 같이 말한 것을 통해서도 알 수 있다.

---

33) 정제두의 『霞谷集』은 민족문화추진회에서 1995년 影印한 『韓國文集叢刊』 160을 참고할 것이다. 명백히 誤脫字라고 생각되는 것은 수정하여 인용하겠다. 이 책은 필사본이므로 책의 쪽수는 『韓國文集叢刊』의 쪽수를 따르겠다.

34) 서근식, 「강화학파(江華學派) 역학사상의 전개 양상 연구(Ⅰ) -하곡(霞谷) 정제두(鄭齊斗) 역학사상의 하락(河洛) · 선후천(先後天)적 특징」, 『율곡학연구』 49, (사)율곡학회, 2022.09, 206-208쪽.

> 태극은 「하도」 한가운데 있는 허(虛) 1점을 말하고, 양의(兩儀)는 그 홀수[奇數]와 짝수[偶數]가운데를 말하고, 사상(四象)은 (5에서 한가운데 1점을 뺀 나머지) 상(象)가운데에 있고, 팔괘는 (5밖에 있는) 수외곽에를 말한다.[35]

보통은 「하도」 가운데 있는 5를 중심으로 설명한다. 그러나 정제두는 인용문처럼 「하도」 한가운데에 있는 하나의 점을 '태극'이라고 강조하였다. 만물은 「하도」 한가운데의 '태극'으로부터 생겨난 것이다. 이러한 '태극'이 양의 · 사상 · 팔괘로 되면 '태극'을 둘러싼 「하도」의 외각으로 나가게 되는 것이다. 이와 같이 정제두의 역학이론은 송나라 도서상수역학을 본받았음을 알 수 있다.

다음으로 살펴볼 인물은 신작인데, 그의 아버지인 완구(宛丘) 신대우(申大羽, 1735~1809)가 정제두의 손녀사위였으므로 신작 역시 강화학파의 일원이다.[36] 또한 신작은 정제두의 『연보(年譜)』를 작성하였고 추후 『하곡집』에 포함된다. 신작은 강화학파였지만 정제두의 역학이론을 따르지 않았다. 그 이유는 신작이 벼슬과는 거리를 두고 있었기 때문이다. 신작도 벼슬길에 나가기 위해 과거를 보았다. 그러나 과거에 참가한 후 아버지가 위독하다는 말을 듣고 바로 달려갔으나 끝내 아버지의 임종(臨終)을 지키지 못하였다. 아버지의 임종을 지키지 못한 것을 한스럽게 여기고 강화도에만 머무르게 된다.[37] 신작은 벼슬과

---

35) 『霞谷集』 卷20, 「伏羲則河圖」, 502下左. "其太極虛中一 兩儀則其奇偶中 四象則其象中 八卦則其數外."

36) 서근식, 「강화학파(江華學派) 역학사상의 전개 양상 연구(II) -석천(石泉) 신작(申綽) 역학사상의 훈고적(訓詁的) 특징」, 『율곡학연구』 51, (사)율곡학회, 2023.03, 337쪽.

37) 서근식, 「강화학파(江華學派) 역학사상의 전개 양상 연구(II) -석천(石泉) 신작(申綽) 역학사상의 훈고적(訓詁的) 특징」, 『율곡학연구』 51, (사)율곡학회, 2023.03, 343-344쪽.

거리를 두고 있었으므로 한나라 의리역학을 추구하였다. 신작의 저술인 『역차고(易次故)』는 「서문(序文)」도 없고 안설(按說)도 없기 때문에 신작 자신의 학설에 대해서 알 수가 없다. 또한 『역차고』는 전체가 인용으로만 되어 있기 때문에 자세하게 분석해 보지 않으면 신작의 의도를 파악할 수 없다. 신작의 『역차고』를 자세히 분석해 보면 한나라 이전의 유명했던 왕필(王弼, 226~249)의 저작도 인용되어 있지 않고, 조선의 교재로 사용되었던 『주역전의대전』에 실린 『정씨역전』이나 『주역본의』도 인용되지 않았다는 것을 알 수 있다. 이는 신작이 유명했던 인물들을 일부러 피한 것이다. 그렇기는 하지만 『역차고』에 보이는 서적들을 분석해 보면 위(魏) · 진(晉) 시대의 주석이 많다. 「석천유고기(石泉遺稿記)」를 쓴 위당(爲堂) 정인보(鄭寅普, 1893~1950)도 다음과 같이 말하였다.

> 신작은 경학이 전문이라 문원(文苑)들과는 길이 달라서 아름다운 문채가 다소 못하지만, 그 멋이 있고 아담한 기운이 절로 농후하여, 만들어내는 말이 자연스럽게 위(魏) · 진(晉)에 가깝다.[38]

인용문에서 정인보는 신작의 학술이 위(魏) · 진(晉) 시대에 가까웠음을 밝히고 있다. 또한 신작은 한나라의 금석비탑문(金石碑榻文)을 수집하여 『한예(漢隸)』를 남길 만큼 한나라 고학(古學)에 뛰어났다. 따라서 신작은 한나라 의리역학을 추구하였음을 알 수 있다.

다음으로 살펴볼 인물들은 『훈민정음』을 새롭게 해석하려는 그룹

38) 『薝園 鄭寅普全集』 6(정인보, 『薝園 鄭寅普全集』(전6책), 연세대학교 출판부, 1983), 『薝園文祿』 「石泉遺稿記」, 377쪽. "石泉經學顓門 與文苑異塗 故章采稍遜 然其文雅氣自厚 遣辭自近魏晉."

의 신경준과 서양천문학을 새롭게 해석하려는 그룹의 김석문이다. 이들은 모두 『황극경세서(皇極經世書)』[39]를 바탕으로 하고 있다는 특징이 있다. 이들은 『황극경세서』를 중시했으므로 모두 송나라 도서상수역학에 속한다. 그러나 『황극경세서』를 그대로 수용한 것이 아니라 변용하여 수용했다. 또한 이들은 『훈민정음』을 새롭게 해석하려는 그룹과 서양 천문학을 새롭게 해석하려는 그룹으로 나뉘므로 서로 다른 분야이다. 하지만 공통분모가 『황극경세서』이므로 2가지 그룹 모두 송나라 도서상수역학을 추구했음을 알 수 있다.

『황극경세서』 원본에는 없지만 『성리대전(性理大全)』본에는 『황극경세서』 맨 앞쪽에 강절(康節) 소옹(邵雍, 1011~1077)의 아들인 소백온(邵伯溫, 1057~1134)과 서산(西山) 채원정(蔡元定, 1135~1198) 등이 『황극경세서』의 내용을 요약한 「찬도집요(纂圖指要)」가 있다. 「찬도집요」의 핵심이 되는 것은 〈경세사상체용지수도(經世四象體用之數圖)〉, 〈경세일원소장지수도(經世一元消長之數圖)〉, 〈육십사괘방원도(六十四卦方圓圖)〉이다. 이 가운데 〈경세사상체용지수도〉를 요약한 그림이 〈경세사상체용지수도〉 끝부분에 실려 있는데, 이를 흔히 〈성음창화도(聲音唱和圖)〉라고 부른다. 『성리대전』본 『황극경세서』 〈성음창화도〉는 우리가 살펴볼 신경준의 『운해훈민정음』[40]과 관련된다. 신경준은 『황극경세서』의 내용을 그대로 인용한 것이 아니라 변용하여 수용하였는데 소옹의 가일배법(加一倍法)을 변용하여 수용하였다. 즉, 획일적이지 않게 가일배법을 적용하고

39) 『皇極經世書』는 상당히 많이 異本이 있는 것으로 알려져 있다. 그러므로 믿을 수 없는 판본들도 존재한다. 우리가 믿을 수 있는 판본은 影印本으로는 『四庫全書』본, 『性理大全』본이 있고, 인쇄본으로는 中華書局에서 2010년에 발간한 판본이 있다.

40) 신경준의 『韻解訓民正音』에 대해서는 한양대학교 부설 국학연구원에서 1974년 출판한 『韻解訓民正音』을 참고할 것이며, 쪽수는 『韻解訓民正音』에 나온 쪽수를 참고할 것이다. 이 책은 誤脫字가 상당히 많이 있다. 따라서 誤脫字는 수정하여 인용하겠다.

있다는 것이다. 신경준은 다음과 같이 말하였다.

> 혹자가 말하였다. 궁(宮), 치(徵), 상(商), 우(羽)의 모음은 그 변화에 반드시 위에 한 획을 더 하는데[加一畫], 각음의 ㅋ은 유독 가운데 한 획을 더 하는 것은 왜 입니까? 답하기를 아래로부터 위로 올라가는 것은 역괘(易卦)의 예(例)이며, ㅋ은 혀를 아랫잇몸에 밀착해서 소리 내는 것이 중요하므로 아래에 일(一)을 더한다. 또 '본(本)'이라는 글자는 '목(木)'자의 아래에 일(一)을 더하여 뿌리를 상징하고, '말(末)'자는 '목(木)'자 위에 일(一)을 더하여 그 끝을 상징했다.41)

신경준은 가일배법이 소옹 역수론(易數論)의 핵심임을 몰라서 일괄적이지 못하게 인용한 것은 아니다. 소옹이 『황극경세서』에서 한 말이 『훈민정음』의 의미와 맞아야 하기 때문에 『황극경세서』의 내용을 변용하여 수용한 것이다. 이는 소옹과는 다른 신경준의 특징이다.

다음으로 살펴볼 인물은 김석문이다. 김석문은 대동법(大同法)을 실행했던 잠곡(潛谷) 김육(金堉, 1580~1658)의 족손(族孫)으로 대단한 권신(權臣)이었던 청풍부원군(淸風府院君) 김석주(金錫胄, 1634~1684)와는 12촌 지간이다. 보통 김석주를 노론으로 여기므로 김석문도 노론이 될 것이라고 생각한다. 그러나 그렇지 않다. 12촌지간이면 6대조가 같아야 11촌이므로 이것보다 먼 관계이다. 따라서 아무런 관련이 없다. 그리고 김석문은 경기도 포천(抱川)에 살면서 평생 관직에 나간 적이 없으므로 더더욱 김석주와는 관련이 없다. 또한 김석문은 노론과 소론이 분기되는 1680년 경신환국 때 23세에 불과했다. 이때 소장파 학자들

---

41) 『韻解訓民正音』, 14면, "或曰 宮徵商羽之母 其變也必加一畫於上 而角之ㅋ獨加一畫於中者何也. 曰 自下而上者 易卦之例 而ㅋ之爲音 舌之抵下㗁者重 故加一於下 且本字 加一於木之下象其根. 末字加一於木之上 象其秒."

은 주로 소론에 속하였고, 그가 『황극경세서』를 따랐다는 점도 노론이냐 소론이냐의 갈림길에서 소론으로 여겨지게 되는 이유이다. 따라서 김석문을 정치적으로 보아 노론으로 치부하는 것은 어패가 있다. 김석문의 저술은 『역학이십사도해(易學二十四圖解)』[42]가 있는데, 이를 통해 김석문의 역학사상을 살펴보자. 김석문은 지구의 구조에 대해 다음과 같이 언급하였다.

> 지구[티끌] 안에 3가지가 있으니 물[水]은 바깥에 있고 물 속에 돌[石]이 있고 돌 속에 흙[土]이 있고 흙 속에 불이 있으니 이것은 [지구의] 질(質)에 속한다. 또 밖에 5가지가 있으니 물 밖에 바람[風]이 있고 바람 밖에 추위[寒]가 있고 추위 밖에 더위[暑]가 있고 더위 밖에 밤[夜]이 있고 밤 밖에 낮[晝]이 있으니 이것은 [지구의] 기(氣)에 속한다. 그러므로 불[火]에서부터 낮[晝]까지 모두 9층이다.[43]

인용문에서 김석문은 지구가 9층으로 이루어졌다고 하였다. 바람[風]을 제외한 8개의 요소는 『황극경세서』의 만물분류법에 나오는 4개씩 짝지어진 것이다. 김석문이 소옹의 『황극경세서』 만물분류법을 이용했다는 점은 이것 이외에 '일월성신(日月星辰)', '비주초목(飛走草木)' 등을 인용함에서도 확인된다.

소론의 역학사상은 다양한 그룹으로 나누어 볼 수 있었다. 이들은

---

42) 김석문, 『易學二十四圖解』 『韓國經學資料集成』 96(『易經』 10), 성균관대학교 대동문화연구원, 1996. 이 책은 필사본이므로 쪽수는 『韓國經學資料集成』의 쪽수를 따르겠다. 명백히 誤脫字라고 생각되는 것은 수정하여 인용하겠다.

43) 김석문, 『易學二十四圖解』, 『韓國經學資料集成』 96(『易經』 10), 성균관대학교 대동문화연구원, 1996, 479쪽. "塵質有三內 而水居乎外 水內石居 石內土居 土內火居 是則屬乎質也. 又有五外 水外有風 風外有寒 寒外有暑 暑外有夜 夜外有晝 是則屬乎氣也 故自火至晝凡九層."

자신의 역학사상을 전개함으로써 조선후기 역학계에서 한 부분을 차지한다. 그러나 철학적 연구가 미흡하여 아직 제대로 자리잡지 못하였다.

4. 기호남인(畿湖南人)의 역학사상

기호남인은 주로 성호학파(星湖學派)를 가리킨다. 이들은 성호(星湖) 이익(李瀷, 1681~1763)을 중심으로 하여 직전제자인 소남(邵南) 윤동규(尹東奎, 1695~1773), 하빈(河濱) 신후담(愼後聃, 1702~1761) 등이 있다. 그리고 재전제자 가운데 다산(茶山) 정약용(丁若鏞, 1762~1836)이 있다. 성호학파 인물들 가운데 대표적으로 이익[44], 신후담[45], 정약용[46]을 중심으로 성호학파의 역학사상에 대해 살펴보자. 성호학파 역학이론의 특징은 한나라 상수역학을 추구했다는 것이다. 이들은 『주역전의대전』의 이론은 이미 형이상학화되었다고 생각하였고, 한나라 상수역학을 자신들의 귀의처로 생각하였다. 성호학파의 종장(宗匠)인 이익의 저술은 모아져 『성호전서(星湖全書)』[47]로 출판되었는데, 그 가운데 역학

44) 서근식, 「星湖學派에서 茶山 丁若鏞 易學의 성립과정(Ⅰ) -星湖 李瀷의 『易經疾書』에 나타난 『周易』解釋 方法」, 『한국철학논집』 44, 한국철학사연구회, 2015.03.

45) 서근식, 「성호학파에서 茶山 丁若鏞 易學의 성립과정(Ⅱ) -河濱 愼後聃의 『周易象辭新編』에 나타난 『주역』해석 방법-」, 『한국철학논집』 48, 한국철학사연구회, 2016.02.

46) 서근식, 「성호학파에서 다산 정약용 역학의 성립과정(Ⅲ) -이익, 신후담의 역학에서 정약용의 역학으로-」, 『한국철학논집』 53, 한국철학사연구회, 2017.05.

47) 이익, 『星湖全書』(전7책), 驪江出版社 影印本, 1984. 이 가운데 『易經疾書』는 『星湖全書』 3책에 있으며, 이 책은 필사본이므로 쪽수는 『星湖全書』의 쪽수를 따르겠다. 그

저술은 『역경질서(易經疾書)』가 있다. 『역경질서』에서 이익은 다양한 이론을 선보이고 있지만 가장 중요한 것은 바로 호체이다. 이익은 호체의 원리를 이용하여 『주역』을 다음과 같이 해석하였다.

> 후암(厚庵) 이씨(李氏, 李光地를 이름. 후암은 그의 호이다.)는 「잡괘(雜卦)」는 호체에서 나왔다고 하였다. … 64괘의 근본은 16괘에 불과하다. 사획[四畫, 二三四五畫]을 호체하여 위아래에 각각 한 획씩을 더하면 육획이 된다. 그러므로 혹 상양하음(上陽下陽)이든 혹 상음하음(上陰下陰)이든 혹 상양상음(上陽下陰)이든 혹 상양하양(上陰下陽)이든 하나씩 각각 4획에 연역하면 16괘는 64괘가 된다. 또, 16괘 중에 건괘(乾卦)·곤괘(坤卦)·박괘(剝卦)·복괘(復卦)·쾌괘(夬卦)·구괘(姤卦)·이괘(頤卦)·대과괘(大過卦)는 건괘(乾卦)·곤괘(坤卦)로부터 나온 것이요, 점괘(漸卦)·귀매괘(歸妹卦)·건괘(蹇卦)·해괘(解卦)·가인괘(家人卦)·규괘(睽卦)·기제괘(旣濟卦)·미제괘(未濟卦)는 기제괘(旣濟卦)·미제괘(未濟卦)로부터 나온 것이니, 16괘의 근본은 4괘에 불과하다. 또, 4괘를 나누면 음(陰)·양(陽)이 되니 건괘(乾卦)·곤괘(坤卦)로부터 진괘(晉卦)·명이괘(明夷卦)까지는 양(陽)에 속하고 함괘(咸卦)·항괘(恒卦)로부터 기제괘(旣濟卦)·미제괘(未濟卦)까지는 음(陰)에 속한다.[48]

이익의 견해는 64괘 → 16괘 → 4괘 → 음양으로 요약될 수 있다. 이익은 보통의 호체를 만드는 방법을 사용하지 않은 점이 있지만, 그

리고 명백히 誤脫字라고 생각되는 것은 수정하여 인용하겠다.

48) 『易經疾書』 卷6 「雜卦」 429上右-上左. "厚庵李氏 謂雜卦出於互體. … 六十四卦之本 不過十六卦也. 互體四畫 而想像各加一畫 爲六畫. 故或上陽下陽 或上陰下陰 或上陽下陰 或上陰下陽 一各演四 則十六卦而爲六十四卦也. 又十六卦中 乾坤剝復夬姤頤大過 出於乾坤者也 漸歸妹蹇解家人睽旣濟未濟 出於旣濟未濟也 則十六卦之本 不過四卦也. 又分四卦爲陰陽 自乾坤至晉明夷 屬之陰 自咸恒至旣濟未濟 屬之陰."

가 호체를 『주역』 해석의 원리로 삼았다는 것은 한나라 상수역학을 지향했음을 알 수 있다.

다음으로 이익의 직전제자인 신후담의 역학이론에 대해 살펴보자. 신후담의 저술은 모아져 『하빈선생전집(河濱先生全集)』[49]으로 출판되었고, 그의 역학저술은 『주역상사신편(周易象辭新編)』이 있다. 신후담이 한나라 상수역학을 지향했음은 그가 건괘(乾卦) 구오(九五) 효사(爻辭)인 "나는 용이 하늘에 있으니 대인(大人) 보는 것이 이롭다(九五 飛龍在天 利見大人)"에서 이를 다음과 같이 해석하였다.

> 이것은 건괘가 대유괘(大有卦)로 변해가는 것이다. 용이 구오자리에 있으면 양의 위치 가운데 가장 존귀한 자리이니 나는 용이 된다. 리괘(離卦)의 성질은 위로 올라가는 것이므로 깃털의 상이 있으니 또한 날아가는 의미이다.[50]

인용문에서는 건괘 구오의 양이 변하여 음이 됨으로 상괘(上卦)는 리괘로 변하게 된다. 이런 것이 하나의 효(爻)만 그런 것이 아니라 64괘 384효 모두에 적용된다. 효변은 한나라 상수역학의 이론이므로 신후담은 한나라 상수역학을 따랐음을 알 수 있다.

다음으로 살펴본 인물은 이익의 재전제자인 정약용이다. 정약용의 저술은 모두 모아져 『여유당전서(與猶堂全書)』[51]로 편찬되었다. 『여유당

49) 신후담, 『河濱先生全集』(전9책), 아세아문화사 影印本, 2006. 신후담의 역학저술인 『周易象辭新編』은 『河濱先生全集』 3책에 들어가 있다. 이 책은 필사본이므로 쪽수는 『河濱先生全集』의 쪽수를 따르겠으며, 명백히 誤脫字라고 생각되는 것은 수정하여 인용하겠다.

50) 『周易象辭新編』 卷1 乾 15쪽. "是爲乾之大有也. 龍之在五 得陽位之最尊 取以爲飛龍也. 離性炎上 有羽之象 亦取以飛也."

51) 정약용, 『(校勘 · 標點)定本 與猶堂全書』(전37책), 다산학술문화재단, 2012. 정약용의

전서』 가운데 역학저술은 『주역사전(周易四箋)』과 『역학서언(易學緖言)』이 있다. 『주역사전』은 『주역』에 대한 해석서이고 『역학서언』은 『주역』에 대한 여러 주석가들의 비평문이므로 여기서는 『주역사전』을 중심으로 살펴보겠다. 정약용은 이익으로부터는 호체를 취하였고, 신후담으로부터는 효변을 취하여 자신의 이론으로 삼았다. 이를 잘 보여주는 것이 바로 정약용 역학의 기본이라고 할 수 있는 역리사법(易理四法)이다. 역리사법은 추이(推移), 물상(物象), 호체(互體), 효변을 말한다. 여기서 말하는 역리사법은 모두 한나라 상수역학의 이론으로부터 나온 것이다. 먼저 추이부터 살펴보자. 정약용은 추이를 『주역사전』「괄례표 상(括例表 上)」에서 다음과 같이 말하고 있다.

추이란 무엇인가? 동지에 일양(一陽)이 처음 생겨나니 그 괘는 복괘(復卦)(즉, 천근(天根)이다. -원주)가 되며 임괘(臨卦)가 되고 태괘(泰卦)가 되어(대장괘(大壯卦)가 되고 쾌괘(夬卦)가 된다. -원주) 건괘(乾卦)에 이르게 되면 6양이 이에 완성된다. 하지에 일음(一陰)이 처음 생겨나니 그 괘는 구괘(姤卦)(즉, 월굴(月窟)이다. -원주)가 되며 돈괘(遯卦)가 되며 비괘(否卦)가 되어(또, 관괘(觀卦)가 되고 박괘(剝卦)가 된다. -원주) 곤괘(坤卦)에 이르게 되면 6음이 이에 완성되니, 이것이 이른바 사시지괘(四時之卦)이다.(한 괘가 한 달에 배당된다. -원주) 소과괘(小過卦)란 대감(大坎)이요(획이 겹쳐서 된 감괘(坎卦)이다. -원주) 중부괘(中孚卦)란 대리(大离)(획이 겹쳐서 된 리괘(离卦)이다. -원주)이다. 감괘는 달을 상징하고 리괘는 해를 상징함(「설괘전(說卦傳)」의 글. -원주)으로 나머지를 쌓아 윤달로 삼으니,(달과 해에서 운행도수의 차이를 쌓아 윤달로 삼는다. -원주) 이것이 이른바 재윤지괘(再閏之卦)이다. 사시지괘를 경방(京房, B.C.78~B.C.37)은 십이벽괘(十二辟卦)라고 하였는데, 이제 그것에 견주어 건괘(乾卦) · 곤괘(坤卦)의 두 괘를 제외

역학저술은 『周易四箋』이 있으며, 『定本 與猶堂全書』 가운데 15~16책으로 되어 있다.

하고 별도로 재윤지괘를 취해 십이벽괘를 충당한다. 십이벽괘의 강획(剛畫)과 유획(柔畫)을 나누어 펼치면 오십연괘(五十衍卦)(즉, 군분지괘(群分之卦)이다. -원주)가 되니, 이것이 이른바 대연지수 오십(大衍之數 五十)이라는 것이다. 이것을 추이라고 한다.[52)]

정약용은 획괘(畫卦)원리로서 추이법을 제시하였다. 여기서는 십이벽괘와 오십연괘 사이의 관계를 나타내고 있는데, 십이벽괘는 오십연괘를 연역할 수 있는 괘들을 말한다. 이는 주희의 「괘변도(卦變圖)」의 문제점을 보완한 것이다. 다음으로 물상에 대해 살펴보자. 정약용은 물상을 「괄례표 상」에서 다음과 같이 말한다.

물상이란 무엇인가? 「설괘전(說卦傳)」에 "건괘(乾卦)는 말이고 곤괘(坤卦)는 소이고 감괘(坎卦)는 돼지이고 리괘(离卦)는 꿩이다"라고 말한 것이 이것이다. 문왕(文王)과 주공(周公)은 책을 순서에 따라 저술하였으니, 역사(易詞)의 한 글자 한 문장은 모두 물상에서 취한 것이다. 「설괘전」을 버리고 『주역』을 해석하는 것은 육율(六律)을 버리고 음악을 제재하기를 구하는 것과 같다. 이것을 물상이라고 말한다.[53)]

정약용은 물상을 역리사법의 기본으로 삼았다. 물상에 대한 설명

---

52)『與猶堂全書』『周易四箋』15 卷1「括例表 上」34쪽. "推移者 何也. 冬至 一陽始生 其卦爲復.(卽天根) 爲臨爲泰(爲大壯爲夬) 以至於乾 則六陽乃成. 夏至 一陰始生 其卦爲姤(卽月窟) 爲遯爲否(又爲觀爲剝) 以至於坤 則六陰乃成 此所謂四時之卦.(一卦配一月) 小過者 大坎也(兼畫坎) 中孚者 大离也.(兼畫离) 坎月离日(說卦文) 積奇爲閏(月與日取積分 以爲閏) 此所謂再閏之卦也. 四時之卦 京房謂之十二辟卦 今擬除乾坤二卦 別取再閏 以充十二辟卦. 十二辟卦 分其剛柔 衍之爲五十衍卦(卽群分之卦) 此所謂大衍之數五十 此之謂推移也."

53)『與猶堂全書』『周易四箋』15 卷1「括例表 上」34쪽. "物象者 何也. 說卦傳所云 乾馬坤牛坎豕离雉之類是也. 文王周公之撰次 易詞其一字一文 皆取物象. 舍說卦而求解易 猶舍六律以求制樂. 此之謂物象也."

이 가장 잘 이루어진 것은 「설괘전」이다. 정약용은 「설괘전」을 『주역』의 역사(易辭)를 해석하는 데 있어서 가장 기본이 된다고 강조하고 있다. 다음으로 이익에게서 물려받은 호체이다. 이익은 호체를 일반적이지 않는 방법으로 해석하였다. 이를 정약용은 「괄례표 상」에서 다음과 같이 말한다.

> 호체란 무엇인가? 중괘(重卦)가 이미 육체(六體[六畫])를 이루어 서로 연속되었으면 이(二)부터 사(四)까지와 삼(三)부터 오(五)까지에서 각각 한 괘를 얻을 수 있다. 이것을 호체라고 말한다.[54]

정약용이 설명하고 있는 호체는 일반적으로 호체를 만드는 방법이다. 그러나 정약용은 이러한 호체 이외에 대호(大互), 겸호(兼互), 도호(倒互), 위복(位伏), 반합(牉合), 양호작괘(兩互作卦) 등 다양한 호체의 방법을 제시하고 있다. 이는 이익의 호체론보다 한걸음 더 나간 것이다. 다음으로 신후담으로부터 취한 효변에 대해 살펴보자. 정약용은 효변을 「괄례표 상」에서 다음과 같이 말한다.

> 효변이란 무엇인가? 건괘(乾卦)의 초구(初九)란 건괘가 구괘(姤卦)로 변한 것이고, 곤괘(坤卦) 초육(初六)이란 곤괘가 복괘(復卦)로 변한 것이다. 한 괘가 이미 변하면 괘 전체가 드디어 변하게 되니, 이것을 효변이라고 한다.[55]

54) 『與猶堂全書』 『周易四箋』 15 卷1 「括例表 上」 34쪽. "互體者 何也. 重卦旣作六體相連 自二至四 自三至五 各成一卦. 此之謂互體也."

55) 『與猶堂全書』 『周易四箋』 15 卷1 「括例表 上」 34-35쪽. "爻變者 何也. 乾初九者 乾之姤也 坤初六者 坤之復也. 一畫旣動 全卦遂變 此之謂爻變也."

효변을 이해하기 위해서는 먼저 획(畫)과 효(爻)를 구분해야 한다. 획은 변화를 포함하지 않은 것이고 효는 변화를 포함한 것이다. 구(九)와 육(六)은 변화함으로 효이고, 칠(七)과 팔(八)은 변화하지 않음으로 획이다. 『주역』의 효사에서 구오니 육오니 하는 이유는 이 효가 변화한다는 의미가 담겨져 있다. 만약 변화하지 않는다면 획이라고 불려야지 효라고 불러서는 안 된다. 획과 효의 구분부터 보면 정약용은 신후담보다 한 걸음 더 나간 것이다. 또한 효변은 점치는 법과도 연결된다. 즉, 변효(變爻)를 구하는 방법과도 관련된다. 신후담은 효변의 원리를 간단하게 처리하고 있지만 정약용은 효변에 대해 몰랐기 때문에 역리사법이 폐지되었다고 강조하고 있다.[56]

이와 같이 기호남인인 성호학파 학자들은 한나라 상수역학의 이론을 취하였다. 이익은 호체를 이용하였고, 신후담은 효변을 이용하였다. 이를 종합하여 정약용이 추이, 물상, 호체, 효변의 역리사법으로 통합하였다.

5. 맺음말

지금까지 조선후기 노론, 소론, 기호남인의 역학이론을 살펴보았다. 위에서 살펴본 인물들의 역학사상은 노론, 소론, 기호남인 전체에 완벽하게 적용되는 것은 아니지만 그러한 경향성은 충분히 띠고 있

56) 『與猶堂全書』『周易四箋』15 卷1「爻變表直說」51-52쪽. “爻不變 則推移之法 亦不可通. 此推移之所以廢. … 爻不變 則說卦物象 亦皆不合. 此說卦之所以廢. 爻不變 則互體之物 亦皆不合. 此互體之所以廢.”

다. 위에서 살펴본 노론, 소론, 기호남인의 역학이론은 다음과 같다.

노론은 송나라 의리역학의 입장에 있었다. 하지만 이항로와 같이 '위정척사'를 주장하는 특수한 상황에서는 주희의 상수역학을 따르는 경우도 있었다. 소론 가운데 순수하게 소론 역학이론을 연구한 그룹은 관직에 있었으면 송나라 상수역학을 따르려고 하였고, 관직과 거리를 두었다면 한나라 의리역학을 따르려고 하였다. 강화학파 역학이론을 제시한 그룹은 좀 더 연구해 보아야겠지만 관직에 있었다면 송나라 상수역학을 따르려고 하였고, 관직과 거리를 두었다면 한나라 의리역학을 따르려고 하였다. 『훈민정음』을 새롭게 이해하려는 그룹과 서양 천문학을 새롭게 이해하려는 그룹은 『황극경세서』를 변용하여 수용하였다. 이들은 『황극경세서』를 수용했다는 측면에서는 송나라 상수역학의 입장에 있었다. 마지막으로 기호남인은 『주역전의대전』은 원시유학을 형이상학화했다고 보고 한나라 상수역학을 지향하였다.

지금까지 조선후기 학자들의 역학이론을 살펴보았는데, 그 지형도를 그려 보면 다음과 같이 된다.

- 노론의 경우에는 송나라 의리역학을 지향했다. 그러나 위정척사와 같이 특수한 상황 아래에서는 그 일은 행했던 인물을 본받았다.

- 소론의 경우에는 다음과 같은 4가지 그룹으로 나뉜다.

첫째, 순수하게 소론의 역학이론을 연구한 그룹.

둘째, 강화학파 역학이론을 연구한 그룹.

셋째, 『훈민정음』을 새롭게 이해하려는 그룹.

넷째, 서양 천문학을 새롭게 이해하려는 그룹.

첫째와 둘째 그룹은 해당 인물이 관직에 있었다면 송나라 도서상수역학을 지향하려 했고, 관직과 거리를 두었다면 한나라 의리역학을 지향하려고 했다.

셋째와 넷째 그룹은 『황극경세서』를 변용하여 수용하였으므로 송나라 도서상수역학을 지향했다.

- 기호남인의 경우에는 한나라 상수역학을 지향했다.

이들의 역학사상은 크게 보면 노론은 송나라 의리역학을 지향했고, 기호남인은 한나라 상수역학을 지향했다. 그리고 소론은 이 둘 사이에서 다양한 연구과 다양한 해석방법을 지향했다. 조선후기 역학사상은 한나라, 송나라, 의리역학, 상수역학이 이론적으로 사용되었다. 본 논문에서는 다루지 않았지만 이들 개개인의 역학사상은 그들 자신의 특징을 충분히 드러냈을 것이다. ◈

【참고문헌】

신경준, 『운해훈민정음(韻解訓民正音)』, 한양대학교 부설 국학연구원, 1974.

이 익, 『역경질서(易經疾書)』 『성호전서(星湖全書)』(전7책), 여강출판사 영인본, 1984.

호 광 편찬, 『주역』, 보경문화사 영인본, 1994.

정제두. 『선원경학통고(璇元經學通考)』 『하곡집(霞谷集)』, 『한국문집총간(韓國文集叢刊)』 160, 민족문화추진회 영인본, 1995.

정제두. 『하곡집』, 『한국문집총간』 160, 민족문화추진회 영인본, 1995.

박제가, 『주역(周易)』 『한국경학자료집성(韓國經學資料集成)』 108(『역경』 22), 성균관대학교 대동문화연구원 영인본, 1996.

김석문, 『역학이십사도해(易學二十四圖解)』 『한국경학자료집성』 96(『역경』 10), 성균관대학교 대동문화연구원 영인본, 1996.

홍양호 『역상익전(易象翼傳)』 『이계집(耳溪集)』 『한국문집총간』 241-242, 민족문화추진회 영인본, 2000.

김정희, 『완당전집(阮堂全集)』 『한국문집총간』 301, 민족문화추진회 영인본, 2003.

이항로, 『주역전의동이석의(周易傳義同異釋義)』 『화서집(華西集)』, 『한국문집총간』 304-305, 민족문화추진회 영인본, 2003.

신후담, 『주역상사신편(周易象辭新編)』 『하빈선생전집(河濱先生全集)』(전9책), 아세아문화사 영인본, 2006.

정약용, 『주역사전(周易四箋)』 『정본 여유당전서(定本 與猶堂全書)』(전37책), 다산학술문화재단, 2012.

정인보, 『담원 정인보전집(薝園 鄭寅普全集)』(전6책), 연세대학교 출판부, 1983.

한국주역대전 편찬실 엮음, 『한국주역대전』(전14책), 학고방, 2017.

윤병태, 「일본 반환 전적문화재의 서지학적 연구」, 『서지학연구』 8, 서지학회, 1999.12.

서근식, 「초정 박제가의 『주역』 해석방법에 관한 연구」, 『퇴계학보』 118, (사)퇴계학연구원, 2005.12.

박권수, 「하곡 정제두의 상수학적 자연철학」, 『한국사상사학』 30, 2008.06.

서근식, 「성호학파에서 다산 정약용 역학의 성립과정(Ⅰ) -성호 이익의 『역경질서』에 나타난 『주역』해석 방법」, 『한국철학논집』 44, 한국철학사연구회, 2015.03.

서근식, 「성호학파에서 다산 정약용 역학의 성립과정(Ⅱ) -하빈 신후담의 『주역상사신편』에 나타난 『주역』해석 방법-」, 『한국철학논집』 48, 한국철학사연구회, 2016.02.
서근식, 「성호학파에서 다산 정약용 역학의 성립과정(Ⅲ) -이익, 신후담의 역학에서 정약용의 역학으로-」, 『한국철학논집』 53, 한국철학사연구회, 2017.05.
신재식, 「조선후기 지식인의 이광지 수용과 비판」, 『한국실학연구』 34, 한국실학학회, 2017.12.
서근식, 「북학파의 『주역』 해석 방법론 연구(Ⅱ) -추사 김정희와 근기남인과의 대비를 중심으로-」, 『민족문화』 53, 한국고전번역원, 2019.06.
김병애, 「화서 이항로의 척사위정사상에 대한 이론적 근거와 실천 -『주역전의동이석의』와 척사소를 중심으로-」, 『민족문화』 53, 한국고전번역원, 2019.06.
조희영, 「여암 신경준의 『운해훈민정음』에 담긴 소강절역학과 현대적 의미 -강절역학을 통한 분석으로 국어학계와다른 주장을 제시함-」, 『대동문화연구』 108, 성균관대학교 대동문화연구원, 2019.12.
조희영, 「『주역상의점법(周易象義占法)』에 나타난 백운 심대윤 역학의 특색 -새로운 점법과 효변설(爻變說) 및 선후천설(先後天說)을 중심으로-」, 『민족문화연구』 88, 고려대학교 민족문화연구원, 2019.02.
조희영, 「김석문의 『역학이십사도해(총해)』 다시 보기 -상수역학, 특히 소강절역학의 관점에서-」, 『민족문화연구』 88, 고려대학교 민족문화연구원, 2020.08.
조희영, 「서명응의 《황극일원도(皇極一元圖)》에 나타난 역학사상 분석 -소강절 역학과 서명응 역학의 영향과 관련하여-」, 『규장각』 57, 서울대학교 규장각 한국학연구원, 2020.12.
서근식, 「강화학파 역학사상의 전개 양상 연구(Ⅰ) -하곡 정제두 역학사상의 하락(河洛) · 선후천(先後天)적 특징」, 『율곡학연구』 49, (사)율곡학회, 2022.09.
서근식, 「강화학파 역학사상의 전개 양상 연구(Ⅱ) -석천 신작 역학사상의 훈고적 특징」, 『율곡학연구』 51, (사)율곡학회, 2023.03.
이승재, 「홍양호의 상수역 수용과 응용 양상 고찰」, 『동방한문학』 97, 동방한문학회, 2023.12.

한국역학사상 주제별 분류 시론*

안 승 우

〈요약〉

한국사상사에서 역학은 자연의 원리, 자연의 일부로서 인간존재와 인간사회의 원리를 이해하는 이론적 틀이면서도 정치, 사회, 문화 전 영역에서 이상적인 사회를 구현하는 실천 원리로 활용되기도 했다. 따라서 한국역학은 한국사상사 전반의 주요 문제의식을 살펴볼 수 있는 다양한 주제를 담고 있다. 이 글에서는 한국역학사상의 분류를 주제에 기반하여 제안하고자 한다. 참고할 만한 주제별 분류 키워드로 『주역』 읽기의 한국적 토착화, 수양역, 경세역, 과학역, 도설역(圖說易), 문화역, 형이상학역을 제시했다.

이러한 주제어들을 통해 한국역학이 한국사상사에서 어떤 역할을 수행하고 어떤 의미를 가지고 있었는지를 한 눈에 이해할 수 있을 것으로 기대한다. 또한 한국역학이 오늘날의 맥락에서 어떤 의미를 가질 수 있을지 탐구하는 데 기초가 되는 키워드와 핵심 사유를 주제별 분류를 통해 발견해 낼 수 있을 것으로 기대한다.

* 이 글은 『한국철학논집』 85(한국철학사연구회, 2025.05)에 실린 논문 「한국역학사상의 주제별 분류 시론(試論)」을 수정 · 보완한 것임을 밝힌다.

1. 한국역학사상의 분류에 관한 논의

오늘날 한국사회에서 '역학(易學)'이라고 하면 많은 사람들은 가장 먼저 점을 떠올릴 것이다. 서점가에서 역학 코너를 살펴보면 여지없이 여러 점서들이 나란히 꽂혀있기 마련이다. 물론 역학은 점으로서의 측면을 가지고 있지만 한국사상사에서 역학은 자연의 원리, 자연의 일부로서 인간존재와 인간사회의 원리를 이해하는 하나의 이론적 역할을 하면서도 정치, 문화 등의 영역에서 역학의 원리는 인간의 가치를 중시하는 사회, 문화, 정치적 이상을 실현하는 데 하나의 실천 원리로서 활용하기도 했다. 따라서 역학으로 한국사상을 본다는 것은 한국의 선현들이 자연과 인간사회, 그리고 인간존재를 어떻게 이해했는지 들여다볼 수 있는 하나의 창(窓)이 될 수 있다.

그런데 한국역학사상을 어떻게 이해할 수 있을까? 역학의 바탕이 되는 『주역(周易)』이라는 텍스트는 유교경전 가운데에서도 상징적인 기호와 언어로 구성되어 있어 이해하기 쉽지 않다. 역학 또한 동아시아 역사에서 철학, 정치, 문화, 천문, 지리, 음악, 병법, 산술 등을 포괄하는 폭넓은 스펙트럼을 가져왔던 만큼 막상 역학을 공부하려고 하면 폭넓은 지식과 이해를 전제로 해야 할 것 같다. 그렇다 보니 한국역학에 관심을 가지고 있더라도 막상 어떻게 접근해야 할지, 어떻게 이해해야 할지 어려움을 느낄 수 있다.

이런 점에서 한국역학사상의 분류에 관한 논의가 의미를 가질 수 있다. 하나의 철학사상을 어떻게 분류하고 정리하느냐는 큰 틀만 보아도 우리는 해당 철학의 세계관과 주요 논의들을 이해할 수 있다. 시대별 분류를 통해 어떤 시대에 어떤 철학적 사유의 전환이 일어났는지를 대략적으로나마 이해할 수 있다. 학파별 분류를 통해서는 해당 철학적 사유의 큰 틀을 지탱하는 주요 사상가는 누구였고, 그를 통해 학문적 전승이 어떻게 이루어져 왔으며, 학파별 주요 문제의식은 무엇이었는지, 또 학파 간의 공통점과 차이는 무엇이었는지를 이해할 수 있다. 기타 해당 철학사상의 큰 틀을 이해할 수 있는 다양한 분류법을 고민해 볼 수 있다.

역학사 정리에서도 분류법에 관한 논의가 이어져 왔다. 전통적인 분류 방법으로는 『사고전서총목제요(四庫全書總目提要)』에 따른 양파육종(兩派六宗)의 정리법이 대표적이다. 그 중에서 양파인 상수파(象數派)와 의리파(義理派)는 중국뿐만 아니라 한국역학사를 구분하는 데도 종종 적용되어 보편적으로 활용되었다. 의리파는 철학적 대의를 밝히는 데 중점을 둔 것이고 상수파는 『역』의 상(象)과 수(數)를 밝히는 데 중점을 둔 것이다. 전통적으로 의리파와 상수파에 기준을 두어 역학사상을 분류해 오곤 했지만 료명춘(廖名春) 등이 지적했듯이 『주역』 연구에서 이 둘은 서로 밀접하게 연결되어 있다. 아무리 철학적 측면으로 의리적으로 해석한다고 해도 『주역』의 괘 · 효사를 해석할 때 상과 수를 떠날 수 없으므로 이 둘이 서로 긴밀하게 연결되어 있는 것이다.[1)]

이처럼 상수와 의리가 서로 구분되기는 하지만 긴밀하게 연결되어 있는 만큼, 전통적인 방식의 상수와 의리적 해석의 구분을 존중하면서도 다른 방식으로 역학사를 정리할 수 있지 않을까 하는 논의들도 제기되었다. 그 대표적인 예로는 이난숙의 제안을 들 수 있다. 이난숙은 『주역』 「계사전」에서 언급한 성인(聖人)의 네 가지 도(道)인 사(辭) · 변(變) · 상(象) · 점(占)에 주목했다.[2)] 여기에서 사(辭)는 언어로 구

---

1) 廖名春 · 康學偉 · 梁韋弦 지음, 심경호 옮김, 『주역철학사』(서울: 예문서원, 2009), 47쪽.

성된 역사(易詞)이고, 변(變)은 성인이 해석한 세계의 보편법칙이며, 상(象)은 창의력과 상상력이 넘치는 기호로 천상(天象)과 지리(地利)를 관찰한 뜻과 만물을 아우르는 것이며, 점(占)은 『역』의 원천이자 인간의 종교적 · 철학적 행위를 포함하는 것이라고 보았다. 이 네 가지 분류기준은 구분되는 것일 뿐만 아니라 서로 유기적인 연관성을 지닌 것으로 역학사상에 사 · 변 · 상 · 점이 어떻게 분포되어 있느냐를 통해 역학을 분류할 수 있다는 새로운 관점을 제시했다.[3] 이러한 이난숙의 제안을 한국역학사 분류에도 충분히 적용될 수 있으며, 역학의 본질과 특징을 반영하여 역학사상을 구분하고 이해할 수 있다는 점에서 그 의미를 지니고 있다.

한편으로 한국역학에서 고민해 온 문제의식들을 간명하게 보여줄 수 있는 분류법은 어떤 것일까 하는 문제제기를 해 보게 된다. 한국역학자들이 공통적으로 고민해 온 문제의식, 또 역학이 가진 본질적인 주제의식들, 한국역학이 가진 독자성 등을 담아낼 수 있는 한국역학사상의 분류방식은 무엇일까 하는 질문을 해 보게 된다. 이런 점에서 한국역학사 분류에 관한 논의의 다양성을 위해 한국철학사에서 『주역』 혹은 역학이 가졌던 정체성과 의미를 드러낼 수 있는 방법으로서 주제별 분류 방법을 제안해 보고자 한다. 삼국시대부터 조선시대에 이르기까지 한국역학의 자취를 살펴볼 수 있는 한국철학자들의 저작들이 엄청난 시간적 격차를 지니고 있지만 시대를 관통하여 생각해 볼 수 있는 한국역학의 주제들을 발굴함으로써 한국역학에서 고민

2) 『周易』, 「繫辭上傳」: 易有聖人之道四焉. 以言者尚其辭, 以動者尚其變, 以制器者尚其象, 以卜筮者尚其占.

3) 이난숙, 「역학평가의 준거, 성인사도인 辭 · 變 · 象 · 占」, 『율곡학연구』 50(율곡학회, 2022), 389-420쪽.

해 온 일정한 역학적 사유의 맥락을 한번 짚어볼 수 있지 않을까 하는 생각에서 이를 제안해 보고자 한다. 주제별 한국역학사상 분류를 통해 시대를 관통하는 한국역학의 일관된 특징, 정신, 의의, 한계를 살펴보고, 그것이 오늘날과 어떻게 맞닿아 있는지를 생각해 보는 하나의 계기가 될 수 있지 않을까 하는 생각 또한 해보게 된다.

이러한 문제의식하에 시론적으로 한국역학사를 구분하는 주제들을 『주역』 읽기의 한국적 토착화, 수양역(修養易), 경세역(經世易), 과학역(科學易), 도설역(圖說易), 문화역(文化易), 형이상학역(形而上學易) 등으로 정리해 보았다.

2. 『주역』 읽기의 한국적 토착화

한국적 『주역』 및 역학 사상의 특징을 논할 때에 그 출발점은 '읽기'에서 시작할 수 있다. 이미 유가경전으로서의 『주역』을 '읽어 온' 전통 안에서 한국적 『주역』의 특징을 발견할 수 있기 때문이다. 한글이 창제되기 이전부터 구결(口訣)을 통해 경서(經書)의 원문을 우리말로 풀이해 왔으며, 성독(聲讀)의 방식을 통해 원전을 입체적으로 읽어내려고 했던 흔적을 찾아볼 수 있다.

구결은 한자의 음과 훈을 빌려 우리말을 기록하는 차자(借字)표기체계를 활용하여 만들어진 것이다. 『오주연문장전산고(五洲衍文長箋散稿)』에서 중국에서는 일상 언어가 그대로 문자가 되기 때문에 글귀를 떼어 읽을 곳에 구두 찍었지만 우리나라의 경우 문자와 언어가 달라 이른바 '현토(懸吐)'라고 하는 토를 달아 읽지 않으면 글 뜻을 알기 어렵기 때문에 그 토를 다는 방식인 구결이 필요했다고 말했다. 신라시대 때 이미 설총(薛聰)이 우리말로 구경(九經)을 풀이하여 후학들을 가르쳤으며, 우리말로 경을 풀이한 구결이 전해지지 않고 지금은 다만 이두가 있을 뿐이라고 밝히기도 했다. 그리고 이러한 구결은 나중에 언해(諺解)의 방식을 통해 우리글로 해석되기도 한다.[4] 이미 구결을 달아 경전을 읽던 방식 자체에 우리식의 경전 이해 방식이 담겨 있는 것이다. 따라서 경서의 구두나 구결이 잘못되면 글 뜻 자체가 잘못 이해되어 본뜻을 제대로 파악하지 못할 수 있다는 문제의식 또한 늘 함께 따라다녔던 것으로 보인다.[5] 이에 따라 올바른 경전 이해를 위한 구결 작업은 여러 사람들의 손을 거쳐 이루어졌으며 이는 국가적인 언해 작업으로 이어지게 된다.

조선 초에는 권근이 사서오경의 구결을 정했으며[6], 정몽주(鄭夢周, 1337~1392)의 구결이 있었다. 후에 세조 때(1458)에는 와전되거나 오류가 있는 부분들을 바로잡고자 정인지(鄭麟趾), 신숙주(申叔舟), 구종직(丘從直), 김예몽(金禮蒙), 최항(崔恒), 서거정(徐居正) 등에게 오경과 사서를 나누어주고 고금(古今)의 것을 고증하여 구결을 정하여 올리게 했다.[7] 이처럼 유가경전에 대한 구결 작업은 개인적 차원, 국가적 차원의 양

---

4) 『五洲衍文長箋散稿』 제17집, 「經傳類」 3, 〈經書口訣 · 本國正韻辨證說〉: 經書句節曰句讀. 中國則無方言, 而尋常言語, 已具文字, 故於句節處, 點句讀讀之, 故無如我東之原文外, 句讀作方言以讀之, 曰懸讀也. 俗稱懸吐. 無此懸讀, 則文義難解, 故更名曰口訣. 新羅弘儒侯薛聰, 以方言解九經, 教授後學. … 其方言解經者, 必爲口訣而無傳焉, 今只有吏讀.

5) 『五洲衍文長箋散稿』 제17집, 「經傳類」 3, 〈經書口訣 · 本國正韻辨證說〉: 經書句讀 · 口訣, 苟或一誤, 文義從以舛錯, 遂失本旨, 可不懼哉?

6) 『燃藜室記述』 別集, 권14, 「文藝典故」, 〈諺解〉: 陽村權近, 定四書五經口訣.【慵齋叢話】

7) 『五洲衍文長箋散稿』 제17집, 「經傳類」 3, 〈經書口訣 · 本國正韻辨證說〉: 雖有權近 · 鄭夢周口訣, 訛謬尙多, 遂命鄭麟趾 · 申叔舟 · 丘從直 · 金禮蒙 · 崔恒 · 徐居正等, 分授五經四書, 考古證今, 定口訣以進.

측면에서 이루어져 왔던 것으로 보인다.

특히 구결 작업에서 『주역』은 『정전(程傳)』에 기초할 것인가, 『본의(本義)』에 기초할 것인가가 과제가 되기도 했다. 『정전』은 정이(程頤, 1033~1107)의 주석으로 의리적 해석을 대표하는 주석인 반면, 『본의』는 주희(朱熹, 1130~1200)의 주석으로 『정전』에 기초하면서도 점치는 책으로서 『주역』의 본래적 의미로 보아야 하는 부분에 대해 주희 자신의 견해를 밝힌 것이다. 주자학에 기반한 조선 유학의 역사에서 『주역』만큼은 주희가 정이의 『정전』에 기반하여 점치는 책으로서 『주역』의 본의를 밝히고 있는 만큼, 의리적 해석과 점치는 책으로서 『주역』에 대한 해석을 조선 유학자들은 함께 읽어왔다. 그 과정에서 두 해석 가운데 무엇을 더 우선할 것인가에 대한 논의는 꾸준히 있어 왔다. 이것이 구결 작업에 반영되기도 했다. 예컨대 세조의 경우 『정전』이 『본의』보다 낫다고 판단하여 『정전』으로 구결을 정하기도 했다.[8] 한편 최립(崔岦, 1539~1612)의 경우 『본의』에 근거하되 『정전』과 『본의』를 하나로 통합하고자 한 『주역본의구결부설(周易本義口訣附說)』이라는 책을 저술하기도 했다. 그는 『정전』과 『본의』를 참고하고 이를 비교 검토하여 상(象)과 점(占)을 분석하고 여기에 구결을 가차하는 방식으로 구결 작업을 진행했다. 『정전』의 해석에 의심할 것이 없으면 이를 따르며, 또 『본의』의 해석에 의심할 것이 없으면 이를 따르되, 이 두 해석 모두에 의문이 일어날 경우 자신의 견해를 덧붙이는 방식으로 작업을 진행했다.[9] 최립의 구결 작업에 대해 이충구는 선조 때 반

---

8) 『國朝寶鑑』 권13, 「世祖朝4」, 〈乙酉10年(1465)〉: 上召吏兵曹堂郎, 行親政. 復命司藝鄭自英, 直講丘從直 · 兪希益, 主簿兪鎭, 就入侍論『易』. 教曰 … "予觀『易傳』中, 程傳甚通透, 朱傳或礙滯, 朱之不及程遠甚, 故予以程傳定爲口訣."

9) 『簡易集』 권1, 「控辭」, 〈辭承文院提調幷校正廳堂上疏〉: 叅稽傳義, 分辨象占, 而假借口訣, 略爲停當. 其從傳無疑者則從傳, 從義無疑者則從義, 傳義俱涉起疑, 或有餘蘊, 則附以愚說.

포된 『주역언해(周易諺解)』가 끝난 뒤에 구결이 다시 검토된 점에서 구결→언해가 아닌 언해→구결로의 역현상을 보이는 것이라고 언급했다. 최립은 선조시기(1602) 교정청에서 『주역』의 언해사업에 참여했었는데 그때 한가한 외직으로 나가 『주역』 구결 작업에 몰두하기를 자청하기도 했다.[10] 선조 시기 『주역언해』는 『정전』과 『본의』에 따른 구결과 한글 번역이 모두 실려 있었다. 최립은 이전에 『주역』 구결이 대개 『정전』을 근거로 한 데 반해 자신은 우선 『본의』에 근거했다고 밝혔지만[11] 『본의』에 대한 일방적인 수용이라기보다는 나름의 숙독의 과정을 통해 일관된 『주역』의 문자 안에 담긴 성인(聖人)의 의리(義理)를 드러내려고 하는 과정이었던 것으로 보인다.[12] 이러한 최립의 구결은 조선시대에 어느 정도 영향력이 있었던 것으로 보인다. 일례로 송준길(宋浚吉, 1606~1672)은 김집(金集, 1574~1656)에게 최립의 구결을 빌려 필사하기도 했고[13] 김장생(金長生, 1548~1631)은 『주역』을 읽으면서 최립의 해석을 참고하기도 했다.[14]

이와 같은 구결 작업은 석의(釋義), 언해, 그리고 한국 근대 시기의

『簡易集』 권1, 「投進」, 〈周易本義口訣附說投進疏〉: 至於程子傳朱子本義, 略有異同, 不得不參互稽攷. 而從傳無疑者則從傳, 從本義無疑者則從本義, 傳本義俱涉可疑, 或有餘蘊, 則不得不附以愚說.

10) 이충구, 「주역언해의 과정과 특징」, 『동양철학연구』 14(동양철학연구회, 1993), 405-406쪽.

11) 『簡易集』 권1, 「投進」, 〈周易本義口訣附說投進疏〉: 臣又伏見我國原行周易口訣, 槪據『程傳』. … 臣今所定口訣者, 謹依中朝見行『易經』用『本義』之例, 專據本義而爲之.

12) 『簡易集』 권1, 「控辭」, 〈辭承文院提調幷校正廳堂上疏〉: 且臣妄見聖人立文字, 自當有一件義理, 而如今日從傳從義, 作兩件口訣, 實屬未安, 不得違背其心而塞責爲之.

13) 『同春堂集』 권10, 「書」, 〈上愼獨齋金先生〉: 簡易口訣, 久欲奉還, 而病未自寫, 故謄寫尙未畢.

14) 김장생의 경서에 대한 독서와 사색의 여정을 보여주는 『경서변의(經書辨疑)』에서는 『주역』 경문의 뜻을 살펴보면서 최립의 해석을 인용하는 경우들이 종종 나타난다.

번역으로 이어진다. 석의 작업의 예로는 이황의 『주역석의(周易釋義)』를 들 수 있다. 이에 대해 이충구는 구결보다 한국화가 보다 진전된 것으로 평가하기도 했다.[15] 이러한 일련의 『주역』 읽기의 한국적 토착화 작업은 오랜 기간 이루어져 왔으며 특히 조선 시기 『주역』 읽기의 구결, 석의, 언해 작업의 과정들은 『정전』과 『본의』에 기초하면서도 이를 비판적이고 주체적으로 읽어내고자 했던 시도를 보여준다고 할 수 있다.

한편 『주역』 읽기의 한국적 토착화는 구결, 석의, 언해 등의 문헌에서뿐만 아니라 '성독(聲讀)'이라고 하는 읽기 방식에서도 나타난다. 『향산집(響山集)』에서는 이만도(李晩燾, 1842~1910)의 평소 경전 읽기 모습이 어떠했는지를 그가 성독했던 모습을 통해 표현하기도 했다. 이에 따르면 성독은 단정한 몸가짐과 고인을 공경하는 마음가짐을 가지고 책을 읽는 방식이었던 것으로 보인다. 책을 펼쳐놓고 보기만 하거나 누어서 보거나 할 경우 대충대충 넘어가거나 공경하는 자세가 흐트러질 수 있는데 소리 높여 읽는 성독의 방식을 통해 단정하고 공경하는 마음가짐과 몸가짐이 몸에 배게 하도록 했던 것으로 보인다.[16] 그렇다면 『주역』의 경우 어떻게 성독했을까?

임성주(任聖周, 1711~1788)의 『녹문집(鹿門集)』에서는 그의 증백조(曾伯祖)인 임좌(任座, 1624~1686)의 생애에 관해 논하면서 그가 평생토록 『논어』와 함께 『역』을 좋아했다는 점을 밝히면서 그가 어떻게 『주역』의 경문을 읽었는지 언급하기도 했다. 스무 살 때부터 세상을

15) 이충구, 「주역언해의 과정과 특징」, 『동양철학연구』 14(동양철학연구회, 1993), 406-410쪽.

16) 『響山集』 권19, 「行狀」, 〈叔父通德郎秋觀府君行錄〉: 嘗曰 "書而披覽不可得力, 偃卧看書, 非所以敬古人也." 以故對書必端坐, 讀去必亢喉, 孜孜矻矻, 習與性成, 無倦怠之容.

떠날 때까지 하루도 『주역』을 읽지 않은 날이 없었는데 특히 만년에 벼슬에서 물러나 글을 읽을 때면 매번 손을 씻고 옷깃을 정돈하고서 단정하게 앉아서 『주역』을 읽곤 했다고 묘사했다. 『주역』을 읽을 때의 성독 방식은 느리게 소리 내어 읽으면서 그 의미가 뒤따라서 이해되게 했는데 때로 그 의미를 풀어보려고 분발하는 마음이 깊어질 때면 기운이 위로 올라가 얼굴이 붉어질 정도가 되기도 했고 이어서 쓰러질 듯 몸을 눕히기까지 했다고 한다. 임좌의 『주역』을 읽기의 특징은 여러 학자들의 해설을 읽기보다는 경문에 집중하는 방식이었다는 점이다.[17]

이처럼 성독은 그저 경문을 소리 내어 읽는 데 그치는 것이 아니라, 소리 내어 읽는 과정을 통해 해당 경서에 집중하면서도 글을 읽는 와중에 그 의미를 탐독하여 터득하고, 그러한 탐독의 여정이 얼굴로, 몸으로 고스란히 드러났던 것으로 보인다.

구결을 통해 『주역』을 우리말로 온전히 이해하여 읽어내려던 노력은 석의, 언해 작업 등의 우리말 작업으로 이어졌고, 이를 소리 내어 읽는 성독을 통해 글·의미·소리와 글 읽는 자신이 하나 되려 했던 흔적을 찾아볼 수 있다. 이러한 『주역』 읽기의 한국적 토착화의 흔적은 『주역』을 우리식으로 이해하고 일상적으로 읽어가고 몸으로 익혀갔던 한국역학의 특징을 살펴볼 수 있는 하나의 주제가 될 수 있다.

17) 『鹿門集』 권23, 「墓誌銘」, 〈曾伯祖一簣先生墓誌銘〉: 平生惟喜『易』·『論語』, 而於『易』尤孳孳焉. 始自弱冠, 以至沒身, 盖無日不讀, 而晩又棄官退處于衿陽, 日必盥手整襟, 兀然端坐而讀之. 其讀也緩聲而以意隨之, 或至憤悱則氣升面赤, 繼以頹臥焉.

3. 수양역(修養易)

『주역』을 비롯한 유가경전은 한국철학사에서 개개인의 일상 삶의 자기수양의 지침이 되었던 것으로 보인다. 특히 『주역』은 유가적 은자(隱者)들과 권력이나 자리에서 물러난 유자(儒者)들에게 많이 읽혔으며 유학자들의 일상생활 속에서도 자기 수양의 계기가 되는 텍스트로 기능하기도 했다.

노년의 이상적인 모습은 조선의 유학자들에게 '고부가(鼓缶歌)'라는 모습으로 언급되곤 했다. 일례로 윤선도(尹善道, 1587~1671)는 광양(光陽)에서 유배하면서 지은 시에 "만 가지 일을 모두 떨쳐버리고 단지 고부가만 알 뿐이다"[18]라고 했다. 고부가는 『주역』에서 유래한 말로, 이괘(離卦) 구삼(九三) 효사(爻辭)에 "해가 기울어져 걸림이니 무늬 없는 질장구를 두드려 노래하지 않으면 크게 기울어감을 서글퍼함이니 흉할 것이다"[19]라고 한 데에서 나온 말이다. 정이는 이 구절에 대해 인생을 마쳐갈 때에 통달한 사람은 당연한 이치를 알아 천명을 즐거워할 뿐이어서 질장구를 두드리며 노래하듯이 할 수 있다[20]고 풀이했다. 질장구 두드리며 즐거워할 노년을 오히려 서글퍼하고 장년기에 누렸던 권력과 명예 등에 집착하면 흉한 결과로 돌아올 것임을 경계한 것이다. 이 외에도 송치규(宋穉圭, 1759~1838)는 정규한(鄭奎漢, 1751~1824)의 일생을 논하면서 그가 노년에 『주역』에 가장 깊게 파고들었고 노년에

18) 『孤山遺稿』 권1, 「詩」, 〈敬和呈謙齋靜案【謙齋嶺南徵士河弘度. ○丙午以下移配光陽後.】〉: 萬事都遺落, 惟知鼓缶歌.

19) 『周易』, 離卦, 九三, 爻辭: 日昃之離, 不鼓缶而歌, 則大耋之嗟, 凶.

20) 『二程集』, 「周易程氏傳」: 人之終盡, 達者則知其常理, 樂天而已, 遇常皆樂, 如鼓缶而歌.

질장구 두드리며 노래 불러야지 어찌 노년을 한탄하겠느냐는 글을 남기기도 했다고 밝혔다.[21] 이와 같이 『주역』의 고부가는 세속적인 자리, 권력, 명예 등에서 멀어지는 노년의 시기에 일시적인 세속적 가치에 미련을 두지 않고 보다 거시적인 안목에서 삶과 죽음의 본질적인 문제들을 돌아보게 하는 계기가 되었던 것으로 보인다.

노년의 유자(儒者)들에게뿐만 아니라 유가적 은자들에게도 『주역』은 어느 정도 의미를 가지고 있었던 것으로 보인다. 한국 문집 곳곳에서는 조선시기 은자들이 『주역』을 즐겨 읽었던 모습들을 찾아볼 수 있다. 한 예로 허목(許穆, 1596~1682)은 윤정우(尹挺宇)[송돈(松墩)으로도 불렸음]라고 하는 은자를 소개하면서 해진 옷에 거친 음식을 먹으면서 사람들과 왕래하지 않고 『주역』을 읽었던 인물이라고 했다. 그는 아버지인 윤제(尹濟)에게 역수(易數)를 배워서 가깝게는 자기 한 몸에서, 멀리로는 육합(六合)의 밖까지, 또 일월(日月)과 주야(晝夜), 영허(盈虛)와 소장(消長) 등의 변화 이치를 헤아렸다고 한다.[22] 허목은 윤정우를 비롯하여 벼슬자리에 나아가지 않고 은거하며 역학 이론을 연구하고 전승했던 인물들을 '역학(易學)의 전수'라는 제목하에 기록했다. 이들 은자들은 세속과 떨어져 살았지만 그들의 궁극적인 목적은 역학 이론을 연구하기 위해서였으며 그 공부의 경지를 배우고자 멀고 가까운 데 있는 사람들이 드나들었다.[23] 이들을 '유가적' 은자라고 일컫는 이유

---

21) 『剛齋集』 권10, 「墓表」, 〈華山鄭公墓表〉: 因索紙筆題之曰 "乘化歸盡, 宜賦淸流之詩, 鼓缶以歌, 何須大耋之嗟?" … 蓋公到老篤工, 最深於易矣.

22) 『記言』 권50, 「續集」, 〈易學傳授〉: 松墩隱者, 務安縣松丘里人尹挺宇. 字天授者也. 弊衣蓬戶, 疏食不厭, 絶跡不與人來往, 讀『易』不出. … 隱者死之後, 有其家子孫云, 隱者守貞老人之子也. 老人八十四歲翁尹濟者也. … 老人八十四死, 而習其數不以語人, 亦不以示人, 老而傳於其子. … 近而一身之微, 遠而六合之外, 剛柔淸濁, 日月晝夜, 寒暑往來, 盈虛消長.

23) 『記言』 권50, 「續集」, 〈易學傳授〉: 如河圖之數洛書之文, 八卦之變九疇之敍, 先天之本後天之

는 조선시기의 많은 은자, 처사(處士)들이 세속적인 권력과 자리에서 물러나 속세와 떨어져 살았지만 개인적 삶에서 유가적 가치를 실천하거나[24] 유가적 공부에 몰두하는 경향을 보였기 때문이다. 이들 유가적 은자들에 대한 기술을 살펴보다 보면 그들이 『주역』 공부에 상당한 관심을 가지고 있다는 점을 종종 발견하곤 한다. 왜 『주역』이었을까? 여러 유가경전들 가운데에서도 『주역』은 세속적인 인간사를 넘어

用與夫周天度數, 日月運行寒暑代序, 星辰躔次, 無所不究. … 其文可謂崇論博識, 爲百代之書, 遠近爭師之.

24) 유가적 가치를 실천했던 처사의 예로 허균(許筠, 1569~1618)의 『성소부부고(惺所覆瓿藁)』에서 소개한 엄처사(嚴處士)를 들 수 있다. 엄처사는 다음과 같은 모습으로 그려지고 있다. 그는 아버지를 일찍 여의고 무척 가난한 형편 속에서 몸소 땔감과 먹을 것을 마련하며 어머니를 봉양하는 데 온 힘을 쏟은 인물이었다. 어머니가 비둘기 고기를 즐기시면 기필코 이를 잡아다가 대접하고 새벽이나 저녁에도 어머니 곁을 떠나지 않았다. 『주역』과 『중용(中庸)』에 능통했고 어머니의 권유로 과거시험을 보아 향시(鄕試)에도 뽑히고 사마시(司馬試)에도 합격해 어머니를 기쁘게 했지만 어머니가 돌아가신 후 늙은 어머니를 위해 과거를 보려 했다고 하면서 이제 자신의 몸만 영화롭게 할 수 없다고 여겨 벼슬길을 접고 처사로 살아가게 된다. 온화하고 순수하며, 평상시는 공손하면서도 공적으로 마을의 잘잘못을 평가하거나 취하고 주어야 할 것을 가르는 일에 대해 일체를 의(義)로 재단하는 사람이어서 마을의 모든 사람들이 사랑하고 공경했다. 제자들을 교육할 때에도 충효(忠孝)를 가장 중시하고 화려한 명리(名利)에 대해서는 말하지 않았다. 또 역사서를 읽으면서 성패(成敗), 치란(治亂), 군자(君子), 소인(小人)을 구별하는 데 이르러서는 언제나 명확하게 판단하고 막힘이 없어 이를 듣고 따를 만했다.[『惺所覆瓿藁』 제17권, 「嚴處士傳」: 嚴處士名忠貞, 江陵人也. 父早卒, 家甚貧, 躬薪水自給. 養其母極孝, 晨夕不離側. 母稍恙則不解帶寢, 手調膳以進. 母嗜山雀, 結網膠竿, 必獲以供之. 其母勸令學取第, 益孜孜着力於問學. 爲詩賦甚古, 屢擢鄕解, 得司馬以榮之. 於書無所不通, 而尤邃於『易』·『中庸』, 理致超詣. … 處士泣曰 "吾爲老母也, 今奚赴爲. 身榮而母不享, 吾不忍." … 爲人和粹夷曠, 不與人忤, 恒居舥舥如也. 及至鄕評臧否, 辭受取與之間, 截然不可犯, 一切以義裁之, 鄕人皆受而敬之. 訓誨後進, 必以忠孝爲先, 以其紛誶名利, 則泊然不一出諸口. 讀史至成敗治亂君子小人之辨, 必慷慨論折, 亹亹可聽.]

거시적이고 본질적인 인생사와 자연의 원리를 탐색하게 하는 텍스트였다는 점을 생각해 볼 수 있을 것이다.

그렇다면 이러한 질문을 던질 수도 있을 것이다. 조선시대의 경우 유학이 교육, 문화, 정치, 일상생활에서 보편 철학으로 작동했던 만큼 유가적 은자들에게 유가문헌에 대한 탐색, 특히 『주역』에 대한 탐구가 당연하게 여겨졌겠지만 조선시대 이전에도 과연 그러한 기능을 했을까 하는 질문을 던질 수 있을 것이다. 결론부터 말하자면 고려시기 문헌이 많이 전해지지 않는 관계로 고려시기 『주역』이 어떻게 받아들여지고 연구되었는지 그 전체적인 맥락을 잡아내기는 어렵겠지만 유가문헌, 특히 『주역』이 지식인들의 삶에서 어느 정도 의미를 가지고 있었던 것으로 보인다.

유가적 은둔의 특징은 사회 및 세속 진출을 늘 전제하고 있다는 점이다. 유가적 출처(出處)의 원리에 따르면 언제든 때에 맞게 세속적인 자리에서 물러날 수 있지만 또 언제든 때에 맞게 벼슬자리에 나아갈 수 있다. 따라서 지금 당장은 벼슬자리에서 물러나 은자의 삶을 살아가더라도 때가 되면 다시 사회로 진출할 마음가짐을 유가의 출처의 원리는 요구한다. 그러한 만큼 고려시기 관직 진출을 도모했던 문인들, 또 때로는 자신의 의지와는 상관없이 관직 진출에 실패하거나 심지어는 자신의 잘못이 아닌데도 시대적·사회적 환경 탓에 생각지 못한 여러 어려움을 마주해야 했던 지식인들에게 유가의 이론, 특히 『주역』의 출처의 원리는 자신들이 마주하곤 하는 객관적 한계 상황들[명(命), 흉(凶) 등]을 수용하게 하면서 출처의 순간에 한결같이 가져야 하는 마음가짐에 대해 생각해 보게 하고, 또 때에 맞는 출처를 행동으로 옮기게 하는 원동력이 되기도 했던 것으로 보인다.

이러한 경향은 고려시대 주자학 유입 이전부터 관찰된다. 일례로 이규보(李奎報, 1168~1241)의 경우 『주역』 경문 위주로 『주역』을 읽었던 경향이 보이며, 만년에 그가 『주역』을 즐겨 읽었지만 이미 그 이전인 20대 중반의 시기부터 『주역』을 통해 일상을 성찰했던 것으로 보인다. 20대에 그는 과거에 합격했지만 무인정권 시기였던 만큼 인간관계 등의 외부적 요인을 통해 관직 진출을 해야 하는 상황에서, 돈괘(遯卦, ䷠) 괘상을 통해 관직 진출이 힘든 자신의 객관적 한계 상황을 성찰하면서 지금이 은둔의 때임을 돌아보게 된다.[25] 그는 만년에 『주역』과 함께 『능엄경(楞嚴經)』을 즐겨 읽었는데 『능엄경』은 수행에서 놓치지 말아야 할 마음의 문제를 다루고 있는 것으로 이규보 역시 수양하는 책으로 『능엄경』을 인식하고 있었다.[26] 만년에 『능엄경』을 외우며 늙어가는 쇠약한 몸이 느끼는 더위와 추위, 아픔 등의 현실적·육체적 한계를 넘어 궁극의 이치를 탐구했던 것이다.[27] 그에게 『주역』 또한 『능엄경』과 함께 덧없는 인간 삶에서 궁극적으로 추구해야 할 이치를 탐구하게 했던 것이다. 이규보는 당시 64세의 나이에 높은 관직인 단규(端揆)에 올랐지만 오히려 부귀와 명예가 한창일 때 이 자리에서 물러난 유자량(庾資諒, 1150~1229)에 대해 평가하면서 "이것이 바로 『주역』에서 말한 진퇴존망을 알아서 정도(正道)를 잃지 않는 것"이라고 했다.[28][29] 이를 통해 보았을 때 이미 고려시기 문인들에게

---

25) 『東國李相國集』 後集 권1, 「古律詩」, 〈寓天磨山有作[予辛亥年, 久寄此山, 至自稱'白雲居士'. 時有此作.]〉: 世人但取山崔嵬, 迺以天磨而號之. 爾雖高高千萬仞, 天可磨耶義不宜. … 豈肯相磨爲? 天下有山豈遁象? 改曰遁嵓何所疑. 我今來遁是亦晩.

26) 『東國李相國集』 後集 권1, 「古律詩」, 〈有乞退心有作〉: 何以修淨業? 『楞嚴經』在口.

27) 『東國李相國集』 後集 권6, 「古律詩」, 〈七月初二日沐家沘〉: 我今衰弱怯水寒, 六月猶無入池浴 … 一身炎冷自無常, 須臾翻覆一何速, 洗塵洗體皆幻妄, 誰爲能觸誰所觸 ○見『楞嚴經』.

28) 『東國李相國集』 全集 권36, 「墓誌·誄書」, 〈銀青光祿大夫尙書左僕射致仕庾公墓誌銘〉: 年六十有四, 已登端揆, 則其去台鉉, 能有幾級而未踐其地耶? 但先六載引退, 求避溢寵耳.

29) 안승우, 「이규보의 『주역』 인식 고찰: 유가경전 및 자기 수양서로서의 『주역』 인

『주역』은 진퇴존망의 이치를 탐색하여 세속적 가치에 휘둘리지 않고 정도(正道)를 지키게 하는, 자기수양의 문헌으로 인식되고 있었던 것으로 보인다.

고려 말 주자학 유입 이후 『주역』은 더욱더 당시 지식인들에게 어떠한 마음가짐으로 일상을 살아갈지, 어떻게 하면 정도와 순리대로 벼슬자리에 나아가고 물러갈지, 어떻게 하면 세상을 제대로 바라볼지 성찰하게 하는 텍스트로 기능했다. 일례로 백문보(白文寶, 1303~1374)는 김구용(金九容, 1338~1384)이 자신의 서재에 '척약재(惕若齋)'라는 이름을 붙인 데 대해 이에 관한 설(說)을 남기는데 이를 통해 고려 말 문인들이 『주역』을 어떻게 인식했는지를 들여다볼 수 있다. '척약(惕若)'은 『주역』 건괘(乾卦) 구삼 효사에 나오는 말이다. 백문보는 「척약재설(惕若齋說)」에서 두려움이 우리의 마음을 편안치 못하게 하기 마련인데 이는 우리의 기운이 굶주려서이니 맹자(孟子)가 말한 호연지기를 통해 기운을 잘 길러서 마음이 동요되지 않게 하는 것이 중요하다고 말했다. 그러면서 '척(惕)'이라는 글자가 마음 '심(忄, 心)'과 쉬울 '이(易)'가 합쳐진 글자인 만큼 우리 마음이 언제나 소홀해지기 쉬운 만큼 마음을 경계하고 삼가며 공경하고 두려워할 필요가 있다고 말했다.[30] 이때의 두려움은 외적인 요인에 이끌려 동요되는 마음의 양상이 아니라 자신의 마음이 동요되거나 소홀해지지 않게 자신이 주체가 되어 마음을 붙들고 조심하는 능동적인 두려움이다. 백문보는 『주역』의 핵심 키워드 중 하나인 두려움을 우리 자신의 마음가짐, 기운의 문제와

식을 중심으로」, 『한국철학논집』 80(한국철학사연구회, 2024), 12, 22-23쪽.

30) 『淡庵逸集』 권2, 「說」, 〈惕若齋說〉: 成均直講金君伯闓, 取『易』· 乾九三爻"惕若"二字, 扁其齋, 而屬余說. … 予嘗居乎世也, 見人之憂, 如己之憂. 聞人之懼, 如己之懼, 憂懼之戒, 心焉未安. 此念纔發, 吾之氣便慊然餒矣. 吾欲擧而忘此, 平其心易其氣, 然後吾之氣浩然無是餒矣. … 夫惕者, 從心從易. 蓋心常忽於常, 居常而心必易, 戒謹敬畏之事也.

연계하여 일상 속에서 어떻게 자신을 수양해 나가야 할지를 기술했다. 이처럼 백문보를 비롯한 이곡(李穀, 1317~1332), 이색(李穡, 1328~1396) 등 고려 말 문인들의 문집에서 『주역』은 자기 수양의 하나의 중요한 텍스트로 언급되고 있다.

한편 『주역』 및 역학 이론이 도교적 수련과 결합한 수양가(修養家)들의 이론이 한국철학자들의 문집에서 언급되기도 했다. 『주역참동계(周易參同契)』에 대한 언급은 고려시대 문헌에도 나타나고 있고[31] 정경세(鄭經世, 1563~1633)는 "수양가의 수화교제(水火交濟)" 이론을 인조와의 경연에서 상하가 서로 교감하여 세도의 태평을 이룰 수 있는 치도(治道) 이론과 연관지어 언급하기도 했다.[32] 반면 점서로서의 『주역』을 비롯하여 수양가, 양생가(養生家)들의 『주역』 활용에 대한 비판적인 시각 또한 존재했다.

예를 들어 신흠(申欽, 1566~1628)은 『도덕경』 뒤에 발문을 쓰면서 『주역』은 네 성인[四聖: 복희, 문왕, 주공, 공자]이 지은 것인데 병가(兵家)들은 이를 죽이고 정벌하는 도구로 삼았고, 복서가(卜筮家)들은 복록과 운명의 원리로 삼았고, 양생가들은 수련하는 기구로 사용했다고 비판하기도 했다. 그는 이들이 『주역』을 사적 도구로 활용한 것이라고 보고 궁극적으로 『주역』 텍스트는 인의(仁義) 도덕을 본질로 하는 것이라고 보았다.[33] 이처럼 『주역』은 유가적, 도가적 측면에서 수양

---

31) 『東國李相國集』 全集 권1, 「古律詩」, 〈次韻尹司儀世儒見贈, 坐上作〉: 案有『參同契』, 囊無不死方 … 愁貪竹葉香, … 宦海怒濤狂.

32) 『同春堂集』 別集 권7, 「年譜」, 〈愚伏鄭先生年譜〉: 一日上問陰陽升降善惡吉凶之應, 先生進曰 "陽尊陰卑者, 分之常也. 陰升陽降者, 氣之交也. 然常者爲否爲未濟, 交者爲泰爲旣濟, 君德之居上而親下須如是, 方可上下相交而成世道之泰矣. 不惟治道爲然, 修養家之水火交濟, 亦猶是也.

33) 『象村集』 37권, 「題跋」, 〈書道德經後〉: 蓋邃古之時, 道在乎人而人爲日用, 德及於人而人不自知, 熙然而已, 自事而已. 烏暇語仁義哉? 道德亡而仁義之名著, 仁義乃立道之物. … 有申 · 韓 ·

서로서 한국철학의 맥락에서 이해되고 활용되어 왔다.

4. 경세역(經世易)

한국철학에서 『주역』은 정치 현장에서 언급되거나 정치·경제·사회·제도 등을 포괄하는 경세적 시각과 연계되어 언급되곤 했다. 『고려사』에 기록된 고려시기 경연에서 『주역』을 강론한 사례들이 나타나는데 건괘(乾卦)[34]에 대한 강론이 제일 많았고 복괘(復卦)[35], 태괘(泰卦)[36] 대축괘(大畜卦) 등에 관한 강론이 이루어졌던 것으로 기록되어 있다. 구체적으로 어떤 내용으로 강론이 이루어졌는지는 기록되어 있

仙·佛者出, 而竊我之道, 以爲自私之具也耶? 夫大易, 四聖之所作, 而然猶兵家竊之以爲殺伐之具, 卜筮家竊之以爲祿命之原, 養生家竊之以爲脩鍊之候.

34) 『高麗史』 권14, 「世家」 권제14, 〈睿宗 12년(1117)·1월〉: 丁巳, 御淸讌閣, 命韓皦如, 講『周易』乾卦, 使朴昇中·金富佾問難, 親賜酒食.

『高麗史』 권14, 「世家」 권제14, 〈睿宗 17년(1122)·1월〉: 丙戌, 御淸讌閣, 命中書舍人金富軾, 講『易』乾卦.

『高麗史』 권16, 「世家」 권제16, 〈仁宗 10년(1132)·3월〉: 壬寅, 御麒麟閣, 命國子司業尹彦頤, 講『易』乾卦, 令承宣鄭沆, 禮部郎中李之氐, 起居注鄭知常等問難.

『高麗史』 권16, 「世家」 권제16, 〈仁宗 11년(1133)·7월〉: 秋七月, 甲子, 御壽樂堂, 命金富軾講『易』乾卦.

35) 『高麗史』 권14, 「世家」 권제14, 〈睿宗 13년(1118)·11월〉: 十一月, 己酉朔, 御淸讌閣, 命韓安仁, 講『易』復卦.

『高麗史』 권16, 「世家」 권제16, 〈仁宗 16년(1138)·11월〉: 癸卯, 幸集賢殿, 命金富軾, 講『易』大畜·復二卦, 令諸學士, 問難. 王執經而聽, 仍賜宴, 夜分乃罷.

36) 『高麗史』 권14, 「世家」 권제14, 〈睿宗 13년(1118)·2월〉: 辛未, 御淸讌閣, 命韓安仁, 講『易』泰卦.

지 않아 살펴볼 수 없다.

조선시기에도 마찬가지로 경연에서 『주역』이 논의되거나 정치이론과 정책적 측면과 연계되어 논의되는 경우들이 종종 나타났다. 그렇다면 '경세역(經世易)'이라는 타이틀을 달 만큼 경세적 측면과 관련한 『주역』 및 역학 이론의 독자적인 특징이라고 부를 만한 측면이 있을까? 결론부터 말하자면 정치적 은유로서 때로 『주역』이 중요하고 다루어지기도 했다. 다른 유가문헌과 마찬가지로 조선시대에도 경연 자리에서, 또 정치적 이론을 펼치는 개별 유학자들의 문집 속에서 『주역』의 경문이 인용되곤 했다. 그 과정에서 『주역』만이 지닌 특징 또한 발견된다. 『주역』의 64괘의 오효 자리는 군주의 자리이다. 64괘가 변화무쌍한 인간사에서 발생할 수 있는 다양한 상황성을 담고 있는 만큼 64괘의 오효 군주의 자리는 구체적인 정치 · 경제적 상황 속 64가지의 다양한 군주의 모습을 담아내고 있다. 또 오효 군주의 자리와 응(應)의 자리에 놓여 있는 이효의 자리는 다양한 상황 속에서 대신(大臣), 왕신(王臣)의 모습이 어떠해야 하는가를 구체적으로 살펴볼 수 있는 자리이기도 하다. 즉 『주역』은 구체적이고 변화무쌍한 현실 정치 속에서 군주와 신하의 역동적인 관계, 관계의 원칙 등을 생각해 보는 정치이론서로 기능할 수 있는 것이다.

일례로 최립(崔岦 1539~1612)은 한준겸(韓浚謙, 1557~1627)이 지은 '유천귀래재(柳泉歸來齋)'에 기문을 지으면서 '귀래(歸來)'의 의미에 대해 고민했다. 그 이유는 '돌아온다'는 뜻의 '귀래'라는 말 자체가 길을 잃고 헤맨 후에야 어딘가로 '돌아온다[歸]'라는 글자를 쓸 수 있고 어딘가로 간 후에야 '온다[來]'는 글자를 쓸 수 있기 때문이다. 결국 최립은 이 글자를 신하로서 군주와 함께 할 때, 또 군주를 섬기며 태평한 시대를 이루기 위한 정치적 행보를 할 때 돌아와야 할 초심의 마음가짐으로 풀이했다. 이 과정에서 최립은 건괘(蹇卦)와 곤괘(困卦)의 이효와 오효의 관계를 통해 '왕래(往來)' 혹은 '옴(來)'의 의미가 실제로 몸이 오고 감의 의미를 넘어 은유적 의미가 있음을 밝혔다. 예를 들어 곤괘의 구이 효사에 "술과 밥을 먹기에 곤란하나 주불(朱紱)을 찬 군주가 오려고 한다[困于酒食, 朱紱方來]"라고 했고 구오 효사에 "적불(赤紱)을 찬 신하에게 곤란한 일이 있지만 천천히 기쁜 일이 있을 것이다[困于赤紱, 乃徐有說]"라고 했다. 이를 최립은 한준겸에 빗대어 설명했다. 이효가 오효와 교제하려고 하지만 아직 도를 펼치지 못하여 녹봉을 헛되게 먹고 있어서 구이 효사에 "술과 밥을 먹기에 곤란하다"고 했으며 의리상 구차하게 함께 하지 않으려고 하기 때문에 빨리하려고 하지 않는 것이며, 그래서 구오 효사에 "천천히 기쁜 일이 있을 것"이라고 말한 것이라고 풀이했다. 궁극적으로는 몸이 오가는 것이 중요한 것이 아니라 업적과 명성을 이룬 뒤 물러나 휴식을 취하기 위한 마음으로 돌아오듯, 군주를 섬기며 날마다 태평한 나날이 되기 위해서는 과거 힘들었을 때를 잊지 않듯 그 초심을 지켜내는 것이 '돌아옴의 도[歸來之道]'라고 보았다.[37] 이 기문이 쓰인 시기는 정확하게 알 수 없으나 한준겸이라는 인물 자체가 여러 정치적 상황을 겪은 인물로 최립의 언급은 정치적 은유를 담고 있는 것이라고 판단된다. 한준겸은 관직에 올라 임진왜란을 겪기도 했고 전쟁 후 요직을 두루 역임하다 유배되기도 했으며 후에는 인조반정으로 자신의 딸이 왕후로 책봉되어 서평부원군(西平府院君)에 봉해지는 등 다양한 정치적 여정을 겪은 인물이

37) 『簡易集』 권2, 「記」, 〈柳泉歸來齋記【主人韓公益之】〉: 獨吾所不知者, 歸來之意也. 夫有迷也而後有歸也, 有往也而後有來也. … 公以九二而際九五. 躬未行道, 祿猶素飽, "困于酒食"之謂也. 義非苟合, 期不必早, "乃徐有說"之謂也. … 功成名遂, 則歸來乎退休 … 事君日泰, 則毋忘乎在莒 … 無非歸來之道.

다. 최립은 한준겸의 부탁으로 기문을 지어주면서 『주역』의 이효와 오효 효사를 정치적 은유로 풀어내었으며 신하로서 군주와 나라를 향해 가져야 할 처음으로 돌아오는 마음가짐의 중요성으로 해석해냈다.

한편 『주역』은 인간적 차원을 넘어선 형이상학적 차원에서 경세적 이상을 논할 수 있는 근거로 작용하기도 했다. 일례로 정도전(鄭道傳, 1342~1398)은 『주역』 「계사전(繫辭傳)」[38]을 인용하여 "성인(聖人)의 큰 보배를 '위(位)'라고 하고 천지의 큰 덕을 '생(生)'이라고 하니 무엇으로 위(位)를 지킬 것인가? 인(仁)이다"라고 하면서 경세적 이상을 설파했다. 그는 천지는 만물에 대해 생육을 동일하게 할 뿐이며 천지는 만물을 낳는 것을 마음으로 삼고 이것이 바로 천지의 큰 덕이라고 풀이했다. 군주의 자리[位]는 높고 귀하지만 천지의 관점에서 보면 이 세상은 지극히 넓고 만민은 지극히 많기에 이들의 마음을 얻지 못하면 크게 염려할 만한 일이 있게 될 것이라고 보았다.[39] 여기에서 정도전은 『주역』 「계사전」에 근거하여 군주의 위(位)를 지키는 근거는 천지의 큰 덕인 생(生)이며 이러한 천지가 만물을 낳는 마음을 얻는 길은 지극히 넓은 천하 만민들의 마음을 얻을 때 가능하다는 점을 밝혔다.

이러한 점에서 조선시기 의리역의 의미에 대해 다시금 생각해 볼 수 있다. 단순히 『주역』 경문에 대한 해석의 문제를 넘어서 경세적 적용 문제와 긴밀하게 연관되어 있다는 점을 생각해 볼 수 있는 것이다. 이 과정에서 『정전』뿐만 아니라 주희의 『본의』도 경세적 해석, 정치적 은유의 근거가 되기도 했다. 예를 들어 최립은 상소문에서 오늘

---

38) 『周易』, 「繫辭下傳」: 天地之大德曰生, 聖人之大寶曰位, 何以守位曰仁.

39) 『三峯集』 13권, 「朝鮮經國典 上」: 『易』曰 "聖人之大寶曰位, 天地之大德曰生, 何以守位? 曰仁." … 天地之於萬物, 一於生育而已. … 天地以生物爲心, 所謂生物之心, 卽天地之大德也. 人君之位, 尊則尊矣, 貴則貴矣. 然天下至廣也, 萬民至衆也. 一有不得其心, 則蓋有大可慮者存焉.

날 조정에 편당을 지어 서로 화목하지 못한 폐단이 있다는 점을 언급하면서 이를 척결할 필요성이 있으며 이것이 대신(大臣)의 책임이기도 함을 『주역』 환괘(渙卦) 육사 효사에 대한 『본의』의 해석을 통해 언급하기도 했다. 환괘 육사 효사에서는 "그 무리를 흩어버리니 크게 길하다[渙其群元吉]"라고 했고 이에 대해 『본의』에서 "위로 구오를 받드니 흩어버림으로 구제할 임무를 맡고 있는 자이며 아래로 응여(應與)가 없으니 그 붕당을 해산할 수 있다"라고 해석한 부분을 들면서 이는 오늘날 대신(大臣)에게 책임이 있는 것이며 오늘날 대신들이 혹여 이러한 의무를 소홀히 하고 있는 것은 아닌지 애석한 마음을 갖고 있다는 점을 밝히기도 했다.[40] 이는 대신으로서의 책임의식을 강조하는 것이면서도 이러한 책임의식을 가지고 담아낸 상소문에 왕이 보다 진지하게 관심을 가져야 한다는 의미를 담아낸 것이기도 하다.[41] 유학 이론이 정치적 강령으로 작용하고 있던 조선시대에 『주역』은 상징적 수사를 통해 당시 정치 상황을 은유하는 기능을 수행하기도 했고, 또 64괘의 오효, 이효의 자리를 통해 변화무쌍한 정치현실 속에서 상황에 맞게 신하로서 혹은 군주로서 어떻게 처신해야 하는지 구체적인 처신의 원칙을 제시해 주기도 했다. 그리고 인간적 차원을 넘어서 이상적인 경세를 위해 지향해야 할 형이상학적 본질을 들여다보는 계기가 되기도 했다.

---

40) 『簡易集』 권1, 「封事」, 〈丁酉封事〉: 今日朝廷之下, 得毋有偏黨不相和睦之弊. … 渙之六四曰 "渙其羣, 元吉." 而本義曰 "上承九五當濟渙之任者, 而下無應與爲能散其朋黨." … 是皆責在大臣者, 而今之大臣, 抑或忽於此義乎, 臣竊惜焉.

41) 『簡易集』 권1, 「封事」, 〈丁酉封事〉: 竊見邇間上章疏論事爲者, 例歸有司, 得片辭覆過, 爲一故紙而已. 臣之姑舍是, 而先其大者, 誠願免付有司, 直蒙聖明留神.

5. 도설역(圖說易)

『주역』 및 역학적 사유의 특징 가운데 하나는 상(象) 혹은 도상(圖像)을 통해 철학 이론을 표현해내는 것이다. 주백곤(朱伯崑)은 이를 '형상사유'라고 일컫기도 했으며 이러한 『주역』의 특징적인 형상사유가 후에 태극도(太極圖), 하도(河圖), 낙서(洛書) 등의 도상으로 확장되어 간다고 보았다.[42] 한국철학의 특징 가운데 하나로 일컬어지곤 하는 도설의 근원은 이러한 역학적 사유에서 살펴볼 수 있다.

한국역학사에서 『주역』 및 역학 이론을 담은 도상은 다양한 방면으로 발전되어 갔다. 한국철학의 도설을 논할 때 권근(權近, 1352~1409)의 『입학도설(入學圖說)』은 빼놓을 수 없다. 조희영은 권근의 『입학도설』이 「하도낙서」, 「선천도」 및 『황극경세서』, 『역학계몽』 등에 근거하고 있으며 『역경(易經)』을 유가경전의 머리에 두고 오경(五經)의 핵심을 도서(圖書)로 나타낼 뿐만 아니라 사서(四書) 또한 도서로 표현하고 혹은 역도(易圖)와 사서를 결합하기도 하는 등[43] 역학적 측면에서 바라볼 수 있는 내용들을 담아내고 있다는 점을 밝히기도 했다. 이처럼 한국철학사에서 역학사상을 중심으로 도설을 정리해 볼 수 있는 것이다.

권근의 『입학도설』 이후 지금은 전해지지 않지만 역학을 중심으로 한 작도(作圖)의 흔적, 혹은 도설 관련 기록을 살펴볼 수 있다. 일례로 조선 전기 학자인 김반(金泮)은 권근의 『입학도설』의 영향을 받아 자신

42) 朱伯崑, 『易学基础教程』(九州出版社, 2003), 276쪽.

43) 조희영, 「조선 도서학(圖書學)의 효시: 권근의 『입학도설(入學圖說)』」, 『민족문화연구』 72(고려대학교 민족문화연구원, 2016), 230-231쪽.

도 『역상도설(易象圖說)』, 『사서장도(四書章圖)』 등을 채택하여 보설(補說)을 만들어 1454년 단종에게 바치기도 했다.[44] 김반이 말한 『역상도설』의 경우 원대(元代) 장리(張理)의 역학 도상을 담은 것으로 『오주연문장전산고(五洲衍文長箋散稿)』에서 『역경(易經)』 관련 제가경해(諸家經解) 44종 가운데 하나로 소개되기도 했다.[45] 김반의 『역상도설』 보설에 관해서는 현재 살펴볼 수 없지만 한국의 역학 도설은 역학 원리 해석이나 자연의 원리 해석을 넘어서 인륜의 문제와 연관지어 해석하는 특징을 보여준다. 일례로 이덕홍(李德弘, 1541~1596)은 「하도(河圖)」를 기반으로 오륜(五倫) 가운데 하나인 '부부유별(夫婦有別)'의 의미를 해석한 「부부유별도(夫婦有別圖)」를 남겨 「하도」를 부부유별의 윤리 질서와 연관지어 설명했다. 「하도」 상의 1·6, 3·8, 4·9, 5·10이 각각 음양이 서로 교합한 것으로 각각 하나의 부부로 보고 한 남편과 한 아내가 각기 한 방위에서 함께 살아가면서도 서로 바꾸지 않고 배우자를 확정하여 침범할 수 없는 이론 등 부부간, 또 서로의 부부 사이에 존재해야 할 윤리 원칙으로서의 '부부유별'의 문제를 도상과 해설로 풀어냈다.[46] 윤증(尹拯, 1672~1714) 또한 「선천도(先天圖)」와 「후천도(後天圖)」를 각각 전자의 건(乾)·태(兌)·이(離)·진(震)·손(巽)·감(坎)·간(艮)·곤(坤)은 사상(四象)이 생겨나는 것을 순서로 삼은 것, 후자는 남녀를 각각 통솔하는 것으로 상을 삼은 것으로 보면서 인간 사회의 순서

44) 『國朝寶鑑』 권9, 「甲戌2年(1454)」: 近又著入學圖, 開示理學淵源. 臣泮乃採『性理大全』·『理學提綱』·『易象圖說』·『四書章圖』, 爲補說以進, 臣之補說.

45) 『五洲衍文長箋散稿』 제16집, 「經史篇」, 〈經傳類1: 經典總說〉: 十三經【易經】 … 【諸家經解】 凡四十四種. … 元張理『易象圖說』三卷.

46) 『艮齋集』 7권, 「圖」, 〈夫婦有別圖〉: 一與六, 一夫婦也. 三與八四與九五與十, 亦各一夫婦也. 一夫一婦, 各同居一方, 不相變易, 定其配偶. … 一六, 二七, 三八, 四九, 各陰陽相交, 而共居一方. 如夫婦生於異姓而同居一室.

와 윤리적 질서를 담아낸 것으로 풀이했다.[47] 한편 『주역』에서 언급한 중요한 덕목들이 도상으로 그려지기도 했는데 그 대표적인 예로 겸허함, 겸손함을 뜻하는 겸괘(謙卦)를 들 수 있다. 하홍도(河弘度, 1593~1666), 김휴(金烋, 1597~1638), 강필효(姜必孝, 1764~1848)는 각기 서로 다른 「겸괘도(謙卦圖)」를 남기기도 했다. 모두 『주역』 겸괘(謙卦)를 모티브로 했지만 각자의 생각대로 다르게 풀어냈다.

이처럼 도설역은 도상을 통해 자신의 철학을 펼쳐가고 기존의 역학 도상을 인간 존재의 이해, 인간 윤리 도덕 법칙으로 연결하여 이해했던 양상을 보여준다.

6. 문화역(文化易)

『주역』은 문화 · 예술의 소재이자 창작의 계기가 되기도 했다. 일례로 장유(張維, 1587~1638)는 「괘명체(卦名體)」라는 시를 지었는데 이는 『주역』 64괘의 이름을 각 구에 배열한 시이다. 예를 들어 돈괘(遯卦)의 '돈(遯)', 가인괘(家人卦)의 '가인(家人)', 정괘(井卦)의 '정(井)', 대유괘(大有卦)의 '대유(大有)', 복괘(復卦)의 '복(復)'자를 넣어 "세상 피해 은거하니 누구와 함께 친해지리오/ 집안사람 원망하는 기색 없이/ 물 긷고 방아 찧으며 가난을 견디고/ 한가한 삶 속에 큰 정취가 있네/ 가고 돌아옴을 천진(天眞)에 내맡기네"[48]라고 시를 지었다. 『주역』 괘명을

---

47) 『明齋遺稿』 12권, 「書」, 〈答權知事【說】〉: 乾 · 兌 · 离 · 震 · 巽 · 坎 · 艮 · 坤, 以四象之生出爲序者, 先天也. 乾 · 坎 · 艮 · 震 · 巽 · 离 · 坤 · 兌, 以男女之各統爲象者, 後天也.

48) 『谿谷集』 34권, 「雜體」, 〈卦名體〉: 遯世誰與親, 家人無怨色, 井臼能安貧, 閑居大有趣, 往復

통해 은거하는 삶 속에서 느끼는 어려움과 그 속에서 나름대로 찾아가는 마음가짐을 담아 지은 시가 앞서 살펴본 유가적 은자들이 자기 수양의 책으로 삼았던 『주역』의 성격과 닮아있다. 또한 김수온(金守溫, 1410~1481)은 매화에 관한 글을 썼는데 여기에서 복괘(復卦, ䷗)의 하나의 양(陽)을 모티브로 삼아 주요 서사를 이끌어갔다. 그 주요 이야기는 당시 영돈녕(領敦寧)이라는 높은 관직에 있던 댁의 매화가 무성하다고 해서 감상하러 갔는데 한 나무는 꽃이 한창 피었지만 또 다른 한 나무는 이미 시들어버린 것을 보고 농담으로 매화를 섣달 전에 피어버리게 한 것인지 매화가 피어야 할 때 피지 못하게 한 것인지 물었다. 이에 대해 영돈녕은 한겨울을 의미하는 11월의 복괘가 하나의 따뜻함을 상징하는 양을 이미 품고 있는 것을 자신의 말속에 담아내어 낮에는 볕을 쬐고 밤에는 들여다 두어서 따뜻한 기운이 늘 머물도록 하고 음기(陰氣)가 침범하지 못하게 해서 봄이 오기 전에 필 수 있었던 것으로 양으로 음을 견제하는 방법이라고 말했다. 한겨울에 피는 꽃인 매화는 음으로 가득한 폐색한 때를 이겨내고 하나의 양을 틔워내는 하나의 상징으로 서사되고 있으며 이 이야기 속에서 복괘는 매화가 꽃을 틔우는 원리를 설명할 뿐 아니라 복괘 자체가 가진 괘상으로 음으로 가득한 폐색한 때를 이겨낸 매화의 서사를 단적으로 표현해 내고 있다.[49] 이처럼 『주역』의 문학적 소재로 활용되었으며 『주역』 및 역학의 도상은 문학적 은유를 확장시키는 장치로 활용되기도 했다.

한편 『주역』은 생활문화 깊숙이 들어오기도 했다. 『주역』 및 역학에 기초한 건물명을 그 예로 들 수 있다. 일례로 허목(許穆, 1596~1682)은 김현서(金玄瑞)의 집을 '장춘와(長春窩)'라고 지은 데 대해 기문

任天眞.

49) 『東文選』 15권, 「序」, 〈領敦寧宅賞梅序〉.

을 써주었는데 여기에서 '춘(春)'이란 천도(天道)의 원(元)에 해당되는 것이면서 인성(人性)에 있어서는 인(仁)이 된다고 보면서 『주역』 건괘 「문언전」에서 말한 "원이란 선(善)의 으뜸이다"라고 한 말을 인용하면서 인자한 인성을 가진 그의 성품, 나무와 화초 심기를 좋아하는 그의 생명을 향한 마음을 반영하여 풀이했다.[50] 이 외에도 앞서 살펴본 것처럼 김구용이 자신의 서재를 '척약재(惕若齋)'라고 지은 것처럼 『주역』의 구절을 직접적으로 인용하여 건물의 이름을 짓기도 했다.

7. 형이상학역(形而上學易)

『주역』 및 역학 이론은 우리 현실 삶, 형이하적 세계를 넘어서 인간 존재의 본질, 자연의 근원, 시간 등 형이상학적 개념을 이해하는데 중요한 근거가 되기도 했다. 특히 『주역』 「계사전」에서 "역(易)에 태극(太極)이 있으니 태극에서 양의(兩儀, 음 · 양)가 나오고 양의에서 사상(四象)이 나오고 사상에서 팔괘가 나왔다"[51]라고 했는데 여기에서 태극은 음양, 사상, 팔괘 등의 구체적인 형이하의 세계 근원에 놓여 있는 형이상의 근원을 탐구할 수 있는 근거가 되기도 했다. 송나라 때 주돈이(周敦頤, 1017~1073)는 「태극도(太極圖)」를 통해 분화되지 않은 상태의 태극을 ○로 표기하고 시간과 공간의 제약을 받지 않는 리의 세계를 표현했다. 그리고 이 태극인 ○이 오행, 인간, 만물에 깃들

---

50) 『記言』 別集 9권, 「記」, 〈長春窩記〉: 名其室曰 "長春之窩". 春者, 在天道爲元, 在人性爲仁. 『易』曰 "元者, 善之長也." 其意善矣.

51) 『周易』, 「繫辭上傳」: 易有太極, 是生兩儀, 兩儀生四象, 四象生八卦.

어 있는 모습을 나타냄으로써 만사 만물의 개별성 안에 태극, 리라는 보편성이 존재해 있다는 것을 표현했다.[52] 이후 소옹(邵雍, 1011~1077)이 "마음이 태극이 된다[(心爲太極)]"라고 한 말이 『성리대전(性理大全)』에 태극을 설명하는 말로 실리면서 조선 유학자들에게 태극은 세계와 인간 존재의 근원이 되는 형이상의 세계, 인간 마음의 본질을 탐구하는 핵심 개념어가 되었다.

일례로 이색(李穡, 1328~1396)은 "복희씨가 굽어보고 올려다본 것을 모범으로 삼고/ 순임금이 밝게 살핀 인륜을 조술(祖述)해야/ 내 마음의 태극에 돌아갈 수 있으리"[53]라는 시를 남기기도 했다. 여기에서 이색에게 내 마음의 태극이란 자신이 궁극적으로 돌아가야 할 곳이면서, 유가적 성인의 극치인 복희, 순임금과 연결된 것이다.

특히 조선말에 이르면 태극은 심설(心說)의 주요 개념으로 다루어지기도 했다. 이진상(李震相, 1818~1886)은 『이학종요(理學綜要)』 첫머리에서 『역전(易傳)』의 "역에 태극이 있다(易有太極)"라는 구절을 설명하면서 소옹(邵雍, 1011~1077)이 "심(心)은 태극이다"라고 한 것을 대전제로 하여 심을 '혼연한 전체'로 보고, '혼연한 전체'로서의 태극은 바로 리(理)이기 때문에 심은 리(理)라고 보아, '심이 곧 리'라는 '심즉리(心卽理)'설을 제기하기도 했다.[54] 한편 이항로(李恒老, 1792~1868)는 천(天)과 인간이 두 가지가 아니라는 것을 보여주고자 한 것으로 심(心)은 리(理)

---

52) 진래 지음, 안재호 옮김, 『송명성리학』(서울: 예문서원, 2011), 90쪽.

53) 『牧隱集』 12권, 「讚」, 〈觀物齋讚〉: 範圍乎庖羲之俯仰, 祖述乎大舜之明察, 然後可以會歸于吾心之太極也.

54) 『理學綜要』 권1, 「天道第一上」: 邵子曰 "道爲太極, 心爲太極." … ○ 謂"道爲太極"者, 言道卽太極無二理, 謂"心爲太極"者, 只是萬理總會於吾心. 此心渾淪, 是一箇理爾. … 按以天道對人心, 則道爲總體太極而心爲各具太極. 主心言則心爲總會底太極而道乃太極之散殊, 非心外有道也. 太極豈有二致乎? 朱子嘗引此於啟蒙, 以明"易有太極"之旨.

와 기(氣)를 합한 것이라고 말하기도 했고[55] 유중교(柳重教, 1832~1893)는 이경재(李敬哉)와의 서신에서 "심위태극(心爲太極)"이 주재하는 심(心)의 측면에서 말한 것으로 리(理)로 보이지만, 주희가 "심(心)에 음양(陰陽)이 있다"고 한 것은 기(氣)의 측면에서 말한 것으로 심(心)은 리(理)와 기(氣)를 합친 것이라는 말에 대해 동의하는 등[56] 태극은 다양한 측면에서 심설과 관련하여 논의되었다. 이처럼 태극을 비롯한 역학 개념들은 현상 세계의 본질과 근원을 탐구하는 형이상학적 사유의 근거가 되었다.

8. 맺음말

지금까지 주제별 한국역학사상사 분류의 하나의 접근 방법론으로 거칠게나마 『주역』 읽기의 한국적 토착화와 수양역, 경세역, 도설역, 문화역, 형이상학역 등의 주제로 살펴볼 수 있을 것이라는 가능성을 제시했다. 물론 여기에서 자세하게 서술하지는 못했지만 점서역(占筮易), 과학역 등 『주역』 및 역학이 지닌 특징을 반영해 주는 분류 기준들을 여기에 추가할 수 있을 것이다. 이러한 제안의 주요 문제의식은 한국역학의 특징과 의의, 한계 등의 전체적인 측면을 입체적이면서도

---

55) 『華西集』, 「易有太極心爲太極說」: 心爲太極, 朱子之釋, 所以發明人物之活本也 … 又指示天人之無二致也.

56) 『省齋集』 「答李敬哉」: 朱子所謂心爲太極者, 指其所以靜所以動, 主宰之心而言也, 此只可謂之理, 不可謂之氣. 所謂心有陰陽者, 指其能寂能感, 作用之心而言也, 此只可謂之氣, 不可謂之理, 然則心是合理氣底物事.

과거 한국역학의 면모에 맞게 생생하게 그려낼 필요가 있고, 한편으로는 오늘날 한국역학사를 기술한다는 것이 어떤 의미인지에 대한 현재적 문제의식 또한 담아낼 필요가 있다는 데에서 출발했다. 여기에서 구분한 주제를 넘어 한국역학이 한국철학사적 맥락에서 어떤 의미를 지니고 어떤 기능을 수행했는지 이해할 수 있도록 분류 기준을 고민해 볼 필요가 있다는 문제의식 또한 제기하고자 한다.

또한 이러한 주제별 분류법의 특징은 한 사람의 역학사상을 들여다볼 때 그 사유를 보다 입체적으로 들여다볼 수 있는 하나의 계기가 될 수 있기도 하다. 전통적인 방식의 의리역, 상수역적 구분법으로는 잘 드러나지 않았던 해당 학자의 역학에 대한 기본 이해, 역학사상을 통해 하려고 했던 것, 역학사상을 통해 살펴볼 수 있는 그의 독창적인 사유를 분석할 수 있는 하나의 계기가 될 수 있다. 일례로 최립은 『주역』 읽기의 한국적 토착화와 경세역 부분에서 두드러지게 언급되었는데 여기에서 최립이 『주역』에 구결을 달아 대중적으로 하지만 사회 정치적 차원, 윤리 도덕적 차원에서 『주역』을 읽도록 했던 태도가 경세적 측면에서도 해석될 수 있는 가능성을 생각해 보게 한다. 단순히 구결을 다는 데 목적이 있었던 것이 아니라 일정한 경세적 『주역』 읽기의 면모가 있었다는 점도 생각해 보게 하는 것이다. 실제로 최립은 구결과 함께 나름의 해석을 덧붙였는데 여기에 군신 관계에 대한 논의, 인간적 의지와 제도로 극복해야 할 정치 사회적 문제에 대한 생각이 나타나기도 한다.

이러한 접근법은 한편으로는 한국역학사상을 전문적인 관점을 담아 제대로 알리는 것 못지않게 한국역학에 접근하는 문턱을 낮출 필요가 있다는 문제의식을 담고 있기도 하다. 한국문집 속 『주역』이 조선 유학자들이 만년에 애독하던 책, 귀양살이와 원치 않던 은둔생활

등 인생의 모진 순간에 손에 잡게 되는 책으로 언급되는 것을 보면서 한국의 전통철학자들의 삶 속에서, 인생 속에서, 또 사회·정치 현실 속에서 생생하게 기능하던 『주역』 및 역학의 면모를 현대 독자들에게 보여줄 수 있도록 한국역학사 서술을 고민해 볼 필요가 있다는 생각을 제시해 본다. ◈

【참고문헌】

『簡易集』, 『艮齋集』, 『剛齋集』, 『謙齋集』, 『經世遺表』, 『敬窩集』, 『谿谷集』, 『高麗史』, 『孤山遺稿』, 『國朝寶鑑』, 『記言』, 『鹿門集』, 『淡庵逸集』, 『東國李相國集』, 『東文選』, 『同春堂集』, 『明齋遺稿』, 『三峯集』, 『象村集』, 『惺所覆瓿藁』, 『星湖僿說』, 『宋子大全』, 『燃藜室記述』, 『五洲衍文長箋散稿』, 『二程集』, 『周易』, 『弘齋全書』, 『寒岡集』, 『響山集』, 『海隱遺稿』.

廖名春 · 康學偉 · 梁韋弦 지음, 심경호 옮김, 『주역철학사』, 서울: 예문서원, 2009.

진래 지음, 안재호 옮김, 『송명성리학』, 서울: 예문서원, 2011.

김형찬, 「한국철학의 정체성과 한국철학사의 관점」, 『한국사상과 문화』 100, 한국사상문화학회, 2019.

안승우, 「이규보의 『주역』 인식 고찰: 유가경전 및 자기 수양서로서의 『주역』 인식을 중심으로」, 『한국철학논집』 80, 한국철학사연구회, 2024.

안승우, 「한국역학사상의 주제별 분류 시론(試論)」, 『한국철학논집』 85, 한국철학사연구회, 2025.

이난숙, 「역학평가의 준거, 성인사도인 辭 · 變 · 象 · 占」, 『율곡학연구』 50, 율곡학회, 2022.

이충구, 「주역언해의 과정과 특징」, 『동양철학연구』 14, 동양철학연구회, 1993.

전호근, 「'귀축(歸竺)'과 '귀향(歸鄕)'의 두 갈래 길: 한국철학사 기술의 몇 가지 원칙」, 『공자학』 53, 한국공자학회, 2024.

「이강한 단장 "K학술확산연구소사업 통해 글로벌 한국학의 새 발판 구축"」, 『M이코노미뉴스』, 2024.6.21일자.

한국고전종합데이터베이스(https://db.itkc.or.kr/).

한국학진흥사업단 홈페이지(https://ksps.aks.ac.kr/).

조선이전의 역학사 담론

주역(周易)의 동점(東漸)과 수용

-조선 이전의 역학사 서술과 접근 방향-

정 병 석

〈요약〉

삼국에서 고려까지는 주역이 동점(東漸)하여 정착하는 시기로 전래와 수용의 단계에 해당한다. 이 시기의 사상적 지형도는 어떤 하나의 사상이 일방적 주도권을 가지고 독존하기보다는 오히려 각자의 고유한 기능을 발휘하면서 공존하였다고 말할 수 있을 것이다. 삼국이나 고려 시기의 다원적 사상지형에서 유학이 주로 정교적(政教的) 측면이나 도덕적 기능을 담당한 것처럼 주역 역시 이런 역할을 크게 벗어나지 않았다. 이것은 주역이 제공하고 있었던 세계관이나 형이상학적 관점이 아직 구체적으로 발현되지 못하였다는 의미이다.

주역의 세계관이나 형이상학적 관점은 고려말에 이르러 이를 자각하고 적극적으로 수용하면서 이를 통해 불교가 가진 권위와 주도권을 성리학의 수중으로 완전하게 가져오는 계기를 마련하게 된다. 이것을 불교의 간단(間斷)과 유학의 연속(連續)이라는 관점을 통해서 살펴보려고 한다. 이어서 조선조 이전의 역학사상의 논의에 있어서 중요한 두 가지 관점에 대해 살펴보려고 한다. 하나는 음양오행이나 천인감응적인 재이(災異)와 관련되는 기사와 주역사상의 관련성이다. 다른 하나는 『삼국유사』에 보이는 단군신화와 역학적 사유와의 관련성이다.

1. 머리말

『주역』이 우리나라에 언제 들어왔는가 하는 것에 대한 정확한 판단을 내리기는 쉽지 않다. 이 물음은 유학의 동점(東漸)이라는 문제와 직접적으로 연결된다. 특히 조선조 이전의 주역 혹은 역학(易學)이라는 구체적인 논제의 범위 속에서 토론할 경우, 주역의 유입(流入)·전래(傳來)·수용(受容)이라는 문제는 분명하게 검토되어야 할 내용들이다. 주역의 동점과 수용이라는 논의가 중요한 이유는 삼국에서 고려말이라는 시기가 가지고 있는 특수한 사상적 지형 때문이다.

일반적으로 삼국과 고려 시대의 중심 사상을 불교라고 하지만, 이 말은 유학이 이 시기의 역사 속에서 어떠한 역할도 하지 못하여 전혀 존재감이 없었다는 의미는 아니다. 유학 역시 일정 부분의 역할이나 기능을 행하면서 존재하고 있었다. 즉 조선 이전의 사상적 지형도는 어떤 하나의 사상이 일방적 주도권을 가지고 독존하기보다는 오히려 각자의 고유한 기능을 발휘하면서 공존하고 있었다고 말하는 것이 더욱 정확할 것이다.

우선 '동점(東漸)과 수용'이라는 개념에 대한 분석이 필요할 것으로 보인다. 주역의 동점이라는 것은 중국에서 발생한 주역이 점진적으로 우리나라에 유입되거나 전파되는 상황을 표현하는 말이다. 여기서 '점(漸)'이라는 한자어는 '조금씩 흘러 들어오는' 유입(流入)·전파(傳播)·전수(傳輸)·전래(傳來)의 의미를 가지고 있다. 이런 의미에서 동점이라는 말은 문화적 혹은 국가적 경계를 넘어서는 문화전파(Cultural Transmission)의 전형적인 예로 볼 수 있을 것이다. 문화전파로서의 주역의 동점(東漸)이라는 개념을 본문에서는 중국에서 발생한 주역이 우리나라에 유입 · 전파되어 자각적 · 적극적 수용의 단계로 점진적으로 나아가는 하나의 과정을 의미하는 것으로 사용하려고 한다.

사실 주역의 동점에서 말하는 유입 혹은 전파의 의미와 '수용'이라는 말은 전혀 다른 별개의 것이 아니라 서로 유기적으로 연결되어 있는 동적(動的) 개념이다. 수용이라는 말의 사전적 의미는 "어떤 것을 받아들인다"는 뜻이다. 다른 문화나 외래사조의 수용이라는 관점에서 말하면 그것을 "이해하고 받아들인다"는 것으로 단순한 접촉이나 유입을 의미하는 것은 아니다. 여기서 말하는 '이해'의 의미는 다른 문화나 외래사조가 가진 사회적, 사상적 기능에 대한 주체적 파악을 뜻한다. 즉 다른 문화나 외래사조가 가진 본질적 특성에 대한 선이해와 수용의 필요성이 전제되어야 그것을 자각적 · 적극적으로 수용한다는 말이다. 이는 단순하게 다른 문화나 새로운 사조를 접촉하였거나 유입되었다는 것과는 분명하게 구별하여야 한다. 접촉이나 유입의 단계에서는 아직 그것을 어떻게 사용하고 있는가라는 관점과는 무관하기 때문이다. 단순한 접촉이나 유입이 비자각적 전개의 단계에 속한다면, 수용은 주체적, 자각적인 해석과 적용의 단계를 포함하고 있다.

이처럼 '수용'은 '받아들인다'는 소극적 의미 외에도 사회적 기능이나 요청이 수반 · 부여되는 주체적인 수용 즉 자각적 · 적극적인 태도를 말한다. 즉 '수용'은 전래된 내용을 적극적으로 반영하고 있으며, 사용하는 주체에 의한 굴절 · 전형(轉形)과 변용(變容, transformation)의 과정을 거치게 되면서 이를 통하여 독창적인 해석을 수반하게 된다. 이런 독창성의 체계가 또 하나의 전통을 형성하는 것이다. 새롭게 형성된 이 전통과 이것을 전해 준 원래의 다른 전통과의 관계는 결코 지류와 원류, 방계와 정통이라는 종속이나 우열이 아니라 대등한 존재 사이의 대화와 상호 전파 혹은 전수(transmission) 관계를 형성한다.

위에서 언급한 내용 중에서 주목해야 할 것은 사회적 기능이나 필요성으로 인한 '수용' 즉 특별한 목적이나 필요성에 의해서 다른 문화나 사조를 적극적 · 주체적으로 수용하여 적용하는 관점이다. 여기서는 주역의 동점에 의한 전래와 수용이라는 관점에 따라 '조선조 이전의 역학사상사 서술과 접근 방향'에 대해 이야기하려 한다. 특히 조선조 이전의 삼국과 고려 시기는 주역이 우리나라에 유입되어 점진적으로 수용 · 적용되는 시기이기 때문이다. 본문이 다루려고 하는 '조선조 이전의 역학사상사 서술'이라는 논제와 범위는 이미 주어져 있어서 또 어떤 새로운 이론이나 주장을 독창적으로 주장하라고 제공된 기회는 아닌 것으로 보인다. 그보다는 '조선조 이전의 역학사상사 서술'에 대한 주요 내용이나 방향에 대한 논의가 중심일 것이다. 이런 한계를 전제하고서 본문에서 다룰 주요 내용이나 방향에 대해서 간단하게 언급하면 아래와 같다.

조선조 이전의 삼국에서 고려까지의 시기는 주역이 우리나라에 들어와 정착하는 시기로 전래와 수용의 단계에 해당한다. 삼국이나 고려 시기의 다원적 사상지형에서 유학이 주로 정교적(政教的) 측면이나 도덕적 기능을 담당하는 것처럼 주역 역시 이런 범위나 역할을 크게 벗어나지 못하고 있었다. 즉 유가철학 속에서 주역이 제공하고 있었던 세계관이나 형이상학적 관점이 아직 구체적으로 발현되지 못하였다는 의미이다. 주역이 가진 이런 본래면목을 유가들은 고려말에 이르러 이를 자각하고 적극적으로 수용하게 된다. 주역의 세계관이나 형이상학적 관점을 통해 불교가 가진 권위와 주도권을 성리학의 수중으로 완전하게 가져오는 계기를 마련하게 된다. 이것을 불교의 '간단(間斷)'과 유학의 '연속(連續)'이라는 대비적 관점을 통해서 살펴보려고 한다.

이어서 '조선 이전의 역학사상사 서술의 대상과 쟁점'에 대해 논의하려고 한다. 조선조 이전의 역학사상사 서술에 있어서 범위 혹은 대상과 관련되는 문제이다. 여기에서는 크게 두 가지 문제에 대해 이야기하려 한다. 그중 하나는 고대의 주역사상에 대해 이야기할 경우, '음양'·'오행'이나 '천인감응적(天人感應的)인 재이(災異)'와 관련되는 기사(記事)가 출현하면 곧바로 이것을 주역과 관련시키려는 시도나 이런 접근방식이 타당한 것인가에 대한 논의이다.

다른 또 하나의 문제는 『삼국유사(三國遺事)』 등에 보이는 '단군신화(檀君神話)'와 역학적 사유와의 관련성이다. 최남선이나 이남영은 '단군신화'와 역학적 사유의 유사성을 말하면서 심지어 중국의 주역 자체가 사실은 '단군신화'의 영향을 받아 만들어진 것일 수도 있음을 말하기도 한다. 여기서는 '단군신화'를 편찬한 일연(一然)과 주역사상의 연관성에 대해 논의하려고 한다. 특히 이 문제를 최근 발견된 일연스님의 『중편조동오위(重編曹洞五位)』와 관련하여 이야기하려고 한다.

2. 다원적 사상지형 속의 주역 동점과 수용의 역사

한국 역학(易學)의 연원 혹은 주역의 동점이라는 문제에 대한 분명한 정설이 있는 것은 아니다. 이 문제에 대해 명확한 주장을 할 수 없는 이유는 무엇보다도 이를 객관적으로 증명할 수 있는 증거나 사료가 부족하기 때문이다. 아울러 유학의 전래와 수용이라는 관점에 대해서도 다양한 의견이 존재하기 때문에 주역이라는 개별적인 경전의 전래시기에 대한 문제는 파악하기가 더욱 어려울 수밖에 없다. 이런 점에서 주역의 전래와 수용이라는 문제는 유학의 그것과 거의 맥을 같이 하는 것으로 보아야 할 것이다.

우리나라에 유학이나 주역이 처음 유입되어 들어온 시기는 삼국시대 이전으로 추측할 수 있지만, 유학이 현실적, 사회적 기능을 하는 시기는 삼국시대로 보아야 합리적일 것이다. 중국과의 문화적 접촉을 통하여 유학이 전래되었지만 국가적, 사회적인 요청이나 활용을 위해 그것을 본격적으로 도입하여 연구하게 된 시기는 분명히 삼국 이후이다. 이는 학교기관의 설립이라는 문제와 연결된다. 이기백은 말한다. "한국 유교의 기원은 삼국시대로 잡는 것이 옳겠고, 고구려에서 태학을 설립했던 소수림왕 2년(372)을 중요한, 기념할 만한 연도로 보아도 좋을 것이다. 이것은 그 이전에 유교가 전래했을 가능성을 부정하는 것이 아니다. 다만 유교가 유교로서의 사회적 기능을 발휘하기에 이르지 못하고 있었다고 판단하는 것이다."[1] 현상윤[2]이나 최영성[3] 역시 유사한 관점을 말하고 있다.

주역의 전래를 학교기관의 설립과 관련 지우는 이유는 그곳에서 무엇을 가르쳤는가 하는 내용을 통해서 파악할 수 있기 때문이다. 고구려는 고대 국가로서의 면모를 갖춘 이후에 국가체제의 정비와 현사(賢士)의 등용을 위하여 최고학부로서의 태학(太學)을 소수림왕(小獸林王) 2년(372)에 설립한다.[4] 태학은 한 무제가 오경박사를 두고 설립한 것인데 고구려도 이런 중국의 제도를 모방한 것으로 보인다. 태학에서 어떤 교재를 가지고 교육한 것인지에 대하여 우리 쪽의 상세한 기록

---

1) 이기백, 「유교 수용의 초기형태」, 『新羅思想史研究』, 일조각, 1997, 194-195쪽.

2) 현상윤, 『朝鮮儒學史』, 민중서관, 1949, 13쪽.

3) 崔英成, 『韓國儒學思想史』(古代, 高麗篇), 아세아문화사, 1994, 59쪽.

4) 『三國史記』 高句麗本紀, 小獸林王條, "二年夏六月 … 立太學, 教育子弟."

은 없지만, 중국의 사료를 통하여 보면 대체로 오경을 중심으로 한 경학·사학·문학 등의 한학 전반인 것으로 보인다. 귀족 자제들이 다닐 수 있는 학교가 태학이라면, 일반 서민을 교육하는 경당(扃堂)에서도 오경과 『사기』·『한서』·『후한서』. 『삼국지』·『자통(字統)』·『자림(字林)』과 『문선(文選)』 등을 공부하였다는 기록이 있다.[5] 이런 기록들을 통해 보면 오경이 중요 과목인 점으로 보아 주역 역시 이미 전래되어 중요한 과목으로 중시되고 있었음을 추측할 수 있다.

백제에는 유교를 체계적으로 가르치는 대학 설립에 관한 기록이 없지만 박사제도가 있었던 것으로 보아 이미 오경을 중심으로 하는 경전이 중국에서부터 수입되었던 것으로 보인다.[6] 『일본서기(日本書紀)』의 기록에 의하면 백제에 사신을 보내어 역박사(易博士)[7]와 역박사(曆博士) 등을 교체하여 보내고,[8] 복서(卜書)와 역본(曆本) 등을 요청하는 기록이 있는 것으로[9] 보아 상당한 수준의 역학 연구가 축적되어 있었던 것으로 보인다. 여기에서 또 하나 언급해야 하는 것은 비유왕(毗有王) 24년(450)에 남조(南朝)의 송[劉宋]으로부터 초연수(焦延壽)의 『역림(易林)』과 식반(式盤)을 이용하여 점을 치는 식점(式占)을 들여왔다는 기록이 있다.[10] 이것은 당시 백제 사회에서 주역과 관련되는 점술이 매우 흥성하였음을 말해 준다. 즉 주역이 가진 이론적 체계에 대한 본격적

---

5) 『舊唐書』「高麗條」 참조.

6) 『三國史記』, 卷24. 「百濟本紀」 第二 「近肖古王三十年條」 참조. "古記云, 百濟開國已來, 未有以文字記事, 至是得博士高興始有書記, …."

7) 여기서 말하는 역박사는 오경박사와는 구분되는 복서를 담당하는 전문가로 보인다.

8) 『日本書紀』「欽明」 14년 6월條.

9) 『日本書紀』「欽明」 15년 2월條.

10) 『宋書』, 「百濟條」, "表求易林式占."

인 이해와 탐구에 앞서서 그 이전에 중국과의 다양한 접촉을 통하여 역학적 사유가 함유된 문물이나 무형적인 문화 습속 등이 먼저 수입된 상황을 충분히 예상할 수 있다. 이미 전래되어 현실 속에 이용되고 있으면서도 그것이 주역 혹은 역학적 사유에 근거하고 있는지를 알지 못하는 "일용이부지(日用而不知)"의 상황이라고 할 수 있다. 이것은 백제뿐만 아니라 고구려나 신라의 경우에서도 마찬가지 상황이었을 것으로 보인다. 삼국시기의 역학사상을 논할 경우 주역에 관한 직접적인 문자적 기록이 매우 제한된 조건에서 이런 부분에 대한 연구는 더욱 필요할 것으로 보인다.

통일 이전 신라의 주역 관련 사항은 이야기할 만한 것이 크게 없다. 고구려에서는 일찍부터 태학을 설립하여 유학의 전문가를 양성하였고, 백제도 오경박사라는 제도를 설치하여 유학을 적극적으로 보급하고 교육하였는데 비해 신라는 태학이나 오경박사 등에 대한 기록이 구체적으로 남아 있지 않다. 삼국통일 이후의 신라는 신문왕 2년(682)에 당나라의 국자감(國子監)을 모방한 국학(國學)을 설립하였고 그곳에서 가르친 교과 내용 중에는 당연히 주역이 포함되어 있었다. 원성왕(元聖王) 4년(788)에 설치된 독서삼품과(讀書三品科)의 시험 과목 중에서 특품과(特品科)에 주역이 포함되어 있다. 주역과 관련되는 단편적 내용들은 여러 곳에서 발견된다. 예를 들면 진흥대왕순수관경비(眞興大王巡狩管境碑)의 하나인 「마운령비문(磨雲嶺碑文)」에 "우리러 태조 이래의 기틀을 이어 왕위를 계승하였으니, 몸을 조심하고 스스로 삼가하여 건도(乾道)에 어긋날까 두렵다(仰紹太祖之基, 纂承王位, 競身自愼, 恐違乾道)"라는 글에 건도(乾道)라는 말이 보인다. 건도는 천도(天道)의 의미로 사용되고 있다. 또 신문왕이 선왕(先王)의 은혜를 기르기 위해 창건한 감은사(感恩寺)의 지석(址石)에 태극(太極) 도형이 새겨져 있는 것이나[11] 또 그 근

처에 있는 이견대(利見臺) 등은 역학적 사유와 긴밀한 관련이 있다고 말한다.[12]

『삼국유사』의 「가락국기(駕洛國記)」에 "복사(卜士)가 점을 쳐서 해괘(解卦)를 얻었는데, 그 효사(爻辭)의 말에 '너의 엄지발가락을 풀면 벗이 이르러 믿을 것이다'라고 했으니 왕께선 주역의 괘를 살피시옵소서"라고 하니 왕은 사과하여 '옳다'고 하고 용녀(傭女)를 내쳐서 하산도(荷山島)에 귀양보내고, 정치를 고쳐 행하여 길이 백성을 편안하게 다스렸다"[13]는 말이 있다. 이는 좌지왕(坐知王) 때 왕이 용녀를 취하면서 용녀 일족들이 권력을 전횡하는 상황에서 점을 친 내용이다. 이 말은 해괘(解卦)의 구사(九四) 효사에 보이는데 초육(初六)의 소인을 제거하고 군자를 등용하여야 한다는 의미를 표현하고 있다. 이 기사의 역사적 사실에 대한 다양한 입장들이 있을 수 있지만, 적어도 소인배들을 물리치고 훌륭한 인재를 등용하여야 한다는 입장을 해괘 구사의 효사를 가지고 해석한 것은 상당히 적절한 것으로 보인다. 『삼국유사』의 이 구절은 수준 높은 주역 해석의 예를 보여주고 있는 것으로 평가할 수 있다.

통일신라를 거쳐 고려로 이어지면서 종교사상의 분야에서는 불교가 주류를 형성하고 있었지만, 정치 · 사회 · 교육 등의 분야에서는 유학의 실천적이고 경세적인 기능이 적극적으로 발휘되기 시작한 시기이다. 불교는 '수신지본(修身之本)'으로, 유학은 '이국지원(理國之源)'으로 표현되고 있어서[14] 유불(儒佛)의 공존시기라고 할 수 있다. 유학은 처

---

11) 柳承國, 「韓國易學思想의 特質과 그 文化的 影響」, 『東洋哲學硏究』, 槿域書齋, 1983, 304-305쪽 참조.

12) 천인석, 「三國時代의 易學思想」, 『유교사상연구』 11, 1999, 147-149쪽 참조.

13) 『三國遺事』 卷第二 「紀異」 「駕洛國記」 坐知王條, "又卜士筮得解卦, 其辭曰: 解而拇, 朋至斯孚, 君鑑易卦乎? 王謝曰: 可. 擯傭女貶於荷山島, 改行其政長御安民也."

음부터 다원적 사상지형을 배경으로 전래되어 토착 신앙 · 불교 · 도교와 함께 사회적 역할을 부여받아 공존하여 왔다고 할 수 있다. 이런 사상 간의 공존이 균열을 보이기 시작한 것은 성리학 도입 이후라고 할 수 있다. 고려 후반기 성리학의 적극적 수용은 불교와 대척점을 형성하면서 점차 강도가 높은 배불론(排佛論)을 출현하게 만든다. 이런 상황에서 주역은 어떤 유가 경전보다 더욱 중요한 역할과 기능을 담당하게 된다. 이 부분은 다음 장에서 본격적으로 논의하려 한다.

고려 시기에 성리학이 전래된 사실은 정치사나 철학사적인 입장에서 하나의 커다란 분기점을 형성한다. 성리학 수입 초기의 성격은 세계관이나 형이상학적 측면보다는 정치윤리나 사회윤리로서의 기능과 성격이 강했던 것으로 보인다. 이런 배경에서 고려 초 · 중기 학자들의 주역에 대한 연구나 수준 역시 그렇게 현저하지 않다. 성리학 도입 이전의 주역에 대한 고려학자들의 이해는 도덕적 실천과 연관하여 주역 구절을 해석하는 것이 일반적인 경향이었다.[15]

예종 4년(1109년)에 국학(國學) 칠재(七齋)[16]를 설치하면서 『주역』을 공부하는 곳을 이택(麗澤)이라 하였다. 고려시대 과시(科試)는 크게 제술과(製述科) · 명경과(明經科) · 잡과(雜科) 등으로 구분되었는데, 명경과의 주요 과목으로는 『상서』 · 『주역』 · 『춘추』 등이었기 때문에 주역 연구는 상당 부분 활성화된 것으로 보인다. 『고려사』에 보면 윤언이(尹彦頤, 1090~1149)가 주역에 매우 능했다는 내용이 보인다. "어느 날 왕이 국자감(國子監)에 행차하여 김부식에게 주역을 강의하게 하고, 윤언이

14) 『高麗史』 卷93, 列傳 6 「崔承老傳」.

15) 엄연석, 「여말선초 학자들의 『周易』 경전에 대한 상수역학 및 의리역학적 이해」, 『태동고전연구』 36, 41-42쪽 참조.

16) 고려 때 국학에 설치한 이택(麗擇) · 대빙(待聘) · 경덕(經德) · 구인(求仁) · 복응(服膺) · 양정(養正) · 강예(講藝)의 일곱 개 분과를 말함. 칠관(七館)이라고도 함.

로 하여금 어려운 대목에 대하여 토론하도록 명령하였다. 윤언이가 주역에 대하여 매우 밝아 거침없이 따져 물으니, 김부식은 응답하는 것이 어려워 얼굴에 진땀을 흘렸다." 또 "윤언이는 문장에 뛰어나 일찍이 『역해(易解)』를 지어 세상에 전하였다"[17]는 기록이 보인다. 아쉽게도 지금은 이 글을 볼 수 없다.

강좌칠현(江左七賢)의 한 사람인 임춘(林椿, 1149~1182) 역시 주역에 대한 깊은 이해가 있었던 것으로 보인다. 그는 「복견천지지심(復見天地之心)」이라는 부(賦)에서 다음과 같이 말하고 있다.

> 건곤(乾坤)이 변화하여 돕고 의지함이여. 음양은 단서가 없이 동정을 타니, 사계절이 옮겨 가며, 번갈아 이어지네 … 양(陽)이 깊숙한 땅에 엎드려, 굳게 닫고서 오르지 않음이여. 고요히 감춘 채, 음(陰)이 나와 날로 더한다네. 큰 과일이 먹히지 않으니, 양이 의지함이라. 때가 이르러 기가 동하여, 밀봉한 것을 열었다오. 시작은 미약하나, 뒤에 벗을 얻어 여러 음들 물러나고 … 천지의 마음을 동하는 곳에서 징험한다오. … 선왕은 관문을 닫고서 안정하여 응하고 … 멀리 가지 않고 돌아옴을 가슴에 새기길 바라노라.[18]

복괘(復卦) 『단전』의 "복기견천지지심호(復其見天地之心乎)"라는 구절을 주제로 한 임춘의 글은 다분히 주석적(註釋的) 풀이에 가깝다는 느낌을 주고 있다. 이 글을 통해 자신의 어떤 사상적 관점을 주체적으로 표현하려는 시도는 거의 보이지 않는다. 성리학 전래 이전 고려학자들

---

17) 『高麗史』「列傳」 卷第九, 諸臣, 尹瓘 附 尹彦頤條, "一日, 王幸國子監, 命富軾講易, 令彦頤問難. 彦頤頗精於易, 辨問縱橫, 富軾難於應答, 汗流被面." "彦頤, 工文章, 嘗作易解, 傳於世."

18) 林椿, 『西河先生集』 卷之一, 賦, 「復見天地之心賦」, "乾坤變化, 翼而馮兮. 陰陽無端, 動靜是乘兮, 四序推遷, 迭相承兮… 陽伏九地, 健閉而不騰兮. 寂然摧藏, 陰進而日增兮. 碩果不食, 陽所憑兮. 時至氣動, 啓緘縢兮. 其始綿綿, 後得朋兮, 群陰退伏… 天地之心, 動處徵兮… 先王閉關, 靜以應兮… 不遠之復, 庶服膺兮."

의 주역에 대한 논의들은 대부분 이런 관점들을 크게 벗어나지 않는다. 이에 비해 이규보(李奎報, 1168~1241)는 「진시황이 주역을 불태우지 않은 것에 대해 논함(秦始皇不焚周易論)」이라는 짧은 문장을 통해 주역이라는 책이 가진 성격을 자신의 관점에서 해석하고 있다.

> 기록에 진 시황이 천하의 백성을 어리석게 만들기 위하여 유생을 묻어 죽이고 시서를 불태웠으나, 주역은 점치는 책이라 하여 그것만은 불태우지 않았다는 말이 있는데, 이것을 나는 하늘의 뜻이요, 진 시황의 뜻이 아니라고 생각한다. 왜 그렇게 말하는가 하면, 진 시황이 이미 백성을 어리석게 만들기 위하여 시서를 불태우고 유생을 묻어 죽였다면 오경 중에 주역보다 더 예지롭고 신묘한 것은 없는데, 어찌 이 책만을 남겨 두어 도리어 백성을 신묘하게 하고 지혜롭게 했단 말인가. 만일 그가 점을 치기 위해서였다면 점이란 오직 주역의 이치를 깊이 아는 자라야만 잘할 수 있는 것이며, 주역의 이치를 깊이 아는 자는 유자(儒者)의 무리인 것이다. 그렇다면 앞에서 말한 유생을 묻어 죽인 의도와 어긋난 것이다. 만일 사람은 그대로 두고 책만 없앴다면 다른 경서도 역시 불태워야 했을 것이다. 그렇다면 앞에서 든 시서를 불태운 의도가 어긋나게 되는 것이다.…경(經)에 "건곤이 자리를 이루면 주역이 그 가운데에 성립되니 건곤이 없어지면 주역을 볼 수 없고, 주역을 볼 수 없으면 건곤의 작용도 거의 그치게 될 것이다"라고 말하지 않았는가. 이것으로 본다면 주역이란 하늘에서 나온 것이다. 하늘이 그것을 없애려 했다면 애당초 내지 말아야 했을 것이고, 진실로 없애려 하지 않았다면 어찌 진 시황 한 사람을 이기지 못하여, 시황으로 하여금 그것을 불태워서 천지의 도를 없어지게 하겠는가. 이런 이유로 나는 이것은 하늘의 뜻이요, 진 시황의 뜻이 아니었다고 말한 것이다. 그렇지 않으면 다른 책과 마찬가지였을 터인데, 그것이 어찌 신명한 책이 되었겠으며 천지의 중요한 작용을 말하는 것이 될 수 있겠는가.[19]

---

19) 李奎報, 『東國李相國集』 後集卷 12 「秦始皇不焚周易論」, "傳有秦始皇欲愚天下黔首, 坑儒生

이규보는 기본적으로 주역을 지혜로운 책이고 천지의 도를 말하는 책으로 보고 있다. 백성들을 어리석게 만들기 위하여 경전을 불태우고 유생을 묻어 죽인 진 시황의 정책은 근본적으로 어리석은 행위라는 것이다. 왜냐하면 오경 중에서 주역보다 백성들을 지혜롭게 만든 책은 없기 때문이다. 또 만약 진 시황이 점을 치기 위해 주역을 남겨 두었을 경우에도 유자(儒者)를 죽인 것은 실책이라는 것이다. 점이란 오직 주역의 이치를 깊이 아는 사람이라야 잘할 수 있는 것이며, 주역의 이치를 가장 잘 이해하는 사람들이 바로 유자이기 때문이다. 이 문장에서 이규보는 주역이 가진 천지의 변화와 도에 대해 언급하고 있다. 비록 직접적인 논의나 주장을 이어나가는 것은 아니지만 「계사전」의 건곤음양을 통하여 천지변화의 도를 말하거나 주역의 본질에 대한 자신의 관점을 제시하는 점은 주목할 만하다. 단순히 주역의 몇 구절을 인용하고 그것을 도덕실천의 문제와 연결하거나 여기에 주석적인 해석을 덧붙이는 단계와는 어느 정도 차별성이 있는 것으로 보인다.

주역의 세계관이나 우주자연에 대한 형이상학적 논의가 중요한 이유는 고려유학자들이 성리학을 본격적으로 수용하고 있는 상황을 잘 보여주기 때문이다. 성리학을 수용한 고려의 유자들이 보기에 불교를 완전히 넘어서고 유학의 독립적인 지위를 확보하기 위해서는 세

焚詩書, 而以周易爲卜筮之書, 獨不焚之. 予以爲此天之意也, 非秦皇之意也. 何以言之? 秦皇旣欲愚黔首, 而焚詩書坑儒士, 則五經莫智莫神於羲易也, 豈獨置此書, 乃反神其人智其民耶. 若要其卜筮, 則卜筮者, 惟深於易者, 然後能之也, 深於易則儒之流也. 然則向之坑儒之意左矣. 若存其人而亡其書, 則他經亦爾. 然則向之焚詩書之意戾矣. … 經不云乾坤成則易立乎其中, 易不可見則乾坤幾乎息矣. 由此觀之, 易者, 生於天者也. 天欲廢之, 則如勿生, 苟不廢焉, 則寧不勝一秦皇而使焚之, 於以滅天地之道耶. 予是以, 曰是天之意, 非秦皇之意也. 不然, 與他書同矣, 烏在爲神明之書, 天地之用歟."

계관이나 형이상학적인 체계의 완전한 교체가 필요하다고 본 것이다. 이런 그들의 의도나 기획에 가장 적절한 이론체계가 바로 주역이다. 주역의 세계관이나 형이상학적인 체계의 적극적 수용을 통하여 불교의 그것들을 대체하는 동시에 여말선초의 현실에 필요한 대응 논리를 끌어내려고 하였다.

3. 간단에서 연속으로 : 주역의 적극적 수용을 통한 유불(儒佛) 세계관의 교체

조선조 이전의 주역의 전래와 수용에 관한 관점들은 크게 두 단계로 나누어 볼 수 있다. 하나는 주역의 구절들을 인용하여 도덕실천의 문제와 연결하거나 주석적(註釋的)인 풀이 혹은 해석을 덧붙이는 방식의 접근이다. 이것은 다분히 정교적 · 도덕적인 차원에서 주역을 이해하는 단계이다. 두 번째는 주역이 가진 세계관이나 형이상학적 관점들을 적극적으로 수용하여 적용하는 단계이다. 이 두 단계는 대체적으로 성리학의 수용 이전과 이후라는 시기로 나누어도 크게 어긋나지 않을 것으로 보인다. 또 이 두 단계의 구분은 '유불공존(儒佛共存)의 다원적 사상지형'에서 '배불(排佛)을 통한 성리학의 적극적인 수용과 유학 독존' 상황으로의 이행을 의미하는 것으로도 볼 수 있다.

물론 성리학자들 중에는 친불(親佛) 유자도 있고 반불(反佛) 유자도 혼재하고 있다는 사실은 부정할 수 없다. 이제현(李齊賢, 1287~1367) · 이곡(李穀, 1298~1351)이나 이색(李穡, 1328~1396) 등은 불교도들의 행태에 대해 비판은 하였지만, 불교 자체에 대해 비판하는 경우는 많이 보이지 않는다. 이에 비해 백문보(白文寶, 1303~1374)와 정도전(鄭道傳, 1342~1398) 등은 불교 자체를 강하게 비판하고 심지어 그것을 나라를 멸망에 이르게 하는 해교(害教)로 간주한다.

불교 배척과 성리학의 정착이라는 논파(論破)와 입론(立論)의 과정은 직접적으로 주역의 적극적 수용과 밀접하게 연관되어 있다. 불교와의 완전한 결별을 위해서는 최종적으로는 유가의 세계관이나 형이상학으로의 교체가 필연적으로 요청되기 때문이다. 불교의 세계관을 극복하여 성리학의 그것으로 교체하기 위해서는 주역의 생명력으로 가득 찬 연속적(連續的) 세계관이 절실하게 요청되었다. 현실세계를 환망(幻妄)으로 보아 사리(捨離) 정신을 중심으로 하는 불교적 세계관을 극복하기 위한 시도에서 '부단히 생성하고 모든 곳에 생명이 약동하는' 주역의 생생(生生)하는 세계관은 매우 효과적이었기 때문이다. 불교의 공관적(空觀的) 세계관을 주역의 생생적 세계관으로 교체하는 작업은 백문보에 이르러 어느 정도 성취를 이루지만 최고의 성취를 이룬 사람은 역시 여말선초의 정도전이다. 불교와 유학의 다름을 정도전은 "유가는 연속이고, 불교는 간단이 있다(吾儒連續, 釋氏間斷)"라는 말로 표현한다.

> 선유(先儒)가 "유가와 석씨(釋氏)의 도는 문자의 구절구절은 같으나 일의 내용은 다르다"고 하였다. 이제 또 이로써 널리 미루어 보면 우리[儒家]가 허(虛)라 하고, 저들 역시 허라 하고, 우리가 적(寂)이라 하고, 저들도 적이라고 한다. 그러나 우리가 허라고 하는 것은 허하지만 있는 것이요, 저들이 허라고 하는 것은 허하여 없는 것이며, 우리가 적이라고 하는 것은 고요하되 느끼는 것이요, 저들이 적이라고 하는 것은 고요하여 그것으로 끝나는 것이다. … 하늘이 이 사람을 내어 만물의 영장이 되게 하고, 재성(財成), 보상(輔相)의 직책을 준 이유가 과연 어디 있겠는가? 그 설이 반복되어 두

서가 비록 많으나, 요컨대 우리는 마음과 이치가 하나라고 본 것이요, 저들은 마음과 이치가 둘이라고 본 것이며, 저들은 마음이 공(空)함으로써 이치도 없다고 보았고, 우리는 마음이 비록 공하나 만물의 이치를 갖추고 있다고 본 것이다. 그러므로 말하자면 우리 유가는 하나이고 석씨는 둘이며, 우리 유가는 연속이고 석씨는 간단(間斷)이 있는 것이다.[20]

정도전은 "우리[유가]가 허라 하고, 저들[불가] 역시 허라 하고, 우리가 적이라 하고 저들도 적이라고 한다. 그러나 우리가 허라고 하는 것은 허하지만 있는 것이요, 저들이 허라고 하는 것은 허하여 없는 것"으로 말하는 것의 바탕에는 불교의 공관(空觀)과 구별되는 기(氣)를 바탕으로 한 유가의 연속적 세계관이 존재하고 있음을 역설하고 있다. 즉 인간의 본성과 천지의 이치가 단절 없이 연속된 천인합일의 관계를 이루고 있는 것이 바로 유가의 관점이라는 것이다. 정도전은 "하늘이 이 사람을 내어 만물의 영장이 되게 하고, 재성, 보상의 직책을 준 이유가 과연 어디 있겠는가?"라는 말을 하고 있다. 이 중 "재성, 보상의 직책을 주었다"라는 말은 주역의 태괘(泰卦)의 「상전(象傳)」 "천지가 서로 사귀는 것이 태니 군주는 이것을 보고서 천지의 도를 마름질하여 천지의 마땅함을 보충하여 도움으로써 백성을 돕는다"[21]는 구절에서 나왔다. 이것 역시 천인(天人)의 연속이라는 관점에서 말하고 있다.[22]

---

20) 鄭道傳, 『佛氏雜辨』, 「佛氏心性之辨」, "先儒謂儒釋之道. 句句同而事事異. 今且因是而推廣之. 此曰虛, 彼亦曰虛. 此曰寂, 彼亦曰寂. … 天之所以生此人, 爲靈於萬物, 付以財成輔相之職者, 果安在哉. 其說反復, 頭緒雖多, 要之, 此見得心與理爲一, 彼見得心與理爲二. 彼見得心空而無理. 此見得心雖空而萬物咸備也, 故曰, 吾儒一, 釋氏二, 吾儒連續, 釋氏間斷."

21) "天地交泰, 后以財成天地之道, 輔相天地之宜, 以左右民."

22) 정병석, 『유학, 연속성의 세계와 철학』, 영남대학교 출판부, 2013년, 25-26쪽 참조 바람.

정도전은 유가의 특징을 '연속'이라는 말을 통해서 표현하고 있다. 비록 연속이라는 직접적 표현을 하지는 않지만, 유가의 우주론적인 특징을 주자[23] · 이색[24] 등은 '무간단(無間斷)'이라는 개념으로, 백문보는 '물아지무간(物我之無間)'[25]으로 표현한다. 이 '무간단'이나 '무간(無間)'은 '연속'과 동일한 의미를 가지고 있다. '연속'이라 함은 '간단'과 상대되는 개념으로 인간과 만물은 서로 상관적으로 연결된다는 것이다. 정도전은 『불씨잡변』에서 주역의 형이상학적 관점들을 빌려와 불교를 적극적으로 비판한다. 예를 들면 「계사전」의 "原始反終, 故知死生之說, 精氣爲物, 遊魂爲變"이란 구절을 통하여 불교의 윤회설을 비판한다.[26] 또 「계사전」의 "形而上者謂之道, 形而下者謂之器"을 통하여 『반야경(般若經)』이 주장하는 "무릇 상(相)이 있는 것은 모두 다 허망한 것이다. 만일 모든 상을 상 아닌 것으로 본다면 곧 여래(如來)를 볼 것이다(凡所有相, 皆是虛妄. 若見諸相非相, 卽見如來)"라는 관점을 비판하고 있다. 불가는 "대개 도(道)란 비록 기(器)에 섞이지 않으나 또한 기에서 떠나 있지도 않은 것"[27]이라는 점을 이해하지 못하고 있다고 말한다. 정도전은 「계사전」의 "易有太極, 是生兩儀, 兩儀生四象, 四象生八卦"를 천지만물의 일체 연속성이라는 관점으로 해석하여 이를 통해 불교가 인륜을 단절하고 출가하는 폐단을 비판하고 있다.[28]

---

23) 朱熹, 『朱子大全』 卷40 「答何叔京」, "如鳶飛魚躍, 明道以爲與必有事焉勿正之意同者, 今乃曉然無疑. 日用之間, 觀此流行之體, 初無間斷處, 有下功夫處."

24) 李穡, 『牧隱詩藁』 卷之十二, 詩 「相視後蘇, 諸公雪中必若, 吟成一篇以慰諸公賢勞云」, "위아래 천지와 함께 운행하여 끊어짐이 없으니(上下同流無間斷)."

25) 白文寶, 『淡庵逸集』卷之二, 「說」, 「栗亭說」.

26) 鄭道傳, 『佛氏雜辨』, 「佛氏輪廻之辨」.

27) 鄭道傳, 『佛氏雜辨』, 「佛氏輪廻之辨」「佛氏昧於道器之辨」, "蓋道雖不雜於器, 亦不離於器者也."

28) 鄭道傳, 『佛氏雜辨』, 「佛氏眞假之辨」, "千變萬化, 皆從此出, 如水之有源, 萬派流注. 如木之

비록 『불씨잡변』이 조선 초기에 나온 저작으로 본문이 다루어야 할 논외의 대상일 수도 있지만, 위의 분석을 통해서 우리는 불교 비판에 주역이 적극적으로 수용되어 구체적으로 적용되는 뚜렷한 측면을 분명하게 발견할 수 있었다. 정도전 이전에 주역의 세계관이나 우주론적인 측면을 '물아지무간(物我之無間)'이라는 관점으로 정리한 학자가 바로 백문보이다.

> 불이 마른 것으로 나아가고 물이 축축한 곳으로 흐르는 것은 같은 기운끼리 서로 찾아가는 것으로, 이치상 진실로 필연적인 것이다. 대개 그 숭상하는 것에 있어서 물아(物我) 사이에 간격이 없다는 것은 어쩔 수 없는 것이다. 왜 그러한가? 하늘과 땅 사이에 풀이나 나무가 나는 것은 모두 하나의 기[一氣]로 되어 있기 때문이다.[29]

백문보는 "불이 마른 것에 붙고 물이 축축한 곳으로 흘러서 같은 기운끼리 서로 찾는다"라는 주역 건괘(乾卦)의 동기감응설(同氣感應說)을 통하여 '물아지무간'이라는 관점을 말하고 있다. 만물의 무간(無間) 즉 연속성의 근거는 바로 천지 만물이 모두 하나의 기라는 '일기적(一氣的) 세계관'에 있다. 이런 바탕 위에서 그는 '일본만수(一本萬殊)'라는 개념을 제시하여 우주만물을 하나의 상관하는 연속체로 규정하고 있다. 백문보의 역학사상이 비록 북송 우주론이 가진 한계를 벗어나지 못하고 있지만, 고려 조의 역학 관련 자료가 거의 없는 상황에서, 그의 역학사상은 고려역학사에서 분명히 하나의 중요한 이정표가 되는 것으로 보인다.

有根, 枝葉暢茂, 此非人智力之所得而爲也, 亦非人智力之所得而遏也."

29) 白文寶, 『淡庵逸集』 卷二 「栗亭說」 "火就燥水流濕, 同氣相求, 理固必然. 蓋其所尙, 則物我之無間, 有不得不然者. 何也. 天地之間, 草木之生, 均是一氣."

4. 조선 이전의 역학사 서술의 대상과 쟁점

앞에서 언급하였지만, 조선조 이전의 역학사 서술에 있어서 이른바 '역학사상'이란 말의 개념과 외포에 대한 보다 엄밀한 분석이 필요할 것으로 보인다. 이런 논의는 '역학사상'에 해당하는 내용이나 대상을 미리 규정하려고 하는 시도에서 나온 것은 아니다. '역학사상'에 포함되는 내용을 규정하려는 시도라기보다는 오히려 문제를 제기하고 그 문제를 열어두자는 것이다. 이런 논의를 제기하게 되는 일차적인 이유는 조선 이전의 역학사 서술에 있어서 가장 큰 난점은 구체적인 문헌이 거의 없다는 사실이다. 역사서에서 누가 어떤 책을 지었다는 기록은 보이지만 지금은 일실(逸失)되어 존재하지 않는 경우가 대부분이다. 구체적인 문헌 자료의 부재 속에서 삼국이나 고려의 역학사상을 논할 경우, '음양' · '오행'이나 '천인감응적인 재이(災異) · 구징(咎徵) 및 상서(祥瑞)'와 관련되는 기사가 출현하면 곧바로 이것을 주역과 관련시키는 경우가 많다. 과연 이런 접근방식을 어떻게 보아야 할 것인가 하는 것이 이 논의의 핵심이다.

또 하나의 문제는 『삼국유사』에 보이는 '단군신화'와 역학적 사유와의 관련성이다. 최남선 · 이어령이나 이남영은 '단군신화'의 내용이나 사유 배경이 역학적 사유와 유사성이 많다는 점에 대해 이야기하고 있다. 그러나 이들의 최종적인 결론은 '단군신화'의 사유구조나 배경은 주역 혹은 역학사상과는 관련이 없을 뿐만 아니라, 중국의 주역사상이 오히려 '단군신화'의 영향을 받아 만들어진 것일 수 있다는 주장을 한다. 이런 논란에 대하여 '단군신화'를 편찬한 일연스님이 주역의 영향을 받았다거나 혹은 어떤 관련이 있었는가 하는 것을 살펴보는 것도 위의 논란을 해결할 수 있는 하나의 배경이나 방향이 될 수 있을 것으로 본다. 이 문제를 최근 발견된 일연스님의 『중편조동오위(重編曹洞五位)』라는 책과 관련하여 논의하려고 한다.

1) 조선조 이전의 오행(五行) · 상서재이(祥瑞災異) 기록과 역학사상의 관련

주역의 텍스트에서 음양은 발견되지만 오행은 보이지 않는다. 오행은 『상서』 「홍범」 혹은 『홍범오행전(洪範五行傳)』에서 출발한다. 천인감응론에 근거한 상서 · 구징과 재이에 대한 관점 역시 주역에서 기원한 것이 아닌 다른 계통이고 그것은 한대(漢代)에 이르러 체계를 이룬다. 음양오행적 사유는 한(漢) 시기를 거치면서, 우주를 해석하는 포괄적 도식의 중심이 된다. 여기에서 자연스레 주역은 오행이나 상서재이 등의 문제들과 연관되기 시작한다.

여기서 이야기하려는 것은 『삼국사기』나 『고려사』 등에 보이는 음양오행이나 재이상서의 기록들이 역학사상과 전혀 관련이 없다거나 또는 역학사상을 논하려면 반드시 이 문제를 다루어야 한다는 주장을 하려는 것은 아니다. 우선 지적하고 싶은 것은 사서(史書)에 보이는 오행 · 상서 · 구징 · 재이나 천재지변에 관련되는 기사가 모두 역학사상과 관련되는 것은 아니라는 점에 주의해야 한다는 것이다. 이 말은 이런 기사들 전부가 모두 역학사상과 관련이 없다는 의미는 아니다. 문제의 핵심은 그런 내용에 역학적 해석이 부가되어 있는가의 여부를 살펴보아야 한다는 말이다.

『삼국사기』에 실려있는 천재지변에 관한 기사는 정치 기사와 거의 대등할 정도로 많은 양을 차지하고 있다. 당시 사람들의 입장에서 이들 천재지변은 인간과 상호관련이 있는 자연현상이라는 점에서 당연히 중요하게 생각하였을 것이다. 천재지변에 관한 기사 중 구징에 관한 것으로는 일식(日食)이나 월식(月食) 및 용(龍) 등에 대한 것들이 있다. 상서로는 세쌍둥이나 네쌍둥이 등에 관한 내용들이다.

재이(災異)설은 통일신라 시기에 중국으로부터 전래되었지만 이에 대한 체계적인 이해는 고려 초기인 11세기쯤으로 보는 것이 일반적이다. 중요한 것은 도교(道教)나 무속(巫俗)의 관점에서 해석되던 재이 현상이 이 시기가 되면 음양오행의 관점에서 해석되고 있기 때문이다. 그런데 문제는 삼국사기에 실려있는 천재지변의 기사는 예외는 있으나 대부분 중국 정사(正史)의 「천문지(天文志)」나 「오행지(五行志)」와 대비 고찰한 이후에 이해할 수 있는 부분들이 상대적으로 많다는 점이다. 이들 『한서』·『후한서(後漢書)』나 『수서(隋書)』 등의 중국 정사의 오행지에 보이는 중요 내용은 『상서』「홍범」의 오행사상과 관련된다. 이외에 동중서(董仲舒)·경방(京房)·유흠(劉歆)이나 유향(劉向) 등의 오행 해석이 부가되어 있는 내용도 있다.[30] 여기서 우리가 주목하여야 할 것은 경방이나 한역(漢易) 등의 역학적 해석들이 부가되어 있는 부분들이다. 이런 부분은 당연히 역학사상의 범위에 포함시켜 더욱 적극적으로 분석하고 논의하여야 할 내용들이다.

『삼국사기』와는 달리 『고려사』에는 천문지나 오행지가 보인다. 중국 정사에서 처음으로 오행지를 편성하고 있는 것은 『한서』이고 이후의 정사에는 모두 오행지가 있다. 고려사의 편찬체제는 『원사(元史)』를 많이 참고하였기 때문에 오행지의 경우에도 유사한 점이 매우 많다.[31] 예를 들면 〈인종〉 23년(1145) 7월에 황충(蝗蟲) 즉 메뚜기의 일

30) 이희덕, 「삼국사기에 나타난 천재지변 기사의 성격」, 『동방학지』 24, 71-73쪽 참조 바람.

종인 누리 떼의 피해와 관련된 기사가 있다.

〈인종〉 23년(1145) 7월에 북계(北界)의 창주, 삭주, 귀주, 의주, 정주, 용주, 철주 등 7개 주와 서해도의 해주에 누리[蝗蟲] 떼가 발생했다. 태사(太史)가 아뢰기를, "지금 누리 떼의 피해가 사방에서 속출하는데, 이것은 곧 나라에 사특한 자가 많고 조정에 충신이 없는 것이며, 〈관료들이〉 자리만 차지하고 벌레처럼 녹봉을 받아먹기만 하기 때문입니다. 도가 있는 사람을 선발하여 조신의 반열에 둠으로써 이 재앙을 멈추게 하는 것이 마땅합니다"라고 하였다.32)

위의 내용은 전형적인 천인감응에 바탕한 재이에 관한 기사이다. 『고려사』의 이 기사와 같은 내용이 『후한서』「오행삼(五行三)」의 안제(安帝) 영초(永初) 5년에 기록된 누리 떼 발생에 관한 기사의 주석에도 똑같이 보인다.

5년 봄 구주에서 누리 떼가 발생하였다. 『경방점(京房占)』에서 말하기를 "하늘이 만물과 여러 가지 곡식을 내어서 백성들이 이용하도록 하였다. 천지가 낸 것 중에는 사람이 가장 귀하다. 지금 누리 떼의 피해가 사방에서 일어나는데, 이는 곧 나라에 사특한 이가 많고 조정에는 충신이 없으며, 관

---

31) 『고려사(高麗史)』「찬수고려사범례(纂修高麗史凡例)」, "지. 역대 사서의 지를 상고하건대 왕조마다 각기 같지 않다. 『당서』의 지에 이르러서는 사실을 엮어 편을 이루었으니 살펴 조사하기가 어렵다. 이제 『고려사』 지를 편찬함에 『원사』를 따라서 조목을 나누고 종류별로 모아서 보는 사람으로 하여금 쉽게 살필 수 있도록 한다. (志, 按歷代史志, 代各不同. 至於唐志, 以事實, 組織成篇, 難於攷覈, 今纂高麗史志, 準元史, 條分類聚, 使覽者易攷焉."

32) 『高麗史』 卷54, 「志」, 「五行二」, "二十三年七月 北界昌 · 朔 · 龜 · 義 · 靜 · 龍 · 鐵等七州, 及西海道海州, 蝗. 太史奏曰, '今蝗蟲四起, 此乃國多邪人, 朝無忠臣, 居位食祿如蟲. 宜擧有道之人, 置之列位, 以弭其災.'"

료들이 자리만 차지하고 벌레처럼 녹봉을 받아먹기만 하기 때문이다. … 도가 있는 자를 발탁하여 조신의 자리에 두고 제후에게 명하여 명경(明經)한 자를 임용하게 하는 이런 것이 재앙을 그치게 할 수 있을 것이다"라고 하였다.[33)]

앞에서 언급한 1145년의 고려사에 언급된 누리 떼의 발생을 천인감응의 관점에서 서술한 내용은 사실은 후한서의 주에 인용된 경방의 말과 거의 일치하고 있다. 『후한서』에는 『경방점』이라는 말 이외에 『역전(易傳)』이라는 책도 자주 등장하는데 대부분 『경방역전(京房易傳)』을 지칭하는 것으로 보인다. 또 주역에 관련되는 책으로는 『하도비징편(河圖祕徵篇)』이 보이는데 이것은 위서(緯書)에 속한다. 누리 떼의 발생을 폭정에 연결시키는 관점은 동한(東漢) 시기에 이르면 더욱 분명하게 나타난다. 재(災)와 관련하여 경방이 인용된 기사는 『고려사』에서 모두 네 번 출현한다. 경방 관련 기사의 내용은 아래와 같다.

1) 경방역전에서 '벌을 내리는 것이 이치에 어긋나면 그 재앙으로 서리가 내린다'라고 하였다."[34)]

2) 을사 뙤약볕에 무당을 서 있게 하여 비를 내려달라고 빌었다. 군신(群臣)들이 아뢰기를, "송충이가 번식하여 여러 가지 제거 방법을 썼는데도 효과를 보지 못하였습니다. 신들이 삼가 살펴보니 경방역전의 「비후편(飛候篇)」에서 말하기를, '녹을 먹는 자가 임금의 교화를 더하지 못하면 하늘이 충재(虫災)를 보인다'라고 하였습니다.[35)]

---

33) 『後漢書』 卷十五, 「志」, 「五行三」(中華書局, 2016), 3305쪽. 周天遊輯注, 『八家後漢書輯注』(上海古籍出版社, 1986), 161-162쪽. "五年夏, 九州蝗. 『京房占』曰天生萬物百穀, 以給民用. 天地之性人爲貴. 今蝗蟲四起, 此爲國多邪人, 朝無忠臣, 蟲與民爭食, 居位食祿如蟲矣. …擧有道置於位, 命諸侯試明經, 此消災也."

34) 『高麗史』 卷11, 「世家」 卷第11, 「肅宗」 元年, "京房易傳曰, '誅罰絶理, 厥灾隕霜.'"

3) 옛날 진(晋) 무제(武帝)가 가충(賈充)과 양준(楊駿)을 총애하여 임명하자 황충이 생겼으니 이것은 덕이 없는 자를 쫓아내지 않아 일어난 일이었다. 양(梁) 대동(大同) 초기에 황충이 소나무와 잣나무 잎을 갉아먹자 경방이 말하길, '봉록만 받고 임금의 교화에 도움을 주지 않으면 하늘은 벌레를 내어 뜻을 보인다. 벌레는 사람에게는 무익하지만 만물을 먹는데, 이는 공경(公卿)이 녹봉만 받아먹고 아무런 이익이 되지 못하는 것에 대한 응답으로 하늘의 재앙이 이처럼 나타난 것이다.[36]

4) 명종께서는 사계절의 제사를 여러 해 동안 몸소 행하지 아니하였으니 수재(水災)가 일어난 것은 매우 당연합니다. 경방역전에 이르기를, '기근이 들어도 구휼하지 않는 것을 태(泰)라 하는데, 그 재앙은 물로 나타나며 물이 흘러 사람을 죽인다'라고 하였습니다.[37]

위의 경방 관련 기사들은 대부분 재이(災異)와 관련되는 내용들로 구성되어 있다. 관심이 가는 부분은 「오행지」 내에서는 경방이 언급되고 있지 않지만 실제 내용상에서는 관련성이 있는 부분들이 많을 수 있다는 점이다. 이에 대한 진일보한 탐색이 필요할 것으로 보인다. 위에서 언급한 것처럼, 사서(史書)에 보이는 재이사상이나 음양오행 관련 기사들이 모두 역학사상과 관련을 가지는 것은 아니지만 분명히 어떤 내용들은 관련이 있다. 그러나 많은 부분들이 구체적인 인용 근거를 제시하지 않기 때문에 이런 내용들에 대한 상세한 추적과 구체

35) 『高麗史』 卷11, 「世家」 卷第11, 「肅宗」 6年, "乙巳 曝巫, 祈雨, 群臣上言, 松虫蕃殖, 壓禳無效. 臣等謹按, 京房易飛候云, '食祿不益聖化, 天示之虫.'"

36) 『高麗史』 卷16, 「世家」 卷第16, 「仁肅」 11年, "昔晋武帝, 寵任賈充 · 楊駿, 有虫蝗, 此不黜無德之効也. 梁大同初, 蝗食松栢葉, 京房曰, '食祿而不益聖化, 天視以虫. 虫無益於人而食萬物, 此公卿食祿, 無益之應也, 天災以類而見."

37) 『高麗史』 卷101, 「列傳」 卷第14, 「諸臣」, 「權敬中」, "明宗, 四時之享, 不躬行者有年, 宜水之爲沴也. 京房易傳曰, '飢而不損, 玆謂泰, 厥灾水, 水流殺人.'"

적인 탐색이 더욱 필요할 것으로 보인다.

2) '단군신화'와 역학사상의 관련

단군에 관한 역사 자료로는 『삼국유사』가 유일하거나 가장 빠른 것은 아니다. 이보다 더 이른 시기 김부식(1075~1151)의 『삼국사기』에도 단군에 관한 언급이 보인다. "21년(247) 봄 2월에 왕이 환도성이 전란을 겪어 다시 도읍으로 삼을 수 없다고 하여, 평양성을 쌓고 백성과 종묘와 사직을 옮겼다. 평양은 본래 선인(仙人) 왕검(王儉)의 땅이다. 다른 기록에는 '왕이 되어 왕검에 도읍하였다'라고 하였다."[38] 여기에서 주목하여야 하는 것은 단군을 도가의 용어인 '선인(仙人)'으로 기술하고 있다는 점이다. 이는 당시의 단군과 관련된 전승을 그대로 기록한 것으로 추정된다. 물론 단군과 도교[神仙]와의 관련성은 『삼국유사』의 '단군신화'에서 분명하게 발견된다. 중요한 것은 12세기 무렵의 단군은 도가의 선인으로 표현되고 있다는 점이다.

'단군신화'가 수록된 문헌이 일연(1206~1289년)의 『삼국유사』임을 들어, '단군신화'를 불교적인 관점에서 윤색한 것으로 보는 관점이 일반적이다. '단군신화'가 불교 승려인 일연이 지은 책에 수록되어 있고 또 불교적 용어가 보인다고 하여서 불교적 윤색으로만 일방적으로 몰아붙이는 것[39]은 여러 가지로 문제가 된다. 『삼국유사』에 기재된 '단

---

38) 『三國史記』 卷第十七, 「高句麗本紀」 第五 東川王, "二十一年, 春二月, 王以丸都城經亂, 不可復都, 築平壤城, 移民及廟社. 平壤者, 仙人王儉之宅也. 或云, '王之都王險.'"

39) 단군에 대한 근대적 연구는 시라토리 쿠라키치(白鳥庫吉, 1865~1942)와 나카 미치요(那珂通世, 1851~1908) 등의 일본학자들에 의해 시작되었다. 그들은 '단군신화'를 '승려의 날조 · 망설'로 규정하여 단군신화의 역사성을 부정한다. 이들의 단군 연구는 다분히 한국을 식민 지배하려는 의도에서 민족성을 부정하고 독립 의

군신화'를 자세하게 분석하면 불교나 도가적인 요소도 있지만 오히려 유가적이거나 역학적 사유와 매우 유사한 점도 보인다. '단군신화' 속에 역학사상과 유사한 사유구조가 잠재되어 있다고 주장하는 것은 결코 이상할 것이 없다. 『삼국유사』가 지어진 당시의 고려시기는 유학·도교와 불교 등이 다원적으로 존재하는 사상적 지형 속에 있었기 때문이다.

'단군신화' 속에서 단군이란 인간존재는 천상(天上)의 생명과 지상적(地上的) 생명의 융합된 결정체로서 천신(天神)이 존재하는 영역, 인간, 금수가 공생(共生)하는 조화로운 유기체 혹은 통일체로 표현되고 있다. 여기에는 『역전』의 천·지·인 삼재(三才) 사상·음양과 천인(天人)의 교감을 말하는 상관적·생명적 세계관이 전개되고 있다. '단군신화' 속에 나타나는 이런 역학적 사유방식에 대한 이전의 연구성과들이나 관점들은 약간의 차이가 있다.

이 문제에 대해 "이[단군] 신화 속에는 음양적 사유방식과 천지인 삼재의 관념이 있음을 알 수 있다. 이것은 주역에 나타나는 음양사상과 천지인 삼재관과 다름이 아니라고 할 수 있다"40)라고 하여 '단군신화' 속에 역학적 사유가 존재하고 있음을 분명하게 언급하고 있다. 이런 관점과는 달리, 단군신화의 사고방식은 어떤 의미에서 주역이나 『상서』「홍범」의 영향이라기보다는, 신화적 세계관의 영향이 더 큰 것으로도 추정할 수 있다는 관점도 있다. 예를 들면 이남영은 단군신화의 세계관이 중국의 주역과 유사성이 있음을 말하고 있다. 주역과의 유사성에 대하여 이남영은 주역의 천지·건곤·음양과 삼재 개념

지를 꺾어야 하는 정치적 목적성을 가지고 있었기 때문에 '단군신화'의 불교적 윤색을 증명하는 것에 진력하였다.

40) 천인석, 「三國時代의 易學思想」, 132쪽.

이 기본적으로 단군신화 구조에 이미 유비적으로 함축되어 들어 있다는 점을 적시하고, 최남선이나 이어령[41]등의 주장에 근거하여 단군신화에 보이는 역학적 사유는 주역의 영향을 받은 것이 아니라는 것이다. 오히려 주역이 단군신화의 영향을 받아 만들어진 것일 수도 있음을 말하고 있다.[42]

위에서 소개한 두 관점은 방향을 달리하지만, 공통적인 것은 '단군신화' 속에 역학적 사유 혹은 유사한 사유 구조가 잠재되어 있다는 사실이다. '단군신화'는 창작한 것이 아니라 예부터 전해오던 것을 기록하고 전승한 것으로 볼 수 있다. 단군 관련 내용을 유학자 김부식도 알고 있었지만 한마디로 '선인'이라는 말로만 표현했을 뿐이고 상세한 사항들은 수록하지 않았던 것으로 보인다. 일연이 '단군신화'를 '기이한 이야기를 기록'한 「기이(紀異)」편에 수록하고 있는 이유에 대해 다음과 같이 말하고 있다.

> 스스로 서술하여 말하기를 "대저 옛 성인은 예악으로 나라를 일으키고 인의(仁義)로 가르침을 베푸는 데 있어 괴력난신(怪力亂神)에 대해서는 말하지 않았다. 그러나 제왕이 장차 일어날 때 부명(符命)에 응하거나 도록(圖

---

41) "지나에 있어서의 易의 사상이며, 三才論이나 특히 天 및 天子의 관념과 같은, 그 문자의 形·音·義부터가 이미 東夷의 古哲學에 의거한 것인 듯하며, 그 종교적 정서와 같은 것은 전연 東夷에서 받아들인 것 같기도 하다 … 음양 變易과 天人相與의 사상이 그로서 생기니, 동양 철학의 최고 전당인 易의 사상도 그 맹아가 진실로 震人에게서 나왔음을 여러 가지로 證迹을 찾을 수 있는 것이다."(최남선, 『不咸文化論』) "우리나라 사람의 사고를 지배하고 있는 음양 사상은 周易에서 나온 것이 아니라 이미 그 이전의 원시 사회의 설화에서, 즉 웅녀와 환웅의 근원상징(根源象徵) 속에서 훌륭히 암시되고 있다."(이어령, 『韓國人의 神話』) 이남영의 「思想史에서 본 檀君神話」(『韓國思想의 深層硏究』, 우석, 1986), 73쪽에서 재인용하였음.

42) 이남영, 「思想史에서 본 檀君神話」, 73-75쪽 참조 바람.

籙)을 받아 반드시 보통 사람과 다름이 있은 연후에야 능히 큰 변화를 타고 대기(大器)를 잡고 대업을 이룰 수 있는 것이다. 그러므로 황하에서 도(圖)가 나왔고 낙수(洛水)에서 서(書)가 나와서 성인이 일어났다. …그런즉 삼국의 시조 모두 신이(神異)한 데서 나왔다는 것이 어찌 괴이하다 할 수 있겠는가! 이 기이(紀異)가 제편(諸篇)의 첫머리에 실린 것은 그 뜻이 바로 여기에 있는 것이다"라고 하였다.43)

위의 문장만을 놓고 본다면, 이것을 불교 승려가 쓴 글로 보기는 쉽지 않을 것이다. 승려로서의 일연이 아닌 유자(儒者)로서의 일연이 쓴 글로 볼 수 있을 가능성이 더 크다. 일연이 한평생 역사에 기록되지 않은 '남겨진 이야기'와 심지어 '기이한 이야기'까지도 수집하여 그것들에 해석을 붙여서 기록한 결과물이 바로 『삼국유사』이다. '단군신화'를 바라보는 우리의 일차적 시각이나 관점은 대부분 일연이 불교 승려라는 배경에서부터 출발한다. 그러나 만약 일연이 주역을 연구하였거나 혹은 깊은 식견을 가지고 있었다고 한다면, '단군신화' 속에 보이는 세계관을 대하는 우리의 관점이나 시각 역시 새롭게 조정할 필요가 있을 것이다.

일연이 주역에 어느 정도 식견을 가지고 있었다는 사실을 가늠할 수 있는 유일한 증거는 앞에서 인용한 『삼국유사』의 「가락국기」에 보이는 해괘(解卦)에 대한 언급이다. 일연의 비문에 의하면 그가 찬술했거나 보주(補註)를 붙여 편수한 저술은 여러 종이 있는 것으로 보이지

43) 『三國遺事』卷第一, 「紀異第一」, "叙曰, 大抵古之聖人方其禮樂興邦仁義設教, 則怪力亂神在所不語. 然而帝王之將興也, 膺符命受圖籙必有以異於人者, 然後能乗大變握大器成大業也. 故河出圖洛出書而聖人作. 以至虹繞神母而誕羲, 龍感女登而注炎, 皇娥遊窮桑之野有神童自稱白帝子交通而生小昊. 簡狄呑卵而生契, 姜嫄履跡而生弃. 胎孕十四月而生堯, 龍交大澤而生沛公. 自此而降豈可殫記. 然則三國之始祖皆發乎神異何足怪哉. 此紀異之所以衡諸篇也, 意在斯焉."

만 현존하는 것은 거의 없다. 그나마 참으로 다행인 것은 일연이 중편(重編)한 것으로 기록된 『중편조동오위』가 발굴된 것이다. 이는 1970년대 초에 일본에서 발굴되었는데,[44] 17세기에 일본의 조동종에서 간행한 자료로 일연 당시의 초간본은 아닌 것으로 보인다. 이 책은 '회연(晦然)'이 보주(補註)한 것으로 되어 있어서 일연과는 무관한 것으로 보인다. 그러나 '회연'은 바로 일연스님이 개명하기 이전의 법명이다. 우이하쿠쥬(宇井伯壽)나 오카다기호(岡田宜法) 등도 이 자료에 대해 소개하고 있으나 일연이 편저한 것에 대해서는 언급하지 않고 있다.

『중편조동오위』라는 책은 일연의 독창적인 찬술은 아니다. 이전 중국의 조동종에서 논의된 '조동오위(曹洞五位)'를 혜하(慧霞)가 편집하고, 광휘(廣輝)가 해석을 붙인 『중집동산편정오위조산간어(重集洞山偏正五位曹山揀語)』가 먼저 유통되었다. 이후 다시 보법선사(普法禪師) 노겸(老謙)이 소산(疏山) · 말산(末山) 이가(二家)의 어결(語訣)을 합편하여 중간하였지만 오자와 탈자가 많았다. 이를 다시 일연이 보충하여 간행한 것이 바로 『중편조동오위』이다.[45] 『중편조동오위』에서 일연은 모두 18항목에 걸쳐 '보왈(補曰)'의 형식으로 자신의 견해를 밝히고 있다. 여기서 관심을 가져야 할 것은 『중편조동오위』의 구체적인 내용 분석 즉 조동종(曹洞宗)이 강조하는 선 사상의 내용이나 계보가 아니다. 그보다는 선학(禪學)과 역학(易學)이 밀접하게 결합되어 있다는 점이다.

조동종이란 동산양개(洞山良价, 807~869)로부터 시작되어 조산본적(曹山本寂, 840~901)에 의해 계승된 남종선(南宗禪)의 한 형태이다. 조산

---

44) 이에 관한 상세한 전말은 閔泳珪, 「一然의 重編曹洞五位二卷과 그 日本重刊本」(상) · (하)(『人文科學』31 · 32, 1974)라는 글을 참고하기 바람.

45) 일연 지음, 이창섭 · 최철환 옮김, 『중편조동오위』, 재단법인 대한불교진흥원 출판부, 「서」, 15쪽.

본적과 동산양개의 이름자 하나씩을 따서 조동종이라 하는 것이다. 조동오위는 수행인이 닦아가는 수행의 측면을 정(正)과 편(偏)을 가지고 다섯 유형으로 나타낸 것으로 편정오위(偏正五位)라고 한다. 편정오위는 정중편(正中偏) · 편중정(偏中正) · 정중래(正中來) · 겸중지(兼中至) · 겸중도(兼中到)이다. 이것의 근원을 올라가 보면 희천의 재전(再傳) 제자인 운암담성(雲岩曇晟, 782~840)에까지 이른다. 운암담성은 희천의 '즉사이진(卽事而眞)'의 선학 사상을 심화, 발전시켰을 뿐만 아니라 '보경삼매(寶鏡三昧)'라는 새로운 법문(法門)을 열었다. 주역의 감괘(坎卦)와 이괘(離卦) 두 괘의 사상에 내재된 함의와 선학과의 연결고리를 계속 발굴하여 유명한 『보경삼매가(寶鏡三昧歌)』가 출현하기도 한다. 조동오위의 내용에서 핵심은 편(偏)과 정(正)이 서로 뒤섞여 작용하면서도[回互] 동시에 각각의 위(位)를 잃지 않는[不回互] 것에 있다. 동산(洞山)은 이 회호(回互)와 불회호(不回互)의 원리를 「보경삼매」에서 잘 드러내고 있다. 그 가운데 예를 들면 "이괘(離卦) 6효는 편정회호(偏正回互)하니 포개지면 셋이 되고, 변화하면 모두 다섯이 되니(如[一作重]離六爻, 偏正回互, 疊而爲三, 變盡成五)"라는 '육십자게(六十字偈)'는 직접적으로 주역의 이괘(離卦)에 근거를 두고 있다. 이 설명은 주역 괘효를 이용하여 선학 사상을 표현하고 상호 표리작용을 하는 측면을 말하고 있다.[46)]

본문이 이야기하려는 것은 결코 '조동오위설'의 내용에 대한 상세한 분석에 있는 것은 아니다. 중요한 것은 적어도 '조동오위'를 중편(重編)하기 위해서는 주역에 대한 기반이 없이는 불가능하다는 것이다. 즉 일연이 『중편조동오위』를 중편한 것으로 보아 그의 주역에 대한 식견이 매우 깊다는 것은 충분히 짐작할 수 있다. 이런 점에서 일연

46) 夏金華 지음, 정병석 · 김대수 옮김, 『불교와 주역』, 영남대학교출판부, 92-93쪽 참조 바람.

의 '단군신화'에 대한 전승이나 해석에 있어서 역학적 사유가 개입할 여지나 가능성은 충분하다고 추정할 수 있다. 설령 『삼국유사』의 '단군신화'에 역학적 사유가 개입된 것이 없었다고 하더라도, 중국의 주역 자체가 '단군신화'의 영향을 받아 만들어진 것일 수 있다는 관점은 지나치게 성급한 결론이라는 생각이 든다. 마지막으로 '단군신화'에 대한 역학적 해석의 유무(有無)라는 문제와는 별개로, 우리 역사에서 불교와 역학사상의 관련성이라는 주제 역시 빠트릴 수 없는 중요한 과제가 될 수 있다는 점 역시 분명히 고려되어야 할 것이다.

5. 맺음말

조선 이전의 역학사상사는 주역의 동점과 수용의 단계에 해당한다. 동점 자체가 수용을 의미하는 것은 아니다. 다른 문화와의 접촉을 통해서 전래의 과정을 거친 후에 그것이 가진 가치나 필요성을 인식한 후에 적극적으로 수용하고 적용하기 때문이다. 그러나 현실적으로 주역의 유입 시기가 언제부터 어느 시기까지이고 적극적 수용의 단계는 언제부터 시작된다고 명확하게 규정할 수는 없다. 이렇게 되는 가장 큰 이유는 역사적 기록이나 문헌적 자료가 제한적이기 때문이다. 그나마 어느 정도 확정할 수 있는 것은 고려 말의 성리학이 정착되기 시작하고 이에 따른 배불을 요청하는 조건들에 의해서 주역이 적극적으로 수용되었다는 점이다.

삼국이나 고려의 초·중기에 있어서 주역은 정치윤리나 사회윤리의 기능을 담당하고 있었고, 주역에 대한 본격적인 연구나 수준 역시 그렇게 현저하지 않다. 대체적으로 도덕적 실천과 연관하여 주역 구절을 해석하거나 주석적 해석을 덧붙이는 경향이 일반적이었다. 성리학을 수용한 고려말 유가들은 불교를 완전히 넘어서고 유학의 독립적인 지위를 확보하기 위해서는 세계관이나 형이상학적인 체계의 완전한 교체 없이는 불가능할 것으로 보았다. 이런 그들의 의도나 기획에 가장 적절한 이론체계가 바로 주역이었다. 또한 주역의 적극적 수용을 통하여 여말선초의 현실에 대응하는 논리를 끌어낼 수 있었기 때문이다.

불교의 세계관을 성리학의 그것으로 교체하기 위해서는 주역의 생명력으로 가득 찬 연속적 세계관이 절실하게 요청되었던 것이다. 현실세계를 환망으로 보아 사리(捨離) 정신을 주장하는 불교적 세계관을 극복하기 위한 시도에서 부단히 생성하고 모든 곳에 생명이 약동하는 주역의 생생적 세계관은 매우 효과적이었기 때문이다. 불교의 공관적(空觀的) 세계관을 주역의 생생적 세계관으로 교체하는 작업은 백문보와 여말선초의 정도전에 의해 수행된다. 이런 관점을 유가의 연속과 불교의 간단(間斷)으로 나누어 설명하였다.

이어서 조선조 이전의 역학사상사 기술에 있어서 논쟁거리가 될 수 있는 문제들에 대해 이야기하였다. 그중 하나는 『삼국유사』·『삼국사기』나 『고려사』 등에 보이는 오행·천재지변이나 재이상서의 기록들이 역학사상의 대상이 될 수 있느냐의 문제이다. 언뜻 보면 논자의 주장은 이런 내용들을 역학사상의 제재나 대상에서 배제하려는 의도로 보일 수도 있다. 오히려 정반대이다. 왜냐하면 오행·천재지변이나 재이상서의 기록들은 경방이나 역위(易緯) 또는 한역(漢易)과 관련되는 것이 상당히 많기 때문이다. 문제는 중국 정사인 『한서』·『후한서』나 『원사』와 주석들과 대조하여 연구할 내용들을 찾아내어야 한다는 점이다.

또 다른 하나의 문제는 단군신화와 역학적 사유의 관계문제이다. 대부분 『삼국유사』와 『삼국사기』를 구분할 경우, 『삼국유사』는 불교적 배경이고, 『삼국사기』는 유교적 관점에서 기록된 것이기 때문에 단군신화 역시 불교적 윤색으로 돌려 버린다. 그러나 단군신화의 세계관뿐만 아니라 환웅(桓雄)의 역할은 유가 특히 『역전』의 "관상제기(觀象製器)"하는 성인과 매우 유사하다. 그들은 모두 문화영웅(文化英雄)으로 상통하는 곳이 많다. "환웅이 천제(天帝)의 아들임에도 불구하고 인간계를 동경하고, 하계에 내려와서는 … 인류를 위해 공헌한 문화영웅과 상통하는 데가 있다. 그는 '홍익인간(弘益人間)'의, 여러 가지 문화의 싹을 심어 갔다. … 그는 태초시대의 인류에게 문화와 질서를 가져다 준 반신반인(半神半人)의 문화영웅이다."[47] 다른 논의를 제외한다 하더라도 현실에 대한 이런 관심과 실천을 단지 불교의 자비라는 말로 제한해버리는 것은 지나치다는 생각이 든다.

아울러 단군신화의 천인사상이나 삼재론(三才論)을 주역에서 온 것이라기보다는 오히려 그것이 주역 형성에 영향을 주었다고 보는 관점은 차라리 동아시아 사상의 원류인 샤머니즘의 측면으로 이야기하는 것이 좀 더 설득력이 있을 것으로 보인다. 앞의 논의처럼 일연이 주역에 대해 일가견이 있었다는 것은 객관적으로 충분히 증명이 되었다고 본다. '조동오위' 자체가 주역으로 선종사상을 더욱 풍부하게 한 시도인 것처럼, 당시에 전승하던 '단군' 이야기를 역학적 사유를 가미하여 더욱 풍부하게 만들었다는 추론 역시 충분히 가능하기 때문이다. ◆

47) 황패강, 「단군(檀君) 삼대(三代) 신화(神話)의 재조명(再照明)」, 『국어국문학』 138, 53-54쪽.

【참고문헌】

『三國史記』·『三國遺事』·『高麗史』, 한국사데이터베이스, 국사편찬위원회, 2022
『後漢書』, 中華書局, 2016
林椿, 『西河先生集』, 한국고전번역원, 2013
白文寶, 『淡庵逸集』, 한국고전번역원, 2013
李奎報, 『東國李相國集』, 한국고전번역원, 2013
李穡, 『牧隱集』, 한국고전번역원, 2013
一然 지음, 이창섭·최철환 옮김, 『중편조동오위』, 재단법인 대한불교진흥원 출판부, 2002
鄭道傳, 『三峯集』, 한국고전번역원, 2013
朱熹, 『朱子大全』, 廣陵書社, 2018

柳承國, 『東洋哲學硏究』, 槿域書齋, 1983
이기백, 『新羅思想史硏究』, 일조각, 1997
이남영, 『韓國思想의 深層硏究』, 우석, 1986
정병석, 『유학, 연속성의 세계와 철학』, 영남대학교 출판부, 2013
崔英成, 『韓國儒學思想史』(古代, 高麗篇), 아세아문화사, 1994
夏金華 지음, 정병석·김대수 옮김, 『불교와 주역』, 영남대학교출판부, 2021
현상윤, 『朝鮮儒學史』, 민중서관, 1949
閔泳珪, 「一然의 重編曺洞五位二卷과 그 日本重刊本」(상)·(하), 『인문과학』 31·32, 연세대 인문과학연구소, 1974
엄연석, 「여말선초 학자들의 『주역』 경전에 대한 상수역학 및 의리역학적 이해」, 『태동고전연구』 36, 한림대 태동고전연구소, 2016
이희덕, 「삼국사기에 나타난 천재지변 기사의 성격」, 『동방학지』 24, 연세대학교 국학연구원, 1980
천인석, 「三國時代의 易學思想」, 『유교사상연구』 11, 유교학회, 1999
황패강, 「단군(檀君) 삼대(三代) 신화(神話)의 재조명(再照明), 『국어국문학』 138, 국어국문학회, 2004

한국 고대 역학사 시탐(試探)

최 영 성

〈요약〉

이 글은 한국 역학사를 서술하기 위한 예비적 고찰에 일차적 목적이 있다. 순서상으로 상고시대 음양오행 사상과 관련된 것들을 먼저 살핀 뒤, 고구려 · 백제 · 신라의 역학과 주역 문화의 양상을 고찰하였다. 내용상으로는 ① 교육제도 및 정치적 측면에서의 역학, ② 생활문화 속에서의 주역 문화, ③ 학술사상 측면에서의 역학을 세 축으로 삼았다. 적은 자료를 어떻게 유용하게 또 합리적으로 해석할 것이냐에 중점을 두었다. 한국에서는 상고대부터 역학적 사유의 전통이 있었고, 또 그것이 문화상으로 하나의 특질을 이루었다. 한국의 독자적 문화 전통, 특히 민족 문화의 원형적 사유 구조를 인정해야 한다는 것이 이 글의 주된 주장이다. 한국 고대의 역학사는 그 수준이 낮지 않았다. 오히려 중국 역학과 나름대로 구별할 수 있을 정도로 서장(序章)을 독특하게 장식하였다. 왕필(王弼)이 『주역』 주(注)를 낼 때 고구려 사람의 설을 인용하였다는 사실, 백제금동대향로에 주역 사상이 깊숙이 반영되었다는 점, 신라 말에 최치원이 풍류도(風流道)를 주역의 관점에서 풀이한 것 등은 한국 고대 역학사에서 중요하게 다루어져야 할 문제라 하겠다.

1. 머리말

한국 역학사는 오늘날까지 단행본으로 나온 적이 없다. 내용 전개가 복잡해서일까. 아마도 자료의 부족이 주된 원인일 것이다. 잘 알려진 바와 같이, 한국의 역학을 제대로 연구할 만한 자료는 조선시대에 가서야 출현한다. 조선시대 이전은 통사적(通史的) 차원의 연구가 쉽지 않다.

특히 고대의 경우, 직접적인 자료가 매우 영성(零星)하다. 문자로 기록된 것은 물론 고고학상의 발굴 자료 역시 형편은 크게 다르지 않다. 이런 좋지 않은 여건을 무릅쓰고, 한국 역학사의 서장(序章)을 의미 있게 장식한다는 것은 쉬운 일이 아니다. 필자가 스스로 '무리한 일'로 여기면서도 이 글을 작성하는 것은 일단 시도할 필요는 있다고 보기 때문이다.

'통사'의 저술은 날줄[經絲]과 씻줄[緯絲]을 종횡으로 교직(交織)하여 포백(布帛)을 짜는 것과 같다. 시대별로 학술-사상적 측면의 변화상이 잘 드러나게 하면서, 상하로 내리꿰는 일관된 맥락을 제시하여야 한다. 시대에 따라 자료를 나열하는 정도의 저술에 '사(史)' 자를 붙이기는 어렵다. 또한 집필자 나름의 뚜렷한 사관(史觀)이 있어야 함은 더 말할 나위가 없다.

본고는 한국 역학사를 서술하기 위한 예비적 고찰에 목적이 있다. 이 글에서는 자료난(資料難)을 극복하는 것이 최대의 관건이다. 나아가 한정된 자료를 어떻게 합리적으로 해석할 것인가 하는 점 역시 중요한 문제다. 필자는 합리성과 실증성에 유념할 것이다. 다만 '한국'이라는 기본 전제가 있는 글인 만큼, 자료 해석상의 주관을 완전히 배제하겠다고 장담하지는 못한다. 그렇다고 '비불외곡(臂不外曲: 팔은 안으로 굽는다)'을 당연하게 여기는 것은 아니다.

서술의 순서는 일차로 상고시대 음양 사상과 관련된 것들을 살핀 뒤, 고구려 · 백제 · 신라 순으로 삼국시대 역학, 주역문화의 양상을 고찰할 것이다. 내용상으로는 교육제도 및 정치적 측면에서의 역학, 생활문화 속에서의 주역문화, 학술사상 측면에서의 역학을 세 축으로 삼아 살펴볼 것이다.

2. 한민족의 역학적 사유 구조

태극, 음양 사상은 『주역』에 이르러 체계를 갖추지만, 사상적 원천은 훨씬 이전으로 올라간다. 우리 민족은 『주역』이 들어오기 이전부터 역학적 사유를 하였던 것 같다. 역학을 논할 때 우선 복희팔괘와 문왕팔괘를 말하게 된다. 이 팔괘의 밑바탕에 깔린 것이 음양대대(陰陽對待)의 논리다. 음과 양은 서로 대립적 관계에 있지만 상호 의존의 관계에 있기도 하다.

한국사상의 특성 가운데 하나가 '음양상화(陰陽相和)'의 정신이다. 단군조선의 건국신화를 보면 하늘을 상징하는 천신(天神: 양)과 땅을 상징하는 웅녀(熊女: 음)가 화합하여 단군이 탄생한 것으로 설정되어 있다. 이 기본 발상에서 '음양화합'이라는 역의 원형적 사고를 엿볼 수 있다. 이런 사고는 우리나라 고대 점법(占法)에서도 드러난다. 고대 북만주 지역에 있었던 예맥족 계열의 부족 국가 부여(夫餘)에서는 소를 잡아 점을 쳤다. 이것이 우제점법(牛蹄占法)이다.[1] 소 발굽이 합쳐지면 길하고 벌어지면 흉한 것으로 여겼다. 음양화합의 사상은 이 밖에 고구려 광개토대왕비라든지, 삼국시대 고분 벽화의 사신도(四神圖) 등에서도 엿볼 수 있다.

'합자위길(合者爲吉: 합쳐지면 길하다)'이라는 음양화합의 사상은, 7세기 무렵의 신라 '만파식적(萬波息笛)'의 일화에까지 이어졌다.[2] '산머리에 있는 대나무가 낮에는 둘이 되었다가 밤에는 하나로 합한다. 이 대나무로 피리를 만들어 불면 온 세상이 평화로울 것이다'라고 한 것은 단군신화로부터 부여의 점사(占事)를 거쳐 오랫동안 이어져 온 우리 민족의 기본적 사유라 하겠다.

역(易)은 음양의 원리로 구성되었다. 이 음양의 원리, 음양사상이 『주역』의 기본이지만, 이 원리나 사상은 『주역』 이전부터 있어왔다. 은대의 갑골복사(甲骨卜辭)에서 허다하게 발견할 수 있다. 그보다 앞선 시기의 수골복사(獸骨卜辭), 특히 우골복사(牛骨卜辭)에서도 발견된다. 우골점법은 고대 동이족들이 사용했던 것으로 그 유물이 요동지방으로부터 한반도에 걸쳐서 발견되었다. 이것은 우리 민족이 역학 성립 이전부터 음양의 원리, 즉 역리(易理)를 중시하였음을 시사한다.[3] 한국역학사 연구에서 주목해야 할 점이라 하겠다.

한편, 우리 민족에게 태극기는 민족 정통성을 드러내는 상징적인 것이라 할 수 있다. 일원상으로 표시된 태극은 우주 만유의 본원이다. 태극은 음과 양의 조화다. 태극기에서 볼 수 있는 태극 도상(문양)은 전라남도 나주시 다시면 복암리에서 발굴된 백제 시기(7세기 전반) 목간의 태극 도상이 현재까지 시기적으로 가장 앞서고,[4] 신라 감은사(感

1) 『삼국지』, 위서(魏書), 「동이전(東夷傳)」, 〈부여〉조 참조.

2) 『삼국유사』 권2, 「기이(紀異)」, 〈만파식적〉 참조.

3) 류승국, 『한국사상의 연원과 역사적 전망』(성균관대출판부, 2009), 457쪽 참조.

恩寺) 탑 기단에 그려진 태극 도상(7세기 말)이 그 뒤를 잇는다. 발굴된 장소 역시 백제나 신라를 가리지 않는다.

11세기 중국 성리학의 비조 주돈이(周敦頤, 1017~1073)의 『태극도설(太極圖說)』에 보이는 태극 모양보다 수백 년 앞서고, 중국 도교의 상징인 태극 팔괘도보다도 크게 앞선다. 이제 한국 상고대부터 삼원태극(三元太極)이 있어 왔고, 그로부터 오늘날의 태극 문양이 파생되었다는 민족종교 계통의 주장을 완전히 부정할 수는 없게 되었다.

한국의 태극기는 철학적 색채가 강한 국기다. 태극기는 모든 존재가 서로 '다름의 가치'를 인정하면서도, 보다 높은 차원에서 양극(兩極)의 대립과 갈등을 극복하여야 한다는 메시지를 담고 있다고 본다. 양극을 중화시켜 화해와 평화를 이루어내는 일은 절로 되지 않는다. 음과 양의 대립적인 관계를 조정하는 주체(사람)의 덕성과 지성으로, 또 창조적, 능동적으로 이루어내야 한다. 그런 의미에서 우주론 차원의 태극이 있다면 인간학적 차원에서 '인극'이 있는 것이다.[5]

태극 도상(圖像)에 담긴 철학적 의미는 고 류승국(柳承國) 교수의 논고에 자세하므로 그에 미룬다.[6] 한마디로 우주자연의 이법을 하나의 태극 도상에 집약한 것이라 할 수 있다. 태극 도상의 출현은 시기적으로 중국에 앞선다. 『주역』에서 말한 팔괘의 도상 역시 고구려 시기-서기 1세기 무렵에 이미 유물을 통해 선을 보였다. 이것은 태극 · 음양 사상의 형성이 중국 중심으로, 일방적으로 이루어지지 않았음을 보여주는 사례다.

---

4) 신라 제13대 임금 미추왕릉(재위 262~284)에서 발굴된 곡옥도 태극 도형에 넣을 수 있다고 본다.

5) 류승국, 『한국사상의 연원과 역사적 전망』, 187쪽 참조.

6) 류승국, 「태극기의 원리와 민족의 이상」, 『한국사상의 연원과 역사적 전망』, 513-528쪽 참조.

〈태극의 원리-류승국〉

3. 고구려 역학의 전개 양상

고구려에서는 일찍부터 음양오행 사상이 널리 퍼져 있었다. 한 예로, 유리왕 29년(A.D. 10)에 모천(矛川) 위에 살던 검은 개구리들이 붉은 개구리와 무리로 싸움을 하여 검은 개구리들이 떼죽음을 당한 일이 있었다. 이 일을 두고 왕과 신하들이 논하기를 "검은 것은 북방을 가리키는 색이니 이는 북부여가 망할 징조라"고 하였다 한다. 이것은 천인감응설(天人感應說), 또는 음양오행설에 의한 재이사상(災異思想)을 정치에 연계시켜 활용한 것으로 보인다.7) 『주역』에서 오행을 직접적으로 말하지는 않았지만, 오행이 태극, 음양 사상에 뿌리를 둔 것으로 볼 때, 그냥 넘겨버릴 문제는 아닐 성싶다.

고구려에서 역학이 어떻게 전개되었는지를 고찰함에 고고학상의 발굴 성과가 매우 중요하다. 먼저 서기 1세기에 만들어진 것으로 추정되는 육임식반(六壬式盤)을 보기로 한다. 육임식반이란 육임 방식으로 점을 칠 때 사용하는 점반(占盤)이다. 윷놀이할 때 사용하는 윷판을 연상하게 한다. 중국에서는 상고대부터 미래를 예측하는 술수학(術數學)이 발달하였다. 대표적인 것으로 태을신수(太乙神數), 기문둔갑(奇門遁甲), 육임학(六壬學)을 들 수 있다. 이 세 가지 술수〔三術〕를 삼식(三式), 즉 '세 가지 방식'이라고 하였다. '천문(天文)에는 태을, 지리(地理)에는 기문둔갑, 인사(人事)에는 육임'이라고 한 것을 보면 그 활용 방면이 약간씩 달랐던 것 같다.

중국에서는 대개 전한(前漢) 초기부터 여러 점반이 사용되었다. 전한 문제 7년(B.C. 173)에 제작한 것으로 추정되는 태을구궁점반(太乙九宮占盤), 육임식반(六壬式盤), 이십팔수반(二十八宿盤) 세 개의 천문 점반이 1977년 중국 안휘성(安徽省) 부양현(阜陽縣)에 있는 여음후(汝陰侯) 하후조묘(夏侯竈墓)[8]에서 출토되었다. 이 점반은 칠기다. 점반을 비롯한 많은 칠기류가 고대 중국으로부터 한반도로 수입되었으며, 대개 고구려 시기까지 이어졌다.

일제강점기 때에 고구려의 옛땅인 평양에서 우리나라 고구려 시기의 육임식반이 발굴되었다. 지금의 평양시 낙랑구역에 있는 석암리 205호분[9]이 그 현장이다. 육임식반과 함께 발굴된 각종 칠기류의 명

---

7) 곽신환, 「삼국시대 유학의 재이사상(災異思想)」, 『류승국 고희기념 동방철학사상연구』, 1992, 133쪽.

8) 여후조는 서기 165년에 사망하였다.

문으로 미루어 1세기 중반에 조성된 고분으로 추정된다.[10] 이 식반은 여타의 육임식반과 차이를 보인다. 팔괘가 그려져 있다. 물론 이전에 육임식반에 여덟 방향이 표시된 일은 있지만,[11] 여덟 방향을 표시한 것에서 나아가 팔괘까지 결합한 것은 중국과 우리나라를 통틀어 사상 초유(史上初有)의 일이다.

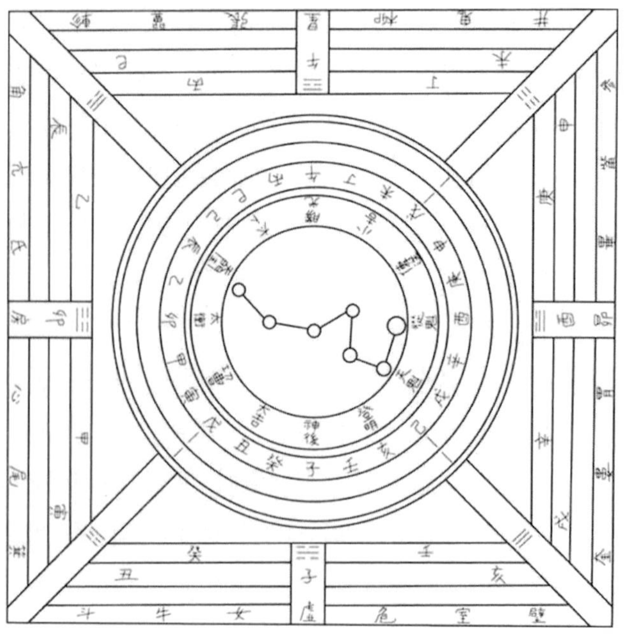

〈석암리 205호분, 팔괘가 그려진 육임식반〉

---

9) '왕우(王盱)' 명의 목제 도장이 출토되어 왕우묘로도 알려져 있다.

10) 이에 앞서 석암리 201호분에서도 육임식반이 발견되었다. 천반(天盤)만 절반 정도 남아 있는 목태칠기다. 함께 출토된 다른 칠기에 '거섭(居攝) 3년'(서기 8년), '원시(元始) 4년'(서기 4년)이 새겨져 있어, 서기 1세기 초에 고분이 조성된 듯하다.

11) 1972년 중국 감숙성(甘肅省) 무위마조자(武威磨咀子) 62호묘에서 출토한 목제 칠기 육임식반이 그것이다.

이를 어떻게 이해해야 할 것인가. 고구려의 옛 낙랑지역에서 발굴된 육임식반이 중국으로부터 들어온 점반의 영향을 많이 받은 것은 사실이다. 그러나 중국의 육임식반에서 한 걸음 더 나아가 여덟 방향에 팔괘까지 결부시킨 데서 고구려 사람들의 역량을 읽을 수 있다. 뒤에 소개하겠지만 6세기에 조성된 것으로 추정되는 집안 오회분(集安五恢墳)의 고구려 벽화에도 팔괘 도상이 나온다. 이런 일련의 사실은 고구려의 역학적 전통이 간단하지 않음을 보여준다. 역학 연구자 석미현(石美賢)은 팔괘가 그려진 육임식반에 대하여 "이것이 고구려에서 만들어진 것이라면, 중국에서 고구려로 넘어와 새로운 변화가 일어났다고 볼 수 있겠다"[12], "석암리 205호분 육임식반이 중국에서 만들어졌다는 직접적인 근거는 없기 때문에, 만약 중국의 육임식반이 고구려로 들어온 후 팔괘와 결합되어 205호분 육임식반이 만들어진 것이라면, 고구려에서 식법의 점치는 방식과 주역의 점치는 방식이 결합되는 점법의 전환이 발생한 것이 된다"[13]라고 하였다. 공감할 만한 주장이라 하겠다.

다음, 집안 오회분의 벽화에 대해 살필 차례다. 집안 오회분은 중국 길림성 통화시(通化市) · 집안시에 있는 삼국시대 고구려의 무덤군이다. 모두 5개이며 2004년에 세계문화유산으로 등재되었다. 중국에서는 제1호묘를 안장왕릉(安臧王陵), 제2호묘를 안원왕릉(安原王陵), 제3호묘를 영양왕릉(嬰陽王陵)으로 추정하기도 한다. 안장왕과 안원왕은 6세기 전반, 영양왕(재위 590~618년)은 7세기 초반의 고구려 임금이다.

5개의 무덤 가운데 제4호묘와 제5호묘는 사신도 계통의 벽화고분

---

12) 석미현, 「『易緯』의 우주론과 하도 낙서 · 낙서」, 경북대학교 박사학위논문, 2020, 158쪽.

13) 석미현, 위의 논문, 160쪽, 주541.

으로, 고구려의 사상과 종교, 나아가 학문 등을 연구하는 데 중요한 자료가 많다. 이제 문제가 되는 제4호묘 팔괘도 관련 벽화에 대해 말하기로 한다.

제4호묘 널방 한쪽 벽면에 머리를 깎은 스님(?) 한 사람이 활짝 핀 연꽃 위에 한쪽 무릎을 세우고 앉은 채 팔괘를 내려다보는 모습이 그려져 있다.[14] 팔괘는 오늘날 우리가 보는 복희팔괘도, 문왕팔괘도처럼 원형으로 그려졌다. 스님은 검게 그려진 막대기로 한 괘를 가리키고 있다. 그 괘는 감(坎: ☵)이 분명하다. 뚜렷하여 이론의 여지는 없어 보인다.

스님을 기준으로 방향을 따지면, 시계의 3시 방향이 감(坎:☵)이고 '감'의 반대편 9시 방향에 놓인 괘가 이(離: ☲)이다. '감'과 '이'를 중심축을 삼아, 시계방향으로 돌면서 배치된 괘를 차례로 읽으면 간(艮)·진(震)·손(巽)·이(離)·곤(坤)·태(兌)·건(乾)이 될 것 같다. 이런 배치에 대해 문왕팔괘도(文王八卦圖)와 같은 것으로 말하는 경우가 대부분이다. 방위상으로 북쪽에 감(坎), 남쪽에 이(離)가 오도록 괘를 배열한 것이 문왕팔괘도의 특징 가운데 하나다.

잘 알려진 바와 같이 중국 북송 시기 오자(五子)의 한 사람인 소옹(邵雍)은 복희팔괘와 문왕팔괘의 문헌적 근거를 「설괘전」에서 찾았다. 즉, 제3장과 제4장의 내용[15]은 복희팔괘를, 제5장[16]의 내용은 문왕팔괘를 말하는 것이라고 하였다. 제3장에서 말하는 천지정위(天地定位)는

14) 吉林省文化工作隊, 「吉林集安五盔墳四號墓」, 『考古學報』 1984-1(北京: 科學出版社, 1984), 67쪽. ; 『조선유물유적도감』 6(평양: 외국문종합출판사, 1990), 218쪽 참조.

15) 『주역』, 「설괘전」, 제3장 "天地定位, 山澤通氣, 雷風相薄, 水火不相射, 八卦相錯. …" ; 제4장 "雷以動之, 風以散之, 雨以潤之, 日以烜之, 艮以止之, 兌以說之, 乾以君之, 坤以藏之."

16) 『주역』, 「설괘전」, 제5장 "萬物出乎震, 震, 東方也. 齊乎巽, 巽, 東南也. … 艮, 東北之卦也, 萬物之所成終而所成始也."

간곤괘(乾坤卦)를, 산택통기(山澤通氣)는 간태괘(艮兌卦)를, 뇌풍상박(雷風相薄)은 진손괘(震巽卦)를, 수화불상석(水火不相射)는 감리괘(坎離卦)를 가리킨다. 방위로 치면 건괘가 정북, 곤괘가 정남, 감괘가 정서, 이괘가 정동이다. 그러나 문왕팔괘에서는 감괘가 정북, 이괘가 정남, 진괘가 정동, 태괘가 정서가 된다.

그러나 복희팔괘와 문왕팔괘의 도상은 중국 북송 초기에 도사 진단(陳摶: ?~989)이 〈역용도(易龍圖)〉를 통해 태극도, 팔괘도 등을 내놓음으로써 세상에 처음 알려졌다. 그 출처를 의심한 이들은 진단의 설이 담긴 책을 위서로 간주할 정도였다.[17]

태극과 팔괘의 도상이 중국에서 이처럼 늦게 출현한 이유는 알기 어렵다. 오회분 고구려 벽화 속에 보이는 팔괘도는 중국에서 문왕팔괘도[18]가 출현한 시기와 비교하더라도 수백 년이 앞선다.

이에 대해 문왕팔괘도를 가리킨 것이라고 한 사람들이 있고,[19] 중국과 다른, 별개의 독자적인 팔괘도라고 보는 이들도 있다. 후자의 경우 배달국에서 하도(河圖)와 복희팔괘도가 나왔다고 보는 민족종교 계열의 주장이기도 하다.

그런데 이 두 주장은 해결해야 할 전제 조건이 있다. 문왕팔괘도라면, 10세기 북송 때까지 중국의 어떤 고전이나 전적에도 실려 전하지 않았던 것이 어떻게 6세기 고구려 벽화에 전할 수 있었느냐, 이 점이 해명되어야 한다. 설령 도교 집단에서 역외별전(易外別傳)의 비전

---

17) 소옹(1011~1077)을 팔괘도의 실질적 제창자로 간주하는 학자들이 있지만, 이는 팔괘를 유가(儒家)와 관련된 것으로 파악하려는 의도로 보인다. 얼마나 설득력이 있을지는 모르겠다.

18) 복희씨와 문왕은 1천 년의 시간적 거리가 있다.

19) 박찬화, 「중국보다 500년 앞선 팔괘도 고구려 벽화에서 발견」, 《한韓문화타임즈》, 2020년 8월 22일자.

(祕傳)으로 여겨 은밀하게 전했다 하더라도 그처럼 철저하게 북송 때까지 감추어질 수 있었겠는가. 문왕 이래 북송 때까지의 변화무쌍한 정치 지형도에 비추어볼 때 가능한 일은 아닐 성싶다. 한편, 고구려에서 독자적으로 그린 팔괘도라면 어떻게 문왕팔괘도와 같은 그림이 나올 수 있는지 상식선에서 납득할 만한 설명이 있어야 할 것이다.

〈오회분벽화〉

필자는 오회분 팔괘도를 고구려 사람이 독자적으로 그린 것이라고 본다. 팔괘도의 그 근거가 『주역』「설괘전」에 있으므로 그에 따라 그리면 되기 때문이다. 우리나라에서는 7세기 무렵에 이미 태극 도상이 백제권, 신라권에 널리 사용되었음이 유물을 통해 증명되었다. 610년 경에 만들어진 것으로 추정되는 목간[20], 682년(신문왕 2)에 세운 경주 감은사(感恩寺) 지석(址石)에 태극 도상이 그려져 있다. 이 역시 중국에서 태극 도상이 나오기 수백 년 전의 일이다. 이는 우리의 태극 도상이 나중에 중원으로 유입되어 도교인을 통해 학술적, 사상적으로 체계를 갖추었고, 10세기 무렵에 드디어 중국에 널리 알려졌을 것이라는 추론을 가능하게 한다.

다음, 연화좌 위에 앉아 막대로 감괘를 가리키는 사람에 대해 말하기로 한다. 지금까지 나온 견해를 보면, '녹색 도포를 입은 조의선인(皂衣先人) 격의 선인'이라 한 사람이 많았다. 더 나아가 '한민족의 독자적인 원시 도교의 도사'라고 한 이들도 있었다. '선인'이나 '도사'로 본 경우가 대부분이다. 그러나 그림을 자세히 살펴보면, 연화좌 위에 머리를 깎은 사람이 앉아 있다. 불교의 상징인 연화좌 위에 앉은 모습과 머리를 깎은 모습을 연결지어 보면 승려일 가능성이 높다. 도사는 머리를 깎지 않는다. 보발(保髮) 차림이다.

불가에서 승려가 갖추어 입는 복장을 말할 때 '녹라의 위에 홍가사(綠羅衣上紅袈裟)'라고 말한다. 녹라의는 푸른색의 학창의(鶴氅衣)를 가리킨다. 이것은 도교에서 청학이 사는 곳(靑鶴洞)을 이상향으로 여겨온 전통과 관련이 있을 듯하다. 중국 불교가 초기에 도교에 크게 힘입어 차츰 뿌리를 내릴 수 있었던 것과 무관하지 않다. 현재 남아 있는 조선시대 고승들의 진영(眞影)을 보면 푸른색 계통의 장삼에 붉은 가사를 착용한 경우가 많다.

고구려 시기 승려나 도인들은 종교나 사상의 측면에서 중국과 교

20) 2009년 전남 나주시 다시면 복암리, 옛 백제 지방관청 터에서 발굴되었다.

류하는 데 주역으로 있었다. 중국으로부터 일방적으로 받아들이는 위치에 있지는 않았다. 한 예로 중국 남북조시대 진(晉) 나라 출신 고승 지둔도림(支遁道林: 314~366)이 고구려 도인(道人)에게 서신을 보내 축도잠(竺道潛: 法深, 286~374)의 도덕을 칭찬한 일[21]이 『고승전』에 보인다. 이것은 불교가 고구려에 들어왔다는 소수림왕 2년(372) 이전에 이미 고구려 민간에서 불교를 알고 있었다는 증거다.

한편 장수왕(재위: 413~491) 때의 고승 승랑(僧朗)은 우리나라 사람으로서 중국인을 가르친 최초의 인물이었다. 그는 요동성 출신으로 일찍이 중국에 들어가 승조(僧肇: 383~414) 계통의 삼론학을 깊이 연구하고 그 사상 체계를 완성하여 삼론학의 선구자가 되었다. 승랑의 법계(法系)는 승전(僧詮) → 법랑(法朗) → 길장(吉藏)으로 이어졌다. 가상대사(嘉祥大師) 길장(549~597)은 중국 삼론종의 대성자다. 이처럼 중국 삼론종의 역사에 큰 발자취를 남긴 그는 중국으로 가기 전 고구려에서 구족계를 받았으며, 불교에 대한 지식을 충분히 갖추었던 것으로 알려져 있다. 이런 사실로 미루어볼 때, 팔괘도를 앞에 놓고 감괘를 가리키는 승려에 대해 예사로 볼 것만은 아니다. 이 승려가 팔괘도를 직접 그렸을 수도 있다.

한 연구자는 승려가 팔괘에 관심을 기울였다는 점에 착안, 당시 불교의 경향과 관련시켜 볼 수 있다고 하였다. 나아가 밀교적인 것과 연결될 가능성이 높다고도 하였다.[22] 그러나 필자는 승려가 가리키는 감괘의 의미를 통해 『주역』에 대한 이해가 어느 정도인지를 읽어내는

21) 『양고승전(梁高僧傳)』 권4, 「축도잠전(竺道潛傳)」 "遁後與高驪道人書云, 上座竺法深, 中州劉公之弟子, 體德貞峙, 道俗綸綜. 往在京邑, 維持法綱, 內外俱瞻, 宏道之匠也."

22) 김일권, 『고대 중국과 한국의 천문사상 연구』, 서울대학교 박사학위논문, 1999, 345-350쪽 참조.

것이 더 중요하다고 본다. 이에 대해 사계 전공자들의 견해를 묻고자 한다.[23]

다음으로, 학술상으로 역학 이해가 어느 정도였는지 그 일모(一貌)를 엿보기로 한다. 이를 위해서는 중국측 사서의 도움을 받아야 한다. 『구당서』 및 『신당서』의 「고구려전」에 따르면, 고구려 사람들이 주로 읽었던 책으로는 오경과 『사기』·『한서』·『후한서』·『삼국지』 … 등이 있고, 또 『문선(文選)』이 있어 더욱 애지중지한다고 하였다. 여기 '오경'이 나온다. 『주역』이 오경의 하나이니, 고구려 사람들이 일찍부터 『주역』에 대해 알고 있었거나 그 책을 읽었을 것이다.

『주역』은 국가의 교육기관에서도 중시되었을 것이다. 중국의 역사서 『한원(翰苑)』에 의하면 고구려에 '국자박사(國子博士)'가 있었다고 한다.[24] 국자학의 설립은 당나라의 영향일 터이지만 그 설립 시기는 분명하지 않다. 대개 고구려가 멸망하기 1백 년 이내일 것으로 짐작된다. 국자학이 설립됨에 따라 이미 372년에 설립된 태학과 함께, 국자학-태학의 국학 체계가 정착되었을 것이다. 국자학에서는 상류층 귀족 자제들의 교육을 담당하였고 태학은 유교를 전문적으로 교육하는 기관으로 변모, 정착하였을 것이다.

고구려 역학사상의 내면을 엿볼 수 있는 자료는 현재로선 찾기가 쉽지 않다. 다만 『삼국지』, 위서 권28, 「종회열전」 말미 '弼好論儒道, 注易及老子' 대목의 주에 "弼注老子, 爲之指略, 致有理統, 著道略論. 注易, 往往有高麗言"이라고 한 것이 있어 우리의 눈길을 끈다. 먼저 원문을

---

23) 감괘에서 고난(苦難)의 의미를 말한 데 이어 고난에서 벗어나는 방법까지 제시했다는 견해가 있다. 조우진, 「고난에 대한 역학적 고찰: 감괘(坎卦)를 중심으로」, 『공자학』 33, 한국공자학회, 2017 참조.

24) 『한원(翰苑)』 권30, 번이부(蕃夷部), 〈고려(高麗)〉 "又有國子博士, 大學士, 舍人, 通事, 典容, 皆以小兄以上爲之."

본 뒤 번역문을 검토하기로 한다.

> ⓐ 弼注老子, 爲之指略, 致有理統. 著道略論, 注易, 往往有**高麗言**. 太原王濟, 好談病老莊, 常云: 「見弼易注, **所悟者**多.」 ⓑ 然弼爲人淺, 而不識物情, …

> 왕필이 『노자』에 주를 달고 『지략(指略)』이라 하였는데, 결과물을 보면 조리와 계통이 서 있었다. 『도략론(道略論)』을 짓고 『주역』을 주석함에 종종 '고려(고구려)의 말'이 있었다. 태원(太原) 땅의 왕제(王濟)는 노장(老莊)의 병통에 대해 담론하기를 좋아한 사람이었는데, 늘 "왕필의 『주역주』를 보고 깨달은 바가 많다"라고 털어놓았다. 그러나 왕필은 사람 됨이 얕고 물정을 알지 못해서 …

위 문장은 ⓐ와 ⓑ, 두 문장으로 나누어볼 수 있다. ⓐ는 왕필의 역작인 『노자주』와 『주역주』의 특징을 요약하고 칭송하는 내용이며, ⓑ는 왕필의 인격상의 결함을 지적하는 내용이다. 문제는 ⓐ단에 있다. 이른바 '고려언(高麗言)'과 '소오자(所悟者)' 운운한 대목이다.

'고려언'에 대해 중국 학자 루우열(樓宇烈)은 『왕필집교석(王弼集校釋)』에서 '훌륭하게 잘 된 말'로 해석하였다.[25] 즉, '정채(精彩) 있는 주석'의 의미로 본 것이다. 그리고 '소오자'에 대해 타이완의 학자 탕용동(湯用彤)은 전후 문맥에 비추어, 또 왕제(王濟)의 학문 성향에 비추어 깨달았다는 '悟'를 잘못되었다는 '誤'로 바꾸어 보아야 한다고 주장하였다.[26]

루우열과 탕용동의 주장을 하나로 연결시켜 보면, 왕필의 『노자

---

25) 樓宇烈, 『王弼集校釋』(臺北: 華正書局, 1984), 643쪽, 주28 참조

26) 湯用彤, 『魏晉思想』(臺北: 里仁書局, 1984), 64쪽 참조.

주』는 매우 체계적이었고, 『주역주』는 종종 잘된 곳이 있는데, 『주역주』에 대한 왕제(王濟)의 비평을 인용함으로써, 『노자주』에 좀더 높은 점수를 주었다는 말이 될 듯하다.

이에 대해 검토하기로 한다. 일단 문제가 간단한 ⓑ부터 먼저 보기로 한다. 원문은 '悟'로 되어 있다. 왕제가 노장사상에 대해 비판적이었다고 해서, '誤' 자로 고쳐서 볼 이유는 없을 것 같다. 원문은 최대한 존중되어야 한다. ⓐ의 경우 1986년 북한 학자 최봉익이 『조선철학사개요』에서 '고구려 사람(역학자)의 말'로 해석하였다.[27] 이후 천인석(千仁錫) 교수도 이 해석을 따랐다.[28] 문리(文理)로 볼 때 최봉익의 해석이 옳다. 사리(事理)에 비추어 해석하는 것은 그 다음 문제다. 루우열의 해석을 비판하는 것으로써 최봉익의 견해가 탁견인지를 대신하도록 하겠다.

첫째, 구법상(句法上)의 문제다. 『삼국지』의 찬자(撰者)가 '주역에 대한 주석에 왕왕 빼어난 말이 있었다'라고 표현하려 했다면 "注易, 往往有高麗言" 운운한 것처럼 애매하게 서술하지 않았을 것이다. "注易, 其言往往有高麗"라고 해야 정확한 표현이라고 생각한다.

둘째, '고려'를 나라 이름이 아닌 '빼어나다', '정채 있다'라고 해석한 것은 다소 억지스럽다. 그런 의미로 쓰인 전고(典故)를 찾기 어렵다. 더욱이 주역에 대한 주석서를 평하면서 '아름답다', '화려하다'라는 의미를 담은 '麗' 자를 쓴다는 것은 의아한 일이다. 철학 관련 저술에서 흔히 있는 일인지 모르겠다.

셋째, '고려언'을 고구려의 말(방언)로 볼 수도 있다. 그러나 주역

---

27) 최봉익, 『조선철학사개요』(영인본, 한마당, 1989), 34쪽 참조.

28) 천인석, 「고구려, 백제, 신라의 관학정비와 예제사회의 구현」, 『동양철학연구』 73, 동양철학연구회, 2013.

주석서에 고구려 방언이 인용되었다는 것은 사리상 옳지 않다. 그럴 가능성은 낮다. 고구려 학자(역학자)의 말로 보는 것이 타당할 성싶다.

앞서 살폈지만, 6세기에 조성된 것으로 추정되는 오회분 벽화에 사신도가 그려져 있고, 그밖의 많은 벽화 가운데 팔괘도가 보인다. 이 팔괘도는 중국에서는 북송대 이전에 세상에 선을 보인 적이 없다. 이는 고구려 사람들의 역학에 대한 관심과 역학을 응용한 사상적 수준을 엿볼 수 있는 좋은 자료다. 이뿐만 아니다. 1세기 중엽에는 앞서 중국에서 귀화한 왕중(王仲)의 8대손 왕경(王景: 字는 仲通)이 고구려 땅에서 학술로 이름을 떨쳤다. 왕경은 어려서부터 『주역』을 배우고 군서(群書)를 섭렵하여 천문과 기예(技藝)에 능하였으며, 후한 영평(永平) 12년(A.D. 69)에는 명제(明帝)의 초빙으로 변량(卞梁) 지방의 큰 수리공사(水利工事)를 지도하여 성과를 올림으로써 이름을 날렸다고 한다.[29] 그의 선조 왕중은 전한 시기의 학자로 도술(道術)을 좋아하고 천문(天文)에 밝았다고 하며, 내란을 피해 바다를 건너와 낙랑의 산중에 은거하였다고 한다. 왕경 같은 『주역』에 밝은 이들의 학문이 후대에도 이어져 고구려 초기의 역학 전통을 일구었으리라 짐작된다. 이런 차원에서 볼 때 "注易, 往往有高麗言" 운운한 것은 마땅히 최봉익의 해석을 따라야 할 줄로 믿는다.

앞서 말한 내용을 간단히 요약하기로 한다. 팔괘가 그려진 육임식반, 역시 팔괘가 그려진 오회묘 벽화, 더 나아가 '왕필이 『주역주』를 낼 때 고구려 사람의 설을 인용하였다'라고 하는 기록은 사실상 하나로 꿰어 있다. 함께 전후로 엮어서 보아야 그 실체가 제대로 드러날 것이다. 그 실체란 다름 아니다. 역학에 대한 고구려 사람들의 이해

29) 『후한서』 권76, 순리열전(循吏列傳), 〈왕경(王景)〉 "景少學易, 遂廣闚衆書. 又好天文術數之事, 沈深多伎藝. 時有薦景能理水者."

수준이 상당히 높았다는 사실이다.

4. 백제의 주역문화

한국 고대의 주역문화를 살피는 데 가장 자료가 빈곤한 국가가 백제다. 중국이나 일본 측 자료에 의지해야 하는 한계가 있다. 『주서(周書)』「백제전」 한 대목을 보자.

> (백제 사람들은) 고서(古書)와 역사서를 좋아한다. 그 가운데 좀 뛰어난 자는 자못 글을 지을 줄 안다. 또 음양과 오행을 터득하고, 송나라의 원가력을 사용하여 인월(寅月)을 세수(歲首)로 삼았다. 또한 의약(醫藥)과 복서(卜筮)·관상(觀相)하는 방법을 알았다.[30)]

음양과 오행은 주역의 기본이다. 여기에 역서(曆書)·의약(醫藥)·복서(卜筮) 등도 주역과 관련이 있는 것들이다. 이를 볼 때, 일찍부터 백제에 주역문화가 뿌리를 내렸을 것으로 짐작된다.

주역문화를 고찰할 때 교육기관을 말하지 않을 수 없다. 학술문화 발전의 진원지 구실을 하는 것이 교육기관이기 때문이다. 백제의 교육기관에 관한 기록은 역사서에 나타나지 않는다. 다만 박사 왕인(王仁)의 예를 통해 짐작할 수 있듯이, 근초고왕 때 이미 전문가의 칭호를 가진 박사가 있었다. 특히 무령왕·성왕 연간에 오경박사라는 관

---

30) 『주서』 권49, 「백제전」 "俗重騎射, 兼愛墳史. 其秀異者, 頗解屬文. 又解陰陽五行, 用宋元嘉曆, 以建寅月爲歲首. 亦解醫藥卜筮占相之術. … 僧尼寺塔甚多, 而無道士."

직이 있었음이 일본 측 사서에 보인다. 또 오경박사 이외에 역박사(曆博士)·와박사(瓦博士)·의박사(醫博士) 등 기술학 분야의 전업박사(專業博士)가 있었다. 박사 제도가 정착되면서 분화하였음을 짐작할 수 있다.

박사 제도가 있었다는 것은 곧 백제에 국립대학이 있었음을 의미한다. 이를 증명하는 유물이 근자에 알려졌다. 중국 시안(西安)의 대당서시박물관(大唐西市博物館)에 소장된 백제 유민 진법자(陳法子) 묘지명이 그것이다. 이 묘지명에서는 백제에도 국립대학인 태학이 있었음을 밝혔다.

진법자(615~691)는 본디 웅진도독부 서부 출신으로, 관등이 은솔(恩率)에 이르렀다. 660년 백제 멸망 당시 당나라 군대에 투항, 입당(入唐)한 뒤 30여 년을 더 살다가 시안에서 죽었다. 진법자의 묘지명에는 묘주(墓主)의 가계가 증조부터 기록되어 있다. 이에 따르면 증조 진춘(陳春)은 백제에서 태학(太學)의 정(正)을 지냈으며 관등은 은솔이었다고 한다. '정'은 태학의 최고 책임자로 추정된다.[31] 한편, 백제에서는 무왕 41년(640)에 자제들을 당나라에 보내 국학(國學)에 입학시켰다. 당시 당나라의 국학이 대성황을 이루었기 때문에 고구려·신라 등과 같이 경쟁적으로 유학생을 파견한 것이었다.[32] 백제에 태학이 없었다면 유학생 파견은 쉽지 않았을 것이다.

백제에서는 여러 박사 가운데 오경박사가 가장 중시되었다. 오경박사는 중국 한나라의 오경박사 제도에서 유래되었다. 유학의 기본 경전인 '오경'(시경·서경·역경·예기·춘추)을 전공하여 박사가 되

---

31) 김영관, 「백제유민(百濟遺民) 진법자(陳法子) 묘지명 연구」, 『백제문화』 50, 공주대학교, 2014 참조.

32) 『삼국사기』 권5, 신라본기, 善德王 9년조, 권18 고구려본기 榮留王 23년조, 권27 백제본기 武王 41년조 참조.

면, 중앙과 지방의 학교에서 생도 교육을 담당하였다. 중국 양나라 무제 때에는 백제에서 사신을 보내 강례박사(講禮博士)를 구하여 양나라에서 육후(陸詡)를 보낸 일이 있었다.[33] 또 성왕 12년(534)과 19년(541)에도 양나라에 사신을 보내 『열반경(涅槃經)』 등 경의(經義)와 모시박사(毛詩博士)를 구빙(求聘)한 일이 있었다.[34] 당시 양나라와 백제는 외교상으로뿐만 아니라 문화적으로 깊은 유대 관계를 맺고 있어, 여러 부문에 걸쳐 선진 문물을 단시일에 쉽게 수용할 수 있었다. 특히 모시박사나 강례박사를 초빙한 사실로 미루어 백제에서 오경에 관한 연구가 더욱 활기를 띠어 유학의 중심을 이루었을 법하다.

오경박사를 비롯한 여러 부문의 박사들은 일본에 초빙되어 일본 고대 문화의 계발에 크게 공헌하였다. 한성에서 남으로 천도(遷都)한 뒤에는 오경박사 · 역박사(易博士) · 역박사(曆博士) · 의박사 · 와박사 등 백제의 우수한 학자 · 문인 및 기술자, 승려 등의 왕래가 빈번하였다. 『일본서기』에 의하면 무령왕 13년(513)에 백제에서 오경박사 단양이(段楊爾)를 일본에 파견하였고, 동 16년(516)에도 오경박사 고안무(高安茂)를 보내 먼저 와 있던 단양이와 교대하게 하였다.[35] 성왕 32년(554)에도 오경박사 왕유귀(王柳貴)를 보내 마정안(馬丁安)과 교대하게 하였다.[36] 교대제는 이후에도 계속되었다.

일본에 건너간 오경박사 가운데 역박사(易博士)가 중요한 위치에 있

33) 『진서(陳書)』 권33, 「儒林傳一鄭灼」 "陸詡少習崔靈恩三禮義宗, 梁世百濟國表求講禮博士, 詔令詡行."; 『南史』 권71, 「鄭灼傳」 참조.

34) 『양서(梁書)』 권54, 「백제전」 "中大通六年, 大同七年, 累遣使獻方物, 幷請涅槃經等經義, 毛詩博士 · 幷工匠 · 畵師等, 敕竝給之."

35) 『일본서기』 권17, 繼體天皇 7년 6월조 "… 貢五經博士段楊爾." ; 동 권17, 繼體天皇 10년 9월조 "別貢五經博士漢高安茂, 請代博士段楊爾, 依請代之."

36) 『일본서기』 권9, 欽明天皇 15년 2월조 "貢五經博士王柳貴, 代固德馬丁安."

었다. 백제의 역박사가 주역 전반에 걸쳐 전공하였는지 아닌지는 단언하기 어렵다. 다만 역박사가 일본에 건너가 음양도(陰陽道)를 전문적으로 공부하는 전업자들을 양성하는 데 이바지했음은 사실이다. 음양도는 음양오행설을 바탕으로 인간의 길흉화복을 논하는 학문이자 신앙적 사상이다. 일본에서는 이 음양도가 점복의 실용적 체계로 인식되었다.

주역에 대한 백제인의 인식을 자세하고 분명하게 엿볼 수 있는 자료가 없는 것이 아쉽다. 다만 남겨진 유물 가운데 주역사상과 연관지어 볼 수 있는 것이 없지는 않다. 그 가운데 하나가 백제금동대향로(옛 지정번호 국보 제287호)이다. 이에 대해서는 연구 성과가 많다. 다만 사상으로 읽어낸 것은 매우 드물다. 필자는 2016년에 『사상으로 읽는 전통문화』이란 저서를 펴낸 적이 있다. 이 책 제1부 제2장에 실린 글이 「백제금동대향로의 상징 체계와 한국사상」[37]이란 것이다. 이 논문에서 백제금동대향로를 역학사상과 관련지어 논술한 부분이 있어 소개하고자 한다. 몇 가지로 나누어 보겠다.

① 대향로가 발견된 곳은 성왕(聖王)의 능사가 있었던 옛터이다. 그러나 이 점에 구속되어 제사용으로 제작되었다고만 보는 것은 단순한 해석이다. 향로에 담긴 상징체계, 의미체계를 분석해 보면, 이는 국가적 조형물이자 상징물이라는 해석이 더 설득력이 있을 것이다.

② 대백제의 원대한 이상을 국가적 상징물에 담은 것이고, 538년에 있었던 사비성(泗沘城)으로의 천도가 제작의 계기가 되었을 것이라는 추정이 가능하다. 또 성왕 정도의 인물이라야 이런 국가적 상징물을 구상하고 실천에 옮길 수 있었을 것이라는 추론 역시 가능하다.

③ 사상성(이념성)이 매우 강한 향로다. 유 · 불 · 선 삼교는 물론 샤

37) 최영성, 『사상으로 읽는 전통문화』(이른아침, 2016), 37-60쪽 참조.

머니즘과 주역사상까지 한데 잘 융합시켰다. 한마디로 백제의 문화 전통과 통치 이념을 여러 가지 상징체계와 의미체계를 통해 담아냈다.

④ 향로 정상부의 새는 우리나라 토종의 수탉 형상에다 봉황과 주작의 이미지가 오버랩되도록 하였다. 백제인 특유의 사유체계가 반영된 것이다.

여기서 ④에 대해 부연 설명을 하기로 한다. 정상부의 새와 관련하여 필자는 '우리나라 토종 수탉', 즉 '천계(天雞)'로 보았다. 연구자 가운데 '천계'로 보아야 한다고 주장한 사람이 더러 있지만, 믿을 만한 문헌적 근거를 분명하게 밝힌 경우는 사실상 없었다. 천계는 한국사상의 원형과도 연결해 설명할 수 있다. 그 정점에 고운 최치원이 있다.

최치원(崔致遠, 857~?)은 중국 고대 역사서를 근거로 우리나라를 '도야(桃野)'라고 표현하였다. 이것은 「대낭혜화상비문(大朗慧和尙碑文)」과 「대숭복사비문(大崇福寺碑文)」 등에 보인다. 최치원이 인용했을 것으로 짐작되는 곽박(郭璞)의 『현중기(玄中記)』, 조충지(祖沖之)의 『술이기(述異記)』 등을 보면 다음과 같은 내용이 있다.

> 동방에 도도산(桃都山)이 있다. 그 산 위에 '도도'라고 하는 큰 나무가 있는데, 가지가 '삼천리'에 뻗었다. 위에 천계가 있는데, 해가 처음 떠올라 이 나무를 비추면 천계가 곧 울고, 이어서 천하의 모든 닭이 다 따라서 운다.[38]

도도산은 역사서에 따라 '度索山' 또는 '度朔山'으로 표기되기도 한

---

38) 곽박(郭璞), 『현중기(玄中記)』, "東方有桃都山, 山上有一大樹, 名曰桃都. 枝相去三千里, 上有天雞, 日初出時照此木; 天雞卽鳴, 天下雞皆隨之."

다. 동방삭의 『십주기(十洲記)』에 따르면, 동해의 도삭산에 큰 복숭아나무가 있는데, 꼬불꼬불 수천 리에 걸쳐 서려 있으므로 '蟠桃'라 했다고 한다(東海有山, 名度索山. 有大桃樹, 屈盤數千里, 曰蟠桃). '도도산 ↔ 도삭산', '동방 ↔ 동해', '삼천리 ↔ 수천리'와 같이 기록상의 차이는 있지만, 대개 같은 내용으로 인식하였다.

위 『십주기』의 기록을 따라 고대부터 우리나라를 반도국(蟠桃國)으로 인식하였음이 최치원이 찬술한 「양위표(讓位表)」에 보인다(『고운집』 권2).

> 제가 맡고 있는 나라는 울루신(鬱壘神)[39]이 있는 반도국(蟠桃國) 접경입니다만, 위력(威力)으로 군림하는 것을 숭상하지 않았습니다. 또 백이(伯夷)·숙제(叔齊)의 고죽국(孤竹國)[40]과 강토(疆土)를 잇대어 본래 청렴과 겸양을 바탕으로 하였습니다.
>
> 臣以當國, 雖鬱壘之蟠桃接境, 不尙威臨; 且夷齊之孤竹連疆, 本資廉退。

여기서 '울루신'은 역사서에 따라 두 신, 또는 한 신으로 보기도 한다. 채옹(蔡邕)은 한 신으로 보았다.[41] 오늘날까지 우리나라 일부 지

---

39) 도도산(도삭산) 큰 복숭아나무의 낮은 가지 동북쪽에 귀문(鬼門)이 있어 온갖 귀신들이 드나든다. 이 귀문(鬼門)에는 신도(神荼)와 울루(鬱壘)라는 두 신이 있어, 드나드는 여러 귀신들을 조사하여 인간에 해악을 끼치는 귀신이면, 갈대로 꼰 새끼를 가지고 묶어 호랑이에게 먹인다고 한다.

40) 중국 북직예(北直隸)의 영평부(永平府) 서쪽 15리 지점에 있었던 옛 나라. 우리나라에서는 예부터 황해도 해주(海州)에 고죽국이 있었다고 믿어 왔다. 최치원이 이 글에서 '夷齊之孤竹連疆'이라 한 것도 이러한 인식에서 나왔다.

41) 채옹(蔡邕), 『독단(獨斷)』, 권상 "海中有度朔之山, 上有桃木, 蟠屈三千里. 卑枝東北有鬼門, 萬鬼所出入也. 神荼與鬱壘二神, 居其門, 主閱領諸鬼. 其惡害之鬼, 執以葦索食虎." ; 『括地圖』, "桃都山有大桃樹, 盤屈三千里. 上有金雞, 日照則鳴. 下有二神, 一名鬱, 一名壘, 幷執葦索, 以伺不祥之鬼, 得之則殺之."

역(특히 영남지역)에서 동북쪽으로 난 문에 '神荼'와 '鬱壘'를 좌우로 써서 붙이고 있는 것은 그 풍습이 실로 오래되었다.

다시 본래 이야기로 돌아가자. 위의 도도산 고사에 나오는 '동방'이나 '삼천리'는 보기에 따라 우리 한국 또는 한반도를 상징하는 것으로 해석할 수 있다. 그 때문인지 선학들 중에는 우리나라를 도도산과 관련시켜 말하는 사람이 적지 않았다. 천계라는 닭도 동방과 관련이 있다. 『이아(爾雅)』 등 중국 고대 역사서를 보면 '천계'는 깃이 붉고 살진 닭으로,[42] 동방의 특산물이다. 이 닭이 울어 천하 사람들의 잠을 깨운다고 한다. 그렇다면 이 닭은 '광명'을 부르는 '하늘의 메신저'인 셈이다. 또 이 닭의 본을 받아 천하의 모든 닭이 따라서 운다고 함은, 동방이 천하의 문명을 주도한다는 의미를 담은 것으로도 볼 수 있다.

최치원을 비롯한 우리 선학들은 이 고사를 우리와 관련된 것으로 인식하였다. '천계'에 대한 고사 인용은 조선시대 학자들의 시에도 보인다. 이 점은 백제대향로 정상 부분의 새를 천계로 보는데 중요한 논점을 제공한다.

몸통을 받치고 있는 용은, 『주역』 건괘(乾卦)로 설명하자면[43] 잠룡(潛龍)의 단계를 거쳐 현룡(見龍)의 단계에 있다. 장차 비상(飛翔)하려는 형상을 취하고 있다. 이에 비해 정상부의 천계는 날개는 있지만 높이 날 수는 없다. 여의주를 턱에 고인 채 고개를 숙이고 있다. 고개를 들래야 들 수 없는 형상이다. 이 천계가 지향하는 곳이 인간세계이기 때문이다. 용은 위를 향하고 천계는 아래를 바라보는 구조를 보면 이

---

42) 『爾雅』, 「釋鳥」 "鶾, 天雞."; 郭註 "鶾雞, 赤羽."; 『博古辨』 "鶾, 古玉多刻天雞紋, 其尾翅輪如鴛鴦, 卽錦雞. 又雞肥貌, 今爲翰."

43) 건괘에서는 잠룡(潛龍) → 현룡(見龍) → 비룡(飛龍) → 항룡(亢龍)의 네 단계로 나누었다.

향로야말로 '화생만물(化生萬物)', '접화군생(接化群生)'을 상징하는 조형물이라고 할 수 있을 듯하다.

한편, 『주역』「설괘전」에서는 "손은 닭이 되고(巽爲鷄) 진은 용이 된다(震爲龍)"고 하였다. 즉 손괘를 동물로 설명하면 닭에 해당하며, 진괘는 용이 된다. 또 손괘는 바람이요 진괘는 우레다. 두 괘가 합쳐진 것이 풍뢰익괘(風雷益卦)다.[44]

〈풍뢰익〉

익괘는 바람과 우레가 서로 만나 비를 내려 만물을 윤택하게 한다는 의미를 담고 있다. 바람과 우레는 서로 도와 세(勢)를 더하는 성질이 있다.

익괘의 괘사(卦辭)를 보면 "위를 덜어서 아래에 더해주니 백성이 기뻐서 어쩔 줄을 모른다"(損上益下, 民說无疆), "그 유익함이 날로 진전하여

44) 풍뢰익괘와 관련된 논의는 2016년 정연수의 논문에서 처음 나왔다. 다만 2015년에 필자가 정연수 박사와 대담하면서 풍뢰익괘로 볼 수 있다는 주장을 한 적이 있고, 이후 정 박사가 필자의 동의를 얻어 자신의 논고에서 필자의 견해를 인용, 소개하였다고 밝혔다. 독자의 혼란이 있을까 염려하여 이를 밝혀둔다. 정연수, 「백제금동대향로 계룡 장식의 상징성과 역학사상」, 『한국철학논집』 49, 한국철학사연구회, 2016 참조.

끝없이 나아간다"(日進无疆), "하늘은 베풀고 땅은 생산하니 그 유익함이 방소(方所)가 없다"(天施地生, 其益无方), "군자는 이 풍뢰의 형상을 본받아, 선을 보면 우레처럼 빠르게 실천하고, 허물이 있으면 바람처럼 잘못을 고친다"(風雷益, 君子以, 見善則遷, 有過則改) 등등, 군자의 도리, 치자(治者)의 도리와 연결할 만한 내용이 많다. 이점을 놓칠 백제인이 아니었으리라고 본다. 또 이 '익괘'의 괘사를 음미하면 홍익인간(弘益人間)의 이념이 숨어 있음을 보게 된다.

앞서 말한 바와 같이 백제에서는 『주역』을 중시하였다. 역박사(易博士)를 둘 정도로 학문적 전문성을 추구하였다. 이점을 생각할 때, 『주역』의 논리를 가지고 '계룡'의 의미를 이끌어냈을 가능성이 적지 않다고 본다.

이밖에도 음양오행술에서 말하는 육합(六合)으로 보더라도 용〔辰〕과 닭〔酉〕은 토생금(土生金)의 생합(生合) 관계이다. '육합'은 지구자전에 의한 태양과의 접점을 합으로 적용한 것이다. 음양오행술에 밝았던 백제인들이 이점 역시 고려했을 것으로 짐작한다.

5. 신라 역학의 전개와 양상

신라에서의 『주역』의 체계적인 교육은 학교 교육과 연관지어 보아야 할 것이다. 신라는 삼국을 통일한 뒤 얼마되지 않은 682년(신문왕 2)에 최고 교육기관이며 국립대학인 국학(國學)을 설립하였다. 그런데 사실은 신문왕 이전에도 신라에 국학이 있었다. 『삼국사기』「직관지(職官志)」에서 국학의 직원을 소개하는 가운데 '진덕왕 5년에 대사(大舍)

두 사람을 두었다'고 한 것이라든지,[45] 또한 문무왕 때 국자박사(國子博士) 설인선(薛因宣)에게 김유신의 비문을 짓도록 했다는 기록[46]이 이를 뒷받침한다. 신문왕 때 와서 설립되었다고 한 것은 '제도적으로 정비되었다'는 의미로 보아야 할 듯하다.

당시 국학의 교과 내용을 살펴보면, 유교 경전을 주로 하여 전공을 3과로 나누었다. 『논어』와 『효경』이 공통필수 과목이었다. 이론보다 실천에 치중하는 시대 풍조를 엿볼 수 있다.

(A) 『예기』·『주역』·『논어』·『효경』 — 상급
(B) 『좌전』·『모시』·『논어』·『효경』 — 중급
(C) 『상서』·『문선』·『논어』·『효경』 — 하급

『주역』은 상급반에 개설되어 있었다. 그러나 관리 등용을 위한 독서삼품과에서는 『주역』·『상서(尙書)』·『모시(毛詩)』 등 국학의 교수 과목 일부가 제외되었다. 더욱이 『곡례』나 『논어』·『효경』 등 유교 경전 가운데 비교적 초급에 가까운 기초 과목을 끝낸 사람이 관리에 임용될 수 있었다. 이것은 당시 국학생들의 유학에 대한 이해가 어느 정도였는지를 짐작하게 한다. 이런 분위기 속에서 『주역』에 대한 학술적 탐구가 어느 정도였는지를 짐작하기란 쉽지 않다.

신라 말 진성여왕이 당나라 황제에게 보내는 표문에 다음과 같은 대목이 있다. 이 표문은 최치원이 대찬(代撰)한 것이다.

… 나라말[國語]로 풀이한 『효경』이 있어도 민간을 교화하기가 참으로 어

45) 『삼국사기』 권38, 직관지(상), 〈국학〉조.

46) 민주면(閔周冕) 편, 『동경잡기(東京雜記)』 권1, 9면 "神文王二年, 始置太學, 而文武王時, 已令國子博士薛因宣, 撰金庾信墓碑, 何也."

려웠고, 상두(床頭)의 『주역』으로 이름이 난 사람은 보기가 드물었습니다.[47]

이 말은 신라가 문교상(文教上)으로 중국의 영향을 오래도록 지속적으로 받아오면서도 풍속을 바꾸기가 쉽지 않고 유학을 학술적으로 발전시키는 일이 지난(至難)함을 말하는 과정에서 나왔다.

여기서 '나라말로 풀이한 『효경』'[48]이란, 신라의 이두로 풀이한 『효경』을 가리킨 것으로 보인다. 설총 및 이두 연구에 상당한 시사가 될 것이다. '상두주역(床頭周易)'은 중국 진(晉) 나라 때 『주역』의 대가였던 왕담(王湛)의 고사(故事)[49]에서 나왔다. 한 마디로 『주역』의 고수(高手)를 가리킨다.

신라에서 『주역』의 고수를 찾아보기 어렵다고 한 것은, 표문(表文)의 성격상 일단 겸사로 보인다. 그러나 여기에는 글을 쓴 최치원의 생각이 반영되었을 것이다. 이풍역속(移風易俗)과 관련하여 『효경』과 함께 『주역』을 들고 있는 것을 보면, 최치원이 『주역』에 담긴 내용을 '변화의 원리'로 이해하였음을 엿볼 수 있다.

한편, '『주역』으로 알려진 사람이 드물다'라는 표현 속에는 반전의

---

47) 『고운집』 권1, 「謝賜詔書兩函表」 "國語孝經, 殊難化俗, 床頭周易, 罕見知名."

48) 『수서(隋書)』, 「경적지(經籍志)」에 『國語孝經』과 『國語物名』 等書의 목록이 보인다.

49) 중국 진(晉) 나라 때 왕담(자는 汝南)은 재주가 있으면서도 이를 밖으로 드러내지 않아서, 남들은 물론 그 형제나 일가친척까지도 어리석은 사람으로 알았다. 뒷날 왕담이 시묘살이할 때 그의 조카 왕제(王濟)가 찾아가 보니 책상머리에 『주역』이 놓여 있었다. 이에 왕담과 왕제가 『주역』에 관하여 담론하였다. 왕담이 역리(易理)를 부석(剖析)하여 은미한 데까지 들어갔는데, 그 묘언기취(妙言奇趣)는 왕제가 앞서 들어본 적이 없었다고 한다. 『世說新語』, 「賞譽 上」, 〈王汝南〉條注 "鄧粲晉紀曰, 王湛字處沖, 太原人. 隱德人莫之知, 雖兄弟宗族, 亦以爲癡, 唯父昶異焉. 昶喪居墓次, 兄子濟往省湛, 見牀頭有周易, 謂湛曰: 「叔父用此何爲, 頗曾看不?」 湛笑曰: 「體中佳時, 脫復看耳, 今日當與汝言」 因共談易, 剖析入微, 妙言奇趣, 濟所未聞, 嘆不能測."

묘미가 숨어 있다. 그 드문 사람 속에 최치원 자신이 들었다는 의미로 읽을 수 있기 때문이다. 잘 알려진 바와 같이 최치원은 우리 민족 고유사상인 풍류(風流)의 실재를 확인하였고, 그것을 자신의 관점으로 해석한 바 있다. 최치원은 「난랑비서(鸞郎碑序)」에서 '설교지원(設教之源), 비상선사(備詳仙史)'라 하였다. '설교(設教)'란 말은 『주역』 관괘(觀卦)의 "성인이 신도(神道)로써 교를 베풂에 천하가 열복(悅服)하였다"50)고 한 데서 인용한 것이다. '신도'는 '하늘의 신묘한 도'를 말한다. 그러나 풍류도는 특정 주체가 있어 생겨난 것이 아니다. 자연발생적인 것이다. 최치원이 '성인신도설교(聖人神道設教)'라고 하지 않은 것은 이 때문일 성싶다. 우리 민족은 고대로 올라갈수록 '성인'보다도 '신인(神人)'을 더 친근하게 여겼다.

최치원은 풍류도를 '신도'라고 하지는 않았다. 그렇지만 '신도'가 아닌 다른 어떤 말로도 적절하게 설명할 수 없었을 것이다. 그가 말한 '현묘지도'가 사실상 신도이다. 선학들 가운데 우리 고유의 사상과 종교를 범칭(汎稱)하여 '고신도(古神道)'로 일컫는 이들이 적지 않았던 것은 이런 점을 의식한 결과라고 하겠다.

'설교지원(設教之源)' 네 글자는 범상한 글귀로 여겨 간과할 수도 있을 법한 내용이지만 사실은 압축파일이나 바코드와도 같다. '비상선사(備詳仙史)' 네 글자는 이것을 증명하는 역사적 근거를 밝힌 것이다. 최치원이 『주역』의 논리를 가지고 풍류도를 해석하려 했던 것은 깊이 주목해야 할 바라고 하겠다.

『주역』에 대한 최치원의 이해는 그가 시중사상(時中思想)과 간괘(艮卦)를 『주역』의 핵심으로 읽은 데서 그 경지를 논할 수 있다. 조각글〔片言〕들이기는 하지만 몇 대목 보기로 한다.

---

50) 『주역』, 「관괘」 "彖曰, 聖人以神道設教, 而天下服矣."

(A) "때가 행할 만하면 실행에 옮겼다."[51]

(B) "모래와 자갈처럼 도태되는 것은 감수할지라도 그쳐야 할 때는 그쳐야 한다."[52]

(C) "할 만한 일을 할 수 있을 때 한다."[53]

(D) "재 같이 사그라지고 번개처럼 사라지게 하는 것보다 해야 할 일을 할 수 있을 때 하는 것이 좋다."[54]

(E) "도를 행하려 할 적에 때를 놓쳐서는 안 된다."[55]

(F) "절을 중수하고 능을 잘 조성하는 일은 지금이 그 기회다. 이때를 버리고 언제까지 기다리겠는가."[56]

(G) "등용되면 도를 행해야 하니 때는 놓칠 수 없다."[57]

(H) "유동보살(공자)의 좋은 가르침을 거양하여 기린이 때를 잃지 않도록 해야 한다."[58]

위 인용문 (A)와 (B)의 '시행즉행(時行則行), 시지즉지(時止則止)', 그리고 (C)에서 (H)까지의 '불실기시(不失其時)'는 『주역』 간괘에서 주로 인용하였다. 간괘는 어떠한 괘이기에 최치원이 이처럼 관심을 가졌을까. 간괘의 단사(彖辭)를 보자.

---

51) 최영성, 『역주 최치원전집』 1, 94쪽, 「대낭혜화상비명」 "時行則且行."

52) 『역주 최치원전집』 2, 175쪽, 「여예부배상서찬장(與禮部裵尙書瓚狀)」 "雖甘沙礫居後, 時止則止."

53) 『역주 최치원전집 1, 60쪽, 「대낭혜화상비명」 "爲可爲於可爲之時."; 『계원필경집』 권16, 「求化修諸道觀疏」 "古人有言, 爲可爲於可爲之時則可."

54) 『역주 최치원전집』 1, 166쪽, 「진감선사비명」 "爲與其灰滅電絶, 曷若爲可爲於可爲之時."

55) 『역주 최치원전집』 1, 76쪽, 「대낭혜화상비명」 "道之將行也, 時乎不可失."

56) 『역주 최치원전집』 1, 208쪽, 「대숭복사비명」 "踵修蓮宇, 威護栢城, 今也其時, 捨之何俟."

57) 『계원필경집』 권14, 「張晏充廬州軍前催陣使」 "用之則行, 時不可失."

58) 『계원필경집』 권16, 「구화수대운사소(求化修大雲寺疏)」 "擧儒童之善教 麟不失時."

간(艮)은 그침이다. 때가 그칠 때면 그치고 때가 행해야 할 때면 행하는 것이다. 동정(動靜)에 그때를 잃지 않으니 그 도가 빛나고 밝은 것이라.

艮止也. 時止則止, 時行則行. 動靜不失其時, 其道光明.

정이(程頤)는 『역전(易傳)』에서 다음과 같이 해석하였다.

행(行) · 지(止), 동(動) · 정(靜)을 제때에 맞게 하지 않음은 잘못이다. 그 때를 잃지 아니함은 이치에 순하고 의(義)에 합치될 것이니, … 군자는 제 때를 귀하게 여긴다.

行止動靜, 不以時則妄也. 不失其時, 則順理而合義, … 君子所貴乎時.

한 마디로, 간괘에 담긴 주된 뜻이 『중용』의 '시중사상'과 다름이 없다는 해석이다.

역대로 유자들, 특히 송유(宋儒)들은 이 간괘를 중시하였다. 『역전』을 지은 정이(程頤)는 평소 이 간괘의 내용을 높이 평가하면서 "한 질 화엄경을 보는 것보다 간괘 육효를 보는 것이 낫다"(看一部華嚴經, 不如看一艮卦)라고 할 정도였다.[59]

간괘를 이처럼 높이 평가하는 이유는 아마도 간괘가 『주역』의 심의(深義)를 함축적으로 담았기 때문일 것이다. 이 '심의'란 원나라 때 호병문(胡炳文, 1250~1330)이 "시(時)라는 한 글자는 역(易) 184효의 요체다"[60]고 한 바와 같이 '시중사상'으로 연결되기 때문이었다. 정이가

59) 『이정전서(二程全書)』 권6, 「유정부소록(游定夫所錄)」(景文社版, 64쪽) 참조. 이와 비슷한 말도 있다. 『이정전서』 권35, 「습유(拾遺)」 "周茂叔謂: 「一部法華經, 只消一箇艮卦可了."(경문사판, 253쪽)

60) 『논어집주대전(論語集註大全)』 "雲峯胡氏曰, … 時之一字, 是易百八十四爻之要, 亦不可不知."(성균관대 대동문화연구원, 『經書』, 77쪽)

유교의 시중사상이 화엄에서 단지 지관(止觀)만을 말하여, 정적(靜的) 측면에 머물러 있는 것보다 더 현실성 있고 적절하다고 생각했던 것도 이 때문이라고 하겠다.

신라인의 『주역』에 대한 이해는 최치원보다 약 3백 년이 앞선 6세기 중엽의 「진흥왕순수비(眞興王巡狩碑)」에도 깊숙이 반영되었다. 필자는 2014년 「최치원의 풍류사상 이해와 그 기반」[61]이라는 논고를 발표한 적이 있다. 이 논고를 통해 「진흥왕순수비」가 최치원의 「난랑비서」에 앞서 풍류도의 실재를 증언하는 최고(最古)의 자료라는 점을 밝혔다.

「순수비」 첫머리에서 "무릇 순박(純樸)한 바람이 불지 않으면 세상을 다스리는 도리〔世道〕가 참〔眞〕에서 어긋나고, 오묘한 감화(교화, 변화)가 펴지지 않으면 사특함〔邪〕이 서로 다투게 된다"(夫純風不扇, 則世道乖眞, 玄化不敷, 則耶爲交競)고 하였다. 여기 나오는 '순풍(純風)'이 곧 풍류도다. '현화(玄化)'는 '접화군생'을 추상적으로 표현한 것이라 할 수 있다. 풍류의 역사적 실재를 밝히는 데 매우 중요한 단서라고 본다. 또 "하늘의 은혜를 입어 운명의 기록을 열어서 보임에, 그윽한 가운데 천신(天神) · 지기(地祇)와 통하였으며, 부록(符籙: 예언적 기록)에 응하고 '천산(天筭: 하늘이 점지한 운명)'에 합치되었다"(又蒙天恩, 開示運記, 冥感神祇, 應符合筭)고 한 대목은 재래의 고유사상과 관련 있는 것으로 보인다. 우리의 고유사상을 '순수함〔純〕', '참됨〔眞〕', '신비로움〔玄〕'으로 요약한 점 등으로 미루어, 「난랑비」와 「순수비」는 사상적으로 상통하는 바가 많다.

「순수비」의 건립 목적은 '순수관경(巡狩管境)', '제왕건호(帝王建號)', '방채민심(訪採民心)', '도화(道化)', '은시(恩施)', '창훈(彰勳)' 등을 통해 엿

61) 최영성, 「최치원의 풍류사상 이해와 그 기반」, 『한국철학논집』 40, 한국철학사연구회, 2014.

볼 수 있다. 다른 것은 다 그만두고 『주역』의 내용을 가지고 이해한 대목을 보자.

진흥왕은 순수비 유지(諭旨) 부분 첫머리에서 '순풍'과 '현화'를 말하면서 '바람'과 '변화'의 철학을 가지고 치도(治道)를 논하였다. 유가에서 이른바 풍화론(風化論)의 관점에서 치도를 말했다는 점, 더욱이 순수비 내용이 한 마디로 『주역』 관괘(觀卦)에 이른바 '성방관민(省方觀民)' 바로 그것이라는 점에 주목할 필요가 있다. 『주역』 관괘의 내용은 임금의 '순수' 행위를 철학적으로 설명하는 것이다. 진흥왕순수비에서는 이점을 포착하였다.

풍지관괘(風地觀卦)는 '관풍(觀風)' 두 글자로 요약할 수 있다. 먼저 괘상(卦象)을 살펴보자.

> 상(象)에 가로되, 바람이 땅 위에 행하는 것이 '관(觀)'의 상이다. 선왕이 이를 본받아 사방을 돌면서 백성들의 소리를 관(觀)하여 가르침을 베푸는 것이다.
>
> 象曰: 風行地上觀。先王以, 省方觀民, 設教。

진흥왕이 사방을 순수했던 궁극적 목적은 바로 '풍행지상(風行地上)'의 본을 받아 사방에 교화를 베푸는 데 있었다. 그러기에 "'순풍'이 불지 않으면 세상을 다스리는 도리가 참에서 어긋나게 된다"고 설파하였던 것이다. 순풍으로 세상을 다스리려 했던 진흥왕의 의도가 주역 관괘 대상(大象)의 내용을 실현하는 것이라는 점은 주목해야 할 바다.

바람의 철학과 관련하여 손괘(巽卦)의 내용도 간과할 수 없다. 손괘는 손상(巽上 ☴) 손하(巽下 ☴)로, 위아래가 다 바람이다. 상(象)은 '바람〔風〕'이고, 괘덕(卦德)은 '들어감〔入〕'이요 '손순(遜順)'함이다. 바람에는 많은 의미가 있다. 그 가운데 두드러진 것으로는, 사물의 심부(深部)를 부드럽게〔柔〕 파고드는〔入〕 속성을 들 수 있다. 바람은 틈만 있으면 어디라도 들어가서 이르지 않은 곳이 없다. 그러므로, 상부의 명령이 아래까지 두루 전파된다는 의미가 있다. 또 바람은 사물을 움직이게 하는 힘이 있다. 그래서 '명령'의 의미를 내포한다. 바람은 하늘의 명령이면서 제왕의 명령이기도 하다. 어디든지, 누구에게라도 파고들어 교화시키고 변화시킨다는 손괘의 괘덕이 바로 '순풍불선(純風不扇)'의 이면에 담긴 진정한 의미라 하겠다.62)

그렇다면 순풍과 현화란 무엇인가? '순'과 '현'은 수식어요 '풍'과 '화'가 알맹이다. 순박한 바람과 현묘한 교화란 바로 우리 민족 고유의 사상(최치원이 말한 '풍류')을 가리킨다. '현화'는 최치원이 「난랑비서」에서 이른바 군생(群生)과 교접(交接)하여 그들을 변화시키는 '접화군생(接化群生)'의 오묘한 작용이다. 진흥왕은 풍류사상을 화랑도의 지도이념으로 내건 장본인이다. 그가 생각하는 풍류의 실체와 작용은 순풍이자 현화 바로 그것이었다. 우리나라 고유한 사상이자 철학이었기 때문에 '순수한 바람'이었고, 그것이 이끌어내는 변화가 표현하기 어려울 정도였기 때문에 '오묘한 변화'였던 것이다.63)

최치원보다 3백 년가량 앞선 시기에 『주역』의 철학으로 진흥왕순수비 첫머리를 장식하였다. 또 이것이 최치원에게 계승되어 같은 안목에서 풍류도를 해석할 수 있게 했다. 실로 '전호후응(前呼後應)' 그 자체라 하겠다. 이를 볼 때 최치원이 '상두주역(床頭周易), 한견지명(罕見知名)'이라 한 것은 겸사인 듯하면서도 뼈 있는 말이 아닐 수 없다.

62) 최영성, 위의 논문, 26-27쪽 참조.

63) 최영성, 위의 논문, 18쪽 참조.

6. 맺음말

이제 앞에서 말한 내용을 요약하는 것으로 맺음말에 갈음할까 한다.

한국에서는 상고대부터 역학적 사고의 전통이 있었고, 그것이 문화상으로 하나의 특질을 형성하였다. 한국의 독자적 문화 전통, 특히 민족 문화의 원형적 사유 구조를 인정해야 한다고 생각한다. 한국에서 『주역』은 늘 사상사의 주류를 이루어 왔으며, 후기로 가면서 그 경학사적(經學史的) 위상이 높았다. 한국과 중국의 관계를 보면, 일찍부터 역사적으로 교섭하면서 상호 영향을 주고받았다. 역학적 사고의 기본인 음양 사상과 태극 도상은 물론, 『주역』에 근거한 팔괘 도상의 조기에 출현한 것은 우리나라가 사상적으로 중국 문화를 일방적으로 전래받기만 한 것이 아니었음을 뒷받침한다고 할 것이다.

고구려의 경우, 연구 자료가 적은 가운데서도 한국 역학사에 기술될 만한 중요한 내용이 있다. 1세기에 만들어진 육임식반과 6세기에 조성된 오회분 벽화에 팔괘가 그려져 있다. 중국 전국시대의 죽간(淸華大學 소장)에 팔괘 그림이 있다고는 하지만, 본디 도굴된 것인 데다 팔괘도의 방향이 문왕팔괘도와도 다르다. 진위 문제가 완전히 해결되었다고 보기는 어렵다. 설령 그것을 진짜로 받아들인다고 하더라도 고구려의 유물과 벽화에 보이는 팔괘도를 곧장 중국의 영향으로 인식하는 것에는 동의하지 않는다. 『주역』 설괘전에 문왕팔괘의 방향과 성질이 설명되어 있어서, 고구려 사람들이 독자적으로 그렸을 가능성이 있다. 고구려에서 독자적으로 팔괘를 그렸다면 이것은 여러 가지로 의미를 부여할 수 있다. 팔괘를 그리려면 『주역』의 내용, 특히 음양사상을 잘 이해해야 하기 때문이다. 특정 계층의 부류들만이 『주역』을 비롯한 경학 교육을 받았는지는 알 수 없지만, 나름대로 학문 전통이 후대에까지 연면히 이어졌음은 짐작할 수 있겠다. 왕필이 『주역』에 주석을 내면서 고구려 사람의 말을 인용하였다는 기록은 이런 맥락에서 이해해야 할 줄로 안다.

백제의 경우, 『주역』의 사상이 문화 전반에 깊숙이 깔려 있었다. 여러 박사 가운데 역박사(易博士)가 중시된 점은 고구려 · 신라의 경우와 차별성을 보인다고 할 수 있다. 필자는 『주역』의 사상이 투영된 백제의 유물에 주목한다. 그 가운데 두드러진 것이 백제금동대향로다. 이 향로는 여러 각도에서 조명되고 활발하게 연구가 진행 중이다. 정상부와 하단부의 용의 관계는 『주역』과 관련하여 매우 중요하다. 필자는 정상부의 새를 토종 수탉으로 본다. 이것이 하단부의 용과 함께 계룡(雞龍)의 구도를 이룬다. 닭과 용의 조합은 '풍뢰익(風雷益)' 괘의 형상이 된다. 이 풍뢰익괘는 우리의 홍익인간 사상과도 통하는 것으로서, 치자의 통치 이념이 잘 담겨 있다고 하겠다.

신라의 경우, 감은사의 태극 도상, 이견대(利見臺)[64], '산머리에 있는 대나무가 낮에는 둘이 되었다가 밤에는 하나가 된다'라는 전설을 담은 만파식적(萬波息笛) 이야기 등에서 볼 수 있는 바와 같이 사회, 문화 전반적으로 『주역』과 관련한 사상이 깔려 있었다. 신라 하대에 국학에서 상급반에 교과목으로 『예기』 · 『주역』 · 『논어』 · 『효경』을 개설하였다. 그렇지만 교육을 통한 『주역』의 이해가 어느 정도였는지는

64) 『주역』 건괘에 나오는 "비룡재천(飛龍在天) 이견대인(利見大人)"에서 따왔다. 용이 하늘을 날더라도 대인을 만나야 이롭다는 말이다. 이는 유덕자(有德者)가 성공이 보장된 자리에 올랐더라도 최상의 때를 맞이하려면 도와주는 사람이 필요하다는 것이다.

자세히 알기 어렵다. 다만 '상두주역(床頭周易)'으로 일컬을 만한 학자들이 암암리에 배출되어 주역을 학술상으로 이끌었던 것은 특기할 만한 일이다. 진흥왕순수비에서는 우리의 고유사상을 순풍(純風)과 현화(玄化)로 규정하고 이것을 『주역』 손괘(巽卦)와 관괘(觀卦)에 보이는 '바람의 철학', '변화의 철학'으로 풀이하였다. 또 뒤이어 최치원 역시 풍류사상을 『주역』 관괘에서 말하는 풍화론(風化論)의 관점에서 해석하였다. 이는 한국 고대 역철학사에 빛나는 성과라 할 것이다.

한국 고대의 역학사는 중국 역학과 구별할 수 있을 정도로 서장(序章)을 독특하게 장식하였다. 음양이 화합하면 길하고 불화하면 흉하다는 고대 사유 구조는 역(易)의 음양 사상이 확립되기 이전부터 우리 민족에게 존재하였다. 중국에서 11세기에 처음 출현하는 태극의 도상은 우리 민족이 훨씬 이전에 사용하였다. 중국은 나라가 광대하여 사람이 많은 데다 왕조의 주기가 짧아, 태극의 도상을 숨기려 해도 그것이 쉽지 않다. 11세기 이전의 것이 아직 나오지 않은 것을 보면, 태극 도상이 한반도에서 중원으로 들어갔을 가능성을 배제하지는 못한다. 공자에 의해 집대성된 유교와 그 이전의 유교를 분리해서 보아야 한다는 말이 선학들 사이에서 자주 나왔던 것을 곰곰 새겨볼 필요가 있다. 한국의 고대 역학사를 주체적으로 해석하는 것이 중요하다고 생각한다. ◈

【참고문헌】

『주역』·『삼국사기』·『삼국유사』·『삼국지』·『한원(翰苑)』·『일본서기』·『고운문집』

吉林省文化工作隊, 「吉林集安五盔墳四號墓」, 『考古學報』 1984-1, 北京: 科學出版社, 1984.
『조선유물유적도감』 제6권, 평양: 외국문종합출판사, 1990.
樓宇烈, 『王弼集校釋』, 臺北: 華正書局, 1984.
김일권, 『고대 중국과 한국의 천문사상 연구』, 서울대학교 박사학위논문, 1999.
류승국, 『한국사상의 연원과 역사적 전망』, 성균관대출판부, 2009.
석미현, 「『易緯』의 우주론과 하도 낙서 · 낙서」, 경북대학교 박사학위논문, 2020.
최봉익, 『조선철학사개요』(영인본), 한마당, 1989.
최영성, 「최치원의 풍류사상 이해와 그 기반」, 『한국철학논집』 40, 한국철학사연구회, 2014.
최영성, 『사상으로 읽는 전통문화』, 이른아침, 2016.
최영성, 『역주 최치원전집』 1, 아세아문화사, 1998.
원용준, 「清華簡筮法의 특징과 역학사적 의의」, 『유교사상문화연구』 65, 한국유교학회, 2016.
정연수, 「백제금동대향로 계룡 장식의 상징성과 역학사상」, 『한국철학논집』 49, 한국철학사연구회, 2016.

『삼국사기』·『삼국유사』를 통해 본 고대의 한국역학

구 미 숙

〈요약〉

한반도의 고대사를 기록하고 있는 『삼국사기』와 『삼국유사』를 살펴본 결과, 고대 한국역학(韓國易學)과 관련하여 다음과 같은 몇 가지 특징을 찾을 수 있었다.

첫째, 한반도의 삼국 시기, 구체적으로는 6~7세기에서 후삼국 시대인 10세기까지 각 나라는 「문왕 팔괘도」의 방위와 8괘의 의미를 일상에 적용하여 사용하고 있었다. 둘째, 『삼국사기』와 『삼국유사』에는 한대(漢代) 상수역(象數易)의 재이설(災異說)과 관련된 자료가 많았다. 그리고 경방(京房)과 초공(焦贛)의 역학, 왕필(王弼)의 역학과 깊은 관련이 있는 것으로 보인다. 셋째, 삼국 모두 경서(經書)로는 5경(五經)과 3사(三史)를 주로 읽었다. 신라의 태학에서는 『주역』이 교과목이었으며 주석서는 정현(鄭玄)과 왕필의 것이 사용되었다고 추정한다. 넷째, 『삼국유사』의 「가락국기」 좌지왕 기사에 유일하게 시초점을 친 사례가 나온다. 이 사례는 어떤 사건을 두고 「역경」에 조언을 구하는 전형적인 형식을 취하고 있다. 마지막으로 『주역』은 삼국시대에 경전으로 받아들여지고 학습되었음에도 『주역』에 대한 해석이나 평가 등의 이론적 탐구보다 더욱 실증적으로 사용되었다는 것을 확인할 수 있었다.

1. 머리말

이 글은 한반도의 고대사를 기록하고 있는 『삼국사기(三國史記)』와 『삼국유사(三國遺事)』를 통해 고대의 한국역학(韓國易學)이 어떤 특징을 지니고 있는지를 밝히는 것이다. 그런데 여기에는 몇 가지 문제점이 있다. 첫째는 시대설정을 어디까지 해야 하는가 하는 문제이다. 잘 알려져 있듯이 『삼국사기』는 고려 인종 23년(1145)에 김부식(金富軾, 1075~1151) 등이 왕명을 받들어 편찬한 책으로, 연표(年表)를 보면 신라 혁거세 즉위(기원전 57년)부터 후백제의 멸망(936년)까지를 다루고 있다. 한편 『삼국유사』는 고려 후기의 승려 일연(一然, 1206~1289)이 고조선부터 후삼국까지 정사(正史)에서 제외된 단편적 역사나 신화, 이적(異蹟)과 같은 유사(遺事)를 중심으로 저술한 책이다. 본 연구에서 연대에 대해 고민하는 것은 두 역사서에서 역학과 관련된 내용을 발췌하는 데 있어 어려움이 있어서이다. 먼저 『삼국사기』에는 김부식이 특정한 역사적 사실이나 인물을 평하는 곳에서 『주역』을 인용하고 있는 구절이 있다. 김부식의 역학이라고 할 수 있는 이 자료는 삼국 중심의 고대사를 시대적 범위로 하는 본 연구의 주제에 부합하지 않으므로, 비록 『삼국사기』에 포함된 내용이라 하더라도 본 논문에서는 제외하고자 한다. 다음으로 『삼국유사』는 고조선 시대를 포함하고 있는데 만약 이 시대를 연구범위에 넣는다면 함경북도 무산(茂山)에서 발견된 청동기 시대(기원전 7~8세기로 추정)[1]의 자료까지 살펴보아야 하는 어려움이 있다. 하지만 이것은 주어진 시간 내에 연구할 수 있

---

1) 千仁錫, 「三國時代의 易學 思想」, 『儒教思想研究』 11, 한국유교학회, 1999, 131쪽 참조. 천인석은 이 논문에서 청동기 시기부터 역학 관련 자료를 인용하고 있다.

는 내용이 아니므로 본 연구에서는 『삼국유사』 또한 이 책에 포함된 『주역』 관련 자료를 중심으로 살펴보고자 한다.

본 연구의 두 번째 어려움은 더욱 본질적인 것으로 역학의 범위를 어디까지 해야 하는가 하는 문제이다. 처음에는 매우 단순하게 『주역』이나 『역경』 또는 역(易)이란 표현과 『주역』 원문이 언급된 자료를 찾는 것으로 생각했다. 하지만 『주역』은 통일신라의 국학에서 사용된 교과목 정도로만 언급될 뿐이고, 원문 또한 김부식의 논평[史曰]을 포함한 극소수에 지나지 않아 경문(經文)을 떠올리게 하는 구절까지 확장해야만 약간의 자료를 수집할 수 있었다. 이처럼 역학을 좁은 의미의 『주역』 관련 내용이라고 하면 두 역사서에서 찾을 수 있는 자료는 매우 빈약하다. 그런데 이 주제와 관련된 유일한 선행연구인 「삼국시대의 역학 사상」에서 천인석은 역학의 범위를 매우 넓게 확장하였다. 그는 "한국 고대의 신앙과 사유 방식 그리고 생활 습속에는 역학(易學)과 역리(易理)에 관련되는 것이 많이 있는데, 그중에서 관계가 깊은 두 가지는 점술(占術) 관계자료와 신화 속에 나타난 사유 방식이다"[2]라고 하였다. 따라서 그는 청동기 시대 복골(卜骨)[3]과 단군신화까지 역학에 포함하여 단군신화에 음양의 화합을 중시하는 사고와 천 · 지 · 인의 삼재관(三才觀)이 들어 있다고 한다.[4] 나아가 음양오행설로 해석하는 재이설(災異說)과 참위설(讖緯說)까지 모두 역학의 범주에 넣어 본문이

2) 천인석(1999), 131쪽.

3) 류승국, 『한국사상의 연원과 역사적 전망』, 성균관대학교출판부, 2008, 264쪽 참조. 류승국 또한 "『주역』의 점법이 은대의 구복(龜卜)을 계승한 것이요, 이 구복은 동방의 골복(骨卜)을 계승한 것을 알 수 있다"라고 하여 한반도의 고대 복골이 『주역』과 관련된다고 주장한다. 이 책에서 역학 관련 내용은 "제6장 한국 易學思想의 특질과 문화적 영향"에서 자세히 살펴볼 수 있다.

4) 천인석(1999), 133쪽 참조.

대부분 이 내용으로 채워져 있다. 예를 들면 다음과 같다.

> (고구려) 유리명왕 29년(10) 6월에 모천(矛川)이란 내 위에서 검은 개구리와 붉은 개구리가 떼를 지어 싸우다가 검은 개구리가 이기지 못하여 죽었다. 해석자가 있어 말하되, "검은색은 북방의 색이니 북부여가 파멸할 징조"라고 하였다.[5)]

천인석은 이에 대해 "여기서 검은색과 북쪽을 연결시킨 것은 역리(易理)로써 자연 현상을 관찰하고, 장차 일어날 사회적 상황을 예측한 것이다"[6)]라고 하였다. 통행본 『주역』에는 오행이 직접 언급되지 않기에 엄격한 의미에서 오행설은 역학에 들어가지 않는다. 하지만 음양오행설이 한대(漢代)에 성립하면서 음양오행설을 흡수한 역학은 천문, 역법, 지리, 의술 등 여러 학문 분야에 광범위하게 영향을 미쳤고, 특히 재이설, 참위설을 한대 상수역과 관계가 있다고 한다면[7)] 위의 예시 또한 넓은 의미에서 역학의 범주에 포함해야만 할 것이다.

그러므로 본 연구에서는 『삼국사기』와 『삼국유사』 가운데 『주역』과 직접 관련된 자료를 기본으로 하되 한대 상수역의 재이설과 관련된 자료 또한 넓은 의미의 역학의 범주에 넣어 삼국시대 한국역학의 특징을 밝히고자 한다.

---

5) 이병도 역주, 『삼국사기』, 을유문화사, 1989, 225쪽: (高句麗) 瑠璃明王 二十九年, 夏六月, 矛川上有黑蛙, 與赤蛙羣闘, 黑蛙不勝死. 議者曰, "黑北方之色, 北扶餘破滅之徵也."

6) 천인석(1999), 133쪽.

7) 천인석은 음양오행설로 풀이하는 재이설이나 참위설을 한대 상수역과 관련이 있다고 하지 않고 "和合과 融和, 인간과 덕성을 중시하는 韓國 古代 精神이 전통을 계승"(천인석, 151쪽)한 것이라고 하여 필자의 생각과 다르다.

2. 『삼국사기』에 포함된 고대의 한국역학

1) 『주역』 경문과 연관된 자료

① (문무왕 21년) 천구(天狗)가 서남쪽[坤方]으로 떨어지다 (681년)

문무왕 21년 기사에 "6월에 천구(天狗)가 서남쪽[坤方]으로 떨어졌다"가 있다. 천구는 유성(流星)의 한 종류로서 빛은 황색이고 소리를 낸다고 하며, 땅에 떨어지면 개의 모양과 비슷하다고 한다.[8] 여기서 필자가 주목하는 것은 신라의 천문학적 지식이 아니라 유성이 떨어진 서남쪽 방위를 '곤방(坤方)'으로 표기하였다는 사실이다. 『주역』에서 동서남북과 모퉁이 방향을 8괘로 표시하는 방법은 '복희 팔괘도'와 '문왕 팔괘도'의 두 가지 방법이 있다.[9] 두 방위 모두 「설괘전」을 근거로 한다. 그 원문을 인용하면 다음과 같다.

> 하늘과 땅이 자리를 정함에, 산과 못이 기를 통하며, 우레와 바람이 서로 근접하고, 물과 불이 서로 꺼리지 아니하여 팔괘가 서로 섞인다. 지나간 것을 셈하는 것을 따라감[順]이라 하고, 앞으로 오는 것을 아는 것을 거스름[逆]이라고 하니, 이 때문에 역(易)은 앞으로 올 것을 셈하는 것이다.[10]

---

8) 한국사 데이터베이스(이하 줄여서 DB라고 함), 『三國史記』 卷7, 「新羅本紀」 7, 〈文武王〉 21年 "천구가 서남쪽으로 떨어지다"의 주001) 참조.

9) 물론 이외 한말(韓末)의 역학자 일부(一夫) 김항(金恒, 1826~1898)의 「정역팔괘도(正易八卦圖)」가 있지만, 시대적 차이 때문에 본고에서는 제외한다.

10) 『周易』 「說卦傳」 3章, "天地正位, 山澤通氣, 雷風相薄, 水火不相射, 八卦相錯. 數往者順, 知來者逆, 是故易逆數也."

위의 「설괘전」 내용만으로는 8괘의 방위를 알 수 없는데, 현재는 송대 소옹(邵雍, 1011~1077)이 8괘와 64괘 방위도를 정리한 이후 이 방위도를 '복희 팔괘도' 또는 '선천 팔괘도'라고 한다. 이 '복희 팔괘도'에서는 건(乾)은 남쪽, 곤(坤)은 북쪽, 리(離)는 동쪽, 감(坎)은 서쪽, 진(震)은 동북쪽, 태(兌)는 동남쪽, 손(巽)은 서남쪽, 간(艮)은 서북쪽으로 배치한다.[11]

이와 달리 '문왕 팔괘도'에서는 리(離)는 남쪽, 감(坎)은 북쪽, 진(震)은 동쪽, 태(兌)는 서쪽, 간(艮)은 동북쪽, 손(巽)은 동남쪽, 곤(坤)은 서남쪽, 건(乾)은 서북쪽으로 배열한다.[12] 지금 문무왕 21년 조에 기록된 "6월에 천구가 서남쪽[坤方]으로 떨어졌다"라는 기사에서 곤방(坤方)을 서남쪽으로 해석하는 것은 '문왕 팔괘도'의 방위를 따른 것이다. '복희 팔괘도'와 달리 이 '문왕 팔괘도'는 『주역』의 「설괘전」에서 그 방위를 분명하게 밝히고 있어서 신라 시대 사람들이 『주역』을 어떻게 이해하고 사용했는지 알 수 있는 한 사례라고 생각한다.

이 '문왕 팔괘도'는 신라뿐만 아니라 고구려에서도 사용되었음을 알 수 있는 자료가 있다. 중국 길림성(吉林省) 집안(集安)의 고구려 오회분(五盔墳) 4호묘에 놀랍게도 '문왕 팔괘도' 그림이 그려져 있다. 그림에는 연화대좌 위에 오른쪽 무릎을 세우고 앉아 있는 승려로 보이는 사람이 왼손에 검은 막대를 잡고 바닥에 그려진 '팔괘도'에서 북쪽에 있는 감괘(坎卦, ☵)를 가리키고 있다. 이 그림의 의미에 대하여 최영

---

11) 주희 지음, 김상섭 해설, 『역학계몽』, 예문서원, 1999, 124쪽 참조.

12) 『周易』「說卦傳」 5章, "萬物出乎震, 震東方也. 齊乎巽, 巽東南也. 齊也者, 言萬物之潔齊也. 離也者明也, 萬物皆相見, 南方之卦也. 聖人南面而聽天下, 嚮明而治, 蓋取此也. 坤也者地也, 萬物皆致養焉, 故曰致役乎坤. 兌正秋也, 萬物之所說也, 故曰說言乎兌. 戰乎乾, 乾西北之卦也, 言陰陽相薄也. 坎者水也, 正北方之卦也, 勞卦也. 萬物之所歸也, 故曰勞乎坎. 艮東北之卦也, 萬物之所成終而所成始也, 故曰成言乎艮."

성은 한대(漢代) 상수역(象數易)에 대한 고구려인들의 이해 수준을 엿볼 수 있는 귀중한 자료라며, 그림의 주인공인 승려에게 바깥은 허하고 속은 실한 감괘의 괘상은 일을 행함에 변치 않음이 있는 믿음을 뜻하므로 수행자에게 중요한 의미가 있다고 해석한다.[13] 한편 필자는 다른 상상을 해 본다. 관련 학자들은, 오회분의 3호묘 피장자를 고구려 26대 영양왕(590~618년 재위)으로 추정하며, 4호묘는 6세기 후반에서 7세기 초반에 축조된 것으로 추정한다. 고구려의 전성기를 이룬 19대 광개토대왕(391~412년 재위)이 요동지방을 확보하면서 고구려의 국력은 매우 강대해졌으나, 영양왕은 말갈과 연합하여 중국의 요서 지방을 침략함으로써 결국 수양제의 백만대군을 불러들이게 된다. 을지문덕의 뛰어난 지략으로 영양왕은 4번에 걸친 수나라의 공격을 물리치지만, 그후 거듭된 전쟁과 내분으로 고구려는 28대 보장왕(642~682년 재위) 때 멸망한다. 그림에서 승려가 가리키는 감괘(坎卦, ☵)는 '수고로운 괘(勞卦)'이고, '걱정을 많이 하는 것이 된다(爲加憂).'[14] 이 그림이 만약 이 시기에 그려진 것이라면 고구려가 처한 역사적 상황을 반영하는 것은 아닌가 하고 추측해 본다.

한편, '문왕 팔괘도'에서 진괘(震卦, ☳)는 동쪽을 나타낸다. 『주역』 「설괘전」에는 진(震)이 장자(長子)를 나타낸다[15]고 한다. 이런 뜻 때문인지 태자가 거처하는 집을 '동궁(東宮)'이라 하였고, 태자의 자리를 '진위(震位)'라고 하였다.

가) (문무왕 19년) 동궁(東宮)을 짓고 처음으로 궁궐 안팎 여러 문의 이

13) 최영성, 『한국유학통사』, 심산, 2006, 88-89쪽 참조.

14) 『周易』 「說卦傳」 5章, "坎者水也, … 勞卦也." 11章, "坎爲水…其於人也, 爲加憂."

15) 『周易』 「說卦傳」 11章, "震爲雷爲龍…爲長子."

름을 정하였다.[16)]

나) (문무왕 21년) 태자는 일찍이 밝은 덕을 쌓았고 오랫동안 태자의 자리[震位]에 있었다.[17)]

다) (궁예) 천우 원년(904)에 국호를 마진(摩震)이라 하고 연호를 무태(武泰)라고 하였다.[18)]

라) (견훤의 장자 신검의 교서 가운데) 돌아다보건대 [나는] 왕위를 이을 만한[震長] 재목이 아니니 어찌 임금 자리에 나아갈 만한 지혜가 있겠는가?[19)]

가)와 나)는 모두 문무왕 때의 일이다. 가)는 태자가 머무는 동궁을 왕궁 밖의 동쪽에 지은 것을 기록한 것이고, 나)는 문무왕이 죽음에 임하여 남긴 조서 가운데 태자에게 종묘의 주인은 잠시도 비워서는 안 되니 곧 왕위에 오르라고 당부하는 글이다. 두 기사 모두 '진(震)'은 태자와 관련되어 있다. 이 외 후삼국 시대 후고구려를 세웠던 궁예와 후백제를 세운 견훤의 기사에도 진(震)이 유사한 의미로 쓰인다. 다)는 궁예가 국호를 마진(摩震)으로 바꾼 것인데, 이병도는 '마진'을 '마하진단(摩訶震旦)'의 줄임말이며 인도인이 중국을 지칭한 것으로 대동방국(大東方國)을 뜻한다고 한다.[20)] 한편 서금석은 국호의 '진(震)'을 「설괘전」의 "천제는 진에서 나와서(帝出乎震)"와 관련지어 진은 동쪽

16) 『三國史記』 卷7, 「新羅本紀」 7, 〈文武王〉 19年: 創造東宮, 始定內外諸門額號.

17) 『三國史記』 卷7, 「新羅本紀」 7, 〈文武王〉 21年: 太子早蘊離輝, 久居震位.

18) 『三國史記』 卷50, 「列傳」 10, 〈弓裔〉: 天佑元年甲子, 立國號爲摩震, 年號爲武泰

19) 『三國史記』 卷50, 「列傳」 10, 〈甄萱〉: 顧非震長之才, 豈有臨君之智.

20) 이병도 역주, 『삼국사기』, 717쪽 주7) 참조.

을 가리키면서 만물의 새로운 시작을 의미한다고 해석하였다.[21] 라)는 견훤의 장자 신검(神劍)의 교서 가운데 나오는 말이다. 견훤은 아들을 10여 명 두었는데, 그 가운데 넷째 아들인 금강(金剛)이 키가 크고 지략이 많아 특별히 사랑하여 왕위를 물려주려고 하였다. 당연히 그 형인 신검(神劍) · 양검(良劍) · 용검(龍劍)이 불만을 가지면서 반란을 일으켜 견훤을 금산불사(金山佛寺)에 가두고 사람을 보내 금강을 죽였다. 위의 기사는 왕위에 오른 신검이 대사면을 단행하면서 내린 교서 가운데 나오는 말이다. 부친인 견훤은 말세에 태어나 삼한을 경략하고 백제를 부흥하는 지략을 갖추었음에도 어린 아들을 사랑하는 어리석음이 있었다고 비판하면서 자신이 왕위에 오르는 명분을 밝히고 있다.[22] 위의 네 가지 사례 모두 진(震)을 「설괘전」에 나오는 뜻으로 사용하고 있음을 알 수 있다.

② 김유신이 비담의 난을 진압하다 (647년)

선덕여왕 16년(647)에 대신(大臣) 비담(毗曇)과 염종(廉宗)이 선덕여왕을 폐위하려 반란을 일으켰다. 이유는 선덕여왕은 여자 임금이어서 나라를 잘 다스리지 못한다는 것이었는데, 그들은 명활성(明活城)에 주둔하고 김유신이 지휘하는 관군은 월성(月城)에 진영을 베풀고는 열흘 동안 대치하고 있었다. 한밤중에 큰 별이 월성에 떨어졌는데, 비담 등은 별이 떨어진 곳에는 반드시 유혈이 있으므로 선덕여왕이 패할 조짐이라고 말을 퍼뜨렸다. 여왕이 이 말을 듣고는 두려워하자, 심리전

---

21) 서금석, 「궁예의 국도선정과 국호 · 연호 제정의 성격」, 『한국중세사연구』 42, 한국중세사학회, 2015, 224-225쪽 참조. DB. 『三國史記』 卷50, 「列傳」 10, 〈弓裔〉 904年 "마진으로 국호를 바꾸고, 연호를 무태라고 하다" 주003) 참조.

22) 이병도 역주, 『삼국사기』, 728-730쪽 참조.

에 능했던 김유신은 왕에게 “길흉은 결정된 것이 아니라 사람이 불러들이는 것입니다”[23] 하고는 허수아비를 만들어 불을 붙여 연에 실어 하늘로 올려보냈다. 다음날 어제 떨어진 별이 다시 하늘로 올라갔다고 말을 퍼뜨리면서 흰말을 잡아 별이 떨어진 곳에 제사를 드리면서 다음과 같이 말하였다.

> 하늘의 도리[天道]로 말하면, 양(陽)은 강하고 음(陰)은 부드러우며, 사람의 도리[人道]로 말하면, 군주는 존귀하고 신하는 비천합니다. 만약에 혹시 이러한 질서가 바뀐다면, 큰 혼란이 일어날 것입니다. 지금 비담 등이 신하로서 군주를 해치려고 하는데, [이것은] 아랫사람이 윗사람을 침범하는 것입니다. 이것이야말로 이른바 군주를 시해하고 부모를 죽이는 사람으로서 사람과 천신이 모두 미워하는 것이고, 하늘과 땅도 용납할 수 없는 것입니다. [그런데] 지금 하늘이 이에 대해 무심한 듯하고 오히려 별이 왕성에 떨어지는 괴변을 보이신 것이라면 이는 신(臣)이 [하늘이 왜 이렇게 하시는지] 의혹을 가지는 것이고 이해할 수 없는 일이기도 합니다. 오직 하늘의 위엄을 사람이 하고자 하는 것에 따라 착한 이에게는 착한 것으로, 악한 이에게는 악한 것으로 대하셔서 신령의 부끄러움이 없게 하소서.[24]

김유신의 이 제문에는 『주역』과 관련하여 세 가지 내용을 구분할 수 있을 것 같다. 첫째로, 김유신은 「설괘전」과 「문언전」에 보이는 『주역』 사상을 알고 있다는 것이다. 천도를 양의 강함과 음의 부드러움으로 구분하는 것은 「설괘전」의 “[역을 지은 성인은] 하늘의 도리를

---

23) 『三國史記』 卷42, 「列傳」 1, 〈金庾信〉 上, “吉凶無常, 惟人所召.”

24) 『三國史記』 卷42, 「列傳」 1, 〈金庾信〉 上, “天道則陽剛而陰柔, 人道則君尊而臣卑. 苟或易之, 卽爲大亂. 今毗曇等以臣而謨君, 自下而犯上. 此所謂亂臣賊子, 人神所同疾, 天地所不容. 今天若無意於此, 而反見星怪於王城, 此臣之所疑惑而不喩者也. 惟天之威, 從人之欲, 善善惡惡, 無作神羞.”

세워 음과 양이라 하였고, 땅의 도리를 세워 부드러움과 강함이라 하였고, 사람의 도리를 세워 인과 의라고 하였다"25)와 관련되며, 군주와 신하를 존비 관계로 구분하는 것은 [문언전]의 "음은 비록 아름답지만, 그것을 머금어서 왕의 일을 따라야지 감히 이루려고 해서는 안 된다. [이것은] 땅의 도리이며, 아내의 도리이며, 신하의 도리이다. 땅의 도리는 이룸은 없지만 [하늘의 도리를] 이어서 마침은 있다"26)라는 구절을 떠올리게 한다. 선덕여왕은 비록 여왕이지만 군주이므로 양의 강함과 군주의 귀함이 있다는 것이다. 둘째로, 그는 재이설(災異說)을 믿고 있다는 것이다. 비담 무리와의 대치상황에서 왕성에 별이 떨어지는 것은 김유신에게도 분명 불길한 상황으로 느껴졌다. 하지만 김유신은 자연의 힘을 관장하는 신령이 분명 인간의 도덕적 행위에 따라 징조를 보여야만 하지 착한 이에게 불행을 주는 것은 옳지 않다고 여겼기에 오히려 신령을 꾸짖는 담대함을 보인다. 셋째로, 비일상적인 자연 현상에서 보이는 재이설보다 더 강력한 힘은 인간의 윤리적 행위라고 그는 믿고 있다는 것을 보여준다. 이것은 상수역보다는 의리역에 가까운 태도이다. 『삼국유사』「가락국기(駕洛國記)」 좌지왕(坐知王) 기사에 시초점을 친 사례27)가 나오는데 이것을 토대로 금관가야 출신인 김유신도 『주역』을 잘 알고 있었을 것으로 추정할 수 있다.

이외 당나라 총관 설인귀(薛仁貴)가 신라 문무왕에게 보낸 편지에 "겸손한 뜻으로 돌아가서[流謙]"라는 표현이 나오는데, 이에 대해 이병도는 '겸손을 유포하다'라는 뜻으로 풀이하고 겸괘(謙卦) 「단전(彖傳)」의

25) 『周易』「說卦傳」 2章, "立天之道曰陰與陽, 立地之道曰柔與剛, 立人之道曰仁與義."

26) 『周易』「文言傳」 坤卦, "陰雖有美, 含之, 以從王事, 弗敢成也. 地道也, 妻道也, 臣道也. 地道无成而代有終也."

27) 본고 "3-2) 유일한 시초점 사례 – 좌지왕이 용녀를 귀양보내다" 참조.

‘地道變盈而流謙’을 그 출처로 든다.[28] 이 구절은 “하늘의 도는 가득 찬 것을 이지러지게 하여 겸손한 데로 흐르고”[29]라는 대구(對句) 형식을 지니며, 당나라가 백제를 멸망시킨 후 백제의 고토를 당나라 통치하에 두려고 만든 웅진도독부를 신라가 침범한 것을 두고 설인귀가 문무왕을 힐책하는 편지의 맥락으로 보아도 이병도의 번역은 맞지 않는 것 같다. 이 편지를 보낸 설인귀는 『주역신주본의(周易新注本義)』라는 주석서를 썼다[30]고 하므로 『주역』에 해박한 지식을 가진 이로 보인다.

그리고 신문왕이 조묘에 대신을 보내 제사를 올리는 글 가운데 ‘건곤(乾坤)’[31]이라는 단어가 나오고, 고국천왕이 을파소를 초빙하는 말 가운데 나오는 ‘능력을 감추고[藏用]’[32]는 『주역』 「계사전」 5장의 ‘인을 나타내며, 쓰임을 감추어서[顯諸仁藏諸用]’와 관련이 있는 것으로 보인다. 마지막으로 왕건이 견훤에게 보내는 답장에 “덕이 두루 미쳐 먼 곳까지 포용하며[德洽包荒]”[33]라는 표현은 태괘(泰卦, ䷊) 구이(九二) 효사에 “거친 것을 포용하며[包荒] 황하를 건너는 것을 쓰며, 먼 것을 버리지 않으며 붕당을 버리면 중도를 행함에 합치될 것이다”[34]와 같은

28) 이병도 역주, 『삼국사기』, 111쪽 주4) 참조.

29) 『周易』 謙卦 「彖傳」의 전문은 다음과 같다. 彖曰, “謙亨, 天道下濟而光明, 天道虧盈而益謙, 地道變盈而流謙, 鬼神害盈而福謙, 人道惡盈而好謙. 謙尊而光, 卑而不可踰, 君子之終也.”

30) DB. 『三國史記』 卷21, 「高句麗本紀」 9, 〈寶藏王〉 4年, “고연수의 군대가 패하다” 주 001) 참조.

31) 『三國史記』 卷8, 「新羅本紀」 8, 〈神文王〉 7년(687), 4월에 조묘에 대신을 보내 제사를 지내며 고하였다. “…종묘의 돌보심과 하늘과 땅[乾坤]이 내리시는 복에 힘입어 사방이 안정되고 백성이 화목하며…(奉賴宗廟獲持, 乾坤降祿, 四邊安靜, 百姓雍和).”

32) 『三國史記』 卷16, 「高句麗本紀」 4, 〈故國川王〉 13年(191), “선생은 능력을 감추고[藏用] 현명함을 숨긴 채 초야에 묻혀 지낸 지 오래되었소(先生藏用晦明, 窮處草澤者久矣).”

33) 『三國史記』 卷50, 「列傳」 10, 〈甄萱〉 928年.

34) 『周易』 泰卦 九二, “包荒, 用馮河, 不遐遺, 朋亡, 得尙于中行.”

의미로 쓰인 것으로 보인다.

2) 한대(漢代) 상수역(象數易)의 재이설(災異說)과 관련된 자료

『삼국사기』에는 재이설과 관련된 자료가 많다. 『양한역학사(兩漢易學史)』를 쓴 고회민(高懷民)에 의하면 "재이를 말하는 것이 한대에 매우 유행했으므로 후세 사람들은 '재이의 학'이라고 부르기도 한다. 서한의 천자 무제(武帝, B.C. 141~B.C. 87)와 재상 동중서(董仲舒, B.C. 179~B.C. 104)와 공손홍(公孫弘, B.C. 199~B.C. 121) 이후 천자와 신하들은 '재이를 밝히는 것'을 필수 상식으로 삼았다. 당시의 유명한 학자들은 모두 재이 전문가였다"[35]라고 한다. 또 그에 의하면 재이 사상은 부정기적으로 출현하는 비정상적인 현상과 인간의 의구심이라는 심리 위에 세워진 것이어서 음양오행 등의 설을 끌어들여 해석한 것 외에는 굳건한 이론적 기초가 없다.[36] 역학사의 흐름에서 한대 상수역은 분명히 역학의 범위에 들어간다. 청나라 건륭제의 명으로 1781년에 편찬된 『흠정사고전서총목』(이하 줄여서 『총목』이라고 함)의 경부(經部) 역류(易類)에서는 3천 년 동안 이루어진 역학의 흐름을 양파(兩派) 6종(六宗)으로 분류하고 있다.

> 역(易)은 복서(卜筮)에 깃들어 있다. 그러므로 역이란 책은 천도(天道)를 미루어 인사(人事)를 밝히는 것이다. 『좌전』에 기록된 모든 점은 대개 태복(太卜)이 사용하던 방법이다. ⑴ 한나라 유학자들이 상수(象數)를 말한 것

35) 까오 화이민(高懷民) 지음, 신하령 · 김태완 옮김, 『상수역학[兩漢易學史]』, 신지서원, 1994, 115쪽.

36) 까오 화이민(高懷民), 『상수역학[兩漢易學史]』, 119쪽.

> 은 이 옛날 방법과 멀리 떨어져 있지 않았다. (2) [한나라 상수역이] 한 번 변하여 경방(京房, B.C. 77~B.C. 37)과 초공(焦贛, ?~?)의 상서로움과 재앙의 조짐으로 들어가고, (3) 두 번 변하여 진단(陳摶, ?~989)과 소옹(邵雍, 1011~1077)의 무궁한 조화에 힘쓰게 되어, 역은 마침내 백성들 사이에서 끊어지지 않고 사용하게 되었다. (4) [한편] 왕필(王弼, 226~249)은 상수를 물리치고 노장으로 [역을] 말하였는데, (5) [왕필의 역학이] 한번 변하여 호원(胡瑗, 993~1059)과 정이(程頤, 1033~1107)에 이르러 처음으로 유학의 이치를 천명하게 되었고, (6) 두 번 변하여 이광(李光, 1078~1159)과 양만리(楊萬里, 1124~1206)가 또 역사적 사실을 증거로 끌어오게 됨에 따라, 역은 마침내 날로 그 논쟁의 단서를 열게 되었다. 이것이 양파(兩派) 6종(六宗)인데, [이런 차이 때문에] 이전부터 서로를 공격하고 있다.[37]

『총목』에서는 역(易)의 본질을 복서(卜筮)로 보고 이 고대 점법은 『좌전』에 남아 있다고 한다. 이로부터 두 개의 역학 흐름이 생기게 되는데, 첫 번째 흐름은 (1) 한대(漢代) 상수역(象數易)→(2) 경방(京房)과 초공(焦贛)→(3) 진단(陳摶)과 소옹(邵雍)으로 이어지고, 두 번째 흐름은 (4) 왕필(王弼)→(5) 호원(胡瑗)과 정이(程頤)→(6) 이광(李光)과 양만리(楊萬里)로 이어진다고 한다. 필자는 『삼국사기』에 수록된 역학 관련 자료는 이 가운데 (1) 한대 상수역, (2) 경방과 초공의 역학, (4) 왕필의 역학과 관련이 깊다고 생각한다. 시대적으로 한반도의 삼국이 활동하던 시기는 중국의 한나라와 위진남북조 시기와 겹치기에 삼국에서 중국의 주된 역학 사상의 영향을 받았다는 것은 충분히 짐작할 수가 있다. 백제 비유왕 24년(450)에 송나라에서 초공의 『역림』과 점치는 도구인

37) 『欽定四庫全書總目』, 經部, 易類一, 1-54쪽 上, "易則寓於卜筮. 故易之爲書, 推天道以明人事者也. 『左傳』所記諸占, 蓋猶太卜之遺法. 漢儒言象數, 去古未遠也. 一變而爲京焦入於禨祥, 再變而爲陳邵務窮造化, 易遂不切於民用. 王弼盡黜象數, 說以老莊. 一變而胡瑗程子始闡明儒理. 再變而李光楊萬里又叅證史事, 易遂日啓其論端. 此兩派六宗, 已互相攻駁."

식점(式占)을 들여온 것이라든지[38], 신라 신문왕 2년(682)에 설치한 국학에서 『주역』을 가르칠 때 정현(鄭玄, 127~200)과 왕필(226~249)의 주석서를 사용하였을 것으로 추측하는 일들[39]이 필자의 주장을 뒷받침하는 근거이다. 따라서 『삼국사기』에 나오는 재이설은 비록 학문적 기초는 부족하지만, 역학의 부분으로 생각하고 그 예를 한 가지만 들고자 한다.

① (고구려 대무신왕 3년) 부여왕 대소(帶素)가 까마귀를 보내오다 (20년)

고구려 대무신왕 3년(20)에 부여왕 대소가 머리 하나에 몸이 둘인 붉은 까마귀를 보내왔다. 처음 부여에서 이 까마귀를 얻어 왕에게 바쳤을 때 어떤 사람이 왕에게 "까마귀는 검은 것입니다. 지금 변하여 붉게 되었고, 또 머리 하나에 몸이 둘이니 두 나라를 아우를 징조입니다. 왕께서 고구려를 얻으실 것입니다"[40]라고 하였다. 왕은 이 말을 듣고 기뻐하면서 고구려에 보내면서 그 뜻도 함께 알려주었다고 한다. 국가의 존망과 관련된 일을 이런 비일상적 현상에 의존해서 처리한다는 것이 지금으로서는 이해가 되지 않지만, 당시에는 이와 같은 일들이 허용되었던 것 같다. 고구려에서는 왕과 신하들이 모여 의논한 뒤 "검은 것은 북쪽의 색인데 지금 변하여 남쪽의 색이 되었습니다. 또 붉은 까마귀는 상서로운 물건인데 임금께서 (그것을) 얻었으되

38) 국사편찬위원회 역주 및 편찬 발행, 『中國正史朝鮮傳 譯註(一)』, 1987, 400쪽 참조.

39) 이에 대해서는 본고 주43) 참조.

40) 『三國史記』 卷14, 「高句麗本紀」 2, 〈大武神王〉 3年, "烏者黑也. 今變而爲赤, 又一頭二身, 幷二國之徵也. 王其兼高句麗乎."

갖지 않으시고 나에게 보내주셨으니, 두 나라의 존망을 알지 못하겠습니다"41)라고 대응하였다. 고구려에서는 오행설을 이용하여 북쪽을 나타내는 검은 색이 남쪽을 나타내는 붉은 색으로 변하였다는 것은 남쪽에 있던 고구려가 북쪽에 있던 부여를 정복하는 것으로 해석한 것 같다. 그것을 직접 언급하지는 않지만, 두 나라가 병합되는 것을 상징하는 붉은 까마귀는 상서로운 물건인데 그것을 부여가 소유하지 않고 고구려로 보냈으니 아마도 고구려가 그 병합의 주역이 될 것 같다고 한 것이다. 부여왕 대소는 이 말을 듣고 놀라며 후회했다고 한다.

이외 『삼국사기』에는 재이설과 관련된 자료가 매우 풍부하지만, 위에서 든 예와 유사한 형태이므로 지면상 생략한다.

3) 국학의 교과목으로 사용된 『주역』

『삼국사기』에는 신라에서 국학(신문왕 2년(682))과 독서삼품과(원성왕 4년(788))를 설치하여 학생들을 가르친 교과목이 기록되어 있다. 고구려는 신라보다 먼저 소수림왕 2년(372)에 "태학을 설립하여 자제를 교육하였다"42)라는 기사가 있지만, 구체적인 교과목에 대한 언급이 없다. 그래서 고구려와 백제의 경우는 『중국 정사 조선전(中國正史朝鮮傳)』을 참고하여 당시 삼국에서 『주역』을 어떻게 학습했는지 살펴보았다.

① (신문왕 2년) 국학(國學)을 설립하다 (682년)

41) 『三國史記』 卷14, 「高句麗本紀」 2, 〈大武神王〉 3年, "黑者北方之色, 今變而爲南方之色. 又赤烏瑞物也, 君得而不有之, 以送於我, 兩國存亡, 未可知也."

42) 『三國史記』 卷18, 「高句麗本紀」 6, 〈小獸林王〉 2年, "立太學, 敎育子弟."

신문왕 2년(682) 6월에 국학을 설립하고 경(卿) 1인을 두었다. 학생을 가르치는 법은 『주역』[43] · 『상서』 · 『모시』 · 『예기』 · 『춘추좌씨전』 · 『문선』을 나누어 수업하였다. 박사와 조교 1명이 『예기』 · 『주역』 · 『논어』 · 『효경』을 가르치거나, 『춘추좌전』 · 『모시』 · 『논어』 · 『효경』을 가르치거나, 『상서』 · 『논어』 · 『효경』 · 『문선』을 가르쳤다.[44] 학생들은 이 책들을 공부하여 성적에 따라 세 등급[三品]으로 나뉘어 관직에 진출하였다. 『주역』은 이 세 등급의 교과목에 포함되지 않았다. 하지만 만약 5경(五經)과 3사(三史)[45], 제자백가(諸子百家)의 저서에 널리 통달한 사람이라면 등급을 뛰어넘어 선발하여 등용하였다[46]고

---

43) DB, 『三國史記』 卷 38, 「雜志」 7, 〈職官〉, "국학(682년)" 주567)에는 신라 국학에서 사용되었을 것으로 추정되는 『주역』 주석서에 관한 상세한 정보가 있다. 본 연구와 관련하여 매우 중요한 의미를 지닌다고 생각하므로 재인용하고자 한다. "유교 교육기관에서 『주역』을 가르치는 데에는 그 주석서가 이용되었다. 당 국자감의 경우 후한대 사람 정현과 위나라 왕필의 주석서가 사용되었다고 한다(김택민 주편, 『譯註 唐六典(下)』, 신서원, 2008, 30쪽). 정현은 주석서 『주역정강성주(周易鄭康成注)』를, 왕필은 『왕필주역주(王弼周易注)』를 저술하였다고 알려져 있다. 일본 태학(太學)에서도 두 사람의 주석서를 사용했다고 하는데, 둘 모두를 익히는 것이 아니라, 둘 중 하나만 배운다고 하였다. 그러나 둘 다 익히면 박달(博達)로 칭한다고 하였다(이근우 역주, 『令義解 譯註(上)』, 세창출판사, 2014, 274-275쪽). 중국과 일본의 사례를 볼 때, 신라에서도 이 두 『주역』 주석서가 교육에 사용되었을 것으로 추정된다." 이후 두 역서에서 위의 내용이 사실임을 확인하였다.

44) 『三國史記』 卷 38, 「雜志」 7, 〈職官〉 上, "國學", "教授之法, 以『周易』 · 『尙書』 · 『毛詩』 · 『禮記』 · 『春秋左氏傳』 · 『文選』, 分而爲之業. 博士若助教一人, 或以『禮記』 · 『周易』 · 『論語』 · 『孝經』, 或以『春秋左傳』 · 『毛詩』 · 『論語』 · 『孝經』, 或以『尙書』 · 『論語』 · 『孝經』 · 『文選』教授之."

45) DB, 『三國史記』 卷38, 「雜志」 7, 〈職官〉 上, "國學(682)" 주578)에 의하면 3사는 중국의 대표적인 역사서 3종을 말하는데, 당(唐)대에는 『史記』 · 『漢書』 · 『後漢書』를 일컬었다.

46) 『三國史記』 卷 38, 「雜志」 7, 〈職官〉 上, "國學", "若能兼通五經 · 三史 · 諸子百家書者, 超擢用之."

한다. 원성왕 4년(788) 봄에 처음으로 독서삼품(讀書三品)을 정하여 관리를 선발하였는데, 여기에도 『주역』은 포함되지 않았다.

② 『중국 정사 조선전』에 들어 있는 역학 관련 자료

여기에서는 『삼국사기』에 빠져 있는 고구려와 백제의 경학(經學) 관련 자료를 『중국 정사 조선전』을 참고하여 보충하고자 한다. 본 고에서는 『사기(史記)』에서 『신당서(新唐書)』까지 17종류의 중국 사서(史書)의 「동이열전(東夷列傳)」과 그에 해당하는 자료를 검토하여 고구려와 백제에서도 신라와 마찬가지로 5경과 3사를 주로 읽었다는 것을 확인할 수 있었다. 이외 역학과 관련된다고 생각되는 자료를 정리하면 다음과 같다.

가) 부여

㉠ 전쟁하게 되면 그때에도 하늘에 제사를 지내고, 소를 잡아서 그 발굽을 가지고 길흉을 점친다. (『후한서』 「동이열전」)[47]

㉡ 전쟁하게 되면 그때도 하늘에 제사를 지내고, 소를 잡아서 그 발굽을 보아 길흉을 점치는데, 발굽이 갈라지면 흉하고 발굽이 붙으면 길하다고 생각한다. (『삼국지』 위서 「동이전」)[48]

나) 고구려

㉠ 5경을 읽을 줄 안다. (『남제서』 「동남이열전」)[49]

---

47) 국사편찬위원회 역주 및 편찬 발행, 『中國正史朝鮮傳 譯註(一)』, 1987, 127쪽, "有軍事亦祭天, 殺牛, 以畫占其吉凶."(『後漢書』 「東夷列傳」)

48) 『中國正史朝鮮傳 譯註(一)』, 214쪽, "有軍事亦祭天, 殺牛觀蹄以占吉凶, 蹄解者爲凶, 合者爲吉."(『三國志』 魏書 「東夷傳」)

49) 『中國正史朝鮮傳 譯註(一)』, 419쪽, "知讀五經."(『南齊書』 「東南夷列傳」)

㉡ 서적으로는 5경 및 3사와 『삼국지』·『진양추』가 있다. (『주서』「이역열전」, 『북사』「열전」)[50]

㉢ 책은 5경 및 『사기』·『한서』·범엽의 『후한서』·『삼국지』·손성의 『진춘추』·『옥편』·『자통』·『자림』이 있다. 또 『문선』을 대단히 귀중하게 여긴다. (『구당서』「동이열전」)[51]

다) 백제

㉠ 원가(元嘉) 27년(A.D.50; 백제 비유왕 24년) 여비(餘毗)가 방물(方物)을 바치며, 국서(國書)를 올려 사사로이 대사(臺使) 풍야부(馮野夫)를 서하태수(西河太守)로 삼을 것을 추인해 주고, 표문으로 『역림(易林)』·식점(式占)[52] 및 요노(腰弩)를 요구하자 태조(太祖)는 모두 들어 주었다. (『송서』「이만열전」)[53]

㉡ 그들의 습속은 말타기와 활쏘기[騎射]를 숭상하고 아울러 고서(古書)와 사서(史書)를 애독하니, 뛰어난 사람은 제법 문장을 엮을 줄도 알았다. 또 음양오행도 이해하였다. 송 원가력을 채용하여 인월로 세수를 삼았다. 또 의약, 복서 및 점치고 관상 보는 법도 알고 있었다. (『주서』「이역열전」)[54]

㉢ 풍속이 말타기와 활쏘기를 숭상하며, 고서와 사서를 애독하여 뛰어

---

50) 『中國正史朝鮮傳 譯註(一)』, 600쪽, "書籍有五經·三史·『三國志』·『晋陽秋』."(『周書』「異域列傳」); 같은 내용이 『北史』「列傳」(『中國正史朝鮮傳 譯註(二)』, 1987, 62쪽)에 있다.

51) 『中國正史朝鮮傳 譯註(二)』, 244쪽, "其書有五經及『史記』·『漢書』· 范曄『後漢書』·『三國志』·孫盛『晋春秋』·『玉篇』·『字統』·『字林』, 又有『文選』, 尤愛重之."(『舊唐書』「東夷列傳」)

52) 한국민족문화대백과사전 https://encykorea.aks.ac.kr/, 〈식점천지반(式占天地盤)〉의 해설에 따르면 식점은 별자리와 방위 등을 알려주는 식반(式盤)을 사용하여 점을 치는 방법이다.

53) 『中國正史朝鮮傳 譯註(一)』, 400쪽, "二十七年, 毗上書獻方物, 私假臺使馮野夫西河太守, 表求『易林』·式占·腰弩, 太祖並與之."(『宋書』「夷蠻列傳」)

54) 『中國正史朝鮮傳 譯註(一)』, 613쪽, "俗重騎射, 兼愛墳史, 其秀異者頗解屬文. 又解陰陽五行, 用宋元嘉曆, 以建寅月爲歲首. 亦解醫藥·卜筮·占相之術."(『周書』「異域列傳」)

난 사람은 제법 문장을 엮을 줄도 알며 관청 사무에도 능숙하였다. 또 의약 · 시귀 및 상술 · 음양오행에 대해서도 알았다. (『북사』「동이열전」)[55)]

㉣ 풍속이 말타기와 활쏘기를 숭상하며, 고서와 사서를 읽고, 관리의 일도 잘 본다. 또 의약 · 시귀 · 고상술도 안다. (『수서』「동이열전」)[56)]

㉤ 서적으로는 5경과 제자서 및 사서가 있으며, 또 표(表) · 소(疏)의 글도 중화의 법에 의거한다. (『구당서』「동이열전」)[57)]

위의 자료에 의하면 부여에서는 복서(卜筮)와 다른 독자적인 점법을 사용했던 것으로 보인다. 그리고 고구려와 백제는 신라와 마찬가지로 5경과 역사서를 애독하였고, 백제에서는 복서 · 시귀 · 음양오행을 알았다고 하며 고구려보다 더 많은 기록이 남아 있는 점이 특이하게 보였다. 이 가운데 설명을 보충하자면 다)-㉠에 나오는 『역림』은 한나라 초공(焦贛, 字는 延壽)이 지은 16권으로 된 저작이다. 한 괘마다 부연해서 64괘로 만들고 여기에 요사(繇詞)라는 판단문을 붙였는데 점을 쳤을 때 많은 효험이 있었다고 한다. 하지만 후세 역학이 술수로 흐른 폐단은 초공부터 시작되었다고 한다.[58)]

---

55) 『中國正史朝鮮傳 譯註(二)』, 77쪽, "俗重騎射, 兼愛墳史, 而秀異者頗解屬文, 能吏事. 又知醫藥 · 蓍龜 · 與相術 · 陰陽五行法."(『北史』「東夷列傳」)

56) 『中國正史朝鮮傳 譯註(二)』, 164쪽, "俗尙騎射, 讀書史, 能吏事, 亦知醫藥 · 蓍龜 · 占相之術."(『隋書』」「東夷列傳」)

57) 『中國正史朝鮮傳 譯註(二)』, 293쪽, "其書籍有五經 · 子 · 史, 又表 · 疏並依中華之法."(『舊唐書』「東夷列傳」)

58) 김승동 편저, 『易思想辭典』, 부산대학교출판부, 2006, 775쪽, 〈역림〉 참조.

3. 『삼국유사』에 포함된 고대의 한국역학

1) 『주역』과 관련된 표현이 나오는 곳

㉠ 국선 부례랑이 포로가 되자 국왕이 찾으려고 노력하다

신라 32대 효소왕 때 이야기이다. 왕이 대현살찬의 아들 부례랑을 받들어 국선(國仙)으로 세우니 그의 곁에 모여든 화랑이 1,000명이나 되었는데, 이 가운데 안상(安常)과 더 친했다고 한다. 이 부례랑이 오랑캐에게 붙잡혀가는 사건이 일어난다.

> (부례랑이) 천수(天授: 당 측천무후의 연호) 4년 계사(癸巳) 늦은 봄에 낭도들을 거느리고 금란(金蘭)으로 출유하여 북명(北溟) 지경에 이르러 오랑캐들에게 붙잡혀 갔다. 문객들이 모두 어쩔 줄 모르고 돌아오는데 안상 혼자만 추격해 갔다.[59]

여기서 주목하는 것은 사건이 아니라 '금란(金蘭)'이라는 지명이다. 이곳은 강원도의 통천(通川) 지역인데, "금란"이라는 이름은 「계사전」에서 동인괘(同人卦, ䷌) 구오를 풀이하는 곳에 나온다.[60] 「계사전」에서는 "'동인이 먼저는 부르짖어 울고 뒤에는 웃는다'라고 하니 공자께서

---

59) 『三國遺事』 卷 3, 「塔像」 4, 〈栢栗寺〉, "天授四年, 癸巳暮春之月, 領徒遊金蘭, 到北溟之境, 被狄賊所掠而去. 門客皆失措而還, 獨安常追迹之."

60) DB, 『三國遺事』 卷3, 「塔像」 4, 〈栢栗寺〉, "국선 부례랑이 포로가 되자 국왕이 찾으려고 노력하다" 주298) 참조.

말씀하시기를 '군자의 도가 혹 나아가고 혹 거처하고 혹 침묵하고 혹 말하나, 두 사람이 마음을 같이하면 그 예리함이 쇠를 끊는다. 마음을 같이해서 하는 말은 그 향기가 난초의 향기로움과 같다'"[61]라고 하였다. 이것은 동인괘 구오효사를 풀이한 것으로 군자의 언행은 일정하지 않고 때에 따라 행하나 만약 두 사람의 마음이 하나가 된다면 난초의 향기가 우리의 마음을 즐겁게 하는 것처럼 아름다운 일이라고 한다. 부례랑과 안상의 일화와 이 지명은 어떤 연관성을 지닌 것처럼 생각된다.

㉡ 의상의 중국 유학

원효는 의상과 함께 당나라 유학을 두 번 시도하였지만 실패한 것인지 아니면 전해오는 이야기처럼 해골 물을 먹고 "온 우주가 오직 마음일 뿐"이라는 깨우침을 얻고 신라로 돌아간 것인지 확실하지 않지만, 의상은 결국 당나라에 도착하여 『화엄경』을 배우러 종남산(終南山)에 있는 지엄(智儼)을 찾아간다. 지엄은 그 전날 꿈에 한 그루의 큰 나무가 해동(海東)에서 생겨나 가지와 잎이 널리 퍼져 중국까지 덮었으며, 그 위에 봉황의 집이 있어 올라가 보니 마니 보배구슬 하나가 광명을 멀리까지 뻗치고 있었다고 한다.[62] 그리고 두 사람이 만났을 때의 상태를 다음과 같이 말하고 있다.

> (의상이) 화엄의 오묘한 뜻을 깊고 미세한 것까지 해석하자 지엄은 뛰어

---

61) 『周易』「繫辭傳」上, 8章, "同人, 先號咷而後笑. 子曰, '君子之道, 或出或處或默或語. 二人同心, 其利斷金, 同心之言, 其臭如蘭.'"

62) 一然 著. 崔虎 譯解, 『三國遺事』, 홍신문화사, 1992, 316쪽 참조.

난 자질을 만난 데 기뻐하여 새로운 이치를 가르쳐주었는데, 깊은 것을 캐내고 숨은 것을 찾아내어 제자가 스승을 능가할 정도였다.[63]

『화엄경』은 붓다의 가르침을 다섯 시기로 나눈 천태지의(天台智顗, 538~597)의 오시팔교(五時八教)에서 붓다가 깨달음을 얻은 후 처음 설법한 내용을 담은 것이라고 한다. 그만큼 붓다가 듣는 이의 근기에 맞추지 않고 깨달음을 곧장 말씀하신 것이라는 뜻이다. 그러므로 불경 가운데 가장 어려운 내용을 담고 있다고 알려져 있다. 윗글에서는 의상이 이 화엄의 뜻을 매우 깊이 이해하고 있다는 것을 "깊은 것을 캐내고 숨을 것을 찾아내어[鉤深索隱]"라고 표현하고 있다. 이 구절은 「계사전」의 "심오한 진리를 탐색하고 은밀한 것을 찾으며, 깊은 것을 끌어내어 먼 것을 오게 하며, 천하의 길하고 흉함을 정하여 천하의 힘쓰는 일을 이루어지는 것으로는 시귀(蓍龜)만큼 큰 것이 없다"[64]에서 빌려온 것이라고 한다.[65] 『화엄경』과 『주역』 모두 드러난 것에 감추어진 깊은 이치를 보여준다는 데 있어서 유사점이 있는 것 같다.

2) 유일한 시초점 사례 –좌지왕이 용녀를 귀양 보내다

「가락국기」 좌지왕(坐知王) 기사에는 시초점을 친 사례가 나온다. 『삼국사기』와 『삼국유사』의 두 역사서를 합하여 유일한 사례라고 생각된다. 이 사례는 어떤 사건을 두고 「역경」의 조언을 구하는 시초점

---

63) 『三國遺事』 卷4, 「義解」 5, 〈義相傳教〉, " 雜花妙旨, 剖析幽微, 儼喜逢郢質, 克發新致, 可謂鉤深索隱, 藍茜沮本色."

64) 『周易』 「繫辭傳」 上, 11章, "探索索隱, 鉤深致遠, 以定天下之吉凶, 成天下之亹亹者, 莫大乎蓍龜."

65) DB, 『三國遺事』 卷 4, 「義解」 5, 〈義相傳教〉, "의상의 중국 유학" 주237) 참조.

의 전형적인 형식을 취하고 있다. 사건의 내막은 다음과 같다.

> 좌지왕은 김질(金叱)이라고도 한다. 의희(義熙) 3년에 즉위하였다. 용녀(傭女)와 결혼한 후 그 여자의 무리에게 벼슬을 줌으로써 나라 안이 소란스러웠다. (이때) 계림국(鷄林國)이 꾀를 내어 (가락국을) 치려 하니, 박원도(朴元道)라는 신하가 간하여 말하기를 "하찮은 풀이라도 우거지면 또한 날짐승[羽蟲]이 모여드는데 하물며 사람에 있어서이겠습니까! 하늘이 망하고 땅이 꺼지면 사람이 어느 곳에서 보전하겠습니까? 또 점쟁이[卜士]가 점을 쳐서[筮] 해괘(解卦)를 얻었는데, 그 점괘의 말에 '너의 엄지손가락을 풀어 버리면 벗이 와서 믿으리라[解而拇, 朋至斯孚]'라고 했으니, 왕께선 역(易)의 괘를 살피시옵소서"라고 하니, 왕은 사과하며 "옳다" 하고 용녀를 물리쳐 하산도(荷山島)에 귀양보내고, 정치를 고쳐 행하여 오랫동안 백성을 편안하게 다스렸다.[66]

여기서 '용녀'의 사전적 의미는 '품팔이하는 여자'이다. DB에서도 이렇게 해석하는데, 만약 용녀가 미천한 여자라면 좌지왕이 어떻게 해서 그런 여자와 결혼을 했으며, 또 그런 여자에게 어떻게 벼슬을 받을만한 무리가 있으며, 또 어떤 일로 나라 안이 소란스러워졌는지 위의 글로는 알 수가 없다. 이에 대해 유우창은 '용녀'를 신라의 왕녀 혹은 귀족의 여식을 가락국에서 경멸해서 부른 것으로 본다.[67] 용녀는 본래부터 천하거나 비루한 여인은 아니었고 가락국의 왕비였는데

---

66) 『三國遺事』 卷2, 「紀異」 2, 〈駕洛國記〉, "坐知王", "一云金叱. 義熙三年卽位. 娶傭女, 以女黨爲官, 國內擾亂. 鷄林國以謨欲伐. 有一臣名朴元道, 諫曰, '遺草閱閱亦含羽, 況乃人乎! 天亡地陷, 人保何基? 又卜士筮, 得解卦, 其辭曰, 「解而悔(拇), 朋至, 斯孚」 君鑑易卦乎!' 王謝曰, '可', 擯傭女, 貶於荷山島, 改行其政, 長御安民也."

67) 유우창, 「고구려 남정 이후 가락국과 신라 관계의 변화」, 『한국고대사연구』 59, 한국고대사학회, 2010, 154쪽 참조.

어떤 사건에 연루되어 나중에 '왕비'에서 '용녀'로 폄하되었다는 것이다.[68] 그는 이 사건을 『일본서기』 계체기에 기록되어 있는 '가라-신라 혼인동맹' 기사와 비교하여 다음과 같이 재구성하였다.

> 가라국 왕이 신라 왕녀에게 장가들어 마침내 아이를 가졌다. 신라왕이 처음 왕녀를 가라국으로 보낼 때 100사람을 아울러 보내 왕녀의 종자로 삼았다. 가라국 왕은 왕녀와 함께 온 종자들을 받아들여 여러 현에 흩어두고 신라에 대하여 굴종적인 자세를 취하지 않을 수 없어 마지못해 명령을 내려 신라의 의관을 착용하도록 하였다. 이와 같은 장면, 즉 종자들이 가라국의 의관을 착용하고 있어야 하는데도 불구하고 신라의 의관을 착용한 것을 직접 보았거나 혹은 간접적으로 전해 들은 아리사 등은 이들의 신라 의관 착용 자체를 '변복'했다고 간주하고 가라국 왕에게 성내며 반발하자 가라국 왕은 종자들이 활동하고 있는 여러 현에 사자를 보내 가라국, 즉 왕이 있는 곳으로 불러들였다.[69]

위의 내용은 「가락국기」에 기록된 것과 다소 차이가 있지만, 사건의 맥락으로 보아 훨씬 설득력이 있다. 즉 이런 사건으로 나라가 혼란스러워지자 왕이 박원도의 간언을 듣고 왕비를 폐하여 하산도로 유배를 보냈다면 계림국 즉 신라가 가락국을 치려 했던 이유는 해명이 된다. 그리고 '용녀'라는 일종의 경멸하는 명칭도 이때 폐위된 왕비에게 부여되었을 것으로 본다.[70]

이런 어지러운 상황에서 박원도는 점쟁이[卜士]에게 시초점[筮]을 치게 하여, 해괘(解卦, ䷧) 구사(九四)를 얻었다. 효사에서는 "너의 엄지

68) 유우창, 「『가락국기』에 보이는 가라국」, 『지역과 역사』 39, 부경역사연구소, 2016, 179쪽 참조.

69) 유우창(2016), 176쪽.

70) 유우창(2016), 179쪽 참조.

손가락을 풀어버리면, 벗이 와서 믿으리라"라고 하였다. 위의 사건으로 이 효사를 해석한다면 엄지손가락은 왕비와 그 무리가 될 것이고, 벗은 아리사 등이 될 것이다. 아리사 등은 가야 수장의 유력자, 가야 연맹체를 구성하는 어떤 나라의 지배층을 가리킨다고 한다.[71] 따라서 박원도는 역(易)의 괘를 빌어 왕에게 "만약 왕께서 왕비와 그 무리를 물리친다면 가야연맹체를 구성하는 지배층이 와서 모두 협력할 것입니다"라고 간언한 것으로 보아야 한다. 왕은 그의 간언을 기꺼이 받아들여 왕비를 폐위시키고 정치를 고쳐 행하여 오랫동안 백성을 편안하게 다스렸다고 한다. 하지만 실제 역사에서는, 522년 '혼인동맹'으로 우호 관계를 맺었던 가라국과 신라의 관계는 529년에 이르러 마침내 파탄이 나서 전쟁상태로 돌입하게 되었고, 이후 가라국은 대외관계를 친 백제로 전환함으로써, 멸망할 때까지 신라와 적대적인 관계를 맺었다고 한다.[72]

4. 맺음말

본 연구는 한반도의 고대사를 기록하고 있는 『삼국사기』와 『삼국유사』를 통해 고대의 한국역학이 어떤 특징을 지니고 있는지를 밝히는 것이다. 그 결과를 간략하게 정리하면 다음과 같다.

첫째, 한반도의 삼국 시기, 구체적으로는 6~7세기에서 후삼국 시대인 10세기까지 각 나라는 '문왕 팔괘도'의 방위와 8괘의 의미를 일

71) 유우창(2016), 175-176쪽 참조.

72) 유우창(2016), 177쪽 참조.

상에 적용하여 사용하고 있었다.

둘째, 『삼국사기』와 『삼국유사』에는 한대 상수역의 재이설(災異說)과 관련된 자료가 많다. 『사고전서총목』의 역류(易類)에서 구분한 양파(兩派) 6종(六宗)에서 볼 때 『삼국사기』와 『삼국유사』에 수록된 역학 관련 자료는 (1) 한대 상수역과 (2) 경방과 초공의 역학, (4) 왕필의 역학과 관련이 깊은 것으로 보인다.

셋째, 삼국 모두 경서(經書)로는 5경(五經)과 3사(三史)를 주로 읽었다. 백제에서는 송나라에서 초공의 『역림』과 식반(式盤)을 사용하여 점을 치는 식점(式占)을 들여왔다. 신라의 태학에서는 『주역』이 교과목이었지만 독서삼품과의 과목에는 포함되지 않았다. 『주역』 관련 주석서는 정현과 왕필의 주석서가 사용되었다고 추정한다.

넷째, 『삼국유사』의 「가락국기」 좌지왕 기사에 유일하게 시초점을 친 사례가 나온다. 이 사례는 어떤 사건을 두고 「역경」에 조언을 구하는 시초점의 전형적인 형식을 취하고 있다. 필자는 삼국이 아니라 가야에서 『주역』의 시초점을 사용한 것이 다소 의외였으나, 그 사용방식은 『좌전』의 예시와 비교하여도 조금도 부족하지 않다고 생각한다.

다섯째, 다른 경서와 달리 점서(占書)라는 독특한 특징을 지닌 『주역』은 삼국시대 경전으로 받아들여지고 학습되었음에도 『주역』에 대한 해석이나 평가 등의 이론적 탐구를 알 수 있는 자료보다 더욱 실증적으로 사용한 기록이 남아 있음을 확인할 수 있었다. ◈

【참고문헌】

* 원전류

(魏) 王弼 注, (唐) 陸德明 音義, 孔穎達 疏, 『周易注疏』, 文淵閣四庫全書 一, 臺灣商務印書館

『欽定四庫全書總目』, 經部 易類 一, 文淵閣四庫全書, 臺灣商務印書館

* 논저류

국사편찬위원회 역주 및 편찬간행, 『中國正史朝鮮傳 譯註(一), (二)』, 1987

기요하라노 나츠노(淸原夏野) 저, 이근우 역주, 『영의해 역주(상)』, 세창출판사, 2014

김승동 편저, 『易思想辭典』, 부산대학교출판부, 2006

김택민 주편, 『譯註 唐六典(下)』, 신서원, 2008

까오 화이민(高懷民) 지음, 신하령 · 김태완 옮김, 『상수역학[兩漢易學史]』, 신지서원, 1994

류승국, 『한국사상의 연원과 역사적 전망』, 성균관대학교출판부, 2008

유우창, 「고구려 남정 이후 가락국과 신라 관계의 변화」, 『한국고대사연구』, 2010

유우창, 「『駕洛國記』에 보이는 加羅國」, 『지역과 역사』 39, 부경역사연구소, 2016

이병도 역주, 『삼국사기』, 을유문화사, 1989

일연 저, 최호 역해, 『삼국유사』, 홍신문화사, 1992

주희 지음, 김상섭 해설, 『역학계몽』, 예문서원, 1999

천인석, 「三國時代의 易學思想」, 『유교사상연구』 11, 한국유교학회, 1999

최영성, 『한국유학통사』, 심산, 2006

* 웹사이트

한국민족문화대백과사전, https://encykorea.aks.ac.kr/

한국사 데이터베이스 『삼국사기』 · 『삼국유사』 주석자료, https://db.history.go.kr/

『고려사』를 통한 고려역학 탐색*

이 선 경

〈요약〉

이 논문은 고려의 공식 기록물인 『고려사』를 통해, 국가적 차원에서 역이 어떻게 이해되고 활용되었는가를 고찰한 것이다.

첫째, 정주역학이 도입되기 이전, 역법(曆法)의 차원에서 한대(漢代)의 괘기설을 수용하였다. 둘째, 재이(災異)를 해석하는 데 역학이 동원되었으며, 경방의 「역전」이 주로 인용되었다. 재이의 해석은 천인감응설에 근거하여 군주나 왕실의 실덕(失德)을 경계하거나 신하들의 직무태만을 경계하는 등의 정치술로 활용되었다. 셋째, 태자의 책봉, 전쟁과 같은 국가의 대사를 앞두고 점을 시행하였으며, 『주역』의 괘효가 활용되었다. 넷째, 고려초기부터 말기에 이르기까지, 『주역』 괘효의 문구를 활용하여 임금의 덕을 진작시키려는 의리적 활용은 꾸준한 흐름을 보인다. 다섯째, 『주역』은 고려의 관학과 사학에서 모두 중요한 문헌으로 취급되었다.

『고려사』는 개인의 문집이 아니므로 구체적 역학 자료를 얻기는 어렵지만, 당시 역학의 정치적 사회적 기능을 가늠할 수 있다. 고려역학 연구를 심화하기 위해서는 이 시대 문집들의 철저한 재검토 및 금석문 자료에 대한 검토가 요청되며, 중국과 일본의 문헌에서 한국 고대 역학 관련 자료를 발굴할 필요가 있다.

* 이 글은 『동양철학연구』 120(동양철학연구회, 2024.11)에 “『고려사』를 통해 본 고려 역학에 대한 접근”이라는 제목으로 게재된 것임을 밝힌다.

1. 머리말

그동안 한국역학연구에 있어서 연구대상이 조선시대로 편중된 이유가 이전 시대의 문헌이 부재하기 때문임은 두말할 필요가 없다. 그러나 문헌이 없으면 없는 대로, 현재까지 보전되어 있는 자료들을 추적하여, 그 속에서 편린을 찾아내고, 그 시대 역학(易學)의 모습을 가능한 대로 복원해보려는 노력은 전체 한국역학사의 전모를 파악하기 위해 꼭 필요한 일이다. 이러한 문제의식 아래 이 글의 목적은 『고려사』의 기록을 통해서 고려시대 역학의 특징을 살펴보고, 그 접근 방법을 모색해 보려는 것이다.

『고려사』는 고려시대 국정 전반에 대한 국가의 공식 기록물이다. 『고려사』는 개인의 문집이 아닌 까닭에, 이를 통해 구체적이고 전문적인 역학관련 자료를 얻기는 어렵다. 그럼에도 『고려사』를 살펴보는 이유는 첫째, 역학과 관련된 인물이나 저술에 대한 기록을 찾아서, 이를 토대로 향후 연관된 자료의 발굴 가능성을 기대할 수 있기 때문이다. 둘째, 국가적 차원에서 역(易)이 어떻게 이해되고 활용되었는지를 알 수 있기 때문이다. 이를 통해 고려시대에 주로 인용된 역학의 학술적 조류가 무엇인지 엿볼 수 있으리라는 기대가 있으며, 당시 역학의 정치적 사회적 기능이 어떠하였는지를 가늠할 수 있을 것이다. 셋째, 정이(程頤)의 『역전』과 주희(朱熹)의 『주역본의』가 들어오기 이전 시대 역학의 모습은 어떠했는지를 제한된 범위에서나마 살펴봄으로써, 『주역전의(周易傳義)』가 중심이 된 조선시대의 역학과 어떠한 차별성이 있는지를 찾아보려는 것이다.

『고려사』는 고려조에서 제작되지 못하고, 다음 왕조에서 편찬된 문헌이다. 조선 초기에 우여곡절을 거듭하며 몇 차례에 걸쳐 편집, 중지, 수정, 재편찬이 이루어졌다. 특히 세종은 『고려사』의 편찬에 정성을 쏟았으며, 마침내 문종 원년에 전체 197권의 분량으로 완수되었다. 조선의 시각에서 편찬되었다는 점을 감안할 필요는 있겠지만, 현재 고려시대 역학의 모습을 연구하는 데 있어서 『고려사』는 필수적으로 검토되어야 할 문헌이라 하겠다. 『고려실록』은 『고려사』보다 서술 내용이 훨씬 많았다고 하나, 임진왜란 때 완전히 소실되어 연구할 수 없는 아쉬움이 있다.[1] 이 글에는 여러 관건자를 설정하여 『고려사』[2]와 『고려사절요』를 검색한 결과를 토대로 연구를 진행하였다. 검색 관건자는 한대(漢代)로부터 남송시대 주희(朱熹)에 이르기까지의 역학 관련 인물과 개념어를 중심으로 하였다.[3]

1) 『고려실록』의 총 권수를 알 수 있는 기록은 없으나, 23대 고종(재위 1213~1259)까지의 실록이 총 185권이어서, 34대 공양왕(재위 1389~1392)까지의 전체 분량은 그 배 이상이 될 것으로 추정되고 있다. 『한국민족문화대백과』, 한국학중앙연구원, https://terms.naver.com/entry.naver?docId=567356&cid=46621&categoryId=46621

2) 본 연구를 위해 온라인 한국사데이터베이스의 고려시대 사료에 수록되어 있는 『고려사』와 『고려사절요』 https://db.history.go.kr/goryeo/ 그리고, krpia에서 서비스하고 있는 『북한 국역 고려사』(정인지 등 편수, 허성도 등 역주, 북학사회과학원 간행, 1998)을 활용하였다. https://www-krpia-co-kr-ssl.access.inu.ac.kr/product/main?plctId=PLCT00004467#none

3) 본고 작성을 위해 검색한 관건자는 다음과 같다. 역, 주역, 괘, 하도, 낙서, 회암, 본의, 참동계, 위백양, 정현, 정강성, 경방, 우번, 순상, 구가역, 주역집해, 이정조, 자하, 맹희, 경방, 마융, 순상, 유표, 하안, 송충, 우번, 육적, 간보, 왕숙, 왕필, 왕보사 등.

2. 『고려사』 역학관련 기록의 특징

1) 력(曆)과 관련한 한대역학의 수용

『고려사』를 통해 고려시대 역학의 특징을 알 수 있는 분야의 하나는 력(曆)과 관련된 기록이다. 『고려사』를 편수한 정인지의 〈력일(曆一)〉 서문을 살펴보면, 고려는 자체적으로 역서(曆書)를 만들지 않고 당(唐)의 〈선명력(宣明曆)〉을 받아들여 400년 가까이 사용하다가, 14세기가 시작되는 충선왕(忠宣王, 재위: 1298, 1308~1313) 대에 이르러서야 원(元)의 〈수시력(授時曆)〉으로 바꿔 사용했음을 알 수 있다.[4] 『고려사』에는 〈선명력〉과 〈수시력〉의 내용이 모두 기록되어 있는데, 〈선명력〉에 보면 역(易)의 괘를 절기와 기후에 배치하는 방식을 사용하는 것을 알 수 있다. 한대의 괘기(卦氣)역학이 당나라 〈선명력〉을 거쳐 고려시대에도 내내 이어졌음을 볼 수 있다.[5]

---

4) 정인지는 唐의 〈선명력〉이 822년에 만들어져 고려 태조 때까지는 이미 100년이 흘러, 계산방법에 차이가 생겼기 때문에, 당에서도 曆書를 22차례나 고쳤는데, 오히려 고려에서는 그것을 받아들여 계속 사용하였음을 지적하고 있다.

5) 〈선명력〉의 수용을 곧바로 한대역학의 수용으로 이해할 수 있는가에 대해서는 반론이 있을 수 있다. 혹자는 기후표의 사정괘 항목은 鄭玄의 『易緯乾元序制記』 혹은 馬端臨의 『易緯稽覽圖』에 기초한 것으로 보인다고 하였다. 그리고 이 두 책은 모두 緯書로 이것이 곧 한대역학의 표본이라고 보기 어렵다는 것이다. 또한 조선 초기에 이미 고려에서 사용하던 〈선명력〉 진본이 전해지지 않았으므로, 사료의 불명료성 이 문제가 된다는 점을 지적하였다. 그러나 '위서'라 할지라도 한대의 소산임에는 틀림이 없다. 또 〈선명력〉은 맹희의 괘기설에 입각한 것이므로, 진본이 전하지 않는다고 할지라도, 〈선명력〉을 채택한 것이 분명하다면, 한대의 괘기설이 고려시대에 통용되었을 것으로 판단하는 것은 무리가 아니라고 생각된다. 이는 『고려사』

『고려사』 권50 「지(志)」 권4 〈력일(曆一)〉에는 24절기(節氣) 72후(候)를 역의 괘에 맞추어 운용하는 법이 실려있다. "선명력(宣明曆) 발렴(發斂)[6] 추보술(推步術) 제2"를 보면 그 추산의 기준으로 "후수(候數)는 5일, 괘위(卦位)는 6일, 진수(辰數) 12일, 진법(辰法) 700분, 각법(刻法) 84분"이라 기록되어 있다. "72후의 추산법"과 "60괘의 추산법"을 기록된 대로 옮겨 본다.

> 72후의 추산법은 각 상기(常氣)의 대여(大餘) 날짜와 소여(小餘) 분초를 그대로 첫 후일(候日)〈의 값〉으로 한다. 여기에다 후수(候數)를 더하면 차후(次候)〈의 값이〉 된다. 또 〈후수를〉 더하면 말후(末候)의 일수(日數)와 분초를 얻는다.[7]

> 60괘(卦) 추산법(推算法)은 상기(常氣) 중 중기(中氣)가 드는 날의 대여(大餘) 날짜와 소여(小餘) 분초를 공괘(公卦)가 용사(用事)하는 날로 삼는다. 〈여기에다 괘위(卦位)의〉 값을 더하고 초는 초법으로, 분은 통법으로 나누면 다음 괘가 용사하는 날을 얻는데 12절기의 첫날을 각각 외괘(外卦)가 용사하는 머리로 삼는다.[8]

곳곳에 주로 재이에 관련해서이지만 『경방역전』의 내용이 인용됨을 통해서도 한대역학의 흔적을 살펴볼 수 있다. 물론 혹자의 지적과 같이 『고려사』에서 더 이상 한대역학을 적극적으로 수용한 내용을 발견하기 어려운 점은 아쉽다. 이는 다른 문헌과 연구자료의 발굴을 통해 계속 추적해야 할 과제라 하겠다.

6) 發斂은 태양의 적위 변화에 따라 계절이 바뀌고 낮의 길이가 변하는 것을 말하는데, '發'은 동지에서 하지로, '斂'은 하지에서 동지로 변하는 것을 가리킨다. 이 발렴에 의해 오행 작용이 왕성해지는 시기가 변화하며 卦도 순환한다는 것이다.(한국학중앙연구원, 위키실록사전)

7) 『고려사』 권50, 「志」 권4, 曆一 〈선명력〉상 宣明曆 發斂 推步術 2, "推七十二候: 各因常氣大小餘, 命之, 卽初候日也. 若加候數, 及餘秒, 卽次候. 又加之, 得次末候日, 及餘秒也."

8) 위와 같은 곳, "推六十卦: 各因常中氣大小餘, 命之公卦用事日也. 以卦位, 及餘秒, 累加之數,

『고려사』에는 위에 제시한 원칙을 적용한 〈기후표(氣候表)〉와 〈괘후표(卦候表)〉가 다음과 같이 제시되어 있다.

〈기후표(氣候表)〉

常氣	月中節	四正卦	初候	次候	末候
동지	11월 중기	坎 초육	지렁이가 굳어진다	고라니가 뿔을 간다.	샘물이 얼어붙는다.
소한	12월 절기	坎 구이	기러기가 북쪽으로 돌아간다	까치가 둥지를 틀기 시작한다.	꿩이 울기 시작한다.
대한	12월 중기	坎 육삼	닭이 알을 품기 시작한다	사납고 굳센 수리가 빠르게 난다.	연못 물의 한가운데가 두껍게 얼며 굳어진다.
입춘	정월 절기	坎 육사	동풍이 불며 얼었던 얼음이 풀린다.	겨울잠 자던 벌레들이 깨어나기 시작한다.	물고기가 얼음이 있는 데까지 위로 올라온다.
우수	정월 중기	坎 구오	수달이 물고기로 제사를 지낸다.	기러기가 온다.	풀과 나무에 새싹이 튼다.
경칩	2월 절기	坎 상육	복숭아꽃이 피기 시작한다.	꾀꼬리가 운다.	매가 비둘기로 변한다.
춘분	2월 중기	震 초구	제비가 온다.	우레소리가 나기 시작한다.	번개가 치기 시작한다.
청명	3월 절기	震 육이	오동나무 꽃이 피기 시작한다	두더지가 종달새로 변한다.	무지개가 나타나기 시작한다.
곡우	3월 중기	震 육삼	부평초가 나기 시작한다.	우는 비둘기가 나래를 치기 시작한다.	후투티[戴勝]가 뽕나무에 내려와 앉는다.
입하	4월 절기	震 구사	청개구리가 울기 시작한다.	지렁이가 나온다.	쥐참외[王瓜]가 나온다.
소만	4월 중기	震 육오	씀바귀가 무성하다.	냉이가 말라 죽는다.	약간의 더위가 온다.

除如法, 各得次卦用事之日, 十有二節之初, 各爲外卦, 用事之首."

망종	5월 절기	震 상육	사마귀가 나타난다.	왜가리가 울기 시작한다.	지빠귀가 울지 않는다.
하지	5월 중기	離 초구	사슴이 뿔을 간다.	매미가 울기 시작한다.	반하(半夏)가 나온다.
소서	6월 절기	離육이	따뜻한 바람이 불어온다.	귀뚜라미가 벽에서 산다.	매가 새잡는 것을 배운다.
대서	6월 중기	離 구삼	썩은 풀에서 반딧불이 생긴다.	흙에서 습기가 차며 무덥다.	큰비가 때때로 온다.
입추	7월 절기	離 구사	서늘한 바람이 불어온다.	흰 이슬이 내린다.	쓰르라미가 운다.
처서	7월 중기	離 육오	매가 새를 잡아 제사를 지낸다.	천지가 차가워지기 시작한다.	곡식이 익어간다.
백로	8월 절기	離 상구	기러기가 돌아온다.	제비는 돌아간다.	새떼가 먹을 것을 저장한다.
추분	8월 중기	兌 초구	우레가 없어지기 시작한다	벌레들이 겨울잠을 잘 자리를 준비한다	물이 마르기 시작한다
한로	9월 절기	兌 구이	기러기가 와서 머문다	참새가 큰물에 들어가서 조개가 된다.	노란 국화꽃이 핀다.
상강	9월 중기	兌 육삼	승냥이[豺]가 짐승을 잡아 제사를 지낸다.	풀과 나무의 잎이 누렇게 되어 떨어진다	벌레들이 다 겨울잠을 잘 자리로 들어간다.
입동	10월 절기	兌 구사	물이 얼기 시작한다	땅이 얼기 시작한다	꿩이 큰물에 들어가서 큰 조개[蜃]가 된다
소설	10월 중기	兌 구오	무지개가 나타나지 않는다	하늘 기운은 올라가고 땅 기운은 내려간다	천지의 기운이 막혀서 겨울이 시작된다
대설	11월 절기	兌 상육	왜가리가 울지 않는다	범이 교합하기 시작한다.	여정(茘挺)이 나온다

〈괘후표(卦候表)〉[9]

月	常氣	始卦	中卦	終卦
11	동지	公- 中孚	辟-復	候-屯 內卦
12	소한	候-屯 外卦	大夫-謙	卿-睽
	대한	公-升	辟-臨	候-小過 內卦
1	입춘	候-小過 外卦	大夫-蒙	卿-益
	우수	公-漸	辟-泰	候-需 內卦
2	경칩	候-需 外卦	大夫-隨	卿-晉
	춘분	公-解	辟-大壯	候-豫 內卦
3	청명	候-豫外卦	大夫-訟	卿-蠱
	곡우	公-革	辟-夬	候-旅 內卦
4	입하	候-旅 外卦	大夫-師	卿-比
	소만	公-小畜	辟-乾	候-大有 內卦
5	망종	候-大有 外卦	大夫-家人	卿-井
	하지	公-咸	辟-姤	候-鼎 內卦
6	소서	候-鼎 外卦	大夫-豐	卿渙
	대서	公-履	辟-遯	候-恒 內卦
7	입추	候-恒 外卦	大夫-節	卿-同人
	처서	公-損	辟-否	候-巽 內卦
8	백로	候-巽 外卦	大夫-萃	卿-大畜
	추분	公-賁	辟-觀	候-歸妹 內卦
9	한로	候-歸妹 外卦	大夫-無妄	卿-明夷
	상강	公-困	辟-剝	候-艮 內卦
10	입동	候-艮 外卦	大夫-旣濟	卿-噬嗑
	소설	公-大過	辟-坤	候-未濟 內卦
11	대설	候-未濟 外卦	大夫-蹇	卿-頤

9) 『고려사』에 수록된 〈괘후표〉에는 몇 개 괘의 명칭에 오자가 있는데, 이 글에서는 수정해서 기록하였다.

2) 경방의 「역전」에 근거한 재이(災異) 해석

『고려사』에는 괘기설 외에 경방(京房, B.C. 77~B.C. 37)의 「역전」[10]을 인용하여 재이를 해석하는[11] 기록이 몇 차례 보인다. 1096년에는 우박의 피해에 대해, 1101년에는 가뭄에 대해, 1133년에는 충재(蟲災)에 대해 논하고 있으며, 고종(1213~1259)대에는 권경중(생몰미상)이 물과 관련된 괴변이 일어나는 원인에 대해 역시 경방 『역전』을 근거로 임금에게 의론을 올리는 내용을 볼 수 있다. 구체적인 내용은 다음과 같다.

① 우박의 피해 (1096년 04월 12일)

중서성(中書省)에서 아뢰기를, '지금은 만물을 기르는 시기인데, 3월 이래로 절기가 어긋나서 물이 얼어 얼음이 되고 서리가 내려 곡식이 죽었으며 밤에는 우박이 내리기까지 하였습니다. 『홍범오행전(洪範五行傳)』에서 말하기를, 〈우박은 음(陰)이 양(陽)을 협박하는 상(象)이다.〉라고 하였고, **경방(京**

---

10) 『한서』「유림전」에 의하면, 경방은 초연수에게 역을 배웠다고 한다. 재이에 정통하여 천자의 총애를 받았지만, 석현 등의 참소를 받고 41세의 나이로 죽임을 당했다. 그의 제자인 동해의 단가와 하동의 요평, 하남의 승홍 등은 모두 낭이 되고, 박사가 되었다. 본래 경방의 저술은 상당히 많아서, 『한서』「예문지」에는 89편의 경방역이 있었다고 하고, 『수서』「경적지」에도 「경씨장구」 10권과 점후(占候) 10권이 있었다고 하는데, 오늘날 전하는 것은 『경씨역전』 3권뿐이다. 앞선 시대의 맹희가 괘기를 위주로 했다면, 경방은 그와 달리 참신한 점술을 만들었다. 8궁괘변을 근본으로 하고, 세응, 비복, 효진, 육친, 납갑 등 복잡한 중첩 관계로 사건을 판단하는 방대한 체계를 만들었다.(고회민 지음, 신하령 · 김태완 공역, 『상수역학』, 신지서원, 1994, 168쪽)

11) 경방 『역전』을 인용한 재이 해석은 〈2절. 재이관련 천인감응〉에서 구체적으로 다룬다.

房)의 『역전(易傳)』에서 말하기를, 〈벌을 내리는 것이 이치에 어긋나면 그 재앙으로 서리가 내린다.〉라고 하였으며, 또 말하기를 〈위에서 한쪽의 말만 듣고 믿으며 아래로는 사정이 막혀 있어, 이해(利害)를 꾀하는 계략을 세우지 못하고 엄하고 급하게만 하는 실책이 있으면 그 벌로 항상 춥다.〉라고도 하였고, 또 말하기를, 〈군대를 일으켜 함부로 죽이는 것을 망법(亡法)이라고 하는데, 그 재앙으로 서리가 내려 여름에도 오곡(五穀)이 죽는다.〉라고도 하였습니다. 요즈음 어린 군주께서 병으로 누워 계셔 듣고 처리하는 것이 명확하지 않았고, 모후가 섭정(攝政)하였으나 미혹에 빠진 것이 정도를 넘어 흉악한 사람으로 하여금 틈을 타서 반란을 모의하게 하는 데까지 이르렀습니다. 이 때문에 주륙(誅戮)을 크게 벌여 그 무리들을 남기지 않았으나, 본래의 사정이 아닌 일도 있어 죄인 가운데는 반드시 죄가 없는 사람도 있었을 것입니다. 그리하여 원기(怨氣)가 천지에 가득하여 화기(和氣)를 손상시켜 재앙이 일어난 것입니다. … 무릇 감옥에 있으나 시비(是非)가 결정되지 않아 의심나는 자들을 빨리 결정하도록 재촉하여 원통하거나 과한 형벌이 없도록 하며, 사실이 아닌 것으로 고발한 것은 모두 무고하게 고발한 자에게 벌을 내리도록 하여 하늘의 경계에 답하신다면, 인정(人情)이 모두 즐거워하고 재앙이 변하여 복이 될 것입니다'라고 하니, 왕이 그 의견을 받아들였다.

② 가뭄과 충재(虫災) (1101년 04월 15일)

뙤약볕에 무당을 서 있게 함으로써 비를 내려달라고 빌었다. 여러 신하가 아뢰기를, '송충이가 번식하여 온갖 제거 방법을 썼는데도 효과를 보지 못하였습니다. 신들이 삼가 살펴보니 경방(京房)이 지은 『역전(易傳)』의 비후편(飛候篇)에서 말하기를, 〈녹(祿)을 먹는 자가 임금의 교화를 더하지 못하면 하늘이 충재(虫災)를 보인다.〉라고 하였습니다. 신들이 아무런 공적도 없이 주상께 근심만을 끼치고 있으니, 원컨대 현명한 사람을 등용하고 불초(不肖)한 사람을 물리쳐서 하늘의 견책에 답하소서'라고 하였으나,

왕은 대답하지 않았다. 임해원(臨海院)에서 용왕도량(龍王道場)을 열고 비를 빌었다.

③ 충재와 인사 및 국정의 쇄신 1133년 05월 11일

왕이 조서를 내려 이르기를 …'지금 간관(諫官)이 '경기의 산과 들에 황충(蝗虫)이 솔잎을 다 먹어치우고 있습니다'라고 아뢰었는데 이는 대개 나라에 간사한 자가 많고 조정에는 충신이 없어서이다. 하늘의 뜻이란, 말하자면 '벼슬자리를 차지하고 국록을 받으면서 공(功)이 없으면 벌레와 같다. 이들을 빨리 없애지 않으면 곧 병란이 일어나고, 도덕이 높은 자를 천거하여 높은 자리를 주면 재해는 사라질 것이다'라고 하였다. 또 옛사람은 이르길, '신하가 벼슬자리에서 녹봉만 편안히 받아먹는 것을 탐욕이라고 하는데, 그에 따른 재해는 벌레가 뿌리를 갉아먹는 것이다. 덕이 일정하지 않은 것을 번잡이라고 하는데 이때는 벌레가 나뭇잎을 먹는다. 덕이 없는 자를 쫓아내지 않으면 벌레는 나무의 밑둥을 갉아먹는다. 봄철 농사 때 송사를 다투면 벌레는 줄기를 갉아먹고, 악행을 덮어두고 요망한 일을 저지르면 벌레는 속을 먹는다'라고 하였다.

옛날 진(晋) 무제(武帝)가 가충(賈充)과 양준(楊駿)을 총애하여 임명하자 황충(蝗虫)이 생겼으니 이것은 덕이 없는 자를 쫓아내지 않아 일어난 일이었다. 양(梁) 대동(大同) 초기에 황충이 소나무와 잣나무 잎을 갉아먹자 **한(漢)의 경방(京房)은 말하길, '봉록만 받고 임금의 교화에 도움을 주지 않으면 하늘은 벌레를 내어 뜻을 보인다. 벌레는 사람에게는 무익하지만 만물을 먹는데, 이는 공경(公卿)이 녹봉만 받아먹고 아무런 이익이 되지 못하는 것에 대한 응답으로 하늘의 재앙이 이처럼 나타난 것이다. 신하가 어떠한지는 임금만큼 잘 아는 이가 없으니, 어진 이를 등용하고 불초한 자를 쫓아내는 데 있어 과단성 있게 의심하지 말아야 한다'**라고 하였다. … 무릇 중앙과 지방의 관료 가운데 탐오하거나 포악무도한 자, 혹은 겁 많고 어질지 않아서 무익하며 손해만 끼치는 자들이 있는데 〈짐이〉 이를 알지 못하는 것은 아니다. 그러나 가르치지 않고 처벌만하는 것은 학정(虐政)이라 할 만하며, 그러한 습속이 이미 오래되었으므로 갑자기 그 책임과 죄를 묻는 것은 짐이 차마 할 수 없는 바이다. 해당 관청은 주의 깊고 신중하게 그들을 깨우쳐서 그들 스스로 쇄신하게 하라. 진실로 마음을 바르게 하지 않고 계속 악행을 일삼는 자는 친소(親疎)와 귀천(貴賤)을 막론하고 모두 법으로 다스릴 것이며, 청백리로서 공무에 봉사하고 절의(節義)가 남다른 자는 마땅히 상을 주어 등용할 것이다.

④ 물과 관련한 변괴, (고종 연간[1213~1259])12)

권경중의 말: "명종께서는 네 계절의 제사를 몸소 행하지 아니한 것이 여러 해나 되었으니 수재가 일어난 것도 당연합니다. **경방(京房)의 『역전(易傳)』에 이르기를, '기근이 들어도 구휼하지 않는 것을 태(泰)라 하는데, 그 재앙은 물로 나타나며 물이 흘러 사람을 죽인다'라고 하였으며, 또한 이르기를, '덕이 있는 사람을 몰아내고 가리는 것을 광(狂)이라 하는데, 그 재앙은 물로 나타나 물이 흘러 사람을 죽이고, 물이 그치면 땅에 해충이 생긴다**'라고 하였습니다."

이상의 기록은 모두 조정에서 국정과 관련하여 진지하게 논의된 사항이라는 데에서, 재이설이 공식적으로 논의되었으며, 실제 정치에서 중층적으로 활용되었음을 짐작할 수 있다. 재이의 원인은 예외없이 위정자들의 실정(失政)으로 지목되지만, 그 원인은 때로는 어린 임금을 섭정하는 모후의 과도한 간섭, 임금의 측근에 있는 신하에 대한 비판, 임금이 관료를 통제하는 수단 등으로 활용되었음을 볼 수 있다. 그리고 재이현상을 해석하는 데 경방의 『역전』이 믿을 만한 근거로 인용됨을

12) 『고려사』 권101, 「列傳」 권14, 제신(諸臣), 〈권경중〉

알 수 있다. 경방에 대한 기록은 그 이후로는 더 이상 등장하지 않는다. 즉 경방의 『역전』은 11세기 후반~13세기 중반 사이에 나타나며, 이러한 의논이 조정에서 논의되었다는 것은 경방의 역학이 당시의 식자들에게 깊게든 얕게든 널리 알려져 있었다고 볼 수 있을 것이다. 그리고 그 이후로 더 이상 경방이 인용된 기록이 없는 것에서, 국정의 뒷받침이 되는 학술상의 변화가 일어났을 것으로 추정해 볼 수 있겠다. 직접적 관련성을 단정할 수는 없지만 1289년 안향에 의해 주자학이 도입된 일, 역동 우탁(禹倬, 1263~1342)이 정이 『역전』을 들여와 전파한 일 등을 그러한 변화의 배경으로 생각해 볼 수 있겠다.13)

력(曆)에 적용된 괘기설과 경방의 『역전』 외에 『고려사』에서 언급된 한대(漢代)와 당대(唐代)의 역학적 요소를 찾기는 어렵다. 다만 선종 8년(1091)의 기록은 주목해 볼 만하다. 송나라(북송: 960~1127) 임금은 고려에 책의 좋은 판본이 있다는 말을 듣고, 고려 사신 이자의를 통해 꼭 필사해서 보내달라는 요청과 함께 필사를 요청하는 책 목록을 보내왔다. 이 목록 가운데 『주역』 관련 서적도 적지 않다. 고려사에 기록된 대로의 목록은 다음과 같다.

- 순상주역(荀爽周易) 10권
- 경방주역(京房周易) 10권
- 정강성주역(鄭康成周易) 9권
- 육적주주역(陸績注周易) 14권
- 우번주주역(虞翻注周易) 9권

---

13) 최영성은 「정신보론 -남송 성리학의 고려 전래와 관련하여」, 『한국철학논집』 36, 2013 을 통해, 고종 24년(1237) 고려에 정착한 정신보에 의해 성리학이 안향이 들여온 것보다 53년 빨리 전래되었을 가능성을 제시하고 있다.

이 기록대로라면 11세기 말 당시의 고려에는 한대역학자 순상, 경방, 정현의 역학과 중국 삼국시대 인물인 육적과 우번의 역학이 식자들 사이에 논의되었을 것으로 짐작해 볼 수 있다. 이외에 『고려사』 「지」 〈예4〉 "길례숭사-문선왕묘" 조에는 이채로운 기록이 있다. 공자 문선왕묘에 배향된 인물 가운데 역학에 뛰어난 인물들이 포함되어 있는 것이다. 동무(東廡)에 상구(商瞿), 서무(西廡)에 공안국(孔安國), 유향(劉向), 양웅(楊雄), 정현(鄭玄), 왕숙(王肅), 왕필(王弼) 등이 배향되어 있다. 문선왕묘에 배향하는 인물을 선택함에 있어서 조선시대와는 다른 개방성과 변별성을 볼 수 있다.

3) 재이관련 천인감응

『고려사』에서 찾을 수 있는 역학관련 기사 가운데 가장 많은 수를 차지하는 것이 천인감응론에 기초한 재이의 해석이다. 재이에 대한 해석은 음양의 감응론에 기초하지만, 직접 『주역』의 괘나 텍스트와 관련된 사례는 소수이다. 『고려사』에서 재이와 관련한 가장 방대한 기록은 「지(志)」의 오행부분이다. 오행은 「지」에서 방대한 분량을 차지하는데, 고려시대에 발생한 수많은 재이들의 성격을 오행에 따라 분류하고 재이설의 관점에서 체계화하여 수, 화, 목, 금, 토의 순서로 기록해 두었다. 전란, 국가적 재앙, 국가적 소요 등을 조짐으로 예고하여 대비하도록 하는 측면이 있고, 다른 한편으로는 변괴의 발생 원인을 나라의 실정(失政)에서 찾음으로써, 국정을 쇄신해야 하는 근거로 활용되었다.

(1) 『주역』을 이끌어 재이를 해석한 경우

『고려사』에서 『주역』을 활용하여 재이를 풀이한 경우는 조류의 변괴에 대한 풀이와 일식현상을 해석한 사례가 있다.

먼저 일식이나 햇무리와 같은 천문현상을 관찰하여 기록할 필요가 있는 이유를 『주역』「계사전」(상11장)의 구절을 이끌어 설명한다. "하늘이 상을 내려 길흉을 보이니, 성인이 이를 본받는다[天垂象, 見吉凶, 聖人象之]"라는 것이다. 『고려사』에서는 공자가 노사(魯史)에 의거하여 『춘추』를 지을 때 일식과 별들의 이상한 현상을 삭제하지 않고 그대로 둔 것도 『주역』에서 언급한 것과 같은 이유로 천문현상을 존중하였기 때문이라고 설명하고 있다.[14]

조류의 변괴에 대한 것은 고종시기의 권경중(權敬中, 생몰미상)의 해석이다. 그는 닭이 울면서 홰를 치지 않은 현상에 대해 「설괘전」을 근거로 손괘(巽卦)와 리괘(離卦), 그리고 태괘(兌卦)의 상과 괘변을 이끌어 해석한다. 구체적인 내용은 다음과 같다.

> 조류(鳥)의 변괴로는 닭이 울면서 홰를 치지 않은 적이 한 번 있었는데 『주역』「설괘(說卦)」에 이르기를 '손(巽)은 큰 닭이요 유(酉)는 작은 닭이다'라고 하였으며 또 '손은 바람을 주로 하고 바람은 호령을 주로 한다'라고 하였다. 그런 까닭에 닭은 울어 때를 알리는 것이다. 손(巽)은 나무(木)이며 불(火)을 포함하였고 불은 바람을 일으키며 불꽃은 올라가는 것이기 때문에 수탉은 붉은 변두가 있고 우는 것이다. 손괘(巽卦)는 리괘(離卦)가 두 번 변한 것이고 태괘(兌卦)는 리괘가 변한 것이므로 손(巽)은 닭의 다리요 리(離)

14) 『고려사』 제47, 「지」, 제1, 〈천문1〉, "自伏犧仰觀俯察, 黃帝迎日推策. 堯曆日月, 以授人時, 舜察璣衡, 以齊七政, 而觀天之道 備矣. 易曰, 天垂象, 見吉凶, 聖人象之. 故孔子因魯史作春秋, 於日食星變, 悉存而不削, 所以愼之也."

는 닭의 나래가 된다. 그러므로 닭이 울려면 다리를 움직여서 나래를 치고 서야 소리를 내는 것이다. 그런데 이제 닭이 울면서 홰를 치지 않으니, 때를 맡은 자가 적임자가 아니라서 자기 구실을 못하고 직책을 게을리한 데 대한 벌이 아니라고 하겠는가![15]

리괘에서 손괘로 변화하는 과정이나 리괘에서 태괘로 변하는 과정에 대해서 구체적 설명은 없지만, 괘의 변화와 괘의 상(象)을 통해 재이를 해석함으로써, 자신의 직분을 다하지 않는 공직자에 대한 비판을 이끌어내는 것을 볼 수 있다.

(2) 오행과 관련된 재이의 분류

『고려사』「지」에는 괴변의 원인과 종류를 오행의 체계에 따라 분류하고, 각 오행의 첫머리에 서문을 써서, 각 오행에 해당하는 변괴의 특징이 어떤 것인가를 개괄해 놓았다. 아래의 내용은 각 오행의 서문 내용과 각 오행조목에서 다루고 있는 항목의 종류를 정리한 것이다.

① 수

오행(五行)의 첫 번째는 물이다. 젖어들어 아래로 흘러내리는 것이 물의 본성인데, 그 본성을 잃으면 재앙이 된다. 〈어떤〉 때에는 폭우가 내려 모든 하천이 거꾸로 흘러넘쳐서 마을을 무너뜨리고 사람들을 익사시킨다. 〈또 어떤〉 때에는 북소리 같은 요사스러운 소리가 들리고, 〈또 어떤〉 때에는 돼지

15) 『고려사』 권101, 「列傳」 권14, 諸臣, 〈권경중〉, "鳥之變, 雞鳴不鼓翅者一, 按易說卦巽爲大雞, 酉爲小雞. 又巽主風, 風主號令, 故雞號知時. 巽木含火, 火生 風, 火炎上故, 雄雞有冠乃鳴. 巽者, 離之再變, 兌者離之變, 而巽爲股, 離爲羽 翰, 故雞將號, 動股擊羽翰而後有聲. 今雞鳴不鼓翅, 得非知時者, 非其人㶏官曠 職之罰乎."

에 생기는 변고 및 뇌전(雷電) · 상설(霜雪) · 우박이 내리는 변고가 일어난다. 이는 물이 젖어들어 아래로 흘러내리지 못해서이다. 그 징조는 항한(恒寒)이고, 그 색은 검은색이니, 곧 흑생(黑眚) · 흑상(黑祥)이 된다.[16)]

「지(志)」의 〈수(水)〉항목에서는 위와 같은 서문을 두고, 홍수, 물의 변색, 추위, 괴상한 소리, 무지개, 용과 뱀, 물고기 말, 돼지, 사람,[17)] 천둥번개, 서리, 눈, 우박, 검은빛 재앙과 상서, 지경(地境)[18)] 등과 관련된 재이를 서술하고 있다.

② 화

오행(五行)의 두 번째는 불이다. 불타오르는 것이 불의 본성(本性)인데, 그 본성을 잃으면 재앙이 된다. 양(陽)이 절도를 잃으면 넘치는 열기가 제멋대로 일어나 종묘(宗廟)를 불태우고 궁관(宮館)을 불태우며, 때로는 괴이한 풀이 생겨나고, 때로는 양(洋)에 생기는 재앙이 발생하며, 때로는 날짐승에 변고가 있게 된다. 이는 불이 타오르지 못해서 그런 것으로서 그 징조는 항욱(恒燠)이요, 그 색은 붉은색이니, 이것이 적생(赤眚) · 적상(赤祥)이 된다.

「지(志)」의 〈화(火)〉항목에서는 위와 같은 서문 아래, 화재, 이상고온, 겨울 가뭄, 꽃, 새, 양, 곡식이 비처럼 내림, 풀의 요상함, 붉은빛 재앙과 상서 등이 기록되어 있다. 이 가운데에는 국가적 비상사태와 관련한 조짐도 들어있다.

---

16) 『고려사』 志, 권7, 「五行」 1, 〈水〉

17) 사람과 관련된 기이한 일을 기록한 것으로 모두 출산과 관련된 것이다. 대체로 세쌍둥이를 낳아 곡식을 하사했다는 기록이 제일 많고, 알을 낳았는데 부화되어 뱀이 나왔다던가, 사람머리에 뱀의 몸을 하고 있었다는 내용이다.

18) 지면이 너무 뜨거울 때, 전방에 마치 수면에 물건이 비치는 것 같은 현상이 일어나는 것. 모두 4건의 기록이 있다.

우왕 8년(1382) 2월 계해: 곡식이 비처럼 쏟아졌는데, 기장이나 팥, 메밀과 비슷한 것도 있었다. 왕이 물으니 일관(日官)이 대답하기를, '점서(占書)를 살펴보건대, 기근이 계속 닥쳐서 사람들이 서로 잡아먹을 징조입니다'라고 하였다.[19)]

③ 목

오행(五行)의 세 번째는 나무이다. 굽어지거나 곧은 것은 나무의 본성이다. 그 본성을 잃으면 재앙을 부르게 된다. 그러므로 생물이 무성하게 자라지 못하고 변괴(變怪)가 일어나게 되는 일이 있는 것이다. 때로는 닭과 관련된 재앙이 있고, 때로는 쥐와 관련된 재앙이 있으니, 이는 나무가 굽어지거나 곧지 못해서이다. 그러한 〈재앙의〉 징조는 비가 계속 내리는 것이며, 그 색은 청색이니, 이는 푸른색의 재변[青眚]과 푸른색의 상서[青祥]로 나타나게 된다.[20)]

「지(志)」의 〈목(木)〉항목에서는 위와 같은 서문을 두고, 나무의 변괴, 큰 비, 경운, 닭, 쥐, 푸른빛 재앙과 상서, 쇠의 기운이 나무 기운을 해치는 것에 대한 변괴의 사례들을 기록해 두었다.

④ 금

오행(五行)의 네 번째는 쇠이다. 따라서 변화하는 것[從革]은 쇠의 본성인데, 그 본성을 잃으면 재앙이 된다. 때로는 주조[冶鑄]가 되지 않아 변괴가 되는 경우도 있다. 〈또〉 때로는 그릇된 소문이 생겨나고, 〈또〉 때로는 몸에 털이 있는 벌레가 생기는 재앙이 있으며, 〈또〉 때로는 개와 관련된 재앙이 있게 된다. 그 징조는 큰 가뭄이 드는 것이며, 그 색은 흰색이니, 이것이 흰색의 재변[白眚]과 흰색의 상서[白祥]가 된다.[21)]

---

19) 『고려사』 志, 권7, 「五行」 1, 〈水〉

20) 『고려사』 志, 권8, 「오행」 2, 〈木〉

「지(志)」의 〈금(金)〉항목에서는 위와 같은 서문 아래, 쇠붙이와 돌붙이의 변괴, 가뭄, 황충, 유언비어, 털 있는 짐승의 변괴, 개, 흰빛 재앙과 상서(祥瑞)의 사례를 기록하였다.

⑤ 토

> 오행(五行)에서 다섯 번째가 토(土)이다. 토는 중앙에 위치하며 만물을 생장시키는 것으로 농사[稼穡]에서는 더할 수 없이 중요한 것이다. 토기(土氣)가 길러지지 않으면 농사가 될 수 없다. 금(金)·목(木)·수(水)·화(火)가 토기를 해치면 이변이 일어나고 지진이 일어나며, 흙비가 내린다. 때로는 야요(夜妖)가 일어나고, 때로는 나충(蠃虫)의 재앙이 일어나며 때로는 소에 이상이 생기거나 병이 난다[牛禍]. 그 조짐은 항풍(恒風)이며 그 색은 누런색으로 이를 황생(黃眚)·황상(黃祥)이라 한다.[22]

「지(志)」의 〈토(土)〉항목에서는 위와 같은 서문을 두고, 기근, 전염병, 폭풍, 안개, 낮이 어두움, 흙비, 지진, 화산폭발과 산사태, 두꺼비와 벌떼, 명충나방, 소, 누런 안개, 땅의 함몰, 모래흙, 곡식과 관련된 변괴들에 대해 기록하였다.

(3) 오행을 역(易)과 관련하여 어떻게 다루어야 할 것인가

오행을 역(易)과 관련하여 어떻게 다루어야 할 것인가는 쉽지 않은 문제이다. 오행과 역의 상관성을 보여주는 대표적 사례로 한대역학의 납갑법이 있다. 경방은 음양오행론에 기반하여 『주역』의 괘에는 천간(天干)을 효에는 지지(地支)를 붙였다. 물론 이러한 납갑법의 근거를 『주

21) 『고려사』 志, 권8, 「오행」 2, 〈金〉

22) 『고려사』 志, 권9, 오행3.

역』의 텍스트에서 찾기는 어렵다. 이후 시대를 내려와 주희의 『역학계몽』에서도 「하도」와 「낙서」는 뚜렷하게 오행론을 기반으로 한다. 주희는 복희8괘의 형성 근원도 「하도」로 보기 때문에, 비록 『주역』의 텍스트에 오행과 관련한 문자가 없다고 하더라도, 오행을 역의 영역에서 배제하기는 어려울 것이다. **"주역" 이 다른 유학의 경서와 다른 점은 텍스트 외에 괘(卦)의 구조와 배열 순서 역시 탐구 대상이 된다는 것이다. 따라서 "주역" 연구는 텍스트 내로 연구범위를 한정할 수 없는 특수성이 있다.** 이는 음양론의 경우도 마찬가지이다. 『주역』 텍스트에 나오는 음양의 문자에 한정해서 써야지만 음양론을 역과 관련이 있는 논리로 인정할 수 있는가라는 문제를 제기할 수 있기 때문이다. 『주역』의 '경(經)'에서 '음(陰)', '양(陽)'이라는 문자는 중부괘(中孚卦) 구이(九二) 효사 "우는 학이 그늘에 있다[鳴鶴在陰]"에서 그늘의 의미로 쓰인 '음'이 한 번 있을 뿐, 괘효사에서는 '음' 또는 '양'이라는 문자가 없다. 음양적 관념은 풍부하지만, 음·양 또는 강(剛)·유(柔)의 문자는 모두 「역전」의 기록이다. 흔히 일컫는 '대대(對待)' '소식(消息)' '상함(相涵)'의 논리는 '역전'의 음양론을 기반으로 한다. 장자(莊子)가 "역은 음양을 말한다"[23]라고 하였듯, 음양론이 역의 대명사라 해도 과언이 아닐 것이다.

문제는 음양론도 그러하고 음양론을 기반으로 확장되어 나간 오행의 사유체계 역시 『주역』의 괘효나 텍스트를 해석하는 데 그치는 것이 아니라, 천문, 지리, 제도, 사회문화 전반으로 확장되어 나간다는 것이다. 이렇게 확장된 음양론과 오행론은 역의 범주에서 어떻게 칸막이를 설정하고 활용할 것인가?[24] 『고려사』에 인용된 경방 『역전』

23) 『莊子』, 「天下」, "易以道陰陽."

24) 오행은 그 기원에서 『주역』과 관련이 있다기보다는 『서경』과 관련이 있으며, 특

의 내용도 음양오행에 입각해 재이현상을 해석하는 법과 관련된 것이지, 『주역』의 괘효나 텍스트와 직접 관련이 있는 것이 아니다.

고려시대 당시에 음양론의 무제한적 활용과 확장을 경계하는 목소리를 13세기 유학자인 최자(崔滋, 1188년~1260년)에게서 들을 수 있어서 흥미롭다. 최자의 『보한집』에는 음양론을 '도참'에 활용하는 것을 부정하는 일화가 실려있다. 『보한집』의 내용에 따르면, 그 이야기의 주인공은 11세기 인물인 이의(李顗)[25]이다. 『보한집』의 기록은 아래와 같다.

> 예전에 이의가 간원(諫垣, 사간원)에 있었는데, 당시에 음양을 다루는 무리들이 각자의 도참(圖讖)을 고집하고 서로 비보(裨補)라고 말하였다. 임금께서 이에 대해 묻자, 이의가 대답하여 말하기를, '음양은 『대역(大易)』에 뿌리를 두고 있는데, 역(易)은 지리의 비보를 말하지 않습니다. 후세의 궤탄한 자들이 이를 왜곡되게 논하여 문자를 만들고 뭇사람을 미혹하는 데까지 이른 것입니다. 더욱이 도참은 허황되고 괴망하여 하나도 취할 만한 것이 없습니다'라고 하였다. 임금도 마음속으로 그렇게 생각하였다.[26]

히 '홍범'과 직접적인 관련이 있다. 그런데 송대 이후 하락상수학에서 홍범구주를 「낙서」의 수리에 근거해서 이해한다. 남송의 채침은 '홍범구주'의 수리를 밝히기 위해 『홍범황극내편』을 짓고, 『주역』의 괘효와 경문에 짝하는 수(數)와 문장 및 점법을 창안해 내었다. 오늘날 한국의 역학계에서는 채침의 『홍범황극내편』 역시 '홍범학'의 영역으로만 분류하지 않고, 역학의 범주에서 다루고 있다. 한국주역학회가 2022년 개최한 학술대회 "낙저(洛渚) 이주천(李柱天)선생의 역학사상"이 이를 증명한다. 이 학술대회에서는 이주천의 『주역』 문자뿐 아니라, 그의 저작인 『신증황극내편(新增皇極內篇)』과 『신증태현경(新增太玄經)』, 그리고 『단시점(斷時占)』과 그의 '하락(河洛)'관이 함께 다루어졌다. 이 자료들은 『한국역학사상사』를 집필한다고 하였을 때, 검토되어야 할 대상이다.

25) 이의(李顗, 생몰년 미상)는 고려 전기의 문신이자 문하시중(門下侍中) 이자연(李子淵)의 넷째 아들이고 문종의 처남이다.

최자는 고려전기의 유학자-이의(李顗)-도 도참을 허탄한 것으로 보았으며, 『주역』의 음양론은 '도참'과 무관한 것으로 보았다는 취지의 이야기를 편찬해 넣은 것이다.

"고려시대의 역학사상사를 어떻게 접근해야 하는가"라는 관점에서 생각해 본다면, 직접적으로 『주역』을 연구한 자료가 절대 부족한 상황에서, 정치 사회 문화와 관련된 융복합적 자료 역시 소중한 자산으로 다루어야 한다는 생각이다. 물론 『주역』 괘의 상, 텍스트가 아닌 음양오행적 사유방식을 역학사상사 서술의 범위 안으로 포함하는 것은 그 경계를 한정할 수 없는 너무 방대하고 포괄적인 이야기가 되고 말 것이라는 우려가 있다. 그러나 '의역학(醫易學)'이라는 개념이 있는 것처럼, '문화역', '천문역', '정치역'과 같은 개념을 도입하여, 고려시대 역학을 다룰 때에는 직접적인 『주역』 연구를 체(體)로 하고 나머지를 용(用)으로 하는 방식으로 구성할 필요가 있다고 생각한다.

4) 국가대사와 관련한 점의 시행

국가대사와 관련해서 점을 치고, 또 그것을 직접 『주역』의 괘효와 연관하여 해석하는 사례가 삼국시대부터 있었음을 부족한 문헌기록을 통해서나마 알 수 있다. 『삼국유사』에서는 국책 결정을 위해 점을 친 사례가 하나 기록되어 있다. 「가락국기」에는 좌지왕 김질이 정치적 결단을 내리는 일에 『주역』의 해괘(解卦)의 점사를 얻어 이를 따라 실천한 내용이 기록되어 있다. 이때 얻은 점사는 해괘(解卦) 구사효(九四

26) 崔滋, 『補閑集』 卷上, "初顗在諫垣, 時陰陽者流, 各執圖讖, 互言裨補. 上問之, 顗對曰, 陰陽本乎大易, 易不言地理裨補. 後世詭誕者曲論之, 以至成文字惑衆人. 況圖讖荒虛怪妄, 一無可取, 上心然之."

爻) "너의 엄지발가락에서 풀면 벗이 이르러 이에 미더우리라[解而拇朋至斯孚]"이다. 좌지왕은 이 점사를 얻고 나서 사사로운 인연을 내치고 정치적 개혁을 시행하자 민심이 회복되고 15년간의 평안한 치세를 이어갔다는 내용이다.[27]

『고려사』를 통해 보면 고려시대에도 왕세자의 책봉, 전쟁, 천도 등과 같이 국가대사를 앞두고 공식적으로 점을 친 사례는 매우 많다. 그 가운데 직접적으로 『주역』과 관계있는 점의 사례들만 살펴보도록 하겠다.

① 여진정벌을 위해 출병 전에 점친 사례[28]: 감지기제(坎之旣濟)괘

예종 초년의 일로 '여진정벌을 위해 최홍사(崔弘嗣)를 태묘로 보내 길흉을 점치게 하였더니 감지기제(坎之旣濟) 괘가 나왔으므로 드디어 출병할 것을 결정하고, 윤관(尹瓘, ?~1111, 예종6)을 원수로 임명하였다'고 기록되어 있다. 그러나 감괘(坎卦, ䷜)가 기제괘(旣濟卦, ䷾)로 변한 결과를 어떻게 해석하였는가에 대한 내용은 기록이 없다.

---

27) 『삼국유사』「駕洛國記」 記異 제2. 〈坐知王〉, "김질(金叱)이라고도 한다. 의희(義熙) 3년에 즉위하였다. 용녀(傭女)에게 장가들어 여자의 무리를 관리로 삼으니 나라 안이 소란스러웠다. …박원도(朴元道)라는 신하가 간하여 말하기를 '유초(遺草)를 보고 또 보아도 역시 탈이 나는데 하물며 사람에 있어서이겠습니까. 하늘이 망하고 땅이 꺼지면 사람이 어느 곳에서 보전하겠습니까? 또 점쟁이가 점을 쳐서 해괘(解卦)를 얻었는데, 그 점괘의 말에 〈소인(小人)을 없애면 군자(君子)가 와서 도울 것이다〉라고 했으니 왕께선 역(易)의 괘를 살피시옵소서'라고 하니 왕은 사과하여 '옳다'라 하고 용녀를 내쳐서 하산도(荷山島)에 귀양보내고, 정치를 고쳐 행하여 길이 백성을 편안하게 다스렸다. 치세는 15년으로 영초(永初) 2년 신유 5월 12일(421년)에 죽었다."

28) 『고려사』 제96권, 「열전」 제9, 〈윤관〉.

② 거란에 사신을 파견하면서 친 주역점

현종 2년(1011), 거란이 군대를 철수한 일에 대해 사의를 표하기 위해 사신을 파견하기 전 점을 쳤는데, 결과는 "건지고(乾之蠱)"를 얻었다. 이에 대해 태사관은 다음과 같이 해석하였다.

> 건(乾☰)은 임금과 아버지 격이니 이 건(乾)이 튼튼하면 무슨 일이건 통하지 않음이 없습니다. 또 주역 구오(九五)에 '나는 용이 하늘에 있으니, 대인을 만나는 것이 이롭다[飛龍在天利見大人]'라고 하였습니다. 그리고 고괘(蠱卦䷑)는 '높은 자가 위에 있고 낮은 자가 아래에 있음'을 의미하니, 이 또한 윗사람을 섬기는 형상이어서 길합니다.

③ 합단(哈丹, 카단) 격퇴를 위해 출병하기 전에 점을 친 사례: 예괘(豫卦)를 얻음[29)]

충렬왕 16년 원(元)에 반기를 둔 합단(哈丹)의 무리가 원에 패한 후 고려로 진입하여 약탈을 일삼았는데, 이듬해인 충렬왕 17년(1291) 원나라 군대와 합세하여 이들을 격퇴하였다. 4월 25일 출격을 앞두고, 추관정(秋官正) 기효진(奇孝眞)으로 하여금 점을 치게 하여 예괘(豫卦)를 얻었다. 그리고 이를 통해 '5월 2일에 적을 만나면 전쟁에서 승리할 것'이라는 풀이를 얻었다. 역시 점괘에 대한 구체적인 설명은 없으나, 예괘의 괘사가 "제후를 세우며, 군사를 행함이 이롭다"임을 볼 때, 전쟁에 임해서 길한 징조를 얻었다고 하겠다.

---

29) 『고려사절요』 권21.

5) 『주역』의 의리역학적 활용

(1) 국가대사에 『주역』의 문구를 활용

① 주역 건괘-원형이정으로 원나라 국호 제정을 축하함

원종 3년, 사신을 원나라로 보내 국호를 정한 것을 축하하였는데, 건괘의 4덕으로 만국함녕(萬國咸寧)의 주인공이 되기를 축원하는 표문을 보냈다.

> 3백 수십 일이 모여서 1년을 이루는 것은 정월 초하룻날로부터 시작되고 60여 괘(卦)에 의하여 주역 이치의 체계를 세우는 데서는 건상(乾象)으로부터 시작하였다. 원(元)이 4덕(四德; 원 · 형 · 이 · 정)의 으뜸으로 되는 것과 같이 천하만국이 당신을 받드는 것이 백대의 제왕들 중에서 가장 높다. 아! 빛나는 이 시대에 국호를 개정하는 것이 가장 적절하다. 이 소식에 접한 이 나라에서도 기쁜 마음 한량없다. 축하하는 말을 어느 나라보다도 먼저 드린다.

② 왕비의 책봉에 『주역』 곤괘의 덕을 활용30)

희종(熙宗) 7년 비 성평(成平)왕후 임씨를 함평궁주(咸平宮主)로 봉하였을 때, 그 조서에 곤괘 곤원(坤元)의 덕을 왕후의 덕에 비겨 말하는 대목이 있다.

> 내가 듣건대 주역에서 땅[坤元]의 덕을 칭찬한 것은 하늘의 굳센 도에 배합시켜 말한 것이요 왕후의 덕행을 칭송하여 쓴 것은 그것이 임금의 덕화의 기본으로 됨을 밝힌 것이다.… 그대에게 작호를 주어 후궁을 차지하게 하려

---

30) 『고려사』 제88권, 「열전」 제1, 후비1, 성평왕후 임씨.

고 지금 모관 모를 파견하여 부절(節)을 가지고 가서 그대를 왕비 함평궁주(咸平宮主)로 봉한다.

③ 태자의 책봉을 위해 점을 친 사례 및 「설괘전」 활용 사례

인종 11년(1133)의 기록을 보면, 태자를 책봉하면서 내린 책문에 "역에 이르기를 첫 번째로 구하여 장남의 자리가 되었다[易以一索爲長男之位]"라 하였는데, 이것은 「설괘전」 10장 "진은 첫 번째로 구하여 남자아이를 얻었으므로 맏아들이라고 하였다[震一索而得男, 故謂之長男]"를 활용한 것이다.

④ 『주역』의 문구를 빌어 고려와 원(元)의 원만한 관계 정책을 제언함31)

「열전」에 기록된 간신 유청신의 매국 행위와 이에 대해 원나라 통사사인(通事舍人) 왕관(王觀)이 대처하는 안목을 기록한 내용이다. 유청신은 충숙왕을 시종해서 원나라로 갔을 때, 국내에서 심왕(瀋王) 왕고(王暠)가 왕위를 엿보자, 충숙왕을 배반하고 갖은 모략을 꾸며대었으며, 또 원나라에 아부하여, 도성(都省)에 서면을 제출하고, 고려에 성(省)을 설치하여 원나라 내지(內地)와 같이 취급할 것을 요청하는 등의 행위를 했다. 그런데 원나라 통사사인(通事舍人) 왕관(王觀)이 승상(丞相)에게 상서(上書)하여, 유청신의 말을 받아들이는 것은 멀리 전망하지 못하고 눈앞의 이익을 탐내다 국가적 위기를 초래할 수 있는 일이라는 의견을 개진하였다. 그는 매사에 사소한 것을 소홀히 하면 그 우환을 이루 헤아릴 수 없는 법이고, 집이 잠기고 사람이 떠내려가는 재난도 개미구멍에서 기인한다는 통찰을 보여준다. 여기에 인용된

31) 『고려사』 제125권, 「열전」 제38, 간신1, 유청신.

『주역』의 구절이 곤괘(坤卦) 초효의 "서리를 밟으면 굳은 얼음이 이른다", 그리고 송괘(訟卦) 「대상전」 "하늘과 물이 어긋나게 행함이 송(訟)이니, 군자가 이로써 일을 함에, 애초 그 시작을 잘 도모한다"이다. 왕관 편지의 요지는 고려는 100여 년 원나라와의 관계에서 예(禮)를 어긴 일이 없어 양국이 평화롭고 원만한 관계를 유지해 왔는데, 이제 정동행성(征東行省)을 설치하여 고려를 원나라의 내지(內地)와 같이 만드는 일은 섣부른 논의로 헛된 이름을 얻을 뿐 실제로는 폐해를 입게 되리라는 것이다. 여기에서 『주역』 문구를 인용해 말한 이가 원나라 관리이기는 하지만, 『고려사』 안에 기재되어 있으므로 채록한다.

(2) 조정에서 『주역』을 강론한 사례

『고려사』에는 조정에서 『주역』을 강론한 사례들이 몇 차례 기록되어 있는데, 예종 12년(1117)으로부터 인종 16년(1138)까지 약 20년 사이에 집중적으로 나타나는 기록이다.[32] 인종대는 이자겸의 난(1126)과 묘청의 난(1135)이 일어났고, 무신정변(1170)이 일어나기 30-40년 전으로 고려전기의 막바지(또는 고려중기)인 시점이라 할 수

32) 인종 10년(1132)의 기록에는 『주역』 외에 『예기』의 「중용」편을 강하고, 박사 18명에게 관련해서 시를 짓게 했다는 기록이 있다. 이는 당나라 말기 한유와 이고이래, 북송시대 유학자들의 학문풍토와 일정한 관련이 있을 것으로 생각된다. 기록의 내용은 다음과 같다. "계묘일에 정항을 시켜 예기(禮記) 중용(中庸) 편을 강의하게 하였으며 또 제목을 설정하여 대학 박사 곽동순(郭東珣) 등 18명으로 하여금 시를 짓게 하였다." 고려 인종 1년(1123), 인종이 송나라에서 온 사신 노윤적(路允迪)과 부묵경(傅墨卿)에게 구산(龜山) 양시(楊時, 1053~1135)의 안부를 물었던 일이 『宋史』 「道學傳(二)」에 기록되어 있다(최영성, 「정신보론」, 11-12쪽 재인용)는 사실은 인종대에 「중용」을 조정에서 강하였다는 기록과 서로 조응하여 당시 고려의 학술문화의 일단을 보여준다고 하겠다.

있다. 『고려왕조실록』이 남아 있었더라면, 『주역』을 강론한 또 다른 시대의 기록이 있을지 모르겠으나, 『고려사』에 남은 기록은 다음의 5개 정도의 사례이다. 이 기록을 통해 고려중기 역학에 조예가 있었던 인물로, 김부식, 윤언이,[33] 정항, 이지저, 기거주, 정지상, 한안인, 박승중, 김부일 등이 있음을 알 수 있다.

	시기	기사내용	비고
1	예종12년 (1117)	정사일에 왕이 청연각에 나가서 한교여(韓皦如)에게 명하여 『주역』 건괘(乾卦)를 강의하게 한 다음 박승중(朴昇中), 김부일(金富佾) 등에게 질의응답을 진행하게 하고 친히 술과 음식을 권했다.	『고려사』 제14권, 「세가」 제14
2	예종13년 (1118)	신미일에 왕이 청연각에 나가서 한안인(韓安仁)을 시켜 『주역』 태괘(泰卦)를 강의하게 하였다.	『고려사』 제14권, 「세가」 제14
3	예종15년 (1122)	병술일에 왕이 청연각에 나가서 중서 사인 김부식(金富軾)을 시켜 『주역』 『건괘(乾卦)』를 강의하게 하였다.	『고려사』 제14권, 「세가」 제14,
4	인종10년 (1132)	임인일에 왕이 기린각(麒麟閣)에 나가서 국자사업(國子司業) 윤언이(尹彦頤)를 시켜 주역 건괘(乾卦)를 강의하게 하고 승선(承宣) 정항(鄭沆), 예부낭중 이지저(李之氐), 기거주(起居注) 정지상(鄭知常) 등으로 하여금 문의를 서로 강론하게 하였다.	『고려사』 제16권, 「세가」 제16,
5	인종16년	계묘일에 왕이 집현전에 가서 김부식을 시	『고려사』

33) 『고려사』 「열전」 제8 〈윤관〉 부분에는 왕이 국자감에 행차하여 김부식에게 『주역』을 강하게 하고, 윤언이에게 토론을 시켰는데, 윤언이가 『주역』에 밝아 거침없이 따져 물어서 김부식을 곤란하게 하였다고 기록하였다.

	(1138)	켜 주역의 대축괘(大畜卦)와 복괘(復卦)를 강의하게 하고 모든 학사들로 하여금 문의를 논변케 하였으며 왕은 책을 들고 청강하였다. 그 자리에서 연회를 베풀고 놀다가 밤중이 되어서야 파하였다.	제16권, 「세가」 제16,

(3) 『주역』의 구절로 상소 및 간언한 사례

『고려사』에는 『주역』의 구절을 이끌어 임금에게 상소하거나 간언한 사례들이 여러 차례 보인다. 그 가운데 절반 이상이 고려말 정이 『역전』과 주자학의 도입 이후이다. 『주역』의 의리역학적 활용이 정주학의 도입으로 빠르게 활성화된 것으로 짐작된다.

① 최승로의 시무28조에 인용된 『주역』의 문구[34]

성종 원년 최승로(崔承老, 927~989)가 임금의 명으로 시무 28조를 올렸는데, 그 가운데 제14번째 조목에 『주역』 함괘(咸卦) 「단전」 "하늘과 땅이 감응하여 만물이 화생하고, 성인이 인심에 감응하니 천하가 화평하다. 그 감응하는 바를 관찰하면 천지만물의 실정을 볼 수 있다"[35]를 인용한다. 임금이 마음을 겸손하게 하여 신하를 예로 대우하면, 마음에 감동을 일으켜 충심으로 국정을 보좌하게 될 것이라 진언하고 있다. 구체적인 내용은 다음과 같다.

> 『주역』에 이르기를 '성인은 인심을 감동시키니 천하가 화평하다'라고 하였으며, 『논어』에 이르기를 '아무것도 하는 일이 없는 듯이 보이면서 천하

34) 『고려사』 제93, 「열전」 제6 〈최승로〉.

35) 『周易』 咸卦, 「彖傳」. "天地感而萬物化生, 聖人, 感人心而天下和平, 觀其所感而天地萬物之情, 可見矣."

를 다스린 사람은 아마 순(舜)일 것이다. 그는 대체 무엇을 했을까? 자기 몸을 조심하고 왕위에 앉아 있을 뿐이었다'라고 하였습니다. 성인이 하늘과 사람을 감동시킨 것은 그가 순일(純一)한 덕이 있고 사심이 없기 때문입니다. 만약 전하께서 겸손한 마음을 가지고 항상 조심하고 두려워하며 신하를 예로써 대우한다면 누가 자기의 성심과 정력을 다 바치어 조정에 나와서는 좋은 계책을 진언하고 집에 돌아가서는 국정을 보좌할 것을 생각하지 않겠습니까? 이것이 이른바 임금은 예로써 신하를 부리고 신하는 충성으로써 임금을 섬긴다는 것입니다.

② 이첨이 『주역』의 여러 구절을 이끌어 임금에게 간언함[36]

려말선초의 인물인 이첨(李詹, 1345~1405)은 『주역』 인(仁)의 호생지덕과 여러 괘의 뜻을 인용하여, 정치를 잘 하기 위해서는 마음의 기미부터 잘 살펴 바로잡아야 함을 간언한다.

이첨은 임금을 보좌하는 자가 근본을 망각해서 정치를 잘하기만 바라고 임금의 허물을 지적할 줄만 알뿐 임금의 마음을 바로잡고 덕성을 기르는 것이 근본이라는 것을 모른다고 비판한다. 송괘 「대상전」 "그 일을 할 때 그 시작을 잘 계획해야 한다[作事謀始]"[37]와 「계사전」 "오직 기미를 알아야 천하의 일을 이룰 수 있다[唯幾也, 故能成天下之務]"를 인용하여, 마음이 은미한 곳에서 움직일 때 천리와 인욕의 움트는 기미를 알아채고 조심해야 함을 말한다.

다음으로는 익괘(益卦)의 「대상전」 "착함을 보면 옮겨가고 허물이 있으면 고친다[見善則遷, 有過則改]"를 이끌어, 허물을 고치는 것의 중요성을 길게 간언한다.

그 다음으로 『주역』에서 대유괘(大有卦) 다음에 겸괘(謙卦)를 놓은

---

36) 『고려사』 제117권 「열전」 제30, 〈이첨〉.

37) 訟卦, "象曰, 天與水違行, 訟. 君子以, 作事謀始."

뜻을 들어, 겸손함이 국운을 보전하는 방도임을 강조한다.

끝으로, 인(仁)이 만물을 생육하는 정신으로서 백성들이 영원히 복을 누릴 수 있는 근본이라고 하면서 인(仁)을 베푸는 일의 중요성을 말한다. 인(仁)은 사람이 타고난 것이며 오상(五常)의 하나이다. 인(仁)의 본체는 사랑하는 이치이며, 그 실행하는 법은 부모사랑으로부터 백성사랑으로 다시 만물사랑으로 미루어나가는 것임을 말하고 있다.

③ 『주역』을 이끌어 임금이 밤에 오락하고 늦게 기상하는 습관을 비판함[38]

여말선초의 인물인 권근(權近, 1352~1409)이 우왕에게 올린 상소이다. 임금이 밤에 오락하고 늦게 기상하자, 임금은 하늘의 해가 일하는 궤적을 본받아야 한다는 상소를 올렸는데, 수괘(隨卦) 「대상전」에 "저물면 들어가서 편안히 쉰다"[39]와 그에 대한 주석까지 상세히 소개하며, 좋지 못한 습관을 고칠 것은 간언한다. 구체적인 내용은 다음과 같다.

하늘에 주야가 있는 것은 사람에게 활동과 휴식이 있는 것과 같습니다. 그러므로 『주역』에는 '해가 저물면 들어가서 편안히 쉰다'라는 말이 있는데, 그 「전(傳)」에 설명하기를 '임금이 움직이는 것이 하늘의 해를 본받아서 출입에 절도가 있게 해야 한다는 뜻이다. 임금이 낮에 활동해 정사를 돌보는 것은 하늘에 해가 떠서 낮이 됨을 본받는 것이고, 저녁에 어두워지면 안으로 들어가 그 몸을 편안히 쉬는 것은 하늘의 해가 져서 밤이 됨을 본받는 일이다'라고 하였습니다. 옛 성왕(聖王)들은 동이 터서 밝아 오면 일어나 앉아서 해가 떠서 물건들의 빛깔을 판별할 수 있게 되는 때를 기다려 정사를

38) 『고려사』 제107권, 「열전」 제20, 〈권단〉.

39) 隨卦, "象曰, 澤中有雷隨, 君子以, 嚮晦入宴息."

보러 나갑니다. 여러 가지 일들을 듣고 처리하되 해가 기울어질 무렵까지 계속하였는데 이것이 곧 하늘의 해를 본받아 행동하는 것입니다. 이 때문에 하늘이 임금을 사랑하고 그에게 큰 복을 내려 준 것입니다. 그런데 지금 전하께서는 밤에는 오락을 하고 해가 높이 떠서야 기상하니 이것은 하늘의 해를 본받는 도리가 아닙니다.[40]

④ 이색이 『주역』 건괘(乾卦)의 문구로 임금의 개혁의지를 독려함[41]

공민왕(恭愍王) 원년(1352)의 일이다. 이색(李穡)이 복상(服喪) 중에 글을 올려 토지제도의 폐해가 심각함, 왜구의 침략에 대한 대비책 등을 아뢰고, 인재의 발탁과 개혁정치의 시급함을 진언하면서 건괘 「대상전」 "하늘의 운행이 굳세니, 군자가 이를 본받아 스스로 힘써 그치지 말아야 한다[天行健, 君子以, 自彊不息]"를 인용한다.

400여 년 동안 말세의 폐단이 어찌 없을 수 있겠습니까. 〈이 중에서도〉 전제(田制)가 특히 심합니다. 경계가 바르지 못하면 권세가가 겸병하게 되니 까치둥지에 비둘기가 산다는 것이 바로 이것입니다. … 어진 이를 어찌 모두 등용할 수 있으며, 간사한 무리들을 어찌 모두 물러나게 할 수 있겠습니까? 그러나 온 정치를 행했다는 말을 아직 듣지 못하였고 백성의 바람을 실망시켰으니, 이와 같은데도 다스림이 이루어짐을 바라는 것은 뒷걸음질 치며 앞으로 나갈 것을 도모하는 것과 같고, 남쪽으로 수레바퀴를 돌려놓고

40) 『고려사』 제107권, 「열전」 제20 〈권단〉, "天之有晝夜, 猶人之有動息也. 人君奉若天道, 一動一靜, 皆當法乎天也. 易曰, '嚮晦入宴息.' 傳曰, '人君動, 法於日, 出入有節, 言人君晝則動而爲政, 以法乎天之日出而爲晝也, 及嚮昏晦, 入居於內, 宴息其身, 以法乎天之日入而爲夜也. 古之聖王, 昧爽丕顯, 坐以待旦, 辨色視朝, 以聽庶政, 至于日中昃, 所以法乎天日也." 여기에서의 「傳」은 「정전」과는 내용이 일치하지 않아, 누구의 「傳」인지는 분명하지 않다.

41) 『고려사』 「열전」 제28, 〈이색〉

연(燕) 땅에 가려는 것과 같으니 신은 전하를 위하여 심히 부끄러워하는 바입니다. 『주역』에 이르기를, '하늘의 운행이 굳건하니 군자가 이를 본받아 스스로 힘써 그치지 않는다'라고 하였으니, 마음을 닦는 요체와 다스림을 행하는 방책은 이를 벗어나는 것이 없습니다. 오로지 전하께서는 여기에 마음을 두소서.

⑤ 『주역』 몽괘(蒙卦)를 인용해 임금에게 학업을 권면함[42)]

공양왕 1년(1389) 7월, 윤소종(尹紹宗)이 임금에게 몽괘 「단전」 "어려서는 바름으로 기르는 것이 성인되는 공부이다[蒙以養正, 聖功也]"를 이끌어 공부를 권면하는 긴 상소를 올린 기록이 있다.

⑥ 『주역』 태괘(泰卦)로 언로가 소통해야 함을 진언함.[43)]

1390년 02월의 기록이다. 대간(臺諫)이 임금을 면대하여 아뢰는 제도를 폐지하였는데, 윤소종(尹紹宗) 등이 상소하여, 이 일이 망국적 조처임을 극론하고 다시 이 제도를 부활시켜야 함을 진언한 것이다. 임금은 항상 눈과 귀를 열고 시정의 여론을 들어야 하며, 자신의 잘못에 대한 충직한 간언을 들어야 국정의 방향이 바르게 세워질 수 있음을 논한다. 진나라는 충언을 금지한 결과 "사슴을 가리켜 말이라[指鹿爲馬]하는" 지경에도 모두 입을 다물어 2대 만에 망했으며, 역사상 언로가 열리면 평안하고, 막히면 어지럽고 멸망했다는 것이다. 나무꾼이나 공인(工人) 같은 필부필부의 간언도 위로 전달이 될 때 위아래가 서로 소통하는 태괘(泰卦)가 될 수 있다는 것이 이 상소의 요지이다.

이상 『주역』을 활용한 여섯 가지 상소의 사례 가운데 10세기 인물

---

42) 『고려사절요』 권34, 恭讓王 1년 7월.

43) 『고려사절요』 권34, 恭讓王 2년 2월.

인 최승로의 시무28조를 제외하고는 모두 여말선초의 기록임을 볼 수 있다. 특기할 것은 시기를 고려하지 않고 상소의 내용을 비교해 보았을 때, 최승로의 시기와 여말선초까지는 350여 년의 시차가 있음에도 그 간격을 느낄 수 없다는 점이다. 이로써 『주역』을 활용해 임금을 격려하고 권면하는 상소가 정주역학의 도입 이후에 시작된 일이 아니며, 이미 오랜 전통의 흐름이 있었음을 읽을 수 있다.

3. 학교제도와 『주역』 교육

고려는 불교를 국교로 하였지만, 국학과 향교에서 유학교육을 체계적으로 실시하였음을 『고려사』의 기록을 통해 알 수 있다. 물론 『주역』은 여타 경전과 함께 필수 교과목이었으며, 과거시험에서도 마찬가지였다. 『주역』을 특화하여 기록한 자료는 아니지만, 고려시대의 학교교육과 과거제도에 대한 기술을 통해 『주역』 교육의 모습도 엿볼 수 있다.

먼저 성종 6년(987)에는 주, 군, 현의 자제들을 서울에 모아 공부하게 하던 차원을 넘어 12목(牧)에 각각 경학박사(經學博士) 1명, 의학박사(醫學博士) 1명씩을 파견하도록 하였고, 이들이 학생들을 잘 가르치면, 그 공적의 대소를 심사하여 높은 벼슬에 발탁하여 추장하는 방책을 실시하였다.[44]

예종 4년(1109)에는 국학에 7재(七齋)를 설치하면서, 주역과도 설치

---

44) 『고려사』 제3권, 「세가」, 성종 6년(987).

하였다. 이 가운데 『주역(周易)』을 공부하는 곳은 태괘(兌卦) 「대상전」[45]을 취하여 이택재(麗澤齋)라 하였다. 『상서(尙書)』는 대빙재(待聘齋), 『모시(毛詩)』는 경덕재(經德齋), 『주례(周禮)』는 구인재(求仁齋), 『대례(戴禮)』는 복응재(服膺齋), 『춘추(春秋)』는 양정재(養正齋), 『무학(武學)』은 강예재(講藝齋)라고 하였다.[46]

인종대(1122~1146)에는 국학에 학칙을 제정하여, "국자감, 대학, 4문학에는 다 박사와 조교를 두되 반드시 경서의 지식이 풍부하고 덕행이 높아서 능히 스승이 될 만한 자를 택한다"라 하였으며, 『주역』의 수업 연한을 2년으로 정하였다.[47]

인종 14년에는 과거(科擧)에서 주역전공자의 시험 방식에 대한 기록이 있다. 3일 이상 시행되는 시험에서, 첫날은 『주역』을 전문으로 하는 사람은 『상서』에서 뽑은 10조목을 시험쳐야 하며, 제2일에는 『모시』에서 뽑은 10조목을 시험쳐야 한다. 또한 『주역』을 전문으로 하는 사람은 『상서』, 『모시』, 『춘추』의 각 질에서 한 궤씩을 읽으며 삽주하는 방식으로 시험을 친다고 하였다.

> 11월에 결정하기를 제술과는 경의(經義)와 시와 부를 잇대어 시험쳐 뽑을 것이며 명경과의 시험쳐 뽑는 방식은 첩경(帖經) 방법으로 하고 시험을 2일 내에 실시하되 첫날은 상서(尙書)를 전문(徧業)으로 하는 사람에게는 주역

---

45) 兌卦, 「大象傳」, "象曰, 麗澤, 兌, 君子以, 朋友講習."

46) 『고려사』 제74권, 「지」, 제28, 학교, 예종 4년(1109).

47) 『고려사』 제74권, 「지」, 제28, 학교, 〈式目都監이 학칙을 제정〉, "경서로는 주역, 상서, 주례, 예기, 모시, 춘추, 좌씨전, 공양전, 곡량전을 각각 한 가지 경서로 하고 그 밖에 효경과 논어를 반드시 겸하여 잘 알아야 한다. 학생들의 수업 연한에서 효경, 논어는 아울러 1년, 상서, 공양전, 곡량전은 각각 2년 반, 주역, 모시, 주례, 의례는 각각 2년, 예기, 좌전은 각각 3년으로 하되 다 먼저 효경과 논어를 읽은 다음에 여러 경서와 산술과 시무책을 학습한다."

(周易)에서, 주역을 전문으로 하는 사람에게는 상서에서 각각 10조씩 뽑아 치고, 다음날에는 모시(毛詩)의 10조를 첩경 방법으로 시험쳐서 각각 통달한 것이 6조 이상 되어야 한다. 제3일 이후에는 대·소경을 각각 10궤씩 읽히는데 문리와 글 뜻을 잘 안 것이 여섯 궤가 되어야 하는데 글 뜻은 여섯을 묻고 문리 잘 알기는 네 궤를 통하여야 한다. 또 주역을 전문으로 하는 사람에게는 상서, 모시, 춘추(春秋)의 각 질(秩)에서 한 궤씩 읽히는데 매 질마다 삽주 방법으로 시험 치는 것을 상례로 한다.[48]

고려말 공민왕 19년(1370)에는 새로 과거시험의 원칙을 발표하였는데, 정이의 『역전(易傳)』과 주희의 『본의(本義)』를 고주(古註)와 함께 과거시험 표준 도서로 채택하였다. 이 시기는 이미 명나라가 들어선 시기로 주원장의 연호인 홍무제 3년에 해당한다. 우탁(禹倬, 1262~1342)이 『정전(程傳)』을 들여온 지 이미 상당한 시간이 흘렀고, 1289년 안향(安珦, 1243~1306)에 의해 주자학이 도입되었으므로, 주희의 『본의』 역시 전래된 지 오래였을 것으로 생각할 수 있다.

이외에 『주역』 교육과 관련해 특기할 만한 것은 고려전기에 흥기한 사학(私學)에서의 교육이다. 해동공자로 알려진 최충(崔冲, 984~1068)은 고려전기 문벌귀족사회의 전성기를 열었던 인물로 유학교육을 전사회적으로 확대하는 데 지대한 역할을 하였다. 그는 문종(1046~1083)으로부터 "여러 대에 걸쳐 유종(儒宗)으로서 삼한(三韓)의 덕을 이루었다"는 표장을 받았다. 그가 설립한 구재(九齋)학당[49]에서는 『주역』을 비롯한 여러 경서를 가르쳤다. 이 시기에 다수의 '도(徒)' 즉 사학이 일어나 12

48) 『고려사』 제73권, 「지」 제27, 과목. 인종 14년.

49) 최충은 학당을 9개로 나누고 樂聖齋 · 大中齋 · 誠明齋 · 敬業齋 · 造道齋 · 率性齋 · 進德齋 · 大和齋 · 待聘齋라고 명명하였는데, 이를 바로 九齋라 부른다. (우리역사넷, http://contents.history.go.kr/mobile/kc/view.do?levelId=kc_n205400&code=kc_age_20)

개의 도(徒)가 설립되는 등 문풍이 일어났는데, 이 가운데 최충의 문헌공도(文憲公徒)가 가장 흥성하였다고 한다. 『고려사』에는 최충도(崔冲徒)에서 설립한 교과목들이 기록되어 있는데, 이에 비추어 다른 사학에서도 『주역』을 비롯한 여러 경서들을 강의하였을 것을 짐작할 수 있다.

4. 고려사에 기록된 역학인물

『고려사』에서 『주역』과 관련해 찾을 수 있는 인물을 다음의 표와 같이 일별해 둔다. 이것은 "주역"을 관건자로 하여 『고려사』를 검색하여 찾은 결과에 한정된 것이므로, 고려시대 역학관련 인물은 훨씬 넓은 범위에서 다시 찾아야 할 것이다.

번호	인물	기사내용	서지
1	김부식 金富軾 (1075~1151)	왕이 청연각에 나가서 중서 사인 김부식(金富軾)을 시켜 『주역』 『건괘(乾卦)』를 강의하게 하였다.	예종15년 (1122) (「세가」 제14)
		왕이 집현전에 가서 김부식을 시켜 주역의 대축괘(大畜卦)와 복괘(復卦)를 강의하게 하고 모든 학사들로 하여금 문의를 논변케 하였으며 왕은 책을 들고 청강하였다.	인종16년 (1138) (「세가」 제16)
	윤언이 尹彦頤 (1090~1149)	왕이 기린각(麒麟閣)에 나가서 국자사업(國子司業) 윤언이(尹彦頤)를 시켜 『주역』 건괘(乾卦)를 강의하게 하고 승선(承宣) 정항(鄭沆), 예부낭중 이지저(李之氐), 기거주(起居注) 정지상(鄭知常) 등으로 하여금 문의를 서로 강론하게 하였다.	인종10년 (1132) (「세가」 제16)

2	한안인 韓安仁 (?~ 1122)	왕이 청연각에 나가서 한안인(韓安仁)을 시켜 『주역』 태괘(泰卦)를 강의하게 하였다.	예종13년 (1118)
		자는 자거(子居), 이전 이름은 교여(皦如), 단주(端州) 사람. 총명하고 학문을 좋아했으며 글을 잘 지었고 주역과 점치는 데 능통했고 또 그의 점이 신기하게 맞는 일이 많아서 한때 이름을 떨쳤다.	「열전」 제10
3	오세재 吳世才 (1133~ ?)	오세재는 어려서부터 학문에 힘써 육경(六經)을 손수 필사하여 읽었으며 날마다 『주역(周易)』을 암송하였다. 명종(明宗) 때 등제(登第)하여 성품은 영특함이 트였으나 몸과 마음을 검속함이 적어 세상에 용납되지 않았다. 이인로(李仁老)가 세 번이나 상서(上書)하여 그를 천거하였으나 끝내 관직을 얻지 못하였는데 동경(東京)에 우거(寓居)하다가 곤궁해져 죽었다. 이규보(李奎報)와 함께 망년교(忘年交)가 되었는데 이규보가 사사로이 시호를 말하길, '현정선생(玄靜先生)'이라 하였다.	「열전」 제15.
4	우탁 禹倬 (1262~ 1342)	우탁은 경사(經史)에 통달하였고 더욱 역학에 대한 지식이 심오하였다. 그의 점술(占術)은 맞지 않는 것이 없었다. 정전(程傳)이 처음으로 우리나라에 전해 오자 능히 해득하는 자가 없었는데 우탁이 월 여를 문을 닫고 전심 연구하여 드디어 문리를 해득하였고 그것을 학생들에게 교수하였다. 이리하여 이학(理學)이 비로소 우리나라에 알려지게 되었다.	「열전」 제22
5	박충좌 朴忠佐 (1287~ 1349)	자는 자화(子華)이니 함양(咸陽) 사람. 박충좌는 성질이 온후하고 검약을 숭상하였다. 그는 대신이 되어서도 거처와 의복을 평민으로 있을 때와 같이 하였고 《주역(易學)》 읽기를 좋아하여 늙어서도 손에 놓지 않았다.	「열전」 제22

5. 맺음말

고려시대의 역학을 연구함에 있어서 이 시대가 사상적으로 불교가 우세하던 시기라는 점을 염두에 두어야 할 것이다. 물론 불교가 국교의 지위에 있었음에 비해, 그에 부응하는 학술적 발전이 충분히 이루어졌는가라는 문제는 생각해 볼 수 있지만, 오늘날 『한국중세불교사연구』(허흥식, 일조각, 1986), 『고려불교사연구』(허흥식, 일조각, 1994)를 엮어낼 수 있을 만큼의 자료수집이 가능하다.

유학관련 자료 특히 역학(易學) 관련 자료의 부재는 자료의 소실에도 원인이 있지만, 그 시대가 유학의 시대가 아니라는 점에서 일정한 한계를 안고 시작할 수밖에 없다. 김충렬의 『고려유학사』를 살펴보면, 전체 4장 중에 본격적인 고려시대 유학에 대한 서술은, 주자학 도입 이전 고려유학에 대한 서술이 1개 장, 고려말 주자학 도입 이후가 1개 장이다. 고려 500년의 유학관련 자료 가운데 현존하는 자료의 대부분은 고려말에 편중되어 있는 셈이다. 고려시대 유학에 대한 연구환경이 이러한 까닭에, 고려시대 역학에 대한 연구는 더욱 미비하다. 안승우의 「이규보(李奎報)의 『주역』 인식 고찰 -유가경전 및 자기 수양서로서의 『주역』 인식을 중심으로-」가 유일한 고려시대 역학관련 연구인 것 같다.

이제 향후 고려시대 역학연구를 위해 다음과 같이 제언하는 것으로, 이글을 마치고자 한다.

첫째, 고려가 불교의 시대라는 점을 객관적으로 인지하고, 역학자료가 드문 것에 실망하지 않는다. 그 시대의 학술적 배경에 대한 객관적 인식을 유지한 채로, 고려시대 역학의 특징과 의의를 찾는다.

둘째, 학술적으로 검토할 수 있는 자료들을 최대한 검토하는 작업이 필요할 것이다. 주자학이 전래하기 이전의 역학의 모습을 조명하기 위해서는 『고려사』, 『삼국사기』, 『삼국유사』에 대한 검토, 그리고 금석문 자료를 추가로 검토해 보아야 할 것이다. 직접적인 『주역』 관련 저작이 현존하지 않는 상황에서 파편적 자료도 소중하다.

셋째, 주자학 수용 이전의 자료로서 현존하는 이인로(李仁老, 1152~1220)의 『파한집(破閑集)』, 최자(崔滋, 1188~1260)의 『보한집(補閑集)』, 이규보(李奎報, 1168~1241)의 『동국이상국집(東國李相國集)』 등을 역학적 관점에서 다시 검토하는 노력은 당연하다.

넷째, 주자학을 수용한 이후 고려말 학자들의 문집에서 논설뿐 아니라 시문(詩文)도 면밀히 검토해 보면, 역학관련 문자를 발굴할 수 있을 것이라 기대한다. 또한, 주자학 전래 이전과 이후의 학술이 뚜렷이 구별되는 특징을 보일 것으로 생각되기 때문에, 역학에 있어서도 그러한 변화의 흐름을 주목해 볼 필요가 있을 것이다.

다섯째, 장기적으로 중국이나 일본의 문헌에서 고려시대 및 삼국시대 역학과 관련한 자료를 찾아보는 일이 필요하겠다. ◈

【참고문헌】

『북한국역 고려사』 제1책~제11책, 신서원, 1992년 초판 2쇄.

『북한국역 고려사』, KRpia

https://www.krpia.co.kr/product/main?plctId=PLCT00004467

『고려사』, 한국사데이터베이스,

https://db.history.go.kr/goryeo/itemLevelKrList.do?itemId=kr

『고려사절요』, 한국사데이터베이스,

https://db.history.go.kr/goryeo/itemLevelKrList.do?itemId=kj

김상기, 『신편 고려시대사』(재간행본), 서울대학교 출판부, 1985.

김충렬, 『고려유학사』, 고려대출판부, 1984.

양계초 풍우란 등 지음, 김홍경 옮김, 『음양오행설의 연구』, 신지서원, 1993.

소길(蕭吉; 隋) 지음, 김수길, 윤상철 공역, 『오행대의』 상하, 대유학당, 2008.

최태연, 「공자의 중용적 주역관과 우리 역대국가의 시서관행에 관한 고찰」, 『정치사상연구』 11-1, 2005.봄.

김동민, 「董仲舒 春秋學의 天人感應論에 대한 고찰 -祥瑞 · 災異說을 중심으로-」, 『동양철학연구』 36, 동양철학연구회, 2004.02.

안승우, 「이규보(李奎報)의 『주역』 인식 고찰 -유가경전 및 자기 수양서로서의 『주역』인식을 중심으로」, 『한국철학논집』 80, 한국철학사연구회, 2024,02.

윤세형, 「『조선왕조실록』을 통해 본 『주역』」, 『주역과 한국문화』, 2022, 이도.

윤세형, 「《세조실록》에 나타난 주역 관련 기록 고찰」, 『역사와융합』 12, 바른역사학술원, 2022.

천인석, 「삼국시대에서의 음양오행설의 전개」, 『유교사상연구』 4, 한국유교학회, 1992.

최영성, 「정신보론 -남송 성리학의 고려전래와 관련하여」, 『한국철학논집』 36, 한국철학사연구회, 2013.

역학연구의 기본 범주와 상호관계

-고려말 권근역학의 성격규정과 관련하여-

최 정 준

〈요약〉

본고에서는 역학연구의 기본범주를 상수와 의리와 점서로 구분하고 그 상호관계에 대해 논의한 후 그 기준을 가지고 권근역학을 평가해보았다. 상수역학의 범주에는 『주역』에서 시괘(蓍卦)의 형상과 숫자에 관한 제반내용이 포함된다. 의리역학의 범주에는 괘효사에 근거하거나 십익에 나타난 의미와 도리의 내용이 포함된다. 점서역학의 범주에는 『주역』의 지래적(知來的) 목적과 기능을 기본관점으로 삼아 관련 점법의 원리와 길흉판단위주의 괘효사 해석도 포함된다. 그리고 이들은 상호 중복되는 부분이 있다.

결국 한 학자의 상수와 의리와 점서에 관한 범주와 관점을 살필 때 이들 범주와 상호관계가 지닌 복잡성과 중복성 때문에 과정상 이간(離看)하지만 종합적으로는 합간(合看)해서 판단해야 한다. 한편 역학사를 정리하는 입장에서 볼 때 그 이후 학자들과 비교 가능한, 이른바 강도를 가늠해볼 수 있는 기준이 필요한데, 바로 '독자적 원칙의 정립과 일반화'라는 독창성과 체계성의 문제이다. 본고에서는 이런 관점을 가지고 권근역학을 평가해보았다.

권근은 상대적으로 의리의 상수근거도가 낮은 편에 속하며 자신이 지닌 일정한 사상체계 안에서 괘효사의 의미를 다루었다는 측면에서도 의리역학적이라고 판단할 수 있다. 점서 관련해서는 괘효해석에 있어서도 점서로서의 용도보다는 도리로서의 용도를 추구하는 의리역학적적 관점을 지녔으며 이런 경향은 그 이후 학자들을 분류하는 기준이 된다.

1. 머리말

『주역』 연구자의 관점과 연구내용의 성격을 분류하여 정리하기 위해서는 기준이 되는 범주나 관점이 필요하다. 역학사 정리를 위한 범주적 기준으로 시간적인 역사성과 공간적인 보편성과 원전과의 부합성이 고려될 필요가 있다. 지금까지 역학사에서 『주역』에 대한 학자별 관점이나 학파를 구분할 때 사용되어온 가장 보편적인 용어는 상수와 의리이다. 역학사에서 상수와 의리라는 단어를 포함하여 '상수역학'이나 '의리역학'이라는 표현이나 '상수학적'이나 '의리학적'이라는 표현도 어렵지 않게 보게 된다. 그런데 이런 용어나 표현은 그 역사성에도 불구하고 상투적으로 무심하게 사용해온 측면이 있다. 상수와 의리에 더해 송대 주희는 『주역』을 지은 근본적인 목적과 용도가 점치는데 있다는 점을 강력하고 일관되게 주장하고 이를 토대로 『주역』해설을 하면서 占筮의 관점이 한 축으로 대두되었다. 이렇게 지금까지 진행되어온 『주역』을 다루는 범주 내지 관점은 큰 틀에서 상수·의리·점서의 셋 정도로 포괄해볼 수 있다.

역학사에서 한대 상수역에 대한 반성과 비판으로 대두된 것이 왕필의 의리역이라면 이를 계승한 정이의 의리학에 대한 반성과 비판으로 제기된 것이 주희가 제창한 점서역이다. 그러므로 송대 이후의 역학사에서 이 셋의 관계를 놓고 생각해보면 '의리역'이라 할 때의 의리는 적어도 세 가지 정도의 의미를 갖는다. 하나는 연구대상의 범주가 의리에 관한 것이라는 뜻이고, 둘은 상수를 대비적으로 의식한 의리라는 뜻이고, 셋은 점서를 대비적으로 의식한 의리라는 뜻이다. 그러므로 단순히 상수와 의리의 이분법적 대비만으로는 역학사의 범주와 관계를 온전히 나타낼 수 없다고 생각한다[1]. 이것이 본고의 문제의식이다.

외형상 일견하면 『주역』은 그림과 문자인 괘효와 괘효사로 구성되어있다. 역학사에서 이해해온 『주역』의 주된 목적이나 기능과 관련하여서는 양대 관점이 있다. 하나는 『주역』은 괘효와 괘효사를 통해 점을 치기 위해 만든 것이기 때문에 점서라는 관점이며 주희가 강력히 제창한 것이다. 하나는 『주역』은 괘효와 괘효사를 통해 의리를 드러내기 위한 것이니 의리를 파악하는 게 중요하다는 것이며 대표적으로 왕필이 주장하고 정이가 계승하였다. 괘효와 괘효사를 통해 그 의리를 중시하기도 하고 괘효나 괘효사를 시초를 통해 얻어 그 知來的 관점의 결단을 중시하기도 한다. 이렇게 역의 본래 목적이나 현재 용도와 관련하여 점과 철학의 양대 관점으로 볼 수도 있다.

『주역』에 관한 연구사에서 흔히 볼 수 있었던 상수와 의리와 점서라는 용어를 통합적으로 활용하여 기본적 범주의 틀로 삼게 되면 어느 학자의 관점이 비교적 선명하게 드러날 수 있다. 그동안 상수와 의리와 점서의 세 가지는 큰 부담 없이 사용되어 온 용어이다. 그런데 그 역사성에 비해 이에 대한 의미나 범주나 관계에 대한 논의가 진전되지 않는다면 어느 시대의 『주역』에 관한 연구 성과가 되었던지 그 평가의 기준이 설 수 없다. 그러므로 역학사를 정리한다는 목적이 있다면 선행적으로 고민해야 할 문제이다.

---

1) 역학의 평가준거와 관련하여 상수파와 의리파로 단순 분류한 방법에 대한 반성적 성격의 논문들이 나오고 있다. 가장 최근에는 그 평가의 준거로서의 聖人四道의 중요성을 강조한 논문(이난숙, 「역학평가의 준거, 성인사도인 辭·變·象·占 연구」, 『율곡학회』, 2022)이 대표적이다. 이는 역학사 평가에 있어 원전적 엄격성과 현실적 융통성에 관한 문제이기도 한데 본고에서는 새로운 용어대신 역학사에서 사용하던 용어들을 비판적으로 수용하여 제반논의를 포괄하는 입장에서 고찰해본다.

한 학자의 상수와 의리와 점서에 관한 범주와 관점을 살필 때 과정상 이간(離看)해야겠지만 종합적으로는 합간(合看)해서 판단해야 한다. 이는 이들 범주와 상호관계의 복잡성과 중복성에 기인한다. 본고에서 세 가지 범주와 상호관계에 대해 논한 뒤에 고려말 조선초 최초의 역학자라 할 수 있는 권근역학에 대해서도 한국역학사 서술을 위한 모색차원에서 다루어본다.

2. 상수와 의리와 점서

상수와 의리와 점서의 의미와 범주에 대해 구체적인 접근대신 최대공약적인 차원에서 논의해보겠다. 왜냐하면 상수와 의리와 점서에 대한 구체적이고 엄격한 정의는 『주역』의 깊은 이해를 위해 필요하지만 역학사적 범주로서 사용할 때는 자칫 포용성의 약화로 이어지기 때문이다. 먼저 상수에 대해 살펴보자. 『주역』에는 '상수'가 단일한 단어로 등장하지는 않지만 상수는 가장 일반적으로 말하면 형상과 숫자이니, 『주역』에서 괘효와 관련한 형상과 숫자에 관련한 제반 논의를 상수론이라 할 수 있다.[2] 『역학상수론』에서 황종희는 역의 본의 내지 본원을 되찾는다는 문제의식을 밝히면서 성인이 괘사를 쓸 때 육효의 총상(總象)을 기강으로 삼고 효사를 쓸 때 일효의 분상(分象)을 맥락으로 삼았다고 여겼다.[3] 여기서 육효나 일효는 괘효를 뜻하니 근본적으

2) 형상과 숫자에는 하도낙서로 대표되는 圖書象數이론도 포함된다고 볼 수 있다.

3) 황종희, 『역학상수론』 「괘변」 참고. 황종희는 聖人이 象을 써서 사람들에게 보여줌에 팔괘 · 육획 · 상형 · 효위 · 반대 · 방위 · 호체라는 일곱 종류의 상으로 다했다고

로 괘효의 상을 말하고 있는 것이다.

김경방은 『주역』 가운데 상은 세 종류에 불과하다고 하였다. 하나는 괘를 구성하는 획으로 양을 상징한 기획(奇畫)과 음을 상징한 우획(偶畫)이다. 둘은 팔괘의 상으로 천지뢰풍수화산택의 종류이다. 셋은 64괘에서 사물이나 도리에 근거하여 때를 따라 각자 취한 상으로 '백마한여(白馬翰如)' '재귀일거(載鬼一車)'와 같은 종류이다[4].

김경방은 64괘의 구성요소를 단위별로 점차 확대하여 세 부류로 본 것으로, 모든 괘는 기본적으로 괘를 구성하는 공통요소인 양획과 음획으로 구성된 형상체라는 것이고, 물상이나 상징의 경우는 8괘 단위와 64괘 단위 내에서의 논의가 있다고 본 것이다. 이처럼 상은 「설괘전」에 보이듯이 괘가 내포한 물상이나 상징이라는 의미와 그와 관련된 여러 가지 파생적 의미가 얼마든지 가능하지만 그 모든 근본은 괘효의 형상구조 그 자체이기 때문에 넓게는 괘효의 형상에 관한 제반논의를 상수론에 포함시킬 수 있다.

물론 상에 관한 구체적인 개념과 내용은 학자마다 견해가 다양하지만 그 공통적 기반이 되는 것은 부호나 기호로서의 괘효이다. 『주역』의 수는 기본적으로 설시와의 관련성이 가장 크지만 괘효와도 관련된다. 그러므로 『주역』에서 괘효나 설시와 관련한 상과 수를 다루면 상수론에 포함된다. 이 외에 시괘와 관련한 여러 도상과 숫자에 관한 논의에 대해서는 학자의 관점에 따라 제한적으로 받아들이는 경

보았다. 후에 학자들이 만든 僞象인 납갑 · 동효 · 괘변 · 선천의 네 종류의 상이 뒤섞여서 본래의 일곱 종류의 상이 어두워졌다고 한탄하였다. 그래서 본원적 상만 발라내겠다는 것이 그의 저술목적이고 그에 따른 주장이 핵심 내용이다. 그가 상으로 인정하는 7가지인 팔괘 · 육획 · 상형 · 효위 · 반대 · 방위 · 호체는 그 취지에 동감하더라고 구체적 용어나 개념의 이해는 학자마다 얼마든지 다를 수 있다.

4) 김경방 · 여소강, 『周易全解』, 길림대학출판사, 1989, 480쪽 참고.

향이 있긴 하나 광의적으로는 상수의 범주에 포함시킬 수 있다. 설시(揲蓍)의 부분은 기본적으로 점서의 범주이지만 점서와 관련한 상수을 다루게 되면 상수의 범주에 포함된다. 요약컨대 『주역』에서 시괘(蓍卦)와 관련한 형상과 숫자에 관련한 제반 논의를 상수론이라 해도 무방할 것이다.

다음으로 의리에 대해 살펴보자. '의리'란 단어도 『주역』에 단일한 용어로 나타나지 않는다. 다만 의리의 가장 이른 원전적 근거가 되는 부분으로 「계사전」 1장의 '천하지리'로 보는 견해가 있다. 유정원은 "'리(理)'라는 한 글자는 본래 공자가 여기에서 처음으로 말하였고, 맹자가 이를 근거로 理의 뜻을 설명하였으니 선유의 수많은 의리에 대한 설명이 모두 여기에서 근원한다"[5]라고 하였다. 천하지리는 천하의 도리이니 여기의 도리를 의리의 뜻으로 파악하여 보면 그런 견해를 받아들일 수 있다.

한대 상수역에 대한 비판적 시각에서 왕필은 의리역을 제창하였는데 왕필의 의리적 관점을 계승한 정이의 「역전서」를 살펴보면 그가 강조하는 의리가 의미 내지 도리임을 알 수 있다. 정이는 「역전서」에서 성인이 역에서 전하고자 한 의미와 도리를 파악할 수 있는 가장 좋은 방법이 괘효사임을 주장하였다. 또 『주역』은 성인이 성명지리나 길흉소장지리나 진퇴존망지도나 개물성무지도와 같은 도리를 밝힌 책이다. 정이는 분서갱유 이후로 당시까지 학자들은 괘효사에 담긴 깊은 뜻이나 맛인 의미를 잃어버리고 표면적인 말만 이해하는 수준이라고 여겼다.[6] 이렇게 되면 공자가 전한 도리가 통하지 않아 어둡게 될

5) 유정원, 『역해참고』 : 案, 理之一字, 自夫子始發於此, 孟子因此以說理義, 先儒許多義理說話, 皆原於此.

6) 정이천, 『역전』, 「역전서」 참고.

까 근심이 되어 『역전』을 짓게 되었다고 하였다.[7] 사변상점이라는 성인의 네 가지 도 가운데 자신은 사를 전하니 사 가운데 변과 상점은 다 들어있다고 주장하였다.[8] 『주역』의 활용과 관련한 성인사도인 괘효의 사와 괘효의 변과 괘효의 상과 괘효를 구해 미래를 판단하는 점에 관해 접근하는 가장 중요한 관건이자 최우선의 규방(揆方)은 괘효사라는 뜻이다.[9] 괘효사를 통해 의리가 드러난다는 취지인데, 심지어 박문호는 의리만 주장하더라도 상을 살피고 점을 완미함은 그 가운데 있다고 하여[10] 의리와 상수와 점서 가운데 의리를 최우선으로 주장하기도 하니, 성인사도를 류로 나누는 방식에 관해서는 학자간 견해가 다양하므로 별도의 논의가 필요하리라 본다.

정이에게 있어 『주역』 연구의 가장 중요한 목표는 괘효사를 통해 의미와 도리를 파악하고 체득하는 것이다. 괘효사의 의미를 제대로 파악하게 되면 괘효의 변화는 물론이고 괘효의 상과 점의 결단은 부수적으로 자연스럽게 얻어진다는 것이다. 그리고 괘효사의 의미는 궁극적으로 앞서 언급한 역의 도리를 지향하는데 도리는 윤리를 넘어 궁극적으로는 사상이나 철학의 의미이다. 동일하게 도리를 중시하는 관점을 지닌 학자라도 그 도리의 요체가 무엇인지에 따라 당연히 해

7) 정이천, 『역전』, 「역전서」 참고.

8) 정이천, 『역전』, 「역전서」 참고.

9) 성인사도에 대해서는 거의 모든 역학연구가들이 중요하게 여겼다. 대체로 성인사도에 대해서는 학자마다 류개념으로 묶어서 이해하기도 하면서 자신의 관점에서 보았다. 주희는 '辭占'를 동일종류로 보고 '變象'을 한 종류로 묶어보았다. 반면 정이는 辭에 대해 '存意於辭'의 관점에서 '求理'의 차원으로 보았다. 동일한 辭에 대해서도 이처럼 占과 理라는 점서와 의리의 상반된 관점에서 볼 수 있는 것이다. 본고에서 논의하는 범주와 연관시켜 정이와 주희의 견해를 절충하여 본다면 辭는 길흉적 의미를 포함한 의리, 象變은 상수, 占은 점서의 범주로 볼 수 있을 것이다.

10) 박문호, 『경설(經說) · 주역(周易)』 : 雖專主義理, 而觀象玩占, 亦在其中矣.

석상 의미내용이 달라지고 심지어 서로 충돌하며 배격한다. 요컨대 역학연구에서 의리는 두 가지의 개념으로 파악할 수 있는데 하나는 의미이고 하나는 도리이다.[11]

다음은 점서에 대해 살펴보자.[12] 점서는 『주역』의 본래적 기능으로 「계사전」에 '점'과 '서'라는 글자는 보이지만 '점서(占筮)'라는 단어는 보이지 않으며 대신 '복서(卜筮)'라는 단어로 등장한다. 『서경』의 「홍범」에 경세의 아홉 가지 범주 가운데 일곱 번째에 해당하는 것이 계의(稽疑)이다. 계의는 의심을 상고한다는 뜻으로 미래에 관한 예측과 그에 따른 의사결정체계를 다룬 것이다. 이에 따르면 통치자가 당면한 의심을 해결하는 방법은 자신과 타인과 점서의 삼자합의체적 성격을 지닌다. 자신과 타인의 의견은 사람들의 여론이며 복서의 결과는 하늘의 계시이다. 그리고 복서는 삼인이 행하고 다수결의 원칙을 따른다[13]. 복법(卜法)은 오행기반의 상을 기본으로 성립되어 활용되는 체

---

11) 의미가 주로 『주역』 괘효의 상과 사에 관한 해석의 방법과 연관되는 문제라면 도리는 해석에 국한된 것이 아니라 현대처럼 다양한 철학이나 사상(과학,심리,종교)적 관점에서 괘효사뿐 아니라 십익이 포함된 차원에서의 『주역』을 어떻게 확장할 것인가의 문제로 연결된다. 경전 해석방법의 차원에서 보면 경문의미 추구를 위해 '훈고'나 '고증' 등의 구체적으로 다양한 방법을 추가할 수 있다. 본고에서는 이런 방법들도 의미의 차원으로 포함해볼 수 있다고 보았다. 한편 불교적 세계관에서 바라본 지욱의 『주역선해』나 현대 양자역학적이나 심리학적 관점에서 바라보는 易學은 모두 그 방면의 일정한 도리를 장만해서 『주역』을 바라보는데 이는 단순히 괘효의 상과 사를 해석한다는 차원에만 한정시킬 수 없는 시도들이다. 각종 도리는 현대 역의 확장성을 가능하게 해주는 차원에서 유용하며 설사 상수의 범주를 다룰지라도 기본적으로 의리적 차원의 접근으로 볼 수도 있다.

12) 『주역』의 점서적 목적과 기능을 제창한 장본인 주희가 '易當來只爲卜筮之書'라고 천명하였고 고대 신탁의 역사성을 지닌 禮制的 용어로서 卜筮가 좋겠지만 본고에서는 『주역』 이전의 龜卜과 구분되는 개념으로서 占筮가 더 적당할 것 같아서 복서라는 용어 대신 점서라는 용어를 택하여 사용한다.

계이고 서점(筮占)은 음양기반의 수를 기본으로 성립되어 활용되는 체계이다.[14] 『주역』은 기본적으로 서점에 활용된 책이다.

『주역』 괘효사의 해석에 있어 학자들이 이런 본래적 관점을 망각하거나 소홀히 여기고 있다고 여긴 주희는 『주역』이 본질적으로 의리지서가 아닌 복서지서(卜筮之書)라는 점을 환기시키며 괘효사의 해석에 '점자여시(占者如是)'나 '점자우차(占者遇此)' 등 이와 유사한 표현을[15] 전제로서 일관되게 언급하였다. 역학사에서 주희역학의 특징은 『주역』이 점서임을 천명하고 독자의 뇌리에 각인시켜 점서의 관점에서 일관되게 모든 효를 해석하였다는 점이다. 주희는 『주역』이 복서지서라는 점을 도외시하거나 무심히 지나치면서 괘효사의 의미나 도리를 파악하게 되면 『주역』의 본래 의의를 상실할 수 있다고 보았다. 그는 『주역』을 통해 점을 쳐서 미래의 가부를 결정하고 더 나아가 길흉의 이치를 터득하여 경계로 삼아야 한다는 윤리를 겸하여 말하고 있다.[16]

점서는 『주역』의 저술목적과 현재적 활용성에 대한 관점이다. 『주역』이 본래 점서를 위해 만들어졌다는 점과 현재 점서를 활용하여 미래의 가부 등을 결정하는 데 활용된다는 관점을 지니면 점서적 관점을 제대로 인정하는 것이다. 이와 별개로 점서의 도구나 원리나 수리나 점결해석 등에 관한 연구내용 또한 점서의 범주로 볼 수 있다. 설시의 원리나 방법 등에 대해 연구를 하였더라도 현실에서 점서적 활

13) 『서경』, 「홍범」 : 三人占則從二人之言.

14) 『서경』, 「홍범」 : '卜用五占用二衍忒'와 李光地의 『榕村集』 「卜筮補亡凡例」의 '占書紀陰陽故用二, 卜書紀五行故用五' 참고바람.

15) 주희, 『주역본의』, 「坤卦上六」 : 陰盛之極, 至與陽爭, 兩敗俱傷, 其象如此. 占者如是, 其凶可知.

16) 주희, 『주역본의』, 「坤卦上六」 : 六陰三陽, 內含章美, 可貞以守. 然居下之上, 不終含藏, 故或時出, 而從上之事, 則始雖无成, 而後必有終. 爻有此象, 故戒占者有此德, 則如此占也.

용성에 대해서는 중요한 태도를 보이지 않을 수도 있다.

이상의 범주에 관한 논의를 정리하면 다음과 같다. 상수역학의 범주에는 『주역』에서 시괘의 형상과 숫자에 관한 제반내용이 포함된다. 의리역학의 범주에는 괘효사에 근거하거나 십익에 나타난 의미와 도리의 내용이 포함된다. 점서역학의 범주에는 『주역』의 지래적(知來的) 목적과 기능을 기본관점으로 삼아 관련 점법과 원리와 길흉판단 위주의 괘효사 해석도 포함된다. 그리고 이들은 상호 중복되는 부분이 있다.

3. 상수와 의리와 점서의 상호관계

상수와 의리와 점서의 범주에 더해 살펴볼 것은 이들 상호관계에 관한 견해이며 이 차이에 착안하여 학자의 관점과 연구내용의 성격을 이해하고 정리해볼 수 있다. 어떤 학자가 상수를 다루면 상수역의 범주를 다루었다고 할 수 있지만 그렇다고 해서 곧장 그의 역학의 특징을 상수역학적이라고 표현하기는 힘들다. 마찬가지로 의미와 도리를 다루면 의리역의 범주를 다루었다고 할 수 있지만 그렇다고 해서 그 특징을 의리역학적이라고 하기는 무리이며, 설시와 점법의 등에 관한 논의를 하였다고 해서 곧장 그의 역학의 특징이 점서역학적이라고 하기엔 무리이다. 그러므로 주목해보아야 할 것은 상호관계에 대한 관점과 그에 따른 연구내용이다.

상호관계란 상수와 의리, 의리와 점서, 점서와 상수의 관련성인데 이들은 중복적 관련성을 지니기도 한다. 이 중에서 특히 상수와 의리, 의리와 점서의 관계를 어떻게 보느냐에 따라 그 성격이 구분된다. 연구자들이 『주역』의 본의 내지 본원에 대한 생각의 차이에 따라 이 중 어느 하나를 가장 우선적으로 제시하여 주장하는 경향이 있지만, 상수와 의리와 점서는 완전히 독립적일 수 없는 관계이니 그 관련성에 주목하여 살펴볼 필요가 있다.

먼저 상수와 의리의 관계에 대해 어떻게 설정하고 사용하였는지에 관해 살펴볼 필요가 있다. 우선 상수와 의리는 상호 배타적인 관계로 보기 힘들며 그 상호관계에 관한 관점을 정하는 기준을 「계사전」에 근거해 설정해볼 수 있다. 이는 의리에 대해 상수를 근거로 볼 것인지 도구로 볼 것인지의 문제이며 이에 대한 관점과 관련성의 정도에 따라 상수나 의리의 상대적 우위가 설정된다.

「계사전」에서는 한편으로는 일반적인 문자나 언어가 지닌 의사표현수단로서의 제한성을 해결하기 위해 괘상을 설립하고 괘효사를 썼다고 하며,[17] 다른 한편으로는 괘상을 살펴서 괘효사를 쓰고 괘상을 살펴서 괘효사를 완미한다고도 하였다.[18]

전자의 경우, 괘효의 상은 애초에 의미를 전달함에 일상의 언어나 글이 지닌 국한성을 벗어나기 위한 고안이기도 하며 괘효사 또한 괘효의 상징성을 함축한 문자적 표현이기 때문에 역시 일반 언어문자의 제한성을 확장하기 위한 장치가 된다. 이렇게 보면 전하고자 하는 도리로서의 의미가 있을 때 이를 남김없이 표현하기 위해 立象과 繫辭가 있게 되었다고 이해할 수 있다. 괘효상과 괘효사는 의리를 전달하고 포착하는 도구인 셈이니 이렇게 보면 상수는 의리의 도구적 성격을

17) 『주역』, 「계사상전」 12장: 書不盡言, 言不盡意, 然則聖人之意, 其不可見乎. 聖人立象以盡意, 設卦以盡情僞.

18) 『주역』, 「계사상전」 2장; 聖人設卦, 觀象繫辭… 君子居則觀其象而玩其辭, 動則觀其變而玩其占.

띠게 되어 상대적으로 의리를 중시하는 입장이 된다.

후자의 경우, 괘효사의 창작과 해석 모두 괘효상을 관찰하여 진행되었다고 하였다. 창작자의 '관상계사'나 해석자의 '관상완사'는 모두 괘효의 상이 괘효사를 도출하고 의미를 도출하는 근거임을 말한 것이다. 『주역』의 외형은 일견 괘효라는 부호와 괘효사라는 문자로 구성되어있다. 그리고 이 둘은 모두 어떤 의리를 도출한다. 상수와 의리에서 의리를 의미나 도리라고 이해할 수 있다면 『주역』의 의미나 도리는 기본적으로 괘효사를 통해 표현되고 괘효사는 괘효의 상에 근거하여 도출된다. 이것이 성인이 괘효사를 통해 의리를 표출한 방식이고 독자가 괘효에 근거해 괘효사를 이해하는 방식이다. 상수가 의리추출의 근거인 셈이니 이렇게 보면 상수는 의리의 근거가 되어 자연 관련성이 상대적으로 강화되기 쉽고 그 결과 상수를 중시하는 입장이 된다.

"상수는 의리의 근거인가 도구인가?"라는 의리에 대해 상수가 지니는 근거나 도구로서의 이중성을 「계사전」에서 읽을 수 있듯이 역학사의 연구현실에서도 이런 이중성이 존재한다. 일례로 주백곤은 송대 의리학파중 정이와 장횡거를 대비하면서 정이는 상은 의리가 자신을 표현하는 형식이라 인식하며 장횡거는 의리는 상 가운데 존재한다고 인식하여, 각각 의리를 위주로 여기고 상수를 위주로 여기면서 이학(理學)파와 기학(氣學)파의 대립을 형성한 것으로 구분해보기도 하였다.[19] 이처럼 중국역학사적 맥락에서 동일하게 의리역파로 분류하더라도 입장에 따라 상수와 의리 한 편의 우위를 주장할 수는 있지만 상호관련성을 부인할 수는 없다. 작역을 한 창작자가 아닌 완역을 해야 하는 해석자의 입장에서는 더더욱 그렇다. 괘상설립의 동기가 의사표현의 제한성을 탈피하여 포괄적으로 음양도리를 담보하는 부호로

19) 朱伯崑, 『易學哲學史 · 第2卷』, 藍燈文化事業股份有限公司, 1991. 301쪽 참조.

서 도구삼아 고안했다 하더라도 이는 원론적인 문제이지 상수와의 관련성을 해체한다는 뜻은 아니다.

사실상 역학사에서 상수와 의리를 완전히 이분법적으로 주장하는 것은 주역의 특성상 불가능에 가깝다. 그러므로 '근거'나 '도구'라는 의리에 대한 상수의 이중성을 역해석의 관점에서 다시 일원화하여 표현해보면 '의리의 상수근거도' 정도가 적당할 것이다. 그 근거의 정도를 살피면 양단 사이의 위치를 적절히 나타낼 수 있다고 본다. 전자의 관점이 강하면 의리의 상수근거도가 낮은 의리우위적 관점이며 후자의 관점이 강하면 의리의 상수근거도가 높은 상수우위적 관점으로 표현할 수 있을 것이다.

이렇게 주장하는 이유는 『주역』의 특성과 관련이 있다. 만약 『주역』에서 괘효라는 상수에 전혀 근거하지 않고도 괘효사만을 분리시켜 의리의 근거라고 한다면, 『주역』의 본질적 특성을 지닐 수 없고 다른 경서와의 차별화가 불가능하다. 상식적인 이야기이지만 『주역』이 문자로만 구성된 다른 경전과 구별되는 가장 큰 특징은 상수차원의 부호에 해당하는 괘효와 문자에 해당하는 괘효사가 관련성을 가지고 공존하는 책이라는 점이기 때문이다.

괘효의 상이 의리도출의 일차적 근거이고 괘효의 사는 의리도출의 이차적 근거라는 관점에서 볼 때 논리적으로는 이차적 근거를 생략하더라도 곧장 일차적 근거를 통해 의리를 도출하는 것도 가능하다. 괘효 자체를 형상이나 수의 관점에서 이해해볼 때 괘효 자체는 기호나 부호의 특수문자나 숫자 정도로 이해할 수 있는 일종의 상수체계이다. 원칙적으로 상수는 의리도출의 근거가 된다. 다만 그 근거지움의 강도가 다를 뿐이다. 『주역』의 '관상계사'나 '관상완사'는 괘효사의 창작과 해석의 근거가 괘효의 상이라는 점을 분명히 해주며 당연 그 둘의 관련성은 부인할 수 없다.

본원적으로 상수가 의리를 전달하는 도구라는 관점에서 보면 그 둘의 관련성이 약화될 수밖에 없지만 아예 상수를 초월하여 『주역』의 의리를 말하게 되면 『주역』의 특성을 상실한다. 정이의 주장대로 의미나 도리를 괘효사를 통해 터득할 수 있다고 할 때 다시 괘효사를 음미하는 근거는 '관상완사'의 논리대로 괘효의 상이 된다. 왕필이 말한 득의망상(得意忘象)도 의미의 터득이 가장 중요하다는 취지이지만 의미를 터득하는 방법내지 도구로서의 괘효의 상을 부정한 것은 아니며 괘효의 상을 버리고 괘효의 의미를 도출한다는 뜻도 아니다. 다만 그 근거의 강도를 매우 낮게 매기는 것뿐이다. 이렇듯 이른바 완사(玩辭)의 과정에서는 상수적 근거를 의리역학에서도 수용할 수밖에 없다. 다만 정이의 주장은 사(辭)를 제대로 터득하면 그 근거가 되는 상도 그 속에 내재되어 있음을 알 수 있고, 사(辭)가 가리키는 의미와 도리를 알게 된다는 것이다.

의리역학의 대명사인 왕필이나 정이가 즐겨 사용한 '중정응비'만 보더라도 괘효의 형상구조를 떠나서는 도저히 나올 수 없는 개념이다. 괘획에서 가운데 위치한 상과 기우라는 수로 파악한 자리 및 효와 그들 간의 공간적 배치관계를 근거로 나온 것이 중정응비이다. 그리고 이는 곧 괘효사를 해석하는 데 사용되었다. 상과 사를 배타적으로 보지 않았다는 것은 한 걸음 나아가 상과 의리를 배타적으로 볼 수 없음을 의미한다. 왜냐하면 사를 통해 의리가 추출되기 때문이다.

이처럼 상수가 의리에 대해 갖는 근거와 도구라는 이중성이 공존하기에 이른바 의리역학이라는 표현은 중의성을 띤다. 먼저 의리를 단순히 '의미'의 뜻으로 읽으면 이는 경문에 대한 해석학적 관점이 된다. 해석학적으로 괘효사 의미의 추출근거를 무엇보다 괘효사에 두어야 한다는 식의 주장이다. 『주역』의 형성과정에서 비록 괘효라는 상이 역사적으로 선행하며 근원적이라 하더라도 성인이 말씀한 진정한 의미를 파악하는 데 더 중요하게 착안해야 할 것은 괘효의 사라는 것이다.

다음으로 의리를 '도리'의 뜻으로 읽으면, 성인이 말씀한 그 의미라는 것의 궁극은 윤리적이고 철학적인 도리이다. 이때 『주역』을 연구하는 이가 어떤 철학학인 도리에 근거하고 있느냐에 따라 괘효사나 십익의 해석이 달라진다. 도리를 말할 때 괘상을 떠나 이야기한다는 뜻이 아니라 괘상이나 괘효사에 대한 풀이를 할 때 이미 특정한 철학이나 사상을 장만해가지고 이해하기도 한다는 것이다. 윤종섭은 "역학에서 상수를 밝히지 않고 전적으로 도리만 말한 것은 왕필로부터 시작되었는데 공허하게 도를 말하여 천하에 도가 있음이 넓고 끝이 없어 어느 곳에서부터 손을 댈지 모른다"[20]고 비판하였다. 그러나 이는 상수와 의리의 관련성을 낮게 보기 때문이기도 하지만 그보다는 『주역』을 연구하는 학자가 지니고 있는 철학이나 사상에 기인한 것이다. 뇌재지중(雷在地中)이라는 복괘(復卦)의 상에 동일하게 근거하더라도 왕필은 움직임이 멈추어버린 정적(靜的) 관점으로 이해했고[21] 정이는 상대적으로 동적(動的) 관점에서 이해하면서 왕필을 비판하였으니[22] 이는 곧 그들이 지니고 있는 철학이 노장과 성리학으로 우주본체와 작용에 대한 근본적 이해와 표현용어가 달랐기 때문이지 우레나 땅이라는 상(象)을 무시한 채 말한 것은 아니라는 뜻이다. 이렇게 『주역』을

---

20) 尹鍾燮, 『經-易』 : 易學之不明象數, 全說道理, 自王弼始. 便是懸空說道. 道之在天下, 浩浩無涯, 從何下手.

21) 樓宇烈, 『王弼注校釋』, 「復卦」 : 故爲復則至於寂然大靜.

22) 정이, 『이천역전』, 「復卦」 : 一陽復於下, 乃天地生物之心也. 先儒, 皆以靜爲見天地之心, 蓋不知動之端, 乃天地之心也. 非知道者, 孰能識之.

의리적으로 파악한다거나 '의리역학적'이라고 할 때는 주로 '의미'와 '도리' 두 가지를 핵심으로 한다.

그럼 '상수적'이라거나 '상수역학적'이라고 할 때는 상수라는 범주를 다룬다는 기초적인 의미 외에 무엇을 의미할까? 상수와 의리는 불가분의 관계라는 점에 착안해볼 때 『주역』을 상수적으로 파악한다는 표현은 괘효사의 근거가 괘효의 상에 있음을 강조한다는 것을 나타낸다. 『주역』 의리의 근거가 괘효사에 있고 괘효사의 근거가 괘효상에 있다는 점을 철저히 하는 데 있지, 상수를 강조한다고 해서 의리를 배척한다는 의미가 아니다. 나아가 상수를 강조한다고 해서 도리를 도외시한다는 의미도 아니다. 오히려 상수는 음양도리를 나타내는 무한의리를 파생적으로 창출할 가능성을 지닌 것으로 이해하기도 한다.

한국역학사만 해도 상수를 강조하면서도 성리와 도리를 누구보다 강조하는 학자들이 많다. 상수를 다룬다고 해서 의리적이지 않은 것이 아니며 의리를 논한다고 해서 상수를 배척하지 않는다. 범주화하여 상수를 다루면 상수학, 의리를 다루면 의리학이라고 말할 수는 있을 뿐, 『주역』의 연구 분야에서 상수와 의리의 관계를 배척관계로 보는 것은 원론적으로 불가능하다. 다만 상수와 의리의 관련성이나 의리의 상수적 근거정도를 적절히 표현해볼 수 있을 뿐이다. 그 관련성이나 근거의 강도를 정하지 않고 의리적 혹은 상수적이란 말로 단순히 양분해서 표현하는 것은 어떤 학자의 역학관을 전달하기엔 부적절한 점이 있음을 알 수 있다.

주희가 주창한 점서의 문제는 의리와의 관계 속에서 제기된 것이다. 팔괘는 본래 점서를 위해 만든 것인데도 당시 학자들은 점서를 위해 만들었다는 말을 하기 꺼려하면서 의리를 위해 만들었다고 말하려고 한다는 것이다[23]. 주희가 『주역』을 복서지서(卜筮之書)라고 규정하여 『주역』 해석의 일관된 전제로 삼은 것은 『주역』의 괘효사가 본래 성인이 사람들로 하여금 점서를 통해 미래의 가부를 결정하게 하기 위한 것이고 괘효사는 기본적으로 길흉을 결정하는 점사라는 점을 분명히 한 것이다[24]. 이렇게 되면 점을 쳐서 괘를 얻고 그 길흉적 의미를 추구하는 '점서→상수→의리'의 순서가 되어 역의 본원과 활용 양면에서 모두 점서적 성격을 재확인하면서 최우선시하는 관점이다.

앞서 언급한 상수와 의리의 관계와 연관해볼 때 의리가 상수에 근거해서 나오지만 이때 의리는 윤리적 철학적 도리라기보다는 일차적으로 의미라는 뜻이다. 의미에는 길흉도 포함된다. 그러므로 복서지서로 본다는 것은 괘효사의 의미를 파악함에 있어 점을 쳤다는 전제하에 파악한다는 관점이다. 괘효사의 의미를 점을 쳤다는 전제하에서 파악하는 것과 도리를 설파하기 위한 것이라는 관점에서 파악하는 것에는 차이가 크다. 채종식은 곤괘 육오에서 "다만 『정전』의 경계는 대신들에게 경계한 것이고, 『본의』의 경계는 점친 자에게 경계한 것이니, 대개 주로해서 말한 것에 의리와 점서의 차이가 있기 때문이다"[25]고 하여 의리와 점서의 관점 차이를 잘 밝혀주고 있다. 괘효의 해석에 점친자를 염두하여 풀이하는 것과 군신부자 등의 인륜적 관계 중심으로 풀이하는 것은 다르다. 점서적 관점은 성인이 『주역』을 지은 본래 주목적이 군자에게 윤리나 철학적 도리를 가르치기 위한 것

---

23) 『주자어류』 「易二 · 綱領上之下」 : 今學者諱言易本爲占筮作, 須要說做爲義理作. 若果爲義理作時, 何不直述一件文字, 如中庸大學之書, 言義理以曉人, 須得畫八卦則甚.

24) 『주역』, 「계사전상 · 2장」, 소주 : 朱子曰, 易當來只是爲占筮而作. 文言彖象, 卻是推說做義理上去, 觀乾坤二卦, 便可見. 孔子曰, 聖人設卦觀象, 繫辭焉而明吉凶, 不是占筮, 如何明吉凶.

25) 蔡鍾植, 『周易傳義同歸解』, 「坤卦六五」 : 但程傳之戒, 戒大臣也, 本義之戒, 戒占者也. 蓋其所主而言者, 有義理, 占筮之異故也.

이 아니라 점친자에게 미래의 가부나 길흉을 알려주기 위한 점서라는 것이다. 작역과 용역의 본지(本旨) 차원에서 볼 때 의리는 오히려 상수가 아닌 점서와의 대척점에 있다. 이런 면 때문에 종종 우리들에게 『주역』이 점서인지 철학서인지에 대한 답변의 종용이 있곤 한다.

그러나 단순히 길흉결정을 위한 점서적 관점을 중시한다고 해서 획일적으로 의리에 대한 배척으로 보면 곤란하다. 왜냐하면 길흉이란 것도 기본적으로 일종의 좋다거나 나쁘다거나 하는 의미를 전달하는 괘효사이며 윤리적 경계도 따르기 때문이다. 더 나아가 『주역』이 복서지서(卜筮之書)라고 주장한 계기가 작역의 본의가 의리가 아님을 주장하는데 있긴 하였지만, 태생적 관점에서 생각해보면 점서의 본질은 성격상 하늘에게 명(命)을 묻고 듣는 종교성에 있다. 점서는 하늘에 미래의 일을 물어서 그 해답을 얻는다는 전제를 받아들이느냐의 여부이기 때문에 이는 고대사회의 종교적 신탁에 관한 문제이기도 하다.

그러므로 주희는 정이의 성리적 도리를 계승하였지만 유독 『주역』에 대해서는 정이의 해설을 참고하면서도 본질적 관점을 달리해 작역의 주목적과 기능이 점서라는 관점을 전제로 일관해서 주해를 한 것이다. 이런 면에서만 보면 의리와 점서도 중복해서 받아들일 수 있다. 점서를 통해 가부나 길흉 자체만 얻는 것이 아니라 그렇게 되는 도리를 들어서 점친 자에게 윤리적 덕목을 요구하고 경계한다는 차원에서 보더라도 점서와 의리의 관계는 반드시 배척적인 것은 아니다. 심하게는 오히려 점서와 의리를 일치적 관점에서 볼 수도 있다.[26]

이상에서 논한 상호관계에 관한 부분을 정리하면 다음과 같다. 상수와 의리는 의리의 상수근거도에 따라 관점을 평가해볼 수 있다. 의

---

26) 심대윤은 『象義占法』에서 역리에 통하면 반드시 역점과 일치할 수밖에 없음을 역설하며 理占一致를 주장하였다.

리역학적인 관점의 경우 당연히 그 관련성이 약화되면서 상수근거도 가 낮아진다. 의리는 해석학적인 차원의 의미와 윤리나 사상체계로서의 철학으로 이해할 수 있다. 그래서 의리역학적 관점에서는 괘효상과의 근거도를 낮추면서 최소한의 상수원리를 사용하여 괘효사의 의미를 추구하여 도리를 인출하기도 하지만 심각하게는 자신이 지닌 일정한 사상체계 안에서 괘효사의 의미를 다루기도 한다. 이에 비해 상수역학적 관점에서는 당연히 그 관련성이 강화되면서 상수근거도가 높아진다. 이 관점에서는 상수를 떠나서 의리를 도출한다는 주장은 납득되기 어렵다.

상수와 점서는 점서가 상수의 변화를 통해 진행되기 때문에 불가분의 관계를 지니고 있다는 점은 분명하다. 의리와 점서는 『주역』의 본래 목적과 현재적 용도에 관한 문제로 상호 배척적 관계로 볼 수 있다. 이런 차원에서 의리역학적이라 할 때는 점서와 대비되는 표현임을 명시해주어야 한다. 그렇지 않으면 무심히 상수와 대비되는 의리역학을 떠올리기 때문이다. 관점에 따라서 점서와 의리를 일치적 관점에서 보기도 한다. 점서가 지래(知來)의 관점이라는 차원에서만 보면 선을 그을 수도 있는 문제이지만, 길흉도 의미라는 면에서는 일정 정도의 의리를 논하지 않을 수 없다. 점서에서는 설시구괘의 과정에서 상수를 다루지 않을 수 없으니 상수의 범주와 중복성을 띠면서 관련성을 지닌다. 결국 한 학자의 상수와 의리와 점서에 관한 범주와 관점을 살필 때 이들 범주와 상호관계가 지닌 복잡성과 중복성 때문에 과정상 이간(離看)하지만 종합적으로는 합간(合看)해서 판단해야 한다.

4. 고려말 권근역학의 성격

앞에서 진행한 상수와 의리와 점서라는 기본범주와 상호관계를 고려하여 권근역학의 성격을 살펴보는 데 주로 상수와 의리, 의리와 점서의 관계문제로 귀결된다. 역학사에서 『주역』에 관한 체계적 해설서나 논설을 남긴 학자를 중심으로 그 내용과 성격을 다루지만, 비록 체계적 연구 성과를 남기지 않았더라도 역학사에서 중요도가 큰 학자들도 있다. 한 대 고려말의 경우 우탁이 대표적이다. 그 외 고려말 역학자료의 대부분은 시나 산문형태로 남아있을 뿐 체계적 서술로는 권근의 『주역천견록』이 있을 뿐이고 역의 이론과 관련한 도서상수이론의 시초격이라 할 수 있는 『입학도설』이 있을 뿐이다.

고려말은 기본적으로 정주역학의 도입초기이기 때문에 큰 틀에서는 정주역학과 궤를 같이하며 권근이 『주역천견록』에서 참고한 것은 정이, 주희, 오징, 정주절충학자들의 저술이다.[27] 그동안의 연구성과에 의하면 권근의 『주역』 연구는 권근 이후 성리학자들의 해석에 비해 경학적 관점에서 비교적 자유로운 편이었다.[28] 그런데 이후학자들과 비교했을 때의 상대적 자유로움은 오징의 영향도 있었겠지만 기본적으로 고려시대 경학전통의 분위기라고 보는 것이 자연스러울 것이다.[29] 그렇지만 그 자유로움이 곧 『주역』의 독창성이나 심화도와 직

27) 이와 관련해서는 강문식, 「주역천견록의 형성배경과 권근의 역학」, 『한국학보』 29, 2003. 참고.

28) 권근의 『주역』 해석에는 오징의 오경중시관점의 영향이 컸을 것이라는 주장에 대해서는, 서근식, 「草廬 吳澄의 역학사상에 대한 陽村 權近의 수용과 비판 연구」, 『민족문화연구』 99, 참고.

29) 고려말까지 이어온 오경중심의 경학전통과 학맥의 형성에 대한 분위기에 대해서

결되는 것은 아니므로 권근 이후학자들과의 비교는 별도의 상세한 연구가 진행되어야 한다고 본다.

본고에서 주목하여 다룰 것은 기본범주[30]에 관한 세부적인 권근의 연구 성과보다는 그 상호관계이다. 먼저 상수와 의리에 관한 관계 부분이다. 기본적으로 권근은 상수와 의리와 점서에 대해 균형적 관점을 지니고 있었으며, 주희를 상수와 의리의 집대성자로 보면서 상수가 더욱 정밀해지고 의리가 더욱 밝아졌다고[31] 찬탄하였다. 그렇지만 이런 언급은 원론적인 것이므로 의리의 상수근거도를 살펴볼 필요가 있다.

역학사에서 상수와 의리 문제에 있어서 상수근거도의 스펙트럼을 가늠할 수 있는 기준이 되는 것은 바로 '독자적 원칙의 정립과 일반화'라는 독창성과 체계성의 문제이다. 이는 세 가지 범주에 모두 공통적으로 적용할 수 있지만 특히 의리의 상수근거도와 직결되는 문제이다.[32] 의리의 상수근거도와 관련하여 조선후기로 갈수록 『주역』의 연

는, 하정승, 「고려시대 유학 교육과 여말선초 학맥의 형성」, 『東方漢文學』 82, 2002, 참고.

30) 본고에서 제시한 기준을 가지고 요약하자면, 상수의 범주에서 권근이 제시한 주장 중에 후대에까지 특별히 고찰해볼 만한 남아있는 주제는 괘변에 관한 엇갈리는 견해인데 이에 대해서는 비교론적으로 세심하게 살펴볼 부분이기에 본고에서 다루지 못했다. 의리의 범주에서는 의미해석과 관련해서 정주비교론적 관점을 기본으로 오징이나 정주절충학자들의 견해를 참조는 하였지만 치우지지 않은 경학해석의 자세로 비교적 자유로운 관점에서 『주역』을 선택적으로 해석하였다. 철학적으로는 성리학적 세계관의 영향을 받아 천인합일과 벽이단적 불교비판의 관점에서 『주역』을 보았다. 점서의 영역에서는 주희의 이론과 동일하며 큰 특징은 발견되지 않았다.

31) 권근, 『주역천견록』 「역설상」: 其窮象數也益精, 其析義理也益明.

32) 한국역학사를 상수와 의리와 점서라는 기본범주와 상호관계를 기준으로 보기 위해서는 불가피하게 학자들의 심층도를 상대적으로 평가할 수밖에 없다. 권근의 경

구에 자신만의 원칙을 세우고 이를 일반화하는 경향이 강해지기도 하는데 괘효사 의미를 풀이하기 위한 상수학적 원칙을 마련하여 이를 전 괘효에 전반적으로 빠짐없이 적용하는 학자들이 등장한다.

권근의 경우 원론적으로 상수와 의리의 균형 잡힌 관점을 지향한다고 하였지만 정작 『주역』 해석에 있어서는 의리의 상수근거도를 최소한으로 사용하면서 괘효사의 의미를 추구하여 도리를 인출하였다. 경문의 해석적 차원에서는 건괘 구이효사를 풀이하면서 "역에서 지상의 취상한 것으로 혹 구(丘)나 릉(陵)이나 교(郊)나 야(野)의 종류를 말함이 많은데, 현룡을 전(田)으로 말한 것은 은택이 사람들에게 미침을 말한 것이다"[33]라고 했듯이 괘상에 기반하여 의리를 추출하는 방식을 기본적으로 인정하고 따랐다. 하지만 상수를 논하면서 괘효사를 이해하는 방식을 보면 상대적으로 의리의 상수근거도가 낮은 편에 속한다. 또한 자신이 지닌 일정한 사상체계 안에서 괘효사의 의미를 다루었다는 측면에서도 의리역학적이라고 판단할 수 있다. 권근은 성리학적 세계관을 받아들여 그 세계관을 『주역』의 해석에 반영하였다. 천인상관론[34]과 벽이단관점에 입각한 불교비판[35]은 성리학적 세계관의

우도 그의 연구성과를 자체 내에서 평가하는 것은 상대적인 강도를 측정하지 못하는 결과를 초래한다. 그의 관점을 선명하게 드러내기 위해 동시대적인 역학연구자나 그 이후 조선 역학자의 관점과 비교를 해야만 그의 상수와 의리에 대한 관점이 정리될 수 있을 것이다. 이 시대의 체계적 서술은 『주역천견록』이 유일하므로 동시대적으로는 불가피하게 중국역학과 비교할 수밖에 없는데 기존의 연구성과는 주로 이와 관련된다. 한편으로는 통시적인 비교를 해야 할 필요가 있는데 특히 한국역학사 전반을 염두한 작업이라면 더욱 그렇다.

33) 권근, 『주역천견록』, 『한국경학자료집성』 「乾九二」: 愚按, 易取地上之象, 或言丘, 或言陵, 言郊言野之類, 多矣. 今於見龍言田者, 言其澤之及人也.

34) 천도와 인도의 상응구조에 착안하여 천인합일의 의리에 대해 다룬 논문으로는, 금장태의 「주역천견록과 양촌 권근의 도학적 역해석」, 『퇴계학보』 118이 있다.

관점에서 『주역』을 이해하고 있다는 점을 보여준다.

의리의 상수근거도의 측면에서 볼 때 조선후기로 가면 정약용의 경우는 4가지 대강의 법칙을 전 괘효에 일관하여 적용하였다.[36] 심대윤의 경우도 괘효 해석의 10가지 원칙을 세우고 이를 전 괘효에 일관하여 적용하였다.[37] 이는 곧 의리의 상수근거도 강화를 의미한다. 권근의 경우는 의리의 상수근거에 관한 특별한 원칙을 세우지도 않았고 당연히 일관하여 적용한 것도 없다. 더구나 괘효 해석도 선택적으로 진행하였다. 이는 단순히 시기가 늦고 빠름의 문제가 아니다. 권근 이전에 오징은 『역찬언』에서 64괘의 모든 효에 상과 점을 구분하면서 『주역』 해설을 하였는데 그 서문에서 자신이 상과 점의 복서관점에서 보고 있음을 밝히고 있다. 이는 주희가 건괘 초구에 대한 주해인 '기상위잠룡(其象爲潛), 기점왈물용(其占曰勿用)'에서의 '상'과 '점'을 모든 효에 일반화한 것이다. 오징은 건괘 구이효에 대해서 '현룡재전은 상이다', '이견대인은 점이다'라고[38] 한 것처럼 주희와 표현형식만 달리하여 '상'과 '점'을 일관하여 적용하였다.

물론 시기가 상대적으로 늦을수록 이전 정보의 축적으로 인해 독자적 원칙을 정립하여 일반화하는 데 유리한 조건임은 사실이다. 그러나 권근 이후 조선후기에도 별도의 상수원칙을 세우지 않고 괘효의 의리를 해석한 학자군도 많이 있다. 그렇기 때문에 시기의 늦고 빠름

---

35) 성리학세계관에 기초한 불교비판의식에 관해서는 최영성, 「『주역천견록』을 통해 본 권근의 경학사상(1)」, 『한국사상과 문화』 6, 한국사상문화학회, 1999.12.

36) 정약용은 『주역사전』에서 주역해석의 4가지 원칙을 '一曰推移, 二曰物象, 三曰互體, 四曰爻變'으로 제시한 후 이를 일관하여 전 효에 적용하였다.

37) 독역십법에 관해서는 최정준 · 오동하, 「백운 심대윤의 독역십법에 관한 연구」, 『한국사상사학』 52, 2016. 참고.

38) 吳澄, 『易纂言』, 《無求備齊易經集成》 35권: 乾九二, 見龍在田象也, 利見大人占也.

과 관계없이도 의리의 상수적 근거도는 '독자적 원칙의 정립과 일반화'라는 독창성과 체계성의 기준에 의해 그 강도가 상대적으로 파악될 수 있다.

다음으로 의리와 점서의 관계에 관한 부분이다. 자칫 상호 배척적 관계로 볼 수 있는 의리와 점서에 대해서 권근은 원론적으로는 점리병행(占理竝行)적 관점에서 보았다. 권근의 관점은 건괘의 원형이정에 대한 주석에 잘 나타나 있다. 권근은 문왕과 주공은 원형이정에 대해 점법을 위주로 길흉을 밝혔고, 공자는 사덕(四德)을 위주로 점법에 길흉의 이치가 있음을 밝혔다고 보았다. 문왕주공의 괘효사는 괘효의 상에 근거하여 점서의 법을 말하였고, 공자의 해설전은 점서에 길흉이 있게 되는 이치를 말하였다. 정이는 공자의 전에 근거해 의리를 펼쳤고, 주희는 문왕주공의 뜻에 근거해 점법을 밝혔으니 선후 성현이 서로 밝혔다는 것이다.[39]

상에 근거해 점법을 밝히고 사에 근거해 의리를 밝혔다고 본 것인데 기본적으로 양단을 점서와 의리로 설정하여 그 병행가능성을 주장한 것이다. 권근에게서 보이는 점서와 의리의 관계에 관한 언급은 이후 한국역학사의 경향성을 파악할 수 있는 단초가 되지만 역시 원론적 수준에 머물러있다. 이런 측면은 조선말 심대윤의 점서일치관과 비교해보면 권근의 관점은 다소 형식적이며 원론적이다. 심대윤의 점리일치는 점을 쳤을 때 정확히 들어맞는 증험을 전제로 이치와의 일치인 점리의 일치를 주장한 것이다. 반면에 권근의 경우는 길흉과 길

39) 권근, 『주역천견록』: 乾元亨利貞, 文王之辭, 本占法也, 孔子解作四德. 蓋占筮之所以有吉凶, 亦由是理之所自然者爾. 故筮得乾者, 其占爲大通而利於貞者, 亦以是卦有是四德故也. 非是別爲一說, 以異於文王, 故可竝觀而不相悖也. 文王周公之辭, 直因卦爻之象, 以言占筮之法, 孔子之傳, 又因其辭, 以明占筮所以有吉凶之理. 程子本孔傳以演義理, 朱子本文王周公之意, 以明占法, 前後聖賢, 互相發明也.

흉의 소이로서 이치와의 관계가 서로 분리될 수 없어 병행한다는 원론적인 차원의 주장이다. 조선후기 이후 정약용이나 심대윤에게서 보이는 기존 점법에 대한 심각한 고민이나 새로운 점법에 대한 고안은 아직 보이지 않는다.

한국역학사의 차원에서 권근역학의 성격을 명확히 하기 위해서 그 이후 학자들과의 비교는 불가피하다.[40] 조선후기 심대윤이나 정약용은 새로운 점법에 대한 고민과 결과물을 제시하였고, 정약용은 384효를 점을 쳐서 변동한 한 효라는 가정을 가지고 일관하여 해석하였다. 이병헌은 점서의 책수와 괘변원리를 독창적으로 정립하여 일관되게 적용함으로 인해 『주역』의 중(中)사상을 드러내기도 하였다.[41] 이런 사실을 염두하면서 보면 권근의 역학은 괘효해석에 있어 점서로서의 용도보다는 도리로서의 해석을 하는 차원으로 일관했다고 볼 수 있다. 이런 점은 권근 이후 역학의 성격을 구분하는 하나의 판별기준으로 삼을 수 있다. 예를 들어 송시열이나 박제가 등은 같이 괘효해석에 있어 종종 점서를 염두하며 '득차점자(得此占者)'[42], '계점자(戒占)[43]' 등을 언급하였기 때문에 권근과는 다른 유형으로 볼 수 있기

40) 조선후기 학자를 거론한 것은 본고에서 제시한 기준을 가지고 한국역학사에서 차지하는 권근역학의 위치를 가늠해보기 위한 비교론적 구도이며, 이 기준으로 한국역학사의 많은 인물들의 역학에 관한 자세한 비교연구는 그 규모면에서만 보더라도 추후의 과제로 삼는 것이 합당하다.

41) 최정준, 「이병헌의 괘변설과 책수론 분석」, 『율곡학연구』 40, 2019. 참고.

42) 송시열, 『易說』「噬嗑六五」: 離爲乾, 故曰乾肉, 略與九四同, 而取象則不同. 坤爲黃而離得其中爻, 故云黃. 五爲陽位, 故取剛謂金. 五當以柔德處君位, 若以位之剛而處之貞固, 則其道危厲. 然得此占者爲旡咎也.

43) 박제가, 『周易』: 於蒙, 發爲第一義, 故首言之. 利用刑人用說桎梏者, 發之之象也. 蓋蒙, 比則罪人, 說桎梏, 比則發也. 雖說之, 特發之之初而其本體之罪, 則自在也. 故其占爲吝, 故曰以往. 以往云者, 只是如此而已之謂也. 但說桎梏而尙未勘放, 則與不說無異, 故戒占者以益務開明耳.

때문이다. 유의할 만한 점은 연구가가 상수의 분야를 다루었다고 해서 곧장 상수우위의 역학이라고 할 수 없다는 점이다. 권근이 『입학도설』을 저술하였고 그 책이 조선조 도서상수를 다룬 시초격으로 평가할 수 있지만 그렇다고 해서 그의 『주역』 해석이 상수우위적이라고는 볼 수 없다. 그리고 어느 한 학자를 두고 상수나 의리나 복서라는 한 가지의 일정한 틀을 씌우려는 것이 아니라 한 학자가 지니고 있는 요소 가운데 상대적 우위성을 가늠해보는 데 일차적 목적이 있는 것이다. 이렇게 볼 때 권근의 『주역』 해석방법은 점과 의리 관계의 측면에서도 의리우위의 역학이라고 볼 수 있다.[44]

5. 맺음말

이상에서 역학연구의 기본범주를 상수와 의리와 점서로 구분하고 그 상호관계에 대해 논의한 후 그 기준을 가지고 권근역학을 평가해 보았다. 상수역학의 범주에는 『주역』에서 시괘(蓍卦)의 형상과 숫자에 관한 제반내용이 포함된다. 의리역학의 범주에는 괘효사에 근거하거나 십익에 나타난 의미와 도리의 내용이 포함된다. 점서역학의 범주에는 『주역』의 지래적(知來的) 목적과 기능을 기본관점으로 삼아 관련 점법과 원리와 길흉판단 위주의 괘효사 해석도 포함된다. 그리고 이들은 상호 중복되는 부분이 있다.

상호관계란 상수와 의리, 의리와 점서, 점서와 상수의 관련성인데

44) 권근의 『주역』에 관한 의리적 관점에 대해서는, 엄연석, 「여말선초 학자들의 『周易』 경전에 대한상수역학 및 의리역학적 이해」, 『태동고전연구』 36, 2016. 참고.

이들은 중복적 관련성을 지니기도 한다. 이 중에서 특히 상수와 의리, 의리와 점서의 관계를 어떻게 보느냐에 따라 그 성격이 구분된다. 연구자들이 『주역』의 본의 내지 본원에 대한 생각의 차이에 따라 이 중 어느 하나를 가장 우선적으로 제시하여 주장하는 경향이 있지만, 상수와 의리와 점서는 완전히 독립적일 수 없는 관계이니 그 관련성에 주목하여 살펴볼 필요가 있다.

상수와 의리는 의리의 상수근거도에 따라 관점을 평가해볼 수 있다. 의리역학적인 관점의 경우 당연히 그 관련성이 약화되면서 상수근거도가 낮아진다. 이에 비해 상수역학적 관점에서는 당연히 그 관련성이 강화되면서 상수근거도가 높아지며 이 관점에서는 상수를 떠나서 의리를 도출한다는 주장은 납득되기 어렵다.

의리와 점서는 『주역』의 본래 목적과 현재적 용도에 관한 문제로 상호 배척적 관계로 볼 수 있다. 이런 차원에서 의리역학적이라 할 때는 점서와 대비되는 표현임을 명시해주어야 한다. 그렇지 않으면 무심히 상수와 대비되는 의리역학을 떠올리기 때문이다. 관점에 따라서 점서와 의리를 일치적 관점에서 보기도 한다. 점서의 길흉도 의미라는 면에서는 일정정도의 의리를 논하지 않을 수 없으며 점서에서는 설시구괘의 과정에서 상수를 다루지 않을 수 없으니 상수의 범주와 중복성을 띠면서 관련성을 지닌다. 결국 한 학자의 상수와 의리와 점서에 관한 범주와 관점을 살필 때 이들 범주와 상호관계가 지닌 복잡성과 중복성 때문에 과정상 이간(離看)하지만 종합적으로는 합간(合看)해서 판단해야 한다.

역학사를 다루는 데 있어서는 이른바 강도를 상대평가할 수 있는 기준이 필요한데, 그 스펙트럼을 구분할 수 있는 기준이 되는 것은 바로 '독자적 원칙의 정립과 일반화'라는 독창성과 체계성의 문제이다. 이는 세 가지 범주에 모두 공통적으로 적용할 수 있다. 본고에서는 이런 관점을 가지고 권근역학을 평가해보았다.

의리와 상수관계에 있어서 권근의 경우 경문의 해석적 차원에서는 괘상에 기반하여 의리를 추출하는 방식을 기본적으로 인정하고 따랐다. 하지만 상수를 논하면서 괘효사를 이해하는 방식을 보면 상대적으로 의리의 상수근거도가 낮은 편에 속한다. 또한 자신이 지닌 일정한 사상체계 안에서 괘효사의 의미를 다루었다는 측면에서도 의리역학적이라고 판단할 수 있다. 점서와 의리의 관계도 권근의 관점은 다소 형식적이며 원론적이다. 심대윤의 점리일치는 점을 쳤을 때 정확히 들어맞는 증험을 전제로 이치와의 일치인 점리(占理)의 일치를 주장한 것이다. 반면에 권근의 경우는 길흉과 길흉의 소이(所以)로서 이치와의 관계가 서로 분리될 수 없어 병행한다는 원론적인 차원의 주장이다. 조선후기 이후 정약용이나 심대윤에게서 보이는 기존 점법에 대한 심각한 고민이나 새로운 점법에 대한 고민은 보이지 않는다. 권근의 역학은 괘효해석에 있어 점서로서의 용도보다는 도리로서의 용도를 추구하였다는 차원에서도 의리역학적이라고 볼 수 있다.

상호관계의 차원에서 종합해볼 때 상수와 의리의 관련성을 보면 의리의 상수근거도가 낮은 편에 속하며 점서적 관점을 괘해석에 견지하지 않았다는 점에서 의리역학적 입장이라고 평가할 수 있다. 의리와 점서의 관련성을 보면 원론적 차원에서 점서와 의리의 병행적 관점을 지니고 있지만 괘효해석에 있어서는 점서역적 시각을 적용하지 않고 의리적 용도를 견지했다는 점에서도 의리역학적이라 할 수 있다. ◈

【참고문헌】

『주역전의대전』

『서경』

『주자어류』

정이천, 『역전』

주희, 『주역본의』

오징, 『역찬언』

황종희, 『역학상수론』

김경방 · 여소강, 『周易全解』, 길림대학출판사, 1989.

樓宇烈, 『王弼注校釋』, 臺北, 華正書局, 民國 72.

吳澄, 『易纂言』, 《無求備齊易經集成》 35권, 中華民國 65.

朱伯崑, 『易學哲學史 · 第2卷』, 藍燈文化事業股份有限公司, 中華民國 80.

권근, 『주역천견록』, 『한국경학자료집성』

박문호, 『경설(經說) · 주역(周易)』, 『한국경학자료집성』, 성균관대 대동문화연구원, 1997.

박제가, 『주역(周易)』, 『한국경학자료집성』, 성균관대 대동문화연구원, 1997.

송시열, 『역설(易說)』, 『한국경학자료집성』, 성균관대 대동문화연구원, 1997.

심대윤, 『상의점법』, 『한국경학자료집성』, 성균관대 대동문화연구원, 1997.

유정원, 『역해참고』, 『한국경학자료집성』, 성균관대 대동문화연구원, 1997.

윤종섭, 『經-易』, 『한국경학자료집성』, 성균관대 대동문화연구원, 1997.

이병헌, 『역경금문고통론(易經今文考通論)』, 『한국경학자료집성』, 성균관대 대동문화연구원, 1997.

채종식, 『周易傳義同歸解』, 『한국경학자료집성』, 성균관대 대동문화연구원, 1997.

강문식, 「『주역천견록』의 형성배경과 권근의 역학」, 『한국학보』 29-1, 일지사, 2003.03.

금장태, 「『주역천견록』과 양촌 권근의 도학적 역해석」, 『퇴계학보』 118, 퇴계학연구원, 2005.12.

서근식, 「草廬 吳澄의 역학사상에 대한 陽村 權近의 수용과 비판 연구」, 『민족문화연구』 99, 고려대 민족문화연구원, 2023.

엄연석, 「여말선초 학자들의 『周易』 경전에 대한상수역학 및 의리역학적 이해」, 『태동고전연구』 36, 한림대 태동고전연구소, 2016.

이난숙, 「역학평가의 준거, 성인사도인 辭·變·象·占 연구」, 『율곡학연구』 50, 율곡학회, 2022.
최영성, 「『주역천견록』을 통해 본 권근의 경학사상(1)」, 『한국사상과 문화』 6, 한국사상문화학회, 1999.12.
최정준, 「이병헌의 괘변설과 책수론 분석」, 『율곡학연구』 40, 율곡학회, 2019.
최정준·오동하, 「백운 심대윤의 독역십법에 관한 연구」, 『한국사상사학』 52, 한국사상사학회, 2016.
하정승, 「고려시대 유학 교육과 여말선초 학맥의 형성」, 『동방한문학』 82, 동방한문학회, 2020.

조선시대
역학사 담론

조선전기 역학사 서술 모식 연구*

이 선 경

〈요약〉

이 논문은 공동연구로서 '한국역학사'를 집필한다는 목표 아래, '조선전기 역학사' 서술 모식을 연구한 것이다. 본 연구는 고대로부터 현대에 이르는 역학통사를 집필하기 위해서는 역학사, 역철학사의 형태보다는 역학사상사의 형태가 적절하다고 주장한다. 역학 문헌이 부족한 이유도 있지만, 사상사의 방식을 취할 때 시대정신 및 구체적 삶과 조응하는 역학사를 산출할 수 있기 때문이다.

조선전기의 시대구분은 14세기 말~15세기를 한 분기로 보고, 율곡 이이를 하한선으로 하는 16세기 역학을 한 분기로 설정한다. 서술 모식은 먼저 당대의 정치사회적 과제와 시대정신과의 조응이라는 관점을 염두에 두고 역학연구의 세기별 아젠다를 설정한다. 예를 들면 "15세기 역학: 역에 대한 경학적 관심 -유교국가로의 전환과 유교사회의 기틀 잡기", "16세기 역학: 역과 성리학의 상호발전 -자연을 리기와 상수로 구조화하여 의리의 토대로 삼다"와 같은 방식이다. 그리고 아젠다에 따른 소주제를 응용역학 분야로 확장, 구체화하는 방식을 제안한다.

이러한 방식의 한국역학사는 관점의 통일과 같은 공동집필이 갖는 어려움을 최소화할 수 있으며, 인접학문과 연계하여 '주역'을 연구함으로써, 다양한 학술분야에서 『주역』의 중요성을 재인식하는 효과를 기대할 수 있다.

* 이 글은 『한국철학논집』 85(한국철학사연구회, 2025.05)에 게재된 것임을 밝힌다.

1. 머리말

이 글은 공동연구를 통해 '한국역학사'를 집필한다는 기치 아래 '조선전기 역학사'를 어떻게 써야 할 것인지 그 서술 모식을 고민한 연구이다.1) '한국역학사'의 서술 모식을 구상하려면, 그에 앞서 선결되어야 할 문제들이 있다. '한국역학통사'를 왜 써야 하는지, 왜 '역학사', '역(학)철학사'가 아니라 '역학사상사'인지에 대한 생각이 먼저 정리되어야 비로소 그 목적과 취지에 부합하는 서술 모식을 구체화할 수 있기 때문이다. 또 개인의 독자적 연구가 아니라 여러 인원이 참여하는 공동연구라는 특성상 그 장점과 한계를 고려한 현실적 서술 모식을 고민할 필요가 있다.

'조선전기 역학사' 집필을 위한 서술 모식을 제언하기 위해, 본 연구는 먼저 조선전기의 시대구분을 어떻게 하여야 할 것인가에 대해 검토하고, 15세기, 16세기와 같은 세기별 구분법을 제안한다. 다음으로 '역학사', '역(학)철학사', 그리고 '역학사상사'의 특성과 의미를 구별하고, 그 가운데 '한국역학사상사'의 형식이 한국역학의 독자성을

1) 이 논문은 한국주역학회가 한국역학사 서술을 위해 추진하고 있는 연구사업의 일환으로 쓰여진 것이다. 한국주역학회는 "한국역학사상사를 어떻게 쓸 것인가"를 아젠다로 4차례에 걸쳐 학술대회를 개최하였다. "중국 · 대만 · 일본의 역학사상사 연구현황 검토", 2023년 한국주역학회 상반기 학술대회, 2023. 6. 23. 성균관대 국제관. ; "한국역학사상사 서술의 틀을 어떻게 만들 것인가", 2023년 한국주역학회 하반기 정기학술대회, 2024. 2. 16. 충북대 역사관. ; "조선시대 이전의 역학사상사를 어떻게 접근할 것인가", 2024년 한국주역학회 상반기 학술대회, 2024. 7. 5. 경북대 인문한국진흥관. ; "조선시대 역학사상사를 어떻게 쓸 것인가", 2024년 한국주역학회 하반기 학술대회, 2025. 2. 14. 성균관대 퇴계인문관(자료집 소재: Naver 한국주역학회 카페, 학술대회 영상 코너, https://cafe.naver.com/kzhouyi)

가시적으로 잘 드러낼 수 있다는 소견을 밝히려 한다. 그리고 이를 토대로 공동연구의 장점을 살린 조선전기 역학사는 어떻게 서술될 수 있는가에 대한 구체적 구상을 제언하려 한다.

2. 한국역학사에서 조선전기의 시대구분

1) 선행연구의 시대구분

"한국역학사" 서술에 있어, 우선 시대구분이 문제가 된다. 사학계에서도 시대구분에 대한 문제는 기준을 정하기 어려워 논란이 많고, 명쾌하게 정설을 말하기 어려운 영역이다. 현재 통용되고 있는 사학계의 분류 방식으로는 고대-중세-근대-현대 또는 고대-중세-근세-근대-현대로 분류한 경우가 있다. 부분적으로 조선시대의 경우 임진왜란을 기점으로 전기와 후기를 구별한다. 중기를 설정한 경우, 사회 내적으로 사족 지배질서의 구축과 약화를 기준으로 16~17세기를 중기로 파악하지만, 18세기라고 해서 향촌에서 사족 지배체제가 약화되었다고 할 수 있는가에 대한 문제가 있다.[2)]

한국철학사 또는 한국사상사를 표제로 한 저작들에서 조선시대를 어떻게 세부적으로 시대구분을 하였는지 몇몇 경우를 살펴보자.

1987년 출간된 한국철학회의 『한국철학사』(동명사)의 경우를 보

2) "시대구분론"(『한국민족문화대백과』, 한국학중앙연구원) 참조. 또 하나의 시대구분법으로는 왕조를 중심으로 삼국시대, 통일신라시대, 남북국시대, 고려시대, 조선시대와 같이 구별하는 방식이 있다. https://encykorea.aks.ac.kr/Article/E0032329

면, 조선초기와 전기를 동일시하여, 정도전, 권근을 대표 인물로 다루고, 조선 중기의 인물로 서경덕, 이언적, 이황, 이이, 김장생, 장현광, 허목, 송시열을 다룬다. 14~15세기를 전기로 보고, 16~17세기를 중기로 본 것이다. 이와 같이 초기, 전기, 후기, 근세, 근대 등의 용어와 개념을 써서 시대를 구분한 저작들이 있음을 볼 수 있다. 북한의 『조선철학사』(이성과 현실사, 1988)는 여말선초를 한 시기로 분류하고, 이후에는 "15~18세기의 철학사상"과 같이 세기별로 철학사를 서술하는 방법을 취한다. "김시습과 서경덕의 철학(15~16세기)", "주리론과 주기론 학파의 형성(16세기)", "17세기 이후 주기론의 철학사상", "기일원론적 유물론(18세기)", "19세기 주리론의 철학사상"과 같은 방식이다.

이병도의 『한국유학사』(아세아문화사, 1987)의 경우 목차를 보면, 조선시대라는 명칭은 쓰지 않는다. 대신 '과도기의 유학'—'도학정치론의 대두'—화담과 회재의 성리학—퇴계 · 율곡과 동시대의 성리학—학파분열기의 성리학—예학의 성립과 당쟁의 심화—자주적 사상의 태동—양명학의 전래와 이해—호락논쟁—실학사상의 대두와 그 영향—서구문화의 전래와 갈등—조선말 성리학의 전개와 같은 체계를 취하고 있다. 이러한 분류법은 해당 시대에 구체적으로 등장한 학자나 학파 또는 사조에 따라 시대를 구분함으로써, 무엇을 기준으로 근세, 근대, 현대를 나눌 수 있는가에 대한 논란을 비껴갈 수 있다. 현상윤의 『조선유학사』(현음사, 1982)도 인물, 사조, 학파 중심으로 목차를 구성하였으나, "제16장. 근세 이후의 일반유학계"라는 항목을 설정하고, 그에 속하는 인물로, 18세기~19세기에 활동한 권상일, 박윤원, 신후담, 송치교, 홍석주, 김매순, 홍직필 등을 수록하고 있어서, '근세'라는 시대구분의 정의와 타당성에 대한 논란의 여지를 남겨두고 있다. 최영성의 『한국유학통사』(심산, 2006)도 조선전기, 후기, 근세, 근대와 같은 분류를 하지 않는다. 이와 같이 한국철학사, 한국사상사의 경우, 학계에서 합의된 시대구분이 있는 것이 아니며, 저마다의 분류법을 취하고 있다.

한국역학의 경우는 사상사를 엮어내야 하는 초창기에 있어서, 지금부터 시대구분에 관한 논의를 시작해야 하며, 서술의 틀도 창조해내야 한다. 현재 참고할 수 있는 선행연구는 엄연석의 『조선전기역철학사』가 유일하다. 엄연석의 『조선전기역철학사』(학자원, 2013)에 대해서는 2023년 2월 한국주역학회 정기학술대회에서 방인 교수에 의해 "엄연석의 『조선전기역철학사』를 통해서 본 한국역학사의 서술전망"이라는 제목으로 이미 검토된 바 있다. 엄연석은 이 책에서 역철학사적 관점에서 절대적이고 보편적인 시대구분의 기준을 제시할 수 없다는 전제하에, 조선전기를 "역학이 고려 말에 중국으로부터 도입된 이후 형성되는 단계"로 보고, 구체적으로 "역학이 성리학과 함께 중국으로부터 도입된 이후 조선초기를 거쳐 상수(象數)와 의리(義理)역학적 이해를 도모하면서 퇴계와 율곡 단계에 이르러 역학상 전반적인 문제들이 논의되는 단계까지"로 조선전기를 규정한다. 그런데 엄연석은 조선전기를 다시 '초기'와 '전기'로 세분한다. 그의 분류를 일목요연하게 파악하기 위해 표를 만들면 다음과 같다.

시대구분	해당주제	비고
조선초기	권근의 상수학적 토대와 의리역학 사상	권근(權近, 1352~1409)
	정도전의 성리학적 『주역』인식과 의리역학	정도전(鄭道傳, 1342~1398)

	『훈민정음』의 상수역학적 기초와 의리적 목표	세종(재위: 1418~1450)
	세조의 『역학계몽요해』와 상수역학적 해석	세조(재위: 1455~1468)
	김시습의 『주역』 인식과 의리역학적 지향	김시습(金時習, 1435~1493)
조선 전기	서경덕의 선천기론과 상수역학 사상	서경덕(徐敬德, 1489~1546)
	황효공의 『역범도』 체계와 도설의 상수학적 의미	황효공(黃孝恭, 1496~1553)
	퇴계의 상수역학 이론과 의리역학적 목표	이황(李滉, 1501~1570)
	남명철학에서 敬義의 실천과 의리역학사상	조식(曺植, 1501~1572)
	율곡의 이기지묘 이론과 의리역학적 지행	이이(李珥, 1536~1584)

14세기 말~15세기까지를 '초기'로, 16세를 전기로 보며, 그 하한을 율곡의 시대까지로 본 것이다. 그러면 '초기'와 '전기'를 구분한 이유와 기준은 무엇이며, 16세기를 전기로 설정함에 있어 율곡까지로 한정한 이유는 무엇인가? 엄연석은 조선전기에서 다시 '초기'를 별도로 구분한 이유에 대해 별다른 설명을 하지 않는 것 같다. 방인은 아래와 같이 지적하였다.

> '전기'는 많은 경우 '초기'와 같은 의미로 쓰이고, 전기와 초기는 영어로는 모두 'early'로 번역된다. 이러한 분류는 독자들에게 혼란을 주며, 만약 전기에서 초기를 설정하면, 다시 전기의 중기, 전기의 후기 등의 구분을 추가로 필요로 하게 될 것이다.[3)]

---

3) 방인, 「엄연석의 『조선전기역철학사』를 통해서 본 '한국역학사'의 서술 전망」, 『한국역학사상사 서술의 틀을 어떻게 만들 것인가』, 2023년 한국주역학회 하반기 정

방인의 지적은 한마디로 초기와 전기를 굳이 구별할 이유가 없다는 것이다. 그러나 엄연석이 굳이 구별을 시도한 것은 '초기'로 분류되는 시대의 역학사상이 무엇인가 그 이후의 시대와 구별되는 특징이 있다고 생각했기 때문일 것이다. 엄연석은 이 문제에 대해 이렇게 답한다.

> 이천 『역전』과 주희의 『본의』를 중심으로 하는 『주역』 주석본이 조선에 도입되고 나서 일정한 학습과 연구를 거치면서 이황과 이이를 전후한 시기까지 성리학의 형이상학이 논의되면서 『주역』을 체계적으로 연구할 수 있는 토대를 구축했다는 측면을 기준으로 조선전기를 나누었다. 하지만 전기를 다시 한번 나누어 초기와 전기를 구분한 것은 조선초기가 주로 유학과 성리학을 이념으로 하여 왕조의 문물제도를 정비해야 하는 경세론적 의미에서 경학(주역)의 사유를 경전적 근거로 인용하여 해석하는 차원이 두드러졌기 때문이다.[4)]

종합적으로 엄연석은 역철학사의 서술에 있어서 조선초기는 14세기 말~15세기이며, 이 시기 역학연구의 특징은 성리학적 유학이념으로 신왕조의 문물정비라는 시대적 과제에 『주역』의 경전적 가치가 주로 활용되었다고 본 것이다. 그렇다면 실질적인 조선전기는 16세기이

기학술대회 자료집, 12쪽. (2024. 2. 16. 충북대학교 역사관) 자료집 소재: Naver 한국주역학회 카페, 학술대회 영상 코너, https://cafe.naver.com/kzhouyi

4) 엄연석, 위의 자료집 48쪽. 시대구분과 관련한 방인의 질의에 대해 엄연석은 토론문에서 이렇게 답한다. "시대적 선후에 따른 통시적 배열의 방법을 취하는 것이 불가피하다는 것이다. 이러한 전제를 하고 나서 보다 많은 연구를 진행하면서 특정한 시대에 따른 역철학의 주제적 특성을 도출하면서 적절하게 시대적으로 구분되는 변별의 기준을 살펴보아야 할 것이다", "시대를 구분하는 문제와 역철학의 주제적 다양성과 이론적 갈래를 해명하는 일이 병행되어야 할 필요가 있다."

며, 16세기 가운데 퇴계와 율곡이 하한선이 된다. 엄연석은 역철학사에서 전기의 시대구분을 성리학연구의 진전과 관련해 파악한다. 조선에서 성리학의 형이상학적 연구가 나름대로 체계화된 것이 퇴율의 시대이며, 성리학연구의 진전과 함께 『주역』도 체계적으로 연구할 수 있는 토대가 마련되었다는 것이다.

엄연석의 시대구분을 이렇게 이해한다면, 엄연석의 시대구분에 대한 방인의 비판에 답을 할 수 있을 것이다. 엄연석은 조선중기 역학의 인물로 조호익(曺好益, 1545~1609), 장현광(張顯光, 1554~1637), 이익(李瀷, 1681~1763), 한원진(韓元震, 1682~1751) 등을 들었다. 방인은 이 가운데 조호익이나 장현광은 이이(李珥, 1536~1584)와 10살 이내의 터울이며, 동시대에 활동한 인물이기 때문에, 전기인물과 중기인물의 구별점이 무엇인가에 답을 해야 한다는 문제를 지적하였다. 엄연석은 이 문제에 대해 상세하게 답변하지 않았지만, 그의 짧은 답변에 근거해 논거를 확장해 본다면, 이이까지는 구체적인 역학저술이 없지만, 조호익과 장현광에게는 뚜렷한 역학저술이 있으므로, 비로소 체계적인 『주역』 저술이 나왔다는 점에서 분명한 분기점이 생긴다.

이러한 점에서 엄연석이 역철학사 서술에 있어서 조선전기를 이이까지를 하한선으로 설정한 것은 설득력이 있다. 다만 엄연석은 성리학의 '형이상학적 연구'에 주목하였는데, 그 자신이 "남명철학에서 경의(敬義)의 실천"을 소재로 삼았듯, 성리학의 연구는 비단 형이상학에 국한된 것이 아니라, 도학, 수양론, 경세론, 예학 등에 이르기까지 폭넓게 발전한 것이므로, 이러한 성리학의 영역과 역학연구의 상관성까지를 함께 검토해서 조선전기역학사상사를 구성할 필요가 있을 것이다.

2) 본 연구의 시대구분과 남는 문제

필자는 '조선전기역학사상사'를 구성함에 있어서, 14세기 말~15세기를 한 분기로 보고, 율곡 이이를 하한선으로 하는 16세기 역학을 한 분기로 설정하는 관점이 타당하다고 생각한다. 이는 엄연석이 『조선전기역철학사』에서 시도한 시대구분에 대체로 동의하는 것이다. 다만 '초기', '전기'라는 표기보다는 다른 방식을 제안하고자 한다. 이는 필자가 '역철학사'가 아니라 '역학사상사'를 염두에 두고 있기 때문이기도 하다.[5] 본고의 제안은 구체적으로 시기를 명시하고, 해당시대의 종합적 아젠다를 부여하자는 것이다. 예를 들면 "14세기 말~15세기: 유교국가로의 전환 및 정립기의 역학", "16세기: 도학이념의 정착, 성리이론 형성기의 역학"과 같은 방식이다. '종합적 아젠다'의 뜻은 해당시대의 역학적 문제에만 초점을 둔 것이 아니라, 당대의 정치사회적 과제와 시대정신과의 조응이라는 관점을 염두에 두고 역학연구의 과제를 설정하자는 발상이다. 엄연석이 이미 조선초기 역학연구의 특징은 "왕조의 문물제도를 정비해야 하는 경세론적 의미에서 경학(주역)의 사유를 경전적 근거로 인용하여 해석"에 있다고 보았으며, 16세기 역학연구의 특징을 "성리학의 형이상학적 연구"와 매개적으로 파악하였듯이 이러한 방식의 연구는 충분히 가능하다. 요컨대 시대적 환경이라는 외부적 요인과 역학연구의 내적 발전사는 함께 어울어지면서 연구될 수 있으며, 이것이 사상사의 측면에서는 보다 바람직한 연구방향이라 할 것이다. 다만 이러한 접근을 할 때, 역학 내부의 전문적 주제에 대한 연구 및 그 발전사에 대한 연구가 소홀해지는 한계

5) "역(학)철학사"와 "역학사상사"의 구별에 대해서는 다음 절에서 논의한다.

가 있다는 점을 지적할 수 있다.

15세기, 16세기와 같이 세기별로 조선전기역학사상사의 시대구분을 시도한다고 할 때, 또 하나 남는 문제는 조호익(曺好益, 1545~1609)과 같이 중기의 역학인물로 분류가 가능하지만 활동시기가 거의 16세기 후반이어서, 17세기 인물로 분류하기 곤란한 경우가 있다는 것이다. 조호익의 경우는 16세기 역학 인물에 포함하고, 전기와 중기를 이어주는 역학사상사적 위상을 부여할 수 있을 것이다. 이외 본고의 서술범위를 넘어서는 문제이지만, 17세기 역학의 시대적 문제의식은 어떻게 상정될 수 있는가[6]에 대한 심도있는 논의가 필요할 것이다. 조선후기의 역학사상사는 청대학술 및 서학이 들어오고, 이로 인한 세계인식의 충돌과 그에 대한 응변이라는 공통된 문제의식을 지닌다고 할 때, 17세기는 그 과도기에 해당한다. 자칫 소외되거나, 분명한 색깔로 드러나지 못한 채 묻혀서 넘어갈 수 있는 17세기 역학의 아젠다를 명실상부하게 부여하려는 노력이 필요하겠다.

6) 17세기는 임진왜란 및 정유재란(1597)의 여파를 극복하는 일로 시작하였다. 17세기를 특징짓는 각 분야의 사건으로는 병자호란, 대동법의 실시, 예송논쟁, 사색당파로의 분화, 조선중화주의 대두, 『천주실의』 등의 서학서 유입, 하멜 등 서양인의 표류 등을 들 수 있다. 역학 분야에서는 래지덕(來之德, 1525~1604)의 역학이 17세기 후반에는 들어왔을 것으로 추정된다. 이로써 17세기는 성리학이 심화 발전하고, 병자호란의 트라우마에 대해 중화적 자존의식을 고취하였으며, 다른 한편으로는 정주학적 학문세계 외부로 눈을 돌리기 시작하고, 서학이 본격적으로 도래하기 이전의 과도기적 시기라 할 수 있다. 이러한 시대적 특징과 과제가 이 시기의 역학사상 속에는 어떻게 다루어지고 있는지를 탐색할 필요가 있을 것이다.

3. 한국역학사상사: 시대정신과의 조응을 중심으로

1) 역학사(경학), 역철학사(철학), 역학사상사(사상)의 구별

'역학사상사'와 유사한 개념으로는 '역(학)철학사'와 '역학사'가 있다. 이 세 개념은 어떤 차이가 있으며, 본 연구는 왜 그 가운데에서도 '역학사상사'를 지향하는가?

먼저 '역학사'에 대해 살펴보자. 박영우는 기존의 역학사 서술에는 경학사적 역학사와 철학사적 역학사의 접근법이 있다고 한다. 그리고 "경학사적 역학사는 훈고학과 장구학적 방법에 의존하여 역학사를 서술"하는 특징이 있다면, "철학사적 역학사는 서양 현대철학의 제반 문제의식을 반영하여 역학 자료들을 서술"하는 특징이 있다고 보았다.[7] 박영우는 기존의 서술방법 외에 21세기에 걸맞는 역학사 서술의 연구방법론을 모색하자는 취지에서 '역학사'의 개념을 유동성 있고 포괄적인 개념으로 사용하였다.

현재 역학계의 관련 저작들을 살펴보면, '역학사'와 '역(학)철학사'[8]는 개념적 구별없이 혼재된 형태로 사용되는 것 같다. 고회민(高懷民)의 『선진역학사』, 『양한역학사』, 『송원명역학사』의 경우, '역학사'라는 제목 아래, 시대별 역학의 특징을 서술하고 각 역학자의 인물소개

---

7) 박영우의 이러한 관점은 역학사를 경학사를 위주로 한 것으로 본 것이 아니라, 역학사라는 큰 범주 아래, 경학사적 서술법, 철학사적 서술법, 기타 특수범주를 포괄한 것이다. (박영우, 「중국 현대 역학자들의 역학철학사 비평」, 2023년 한국주역학회 상반기 학술대회자료집, 63쪽)

8) 본고에서는 '역철학사'를 '역학철학사', '주역철학사'와 동일한 개념으로 취급한다.

및 이론적 특징을 서술하는 방식을 취하고 있다. 주백곤의 『역학철학사』, 료명춘 등이 지은 『주역연구사』[9] 등도 유사한 체제를 지닌다. 현재 역학자들에 의해 산출된 역학사는 대체로 첫째, 경학적 관심에서 서술되지는 않았으며, 둘째, 비슷한 체제를 지님에도 불구하고 그 이름이 '역학사', '역학철학사', '주역연구사'로 제각각인 것을 볼 수 있다. 이로부터 현대의 학자들은 '역학'을 '경학'의 범주에 국한되는 것으로 이해하지 않는다는 것과, '역학'개념과 '철학'개념의 관계를 어떻게 설정해야 할 것인가에 대한 고민이 있음을 읽을 수 있다. 본 연구에서는 '역학사'라는 명칭에 담길 수 있는 함의를 다음과 같이 정리하고자 한다.

'역학사'는 무엇보다 경학사(經學史)적 관심을 중심에 둔 명칭으로 보자는 것이다. '경학'의 사전적 정의는 "유교 경서의 뜻을 해석하거나 천술하는 학문"[10]이다. 주백곤은 경학사 연구에 대해 "유가가 숭상하는 전적의 변천과 전승의 역사를 말하며, 그 내용은 전승의 계보 및 각 시대와 학파의 경전해석 경향, 경전 주소(注疏)의 정황과 성취, 전적의 진위 판별과 문자훈고, 고증을 포괄한다"라 하였다.[11] 엄연석은 강광휘(姜廣輝)의 견해[12]에 근거하여 경학을 학술과 신앙의 두 방면으로 말하였다.[13] 주백곤의 경학사에 대한 정의가 학술적 방면이라

9) 『주역연구사』는 국내에 『주역철학사』(심경호 역, 예문서원, 1994)라는 제목으로 번역, 소개되었다.

10) 『한국민족문화대백과사전』, 한국학중앙연구원. https://encykorea.aks.ac.kr/Article/E0002986

11) 엄연석, 「주백곤의 『역학철학사』의 목표에 대한 재검토」, 『중국 · 대만 · 일본의 역학사상사 연구현황 검토』, 2023년 한국주역학회 상반기 학술대회 자료집, 3쪽, 재인용.

12) 姜廣輝 主編, 『中國經學思想史』第1卷, 中國社會科學出版社, 2010, 2쪽.

13) 엄연석, 위의 논문, 3쪽.

면, '진리의 표준'으로서 경(經)에 대한 존숭은 신앙적 측면이라 하겠다. '경'의 저자는 성인이고, 경서는 국가의 정치로부터 개인의 삶에 이르기까지 성인이 제시한 올바른 가치의 표준을 제시한다. 따라서 각각의 시대에 경(經)의 '진의'를 천술하는 일은 결코 학술영역에 그치는 일이 아니라 국가를 경영하는 표준을 확립하는 일이 된다.

따라서 경학적 관심이 기초가 되는 '역학사' 서술은 훈고학 및 장구학적 방법에 더하여, 『역경』이라는 문헌을 매개로 한, 각 시대별 진리개념의 변천사를 천술한다는 기준이 있어야 할 것이라 생각된다. 요컨대, 경학사에서 다루어 왔던 훈고학과 장구학적 방법론에 더해 시대별 진리개념의 변천사를 서술하는 방법론이 역학사 서술에 적용될 수 있으리라는 것이다.[14]

다음 '역(학)철학사'의 명칭이 담고 있는 함의에 대한 검토이다. '역학철학사'라는 명칭은 주백곤의 『역학철학사』에서 이미 쓰였고, 그가 이 책에서 세운 '역학철학사'라는 명칭과 서술기준이 오늘날 '역학철학사'란 무엇이며, 어떻게 서술되어야 하는가에 대한 주요한 기준이 되는 것 같다. 이에 대해서는 엄연석이 이미 상세하게 검토한 바 있다. 주백곤은 '역학철학사'가 경학이나 일반철학과 구별되는 '역학철학'에 대한 역사라고 한다.[15] 그는 중국의 철학적 사고는 역학을 중심으로 단련되었으며, 철학의 역사에서 역학철학은 해당 시대의 철학이 그러한 특징으로 구성되는 이론적 원천을 제공하는 학문의 체(體)

---

14) '역학사'가 다른 경(經)을 대상으로 한 일반 경학사와 다른 점은 연구범위가 『역경』의 텍스트에 대한 천술에 그치지 않는다는 점이다. '도상학' 역시 서술의 대상이 되기 때문이다.

15) 주백곤은 '역학철학사' 집필의 궁극적 목적은 "서양 전통사유 방식의 부족한 점을 보충하여 '현대인의 사유와 생활방식의 향방에 거울 역할'을 하는 것이라는 원대한 포부를 밝혔다.

로 보았다. 경학으로서의 역학에서 훈고를 바탕으로 펼쳐지는 '의리' 부분에는 우주와 인생에 대한 사색과 이론이 들어있으며, 이것이 역학철학이라는 것이다.16) 우주와 인생에 대해 역학은 자체의 술어와 범주, 명제를 지닌 독특한 이론적 사유형식으로 전개된다. 특히 음양의 변증적 사유와 상수 · 의리라는 개념의 틀은 특수한 철학 형태로서 역학의 특징을 뚜렷하게 드러낸다. 그는 중국의 사유와 문화가 단지 직관주의나 경험주의에 머물고, 인생과 윤리를 논하는 데에만 그치는 것이 아니라, 논리적이고 과학적 사고에 입각한 우주관과 형이상학을 지니고 있음을 증명하기 위해 우주론과 본체론을 중심으로 하는 『역학철학사』를 집필하였음을 밝힌다.17) 주백곤이 밝힌 입장은 박영우가 "철학사적 역학사는 서양 현대철학의 제반 문제의식을 반영하여 역학자료들을 서술하는 특징이 있다"라 파악한 것과 일치한다. 현재까지 출간된 통사적 성격의 '역철학사'들을 살펴보면, 세부적인 차이는 있으나, 박영우가 파악한 관점이 일관되게 적용된다.18)

---

16) 이때의 '의리'는 '상수'와 대척점에 있는 의미는 아닌 것 같다. 오히려 양자를 포괄한 차원에서 '의리'라는 개념을 사용한 것으로 보인다.

17) 이와 관련하여 엄연석은 위의 논문에서 아래와 같이 서술하였다. 주백곤은 『역학철학사』를 저술하기 위하여 유럽철학사의 일부 범주와 술어를 차용하여 形而上學, 宇宙論, 本體論, 客觀唯心論, 主觀唯心論, 唯物論, 形式論理思惟, 辨證思惟 등의 개념을 차용하였다.(『역학철학사』 1권, 32쪽.)

18) 황병기는 료명춘 등이 지은 『周易硏究史』의 서술원칙을 다음과 같이 정리하였다. "첫째는 역학 연구 자체에 중점을 두어야 한다는 것이고, 둘째는 의리와 상수의 관계를 변증법적으로 처리해야 한다는 것이며, 셋째는 역사주의 원칙을 지켜야 한다는 것이다." 황병기는 주백곤이 역학철학과 당대 철학이론과의 상관성을 염두에 두었던 것에 비해, "료명춘은 역학연구 자체에 중점을 두고, 다른 학문 분야에 응용된 역학을 주변적인 역학으로 치부하면서 본류에서 벗어난 역외별전으로 다루고자 하는 의도를 분명히 했다"고 하였으며, "응용역학 분야는 역학의 범위 바깥에 있는 것으로 치부하여 서술의 대상으로 삼지 않았다"라고 하였다.(황병기, 「중

주백곤의 『역학철학사』와 료명춘 등이 쓴 『주역연구사』를 기준으로 '역철학사'의 장점과 단점을 논해보자. 첫째, 일반철학과 구별되는 역학철학의 술어, 명제, 이론형식과 이론 전개 방식의 특징을 뚜렷하게 부각할 수 있다. 둘째, 이러한 논의들이 사적(史的) 흐름 속에서 어떻게 전승되고 변화되어가는가에 대한 심도 있는 연구가 가능하다.

그러나 이러한 연구방식은 다음과 같은 반대급부가 있다. 첫째, 역학의 술어와 명제는 일반 철학보다 특수해서, 이웃 학문과 소통이 어려운 전문가 집단의 전문지식이라는 틀에 갇힐 수 있다. 둘째, 이러한 역학연구는 해당 시대의 정치사회적, 문화사적 역동성을 반영하기는 어렵다. 주백곤의 방식도 당대 철학이론과의 상관성을 반영할 수는 있겠지만, 더 이상의 생동성을 기대하기는 어렵다.

끝으로 '역학사상사'의 정의와 특징에 대해 생각해 보자.

역사학자 차하순은 사상사를 내적 사상사와 외적 사상사로 구분한다. 내적사상사는 다시 단위관념의 역사, 명저의 문헌분석 및 시대정신의 설명으로 구분된다. 외적사상사는 사상의 발생이나 영향이 물적 조건과 상관관계에 있음을 설명하는 분야이다.[19] 다시 말해 내적사상사는 관념이나 논리적 진술을 역사적으로 분석하고 내재적 의미를 규명하는 것을 목적으로 하는 것에 반해, 외적사상사는 사상의 사회적 기원이나 영향과 같은 '외부와의 맥락'의 상호관련을 탐색하는

국역학사 서술 비평(2) -료명춘 등의 『주역연구사』 (역본; 『주역철학사』) 서술 비평」, 『중국 · 대만 · 일본의 역학사상사 연구현황 검토』, 2023년 한국주역학회상반기 학술대회 자료집, 34쪽.) 고회민의 경우는 『先秦易學史』, 『兩漢易學史』, 『宋元明易學史』와 같이 단대적 성격의 역학사를 저술하여, 통사로서의 역학사 서술에 대한 고민과 기준을 천술하지는 않았다. 다만 그 시대별 역학의 특색과 흥기 원인에 대한 사상사적 고찰이 일부 이루어졌다.

19) 차하순, 「사상사란 무엇인가?」, 『한국사상사학』 52, 2016, 1-2쪽.

것을 목적으로 한다는 것이다. 차하순은 "역사가는 단순한 사상의 체계적 발전과정을 분석하는 일을 넘어 '한 시대, 한 국민의 내면적 생활의 발전을 고찰하고 이에 따라 본격적인 철학체계는 물론 실제 업적을 적시하는 정신'을 설명해야 하며, 이러한 '시대정신의 기술과 설명'이야말로 사상사가의 최대목적이라고 한다.[20]

거칠게 말해 주백곤이나 료명춘 등의 저술이 내적사상사에 가깝다면, '역학사상사'는 내적사상사와 외적사상사를 아우를 수 있다. 역학철학의 술어와 명제, 이론형식의 사적 전개를 다룰 뿐 아니라, 특정한 역사시기의 역학이론이 형성되는 외부적 조건을 고려하고, 역학이론이 그 사회의 철학과 정치, 사회문화와 어떻게 조응하고 환류되는가를 연구한다. 또한 '역학사상사'라고 하면, '역학철학'보다 외연이 넓은 '역학사상'을 연구대상으로 한다. 물론 '역학사상'의 개념과 범위를 어떻게 정의할 것인가에 대한 문제는 토론이 필요하다. 그러나 '역학사상'이라고 하면 료명춘 등의 『주역연구사』에서 배제한 '응용역학분야'까지를 대상으로 설정할 수 있다. 『주역』 텍스트를 직접 다루지 않더라도, 도상학(圖象學)은 응용역학이라기보다는 본류역학에 해당하는 것으로 보아야 할 것이다. '응용역학'이라고 하면, 대표적으로 의역학이 있다. 이외 『주역』 텍스트와 역학의 이론이 정치, 제도, 사회, 과학, 문화, 생활 방면에 어떻게 적용되고 응용되었는가를 구체적으로 다루는 것도 응용역학 연구의 범위에 포함시킬 수 있을 것이다. 이외에 『홍범황극내편』의 경우는 역학의 연구대상으로 포함시켜야 하는가에 대한 논의가 필요하고, 이를 역학의 연구대상으로 포함한다면, 이것은 '응용역학'이라기보다는 일종의 '특수역학'으로 분류해야 할 것이다.

'역학사상사'의 장점은 '역사성'을 염두에 둠으로써, 추상적 사변

20) 차하순, 위의 논문, 9쪽.

이론이 아니라, 현실적 역동성에 초점을 둔 역학연구를 진행할 수 있다는 것이다. 그 시대의 사상적 문제를 정의하고, 그 해결의 방향성을 제시하는 철학으로서 역학연구이다. 이러한 관점에서 김동진이 검토한 응와이밍의 역학사 연구를 참고해 볼 필요가 있겠다. 김동진은 응와이밍(吳偉明)이 그의 『도쿠가와 일본에 대한 역학의 영향(易學對德川日本的影響)』에서 에도시대 일본의 사상과 문화 형성에 있어서 『주역』이 끼친 영향을 정치, 경제, 군사, 교육, 종교, 도덕, 과학, 문예 등 다방면에서 고찰한 데 주목하였다. 김동진은 이 연구의 결과로 다음과 같은 제언을 한다.

> '역학사가 반드시 경학사적 관점이나 철학사적 관점에만 이루어져 할 필요성이 있는지' 의문이 들기도 했다. 개개의 역학사상이 아니라 그 사상을 통해 현실을 살아가는 인간들의 군상과 그 시대에 초점을 맞출 필요도 있지 않을까? 그러한 연구의도에서라면 응 와이밍의 지성사적, 문화사적 접근방식은 매우 효과적인 연구방법이 될 수 있을 것이다.[21]

기존에 경학사적, 철학사적 역학사서술을 당연하게 생각하는 시각에 비추어볼 때는 파격적인 제안이지만, '한국역학사상사' 서술을 기획하는 입장에서는 충분히 숙고되어야 할 관점이라 하겠다. 이외에 박영우는 "전통 텍스트가 현대적 삶의 영역에 문제들을 해결하는 수요에 부합하지 못한다면, 전통 학문은 '현실의 도구'가 되기를 멈추고, 시렁 위에 방치되어 먼지와 함께 잊혀 가는 낯모를 물건이 되지 않겠는가"라는 우려와 함께, 현대적 방식의 역철학사 서술방식에 대

21) 김동진, 「일본의 역학사 연구 현황과 특징」, 『중국 · 대만 · 일본의 역학사상사 연구현황 검토』, 2023년 한국주역학회상반기 학술대회 자료집, 85쪽.

해 다음과 같이 제언한다.

> 가령, 『주역』이 점(占), 상(象), 사(辭), 기(器)의 기본 범주를 통해 변화와 상징의 사상과 지혜의 원리를 집중적으로 전개한다는 정의를 인정할 때, 점(占)에서 상(象)으로 이행하는 변화원리와 그 과정의 인지구조를 은유(metaphor)나, 치환(metonymy)의 사유와 언어의 원리를 바탕으로 역학 개념이나 역학문헌 텍스트들을 관통할 수 있을 것이다. 또 상(象)에서 사(辭)로, 그리고 기(器)로 전환되는 인지론적 구조와 심리적 흐름의 과정은 인지언어학이나 마음철학의 범주를 기반으로 하는 연구에 입각하여 시도를 해본다면, 현대적 영역의 철학적 역학사 서술이 가능하다고 보여진다.
>
> 또 예술이나 종교, 문학의 영역에서 언어의 규칙과 언어의 한계 그리고 언어가 포착하지 못하는 영역에 대한 '인지프레임'(frame of cognition)에 기반하여 예술사적 역학사, 문학사적 역학사, 종교학적 역학사는 문헌자료가 적지 않기 때문에 혹은 통사유형으로써, 혹은 범주사로써 연구가 충분히 진행될 수 있을 것이다.[22)]

박영우의 제언은 아직은 포괄적 구상의 단계로 보이지만, 이러한 구상이 차후 구체적인 예술학적 역학사, 문학사적 역학사, 종교학적 역학사로 출현할 수 있다는 기대를 갖게 한다. 다양한 형태의 역학사는 충분히 기획될 수 있다.

2) 왜 한국역학사상사인가?

이 글에서 경학적 관심의 '한국역학사'나 역학이론 중심의 '한국역

22) 박영우, 「중국 현대역학자들의 역학철학사 비평」, 『중국 · 대만 · 일본의 역학사상사 연구현황 검토』, 2023년 한국주역학회 상반기학술대회 자료집, 73쪽.

철학사'가 아니라 '한국역학사상사'를 지향하는 데에는 소극적 이유와 적극적 이유가 있다.

소극적 이유는 고대로부터 현대에 이르는 한국역학통사를 서술한다고 할 때, 조선 이전에는 직접적으로 『주역』 연구의 모습을 확인할 수 있는 문헌이 거의 남아 있지 않기 때문이다. 만약 『주역』 텍스트를 연구한 저작물을 집필 대상으로 한정한다면, 한국역학통사는 집필될 수 없을 것이다. 그러나 '역학사상'을 연구대상으로 설정한다면, '역학사상'의 범위를 어떻게 설정할 것인가의 문제는 있지만, 조선 이전의 역학연구도 충분히 시도될 수 있다. 정병석은 조선 이전 역학사상 연구의 한 사례로 '단군신화'의 역학적 해석이 가능하다는 근거를 여러 측면에서 제시한 바 있다.[23] 『삼국유사』의 몇몇 기록을 통해 일연(一然)이 역학을 잘 알았을 가능성을 엿볼 수 있으며, 그가 중편한 『중편조동오위(重編曹洞五位)』는 역학(易學)과 선학(禪學)이 밀접하게 연계되어 있는 저작이다. 이로부터 고려시대 역학연구는 불교와의 연계성이라는 연구통로를 개척할 수 있을 것이다.[24]

'한국역학사상사'를 지향하는 적극적 이유는 '철학'의 경우 이론성이 강조됨에 비해 '사상'은 시대의 현실과 문화, 생활과 밀접한 연관 속에서 조명될 수 있으며, 그러한 연구는 삶과 함께 호흡하는 역학의 본래 목적과 모습을 생동감있게 구현할 수 있기 때문이다. 안승우는 "한국역학 역시 한국철학을 탐색하는 맥락 속에서 이해되어야 한다"라고 하면서 "한국역학을 비롯한 한국철학은 학문으로서의 지적 탐구

23) 정병석, 「傳來와 受容 : 조선 이전의 易學思想史 서술과 접근 방향」, 『조선시대 이전의 역학사상사를 어떻게 접근할 것인가』, 2024년 한국주역학회 상반기 학술대회 자료집, 20쪽.

24) 정병석, 위의 논문, 같은 곳.

의 측면도 당연히 존재했지만 인간 존재 및 자연 현상에 관한 근원적인 물음을 탐구하고, 시대 및 사회·정치적 문제들에 대한 이상적인 답변을 찾아가고, 생로병사의 유한한 삶 속에서 삶의 본질을 탐구하는 데 일정한 역할을 해왔던 것으로 보인다"라는 관점을 제기한다. "우리 삶 속에서, 조직과 사회, 시대 속에서 철학적 사유가 어떻게 작동되고 있는지를 이해하는 계기"로서의 역학연구를 제안하는 것이다.[25] 그렇다면 '단군신화'에 대한 역학적 해석은 단지 역학 문헌이 없기 때문에 그렇게라도 행해야 하는 궁여지책이 아니라, 당시 사회, 정치, 문화에 대한 하나의 훌륭한 역학적 접근이며, 이는 한국역학의 독특성을 드러낼 수 있는 적극적 방법론이 될 것이라 생각한다. 이러한 접근법의 중요성은 '훈민정음'의 사례를 통해 볼 수 있다. '훈민정음'은 정주(程朱) 역학이 전래한 지 최소 100년 이후에 산출된 작품으로, 15세기 역학적 역량이 총 집결된 금자탑이라 할 것이다. '훈민정음'은 『주역』의 텍스트를 활용한 것도 아니며, 구체적인 괘상을 동원한 것도 아니다. 그러나 '훈민정음'은 그 자체가 역(易)이다. 글자 자체가 자연의 이치[理]를 담은 상(象)이다. 초성이 발음기관의 형상을 본뜬 물상(物象)에 가깝다면, 중성은 천지인 삼재의 이치를 본뜬 의상(意象)이라 하겠다. 주돈이 「태극도」의 의취와 「하도」의 방위수가 절묘하게 얽혀 있다. 중성 11자에 하도의 방위와 수를 부여하면서도 인간의 상징인 'ㅣ'에 대해서는 "무극의 참됨과 음양오행의 정기가 묘하게 합하여 응결되었으므로 일정한 방위와 숫자로 논할 수 없다"라 하여, 인극(人極)을 지닌 존재로서 인간의 존엄성을 부각하였다. 상수의 이론을

---

25) 안승우, 「한국역학사상사 서술의 범주 분류를 어떻게 할 것인가」, 『한국역학사상사 서술의 틀을 어떻게 만들 것인가』, 2023년 한국주역학회 하반기 학술대회 자료집, 93-94쪽.(2024. 2. 16. 충북대학교 역사관)

활용하여 상수로 규정할 수 없는 인간의 의미를 드러낸 발상이 매우 놀랍다. 한국역학의 창조적 특징은 이와 같은 양식으로 드러난다고 생각한다. 이러한 특징은 『주역』텍스트와 '도설학'만을 연구대상으로 해서는 포착할 수 없다. 이를테면 주백곤이나 료명춘의 관점으로 역학통사를 구성한다면, '훈민정음'은 연구의 대상조차 되지 않을 것이다. 물론 '역학철학'연구라는 체(體)는 꼭 필요하다. 그러나 동시에 역의 철학과 사상이 정치, 사회, 문화의 모습으로 어떻게 긴밀하게 연관되며 구현되었는가에 대한 입체적 연구가 필요하다. 그 표준적 사례를 훈민정음에서 볼 수 있다.

3) 한국역학사상사의 집필방향과 집필기준

본 논문은 공동의 연구를 통해 "한국역학사상사"를 집필하기 위한 방안을 모색하고, 그 전제하에 조선전기역학사상사의 서술 모식을 제안해 보려는 것이다. 공동연구가 필요한 이유는 '한국역학사상사' 집필이라는 주제에 대한 논의의 장을 마련함으로써, 이 주제에 대한 개인의 연구역량을 증대한다는 목적이 하나 있다. 또한, 방대하고 다양한 역학의 주제들을 개인이 모두 섭렵하여 체계적으로 서술하기 위해서는 매우 오랜 시간이 필요하므로, 저마다의 전공을 살려 역량을 모은다면 상대적으로 너무 길지 않은 시간 내에 결과물을 산출할 수 있다.

공동연구에서 쉽게 발생할 수 있는 문제 및 한계는 연구자들 사이의 관점의 차이이다. '한국역학사상사' 집필의 목적, 서술의 틀, 연구대상의 선정 및 분류, 사상사를 바라보는 관점 등은 참여자가 많을수록 일관성을 지니기 어렵다. 여러 연구자가 공동 집필한 통사가 자칫 통일성이 부족한 개별 논문 모음집에 불과한 결과를 낳을 우려가 있는 것이다.

그러면 어떻게 이러한 문제를 최소화하면서 유의미한 '한국역학사상사'를 공동 집필할 수 있을까? 필자의 제안은 역학사상사적 시기 구분에 따라, 해당 시대를 통괄하는 아젠다를 추출하고, 그 우산 아래 구체적인 연구 소주제를 다양하게 배치하자는 것이다. 소주제의 범주 분류[26]는 안승우가 제안한 수양역, 정치역, 과학역, 도설역, 제도역, 점서역, 문화역, 형이상학역이라는 분류틀을 활용해 볼 수 있겠다.[27] 이러한 방식은 해당시대에 대한 주제적 접근으로서, 특정한 역학 인물의 역학이론을 구체적으로 이해하는 데에는 약점이 있다. 역학 인물 자체에 초점을 두어 그의 생애부터 크고 작은 역학이론까지 체계적으로 서술하는 방식이 아니기 때문이다.

그러나 이러한 접근의 장점은 해당 시기의 역학사상을 그 시대의 정치, 사회, 문화 속에서 조망한다는 것이다. 그 결과물은 전문역학자들 내에서만 공유되는 것이 아니라, 인접학문 분야로 확산될 가능성이 높아진다는 의미가 있다. 각 연구자는 자신의 소주제를 전체 아젠다와의 관계 속에서 창의적으로 소화하면 되므로, 연구자들 사이 관점 불일치에서 오는 문제를 최소화할 수 있을 것이다. 이러한 방식의 '한국역학사상사' 공동저술은 실현 가능하다고 생각하며, 오늘날 역학 연구자들이 수행해야 할 사회적 책무라는 생각도 든다. 연구자들 사

26) 전통적 분류로 상수과 의리가 있으나, 한국역학의 경우 이러한 분류를 위해 애쓰는 것은 소모적이라 생각한다. 대부분의 학자들은 상수와 의리를 함께 다루기 때문이다. 상수와 의리를 가르기보다는, 한 학자 안에서 상수와 의리가 어떻게 관계지어지고 있는가를 고찰하는 방식이 더 타당할 것이다.

27) 안승우, 「한국역학사상사 서술의 범주 분류를 어떻게 할 것인가」, 『한국역학사상사 서술의 틀을 어떻게 만들 것인가』, 2023년 한국주역학회 하반기 학술대회 자료집, 93-107쪽.(2024. 2. 16. 충북대학교 역사관)

이에서 통용될 수 있는 보다 전문적인 '한국역학철학사'의 탄생은 이미 오랜 시간을 들여 연구를 진행하고 있는 개별 연구자에게 맡겨 두어도 좋지 않을까.

4. 15세기 역학사상사의 아젠다: 역에 대한 경학적 관심 -유교국가로의 전환과 유교사회의 기틀 잡기

해당 시대를 통괄하는 아젠다를 추출하고, 그 우산 아래 구체적인 연구 소주제를 다양하게 배치하는 방식으로 '한국역학사상사'를 구성하자는 생각을 구체화하면 어떤 서술 모식을 만들 수 있을까? 본고에서는 조선전기역학사상사를 15세기와 16세기로 나누어 구성하고자 한다. 조선전기의 시대구분에 대해서는 앞서 논한 바와 같이 엄연석의 『조선전기역철학사』의 구분법에 근거해서, 그 타당성을 보완 강화해서 사용하려 한다. "'시대정신의 기술과 설명'이야말로 사상사가의 최대목적"이라 한 차하순의 관점을 차용하여, 본고에서는 15세기 역학사상사의 아젠다를 "역에 대한 경학적 관심-유교국가로의 전환과 유교사회의 기틀 잡기"로 설정하고, 16세기 아젠다를 "역과 성리학의 상호발전- 자연을 리기와 상수로 구조화하여 의리의 토대로 삼다"로 설정한다.28)

28) 최영진은 사상사의 과제를 다음과 같이 정리하였다. 첫째, "그 시대 변화의 방향을 주도하는 지배적 관념들[예: 변화, 원리 등]을 추출하여, 그 관념이 시대와 사상가에 따라서 어떻게 변용해 나갔으며, 그 관념들 상호간의 구조적 관계는 어떠한가"를 살핀다. 둘째, "관념들의 변용과 구조적 연관의 변천이 그 시대의 사회적

1) 태종-세종-문종-세조-성종기의 시대적 배경

15세기는 태종 원년(1400)~연산군 6년(1500)에 이르는 시기이다. 이 시기는 조선조가 건국(1392)한 이래 불교적 습속을 청산하고 정치, 학술, 사회, 문화적으로 유교국가로의 기틀을 확립하는 것이 중심과제였다고 하겠다. 이를테면 태종은 서운관에 소장된 비기(祕記)를 모두 소각하는 등 도참과 비기를 금하고,[29] 토지 및 조세제도, 교육 및 과거제도, 사회제도의 정비, 각종 서적의 편찬 등 전방위적으로 국가의 초석을 놓아 세종의 성세를 이루는 기반을 닦았다. 주지하듯 세종대에는 집현전을 통해 수많은 인재가 양성되었고, 의례 및 제도가 갖추어졌으며, 농업, 과학기술, 인쇄술이 발전하고, 의약과 음악이 정비되었다. 천문, 농업, 의약, 법전 등 다양한 분야에서 방대한 편찬사업이 이루어졌다. 훈민정음 창제는 그 가운데에서도 가장 빛나는 것이라 할 수 있다.[30] 세종은 1419년(세종1)에 들어온 『성리대전』과 『사서오경대전』을 국내에서 재간행하여 보급하였다. 성종은 사림을 등용하고, 학문을 장려하며, 인재를 기르기에 힘썼다. 집현전을 개편하여 홍문관을 설치하고, 사가독서제(賜暇讀書制)를 실시하였으며, 『동국통감』, 『동국여지승람』, 『동문선』, 『악학궤범』, 『경국대전속록』, 『두시언해』 등 많은 서적을 편찬하였다. 조선의 문물제도는 성종대에 완비된 것으로 평가된다.

토대와 어떠한 관계에 있는가"를 고찰한다. 최영진, 「역학사상사의 형식과 범위」, 『한국역학사상사 서술의 틀을 어떻게 만들 것인가』, 2023년 한국주역학회 하반기 학술대회 자료집, 3쪽.(2024. 2. 16. 충북대학교 역사관)

29) 이병도, 『한국유학사』, 124쪽.

30) 『한국민족문화대백과사전』, https://encykorea.aks.ac.kr/Article/E0029857

15세기 역학의 연구와 활용에 대한 탐구를 이러한 시대적 과제와의 조응관계에 주안점을 두어 진행한다면, 적지 않은 연구주제들을 발굴할 수 있을 것이다. 이 시기의 『실록』에서 『주역』과 관련된 기사를 찾아보면, 신하들의 상소문에서 『주역』이 활용될 뿐 아니라, 임금 역시 『주역』의 구절을 능숙하게 정무에 활용하는 것을 볼 수 있다. 또 명나라의 사신들과 성균관 유생들이 『주역』을 강론하고 문답하는 기록도 있다.[31] 『주역』이 제왕학의 하나로 정치와 외교에 두루 활용되었음을 볼 수 있다. 15세기는 본격적인 역학 연구서가 매우 적다. 그러나 『실록』의 다양한 기록을 통해서 유추할 수 있듯이, 이 시대의 제도와 문화에는 역학적 사유와 이론이 매개되어 있음을 짐작할 수 있다. 그 구체적 연결고리를 확인하고 드러내는 연구가 필요하겠다.

15세기 후반 사상사의 중요한 흐름의 하나는 도학의 발돋움이다. 도학은 조선의 개국과 함께 정립된 것이 아니며, 16세기에 이르러 전면화되었다고 할 수 있다. 유교로 입국했지만, 초기에는 태조뿐 아니라 세종과 세조 역시 불교를 깊이 믿었다. 성종대에 정계에 진출한 사림의 거두 김종직은 훈구파들에 둘러싸여 이렇다 할 정치적 행보를 보이지 못한다. 그 문하에서 '소학동자'로 일컬어지는 김굉필, 정여창 등의 도학자가 배출되었지만, 이들 역시 정치의 전면에 나설만한 환

31) 단종 즉위년 명나라 사신은 성균관에서 생도들과 『주역』에 대해 문답하였다. 이때 사신은 『주역』 상경이 30개의 괘이고, 하경이 34개인 이유, 9가 노양수가 되는 이유를 물었다. 성균관 유생은 사신에게 坤卦 初六에 대한 『정전』에 들어있는 '八則陽生' 구절의 의미를 질문한 내용이 기록되어 있다. 사신은 성균관 유생의 이 질문에 답하지 못하였다.(『단종실록』 즉위년(1452) 8월 23일, "又問曰, 周易如何分爲上下二經. 石通曰, 簡帙重大, 分爲上下. 鈍曰, 何上經三十卦, 下經三十四卦. 答曰, 乾坤坎離無反對, 陰陽奇偶之數皆同. 鈍曰, 如何九爲老陽. 致峒曰, 三三爲九, 九爲極數, 老陽. 鈍曰, 有未盡, 有知易老先生來. 邊使致峒說話, 因言 此生問, 八則陽生, 未知是何意. 鈍曰, 將大全來, 吾看說.", 윤세형, 「『조선왕조실록』을 통해 본 『주역』」, 『주역과 한국문화』, 이도, 2022, 180쪽.)

경이 아니었고, 사화에 희생되고 말았다. 계유정란의 여파 속에서 남효온, 김시습과 같은 생육신들이 당시를 암흑기로 여기며 사회적 울분을 터뜨리고 있던 시기가 세조의 손자 성종대였다. 이러한 시대적 배경이 이 시기의 역학에는 어떻게 반영되고 있을까?[32)]

2) 15세기 역학사상의 연구대상

15세기에 산출된 것으로 현존하는 역학저술은 권근의 『주역천견록』과 세조가 초고를 작성하고 최항 · 한계희가 보완한 『역학계몽요해』뿐이다. 이 시기의 역학사상을 연구하기 위해서는 학술, 정치, 제도, 과학, 예술문화 영역 전반에 걸쳐 역학적 해석이 가능한 문헌을 탐구의 대상으로 설정해야 할 것이다. 가능한 연구대상 목록은 아래와 같다.

(1) 주요역학저술		
1	권근, 『주역천견록』	권근(權近, 1352~1409)
2	세조·최항·한계희, 『역학계몽요해』	세조(재위: 1455~1468)
(2) 학술, 정치, 제도, 과학, 예술문화에 대한 역학적 해석이 가능한 문헌		
1	권근 『입학도설』	권근(權近, 1352~1409)

32) 당시 유생으로서 '소학계'에 참여했던 인물들, 생육신, 도학파로 분류되는 인물들의 문집을 통해 숨은 행간을 찾아볼 필요가 있을 것이다. 성리설과 역학의 상호 조응이라는 관점에서 자료를 찾고, 개인의 역학사상이 아니라, 이 그룹 전체를 다루는 연구주제를 설정한다면, 연구의 가능성은 더 높아질 것이다.

2	정도전『삼봉집』	정도전(鄭道傳, 1342~1398)
3	김시습『매월당집』	김시습(金時習, 1435~1493)
4	『조선왕조실록』(『태조실록』-『성종실록』)	
5	『훈민정음해례본』	세종 28년 (1448)
6	『경국대전』 등의 법전	성종 16년 완성 (1485)
7	『악학궤범』 등의 악서	성종 24년 (1493)
8	『의방유취(醫方類聚)』, 『향약집성방』 등의 의서	세종 연간 발행
9	조선어제본(朝鮮御製本)『주역참동계』	세종 23년 (1441) 발행

세종 23년(1441)에는 조선어제본(朝鮮御製本)으로 불리는 『주역참동계』가 발행되었다. 이 책의 특징은 『참동계』에 대한 4개의 주석서가 합본되어 있다는 것이다. 즉 유염(兪琰)의 『주역참동계석의(周易參同契釋疑)』, 주희(朱熹)의 『주역참동계고이(周易參同契考異)』, 황서절(黃瑞節)의 『주역참동계부록(周易參同契附錄)』, 유염(兪琰)의 『주역참동계발휘(周易參同契發揮)』 등이 합해져 있는 것이다. 세종 15년(1433)에 『향약집성방』, 세종 27년(1445) 『의방유취』 등의 의서가 집대성된 것으로 보아, 당시에 『주역참동계』를 매개로 한 의역학적 연구가 이루어졌을 것으로 추정할 수 있다. 검토해야 할 연구의 대상이라 하겠다.

이외에 15세기 저작인 하륜의 『호정집(浩亭集)』, 변계량의 『춘정집(春亭集)』, 최항의 『태허정집(太虛亭集)』, 양성지의 『눌재집(訥齋集)』, 신숙주의 『보한재집(保閑齋集)』, 서거정의 『사가집(四佳集)』, 김종직의 『점필재집』, 정여창의 『일두집』, 김굉필의 『한훤당집』, 남효온의 『추강집』 등을 살펴보았으나 역학을 소재로 한 문편을 발견하지 못했다. 그러나 정밀하게 다시 검토해 볼 필요가 있다. 시, 편지, 기(記), 소(疏) 속에 들어 있는 역학적 요소들을 자료화해 두어야 할 것이다. 이러한 데이터를 통해 개인의 역학사상을 서술할 수는 없어도, 15세기 전체의 관점에서 서술할 때에는 훌륭한 자료가 될 수 있다.

3) 15세기 역학사상사 서술을 위한 연구주제들

위에서 제시한 연구대상 문헌들을 기초로 연구가 가능한 주제들을 제시해 본다.

15세기 역학: 역에 대한 경학적 관심 -유교국가로의 전환과 유교사회의 기틀 잡기			
번호	연구주제	대상문헌	분류
1	15세기역학사상사 개관		
2	『실록』을 통해 본 15세기 역학의 활용과 전개	『태조실록』~『성종실록』	정치역
3	정도전의 성리학적 『주역』 인식과 의리역학	엄연석, 『조선전기역철학사』 기수록	정치역, 형이상학역
4	15세기 『역학계몽』 연구의 특징과 의미, 사회문화적 적용	권근 『입학도설』, 세조 『역학계몽요해』, 『훈민정음해례본』	도설역, 문화역, 형이상학역,
5	권근 『주역천견록』: 경학적 목표와 상수의리의 통합적 인식	권근 『주역천견록』	정치역, 형이상학역, 수양역,

6	권근 『입학도설』: 역학이론과 성리학의 상호조응	권근 『입학도설』	도설역, 형이상학역
7	훈민정음: 세종시대 자주정신과 역학의 창조적 적용	『훈민정음해례본』	문화역,
8	15세기 아악의 정비와 역학이론: 율려와 중화(中和)	『악학궤범』 등	제도역, 문화역
9	15세기 법제의 정비와 역학사상	『경국대전』, 『삼봉집』	제도역, 문화역
10	'경회루'에 구현된 역학이론과 자연관	정학순의 『경회루전도』, 『궁궐지』, 『태종실록』, 『신증동국여지승람』, 유득공의 『春城遊記』, 성현의 『용재총화』	문화역, 과학역
11	15세기의 의역학: 의서의 집성과 『주역참동계』	『의방유취』, 『향약제생집성방』, 『향약집성방』, 조선어제본 『주역참동계』	의역, 양생역
12	김시습의 『주역』 인식과 의리역학적 지향	엄연석, 『조선전기역철학사』 기수록	형이상학역, 수양역, 정치역

위의 사례 중에 "'경회루'에 구현된 역학이론과 자연관"의 경우를 부연해 보자. 경회루는 태종대에 처음 지어진 건축물이다. 이후 몇 차례의 재건축이 이루어졌으며, 최종적으로 고종 때 정학순이 지은 『경회루전도』에 그 건축 원리가 기록되어 있다. 이 문헌이 19세기의 것이기 때문에, 15세기 역학의 영역에서 다룰 수 있는가라는 문제가 있으나, 기존에 『궁궐지』, 『태종실록』, 『신증동국여지승람』, 유득공의 『춘성유기(春城遊記)』, 성현의 『용재총화』 등에 경회루에 대한 기록들이 있으므로 기존의 건축원리를 계승해서 재건축하였음을 증명할 수 있다면 가능한 연구일 것이다.

본고에서 미처 찾아보지 못한 것은 미학과 과학 방면의 연구이다. 한국무용에 담긴 역학적 원리에 대한 선행연구를 발견하였으나, 해당 연구의 참고문헌에서 조선시대로부터 내려오는 원전을 발견하지 못하였다. 전통예술과 관련한 미학적 연구에서 역학은 반드시 중요하게 개입되어 있을 것이므로, 이 분야의 선행연구를 더 검토하여 보완할 필요가 있겠다. 이는 과학분야에 있어서도 동일하다.

5. 16세기 역학사의 아젠다: 역과 성리학의 상호발전 -자연을 리기와 상수로 구조화하여 의리의 토대로 삼다

1) 중종-명종-선조대의 시대적 배경

16세기는 연산군 말년으로부터 중종(재위: 1506~1544), 명종(재위: 1545~1567) 선조 33년(재위: 1567~1608)에 이르는 시기이다. 전반기에는 갑자사화(1504), 기묘사화(1519), 을사사화(1545)가 연속 발생하고, 선조의 즉위 뒤에는 사림 사이의 정쟁으로 국정이 안정되지 못하였으며, 크고 작은 왜구의 침입과 야인들의 습격이 자주 일어나 국력이 쇠하였다. 황해도와 경기도 일대에 임꺽정(林巨正)이 출현한 것도 16세기 중반(1559~1562)의 일이다. 특히 배 70여 척을 이끌고 전라도에 침입한 을묘왜변(1555)에 이어 벌어진 임진왜란(1592)은 인명의 손상, 토지의 황폐, 문화유산의 막대한 손실 등 국가의 기반을 송두리째 흔들어 놓았다. 그러나 외환을 당해 대동단결하여 국난을 극복하려는 애국심이 고취된 측면도 있다.

16세기는 사회적으로 유교의 윤리가 정착되어 가던 시기이다. 조광조를 등용한 시기에 중종은 도교적 제천행사를 주관하던 소격서(昭格署)를 폐지하고, 불교의 도승제도(度僧制度)를 폐지하였다. 전국적으로 유교적 도덕질서를 뿌리내리려는 시책들이 시행되었다. 사림은 기존의 향교 외에 지방에 서원을 건립하는 데 열심이었으며, 유교적 향촌 질서 수립을 위해 향약을 보급하기에 힘썼다. 이황과 이이 역시 향약의 보급을 중시하였다. 국가적으로 『소학』, 『이륜행실(二倫行實)』, 『속삼강행실(續三綱行實)』 등을 간행해 보급함으로써, 사회적 교화에 힘썼다.[33] 사림들은 생활 의례의 표준으로서 『주자가례』를 전면 실시할 것을 주장하였으며, 이에 따라 『주자가례』를 연구해서 완전하게 보완하려는 노력이 이어졌다. 송익필, 김장생, 김집의 예학 등이 그것이다.

16세기 사상사에서 도학(道學)의 성장과 사림의 정치적 승리라는 주제를 빼놓을 수 없다. 15세기 도학파인 정여창, 김굉필은 정치의 전면에 나서지 않았지만, 16세기 도학파는 조광조를 필두로 끊임없이 정계에 진출하였다. 선조의 즉위와 함께 이루어진 사림의 정치적 승리는 정치이념으로서 도학의 전면화를 실현하게 되었다.[34] 도학의 전면화가 16세기의 뚜렷한 특징이라 할 때, 16세기 사상사와 관련한 역학연구도 이와 관련하여 새롭게 착안할 필요가 있을 것이다.[35] 이외

33) '중종' 조목, 『한국민족문화대백과』, 한국학중앙연구원, https://encykorea.aks.ac.kr/Article/E0053932

34) 선조가 즉위하자, 사림은 임금에게 '도학'을 숭상해야 함을 끊임없이 간언하며, 동방사현(퇴계의 사후에는 동방오현)의 문묘 배향을 줄기차게 추진한다.

35) 『실록』을 살펴보면, 중종이 등극한 시기(16세기 초반)만 해도 도학을 추구하는 이들의 생활 습관과 언어가 '詭異'한 것, 참선 비슷한 것으로 받아들여지는 정황을 볼 수 있다. 중종 6년(1511)의 기록을 보자. "史臣이 논한다. 이때 생원 金湜 · 趙光祖

양명학이 16세기 전반에 전래하여, 조용히 성장해 갔다. 이황이 「전습록변」을 지은 사실로부터, 역으로 당시 양명학이 널리 퍼져 있었음을 알 수 있다.

이러한 배경 속에 16세기에는 서경덕, 이언적, 이황, 조식, 기대승, 이이, 송익필, 성혼, 정지운, 노수신 등 한국철학사를 견인하는 인물들이 배출되었다. 학술적으로는 이언적과 조한보 사이의 태극논변, 이황과 기대승 사이의 사단칠정논쟁, 이이와 성혼 사이의 인심도심논쟁 등 후대까지 이어지는 한국철학사의 주요논쟁이 생성된 시기이다. 성리학이 이기론, 심성론, 수양론, 경세론의 측면에서 심도있게 발전해 나간 시기라 하겠다. 이황의 『성학십도』가 심성수양론적 측면에서의 결실이라면, 이이의 『성학집요』는 수기(修己)로부터 나아가 경세로 결실을 맺고자 한 저술이라 할 것이다.

등이 김굉필의 학문을 전수하여 함부로 말하지 않고 관대를 벗지 않으며 종일토록 단정하게 앉아서 빈객을 대하는 것처럼 하였는데 그것을 본받는 자가 있어서 말이 자못 詭異하였다." 또한 중종 12년(1517) 『실록』에는 다음과 같은 기록이 있다. "당시의 학자가 조광조의 무리를 사모하여 理學을 숭상하고 詞章을 귀하게 여기지 않았으며, 처음으로 학문하는 어린 사람 중에도 그의 이름을 사모하여 글을 읽지 않고 마치 참선하듯이 종일 端坐하는 자가 있으므로 師長들이 민망하게 여겼으나 감히 그 폐단을 바로잡지는 못했다." 이는 조광조 자신의 술회를 통해서도 확인할 수 있다. 『중종실록』 중종 13년(1518) 3월 25일의 기록을 보면, 조광조는 이렇게 말한다. "성균관에 들어가니, 그 당시 성균관에 있는 유생들이 모두 의관을 벗고 누워 있었습니다. 혼자 의관을 갖추고 앉아 있으니 사람들이 모두 웃었으며, 『소학』을 읽고 싶어도 그곳을 벗어나 읽을 수는 없고 해서 남몰래 보곤 하였습니다." 주자학이 전래한 지 200년이 지났고, 나라를 건국한 지 100여 년이 지난 시점이었지만 '도학'은 여전히 익숙하지 않은 학문이었고, 지배적 정치이념과는 거리가 멀었음을 알 수 있다. 그러므로 도학은 당시 새로이 등장한 지식인 집단인 士林에 의해 시작된 새로운 학풍이며, 사회를 개혁하려는 진보적 인사들에게 사상적 기반을 제공한 학문이라고 할 수 있다.

2) 16세기 역학사상의 연구대상

16세기의 역학저술은 15세기에 비해 확연히 성장한 모습을 보인다. 64괘 전체를 해설한 이세응의 『안재역설』, 『주역』의 원문에 토를 붙인 이황의 『주역석의』, 『주역』 전체에 의견을 붙인 조호익의 『역상설』등이 산출되었다. 주희 『역학계몽』에 대한 최초의 본격적 연구서인 이황의 『계몽전의』가 저술된 것도 16세기 역학의 성과이다. 이 시기의 역학연구에서 보다 주의를 기울여 노력해야 할 일은 여러 학자가 단편적으로 기록해 놓은 역학 관련 자료를 어떻게 활용하여, 16세기 역학의 특징을 드러낼 것인가이다. 또 이 시기의 특별한 연구자료로 이순의 『홍범황극내편보해』가 있다. 이는 채침의 『홍범황극내편』에 대한 연구서로, 이를 '범학'으로 분류해야 할 것인가 '역학'으로 분류해야 할 것인가는 토론의 여지가 있다. 이 자료를 역학의 범주로 본다면, 일종의 특수역학으로 분류해야 할 것으로 생각한다. 16세기 역학연구를 위한 대상 문헌을 다음과 같이 일별한다.

(1) 주요역학저술		
1	이세응의 『안재역설』	이세응(李世應, 1473~1528)
2	서경덕의 「六十四卦方圓之解」, 「卦變解」	서경덕(徐敬德, 1489~1546)
3	황효공의 「易範圖」	황효공(黃孝恭, 1496~1553)
4	이황의 『계몽전의』, 『周易釋義』	이황(李滉, 1501~1570)
5	이이의 「易數策」, 「劃前有易賻」	이이(李珥, 1536~1584)

6	이덕홍의 『주역질의(周易質疑)』	이덕홍(李德弘, 1541~1596)
7	안민학의 「하도낙서설」	안민학(安敏學, 1542~1601)
8	유성룡의 「程朱易序說」, 「乾元亨利貞說」, 「見群龍無首說」「易占」, 「焦氏易林」	유성룡(柳成龍, 1542~1607)
9	조호익의 『易象說』	조호익(曺好益, 1545~1609)
(2) 학술, 정치, 제도에 대한 역학적 해석이 가능한 문헌		
1	16세기 유학자들의 문집(서경덕, 조광조, 이언적, 이황, 조식, 김인후, 기대승, 이이, 송익필, 성혼 등)	
(3) 특수역학저술		
1	이순의 『홍범황극내편보해』	이순(李純, 16세기 전반기 활동)

3) 16세기 역학사상사 서술을 위한 연구주제들

유학자들에게 사서삼경, 오경은 모두 필독서라 할 수 있지만, 성리학자들에게 있어 『주역』은 특히 중시된다. 성리학의 이기론은 『주역』의 태극음양론 및 도기론(道器論)의 재해석이며, 그 수양론 역시 『주역』에 가장 많이 기대고 있기 때문이다. 16세기 성리학들이 『주역』에 대한 전문적인 저술을 남긴 사례가 많지 않다 하더라도, 성리학자로서 '주역'을 모르는 이는 없을 것이라는 점을 생각한다면, 이 시기 학자들의 문집을 통해 역학이 저마다의 학문과 삶에 어떻게 응용되고 있는가를 고찰할 수 있으리라 생각한다. 16세기 역학연구의 가장 큰 특징은 성리학의 이기론, 심성론, 수양론, 경세론의 발전과 밀접한 관계 속에서 성장한다는 점일 것이다.

16세기 역학사상사 서술을 위한 주제들을 다음과 같이 제안한다.

16세기 역학: 역과 성리학의 상호발전 -자연을 리기와 상수로 구조화하여 의리의 토대로 삼다.			
번호	연구주제	대상문헌	분류
1	16세기역학사상사 개관		
2	인간관계와 인생관을 64괘를 통해 펼쳐낸 이세응의『안재역설』	이세응『안재역설』	수양역, 문화역
3	서경덕의 기론과 역학사상의 상호 조응에 관한 연구	서경덕「六十四卦方圓之解」,「卦變解」,『화담집』	수양역, 형이상학역
4	조선전기 '역학(易學)'과 '범학(範學)'의 상관적 이해에 대한 연구(개관에서의 서술로 그쳐야 할 듯)	황효공「易範圖」, 이순 『홍범황극내편보해』	도설역, 특수역
5	황효공의『역범도』체계와 도설의 상수학적 의미	엄연석,『조선전기 역철학사』수록	도설역
6	이황의 성리학과『계몽전의』의 상호조응에 관한 연구	이황『계몽전의』	형이상학역, 수양역
7	남명철학에서 敬義의 실천과 의리역학사상	엄연석,『조선전기 역철학사』수록	형이상학역, 수양역
8	이이의 성리설과 역학관의 상호조응에 관한 연구	『율곡집』(『성학집요』 등)	형이상학역, 수양역
9	이이의 역사철학과 사회개혁론의 역학적 해석	『율곡집』(『성학집요』등)	정치역, 사회역
10	16세기 유학자들의 주돈이「태극도설」이해: 태극음양론과 인극사상	16세기 유학자들의 문집	형이상학역, 수양역
11	16세기 도학의 정립과 의리역학의 전개양상	16세기 도학파의 문집	수양역, 정치역
12	16세기 성리학적 수양론의 역학적 근거	16세기 유학자들의 문집	형이상학역, 수양역
13	16세기 유학자들의 소옹역학에 대한 인식	16세기 유학자들의 문집	도설역, 수양역, 문화역

14	이순 『홍범황극내편보해』에 있어서 수(數)와 의리의 문제	이순 『홍범황극내편보해』	특수역
15	조호익의 『역상설』: 주역해석방법론의 체계화와 역학사상사적 의미	조호익 『역상설』	형이상학역, 수양역

이 시기의 연구 대상 가운데, 분명하게 시기를 분류하기 어려운 저작들이 있다. 16세기~17세기 전반에 걸친 인물의 저작인 조호익(曺好益, 1545~1609)의 『역상설(易象說)』, 김장생(金長生, 1548~1631)의 『경서변의(經書辨疑) -주역(周易)』, 박지계(朴知誡, 1573~1635)의 『주역차록(周易箚錄)』 등이다. 본고에서는 세기별 구분법을 썼으므로, 생애의 대부분이 16세기에 속하는 조호익을 16세기로 분류하되, 역학사적으로 전기와 중기를 이어주는 과도기적 인물로 위상을 부여하였다. 김장생의 경우는 16세기 인물로서의 인상이 강하게 있지만, 생애 후반의 30년이 17세기에 속하고, 한 인물의 사상이 만년에 정돈된다는 점을 고려해서 16세기의 문제의식을 17세기로 이어 정리한 인물로 분류하는 편이 더 합당하다고 보았다. 더불어 위의 표에는 제시하지 않았지만, 16세기 말에서 17세기 초반에 걸친 역학적 주제로 다음과 같은 사례를 제안하고자 한다.

** "『주역』의 토와 언해를 통해 본 조선역학의 특징과 사상사적 의미"에 대한 연구이다. 선조시기 교정청에서의 작업의 결과 1606년 『주역언해』가 간행되었으며, 최립[36]은 『주역』 연구를 위해 선조 39년(1602) 교정청을 사임하고 외직을 청해 나갔다.[37] 그의 『주역본의구

36) 최립의 문집 『간이집(簡易集)』은 그의 역학이 일상에서 어떻게 활용되었는지를 탐구할 수 있는 중요한 자료이다.

37) 한국경학자료시스템, 최립의 『周易本義口訣附說』에 대한 임형택의 해제. http://ko

결부설(周易本義口訣附說)』은 그의 생애 마지막 10년의 저작으로 그 평생 학문이 온축된 결과물이라 할 것이다. 원문에 토를 붙여 읽는 방식은 동아시아에서 유일한 한국적 특징인 만큼, 『주역』의 토와 언해는 한국역학의 특징을 드러낼 수 있는 연구의 대상이 될 것이다.[38)]

** "예학서를 통해 본 16세기 유학자들의 '역(易)'과 '예(禮)'의 상관성 인식"은 기호유학의 예서(禮書)들을 통해서도 그 가능성을 검토해 볼 필요가 있겠다. 장현광과 정약용의 역학을 소재로 역과 예의 상관적 인식에 대한 선행연구[39)]가 있지만, 김장생이나 김집의 예학서를 대상으로 이와 같은 연구가 진행되지는 않은 것 같다. 물론 이들은 16세기에도 활동하였지만, 17세기에 오래 활동하였다는 점에서 과도기적 인물이라 할 수 있다.

** '역학(易學)'과 '범학(範學)'의 상관적 이해는 17세기에 보다 뚜렷하게 드러나는 양상이다. 16세기 인물인 김인후가 『홍범황극내편』의 점을 쳤다고 하는데, 17세기 식자들 사이에서도 채침의 점법은 상당히 유행했던 것으로 보이며, 이를 『주역』과 연계해서 이해했던 것으로 보인다. 이는 김육(金堉, 1580~1658)이 집을 짓고, 채침의 점을 쳐서 당호를 '회정당(晦靜堂)'이라 하였는데, 장유(張維, 1587~1638)가 이에 대해 『주역』 '복괘(復卦)'와 연결해서 「회정당기」를 지은 것으로부

co.skku.edu/content/bunmain.jsp

38) 안승우는 구결, 석의, 언해 등의 문헌과 성독이라는 방식에서 『주역』 읽기의 한국적 토착화라는 관점을 제시하고, 이를 구체적으로 논의하였다.(안승우, 「한국역학사상사 서술의 범주 분류를 어떻게 할 것인가」, 2023 한국주역학회 하반기 정기 학술대회 자료집.)

39) 유권종, 「旅軒의 〈易學圖說〉의 禮관념」, 『동양고전연구』 21, 동양고전학회, 2011. ; 안승우, 「예(禮)의 관점에서 본 다산(茶山) 『주역(周易)』 해석의 특징」, 『유교사상문화연구』 76, 한국유교학회, 2019.

터 확장해서 생각해 볼 수 있다. 17세기에 박세채의 『범학전편(範學全編)』이 나온 것은 이러한 시대적 학술문화의 경향을 반증한다. 17세기에 꽃피운 '역학(易學)'과 '범학(範學)'의 상관적 이해는 16세기의 관련 연구와 관심이 축적된 결과라 할 것이다. 16세기 전반기 저작인 황효공의 「역범도(易範圖)」, 이순 『홍범황극내편보해』 등에서 '역학(易學)'과 '범학(範學)'의 상관적 이해에 대한 관점이 일찍이 형성되었음을 볼 수 있다.

6. 맺음말

본고에서 제안한 방식의 '한국역학사상사'는 '역철학사'의 관점에서 보았을 때 다음과 같은 미비점을 지적할 수 있을 것이다.

첫째, 역학의 독특한 술어와 개념이 어떻게 정의되고, 적용되며, 시대에 따라 어떻게 변화 발전해 나가는가에 대한 추적은 어떻게 할 것인가?

둘째, 역학 내부의 난제들이 어떻게 시대적 연속성을 지니면서 토론되는 양상을 어떻게 추적할 것인가?[40]

셋째, 시대별 아젠다를 설정하고, 그 아래 해당 시대의 다양한 역학 주제를 다루는 방식은 전체적으로 명료한 체계성과 통일적 구조를 갖기 어려운 느슨한 구조를 취하게 된다.

---

40) 예를 들어 坤卦 初六 『정전』에 들어있는 '八則陽生'에 대한 토론은 『주역전의대전』의 중국학자들의 소주에서는 발견할 수 없다. 그러나 이 문제는 한국의 유학자들에게서 부각되어 정밀한 토론이 이루어진 논제이다.

그럼에도 불구하고 본고에서 시대정신과 조응하는 한국역학사상사를 주장하는 것은 본문에 서술한 바와 같이 몇 가지 이유가 있다.

첫째, 공동연구의 현실적 어려움이다. 참여자가 많을수록 집필자들의 관점을 통일하는 일은 결코 만만한 일이 아니다.

둘째, '한국역학사상사', '한국역철학사'가 같은 체제, 같은 형식으로 한 종류만 출간되어야 한다는 법은 없다. 조선후기로 갈수록 연구되어야 할 역학 저작들이 아직 많이 남아 있다. 현재 정황에서 집필자들 각자의 전공을 살린 느슨한 체제의 공동연구 결과물은 보다 체계적이고 전문적인 '한국역철학사'의 생산을 위한 마중물이 될 것이다.

셋째, 인접 학문 분야에서 『주역』의 중요성에 대해 새롭게 인식할 수 있으며, 이를 통해 인접 학문의 전문가들이 해당 분야의 연구를 위한 새로운 방법론을 모색하도록 생각의 전환을 유도할 수 있다.

넷째, 그 시대의 정치사회, 학술문화, 생활양식과 밀접하게 연계하여 '주역'을 연구함으로써, 삶 속에서의 '주역'의 위상으로 보여주는 것도 21세기 '주역' 연구의 과제이다.

'역철학사'적 접근을 중심에 둔다면, 이는 '조선시대 역철학사'가 될 것이며, 한국의 역사시대 전체를 아우르는 역학사를 서술할 수는 없을 것이다. 또한, 이러한 방식을 고수한다면, 현대 즉 20세기와 21세기 역학사는 어떻게 서술할 수 있겠는가? 오늘날 우리 시대의 역학 연구는 어떻게 진행되어야 하는가? ◈

【참고문헌】

이병도, 『한국유학사』, 아세아문화사, 1987.

한국철학회, 『한국철학사』, 동명사, 1987.

정성철 등, 『조선철학사』, 이성과 현실사, 1988.

현상윤, 『조선유학사』, 현음사, 2003.

료명춘 등, 『주역철학사』, 심경호 역, 예문서원, 1994

곽신환, 『조선유학과 소강절 철학』, 예문서원, 2014.

최영성, 『한국유학통사』, 심산, 2006.

엄연석, 『조선전기역철학사』, 학자원, 2013.

高懷民, 『송원명역학사』, 荷美印刷設計有限公司, 1994(民83).

高懷民지음, 숭실대동양철학연구실 번역, 『중국고대역학사』, 숭실대학교 출판부, 1990.

까오화이민[高懷民] 지음, 신하령 등 옮김, 『상수역학』, 신지원, 1994.

차하순, 「사상사란 무엇인가?」, 『한국사상사학』 52, 2016

유권종, 「旅軒의 〈易學圖說〉의 禮관념」, 『동양고전연구』 21, 동양고전학회, 2011

안승우, 「예(禮)의 관점에서 본 다산(茶山) 『주역(周易)』 해석의 특징」, 『유교사상문화연구』 76, 한국유교학회, 2019.

이선경, 「김굉필의 도학적 위상과 이황의 역할」, 『퇴계학보』 155, 2024.

『중국 · 대만 · 일본의 역학사상사 연구현황 검토』, 2023년 한국주역학회 상반기 학술대회자료집. (한국주역학회 Naver 까페, https://cafe.naver.com/kzhouyi)

『한국역학사상사 서술의 틀을 어떻게 만들 것인가』, 2023년 한국주역학회 하반기 정기 학술대회 자료집. (한국주역학회 Naver 까페, https://cafe.naver.com/kzhouyi)

『조선시대 이전의 역학사상사를 어떻게 접근할 것인가』, 2024년 한국주역학회 상반기 학술대회 자료집. (한국주역학회 Naver 까페, https://cafe.naver.com/kzhouyi)

『조선왕조실록』, https://sillok.history.go.kr/main/main.do;jsessionid=4344B0C33C0BA9FF4446AFA801337765

『한국민족문화대백과』, 한국학중앙연구원. https://encykorea.aks.ac.kr/

한국경학자료시스템, http://koco.skku.edu/http://koco.skku.edu/

조선중기 역학사 연구*

-서경덕(徐敬德), 이황(李滉), 이이(李珥)의 영향을 중심으로-

서 근 식

〈요약〉

본 논문은 조선중기 역학사상사에 대해 살펴본 글이다. 서경덕(徐敬德)의 해설은 『성리대전(性理大全)』 가운데 『황극경세서(皇極經世書)』를 잘 이해하는 데 그치지 않고, 「성음해(聲音解)」·「발전성음해미진처(跋前聲音解未盡處)」는 조선후기에 『훈민정음(訓民正音)』을 이해하는 데 도움을 주었으며, 「황극경세수해(皇極經世數解)」의 원회운세론(元會運世論)은 조선후기 서양 천문학의 이해하는 데 도움을 주었다.

이황(李滉)의 『계몽전의(啓蒙傳疑)』는 퇴계학파(退溪學派)에 영향을 주었다. 퇴계학파에서는 16세기부터 19세기에 이르기까지 주희(朱熹)와 채원정(蔡元定)의 『역학계몽(易學啟蒙)』과 이황의 『계몽전의』를 연구하는 데 영향을 주었다.

이이(李珥)의 역학사상은 「천도책(天道策)」과 「역수책(易數策)」을 통해 살펴볼 수 있지만 과거시험의 답안인 책문(策文)이라는 단점이 있었다. 조선후기 정계(政界)와 떨어져 있던 일군의 기호학파(畿湖學派) 학자들이 『주역전의대전(周易傳義大全)』을 중심으로 미흡했거나 좀 더 설명이 필요한 부분을 첨부함으로써 새로운 세대들에게 새로운 시각을 가질 수 있게 해주었다.

* 이 글은 『한국철학논집』 85(한국철학사연구회, 2025.05)에 게재된 것임을 밝힌다.

1. 머리말

우리나라 역학 분야에서 현재 남아 있는 자료 가운데 최초의 저술은 『주역천견록(周易淺見錄)』이다. 이를 저술한 인물은 여말선초(麗末鮮初)의 양촌(陽村) 권근(權近, 1352~1409)[1)]이다. 따라서 현재 남아 있는 자료만 가지고 조선시대 역학사상사를 서술하려면 권근으로부터 시작해야 한다. 그렇다면 본 논문에서 다루려는 조선중기는 누구로부터 시작해야 하는가? 여러 이론들이 있을 수 있지만 필자는 성리학(性理學)이 조선에서 자리 잡은 때의 인물들이라고 생각한다. 왜냐하면 이들의 성리학 이론이 조선시대 전체에 끼친 영향이 상당하기 때문이다. 그리고 조선 성리학이 완성되었던 시기의 인물들이 역학사상에도 지대한 영향을 미쳤다고 생각되기 때문이다. 조선에서 초기 성리학자로 언급될 수 있는 대표적인 인물로는 권근을 제외하고 사재(思齋) 김정국(金正國, 1485~1541), 화담(花潭) 서경덕(徐敬德, 1489~1546)[2)], 회재(晦齋) 이언적(李彦迪, 1491~1553)[3)], 퇴계(退溪) 이황(李滉, 1501~1570)[4)], 율곡(栗谷) 이이(李珥, 1536~1584)[5)] 등이 있으며, 이들 가운데 역학사상으로 후대까지 영향을 미친 대표적인 인물로는 서경덕, 이황, 이이를 들 수 있다. 이언적은 태극논쟁(太極論爭)이 있기는 하지만 그의 역학사상이 후대에까지 영향을 미쳤다고 보기 힘들기 때문에 논의에서 제외되었

1) 本貫은 安東이고, 初名은 晉이고, 字는 可遠 · 思叔이고, 號는 陽村이고. 諡號는 文忠이다.

2) 本貫은 唐城이고, 字는 可久이고, 號는 復齋 · 花潭이고, 諡號는 文康이다.

3) 本貫은 驪州이고, 字는 復古이고, 號는 晦齋 · 紫溪翁 · 紫玉山人이고, 諡號는 文元이다.

4) 本貫은 眞寶이고, 字는 景浩이고, 號는 退溪 · 退陶 · 陶叟이고, 諡號는 文純이다.

5) 本貫은 德水이고, 字는 叔獻이고, 號는 栗谷 · 石潭 · 愚齋이고, 諡號는 文成이다.

다. 그렇다면 이이의 역학사상도 후대에 영향을 미쳤다고 보는 것에는 한계가 있다고 지적할지 모르겠다. 하지만 뒤에서 논하겠지만 그의 역학사상에서 관학적(官學的) 성격[6]을 보면 어느 정도 이해가 될 것이라고 생각된다. 물론 이외에도 많은 인물들이 있지만, 본 논문에서는 대표성을 띠는 이들 3명을 중심으로 논술하겠다. 그리고 역학'사상사'라면 조선중기의 역학사상이 어떻게 조선후기 역학사상에까지 연결되는가에 대해서도 살펴보아야 한다. 따라서 조선중기의 사상가들 가운데 조선후기까지 영향을 미친 인물로는 서경덕, 이황, 이이를 선택할 수밖에 없다.

그렇다면 이들 3명의 역학사상을 어떤 방식으로 나누어볼 수 있을까? 필자가 생각하기에 이들은 자신이 중시했던 서적과 그것을 중심으로 후대에도 상당한 영향을 미쳤다. 서경덕은 『황극경세서(皇極經世書)』를 중심으로 사유를 펼쳤으며 후대에도 상당한 영향을 미쳤다.[7] 이황은 『역학계몽(易學啟蒙)』을 중심으로 사유를 펼쳤는데 그의 『계몽전의(啓蒙傳疑)』도 후대에 미친 영향이 상당하다.[8] 이이는 과거시험에

---

6) 여기서 '官學적 성격'이란 '官學 중심의 易學'을 의미이고, '官學 중심의 易學'은 '官에서 주도하는 易學'이라는 의미이다. 현재도 臺灣 中央大學校의 楊自平 教授가 펴낸 『世變與學術 : 明清之際士林易與殿堂易』에서 '士林易'과 '殿堂易'이라는 개념을 사용하였고, 漢나라 때에도 象數易學이 '官房易學'으로 여겨졌다. 『世變與學術 : 明清之際士林易與殿堂易』에서 士林易은 민간 중심의 易學이고 殿堂易은 국가 중심의 易學이라는 의미이다. 본 논문에서는 官房易學처럼 한나라를 대표할 수 있는 易學이라지 보다는 '官이 중심이 된 易學'이라는 의미로 의미를 축소해서 사용하겠다.

7) 徐敬德의 저술은 민족문화추진회에서 1988년 影印한 『韓國文集叢刊』 24의 『花潭集』을 사용하겠다. 명백히 誤脫字라고 생각되는 것은 수정하여 인용할 것이며, 左·右를 구분하겠다. 특히 『皇極經世書』와 관련해서는 「聲音解」·「跋前聲音解未盡處」, 「皇極經世數解」, 「六十四卦方圓之圖解」 등의 저술이 있다.

8) 李滉의 저술은 현재 定本化 사업 중이며 『啓蒙傳疑』는 아직 定本化되지 않았으므로, 1992년에 成均館大學校 大東文化研究院에서 影印한 『增補 退溪全書』(全5冊)의 3冊에 나

서 답안으로 제출한 책문(策文) 가운데 「천도책(天道策)」과 「역수책(易數策)」이 있으며, 그의 역학사상도 후대에 영향을 미쳤다.[9] 관리를 뽑는 과거시험에서 사용된 답안인 책문이 중심이 되었다는 점은, 추후 이이의 학문을 따르는 기호학파(畿湖學派) 학자들 가운데 조선에서 『주역(周易)』의 교과서라고 생각되는 『주역전의대전(周易傳義大全)』이 존숭되었다는 점과 관련성이 있다.

본 논문에서는 먼저 서경덕, 이황, 이이의 역학사상에서 각각 무엇을 중심으로 논의하였는가를 논술하겠고, 이어서 조선후기에 어떤 영향을 미쳤는가에 대해서 논술하겠다. 그리고 조선중기 역학사상사가 가지는 의의에 대해서 살펴보는 것으로 끝맺으려고 한다. 먼저 서경덕의 역학사상과 조선후기에 미친 영향관계부터 살펴보자.

2. 서경덕(徐敬德)의 『황극경세서』 해석과 그 영향

서경덕의 문집(文集)은 『화담집(花潭集)』으로 간행되었으나 전쟁 중에 망실(亡失)되었고, 1603에 중간본(重刊本) 『화담집』이 발간되었다. 서경덕의 역학사상은 강절(康節) 소옹(邵雍, 1011~1077)의 『황극경세서』를 해설한 글에 잘 나타나 있다. 서경덕은 소옹의 『소자전서(邵子全書)』

오는 『啓蒙傳疑』를 참고하였다. 명백히 誤脫字라고 생각되는 것은 수정하여 인용할 것이며, 上·下·左·右를 구분하겠다.

9) 李珥의 저술은 成均館大學校 大東文化硏究院에서 1992년 影印한 『栗谷全書』(全2冊)를 사용하였다. 명백히 誤脫字라고 생각되는 것은 수정하여 인용하겠으며, 左·右를 구분하겠다.

를 참고한 것이 아니라 『성리대전(性理大全)』에 실려 있는 『황극경세서』 가운데 「찬도지요(纂圖指要)」를 중심으로 해설을 하고 있다. 『성리대전』은 1419년(세종 1)에 중국으로부터 수입되었지만 그 가운데 핵심이 되는 『황극경세서』를 이해하는 데 곤욕을 치르고 있었다. 이러한 『황극경세서』의 문제를 말끔하게 해결해 준 인물이 바로 서경덕이다. 서경덕은 『성리대전』에 실려 있는 『황극경세서』 「찬도지요」를 읽고 「성음해(聲音解)」·「발전성음해미진처(跋前聲音解未盡處)」, 「황극경세수해(皇極經世數解)」, 「육십사괘방원지도해(六十四卦方圓之圖解)」를 저술한다. 이 저술들은 『황극경세서』가 어려우므로 『성리대전』의 편찬자가 붙인 소옹의 아들인 소백온(邵伯溫, 1057~1134)과 서산(西山) 채원정(蔡元定, 1135~1198) 등이 『황극경세서』의 내용을 요약한 「찬도지요」 상·하의 내용을 보고 저술한 것이다. 서경덕의 「성음해」·「발전성음해미진처」와 「황극경세수해」의 내용은 「찬도지요」 하의 〈경세사상체용지수도(經世四象體用之數圖)〉와 〈경세일원소장지수도(經世一元消長之數圖)〉의 내용을 해설한 것이고, 「육십사괘방원지도해」는 「찬도지요」 상의 〈육십사괘방원도(六十四卦方圓圖)〉를 해설한 것이다.[10] 이러한 서경덕의 저술 가운데 「성음해」·「발전성음해미진처」는 음운학(音韻學) 분야에서 조선후기 명곡(明谷) 최석정(崔錫鼎, 1664~1715), 여암(旅菴) 신경준(申景濬, 1712~1781), 이재(頤齋) 황윤석(黃胤錫, 1729~1791) 등과 같은 소론계(少論系) 학자들에게 『훈민정음(訓民正音)』을 새롭게 이해할 수 있는 기반이 되었고,[11][12] 「황극경세수해」는 조선후기에 하곡(霞谷) 정제두(鄭齊斗,

---

10) 서근식, 「화담(花潭) 서경덕(徐敬德)의 『황극경세서(皇極經世書)』 이해 -「성음해(聲音解)」와 「황극경세수해(皇極經世數解)」를 중심으로-」, 『한국철학논집』 79, 한국철학사연구회, 2023.11, 194쪽.

11) 심소희, 『한자 정음관의 통시적 연구』, 이화여자대학교출판부, 2013, 301쪽. 이 서적은 여러 군데 오류가 발견된다. 『性理大全』의 수입은 1419년(세종 1)인데 1426

1649~1736), 대곡(大谷) 김석문(金錫文, 1658~1735), 보만재(保晩齋) 서명응(徐命膺, 1716~1787) 등과 같은 소론계 학자들이 나와 서양 천문학을 역학의 입장에서 새롭게 이해할 수 있는 기반이 되었다.[13] 서경덕의 사상은 위와 같이 주로 소론계 학자들에게 많은 영향을 주었다. 이는 소론(少論)이 추구하는 바가 『사서대전(四書大全)』과 『오경대전(五經大全)』에 담긴 남송시기 회암(晦庵) 주희(朱熹, 1130~1200)의 사상이 아니라, 북송 시기 염계(濂溪) 주돈이(周敦頤, 1017~1073), 횡거(橫渠) 장재(張載, 1020~1077), 소옹, 채원정 등과 남송 시기 주희 등의 사상이 함께 담겨 있는 『성리대전』에 있었다. 즉, 주자학(朱子學)을 절대시했던 노론(老論)과는 달리 소론학자들은 주자학에만 얽매이지 않고 『성리대전』과 같이 다양한 사상에 관심을 가졌음을 알 수 있다.

서경덕이 「성음해」·「발전성음해미진처」에서 『황극경세서』 〈성음창화도(聲音唱和圖)〉[14]를 어떻게 언급하고 있는지 살펴보자. 서경덕은 「성음해」를 통해 올바른 소리인 정음(正音)을 밝히기 위해 하늘의 용수(用數)와 땅의 용수에 대해 다음과 같이 말하였다.

년(세종 8)으로 되어 있고, 徐敬德은 조선중기 인물인데 조선후기로 기록되어 있는 점이 대표적이다.

12) 장소원·이병근·이선영·김동준, 『조선시대 국어학사 자료에 대한 기초연구』, 서울대학교 한국학 장기기초연구비지원 연구과제 결과보고서, 2003에서도 『훈민정음』과 관련하여 많은 少論학자들이 관련되어 있음을 언급하고 있다. 이들 가운데 가장 앞에 배치된 인물은 崔錫鼎이다.

13) 서근식, 「화담(花潭) 서경덕(徐敬德)의 『황극경세서(皇極經世書)』 이해 -「성음해(聲音解)」와 「황극경세수해(皇極經世數解)」를 중심으로-」, 『한국철학논집』 79, 한국철학사연구회, 2023.11, 202쪽.

14) 『性理大全』 『皇極經世書』 「纂圖指要」 下 〈經世四象體用之數圖〉의 끝부분에 있는 이 그림은 본래 이름이 붙여져 있지 않았다. 그러나 현재 대부분의 학자들이 이를 〈聲音唱和圖〉라고 부르므로 본 논문에서도 이러한 이름으로 부르겠다.

소옹은 음양(陰陽)·강유(剛柔)·대소(大小)의 수(數)를 궁구(窮究)하여 근본으로부터 본체를 미루어가고, 본체를 미루어서 작용을 이루었다. 작용을 이루면 체수(體數)는 물러나고 본수(本數)는 숨는다. 하늘의 용수는 112요, 땅의 용수는 152이다. 이에 정성(正聲)과 정음(正音)의 글자를 밝혀서 이를 그림으로 나열하였다.[15]

인용문은 이해하기 쉽지 않다. 이 글은 어떻게 이해해야 하는지 고민하지 말고, 『성리대전』『황극경세서』「찬도지요」하 〈경세천지시종지수도(經世天地始終之數圖)〉를 보면 쉽게 이해할 수 있다. 이와 같이 서경덕은 『성리대전』『황극경세서』「찬도지요」상·하의 내용을 「성음해」·「발전성음해미진처」에서 충분히 해설하고 있는 것이다.[16] 서경덕의 해설은 조선후기 최석정, 신경준과 같이 『훈민정음』에 관심을 가진 인물들에게 영향을 주었다. 최석정과 신경준에 대한 논문들은 주로 국어학계와 중어학계에서 주목을 받았으며, 최근 한국철학과 한국사상 분야에서 관심을 가지고 논문[17]이 작성되었다. 한국철학분야

15) 『花潭集』 권2, 「聲音解」 20右. "故邵子窮陰陽剛柔大小之數, 原本以推體, 推體以致用. 致用則體數退而本數藏矣. 天之用數, 百有十二, 地之用數, 百有五十二. 於是, 推正聲正音之字母, 列之爲圖."

16) 서근식, 「화담(花潭) 서경덕(徐敬德)의 『황극경세서(皇極經世書)』 이해 -「성음해(聲音解)」와 「황극경세수해(皇極經世數解)」를 중심으로-」, 『한국철학논집』 79, 한국철학사연구회, 2023.11, 199-204쪽의 내용을 참조하기 바란다.

17) 한국철학 분야에서는 조희영, 「明谷 崔錫鼎, 易數로 邵康節과 소통 후 남긴 메시지 탐색 -『經世訓民正音』 坤冊 聲音篇과 『皇極經世書』 역수론 비교를 중심으로-」, 『동방학지』 189, 연세대학교 국학연구원, 2019.12.; 서근식, 「조선후기 『皇極經世書』 수용양상 연구 1 -明谷 崔錫鼎의 『經世訓民正音』에 나타난 易學的 正音觀 연구」, 『민족문화』 69, 한국고전번역원, 2025.03.; 조희영, 「旅菴 申景濬의 『韻解訓民正音』에 담긴 邵康節易學과 현대적 의미 -康節易學을 통한 분석으로 국어학계와 다른 주장을 제시함」, 『대동문화연구』 108, 대동문화연구원, 2019.12.; 한국사상분야에서는 정호훈,

의 조희영은 그의 최석정에 관한 논문에서 소옹의 역수론(易數論)과 최석정의 역수론이 어떻게 다른가를 논하였다. 서근식은 그의 최석정에 관한 논문에서 『경세훈민정음』은 하곡(霞谷) 정제두(鄭齊斗, 1649~1736)의 편지글이나 곤책(坤策)의 서술들을 보면 미완성된 저작이라고 주장하였다. 한국사상분야의 정호훈은 그의 최석정에 관한 논문에서 『경세훈민정음(經世訓民正音)』을 올바로 이해하기 위해서는 『예부운략(禮部韻略)』에 실으려고 한 「예부운략후서(禮部韻略後序)」와 『경세훈민정음』, 그리고 숙종(肅宗)의 「훈민정음후서(訓民正音後序)」의 관련성에 대해 바르게 이해해야 한다고 주장하였다. 그리고 조희영은 그의 신경준에 관한 연구에서 『운해훈민정음(韻解訓民正音)』과 소옹의 역학의 차이점에 대해서 논하였다. 이와 같이 한국철학과 한국사상 분야의 연구는 기존의 국어학과 중어학과는 다른 분야에서의 해석으로 의미가 크다고 하겠다. 또한 한국철학과 한국사상 분야의 연구는 모두 서경덕의 「성음해」·「발전성음해미진처」의 해설을 본받아 최석정과 신경준이 『훈민정음』을 어떻게 연구하였는지에 대한 글이다. 이 가운데 신경준이 중성(中聲)에 대해 언급한 부분만을 살펴보자. 신경준은 『운해훈민정음(韻解訓民正音)』에서 다음과 같이 말하였다.

> 소리는 하나이나 개구(開口)와 합구(合口)로 나뉜다. 개구는 양(陽)이고, 합구는 음(陰)이며, 개구 속에 정운(正韻)과 부운(副韻)이 있으며 부운은 제치호(齊齒呼)이다. 합구 속에는 정운과 부운이 있고, 부운은 촬구호(撮口呼)이다. 정운은 양에 속하고, 부운은 음에 속하며, 정운 속에 정(正)과 부(副)가 있고 부운 속에 정(正)과 부(副)가 있으니, 이는 하나가 둘이 되고 둘이 넷이 되고 넷이 여덟이 되는 이치이다.[18]

「조선후기 훈민정음 연구의 사상 맥락과 성과 -崔錫鼎과 柳僖를 중심으로-」, 『동방학지』 194, 연세대학교 국학연구원, 2021.03.

인용문의 끝부분에는 우리가 소옹하면 떠오르는 가일배법(加一倍法)의 의미가 서술되어 있다. 이를 풀이해 보면 신경준은 소리 1에서 개구와 합구 2가 되고, 개구 속에 정운과 부운, 합구 속에 정운과 부운이 4가 되고, 이 정운과 부운 속에 다시 정운과 부운이 있어서 8이 되니, 소옹의 가일배법과 같은 1-2-4-8의 연산법칙이 내재해 있다. 이와 같이 신경준도 『운해훈민정음』에서 서경덕이 해설한 소옹의 『황극경세서』 이론을 이야기하고 있는 것이다. 그러나 조희영의 논문에서는 이를 서경덕과 연결시키지 않고 소옹과 연결시키고 있으므로 아쉬움이 남는다.

서경덕의 「황극경세수해」는 정제두, 김석문, 서명응 등에게 영향을 주었다. 서경덕의 「황극경세수해」는 짧은 글이고 숫자로만 이루어진 글이므로 어떤 사람에게는 「황극경세수해」는 『화담집』 속에 잘못 삽입된 것으로 생각될 수도 있다. 그러나 「황극경세수해」를 자세히 보면 서경덕이 이야기하고자 하는 바를 알 수 있다. 즉, 서경덕은 「황극경세수해」 첫머리에서 "360×360은 129,600이 된다. 129,600×129,600은 16,796,160,000이 된다. 16,796,160,000을 자승(自乘)하면 282,110,990,745,600,000,000이 된다"[19]라고 하였다. 서경덕은 「황극경세수해」에서 왜 이와 같이 엄청나게 큰 숫자를 말하고 있는 것일까? 「황극경세수해」를 자세히 보면 소옹의 원(元)·회(會)·운(運)·세(世)를 설명한 것임을 알 수 있다. 즉, 소옹이 『황극경세서』에서 말한

18) 『韻解訓民正音』(太學社, 1987), 19쪽. "夫聲一也而有開口合口. 開陽而合陰, 開之中又有正韻副韻, 其副韻齊齒呼也. 合之中又有正韻副韻, 其副韻撮口呼也. 正陽而副陰, 正韻之中又有正副, 副韻之中又有正副, 此一而二, 二而四, 四而八之理也."

19) 『花潭集』 권2, 「皇極經世數解」 25右. "三百六十乘三百六十, 爲十二萬九千六百年. ○十二萬九千六百年乘十二萬九千六百, 則爲一百六十七億九千六百一十六萬年. ○一百六十七億九千六百一十六萬年自乘, 則爲二萬八千二百一十一兆九百九十萬七千四百五十六億."

원회운세론을 서경덕은 「황극경세수해」에서 좀 더 정밀하게 계산해 본 것뿐이다. 소옹의 원·회·운·세에 대해 좀 더 살펴보면 1원은 12회가 되고, 1회는 30운이 되고, 1운은 12세가 된다. 이는 1년은 12개월이고, 1달은 30일, 그리고 1일은 12시라는 사실을 보다 긴 우주적 시간 개념으로 바꿔 놓은 것임을 알 수 있다. 이러한 서경덕의 원회운세론에 대한 해설은 역시 『성리대전』『황극경세서』「찬도지요」하 〈경세일원소장지수도〉를 해설한 것이다.[20] 이렇게 계산하여 놓은 것을 후대 학자들이 좀 더 발전시켜 서양 천문학을 이해하는 데 응용하고 있다. 서양 천문학은 17세기 후반 조선에 전파되었는데, 서양 천문학의 충격을 극복하기 위해 사상가들이 서양 천문학을 자신들의 방식으로 재해석하려고 하였다. 대표적으로 정제두의 『선원경학통고(璇元經學通考)』, 대곡(大谷) 김석문(金錫文, 1658~1735)의 『역학이십사도해(易學二十四圖解)』, 보만재(保晩齋) 서명응(徐命膺, 1716~1787)의 『선천사연(先天四演)』에서 「황극경세수해」의 영향을 받아 서양 천문학에 대응하려고 하였다. 그러나 서경덕의 글이 정제두, 김석문, 서명응 등에게 어떻게 영향을 주었는가에 대한 논문은 아직까지 없다. 다만 조희영이 소옹과 김석문, 서명응에 관계에 대해 밝힌 논문[21]이 있을 뿐이다. 위

---

20) 서근식, 「화담(花潭) 서경덕(徐敬德)의 『황극경세서(皇極經世書)』 이해 -「성음해(聲音解)」와 「황극경세수해(皇極經世數解)」를 중심으로-」, 『한국철학논집』 79, 한국철학사연구회, 2023.11, 204-205쪽의 내용을 참조하기 바란다.

21) 조희영, 「徐命膺의 『伏羲64卦方圓圖』 改作에 대한 檢討 -『皇極經世書』와 『先天四演』을 중심으로-」, 『율곡학연구』 21, (사)율곡학회, 2010.12.; 조희영, 「金錫文의 『易學二十四圖解(總解)』 다시 보기 -象數易學, 특히 소강절역학의 관점에서-」, 『민족문화연구』 88, 고려대 민족문화연구원, 2020.09.; 조희영, 「徐命膺의 《皇極一元圖》에 나타난 易學思想 분석 -소강절 역학과 서명응 역학의 영향과 관련하여-」, 『규장각』 57, 규장각 한국학연구원, 2020.12.; 조희영, 「김석문의 『易學二十四圖解』에 나타난 새로운 占筮法 연구」, 『규장각』 91, 서울대학교 규강각한국연구원, 2020.09.

에서 말한 소론계 학자들은 『황극경세서』의 원회운세론을 서양 천문학과의 비교를 통해 서양의 천문이론도 동양의 이론으로부터 나왔음을 밝히려고 하였다. 현재의 입장에서 보면 말도 안 되는 논리이기는 하지만 이는 당시의 학자들이 서양의 충격에서 벗어나려는 노력의 일환이라고 볼 수 있을 것이다. 그리고 이에 대해 연구한 논문은 많이 있지만 대부분 어느 한 사람을 중심으로 이루어졌고, 또한 대부분이 과학사와 관련된 연구이다. 한국철학이나 한국사상의 입장 본 논문은 조희영의 논문[22]뿐이다. 그러나 조희영의 논문도 소옹과 직접 연결시킨 논문들이고 서경덕은 드러나지 않으며, 정제두의 『선원경학통고』에 관한 논문은 과학사나 한국사상 분야에서 전무한 상태이다. 하지만 정제두, 김석문, 서명응이 주장했던 내용을 보면 서경덕 「황극경세수해」의 영향을 간과할 수 없음도 사실이다. 이와 같이 서경덕의 영향을 배제하고 소옹으로 넘어간 것은 서경덕의 「황극경세수해」가 숫자로만 이루어졌고 짧은 글이기 때문으로 연구할 가치를 느끼지 못했기 때문이라고 생각된다. 이는 반성해 보아야 할 문제이다.

3. 이황(李滉)의 『역학계몽』 해석과 그 영향

이황의 『계몽전의』에 대한 연구는 다양한 각도에서 진행되었다. 따라서 이황의 『계몽전의』는 다양한 각도에서 해석될 수 있다. 그동안에 『계몽전의』에 관하여 나온 논문들은 기존의 논문들을 정리한 논

22) 주)21번과 같은 논문들이다.

문[23]도 있었고, 『계몽전의』를 상수역학(象數易學)과 의리역학(義理易學)을 넘어 리(理)로 귀결시키려는 논문[24]도 있었고, 『계몽전의』에 나타난 상수역학적 특징을 『주역참동계(周易參同契)』로 풀이한 논문[25]도 있었다. 이황의 『계몽전의』에 대한 많은 해석이 있었지만 『계몽전의』가 후대 퇴계학파 학자들에게 어떠한 영향을 주었는가에 대해서는 이선경의 논문[26]뿐이다. 이와 같이 『역학계몽』은 퇴계학파에서도 연구되었지만 기호학파에서도 연구[27]되었다. 이선경은 이에 대해 "퇴계학파의 『계몽』 연구가 16세기 말부터 19세기까지 끊임없이 이어간 것에 비해, 기호성리학파의 『계몽』 연구가 18세기 남당(南塘) 한원진(韓元震, 1682~1751) 문파에서 집중적으로 이루어진 것은 특이한 일이다"[28]라고 하였다. 이선경의 연구에 의하면 퇴계학파에서 16세기부터 19세기까지 『역학계몽』에 대한 연구가 이루어진 것은 이황의 『계몽전의』의 영향이 크다고 할 수 있다. 또 하나 지적할 점은 퇴계학파 가운데 부훤당(負暄堂) 김해(金楷, 1633~1716)가 저술한 『역학계몽복역(易學啓蒙覆繹)』은 분량이 상당하고 내용도 꼼꼼하여 『역학계몽』 연구에서 탁월하다는 점이다. 그렇지만 김해에 대해서 연구한 논문은 이창일의 논

23) 엄연석, 「퇴계 역학사상의 체계와 새로운 연구방향」, 『퇴계학논집』 3, 영남퇴계학연구원, 2008.12.

24) 서근식, 「퇴계 이황의 『계몽전의(啓蒙傳疑)』에 나타난 철학적 특징」, 『정신문화연구』 150, 한국학중앙연구원, 2018.03.

25) 서근식, 「퇴계 이황의 『啓蒙傳疑』에서 『周易參同契』의 의미 연구」, 『동양철학연구』 105, 동양철학연구회, 2021.02.

26) 이선경, 「퇴계학파의 『역학계몽』 이해」, 『양명학』 28, 한국양명학회, 2011.04.

27) 이선경, 「조선후기 기호성리학파의 역학계몽 이해」, 『한국철학논집』 35, 한국철학사연구회, 2012.11.

28) 이선경, 「조선후기 기호성리학파의 역학계몽 이해」, 『한국철학논집』 35, 한국철학사연구회, 2012.11, 277쪽.

문[29]뿐이어서 아쉬움이 남는다. 퇴계학파에서 『역학계몽』과 『계몽전의』를 연구한 것을 보아도 『계몽전의』가 퇴계학파에 미친 영향을 한눈에 알 수 있다.

그렇다면 이황은 어떤 관점에서 『계몽전의』를 집필한 것인가? 채원정과 주희의 공동저작인 『역학계몽』은 유명한 저작이지만, 그들의 또 다른 저작인 『주역참동계고이(周易參同契考異)』도 유명한 저작이다. 그렇다면 성리학자로 알려진 주희가 도교(道敎)서적으로 알려진 『주역참동계(周易參同契)』에 대한 주석서는 왜 집필한 것일까? 아마 '역무난적(易無亂賊)'이라고 했듯이 『주역(周易)』은 다양하게 해석될 수 있기 때문이라고 생각된다. 그렇기 때문에 도교서적으로 알려진 『주역참동계』도 해설을 한 것이라고 생각된다. 『주역참동계』에서는 내단(內丹)과 외단(外丹)에 대한 수련방법이 나온다. 주희는 『주역참동계고이』에서 내단은 긍정하지만 외단에 대해서는 비판한다.[30] 왜냐하면 내단은 인간의 마음에서 이루어지는 것이고, 외단은 인간의 몸을 이용하여야 하는 것이므로 잘못하면 목숨을 잃을 수도 있는 문제이기 때문이다. 주희와 채원정이 『주역참동계고이』를 작성할 만큼 개방적이었다면, 이황은 주희와 채원정과는 전혀 다른 시대 상황이었다. 이황이 『계몽전의』를 완성할 당시에는 4대사화(四大士禍)[31]가 끝난 지 얼마 되지 않은 상황이었다. 이런 상황에서 주자학자로 알려진 이황이 도교서적을 해설할 수는 없었을 것이다. 그러므로 『주역참동계』에서 해설하여야 하는 몫까지 전부 『계몽전의』에서 언급한 것이라고 생각된다.[32] 그렇

29) 이창일, 「김해(金楷) 역학계몽복역(易學啓蒙覆繹)의 철학적 검토 -주석의 체제와 내용을 중심으로」, 『영남학』 66, 경북대학교 영남문화연구원, 2018.09.

30) 서근식, 「퇴계 이황의 『啓蒙傳疑』에서 『周易參同契』의 의미 연구」, 『동양철학연구』 105, 동양철학연구회, 2021.02, 14-17쪽을 참고하기 바란다.

31) 戊午史禍(1498), 甲子士禍(1504), 己卯士禍(1519), 乙巳士禍(1545).

기 때문에 『계몽전의』에 『주역참동계』에 관한 이야기가 많이 나오는 것이다. 이황이 『주역참동계』까지 참고했던 노력은 퇴계학파 학자들에게까지 영향을 주었다. 여기서는 퇴계학파 제자들 가운데 금역당(琴易堂) 배용길(裵龍吉, 1556~1609)의 주석만을 간단하게 살펴보자. 배용길은 이황의 『계몽전의』에 나오는 "오음(五音)이 날을 주관한다.[五音司日] … 생(生)하는 것이 3번 그치는 것이 삼원(三元)의 뜻이다"[33]라는 말에 대해 다음과 같이 말하였다.

> 살펴보건대, 선생님이 우경선(禹景善, 淵庵 禹性傳, 1542~1593)에게 답하는 편지에서 말하기를 "『한묵전서(翰墨全書)』에서 정조(正朝)를 삼원(三元)이라 하였으니, 세원(歲元) · 월원(月元) · 일원(日元)이다"[34]라고 하였다. 천문가[日家]는 한 절기(節氣)의 15일을 나누어 상 · 중 · 하를 삼원이라 하고, 각각의 원(元)은 60시간이라 하니 혹 일설(一說)이 될 수 있을 것이다.[35]

이황은 '오음(五音)이 날을 주관한다[五音司日]'에 대해 언급만 하고 별다른 주석은 없었다. 배용길을 비롯한 제자들이 이에 대해 잘 알지 못하였으므로 이황이 우성전(禹性傳)에게 답한 편지글과 일설을 주석으로 소개하였다. 이와 같이 퇴계학파에서는 이황의 『계몽전의』에서 잘 알 수 없는 부분에 대해 주석을 붙이고 해설을 하여 『계몽전의』를 좀

32) 서근식, 「퇴계 이황의 『啓蒙傳疑』에서 『周易參同契』의 의미 연구」, 『동양철학연구』 105, 동양철학연구회, 2021.02, 17-21쪽을 참고하기 바란다.

33) 이황, 『啓蒙傳疑』 「本圖書 第一」, 210쪽 上右-下左. "五音司日. … 所生止三者, 三元之義."

34) 이황, 『退溪先生文集』(『定本 退溪全書』 10(全15冊), 동과서, 2022) 권31, 「答禹景善問目 啓蒙」 35쪽. "翰墨全書謂, 正朝爲三元. 歲之元, 月之元, 日之元."

35) 배용길, 『琴易堂集』(『한국문집총간』 62, 민족문화추진회 影印本, 1991) 권4, 「雜著」 「啓蒙傳疑考義」 21右. "按先生答禹景善書曰, 翰墨全書謂, 正朝爲三元, 歲元月元日元. 又按日家, 一氣十五日, 分上中下三元, 每元六十時, 或備一說."

더 자세하게 알 수 있게 하였다. 물론 『계몽전의』에만 주석을 붙이고 해설한 것은 아니고, 주희와 채원정의 『역학계몽』에도 주석과 해설을 붙여 『역학계몽』도 좀 더 자세하게 알 수 있게 하였다. 이러한 퇴계학파의 노력들은 이황이 『계몽전의』를 저술함으로써 제자들이 『역학계몽』과 『계몽전의』에 대한 관심을 가지는 계기가 되었다.

주희와 채원정의 『역학계몽』을 살펴볼 때, 또 하나 중요한 부분은 「본도서(本圖書)」에 나오는 '석합보공(析合補空)'에 관한 문제이다. 이 문제는 이선경의 논문에서 부차적으로 다루고 있지만 필자가 생각하기에 상당히 중요한 문제라고 생각된다. 『역학계몽』에서 '석합보공'은 현행본 『주역』「계사전(繫辭傳)」 상 9장에 나오는 '천일지이(天一地二)' 절[36]에 관한 해석에서 비롯된다. 이 부분은 본래 「계사전」 상 10장에 있던 부분을 이천(伊川) 정이(程頤, 1033~1107)에 견해에 따라 주희가 9장으로 옮긴 부분이다. 또한 '천수오지수오(天數五地數五)'절도 '대연지수(大衍之數)'절 다음에 나오는 부분이지만 주희가 '대연지수'절의 앞으로 옮겼다. 본래 「계사전」 상 10장이었던 부분이 「계사전」 상 9장이 되어야 하는가? 아니면 본래 있던 대로 「계사전」 상 10장이 되어야 하는가는 여전히 끝나지 않는 문제로 남아 있다. 이 부분은 추후 성호학파에서 주희가 수정하기 전의 문장이 맞는다고 하였다.[37] 또한 이 부분은 『역학계몽』에서 주희의 제자인 옥재(玉齋) 호방평(胡方平, 宋末元

---

36) 이 '天一地二'장은 본래 『周易』「繫辭傳 上」 10장에 있던 부분을 朱熹가 程頤의 견해에 따라 9장의 '大衍之數'장 앞으로 옮긴 것이다. 『周易』「繫辭傳 上」 9장. "天一地二天三地四天五地六天七地八天九地十, 天數五, 地數五, 五位相得, 而各有合, 天數二十有五. 地數三十. 凡天地之數, 五十有五, 此所以成變化, 而行鬼神也."

37) 서근식, 「성호학파에서 다산 정약용 『주역사전(周易四箋)』「시괘전(蓍卦傳)」의 성립 과정」, 『한국철학논집』 60, 한국철학사연구회, 2019.02, 51-55쪽를 참조하기 바란다.

初)이 소주를 붙여 새롭게 주석을 함으로써 '석합보공'의 문제를 새롭게 바라보게 되었다. 이와 같이 중요한 문제를 조선에서는 어떻게 생각하였는가? 필자가 살펴본 결과 호방평, 이황, 성호(星湖) 이익(李瀷, 1681~1763), 정제두, 다산(茶山) 정약용(丁若鏞, 1762~1836) 등이 이 문제를 심각하게 다루었다.[38] 이 문제에 대해서 퇴계학파 김해가 어느 정도 다루고 있는데, 이선경은 "김해는 이 문제를 상세히 다루지 않는다. 다만 그가 이황과 견해를 달리하는 부분만을 다루고 있다"[39]라고 하여 이황과 김해의 다른 점만 소개하고 있다. 그리고 김해에 관한 유일한 논문인 이창일의 논문에서는 이 문제에 대해서는 다루지 않았다. 하지만 '석합보공'의 문제는 『역학계몽』을 연구하는 학자와 『역학계몽』의 견해에 반대하는 학자들에게 모두 중요한 부분이라고 생각됨으로 자세하게 고찰되어야 한다고 생각된다.

4. 이이(李珥)의 관학(官學) 중심의 역학과 그 영향

이이의 역학사상을 살펴볼 수 있는 저술은 「천도책」과 「역수책」이다. 「천도책」과 「역수책」은 과거시험의 답안인 책문의 형태이다. 과거시험의 답안이므로 자신이 오랜 숙고 끝에 완성한 글이 아니라 정해

38) 이에 대한 자세한 연구는 서근식, 「강화학파(江華學派) 역학사상의 전개 양상 연구(Ⅰ) -하곡(霞谷) 정제두(鄭齊斗) 역학사상의 하락(河洛) · 선후천(先後天)적 특징-」, 『율곡학연구』 49, (사)율곡학회, 2022.09, 214-218쪽(4. '석합보공(析合補空)'의 문제)을 참조하기 바란다.

39) 이선경, 「퇴계학파의 『역학계몽』 이해」, 『양명학』 28, 한국양명학회, 2011.04, 17쪽.

진 시간 동안 급하게 작성한 답안이라는 점에 대해서는 숙고해 볼 필요가 있다. 하지만 이이의 역학사상에 대한 연구[40]는 이미 많은 학자들에 의해 이루어졌다. 이이의 성리학을 대표할 수 있는 명재인 '리기지묘(理氣之妙)'도 「역수책」의 첫머리에 나온다. 이이는 「역수책」에서 다음과 같이 말하기도 하였다.

> 하나의 리[一理]가 혼성(渾成)하고 두 기[二氣]가 유행하여 천지의 큰 것과 사물의 변하는 것이 리기(理氣)의 묘용(妙用)[理氣之妙]이 아닌 것이 없습니다. 이 말을 아는 사람이라야 『주역』에 대하여 논할 수 있을 것입니다.[41]

인용문에서 보이듯이 이이는 간략하지만 리기지묘(理氣之妙)에 대해 언급하고 있다. 이는 과거시험의 답안이라는 촉박한 시간에 작성한 것이므로 '리기지묘'에 대한 그의 생각이 잘 나타내 있지는 않지만 '리기지묘'가 그의 사상 저변에 깔려 있음을 알 수 있다. 이를 통해서 이이의 사상 전체를 바라볼 수 있으며, 「역수책」이라는 책문에서도 이미 '리기지묘'라는 사상의 맹아(萌芽)가 보이고 있음을 알 수 있다. 그런데 하나 의문이 드는 점은 이이는 「천도책」과 「역수책」 이외에는

---

40) 최영진, 「栗谷 「易數策」의 體系的 理解」, 『周易과 韓國易學』, 범양사, 1996.; 임채우, 「栗谷 「易數策」의 역학관 -義理와 象數의 상보적 관점에서-」, 『韓國思想과 文化』 31, 한국사상문화학회, 2005.12.; 서근식, 「栗谷 李珥의 疏通的 易學觀 硏究 -策文을 中心으로-」, 『한국철학논집』 25, 한국철학사연구회, 2009.03.; 이난숙, 「「易數策」에 드러난 栗谷의 自然學的 易學觀」, 『율곡학연구』 25, (사)율곡학회, 2012.12.; 이난숙, 「율곡의 「천도책」에 담긴 천문 기상에 관한 인식과 재이관 고찰」, 『율곡학연구』 54, (사)율곡학회, 2013.12.

41) 『栗谷全書』 권14, 「雜著」 「易數策」 48右. "一理渾成, 二氣流行, 天地之大, 事物之變, 莫非理氣之妙用也. 知此說者, 可與論易也."

역학(易學)에 대해 구체적으로 밝힌 글이 『율곡전서(栗谷全書)』에서는 찾아볼 수 없다는 점이다. 이는 이이가 우계(牛溪) 성혼(成渾, 1535~1598)과 1572년 율우논변(栗牛論辯)을 한 이후에 자신의 생각을 정리하여 「인심도심설(人心道心說)」[42](1582)을 쓴 것과는 대조적이다. 이황의 『계몽전의』처럼 구체적으로 밝힌 글이 아니라고 하더라도, 서경덕의 「성음해」·「발전성음해미진처」, 「황극경세수해」와 같이 자신이 고민하여 적은 논문이 남아 있으면 좋았을 것이다. 그러나 이이는 무슨 이유에서인지 이러한 글을 남기지 않았다. 이이의 역학에 관련된 저술은 과거시험의 답안인 책문으로 남아 있는 「천도책」과 「역수책」 전부이다. 이러한 점은 기호학파에서 이이 이후 『주역』에 대한 관점을 찾아볼 수 없다는 점과도 일맥상통한다.

그렇다면 조선후기에는 어떠한가? 조선후기에 우암(尤庵) 송시열(宋時烈, 1607~1689)이 있기는 하지만 그의 저작이라고 알려진 『역설(易說)』은 그의 저작이 아니라는 논문[43]이 나오면서 시들해졌다. 또한 역학에 대한 연구는 위에서 말한 한원진의 제자들의 『역학계몽』 연구를 들 수 있다. 그러나 이것도 18세기에 한정된 이야기이다. 그렇다면 어떤 측면에서 이이의 역학사상이 후대에 영향을 주었다고 생각할 수 있을까? 필자가 생각하기에는 관학적(官學的)인 부분이라고 생각된다. 왜냐하면 이이의 「천도책」과 「역수책」도 조정에서 실시한 과거시험의 답안이고, 기호학파 학자들이 조선시대 『주역』의 교재라고 할 수 있는 『주역전의대전』을 존숭했다는 점도 어떻게 보면 조정에서 주관했던 부분을 따른 것이라고 할 수 있기 때문이다.

그렇다면 『주역전의대전』을 어떻게 따랐는지에 대해 살펴보자.

---

42) 『栗谷全書』 권14, 「人心道心說壬午○奉教製進」 4右-6右.

43) 김영우, 「『尤庵易說』 연구」, 『동양철학』 40, 한국동양철학회, 2013.12.

『주역전의대전』을 중요하게 생각했던 인물로는 초정(楚亭) 박제가(朴齊家, 1750~1805)가 있다. 서근식은 그의 논문에서 "초정이 분석대상으로 삼은 책은 『주역전의대전』이다. 초정의 『주역』은 『주역전의대전』의 차례에 따라 의심나는 부분만을 뽑아 자신의 견해를 밝히고 있다. 특히, 정자(程子)와 주자(朱子)의 주석뿐만 아니라 소주(小註)에 나와 있는 주석들까지 면밀히 분석하고 있다. … 이 점은 초정이 『주역전의대전』에 나와 있는 주석 외의 다른 주석을 거의 인용하지 않는 것을 통해서도 잘 알 수 있다"44)라고 하였다. 박제가의 『주역』에 대한 주석서는 서적의 제목이 『주역』이라고 밖에 되어 있지 않기 때문에 기존의 『주역』과 헷갈리는 부분이 있다. 따라서 본 논문에서는 『초정주(楚亭註) 주역』이라는 이름으로 부르겠다. 박제가는 북학파(北學派)에 속하는 인물이지만 넓게 보면 기호학파에 속하는 인물이다. 이러한 인물이 『주역』에 대해 관심을 가졌다는 점은 고무적인 일이다. 또한 같은 북학파 학자였던 추사(秋史) 김정희(金正喜, 1786~1856)는 이재(彝齋) 권돈인(權敦仁, 1783~1859)에게 보내는 편지에서 다음과 같이 말하였다.

> 오직 정이의 『역전(易傳)』만이 해와 달과 같이 밝게 걸려 있습니다. 비록 384효로 384가지 일을 만든 것에 대해서는 주부자(朱夫子, 朱熹)로부터 남긴 논의가 있게 됨을 면치 못하였으나, 주부자의 『주역본의(周易本義)』로서는 미칠 바가 아닙니다. 그러므로 모든 사람의 『주역』은 모두 폐할 수 있어도 정이의 『주역』은 끝내 폐할 수 없는 것입니다.45)

---

44) 서근식, 「楚亭 朴齊家의 『周易』解釋方法에 관한 硏究」, 『퇴계학보』 118, 퇴계학연구원, 2005.12, 233-234쪽.

45) 『阮堂全集』(『한국문집총간』 301, 민족문화추진회 影印本, 2003) 권3 「書牘」 〈與權彝齋敦仁〉(22書) 23右-左. "惟程子易傳, 可以懸之日月. 雖以三百八十四爻, 作三百八十四事, 自朱夫子, 亦未免有遺議, 然非本義可及. 百易可廢, 而程易終不可廢也."

인용문에서는 정이의 『정씨역전(程氏易傳)』과 주희의 『주역본의』를 비교하고 있다. 이는 『주역전의대전』을 언급한 것은 아니지만 『주역전의대전』의 내용이 정이의 『정씨역전』과 주희의 『주역본의』를 합쳐 놓은 서적이므로 『주역전의대전』을 언급한 것과 마찬가지라고 할 수 있다. 또한 『주자대전차의집보(朱子大全箚疑輯補)』의 저자 가운데 1인으로 알려진 화서(華西) 이항로(李恒老, 1792~1868)도 『주역전의동이석의(周易傳義同異釋義)』에서 『주역전의대전』을 강조하는 측면이 보인다. 이항로는 정이의 『정씨역전』과 주희의 『주역본의』에 대해 다음과 같이 말한다.

> 정이의 『정씨역전』은 의리(義理) 한 측면만을 미루어 사람에게 이익(利益)이 되는 것을 다하기 위한 것이다. 주희의 『주역본의』는 다만 『주역』이라는 서적의 본지(本旨)만을 기록하고, 조금이라고 다른 견해는 기록하지 않았다. 『주역』을 배우는 사람이 『주역본의』를 버리고 공부하지 않는다면 『주역』을 해석할 수 없다.[46]

인용문에서는 정이의 『정씨역전』과 주희의 『주역본의』를 비교하고 있다. 이 부분도 서적의 제목인 『주역전의동이석의』에도 나타나 있듯이 『주역전의대전』의 내용을 보고 비교한 것이다. 위에 보이는 박제가, 김정희, 이항로는 모두 『주역전의대전』을 긍정적으로 바라보았다. 기호학파 학자들의 역할은 『주역전의대전』에서 미흡한 부분이나 좀 더 설명이 필요한 부분을 채워 넣는 작업을 진행한 것이다. 이들은 이러한 작업을 통하여 새로운 세대에게 『주역전의대전』을 새롭

46) 『華西集』(『한국문집총간』 304-305, 민족문화추진회에서 影印本, 2003) 『周易傳義同異釋義』 下, 권30, 「附易說」, 57左. "程傳推釋義理一邊, 於人儘有益. 朱子本義, 只是發明易書本旨, 更無一毫異義. 學易者捨本義, 則不可以解易."

게 바라볼 수 있는 시각을 제시해 준 것이다.

5. 조선중기 역학사의 의의

필자는 조선중기 역학사상사에서 다루어지는 인물들을 조선 성리학이 완성되는 시기에 주요 인물들로 보았다. 본 논문에서 다룬 대표적인 인물로는 서경덕, 이황, 이이를 다루었다. 이들을 다루게 된 배경에는 이들 3사람은 성리학뿐만 아니라 자신만을 역학저술도 있고, 후대에 비친 영향이 상당히 크기 때문이다. 후대에 영향을 미쳤다는 점에서는 충분히 역학'사상사'라고 불릴 만하다. 서경덕의 경우 소옹의 『황극경세서』를 해설하여 「성음해」·「발전성음해미진처」, 「황극경세수해」를 저술하였다. 이 저술은 서적으로 발간되기에는 양적으로 모자랐기 때문에 논문으로 작성되었으며, 조선후기 소론계 학자들에게 영향을 주었다. 다음으로 이황은 주희와 채원정의 『역학계몽』에서 의문시되는 점을 기록한 『계몽전의』를 저술하였고, 퇴계학파 학자들에게 영향을 주었다.

다음으로 이이는 「천도책」과 「역수책」이 있는데, 이 저술들은 과거시험의 답안인 책문으로 작성된 글이다. 따라서 자신의 견해를 오랜 시간 고민한 저술은 아니다. 또한 이이는 「인심도심설」과 같이 「천도책」과 「역수책」 이후에 자신의 생각을 역학적으로 정리한 저술도 아니다. 따라서 이이의 역학적인 생각은 거의 남아 있지 않으므로 이후 기호학파에서도 역학저술이 드물다. 그렇다면 이이의 「천도책」과 「역수책」은 후대에 어떤 영향을 주었는가? 필자는 이이의 역학저술의 특징을 '관학'으로 보았다. 왜냐하면 책문도 과거시험의 답안이고, 조선후기 학자들이 중요시했던 『주역전의대전』도 교과서와 같은 서적이었기 때문에 '관학'적으로 중요한 글이기 때문이다.

조선 성리학을 완성시키는 데 공헌했던 서경덕, 이황, 이이의 역학사상은 그들 자신의 역학사상도 중요한 부분이지만 후대에 많은 영향을 주었다는 점에 있어서 역학'사상사'로서도 상당히 중요하다고 생각된다. 이들이 조선의 성리학을 완성시켰던 것처럼 이들의 역학사상도 조선후기 역학을 새롭게 발전시키는 데 도움을 주었다는 점에서 '역학사상사'로 불리기에 충분하다고 생각된다. 그렇다면 이들 3명의 사상이 조선후기 학자들에게 어떠한 영향을 주었는가? 서경덕의 경우에는 『황극경세서』를 이해하기 위해 고충을 겪고 있던 당시 학자들을 위해 『성리대전』에 실려 있는 『황극경세서』「찬도지요」의 해설서를 저술하여 『황극경세서』를 이해하는 데 많은 도움을 주었다. 이러한 도움은 『성리대전』의 『황극경세서』 이해에서 그치지 않고 조선후기 『훈민정음』을 새롭게 이해하려는 학자들과 서양 천문학을 새롭게 이해하려는 학자들에게 많은 도움을 주었다. 이황의 경우에는 『역학계몽』에 대해 의심스러운 부분을 논단(論斷)하지 않고 남겨두어서 후대 사람들이 해결할 수 있게 하였다. 이 서적이 바로 『계몽전의』이다. 이황의 『계몽전의』는 납갑법(納甲法), 『주역참동계』 등 한나라의 다양한 견해들도 담겨져 있다. 이러한 이황의 사상은 조선후기 퇴계학파에게 이어져 『역학계몽』과 『계몽전의』를 연구하게 되는 기반으로 작용하였다. 기호학파에서도 『역학계몽』에 대한 연구가 있었지만 18세기 한원진의 제자들에게 한정되어 있으므로 이황의 영향이라고 보기에는 한계가 있다. 이이의 경우에는 과거시험의 답안인 「천도책」과 「역수책」이 있지만 「인심도심설」과 같이 후속으로 역학에 관한 생각을 피력하지는 않았다. 또한 기호학파 학자들은 정계에 많이 진출했으며 문묘에 종사(從祀)되기까지 하였지만 역학사상에 대한 특별한 저술은 나오지 않았다. 이와 같이 많은 학자들이 정계에서 활약하고 있을 때, 정계와 관련 없는 인물들이 역학저술을 출간하였다. 이들의 입장은 조선의 교과서와 같았던 『주역전의대전』을 부족한 부분을 메우려고 하였다는 점에 있어서 이이의 과거시험 답안과도 일맥상통한다고 보인다. 따라서 이를 '관학적(官學的)'이라고 표현할 수도 있을 것이다.

6. 맺음말

지금까지 조선중기 역학사상사와 관련하여 서경덕, 이황, 이이와 이들이 후대에 미친 영향에 대해 살펴보았다. 서경덕은 당시 학자들이 곤혹을 치르고 있던 소옹의 『황극경세서』를 해설하기 위해 「성음해」·「발전성음해미진처」, 「황극경세수해」를 저술하였고, 이러한 것은 조선후기 소론학자들에게 영향을 주었다. 이황의 경우에는 『역학계몽』에 관하여 『계몽전의』를 저술하였고, 이러한 것은 조선후기 퇴계학파에서 『역학계몽』 연구와 『계몽전의』 연구에 영향을 주었다. 조선후기 기호학파 가운데 정계와 관련 없던 인물들에게 『주역전의대전』을 재해석하려는 경향이 나타난다. 이이의 역학관련 저작은 과거시험의 답안인 책문이고 『주역전의대전』은 조선시대 교과서와 같은 것이므로 '관학적'이라는 공통점이 있다. 따라서 이이의 역학도 기호학파가 관학적이게 만드는 데 영향을 미쳤다고 생각된다. 다음은 본 논문에서 다루었던 내용을 요약한 것이다.

서경덕은 『성리대전』 가운데 『황극경세서』의 해설로 당시 곤혹을 치르고 있던 『황극경세서』의 내용을 이해할 수 있었다. 서경덕의 이러한 노력은 『황극경세서』를 잘 이해하는 데 그치는 것이 아니라 「성음해」·「발전성음해미진처」는 조선후기에 『훈민정음』을 이해하는 데 있어서 최석정, 신경준에게로 이어졌으며, 「황극경세수해」의 원회운세론은 정제두, 김석문, 서명응 등에게로 이어져 서양 천문학의 이해에 도움을 주었다.

이황의 『계몽전의』는 후대 학자들의 『역학계몽』 연구에 활력을 불어넣었다. 특히 퇴계학파에 있어서는 보다 철저하게 이루어졌다. 퇴계학파에서는 16세기부터 19세기에 이르기까지 주희와 채원정의 『역학계몽』과 이황의 『계몽전의』에 대한 주석들이 나옴으로써 『역학계몽』과 『계몽전의』에 대한 명실상부한 위치를 점유하였다. 물론 기호학파에서도 주희와 채원정의 『역학계몽』에 관한 연구가 있었다. 그러나 기호학파의 『역학계몽』 연구는 18세기 한원진 문파의 제자들에게서 잠깐 나타났다가 사라진다. 따라서 기호학파에서는 퇴계학파만큼의 열성은 볼 수가 없다.

이이의 역학사상은 「천도책」과 「역수책」을 통해 살펴볼 수 있지만 과거시험의 답안인 책문이라는 단점이 있었다. 그리고 이이가 더 이상의 역학저술을 내놓지 못하였으므로 기호학파 후배학자들도 역학저술을 쓰는 사례가 거의 없었다. 다만 조선후기 일군의 기호학파 학자들이 『주역전의대전』을 중심으로 새롭게 해석하려는 사례가 나타났다. 그 대표적인 학자로 박제가, 김정희, 이항로가 있다. 이들은 『주역전의대전』에서 미흡했거나 좀 더 설명이 필요한 부분을 첨부함으로써 새로운 세대들에게 새로운 시각을 가질 수 있게 해주었다.

조선중기 학자인 서경덕, 이황, 이이는 조선 성리학이 후대에 많은 영향을 주었던 것처럼 그들의 역학사상도 후대에 많은 영향을 주었다. 따라서 조선중기 '역학사상사'로서의 역할을 충분히 담당했다고 보인다. ◈

【참고문헌】

신경준, 『운해훈민정음(韻解訓民正音)』 태학사, 1987.

서경덕, 『화담집(花潭集)』 『한국문집총간』 24, 민족문화추진회 영인본(影印本), 1988.

배용길, 『금역당집(琴易堂集)』 『한국문집총간』 62, 민족문화추진회 영인본, 1991.

이황, 『계몽전의(啓蒙傳疑)』 『증보(增補) 퇴계전서(退溪全書)』(전5책), 성균관대학교 대동문화연구원 영인본, 1992.

이이, 『율곡전서(栗谷全書)』(전2책), 성균관대학교 대동문화연구원 영인본, 1992.

호광 편찬, 『주역(周易)』, 보경문화사 영인본, 1994.

박제가, 『주역』(『한국경학자료집성』 108(『역경』 22)), 성균관대학교 대동문화연구원 영인본, 1996.

김정희, 『완당전집(阮堂全集)』 『한국문집총간』 301, 민족문화추진회 영인본, 2003.

이항로, 『화서집(華西集)』 『한국문집총간』 304-305, 민족문화추진회 영인본, 2003.

이황, 『정본(定本) 퇴계전서』(전15책), 동과서, 2022.

장소원 · 이병근 · 이선영 · 김동준, 『조선시대 국어학사 자료에 대한 기초연구』, 서울대학교 한국학 장기기초연구비지원 연구과제 결과보고서, 2003.

심소희, 『한자 정음관의 통시적 연구』, 이화여자대학교출판부, 2013.

최영진, 「율곡(栗谷) 「역수책(易數策)」의 체계적 이해」, 『주역과 한국역학』, 범양사, 1996.

임채우, 「율곡 「역수책」의 역학관 -의리(義理)와 상수(象數)의 상보적 관점에서-」, 『한국사상과 문화』 31, 한국사상문화학회, 2005.12.

서근식, 「초정(楚亭) 박제가(朴齊家)의 『주역』 해석방법에 관한 연구」, 『퇴계학보』 118, 퇴계학연구원, 2005.12.

엄연석, 「퇴계 역학사상의 체계와 새로운 연구방향」, 『퇴계학논집』 3, 영남퇴계학연구원, 2008.12.

서근식, 「율곡 이이의 소통적 역학관 연구 -책문을 중심으로-」, 『한국철학논집』 25, 한국철학사연구회, 2009.03.

조희영, 「서명응(徐命膺)의 『복희64괘방원도(伏羲64卦方圓圖)』 개작(改作)에 대한 검토 -『황극경세서』와 『선천사연(先天四演)』을 중심으로-」, 『율곡학연구』 21, (사)율곡학회, 2010.12.

이선경, 「퇴계학파의 『역학계몽』 이해」, 『양명학』 28, 한국양명학회, 2011.04.

이선경, 「조선후기 기호성리학파의 역학계몽 이해」, 『한국철학논집』 35, 한국철학사연구회, 2012.11.
이난숙, 「「易數策」에 드러난 栗谷의 自然學的 易學觀」, 『율곡학연구』 25, (사)율곡학회, 2012.12.
이난숙, 「율곡의 「천도책」에 담긴 천문 기상에 관한 인식과 재이관 고찰」, 『율곡학연구』 54, (사)율곡학회, 2013.12.
김영우, 「『우암역설(尤庵易說)』 연구」, 『동양철학』 40, 한국동양철학회, 2013.12.
서근식, 「퇴계 이황의 『계몽전의(啓蒙傳疑)』에 나타난 철학적 특징」, 『정신문화연구』 150, 한국학중앙연구원, 2018.03.
이창일, 「김해(金楷) 역학계몽복역(易學啓蒙覆繹)의 철학적 검토 -주석의 체제와 내용을 중심으로」, 『영남학』 66, 경북대학교 영남문화연구원, 2018.09.
조희영, 「명곡(明谷) 최석정(崔錫鼎), 역수(易數)로 소강절(邵康節)과 소통 후 남긴 메시지 탐색 -『경세훈민정음(經世訓民正音)』 곤책(坤冊) 성음편(聲音篇)과 『황극경세서』 역수론 비교를 중심으로-」, 『동방학지』 189, 연세대학교 국학연구원, 2019.12.
조희영, 「여암(旅菴) 신경준(申景濬)의 『운해훈민정음(韻解訓民正音)』에 담긴 소강절역학과 현대적 의미 -강절역학을 통한 분석으로 국어학계와 다른 주장을 제시함」, 『대동문화연구』 108, 대동문화연구원, 2019.12.
조희영, 「김석문(金錫文)의 『역학이십사도해(총해)(易學二十四圖解(總解))』 다시 보기 -수리역학(象數易學), 특히 소강절역학의 관점에서-」, 『민족문화연구』 88, 고려대 민족문화연구원, 2020.09.
조희영, 「김석문의 『역학이십사도해』에 나타난 새로운 점서법(占筮法) 연구」, 『규장각』 91, 서울대학교 규장각한국연구원, 2020.09.
서근식, 「퇴계 이황의 『계몽전의』에서 『주역참동계(周易參同契)』의 의미 연구」, 『동양철학연구』 105, 동양철학연구회, 2021.02.
조희영, 「서명응(徐命膺)의 《황극일원도(皇極一元圖)》에 나타난 역학사상 분석 -소강절역학과 서명응 역학의 영향과 관련하여-」, 『규장각』 57, 규장각 한국학연구원, 2020.12.
정호훈, 「조선후기 훈민정음 연구의 사상 맥락과 성과 -최석정과 유희(柳僖)를 중심으로-」, 『동방학지』 194, 연세대학교 국학연구원, 2021.03.
서근식, 「강화학파(江華學派) 역학사상의 전개 양상 연구(Ⅰ) -하곡(霞谷) 정제두(鄭齊斗) 역학사상의 하락(河洛) · 선후천(先後天)적 특징-」, 『율곡학연구』 49, (사)율곡학회, 2022.09.
서근식, 「화담(花潭) 서경덕(徐敬德)의 『황극경세서(皇極經世書)』 이해 -「성음해(聲音解)」와

「황극경세수해(皇極經世數解)」를 중심으로-」, 『한국철학논집』 79, 한국철학사연구회, 2023.11.

서근식, 「조선후기 『황극경세서』 수용 양상 연구 1 -명곡 최석정의 『경세훈민정음』에 나타난 역학적 정음관(正音觀) 연구」, 『민족문화』 69, 한국고전번역원, 2025.03.

조선후기 역학사 서술 담론

김 영 우

요약

이 글은 조선후기 역학사 서술에 있어 고려해야 할 점을 시대구분, 서술 방법, 연구주제로 나누어 제안한 것이다. 조선후기 역학사 서술은 양란 이후를 기점으로 시기 설정하고, 근대화 담론에서 벗어나 역학의 사유 체계를 현대적 관점에서 재조명해야 한다. 서술 방법은 학파별 지형 파악과 역학 사상의 변화 과정을 고려하되, 주희의 『주역본의』와 『역학계몽』을 기준 텍스트로 하여 그 수용과 변용 과정을 중심으로 다루어야 한다.

주요 연구주제로는 다산 정약용의 『주역사전』으로 완성되는 상수적 역해석의 과정과 그 해석 내용을 규명하고, 퇴계 이황의 『계몽전의』 이후 심화된 역철학 이론이 서양 문명과의 충돌 속에서 어떻게 변용되고 새로운 사상(개벽 사상 등)으로 창신되었는가를 다루어야 한다. 아울러 조선후기 문화 전반에 반영된 역학적 사유까지 포괄적으로 탐구하는 것을 포함해야 한다.

1. 머리말

이 글은 한국주역학회가 학회 차원에서 추진하고 있는 '한국역학사' 공동 집필 기획의 일환으로 조선후기 역학사 서술 방향에 대하여 논의한 것이다. 일반적으로 조선후기는 양란 이후의 사회적 변화와 청대 고증학 및 서학 등 외부 학술의 영향으로 인하여 주자 성리학 중심의 학술 문화에 새로운 변화가 일어난 시기로 평가된다. 역학사상에 있어서도 조선후기는 주자 역학을 중심으로 조선의 역철학이 확립되었고 『주역』 해석방법론이 심화 발전하는 동시에, 주자 역학과는 구별되는 역학 사상이 나타난 시기였다. 특히 이 시기 다산 정약용의 역학은 주자의 역철학과 『주역』 해석을 비판하며 독창적인 역학사상을 정립했다는 점에서 조선후기 역학사상을 대표한다고 할 수 있다.

조선후기 역학 연구는 문명사적 전환기라는 시대적 성격과 더불어 다산 정약용이라는 걸출한 역학사상가의 출현으로 인해 이전 시기에 비해 양적으로 많은 연구가 이루어졌다. 그렇지만 연구의 대부분이 다산 역학에 편중되어 있어, 조선후기 전체 역학사를 포괄적으로 조망하는 데는 어려움이 있다. 다산의 역학은 퇴계 이황에 의해 심화된 『역학계몽』 중심의 상수역학을 비판적으로 극복하고자 한 것이어서, 다산 역학과는 별개로 퇴계의 『계몽전의』 출간 이후 조선후기까지 이어진 상수역학의 흐름을 해명하는 것 또한 필요하다. 이 밖에도 조선후기 역학사 집필을 위해서는 선행되어야 할 개별 연구들이 적지 않다.

그럼에도 통사적인 역학사 집필은 개별 연구를 촉진하는 중요한 동력이 될 수 있다는 판단 아래, 본고에서는 지금까지의 연구 성과를 바탕으로 조선후기 역학사 집필을 위해 필요한 시대구분, 서술방법, 그리고 주요 연구주제에 대한 몇 가지 구상을 제안하고자 한다. 먼저 시대구분과 관련하여 기존 논의들을 검토하고, 역학사에서 조선후기를 구체적으로 어떤 시기로 설정하는 것이 바람직할지 논의할 것이다. 이어서 조선후기 역학사 서술 방법과 관련, 당색에 따른 학파 구분을 통해 역학 사상의 특징이 드러나도록 하는 서술방식과 역학적 주제에 따른 서술방식을 비교 검토할 것이다. 이러한 논의를 바탕으로 조선시대 역학사상에 절대적인 영향을 끼쳤던 주희의 『주역본의』와 『역학계몽』을 중심으로 조선후기 역학사를 연구하는 효과적인 방법을 제안하고자 한다. 마지막으로 조선후기 역학사 서술과 관련하여 역해석 분야와 역철학 분야에서 구체적으로 다루어야 할 연구 주제들을 점검하며 논의를 마무리할 것이다.

2. 시대구분 문제와 조선후기 근대성 담론

1) 역학사상사에서 조선후기

고대부터 근대에 이르는 한국역학사상사 집필에서 시대 구분 문제가 논란이 되는 시기는 아무래도 조선시대이다. 조선시대는 성리학 수용과 함께 송원대의 역학이 도입되어 새로운 역학이 형성 발전된 시기라는 점에서 이전 시대와는 뚜렷한 특징을 갖는다. 따라서 고대부터 고려말까지는 시대별 구분이 크게 문제되지 않지만 역학사상사에서 가장 많은 지면을 차지하게 될 조선시대 역학사상사의 경우는 시대 구분이 불가피하다고 할 수 있다. 당장 한국주역학회의 2024년 하반기 학술대회에서 조선시대 역학사상 발표를 각각 전기, 중기, 후기 그리고 18, 19세기로 나누어 기획한 것도 시대 구분에 대한 필요성이 반영된 결과일 것이다.[1)]

그런데 500년에 불과한 조선시대 역학사상을 시기에 따라 구분하는 것은 적지 않은 어려움이 있다. 일반적으로 역사학계에서는 임진왜란과 병자호란을 기점으로 조선시대(1392~1910)를 전기와 후기로 구분한다. 세 시기로 구분할 경우는 전기를 둘로 나누어 중종반정(1506)부터 병자호란(1636)이 끝나는 시기를 중기로 설정한다. 하지만 이러한 역사학계의 구분을 그대로 역학사상사 서술에 있어 시대구분으로 채택하는 것에 대해서는 논란이 없지 않다. 당장 2024년 학술대회의 발표에서도 조선시대 역학사의 시기구분에 대한 불일치가 그대로 나타났다. 이선경은 「공동연구로서 조선전기 역학사상사 서술모식」을 발표하면서 엄연석의 『조선전기역철학사』의 시기 구분을 참고하여 조선전기 역학자로 15세기 권근으로부터 시작하여 16세기 이황, 이이, 조호익으로 끝맺었다.[2)] 반면 서근식은 「조선중기 역학사상사 연구」에서 조선중기의 대표적 역학자로 서경덕, 이황, 이이 세 인물을 들었다.[3)] 이선경이 조선전기를 15~16세기로 조선중기는 17세기로 설정하였다면 서근식은 조선중기를 16세기로 파악하였다. 이선경과 엄연석이 조선중기를 17세기 이후로 설정한 것은 역사학계의 시기구분

1) 『조선시대 역학사상사를 어떻게 쓸 것인가』, 2024년 한국주역학회 하반기 학술대회 자료집.

2) 이선경, 「공동연구로서 조선전기 역학사상사 서술모식」, 『조선시대 역학사상사를 어떻게 쓸 것인가』, 2024년 한국주역학회 하반기 학술대회 자료집, 39쪽.

3) 서근식, 「조선중기 역학사상사 연구」, 『조선시대 역학사상사를 어떻게 쓸 것인가』, 2024년 한국주역학회 하반기 학술대회 자료집, 61쪽.

과 일치하지 않은 관점이라 하겠다.

조선역학사를 전기, 중기, 후기의 세 시기로 구분하면서 중기를 17세기 이후로 설정한 것은 엄연석의 『조선전기역철학사』에서 비롯한다. 엄연석은 『조선전기역철학사』에서 조선시대의 시대구분과 관련하여 다음과 같이 말하였다.

> 본 연구에서 역철학사적으로 규정하고자 하는 '조선전기'라는 시대 또한 절대적이고 보편적인 구분기준을 제시할 수는 없다. 본 연구에서 역철학사적 관점에서 구분한 '조선전기'는 역학이 고려 말기에 중국으로부터 도입된 이후 형성되는 단계를 전기, 이후 학파적인 또는 응용적인 연구가 진행되던 단계를 중기, 마지막으로 역학이 시대적 변화에 따라 새로운 발전과 전환을 이루는 단계를 후기로 구분할 수 있다는 데 근거를 두고 있다. 본 연구에서는 여말에 성리학과 함께 역학을 중국으로부터 도입한 이후 조선 초기를 거쳐 상수와 의리역학적 이해를 도모하면서 퇴계와 율곡의 단계에 이르러 역학상 전반적인 문제들이 논의되는 단계까지를 조선전기로 규정하였다. 이후 역학이 상수역학과 의리역학, 도상학, 그리고 응용역학 등이 확립된 이후 여러 분야로 다양화되면서 전개되던 시기를 조선 중기로 규정하였다. 이 시기는 대체로 이황과 이이의 학문을 계승한 조호익, 장현광 등 후학들로부터 이익, 한원진 등의 학자들이 활동한 시기까지이다. 마지막 후기는 청대 고증학파의 역학에 영향을 받은 다산 정약용, 이원구 등이 활동했던 시기 이후부터 조선시대 말기까지이다.[4)]

엄연석이 말하는 '조선전기'는 역사학계의 시대 구분과는 무관한 것으로 오로지 역철학사적 관점에서 구분한 것임을 알 수 있다. 역철학사적 관점에 따라 구분할 경우, 여말에 도입된 역학이 퇴계와 율곡에

---

4) 엄연석, 『조선전기역철학사』, 학자원, 2013, 22쪽.

이르러 하나의 학문으로 형성된 단계까지를 조선전기로 보아야 한다는 것이다. 이러한 관점에서 보면 역철학사의 중기는 전기에 형성된 역학이 학파적 성격을 갖게 되고 역학이 다양한 현실에 응용되는 시기로 설정되며 조호익(曺好益, 1545~1609), 장현광(張顯光, 1554~1637), 이익(李瀷, 1681~1763), 한원진(韓元震, 1682~1751)이 활동한 시기이다. 조선중기를 16세기 인물인 조호익, 장현광부터 17, 18세기 인물인 이익, 한원진까지를 포괄하는 시기로 파악하면서, 조선후기 또한 18세기 중후반 이후부터 조선시대가 끝나는 시기까지로 설정하였다. 이런 설정 역시 역사학계의 시기 구분과는 다르다. 다소 거칠게 정리하면 중국의 역학이 조선에 들어와 충분히 이해되는 단계까지가 전기에 해당한다면, 중기는 전기의 이해를 바탕으로 학파적 분기가 나타나면서 다양하게 전개되는 시기에 해당하고, 다시 외부 학문의 영향으로 새로운 역학이 등장하는 시기부터는 후기가 된다.

엄연석의 연구는 역사적으로 단정된 시대에 기초해서 사상사를 이어가는 방식이 아니라 철학사상의 출현과 쇠퇴에 기초해서 시대를 구분하는 방법에 해당한다.[5] 중국이나 한국의 사상사 대부분이 시대 구분 방법에 기초하여 서술하고 있는 것과 비교하면 엄연석의 시대 구분은 특별한 경우라 할 수 있다. 이는 조선시대 역학사상의 태동과 형성, 전개와 변화까지를 종합적으로 살필 수 있다는 점에서 일정한 의의가 있다. 하지만 전기, 중기, 후기라는 명칭이 시대구분에 주로 사용되는 용어이기 때문에 역사학의 시대 구분과 혼동을 준다는 문제가 있다. 역사학의 시대구분이 절대적 기준은 아니지만 이미 조선

5) 윤석민, 「공동연구로서 조선전기 역학사상사 서술모식에 대한 논평」, 『조선시대 역학사상사를 어떻게 쓸 것인가』, 2024년 한국주역학회 하반기 학술대회 자료집, 57쪽, 참조.

후기를 양란 이후로 이해하는 역사학계의 시대구분이 있는 상황에서 이익과 한원진을 조선중기의 인물로 설정한다면 혼란을 줄 여지가 크다. 이는 한국철학회에서 출판한 『한국철학사』의 시기구분과도 다른 것이어서 한국철학사와 한국역학사상사의 불일치 문제 또한 논란이 될 수 있다.[6] 아울러 사상사의 태동과 변화 발전이 시대적 영향에 미치는 영향이 적지 않다고 할 때 이론의 형성과 전개에 중점을 두어 서술하는 것은 역학사상사의 변화에 영향을 주는 다른 측면을 놓칠 우려가 있다. 특히나 조선 후기는 양란 이후의 사회 격변으로 인하여 사상사에서도 주자학을 더욱 심화 유지하려는 경향과 시대 변화를 반영하여 주자 성리학의 세계를 벗어나 새로운 학문을 추구하는 새로운 방향이 함께 전개되고 있었다는 점에서 조선후기 역학사상사 서술에서는 시대적 변화를 반영하는 시기구분이 고려되어야 할 것이다.

이러한 문제의식에서 조선시대 시대 구분과 관련하여 몇 가지를 제안하고자 한다. 먼저 조선시대 역학사상사의 시기를 역학사상의 독자적 관점에 따라 구분하는 것이 아니라 역사학계의 시대구분을 기준으로 하자는 것이다. 엄연석은 중국에서 도입된 역학이 도입된 이후 역학이 하나의 학문으로 성립된 시기와 학파를 이루어 다양한 전개되는 시기를 역철학적 관점에서 각각 전기와 중기로 구분하였으나, 조선시대의 역철학이 하나의 학파를 이루어 분기되었다고 보는 것은 뚜렷한 근거가 있는 것은 아니다. 또한 중기 이후 상수역학, 의리역학, 도상학, 응용역학 등이 학파로 구분할 수 있을 정도로 분명하게 존재했다고 보기도 어렵다. 오히려 조선의 역학사상사는 조선후기 이전에

6) 『한국철학사』(동명사, 1987)에서는 서경덕, 이황, 이이, 장현광 등을 조선 중기의 인물로 다루고 있다.

는 주자 역학 특히나 『역학계몽』의 역철학을 충분히 이해하는 것이 중요한 목표였으며, 『주역』 해석에 있어서도 주자의 역해석 방법을 크게 벗어나지 않았다.[7] 조선시대 역학사상 가운데 역철학은 퇴계 이황의 『계몽전의』가 큰 분기점을 이룬다고 볼 수 있으며, 『주역』 해석에 있어서는 상수적 역해석이 두드러진 다산의 『주역사전』이 또 다른 분기점이 된다고 할 수 있다. 따라서 조선시대 역학사상 가운데 역철학은 『계몽전의』의 완성을 기점으로 하여 조선후기에 어떻게 역철학 이론이 전개되었는지를 살펴보는 내용으로 구성하고 『주역』 해석에 있어서는 조선전기 이후 주자의 『주역』 해석 방법론이 조선후기 학자들에 의해 어떻게 수용되거나 비판되었는가를 내용을 중심으로 서술하는 것이 적절할 것이라 생각한다.

따라서, 굳이 중기를 설정하기보다는 양란 이후 사회 변동과 함께 심화된 주자 성리학적 경향과 새로운 학문적 시도를 보이는 조선후기의 특징을 중심으로 역학사상사를 기술하는 것이 바람직할 것이다. 향후 연구에서는 이러한 시대 구분을 바탕으로 조선시대 역학사상의 전개 과정을 심층적으로 분석하고, 각 시대별 주요 학자들의 역학 이론과 특징을 구체적으로 밝히는 작업이 필요할 것이다.

---

7) 『역학계몽』과 별도로 소강절의 『황극경세론』을 중시한 역학자도 있었지만 소강절의 역철학 또한 주희에 의해 『역학계몽』에 수용되고 있는 측면이 있어 소강절 역철학이 독자적으로 전개되었다고 보기는 어렵다. 이와 관련한 논의는 별도의 논문으로 다루고자 한다. 여기서는 다만 소강절의 상수학과 『역학계몽』의 상수학을 별개의 것으로 분리하는 연구에 대해 이의를 제기하고자 하는 것이다.

2) 조선후기 근대성 담론

역학사상사의 시기 구분 문제와 관련하여, 오랜 시간 우리 사회에서 논의되어 왔고 지금도 일부는 남아있는 근대성 문제에 관해 언급하고 이에 대한 극복 방안을 제안할 필요가 있다. 조선후기는 양란 이후 전통적 체제의 한계가 나타나면서도 동시에 새로운 변화의 가능성이 모색되던 시기였다. 당쟁의 격화, 신분제의 동요, 삼정의 문란 등 여러 모순이 노출되었으나 실학사상의 대두, 새로운 농법의 개발과 경제상의 변화 등 새로운 사회로의 변화를 위한 움직임도 활발히 나타났다.

문제는 근대 이후 조선의 역사를 먼저 주체적으로 연구하지 못하고, 식민지 사학의 세례를 거쳐야 했다는 데 있다. 일제 강점기 식민지 학자들은 식민 지배를 정당화하기 위해 조선후기 역사를 부정적으로 기술하였다. 조선 사회의 경제적 낙후성, 정치적 부패와 사회의 경직성 등의 구조적 문제로 조선후기는 근대로의 이행을 가능하게 할 어떠한 내적 발전도 이루어내지 못한 시기로 평가되어 왔다. 이로 인해 해방 이후 우리 학계는 이러한 식민사학의 정체성론을 비판해야 하는 과제를 안게 되었다. 1960년대 역사학계는, 비록 여러 도전과 어려움이 있었지만 스스로의 힘으로 이를 극복해 나가면서 근대를 지향하고 있던 전환기 혹은 변혁기로 조선 후기를 인식하였다. 이와 같은 내재적 발전론은 식민사학의 정체성론의 허구를 비판하고 우리 역사를 주체적으로 바라본다는 점에서 긍정적인 점이 있다.

하지만 이 관점은 서구의 자본주의 발전 사관을 그대로 따르고 있다는 점에서 한계 또한 분명하다. 근대화는 실학자들의 목표도 아니었을 뿐 아니라 우리가 반드시 거쳐야 할 필수적인 역사 단계도 아니다. 그러나 오랫동안 조선후기 사상사 연구와 역학 사상 연구에서 근대화론이 중심주제가 되어왔던 것이 사실이다. 특히 일부 실학 연구에서 그러한 경향은 두드러졌다.

그렇다면 이제 조선후기 사상사 혹은 역학사상사를 연구하는 데, 근대성 담론이 아닌 새로운 주제 의식이 요구된다고 하겠다. 오늘날 우리는 물질문명이 초래한 새로운 대전환의 시대를 살고 있다. 첨단과학기술의 발전은 인간/생명/기계/물질의 본성을 재존재화하고 디지털/물리/생물/ 사이의 경계를 해체한다. 이런 상황에서는 인간/생명/기술이 결합하여 빚어내는 새로운 현상에 대해 이를 적절히 이해하고 그에 대응하는 방안을 찾기 위한 노력이 요구된다. 이를 위해서는 근대적 이분법에 묶인 인간 중심적인 언어나 용어가 아니라, 새로운 도덕적 상상과 경험을 가능하게 만드는 새로운 언어가 필요하다.[8] 또한 조선후기는 서구 문명과의 충돌로 인한 충격과 대응, 변화와 창신이 일어나는 이른바 문명사적 전환이 시작되는 시기이기도 하다. 이러한 시기에 새롭게 탄생한 역학적 사유 체계와 이론들은 포스트 휴먼시대를 사는 현재에도 시사할 만한 내용이 적지 않다. 조선후기 역학사상사 연구는 문명전환기에 놓인 현대의 문제의식을 적극적으로 끌어안을 필요가 있다. 한국역학사상에 잠복해 있는 관계 · 생명 · 주체의 사유와 언어를 개발하여 조선 후기 역학 철학의 역사를 새롭게 정리하고자 하는 시도는 이와 관련된 참고 사례라 할 수 있다.[9]

8) 신상규 외, 『포스트휴먼이 몰려온다』, 아카넷, 2020, 21쪽.

9) 2025년부터 한국주역학회는 “18-20세기 문명사적 전환기의 한국역학 -관계, 생성, 주체를 중심으로”라는 주제로 공동연구를 진행하고 있다.

3. 조선후기 역학사 서술 방법

1) 한국역학사 서술의 방향

중국의 『역학철학사』를 쓴 주백곤(朱伯崑)은 "중국인의 이론 사유의 수준이 서양철학과 접촉하기 이전, 주로 『주역』에 대한 연구를 통해 단련되고 향상되어 왔다"라고 하면서 역학철학사를 연구하는 이유로 "이 진귀한 역사유산을 비판적으로 계승하고 그 이론사유의 경험적 교훈을 총결하여 우리들의 사유능력을 단련시키는 데 목적이 있으며, 이것은 과학적 세계관과 방법론을 발전시켜 나감에 있어 민족적 형식과 중국의 특색을 갖추도록 하는 중요한 의의를 갖는다"라고 밝힌 바 있다.[10] 그는 중국의 철학적 유산을 『주역』, 사서, 『노자』, 『장자』와 불교 저술에 기반하여 나온 4가지의 철학 체계로 보고, 이 가운데 『주역』은 유학과 도교의 철학적 이론 체계를 구축하는 데 결정적인 영향을 주었다고 평가한다. 특히 송명도학(宋明道學)의 철학체계는 그 사상적 자료와 이론적 사유형식 모두 역학을 통해 형성되고 발전되었다고 본다. 역학의 여러 개념들과 사유체계 모두 중국철학사 형성에 지대한 영향을 미쳤다는 점에서 역학철학사는 중국철학사와 구분되는 독자적인 연구 의의가 설정될 수 있다는 것이다. 주백곤은 중국 철학 가운데 우주관과 본체론 문제를 중점적으로 다루고 있다는 점에서 역학철학사가 철학사 연구에도 도움이 될 수 있다고 한다.

그러면 조선 역학사상사를 연구하는 의의는 어디에 있을까? 엄연

10) 주백곤, 김학권 외 옮김, 『역학철학사』 1, 소명출판사, 2012, 19-20쪽.

석은 『조선전기역철학사』에서 역철학사 연구와 관련한 두 가지 기대를 언급한 바 있다. 하나는 조선의 역철학사 연구가 존재론, 인식론, 실천론을 포괄하는 조선성리학의 여러 분야를 보다 체계적이고 일관된 연속성을 가지고 바라볼 수 있는 이론적 토대를 제공하여 조선 성리학을 새로운 관점과 수준에서 연구하는 데 기여할 수 있다는 기대이다. 다른 하나는 조선시대의 율려, 회화, 건축, 무용, 천문역법 등 사회문화, 자연과학 및 예술 분야의 근저에 『주역』 사상과 이론의 토대가 있기에, 『주역』 연구가 이런 분야에 수준 높은 연구 성과를 가능하게 할 것이라는 기대이다.[11] 즉 조선 시대의 역철학사 연구가 조선시대를 대표하는 성리학 연구를 심화할 수 있을 뿐 아니라 역학에 토대를 둔 문화 전반을 연구하는 데 도움이 될 수 있으리라는 것이다.

중국의 역학철학사와 비교하면 『조선전기역철학사』는 조선시대 전기에 한정된 것이지만, 역학을 한국 문화 전반의 이론 토대로 파악하고 있다는 점에서 주백곤의 문제의식과 크게 다르지 않다.[12] 다만 한국 역철학사 전체를 다룬 것이 아니라 성리학과 역학이 수용되는 조선전기에 한정된 것이기 때문에 일정한 한계가 있다. 즉 중국과는 다른 한국의 역학적 사유의 원류가 무엇이었고 그 전개 과정은 어떠하였는지에 대한 고찰과 논의가 보완될 필요가 있다는 것이다. 이러

11) 엄연석, 『조선전기역철학사』, 학자원, 2013, 11쪽.

12) 엄연석(2013)의 "역학 혹은 『주역』에 대한 학설은 동양철학 내지 한국철학을 거론할 때 빼놓을 수 없는 핵심적 부분으로 인식된다. 역학은 동양인의 인간관과 윤리관은 물론 우주 자연에 대한 인식까지도 모두 포괄하고 있는 학문이라 할 수 있다. 그래서 현대 중국에서는 일찍부터 철학사와 함께 역학사 내지 역철학사가 하나의 독립된 분야로 성립되어 독자적으로 발전해왔다. 역학이 갖는 이러한 의의는 조선시대 학자들에게도 마찬가지로 적용된다"라는 언급에서도 유사한 문제의식을 읽을 수 있다.

한 부분이 보완되어야 조선 시대 역학도 한국 역학 사상사의 전개 과정에서 나타난 하나의 특색으로 연구될 수 있을 것이다.[13] 한국 역학 사상사의 전개 속에서 조선 시대 역학을 평가하는 것은 향후 한국 역학계의 중요한 과제이다. 동시에 이는 조선후기 역학사를 연구하는 데 있어서도 일정한 의미가 있다. 성리학의 역학과는 다른 우리 문화 심층에 남아있는 역학적 사유와 원리가 조선 시대에도 어떻게 작동했는지를 파악하고 재구해야 할 필요가 있기 때문이다. 그렇게 해야 서양 문화와의 조우 이후 조선에서 창시된 새로운 역학적 성과를 포괄하는 역학사상사 서술이 가능할 것이다. 이는 조선 시대 역학사를 『주역전의대전』과 『역학계몽』 중심의 성리학적 역학의 수용과 전개 과정을 밝히는 것 못지않게 중요한 연구 과제라 할 수 있다.

2) 조선후기 역학사 서술 방법 검토

조선후기 역학사상사 서술과 관련하여 참고할 만한 선행연구는 두 가지이다. 하나는 서근식의 연구이고[14], 다른 하나는 엄연석의 『조선전기역철학사』이다. 서근식의 연구는 이른바 조선 후기 유력 당파를 중심으로 조선후기 역학사상 서술하는 직접적인 사례를 보여주었다면, 엄연석의 저작은 시기는 다르지만 인물, 주제, 시대를 축으로 역학사상사를 서술하는 사례를 보여주고 있다.

---

13) 하지만 이는 미래 과제이다. 미래 과제를 위해 시대별 역학 사상을 구체적으로 밝히는 일이 우선은 현실적 과제이고 그런 점에서 『조선전기역철학사』의 학술적 의의는 작지 않다.

14) 서근식, 「조선후기 역학사상을 어떻게 바라볼 것인가? -노론, 소론, 기호남인의 중심으로」, 『한국철학논집』 82, 2024.

먼저 서근식의 서술 방법부터 살펴보자. 서근식은 조선 후기 역학 사상을 노론, 소론, 기호남인으로 나누고 이렇게 나눈 각 당파의 역학 사상의 특징을 중심으로 서술하는 방식을 취한다. 그의 설명에 따르면 노론은 『주역전의대전』에 대해 정이(程頤, 1033~1107)의 의리역학(義理易學)의 입장을 따르려고 하였고, 기호남인은 『주역전의대전』에 실려 있는 내용이 정이와 주희(朱熹, 1130~1200)의 형이상학화된 입장이 반영된 것이라고 보면서 이들보다 이전의 사상인 한나라 상수역학을 따랐다고 한다. 이에 비해 소론의 경우는 다양한 스펙트럼이 존재한다고 본다. 첫째 순수하게 소론의 역학을 연구한 그룹, 둘째 강화학파(江華學派) 역학이론을 연구한 그룹, 셋째 훈민정음(訓民正音)을 새롭게 이해하려는 그룹, 넷째 서양 천문학을 새롭게 이해하려는 그룹으로 소론의 역학사상 그룹이 나뉜다고 보았다. 이때 첫째와 둘째 그룹은 해당 인물이 관직에 있었다면 송나라 도서상수역학을 지향하려 했고, 관직과 거리를 두었다면 한나라 의리역학을 지향하려고 했으며, 셋째와 넷째 그룹은 『황극경세서』를 변용하여 수용하였으므로 송나라 도서상수역학을 지향했다고 분석하였다.

조선후기 사상이 당파적 성격이 강하고 학자들 대부분이 당파의 학술 경향을 충실히 따랐다는 것을 전제로 한다면 서근식의 연구는 유효한 서술 방법이 될 수 있을 것이다. 실제 한국철학사의 서술에서도 퇴계학파와 율곡학파 등 당파적 구별은 뚜렷한 것으로 알려져 있기도 하다. 하지만 서근식의 분석에는 몇 가지 반론이 가능하다. 먼저 노론이 『주역전의대전』에서 정의의 의리역학의 입장을 따르려고 했다는 것은 다른 연구 결과와는 배치된다. 송시열만 하더라도 주희의 해석에 충실하여 정이의 의리적 해석 방법을 비판하였다.[15] 또한 노론

15) 김영우, 「『尤庵易說』 연구」, 『동양철학』 40, 한국동양철학회, 2013. 참조.

안에서도 송대의 도서상수역학을 연구한 많은 학자들이 존재하고 있어 이것을 소론만의 특징으로 분석하는 것이 적절한지 의문이 있다. 아울러 기호남인의 역학사상을 한나라 상수역학을 따랐다고 단정할 수 있는가의 문제에도 비판의 여지가 있다. 서근식의 연구는 당파를 중심으로 한 역학사상사 서술의 장단점을 동시에 보여준다. 당파별 특징이 선명하게 드러나기 때문에 조선 후기 역학사상의 전체 지형을 파악하기에 용이하다는 것은 장점이다. 반면 과도한 도식화로 인하여 구체적 사실과 어긋난 부분이 적지 않다. 당파별 분류에 사용한 한대 상수역학, 한대 의리역학, 송대의 의리역학, 도서역학 등에 대한 정의도 보다 엄밀하게 이루어져 할 것이다.

조선후기 역학사를 직접 대상으로 하지 않았지만 엄연석의 『조선전기역철학사』는 앞서 서근식의 연구를 보완할 수 있는 서술 방법으로 참고할 필요가 있다. 엄연석은 이 책에서 조선전기 역철학사의 주요 흐름을 네 가지로 정리하였다.16)

① 『주역』 괘효사 해석 방법론을 중심으로 한 연구이다. 이런 연구 방향은 한대 역학의 상수역학적 해석방법론에 영향을 받은 상수역학과 정이 『역전』의 영향을 받은 의리역학적 해석방법론에 따른 의리역학으로 나뉜다.

② 『역학계몽』 가운데 「하도낙서」, 「복희선천팔괘도」 등 도표나 그림을 중심으로 한 도상학적 선천역학의 연구 경향과 『역학계몽』의 내용에 대한 주석을 중심으로 한 상수역학적 연구 경향이다.

③ 납갑설, 괘기설, 비복설과 같이 역학의 원리를 역법과 간지, 율려 등에 적용하는 한대의 일반적 상수역학에 대한 연구 경향이다.

④ 도통론과 유가적 도덕실천을 목표로 한 일반적 의리역학과 성

16) 엄연석, 『조선전기역철학사』, 학자원, 21-22쪽.

리학의 태극, 이기론과 연관한 의리역학적 연구경향이다.

엄연석의 분류는 다시 두 가지로 구분할 수 있다. 하나는 『주역』 괘효사의 해석과 관련한 연구이고 다른 하나는 『주역』 괘효사의 해석과 관계없이 역철학의 제반 문제를 탐구하는 연구이다. 전자는 ①에 해당하고 이러한 연구 경향은 『주역』을 한대의 상수역학적 해석방법론에 따라 해석하느냐 송대의 의리역학적 해석방법론에 따라 해석하느냐를 기준으로 구분한다. 후자는 나머지 ②~④에 해당하는데 ②는 송대 역철학과 관련된 연구라면 ③은 한대 역철학과 관련된 연구라 할 수 있다. ④는 송대 역철학에 기초한 의리역학 연구로 이해할 수 있을 것이다.

엄연석이 설정한 조선 전기 역학에 대한 분류는 조선 후기 연구에서도 참고할 수 있다. 먼저 『주역』 괘효사 해석에 대한 해석 방법론이 조선전기와 달리 후기에는 어떻게 심화 발전되었는가를 살펴볼 수 있다. 이를 통해 중국의 해석 방법론이 조선후기에 어떻게 계승 변화 발전되었는가를 논의할 수 있을 것이다.[17] 다산 정약용의 역리사법과 같이 조선후기에 조선에서 새롭게 창안된 역해석 방법론이 있다면 그러한 해석 방법론이 어떻게 시작하여 완성되었는가를 밝히는 연구도 의미 있을 것이다. 따라서 조선후기 역학에서도 ①은 연구 주제로 중요하게 다루어져야 할 것이다. 동시에 『주역』 해석과 분리된 ②와 ③의 역철학 분야의 연구 주제도 빼놓을 수 없는 중요한 부분이다. 역철학이론은 조선후기 서양문명의 충격에 대응하는 우리의 사유 체계로 중요한 역할을 담당했던 만큼 역철학이론의 변화 과정을 검토하는 것은 주요한 연구 주제가 될 것이다.

---

17) 서근식(2024)의 연구에서도 해석 방법론에 따라 노론과 근기 남인의 역학사상을 구분하였다.

다만 ②와 ③의 주제는 새롭게 설정할 필요가 있다. ②와 ③은 서로 다른 역철학이론을 별개로 설명하고 있는 것처럼 보이지만 사실은 모두 『역학계몽』에 대한 연구라 할 수 있다. 도상학적 선천역학이든, 『역학계몽』의 내용에 대한 주석을 중심으로 한 상수역학이든, 납갑, 괘기, 비복설과 같은 역학의 원리를 역법과 간지에 적용하는 한대의 상수역학이든, 모두 『역학계몽』의 내용과 관련된 것이다. 학자에 따라 도상학과 송대 상수역학, 응용역학 가운데 좀 더 큰 관심을 두는 경우가 없지 않지만 조선 역학사상에서 어느 한 분야로 특별히 발전하여 일가를 이룬 경우는 찾기 어렵다. 따라서 이 부분은 『역학계몽』 중심의 역철학이론으로 통합하여 서술하는 것이 바람직할 것으로 보인다. 소강절 역학과 『역학계몽』을 분리하는 것보다는 소강절의 역학이 반영된 주희 『역학계몽』의 역철학이론이 조선 후기에 어떻게 심화 발전되었고 서양 학문의 영향에 의해 어떻게 변용되고 창신되었는지를 밝히는 것이 중요할 것이다. 물론 ③의 주제는 역철학이론만이 아니고 예술, 문화 등 다양한 분야에 응용된 역학 이론의 실체를 밝히는 것으로 확장하고 심화할 수 있을 것이다.

이상의 내용을 정리하면 조선후기 역학사를 학파 혹은 당파의 전개 과정에 따라 살펴보는 동시에, 역학의 연구 주제를 설정한 후 각각의 주제 안에서 시대 변화에 따라 주제별 내용들이 어떻게 변화되어 갔는지를 밝히는 서술이 병행되어야 할 것이다. 아울러 조선후기만의 특징을 파악할 수 있는 연구 주제의 설정도 필요할 것이다.

4. 조선후기 역학사 서술의 연구 주제

1) 역학사상의 두 가지 의미

연구 주제와 관련하여 보면 '역학사상'은 두 가지 의미를 갖고 있다. '역학사상'은 태극, 음양, 천지인 삼재 등 역학 고유의 개념을 통해 인간과 세계를 설명하는 역학 이론 혹은 역철학을 의미한다. 또한 '역학사상'은 『주역』 괘효사의 해석과 관련한 해석방법론과 해석 내용으로 구성된 역학사상을 의미하기도 한다. 훈민정음의 역학사상, 동학의 역학사상이라 할 경우는 『주역』의 괘효사 해석과는 무관한, 역학의 개념이나 사유 방식 즉 역철학을 뜻하지만, 다산의 역학사상이라 할 경우는 보통 다산의 『주역』 해석과 관련한 해석방법론이나 해석 내용을 통해 파악할 수 있는 사상 등을 의미한다.[18]

이와 같은 '역학사상'의 복합적 의미를 고려한다면 우리가 조선후기 역학사상사를 집필하는 데 있어서도 우선 『주역』의 괘효사 해석을 중심에 둔 역학사상 서술과 『주역』의 괘효사 해석과는 무관하게 역학의 개념과 역 이론의 탐구에 중점을 둔 역학사상 서술을 구분할 필요가 있다. 두 가지 내용 가운데 어느 쪽이 더 중요할지는 역학사상 연구의 목적과 시대적 특징에 따라 달라질 것이다. 역의 사유체계와 이론 등 역학적 사유에 중점을 둘 수도 있고, 『주역』 괘효사의 해석을

18) 물론 『주역』 괘효사를 해석하는 방법론과 관련하여 역철학이 논의되는 경우도 있다. 한대 상수역의 해석방법론이나 송대 의리역의 해석방법론은 각각 한대 자연철학과 송대 형이상학과 같은 역철학에 근거하고 있기 때문에 괘효사 해석이 역철학과 무관하지 않은 것도 사실이다.

중심에 두고 역학사상사를 탐구할 수도 있을 것이다. 여기서 유의해야 할 것은 『주역』의 괘효사를 해석하는 해석방법론으로서의 상수역학과 역철학이론을 의미하는 상수역학을 혼동하지 말아야 한다는 점이다. 한대의 상수역학적 역해석이 역철학이론으로서의 상수역학에 기반하고 있지만 해석방법과 역철학이론은 서로 다른 것이다. 마찬가지로 송대 역철학이론으로서의 상수역학이 주희의 『주역』 해석과 연관되어 있지만 그렇다고 주희의 역해석방법에 한대의 상수역학적 역해석방법이 완전히 배제되고 있지는 않다. 따라서 의리역학이나 상수역학 등의 용어를 사용할 경우 그것이 역해석방법론을 가리키는지 역철학이론을 가리키는지를 명확히 해야 한다.

이러한 점을 염두에 둔다면 조선 시대의 역학사상사의 연구는 역해석과 역철학사의 두 가지 주제를 중심으로 이루어지는 것이 바람직하다. 다만 조선의 역학사상사는 주자학의 발달과 함께 성숙되어 온 측면이 강하기 때문에 중국의 역학사상사의 경우처럼 역해석이든 역철학이든 학파에 따른 큰 차이를 보이지 않았다는 것을 감안해야 한다. 역해석에 있어서는 『주역전의대전』이 기준서 역할을 하였고, 역철학의 경우는 『역학계몽』이 그러한 역할을 했기 때문에 아무래도 주자역학을 중심에 두고 조선의 역학사상사를 검토하는 것이 좋을 것으로 생각한다.

따라서 조선후기 역학사상사는 역해석에 있어서는 조선전기의 『주역전의대전』 중심의 역학 해석이 조선후기에 어떻게 변화되었는가를 검토하는 것이 연구 주제가 될 수 있을 것이며, 역철학이론에 있어서는 조선전기에 일정 수준에 이른 『역학계몽』에 대한 연구가 어떻게 심화 발전되며 이후 어떠한 변화 과정을 보이고 있는가를 중심 주제로 검토하는 것이 바람직할 것이다.

2) 『주역』 해석방법론과 『주역』 사상

주지하듯이 조선 시대의 『주역』 해석은 오랫동안 『주역전의대전』이 기준이 되었다. 주자학의 영향으로 정이와 주희의 주석을 중심으로 편찬된 『주역전의대전』이 중요하게 다루어진 것으로 그 영향은 오늘날까지도 이어지고 있다.[19] 그런데 『주역전의대전』에는 정이와 주희의 역 해석이 함께 실려 있으나 두 사람의 해석 방법이나 내용이 일치하는 것 못지않게 상이한 경우도 적지 않다. 따라서 『주역전의대전』을 기준 텍스트로 하여 『주역』을 해석할 경우라도 누구의 해석 방법과 해석 내용이 올바른 것인가를 둘러싸고 논란이 발생할 수밖에 없다. 정이의 해석은 괘효사의 의미 파악을 중시하기 때문에 호체, 괘변, 효변 등 한대 상수역의 역해석 방법을 거의 사용하지 않고 의리역학의 기본적인 해석 방법에 의해 괘효사의 의리를 규명하는 것을 위주로 한다. 반면 주희는 『주역』의 기원이 점서였다는 사실을 고려하여 점과 관련하여 괘효사를 해석할 뿐 아니라, 괘변과 같은 한대 상수역학의 해석 방법을 완전히 배척하지 않는다. 이러한 이유로 조선시대 역학자의 『주역』 해석은 『주역전의대전』을 기준으로 하면서도 해석 방법에 있어서는 후대로 갈수록 한대 상수역학의 방법을 활용하는 비중이 높아진다. 『주역』 해석에서 상을 중시하고 상을 도출하기 위해 상수역학의 해석 방법을 활용하는 것은 이미 조선전기부터 나타나고 있지만[20] 후대로 갈수록 상수역학적 방법의 비중이 점점 높아지고, 급기야 다산 정약용의 『주역사전』에 이르러서는 상수역학적 해석 방법에 의해 『주역전의대전』과는 전혀 다른 『주역』 해석이 나타나게

---

19) 김영우, 「규장각 소장 역학(易學) 도서의 현황과 의미」, 『한국문화』 74, 2015, 참조.
20) 엄연석, 『조선전기역철학사』, 학자원, 564쪽.

된다. 이러한 과정에 대해서 면밀한 연구가 필요하다. 한편으로 상에 대한 관심은 주희 역해석 방법을 계승하는 측면이 있지만 역으로 상을 통해 괘효사를 해석해야 한다는 원칙이 주희 역해석과는 전혀 다른 정약용의 역해석 이론으로 전개되었다는 것은 흥미로운 부분이다. 조선후기 역학사상사에서 한대 상수역학의 해석방법론이 강화되는 이유를 밝히는 것도 주요한 연구 주제가 될 것이다.[21] 주의해야 할 것은 한대의 상수역해석 방법론이라 하더라도 그것은 한대의 해석방법과 동일한 것이 아니라 역학사의 발전 과정에서 새롭게 변형되고 창안된 것이라는 점이다. 따라서 원명대의 역학의 수용과 전개 과정에 대해서도 주의 깊게 다루어야 할 것이다. 조선후기 역해석 방법론과 관련해서는 래지덕(來知德, 1525~1604)과 모기령(毛奇齡, 1623~1716) 등의 중국 상수역해석론이 수용되는 역사적 과정에 대한 규명이 필요한 것이 그 예라 할 수 있다.[22]

『주역』을 해석하는 해석 방법론에 대한 연구 이외에도 『주역』 괘효사의 내용이나 공자 『역전』의 내용을 중심으로 역학자가 펼친 정치 사회적 담론을 중요한 연구 주제가 될 것이다. 그동안 우리 학계에서는 역해석방법론 연구를 활발히 진행해 왔지만, 새로운 해석방법론을 기반으로 실제 이루어낸 『주역』 해석의 내용이 무엇이고 그러한 새로운 해석을 통해 인간과 사회에 대하여 어떤 주장을 하고 있는지에 대해서는 크게 주목하지 않았다. 역해석방법이 아닌 해석내용이 보다 중요한 의미가 있음에도 불구하고 해석이론의 규명에 과도한 관심을

21) 임재규, 「金相岳의 『山天易說』에 나타난 漢易的 성격」, 『온지논총』 56, 2017, 189쪽. 임재규는 조선후기 역학이 송역에서 한역으로 전환되었다고 지적하였다.

22) 김영우, 「조선후기 래지덕 역학의 수용과 비판」, 『인문논총』 72, 2015 ; 김영우, 「다산과 모기령의 역학사상 비교연구」, 『동방학지』 127, 2004, 참조.

두지 않았나 하는 반성도 없지 않다. 다산 정약용의 역해석방법론인 역리사법에 대한 연구는 많지만, 다산이 역리사법에 의해 새롭게 해석한 해석 내용 자체의 의미에 대해서는 상대적으로 심도있는 연구가 이루어지지 못한 것도 같은 맥락이다. 다산의 『주역』에 관한 새로운 해석이 그의 경학 및 경세 사상과 어떠한 연관을 갖는 것인지에 대한 해명 또한 연구 주제로 다루어져야 할 것이다.[23]

3) 역철학과 관련된 연구 주제

역철학을 중심에 두고 역학사상을 이해한다는 것은 역학의 사유체계를 연구한다는 의미이기도 하다. 음양과 오행의 상관적 사유와 천지인 삼재의 구조로 세계를 인식하는 사유의 틀, 선천과 후천이라는 개념을 통해 우주와 역사를 이해하는 인식하는 사유 방식 등이 해당된다. 이러한 인식틀은 서양의 사유 체계와 접촉하기 전 우리 선조들이 세상을 이해하는 인식의 틀이었다. 이러한 인식틀로서의 역철학적 사유는 조선 시대 수입된 『성리대전』에 대한 이해를 통해 사상계에 수용되게 되는데, 특히 소강절의 『황극경세서』, 주희의 『역학계몽』과 같은 역학 저술이 중요한 역할을 하였다.

그렇지만 『주역전의대전』과는 달리 이들 역철학서들을 이해하는 것은 쉬운 일이 아니었다. 송대 성리학에 대한 이해가 높지 않았기

23) 다산 정약용 역학의 경우는 아니지만, 『주역』의 해석 내용을 중심으로 역학사상을 해명한 연구의 사례로는 다음의 논문이 있다. 장병한, 「백운(白雲) 심대윤(沈大允)의 『주역상의점법(周易象義占法)』에 대한 일고찰 -19세기 천주학설(天主學說)에 대한 유학(儒學)의 대응과 극복의 관점에서-」, 『한국사상사학회』 33, 2009, 김병애, 「화서 이항로의 斥邪衛正思想에 대한 이론적 근거와 실천 -『周易傳義同異釋義』와 斥邪疏를 중심으로-」, 『민족문화』 53, 2019.

때문에 『황극경세서』와 『역학계몽』에 관한 연구도 깊이 있게 이루어지기는 어려웠다. 『역학계몽』에 대한 깊이 있는 이해가 이루어지는 것은 퇴계 이황의 『계몽전의』 출간 이후라 할 수 있다. 퇴계의 『계몽전의』는 주자의 『역학계몽』에 대한 논의 수준을 한 단계 더 끌어올린 것으로, 조선의 독자적인 해석을 보여주는 저술로 평가할 수 있다.[24] 이는 퇴계의 『계몽전의』 출간 이전 송원시대의 역철학이론을 답습하는 수준에 머물렀던 조선의 역철학 수준이 독자적인 학문적 심화를 이룰 수 있게 되었음을 의미한다. 장현광의 『역학도설』, 서명응의 『선천사연(先天四演)』 등 조선후기의 이른바 도서상수역학의 발달은 이황의 선행 연구에 힘입은 바가 적지 않을 것이다.

소강절의 선천역학에 대한 관심은 신흠(申欽, 1566~1628), 김석문(金錫文, 1658~1735), 서명응(徐命膺, 1716~1787), 황윤석(黃胤錫, 1729~1791)을 통해 파악할 수 있다. 신흠은 정이와 소옹을 대비하여, 정이의 역학은 해석과 주석에 머물렀지만 소옹의 역은 일가를 이룬 공이 있다고 보았다. 그는 소옹 역학의 위상은 복희역에 견줄 수 있다고 평가하였다. 그는 『주역본의』보다는 『역학계몽』을 먼저 읽어야 한다고 하였는데 이는 복희의 선천역에 대한 관심을 잘 보여주는 것이다.[25] 김석문과 황윤석의 역학 또한 『주역』의 괘효사 해석에 있지 않았고, 소옹에 의해 제시된 역철학에 보다 많은 관심이 있었다. 서명응은 「선천사연」을 통해 소옹의 선천역학을 새롭게 연역하여 독자적인 선천학 체계를 세웠으며, 이만운은 「선후천도」를 비롯한 도상을 선천학과 연관하여 설명하였다. 『역학계몽』에 대한 연구도 꾸준히 이어져

24) 정병석, 「朝鮮易學史에서 圖象學的 象數學의 受容과 批判」, 『유교사상문화연구』 58, 2014, 313쪽.

25) 곽신환, 『조선유학과 소강절철학』, 예문서원, 2014, 260-262쪽.

정경세, 서명응, 황윤석, 홍대윤 등의 학자들이 주희의 『역학계몽』과 퇴계의 『계몽전의』에 관해 해설하고 비판하는 저술을 남겼다.[26] 조선에 수입된 소강절의 선천설과 주희 『역학계몽』에 대한 수용과 비판의 양상은 조선 후기 역학 사상의 연구 주제로 우선 포함해야 할 것이다.

조선후기 역철학사와 관련하여 또 다른 주제로는 서학과의 조우로 인해 발생한 다양한 역철학의 변화 양상이다. 서양 문명과의 충돌로 인해 기존의 역철학적 사유는 대전환을 겪게 된다. 기존의 역철학적 사유를 고수하는 경우도 있었지만, 서양 과학의 일부 이론을 수용하여 절충을 모색하는 흐름도 나타났으며, 역학적 사유를 변용하여 새로운 차원의 역철학을 창안하는 노력도 시작되었다.

홍대용이 서양과학을 수용하여 역(易)과 역(曆)을 분리함으로써 상수학 없는 천문학을 구성하는 한편 오행설을 부정하고 사원소설을 수용한 것이나, 다산 정약용이 태극, 음양, 오행 등 성리학적 역철학을 비판하고 천도(天道)와 역도(易道)를 분리할 것을 주장한 것이나, 김석문, 황윤석, 서명응 등이 서양과학을 수용하면서도 역학에 대한 재해석을 통해 역철학의 문제를 해결하고자 한 것 등은 절충적 사례라 할 것이다. 기존 역철학의 전형적 사유와는 구분되지만 최제우(崔濟愚, 1824~1864)와 김일부(金一夫, 1826~1898)의 개벽 사상, 정역(正易) 등도 조선 후기 역학 사상사의 연구 주제로 포함해야 할 것이다. 시대적 격변 속에 새롭게 창안된 사상이지만 『주역참동계』의 양생역학적 전통에서도 검토할 필요가 있다고 하겠다.

마지막으로 조선후기 문화 전반에 반영된 역학적 사유와 관련된 주제 또한 역학사상사에 포함되어야 할 것이다. 율려, 회화, 건축, 무용 등 사회 문화와 예술 분야의 근저에 있는 역철학에 대한 연구는

---

26) 엄연석, 『조선전기역철학사』, 학자원, 577-578쪽.

조선후기 역학사를 더욱 풍부하게 할 것이다.[27] 특히 『주역』이 사주나 무속과 동일하다는 인식이 만연한 우리 사회에서, 역학사상이 우리 문화의 심층에 어떠한 영향을 주었는가를 연구하는 것은 현재적 의의를 갖고 있다고도 할 수 있다.

5. 맺음말

한국역학사 공동집필이라는 큰 목표를 이루기 위한 과정의 하나로 조선후기 역학사상사서술을 위한 시대구분과 서술방향, 연구주제 등에 대하여 살펴보았다. 몇몇 한정된 연구 성과를 근거로 하여 서술방향을 모색한 것이라 이미 많은 한계를 가지고 있다.

이 글에서는 조선 역학사에서 주자 역학의 위상이 절대적이라는 가정에서 『주역』 해석에 있어서는 『주역본의』가 역철학에 있어서는 『역학계몽』이 각각 기준서 역할을 한다고 보았다. 이에 따라 조선후기 역학사상사 가운데 역철학은 퇴계의 『계몽전의』를 기점으로 역철학이 어떻게 심화 발전되었는가를 살피는 것이 연구 주제가 되어야 한다고 제안하였고, 역해석에 있어서는 조선전기 『주역전의대전』이 해석의 기준이 되었지만 후기 이후 어떠한 과정을 거쳐 상수적 역해석 방법이 강조되고 그 결과로 정약용의 『주역사전』이 만들어지게 되었는가를 연구하는 것이 주요한 주제가 된다고 제안하였다. 아울러 『주역』 해석에 있어서 해석 방법론에 국한된 논의에서 벗어나 해석

---

27) 역학이 사회 문화 전반에 어떤 영향을 주었는지를 살피는 연구와 관련해서는 吳偉明, 『易學對德川日本的影響』(中文大學出版社, 2009)를 참조.

내용을 활용한 연구로의 확장이 필요하다는 점을 지적하였다.

조선후기 역학사 집필을 위해서는 검토가 선행되어야 할 연구 저술이 적지 않다. 현재의 연구 수준에서는 시대 전체를 아우르는 역학사 집필이 가능한지도 확신하기 어렵다. 하지만 공동 집필을 목표로 기획된 본 연구를 통해 오히려 보완되어야 할 개별 연구가 무엇인지를 명확하게 드러낼 수 있다는 점에서 이런 노력이 조선후기 역학 연구를 보다 심화할 수 있는 동력이 되기를 기대한다. ◈

【참고문헌】

곽신환, 『조선유학과 소강절철학』, 예문서원, 2014.

엄연석, 『조선전기역철학사』, 학자원, 2013.

吳偉明, 『易學對德川日本的影響』, 中文大學出版社, 2009

주백곤, 김학권외 옮김, 『역학철학사』 1, 소명출판사, 2012

김영우, 「다산과 모기령의 역학사상 비교연구」, 『동방학지』 127, 2004,

김영우, 「『尤庵易說』 연구」, 『동양철학』 40, 한국동양철학회, 2013.

김영우, 「조선후기 래지덕 역학의 수용과 비판」, 『인문논총』 72, 서울대학교 인문학연구원, 2015.

김영우, 「규장각 소장 역학 관련 도서의 현황과 의미」, 『한국문화』 74, 서울대학교 규장각한국학연구원, 2016.

서근식, 「조선후기 실학파의 『주역』 해석방법론 연구」, 성균관대학교 박사학위논문, 2006.

서근식, 「조선후기 역학사상을 어떻게 바라볼 것인가? -노론, 소론, 기호남인의 역학사상의 중심으로-」, 『한국철학논집』 82, 한국철학사연구회, 2024.

박권수, 「하곡 정제두의 상수학적 자연철학」 『한국사상사학』 30, 2008.06.

엄연석, 「황윤석(黃胤錫)의 『理藪新編』에 나타난 이수역학의 문화다원론적 독해」, 『인문논총』 3, 인문학연구원, 2023.

엄연석, 「이만부의 『易統』과 『易大象便覽』의 역학적 특징과 문화다원론적 지향」, 『대동철학연구』 99, 대동철학회, 2022.

이선경, 「한국사상사 연구방법론으로서 역의 가능성 시론」, 『율곡학연구』 46, 율곡학회, 2021.

임재규, 「金相岳의 山天易說 에 나타난 漢易的 성격」, 『온지논총』 56, 2017.

정도희, 「16세기 조선역학의 발전과 심화 -역학계몽 주석과 도상을 중심으로」, 한국학중앙연구원 박사학위논문, 2024.

정병석, 「조선역학사에서 圖象學的 象數學의 수용과 비판」, 『유교사상문화연구』 58, 2014,

주광호, 「주자 역학에서 象數의 의미와 역할 -『역학계몽』의 象과 數를 중심으로-」, 『철학연구』 124, 대한철학회, 2012.

『조선시대 역학사상사를 어떻게 쓸 것인가』, 2024년 한국주역학회 하반기 학술대회 자료집.

19~20세기 역학사 서술 방향*

-『주역』 이론에 대한 지평융합적 해석방법론과 그 적용-

엄 연 석

〈요약〉

이 글은 19~20세기 한국역학사 서술을 위하여 『주역』의 세계관을 서양의 상관론·인과론·목적론과 연결하여 지평융합적으로 해석하는 방법을 검토한다. 『주역』을 통해 근대 전환기의 문제들에 대응하려는 전통 철학의 이론적 모색을 살피며, 서양 문명에 대한 비판과 수용 속에서 『주역』이 지닌 지평융합적 의미를 탐색한다. 19~20세기 역학 연구는 대체로 세 시기로 나뉜다. 첫째, 정약용·오희상·홍석주·김정희·이규경 등 19세기 전반 활동가들, 둘째, 이항로·기정진·심대윤·이진상·유중교 등 19세기 후반기 연구자들, 셋째, 전우·박문호·곽종석·이병헌 등 20세기 전반 활동가들이 그렇다.

『주역』의 상생·상극, 중정·중화, 효변 등의 개념은 갈등·조화, 공정·평등, 자유·개혁 등 근대 사회의 주요 개념들과 상관적으로 통약되거나 치환될 수 있다. 특히 생생론·생성론은 개인을 원자화하는 서구 민주주의의 한계를 넘어 공동체적 문제를 해결하는 중요한 이론적 기반이 된다. 이러한 지평융합적 재해석은 한국역학사 이해뿐 아니라 현대 사회의 위기 해결에도 의미를 지닌다.

* 이 글은 『한국철학논집』 85(한국철학사연구회, 2025.05)에 게재된 것임을 밝힌다.

1. 머리말

이 글은 19~20세기에 있어서 한국의 역학사상사를 서술하는 방향을 『주역』 이론에 대한 지평융합적 해석 방법론과 그 적용원리를 중심으로 검토하고자 한다. 또한 이 글에서는 『주역』 이론을 통하여 19~20세기가 당면한 문제에 대하여 전통 철학적 입체적인 이론적 대응을 추구하는 것을 목적으로 한다. 구체적으로 이 글에서는 서양문명과 사상에 대한 해석과 비판 및 수용을 통하여 변화에 대응하는 데 필요한 이론적 탐색의 한 과정으로서 『주역』 이론이 지니는 지평융합적 의미를 이끌어내고자 한다. 이를 통하여 19~20세기 한국역학사가 내포하고 있는 시대적 역할을 중심으로 한 입체적이고 종합적인 의미가 보다 분명하게 드러날 수 있을 것이다.

조선에서의 19세기는 근대적 이념과 가치가 서양으로부터 도래하는 동시에 자생적으로 싹트던 역동적인 변혁기였다. 19세기 동아시아는 서구 문명이 동양문명과 만나면서 충격을 주고 기존의 중국의 천하관이 붕괴되면서 새로운 세계관으로 전환되던 시대였다. 질풍노도와 같이 밀려와 진리의 기준으로 작동하던 19세기 당시 도구적 이성관과 물질적 자본주의적 세계관은 21세기 현대사회의 여러 문제들을 성찰하는 데 매우 중요한 단서를 제공한다.

현재 문명사적으로 드러나는 여러 문제들은 실은 서양의 이성 중심, 인간중심적인 세계관에 따라 인간과 자연을 이분법적으로 구분하고, 사회문화적으로는 개인의 자유와 권리를 우선하는 자본주의와 자유민주주의적 가치가 지나치게 과잉상태에 이른 데 말미암는다. 이러한 세계관에 대한 지나친 편중의 결과로 현대사회는 생태계 기후위기와 국제상의 정치 군사적 대립과 충돌, 경제적 위기, 민족적 종교적 갈등과 같은 거대 위기를 중심으로 하는 여러 복합적 문제를 당면과제로 안고 있다. 특히 한국 사회는 인구절벽, 저출산, 고령화, 양극화와 불평등 및 편향 등의 사회문화적 위기를 겪고 있으며 이들 요소는 상호간 긴밀한 가치사슬관계로 연결되어 있다. 특히 고도의 과학기술문명의 발전으로 사유하는 인공지능으로 ChatGPT가 현실적 기능을 함에 따라, 이를 운용하는 과정에서 윤리적 사회문화적 문제 또한 드러나고 있는 상황이다.

이러한 20세기 도구적 이성 중심, 경제적 자유와 개인적 권리 우선의 세계관으로부터 말미암는 역기능을 성찰하는 문명적 대전환을 추구하는 사상적 조류는 서양에서 이미 진행되고 있다. 프랑스에서 시작된 기후위기에 대한 신유물론적 대안은 자연을 인간과 분리된 대상으로만 보는 기계론을 넘어서 자연이 유기체적 관계를 가지고 인간과 상호 조응한다는 점을 강조함으로써 관계론적 세계관을 통하여 자연과 인간의 조화를 지향하고 있다. 창조적 협업과 초학제적 (transdisciplinary) 집단 지성의 성격을 지니는 디지털 인문학은 자유로운 비판정신과 상상력을 통한 집단지성, 지식 융합 등으로 구체화하며 인간 · 기술 · 지식을 하나로 '융합'(convergence)하는 방향을 추구한다.

이러한 사조가 고조되고 있는 긍정적인 상황에서 18~20세기에 이르는 한국의 『주역』 사상에 관한 연구는 서구 전통에서 전개되고 있는 생태학적 의미와 관계론적 의미를 연속적으로 재생시킴으로써 인류 문명의 미래적 가치를 새롭게 정립시켜 가는데 핵심적인 이론적 토대를 제공해 줄 것이다. 왜냐하면 『주역』은 자연과 인사의 모든 것을 설명해 주는 포괄적이고 입체적인 이론체계를 갖추고 있기 때문이다. 다시 말하면 『주역』은 자연의 법칙을 규제하는 인과론적 법칙, 인륜의 도덕적 지향을 강조하는 목적론적 의미, 사물들 사이의 역동적인 생극(生克)의 관계를 설명해 주는 상관론 체계를 모두 갖추고 있다. 이 점에서 현대사회 여러 문제를 새로운 시각에서 바라볼 수 있는 이론적 원천을 19~20세기에 한국에서 전개된 『주역』 사상을 재조명하고 역학사상사의 연구 방향과 방법론을 모색하는 것은 매우 시의성을 지닌다.

이글은 19~20세기 역학사상사의 서술 방향을 제기하기 위하여 『주역』이론에 대한 지평융합적 해석방법론을 모색한다는 이러한 목적과 필요성에 따라 다음과 같은 순서로 논의를 진행하고자 한다. 제2장에서는 19~20세기 조선역학 사상에 관한 선행 연구 성과를 검토하고자 한다. 제3장에서는 19~20세기 대표적 역학자 연구 자료와 연구 내용에 관하여 간략하게 요약하기로 한다. 제4장에서는 19~20세기 한국역학사 서술 방향의 총론을 제시한다. 제5장에서는 『주역』과 역학이론이 함축하고 있는 세계관의 중층적 해석을 정리하고자 한다.

2. 19~20세기 조선역학사에 관한 선행 연구 성과

이 장에서는 19~20세기 조선의 역학사를 서술하기 위한 선이해로서 선행 연구 성과들이 어떤 주제와 방향성을 가지고 이 시기의 역학사상을 연구했는가를 검토하고자 한다. 하지만 지면관계상 이 장에서는 선행 연구성과를 통하여 19세기 이후 역학자들에 대한 연구 성과의 경향과 방향의 대강만을 살펴보고자 한다.

19세기는 조선에 있어서 서양의 근대 문명이 충격파로 다가오던 시기였던 만큼 지식인들은 학문적 사상적으로 시대를 이끌어가야 하는 절박한 상황을 맞이하였다. 이 시기 중에 18세기 중후반기에 태어나 19세기 전반까지 활동했던 학자들 중에 역학에 관한 조예를 보여준 학자로는 유득공(柳得恭, 1748~1807), 박제가(朴齊家, 1750~1805), 신작(申綽, 1760~1828), 정약용(丁若鏞, 1762~1836), 홍석주(洪奭周, 1774~1842), 김정희(金正喜, 1786~1856), 이항로(李恒老, 1792~1868) 등이 있다.

이들 역학 사상 가운데 정약용의 이론은 그동안 가장 많은 연구자가 『주역사전(周易四箋)』과 『역학서언(易學緖言)』을 중심으로 상수역학적 방법론과 역학사를 중심으로 하는 다양한 주제적 시각을 가지고 연구를 진행하였다. 서근식은 박제가와 신작, 김정희의 역학(易學)에 관한 연구에서 주로 북학파와 강화학파와 같은 학파적 시각에서 비교하거나 훈고학적 특성을 고찰하는 연구를 진행하였다. 신작의 역학에 관한 연구에서 천병돈 · 노병렬은 『역차고(易次故)』의 공부론을 『역전(易傳)』과 비교하기도 하였다. 홍석주의 역학에 관한 김영우의 연구는 래지덕 역학을 수용하고 비판하는 문제를 검토하였다.

이어서 이항로의 역학에 관한 연구가 몇 편 이루어졌다. 한 연구에서는 이항로가 저술한 『주역』 전문서로서 정이의 『역전』과 주희의 『역본의』의 동이점을 고구한 『주역전의동이석의(周易傳義同異釋義)』를 분석하였다. 다른 연구에서는 이항로의 『주역』관에 내포되어 있는 중용(中庸) 사상적 요소를 검토하기도 하였다. 또 하나의 연구 중에는 이항로가 척사위정(斥邪衛正) 사상을 견지하게 된 이론적 근거를 『주역전의동이석의(周易傳義同異釋義)』와 「척사소(斥邪疏)」에서 찾고자 하는 연구도 이루어졌다. 이러한 연구는 19세기 조선의 시대적 상황에 따른 절박한 이론적 탐색의 필요성에 말미암는다고 할 수 있다.

다음으로 19세기 전반기에 태어나 19세기와 20세기 초까지 활동했던 학자들로는 심대윤(沈大允), 장복추(張福樞), 김항(金恒) 등이 있고, 19세기 중반에 태어나 20세기 초까지 활동했던 학자로는 전우(田愚), 유인석(柳麟錫), 박문호(朴文鎬), 곽종석(郭鍾錫) 등이 있다. 이달(李達)과 이병헌(李炳憲) 등은 20세기 초반부터 해방 전후시기까지 활동했던 학자들이었다.

먼저 심대윤의 역학 사상에 관해서는 비교적 여러 편의 논문이 발표되었다. 이들 중에는 심대윤 역학 사상의 양명좌파적 성격, 『주역상의점법(周易象義占法)』의 효변설과 선후천설 등에 관한 해명, 역학적 관점에서 본 형기생성론, 독역십법(讀易十法)과 효위론(爻位論), 천주학설에 대한 대응을 위한 역학적 근거 고찰과 같은 주제를 포괄하고 있다. 이 가운데 『주역상의점법(周易象義占法)』으로부터 서양의 천주학설을 비판하는 이론적 근거를 찾고자 한 연구는 상당히 시사적이다. 장복추의 역학에 관한 한 연구에서는 그의 『역학계몽』에 대한 이해가 지니는 특징을 검토하였다.

이어서 19세기 인물 가운데 가장 많은 연구논문을 산출하는 대상이 되는 인물이 『정역(正易)』을 지은 일부(一夫) 김항(金恒)이다. 김항의 역학에 관한 대부분의 연구는 『정역』을 중심으로 이루어졌다. 『정역』과 관련한 선행 연구 성과의 주제는 후천 개벽윤리, 금화교역(金火交易), 종교사회학적 의미, 훈민정음 '천문도(天文圖)'와의 비교, 근대적 맥락에서 시간관, 역학사적 의미. 기독교와의 비교, 한국사상사와의 상호인식, '구구음(九九吟)'의 역철학적 의미, 역도(易道)의 표상체계, 보천교(普天教)의 교리와 비교, 미래교육(未來教育)의 관점[1], 하도 · 낙서의 변

1) 최영성은 "제4차 산업혁명시대에 전개될 현상들을 『정역』에서 제시한 미래 패러다임의 변화에 견주어보았다. 제4차 산업혁명시대야말로 '모든 것은 극에 달하면 반전을 하게 된다'(極則反)는 『주역』의 이치와 『정역』에서 말하는 선 · 후천의 변화

화법칙과 비교와 같은 주제를 포괄하고 있다. 이 가운데 기독교, 보천교 등과의 비교는 『정역』의 종교적 기능과 연관성을 갖는다는 점에서 역학적 사유에 내포되어 있는 종교적 주제에 주목하는 것을 뜻한다. 특히 기독교와의 비교는 18세기 학자들이 천주교에 대하여 긍정적 또는 비판적 인식을 했던 것처럼 서양 종교에 대응한 역학적 기능을 성찰하는 것으로서 의미를 갖는다.

전우의 역학에 관해서는 이선경의 시론적(試論的) 연구가 있다. 그는 이 연구에서 간재 전우의 역학은 술수학에 대한 관심보다는, 「정전(程傳)」을 중심으로 한 의리역학을 목표로 한다고 보았다. 간재는 자신의 학문을 '간학(艮學)' '돈간지학(敦艮之學)'이라고 명명하면서, 「간괘(艮卦)」를 수양의 요체로 중시하였다. '그 등에 그친다[艮其背]'의 배(背)는 '이치의 극치'이고 간(艮)은 '마음의 공효'로서, 이것은 심(心)과 리(理)가 일체가 됨으로써 성인(聖人)의 궁극적 경지라고 하였다. 간재는 「간괘(艮卦)」가 경(敬)과 주정(主靜) 공부의 근원이자 시중(時中)을 행하는 바탕이 된다고 보았다.[2] 전우의 이러한 이론은 그의 역학이 리(理)의 체현을 목표로 경(敬)의 수양을 강조하면서 도덕적 의리역학을 강하게 지향하고 있음을 보여준다.

유인석의 역학에 관한 연구에서는 그의 『우주문답(宇宙問答)』에 내포되어 있는 원회운세론과 「낙서」론을 중점적으로 고찰하였다. 조희

원리가 현실에서 구현될 가능성이 있다"고 주장하였다. 이것은 바로 『정역』에서의 선후천의 변화가 4차 산업혁명 시기에 사물의 극에 이르는 변화와 반전을 이론적으로 토대지워 주는 것으로 해석하는 것이다.(최영성, 「제4차 산업혁명과 전통적 교육방법 -正易思想에 비추어 본 未來教育」, 『율곡학연구』 41, 율곡학회, 2020, 221-246쪽)

2) 이선경, 「간재 전우의 역학관 시론」, 『한국철학논집』 68, 한국철학사연구회, 2021, 67-90쪽.

영은 유인석의 『우주문답』의 핵심을 '중화사상'과 '대일통사상'으로 보면서, 『우주문답』을 이 두 사상에 의거하여 20세기 중화와 이적, 유학과 서학의 문명이 충돌하는 이야기를 담아낸 저술이라고 보았다.[3] 유인석은 원회운세로 희망을, 박괘와 복괘로 중화사상을, 「낙서대연국도」로 대일통사상과 중화사상을 주장함으로써, 그의 역학사상은 역사철학과 긴밀하게 결합되어 있다. 그에 따르면 유인석의 20세기 '문명충돌론'은 21세기에도 유효한 충돌론으로 간주될 수 있다.[4] 조희영은 유인석의 『우주문답』으로부터 역학 사상을 도출하고, 나아가 도덕(道德)과 물욕(物欲)이 충돌하는 20세기 동서 문명의 본질을 꿰뚫어보고 있다. 유인석의 역학적 관점은 현재적 시각에서 충분히 음미할 가치가 있다고 판단된다.

곽종석의 역학에 관해서는 『다전경의답문(茶田經義答問)』을 중심으로 하여 태극이기론과 경학적 함의를 고찰한 엄연석의 연구가 있다. 이 연구에서는 곽종석의 태극이기론(太極理氣論)과 역학사상(易學思想)에 담겨 있는 경학적 함의를 그의 성리학 체계와 연결하여 살펴보았다. 그는 송대 정이와 주희의 역학 사상을 수용하여 성리학적 도덕론과 형이상학의 근본 개념으로서 리(理)의 실천을 목표로 삼았다. 여기에서 의리역학적 목표에 따라 중정비응(中正比應), 괘서(卦序) 해석 등과 같은 방법론으로 『주역』 괘효사를 해석함으로써 의리역학을 지향하였다. 이러한 그의 역학적 태도는 서양 문명의 제국주의적 침탈에 대응하는 이론적 근거로 작용하였다고 할 수 있다. 파리장서운동과 실천적 활동은 바로 곤경의 시대를 넘어서고자 하는 의지의 소산이다.

3) 조희영, 「유인석의 『우주문답(宇宙問答)』에 내재된 역학 이론 -원회운세론과 「낙서」 이론을 중심으로-」, 『동방학지』 194, 연세대 국학연구원, 2021, 181-208쪽.

4) 조희영, 위의 논문, 203-204쪽.

한말 일제강점기라는 곤경에 처한 시대에 유교개혁론과 공교사상을 제시했던 이병헌의 역학에 관해서는 몇 편의 논문이 작성되었다. 그의 역학에 대한 연구는 수화개벽설(水火開闢說), 역학 중의 신(神) 개념, 금문경학적 『역경(易經)』 이해, 괘변설(卦變說)과 책수론(策數論), 『역경금문고』를 중심으로 한 작역(作易)의 원위 등을 포함하고 있다. 이 가운데 특기할 만한 연구는 '신(神)' 개념에 관한 안승우의 연구이다. 안승우는 "이병헌은 마음이 곧 신(神)이라고 규정하여 신이 인간의 생명력, 활동성, 변화 불측성의 근원이 되고, '입신(入神)'의 관건은 외부 세계와 감응을 하는 데 있다고 보았다. 그는 입신하여 신과 감응하는 과정에서 인간의 주체적인 노력과 실천 자세로 성(誠)을 중시하였다. 이병헌은 신(神) 개념을 통해 당시의 시대적 맥락에서 유교 종교화 운동의 본질과 의미를 도출하였다.[5] 그는 신(神)을 성(誠)에 기초한 능동적 생명력과 외적인 교감을 본질적 의미로 삼는다고 주장함으로써 유교를 종교화시키는 이론적 토대로 삼았다.

인물이 아닌 역학적 주제와 관련한 연구도 이루어졌다. 예컨대, 조선후기 기호성리학파의 『역학계몽』에 대한 이해에 관한 연구가 있다. 나아가 이난숙은 19세기 이후의 작품을 수록한 『한국경학자료집성』(24책~37책)의 구성내용과 역학적 특징 분류에 관하여 분석하였다. 이 연구를 통하여 24책~37책 중에 『주역』 주석서는 총15편이고, 다른 1편은 중국역학비평서이다. 주요 내용은 한대(漢代)부터 위진당(魏晉唐), 송(宋), 원명청대(元明淸代)까지의 중국역학에 관한 다양한 연구를 포함하고 있다. 정주(程朱) 역학에는 긍정과 비판의 관점이 다양하며, 중국역학을 재평가하고 고증학적 입장에서 논박한 역설, 조선 선유(先

5) 안승우, 「이병헌(李炳憲) 역학(易學)사상의 신(神) 개념 연구」, 『유교사상문화연구』 80, 한국유교학회, 2020, 7-35쪽.

儒)의 역학에 대한 논평도 있다. 역학이론으로 의리, 상수, 도상(圖象), 변점(變占)과 복서(卜筮), 서법(筮法) 등의 이론들이 수록되어 있어서, 리·기(理氣)와 사변상점(辭變象占)에 관한 여러 이론적 토대를 파악할 수 있다[6]고 보았다. 이 연구는 19세기를 전후한 시기의 조선 역학 연구의 특징을 해명하고 있다는 점에서 의미를 찾을 수 있다.

동학을 역학과 비교한 연구도 최수운의 개벽 사상과 역학(易學)의 선후천 비교, 「낙서」 상극의 한계 극복과 동학사상, 역경 및 『천부경』과의 비교, 소강절의 상수역학의 동학에 대한 영향과 같은 몇 가지 주제로 발표되었다. 이 가운데 「낙서」 상극의 한계 극복을 위한 동학사상의 적용에 관한 연구에서는 동학의 상균론(相均論)을 강조하였다. 이 이론에서 오행의 중앙의 자리는 「낙서」의 5황극, 정역(正易)의 6황극으로 일컬었으나, 반대로 제2의 「낙서」는 3·8목을 중앙(中央)의 황극(皇極)으로 보아 오행관계(五行關係)를 수정하였다고 한다. 선천낙서(先天洛書)의 상극도(相克圖)에서 목(木)과 토(土)가 자리를 바꾼 것이다. 이것이 목토교역(木土交易)이며, 삼오착종(參伍錯綜)이다. 이는 천도(天道)의 커다란 변화이다. 이를 일러 후천(後天) 신상극도(新相克圖)로서의 '상균도(相均圖)'라 한다. 이러한 명칭은 동학의 상균론에서 나온 것이고, '상생(相生)', '상극(相克)'에 이은 '상균(相均)'의 삼원적(三元的) 구조로 오행론(五行論)을 해명한 것이다[7]라고 하였다. 이 연구는 동학에서 상균도를 통하여 「낙서」의 상생과 상극이 순환하는 모순을 동시에 지양하여 새로운 제3의 길로서 상균(相均)으로 나아가는 원리를 언급하고 있다는

6) 이난숙, 「한국경학자료집성-역경(24책~37책)의 구성 내용과 역학적 특징 분류(III)」, 『동양철학연구』 120, 동양철학연구회, 2024, 177-211쪽.

7) 이찬구, 「동학의 관점에서 본 우주변화의 원리고찰 -洛書 相克의 限界와 그 克服으로서의 相均圖-」, 『동학학보』 11, 동학학회, 2007, 213-250쪽.

점에서 불평등과 차별이 격심했던 19~20세기에나 현재적 관점에서 상당한 의미와 시사성을 갖는다.

지금까지 논의한 19~20세기 조선 역학 사상에 관한 선행 연구 성과를 정리한 목록을 제시해 보면 다음과 같은 도표로 제시할 수 있다.

❖19~20세기 조선역학사상에 관한 선행 연구 성과 목록

학자	연구자	년도	연구내용
유득공 1748~1807	임채우	2012	유득공『경도잡지』윷점의 易哲學的 해석
박제가 1750~1805	서근식	2018	북학파의 『주역』해석 방법론(Ⅰ)-초정(楚亭) 박제가(朴齊家)와 근기남인과의 대비
신작 1760~1828	서근식	2023	강화학파(江華學派) 역학사상의 전개 양상(Ⅱ)-석천(石泉) 신작(申綽) 역학사상의 훈고적(訓詁的) 특징
	천병돈 노병렬	2018	『易傳』과의 비교한 申綽『易次故』의 工夫論
정약용 1762~1836	황병기	2018	정약용의 하도河圖와 낙서洛書의 기원과 진위에 대한 연구
	임충군 임재규	2017	다산의 한대漢代 상수역학象數易學에 대한 검토와 평가
홍석주 1774~1842	김영우	2015	조선 후기 래지덕(來知德) 역학(易學)의 수용과 비판
김정희 1786~1856	서근식	2019	북학파의『주역』해석 방법론 연구(Ⅱ)-秋史 金正喜와 근기남인과의 대비를 중심으로
이항로 1792~1868	서근식	2024	화서(華西) 이항로(李恒老)의 『주역전의동이석의(周易傳義同異釋義)』
	김성욱	2023	화서 이항로의 중용적 주역관
	김병애	2019	화서 이항로의 斥邪衛正思想에 대한 이론적 근거와 실천 -『周易傳義同異釋義』와 「斥邪疏」를 중심으로
이희석 1804~1892	조우진	2022	남파(南坡) 이희석(李僖錫)의 역학적 사유와 현실 인식

심대윤 1806~1872	서근식	2024	白雲 沈大允 易學思想의 陽明左派的 성격과 占筮的 특징
	조희영	2019	『周易象義占法』에 나타난 白雲 沈大允 易學의 특색-새로운 占法과 爻變說 및 先後天說을 중심으로
	최정준	2018	심대윤(沈大允) 형기생성론(形氣生成論)의 역학적 구조
	최정준	2016	백운 심대윤(白雲 沈大允)의 독역십법(讀易十法)에 관한 연구–효위법(爻位法)을 중심으로-
	장병한	2009	『주역상의점법(周易象義占法)』에 대한 일고찰 ~19세기 천주학설(天主學說)에 대한 유학(儒學)의 대응과 극복
장복추 1815~1900	엄연석	2009	사미헌의 『역학계몽』과 그 역철학적 특징
김항 1826~1898	김용환	2010	정역의 후천 개벽윤리
	김재홍	2017	『정역(正易)』의 금화교역(金火交易)과 선후천변화원리
	김철수	2016	19세기 『정역』의 종교사회학적 의미
	서정화	2024	주역과 정역, 그리고 천문역법적 사유에서 바라본 학산 이정호의 訓民正音 '天文圖' 고찰
	안승우	2024	한국 근대 시대적 맥락에서 본 정역(正易)의 시간관
	양재학	2017	조선말 김항 정역사상의 역학사적 의의
	이복규	2017	『정역(正易)』과 기독교의 상통성
	이선경	2016	도원 류승국의 정역(正易)과 한국사상사의 상호 인식
	이현중	2007	『正易』의 曆數原理와 檀君神話의 時間觀
	이현중	2020	19세기 한국 儒學者들의 학문방법론 -한주寒州 이진상李震相과 일부一夫 김항金恒을 중심으로-

	임병학	2024	『正易』 '九九吟'의 易哲學的 의미
		2020	『正易』의 易道 표상체계 고찰
		2016	보천교의 교리와 『정역(正易)』사상 –팔괘도(八卦圖)를 중심으로
	최영성	2020	正易思想에 비추어 본 未來敎育
	전광수	2017	河圖·洛書의 變化법칙과 一夫『正易』
전우 1841~1922	이선경	2021	간재 전우의 역학관 시론
유인석 1842~1915	조희영	2021	유인석의 『우주문답(宇宙問答)』에 내재된 역학 이론 -원회운세론과 「낙서」이론을 중심으로
박문호 1846~1918	남윤덕	2024	壺山 朴文鎬의 『論語集註詳說』에 나타난 『周易』 활용 양상
	김필수	1997	壺山 朴文鎬의 周易觀 - 『楓山記聞錄』을 中心으로-
곽종석 1846~1919	엄연석	2024	곽종석의 태극이기론과 역학사상의 경학적 함의
이달 1889~1958	임채우	2017	야산(也山) 이달(李達) 역학의 한국사상적 성격 -근대민간 역학사상을 중심으로
이병헌 1870~1940	안승우	2023	이병헌(李炳憲) 『수화개벽설(水火開闢說)』의 역학사상과 시대인식 연구
		2020	이병헌(李炳憲) 역학(易學)사상의 신(神) 개념 연구
		2020	이병헌(李炳憲)의 금문경학적 『역경(易經)』 이해 - 태괘(泰卦)와 비괘(否卦)를 중심으로-
	최정준	2019	이병헌(李炳憲)의 괘변설(卦變說)과 책수론(策數論) 분석
	배영섭	2022	이병헌의 작역원위 연구-『역경금문고』를 중심으로-
	임재규	2024	주역(周易) 금고문(今古文) 연구 서설

역학계몽	이선경	2012	조선후기 기호성리학파의 역학계몽 이해
도설	김세종	2022	중국 역경易經의 조선시대 제작 도설圖說의 데이터베이스 자료 현황
	유권종	2007	朝鮮時代 易學 圖象의 歷史
경학지료 집성	이난숙	2024	한국경학자료집성-역경(24책~37책)의 구성 내용과 역학적 특징 분류(Ⅲ)
동학	이찬구	2010	역학의 선후천과 최수운의 다시개벽 -『주역』과 『정역』의 비교를 중심으로
		2007	동학의 관점에서 본 우주변화의 원리고찰-洛書 相克의 限界와 그 克服으로서의 相均圖-
		2003	易學과 東學의 관점에서 본 天符經사상
	임병학	2015	소강절의 상수역학(象數易學)이 한국 신종교에 미친 영향 -동학(東學)과 원불교(圓佛敎)를 중심으로-
	최민자	2019	포스트 물질주의 과학과 동학의 사상적 근친성에 대한 연구
	최천집	2021	동학의 역사성과 그 의미
서양과학	황병기	2004	역학과 서구과학의 만남, 조선후기 사상의 내적 발전사 탐구
신종교	송재국	2017	韓國 近代 新宗敎에 나타난 後天開闢思想 硏究-近代 民間 易學의 性格을 中心으로-

19~20세기에 걸친 역학에 관한 위의 선행 연구 성과를 전체적으로 개관해 보면, 정약용, 심대윤, 이병헌 등의 역학에 관한 연구에 집중되어 있고, 다른 학자들에 대해서는 연구를 시작하는 수준에 머무르고 있다고 할 수 있다. 특히 『한국경학자료집성』-『역경』편에는 『주역』 원문에 대한 주석뿐만 아니라 많은 학자들의 『주역』의 여러 이론에 관한 논설, 역학사 비평 등과 같은 자료들이 포함되어 있다. 이들

자료의 수량에 비해 볼 때, 19~20세기 조선 역학에 관해서는 이제 막 연구를 시작한 단계라고 할 수 있다.

하지만 위에서 언급한 선행 연구 성과들을 살펴보면, 19-20세기 역학 연구로부터 일정한 특징을 파악할 수 있다. 첫째, 19~20세기 조선의 역학 연구는 서양의 사상과 물질문명의 충격과 제국주의적 침략에 대응하는 이론적 토대를 역학으로부터 이끌어내고자 하는 시도를 보여주고 있다는 것이다. 둘째, 일부(一夫) 김항(金恒)이 정립한 『정역』 다양한 관점과 주제적 연구를 통하여 시대적 격변기에 대응할 수 있는 새로운 이론 체계를 모색하고자 한다는 점이다. 셋째는 역학을 동학과 결합하여 이해하고, 『주역』 자체 이론을 새롭게 해석함으로써 『주역』의 종교적 역할과 효과에 주목하고자 한다는 점이다. 넷째는 『주역』을 서양과학과 비교시각적 차원에서 이해함으로써 서양과학과 지평융합적 의미를 제시하고자 한다는 점이다. 다섯째는 『주역』의 의리역학적 요소를 민족적 주체의식의 관점에서 해석하고, 척사위정(斥邪衛正)의 시대적 사상으로 재해석하고자 한다는 것이다.

3. 19~20세기 대표적 역학자 연구자료

이 절에서는 19~20세기 조선의 역학에 관하여 진전된 연구를 위해서 대표적인 역학자들의 역학관련 연구 자료에 대하여 살펴보고 그 특징을 간략하게 검토하기로 한다. 19~20세기 조선 후기 역학자들이 역학 관련 자료는 대부분 『한국경학자료집성』(24-37권)에 포함되어 있다. 19~20세기 조선의 역학 사상의 특징과 경향을 살펴보기 위해서는 이들 자료를 검토하는 것이 필수적이다. 이 저술에는 많은 학자들의 역학 연구 자료가 수록되어 있다. 『한국경학자료집성』에는 퇴계와 율곡 이전의 조선전기의 자료는 그다지 많지 않다.

이것은 조선이 건국되면서 초기에 외형적인 문물제도와 경세론적 토대를 긴급히 구축해야 하는 필요성과 함께 아직 유가 경전에 관한 학문을 수준 있게 진행할 수 있는 토대가 마련되지 않았다는 점도 그 이유로 작용하고 있다. 이러한 경향은 조선 중기에 이르러 주자학을 극도로 존숭하면서 학문적 풍토가 개선됨에 따라 유가 경전과 관련한 연구가 점진적으로 진전되었다. 이에 따라 조선 중기 이후에는 유학 경전에 관한 많은 주석서와 연구가 많은 학자들에 의하여 문집의 형태로 간행되었던 것이다.

따라서 조선 중기 이후에는 경전에 관한 많은 연구들이 진행되면서 경전 관련한 연구 자료들이 폭발적으로 증가되었다고 할 수 있다. 요컨대, 조선전기에 경학 관련 자료가 비교적 희소하다면, 조선 중기 이후에는 매우 많은 수량의 자료가 축적되었으나, 조선 후기에 이르면서는 서양 문명의 동점과 시대적 변화를 겪으면서 새로운 세계관에 대한 대응을 위하여 여러 이론적 실천적 모색이 이루어지던 시기라고 할 수 있다. 이 점에서 조선 중기가 비교적 평화로운 시대에 실학과 같은 약간의 실천적 학문이 성행하였지만 주자 성리학을 중심으로 안정되고 심화된 학문적 연구를 할 수 있었다면, 서양 문명이 밀려오던 조선 후기에 이르러서는 새로운 문명에 대응하고자 하는 논리를 개발하고 실천적 노력을 하는 데 중점을 둠에 따라, 학문적 연구 경향은 청대 고증학과 실학의 영향을 받으면서 오히려 분산적이 되었다고 할 수 있다.

『한국경학자료집성』-『역경』편의 조선 전기로부터 후기에 이르기까지 선행연구에 따르면 시대의 선후에 따라 내용과 주제가 많은 차이를 가지고 있음을 알 수 있다. 역학 분야에서 19~20세기 조선의 학술을 많은 부분을 수록했다고 할 수 있는 『한국경학자료집성』-『역경』(24-37책)의 전체 구성 내용과 역학적 특징에 대해서는 이난숙이 상세하게 분석한 연구가 있다.[8] 그는 『한국경학자료집성』-『역경』(24-37책)의 내용이 지니는 역학적 특징을 10가지로 구분하여 정리하였다.

❖『한국경학자료집성-역경』(24-37책)의 주제별 내용별 특징 분류

순서	주제	내용
1	『周易傳義大全』	『周易傳義大全』을 중심으로 하거나 세주를 인용해 논한 한국역학
2	『易學啟蒙』	『易學啟蒙』을 주석하거나 그 일부를 논평한 한국역학
3	창의성	창의성이 발현된 관점으로 저술된 한국역학
4	비판적 시각	비판적 관점으로 저술된 한국역학
5	회의적 시각	의문점이나 저술 의도에 따라 논설한 한국역학
6	『주역』해석 방법론	한대 역설 등 주역의 해석방법론에 관한 논변이 포함된 한국역학
7	筮法	서법(筮法)을 주로 논한 한국역학
8	왕명과 책문	왕명에 의한 책문과 대책의 한국역학
9	도상학	도상(圖象)을 중심에 두고 논한 한국역학
10	수리론	수리(數理) 해석을 주로 논한 한국역학

이난숙은 『한국경학자료집성』-『역경』(24책~37책)의 전체 내용을 위와 같이 분류한 후에 역학적으로 중요한 의미를 갖는 몇 가지 『주

8) 이난숙, 위의 논문, 177-211쪽.

역』 주석서를 언급하면서 그 특징을 제시하였다. 그에 따르면 정약용의 『주역사전』은 역리사법(易理四法)을 정립함으로써 한국역학사에서 매우 창의적인 역학 저술로서 의미를 지니게 되었다. 이어서 서유신(徐有臣)의 『역의의언(易義擬言)』은 주희의 『본의(本義)』와 같이 고문경의 체제를 원용했으며, 상 · 점(象占)이 역본의(易本義)이고, 리 · 기 · 상 · 수(理氣象數)가 역의 근원이라고 주장한 것으로 해석하였다. 또 박문건의 『주역연의(周易衍義)』가 유흠(劉歆)의 삼통설(三統說)을 수용함으로써 『주역』의 첫 괘가 건괘(乾卦)로 구성된 이유를 해명하였다.

이지연의 『주역차의(周易箚疑)』가 의리역학을 받아들인 구체적 내용을 언급하였다. 곧 이 저술에서는 괘별로 괘명, 괘 그림을 그리면서 의리를 논했다. 주로 정주(程朱)의 주석으로 『주역전의대전』과 그에 관한 세주를 인용해 시비(是非)를 논하는 방법을 통하여 의리역학을 지향하였다. 이항로의 『주역전의동이석의(周易傳義同異釋義)』에 대해서도 정이의 『역전』과 주희의 『본의』의 두 문헌의 동이점을 분석하면서도 모두 의리를 추구하는 데서 동일하다고 보았다. 심대윤의 『주역상의점법(周易象義占法)』에서는 정이가 의리적인 주석을 하고, 주희의 점서적인 주석을 한 것 모두가 편향되어 옳지 않다고 보면서, 정주학을 벗어나 새로운 역학을 정립하고자 한 것으로 평가하였다. 박만경의 『심역(心易)』은 64괘를 주석하면서도 도설, 이론적 논설, 문자회 등을 해명하여 자신만의 새로운 역학을 창의적으로 제시한 것으로 보았다.[9]

다음 비판적인 관점에서 기존의 역설을 평가 시각적으로 언급한 자료들도 있다. 예컨대, 주공의 효사제작설을 비판한 김정희(金正喜)의 「역서변(易筮辨)」이 있고, 이규경(李圭景)은 「사상변증설(四象辨證說)」에서 주희의 사상설을 비판하였다. 정주의 괘변설을 의심한 이진상(李震相)

9) 이난숙, 위의 논문, 201-203쪽.

의 「괘변설(卦變說)」이 있고, 「석합보공설(析合補空說)」에서는 『역학계몽』의 주자설에 의문을 제기하였다. 이러한 관점은 대체로 중국의 정주역학의 관점에서 벗어나 새로운 관점에서 역학을 이해하고자 했던 경향에 말미암은 것이라고 할 수 있다.

다음 표는 19세기 초에 활동한 정약용을 시작으로 20세기까지 대표적인 학자들이 저술한 역학 관련 자료를 정리한 것이다.

❖『한국경학자료집성-역경』(24-37책)의 대표적 저자의 자료 목록

학자	책수	자 료	생몰연대
丁若鏞	24冊	『周易四箋』, 『易學緖言』	1762~1836
吳熙常	26冊	雜著-易	1763~1833
洪奭周	27冊	「讀易雜記」『淵泉集』	1774~1842
	27冊	洪氏讀書錄-易	
金正喜	27冊	「周易虞義攷」『阮堂集』	1786~1856
	27冊	「易筮辨」『阮堂集』	
李圭景	27冊	「易卦爻彖象辨證說」『五洲衍文長箋散稿』	1788~?
	27冊	「四象辨證說」『五洲衍文長箋散稿』	
	27冊	「卦畫自下而上辨證說」『五洲衍文長箋散稿』	
	27冊	「周易辨證說」『五洲衍文長箋散稿』	
	27冊	「經傳類-易經」	
李恒老	28冊	「周易傳義同異釋義」『華西文集』	1792~1868
	28冊	「易說」『華西文集』	
	28冊	「先天後天圖卦說」『華西文集』	

	28冊	「南八灘啓蒙八圖說質疑」『華西文集』	
	28冊	「卦蓍說」『華西文集』	
	28冊	「先後天說示裵允素絢」『華西文集』	
	28冊	「陰符經考異序記疑-示金穉章」『華西文集』	
	28冊	「易序記疑-示金穉章」『華西文集』	
	28冊	「易與太極圖同異說」『華西文集』	
	28冊	「朱子元亨利貞說句解」『華西文集』	
	28冊	「易有太極心爲太極說書-示柳穉程」『華西文集』	
	28冊	「先天圓圖解說」『華西文集』	
	28冊	「易者第三十三」『華西文集』	
奇正鎭	29冊	『答問類編』-「易」	1798~1879
沈大允	30冊	『周易象義占法』	1806~1872
李震相	31冊	「易學管窺」『寒洲集』	1818~1886
		「天地四象論」『寒洲集』	
		「卦畫說」『寒洲集』	
		「周易卦序說」『寒洲集』	
		「卦變說」『寒洲集』	
		「八則陽生說」『寒洲集』	
		「析合補空說」『寒洲集』	
柳重教	31冊	「易說」『省齋文集』	1832~1893
		「河圖洛書說」『省齋文集』	
田 愚	31冊	「讀元亨利貞說」『艮齋私稿』	1841~1921
		「坤復說辨」『艮齋私稿』	

		「坤復說再辨」『艮齋私稿』	
		「易有太極」『艮齋私稿』	
		「易與周邵太極」『艮齋私稿』	
		「易心道性」『艮齋私稿』	
朴文鎬	32冊	「周易圖說詳說」『壺山全集』	1846~1918
		「周易本義詳說」『壺山全集』	
		「周易五贊詳說」『壺山全集』	
		「筮儀詳說」『壺山全集』	
		「經說-周易」『楓山記聞錄』	
郭鍾錫	33冊	「後天卦語」『俛宇文集』	1846~1919
		「易逆數說」『俛宇文集』	
李炳憲	33冊	「易經今文考通論」『李炳憲全集』	1870~1940
		「易經今文考小箋」『李炳憲全集』	
		「孔經大義考-周易」『李炳憲全集』	
曺兢燮	33책	「讀易隨記」	1873~1933

위에서 기록한 학자들은 대체로 3단계 시기로 구분할 수 있다. 첫째, 18세기 후반에 태어나 19세기 전반까지 활동했던 인물들로 정약용부터 오희상, 홍석주, 김정희, 이규경까지가 여기에 해당한다. 둘째는 18세기 말부터 태어나 19세기 후반까지 활동했던 인물들로 이항로, 기정진, 심대윤, 이진상, 유중교가 여기에 해당한다. 마지막으로 19세기 중반에 태어나 20세기 전반기까지 활동했던 인물로 전우, 박문호, 곽종석, 이병헌 등이 여기에 해당한다.

정약용부터 이규경까지 19세기 전반까지 활동했던 인물들은 실학의 세례를 받아 구체적 현실 문제를 해결하고자 하는 취지에서 『주역』을 해석하는 경향을 가졌다고 할 수 있다. 오희상의 경우 건괘와 곤괘를 성경(誠敬)이라는 성리학의 수양론적 개념으로 해석함으로써 의리역학적 관점을 가지고 있었다. 그러면서도 그는 역의 묘용을 시(時)와 위(位)에 두어 시의성을 강조하는 모습으로 변화되는 현실에 중점을 두고 있다. 홍석주는 역을 이해하는 관점에 대하여 시대마다 역을 이해하는 취지와 관점이 다르기 때문에, 후대의 역에 대한 이해는 나름의 시대적 의리를 갖는다는 취지를 말하였다. 그리하여 그는 이전 시대 『주역』 연구사에 대한 견해를 이전의 여러 역학자들의 저술에 대한 평가를 통하여 제시하였다.

다음으로 이항로는 19세기를 관통하여 후반에까지 활동을 하였다. 이 시기의 인물들은 이전시대보다 더욱 무겁게 서양문명의 압박을 받으며 시대에 대응하고자 하는 논리를 개발하는 데 주력하는 경향을 보였다고 할 수 있다. 대표적인 사례가 바로 척사위정파를 대표하는 이항로이다. 그는 「주역전의동이석의(周易傳義同異釋義)」를 필두로, 「역설(易說)」, 「선천후천도괘설(先天後天圖卦說)」, 「괘시설(卦蓍說)」, 「역여태극도동이설(易與太極圖同異說)」 등 역에 관한 여러 논설을 지었다. 「주역전의동이석의」에서 이항로는 『정전』과 『본의』의 차이점을 강조하면서, 『정전』이 의리를 기준으로 역의 의미를 발휘한 것으로 보고, 『본의』는 경문을 주석한 저술이지만, 두 가지는 상호적으로 의리를 해명한 것으로 평가하였다. 또한 그는 『주역』의 근본 목적을 성인이 선(善)을 권장하고 악(惡)을 징계하는 책이라고 규정하였다.[10] 이 점에서 이항로는 성리학의 의리역학적 목표를 지향하고 있음을 알 수 있다.

---

10) 成均館大 大東文化硏究院, 『韓國經學資料集成-易經』 28冊, 李恒老, 崔錫起, 「解題」.

유중교의 경우도 전통적인 도덕적 세계관을 가지고 서양 문명을 금수와 같이 약육강식의 전장이라는 관점에서 바라보았다. 그는 『주역』과 관련하여 「역설(易說)」, 「하도낙서설(河圖洛書說)」을 지었다. 「역설(易說)」에서 그는 천지의 이치를 드러내는 상(象)과 성인의 정을 드러내는 사(辭) 중에 사(辭)를 우선하여 마음을 궁구함으로써 이로부터 천지의 이치를 드러내는 상에까지 도달해야 한다고 강조하였다.

마지막 단계로 20세기 전반기를 대표하는 전우, 박문호, 곽종석, 이병헌 등은 개화기 이후 활동한 인물들로 만년에 일제강점기를 관통하는 망국의 시대를 몸소 체험하면서 시대적 한계를 체험했다고 할 수 있다. 이들의 세계관은 한편으로는 전통 유학과 성리학의 원형을 지킴으로써 보수적 입장을 취한 경우도 있고, 다른 한편으로는 시대의 곤경을 극복하기 위하여 유학적 세계관을 견지하면서도 국가의 독립을 위한 실천적 활동을 왕성하게 한 유형으로 나뉜다. 전우와 박문호가 전자의 사례를 대표한다면, 곽종석과 이병헌은 후자의 입장을 대변한다고 할 수 있다.

4. 19~20세기 한국역학사의 서술 방향 총론

이 장에서는 선행 연구 성과를 참조하면서 19~20세기에 『주역』 또는 역학에 관한 주석서나 논설, 연구서를 지은 인물들의 역학이론을 연구하는 방향과 목표를 설정하는 데 필요한 가치평가 기준을 제시하고자 한다. 이 시기의 역학 이론에 관한 선행 연구들은 많은 경우에 인물별, 개념별, 역학이론 또는 주제별로 제한된 범위에서 연구하는 경우가 대부분이었다. 하지만 현재적 시점에서 19~20세기 조선에서 역학에 관한 연구를 한 지식인들의 이론을 보다 체계적으로 연구하고자 한다면 필수적으로 이들을 연구하는 이론적 방법론적 기준이 있어야 할 것이다. 이 장에서는 바로 19~20세기 한국역학사를 서술하는 방향과 목표를 설정하는 데 필요한 기준을 종합적으로 논의하고자 한다.

이제 19~20세기 한국역학사를 서술하는 방향과 목표에 관한 종합적 논의를 체계적으로 진행하기 위하여 고려해야 할 몇 가지 핵심적인 요소를 검토할 필요가 있다. 첫째는 19~20세기라는 시대가 지니는 특징에 대하여 종합적으로 기술하고 평가할 필요가 있다는 것이다. 이 시대는 근대적 도구적 이성과 과학기술, 자유민주주의, 경제적 자본주의로 무장한 서양의 물질문명이 동아시아를 휩쓸면서 중국을 세상의 중심으로 생각하는 진리의 기준으로서 천하관(天下觀)이 붕괴되면서 서구적 가치관과 전통적 가치관이 경쟁하면서 모순 대립하던 시대였다. 다시 말하면 19~20세기 전반은 당시 시대를 기능하도록 하는 중심적 가치기준이 서로 충돌하고 경쟁하면서 섞이고 중복되는 시기를 거쳐 새로운 서구적 가치기준이 정립되어 우위를 점하는 시기이기도 하였다. 우리는 이처럼 당시 시대를 이끌던 시대정신과 가치기준의 중층적 내용을 체계적으로 검토할 필요가 있다.

둘째는 『주역』과 역학이 지니고 있는 개념적 이론적 특성을 현대적 용어로 재해석할 필요가 있다는 것이다. 『주역』과 역학 이론에는 많은 개념어가 있다. 『주역』과 그 이론은 '생생(生生)', '효변(爻變)', '추이(推移)';'상수(象數)', '물상(物象)', '호체(互體)'; '의리(義理)', '중정(中正)', '괘명(卦名)'과 같은 개념으로 이루어져 있으며, 이들이 하나의 전체적인 이론체계를 구성한다. 따라서 이들 개념이 내포하고 있는 의미를 현대적으로 정립된 철학 이론에 비추고 견주어보는 것이 필요하다. 이들 개념들은 각각 자연적 인과론, 도덕적 목적론, 그리고 관계론적 의미망을 구성하고 있다고 할 수 있다. 뿐만 아니라 『주역』은 천지의 커다란 덕으로 생명을 실현하는 것으로 '생생(生生)'을 근본목적으로 삼는다. 이 점은 서양 근대 이후 데카르트의 물심이원론으로부터 발원한 주체와 객체, 인간과 자연의 이원적 분리와 대조하여 유기체적 생명 사상을 내포하고 있다고 할 수 있다. 이러한 이론적 특성 또한 새롭게 재조명하는 것이 필요하다.

셋째는 19~20세기에 활동했던 『주역』과 역학에 관한 저술을 한 학자들이 각각 가지고 있었던 학문적 연원과 지식체계, 그리고 세계관이 그의 역학관에 미친 영향 또는 상관관계에 대한 심층적인 이해가 필요하다는 것이다. 조선시대 중기 이후를 예로 들어보면 퇴계 이황(李滉)과 율곡 이이(李珥) 이후 리와 기, 성과 심을 중심으로 하는 성리학의 학파적 분화와 노선이 매우 다양하게 전개되면서 융합되기도 하고 모순 대립하는 것을 알 수 있다. 이러한 이론적 계통과 사승에 어떠한가에 따라서 전부는 아니더라도 그의 역학관 또한 일정한 상관성을 지니고 있다. 나아가 특정한 학자의 학문적 이론적 지향과 실천적 활동에 『주역』과 역학에 관한 시각이 어떻게 정합적으로 기초를 이루고 있는가에 주목할 필요가 있다.

넷째는 19~20세기 역학을 제시한 학자의 이론적 관점이나 지향, 그 속에 함축된 의미를 21세기 현재적 가치 기준을 통하여 재평가할 필요가 있다는 것이다. 21세기의 관점에서 19~20세기 당시의 시대정신과 세계관을 재평가할 필요가 있다는 것은 19~20세기 초에 서구의 도구적 이성관과 과학기술 문명의 위력 앞에 동양 전통의 도덕적 유기체적 공동체적 세계관은 정당하게 평가를 받을 입장이 아니었기 때문이다. 19~20세기 초 조선은 서양의 도구적 이성을 중심으로 하는 물질문명의 핵심적 가치로서 개인의 권리를 강조하는 자유민주주의와 경제적 자본주의적 이념이 전통적 도덕적 가치를 대치하는 시대였다. 19~20세기를 규정하는 가치를 21세기 현재적 가치기준에 따라 두 시대를 비교 시각적으로 재평가하는 중층적 관점을 취할 필요가 있다.

이러한 관점이 필요한 이유는 시대정신은 언제나 변하는 것이기 때문에 20세기를 지배하는 가치가 21세기 현대에 더 이상 절대적 진리로 작용하지 않기 때문이다. 따라서 새로운 가치기준에 따라 과거의 가치는 새롭게 재해석하는 것이 필요하며 이것이 과거와 현재 사이의 비판적 대화라고 할 수 있다. 이 글은 19~20세기의 『주역』 사상에 관하여 시대적 중층적 의미와 가치를 재평가하는 목적을 지닌다.

이처럼 19~20세기 역학사상사를 서술하는 데 유의하면서 방법론적 방향성을 설정한 기준은 시대적 배경에 대한 입체적 종합적 평가, 『주역』 이론에 대한 개념적 이론적 특성 재해석, 학자의 지식체계와 연원 및 세계관 평가, 19~20세기 과거와 21세기 현재 사이에 내재된 시대정신의 변화에 따른 중층적 가치기준의 비교 평가 등이다. 요컨대, 19~20세기 한국 역학사상사를 서술하기 위한 중요한 방향은 『주역』의 이론적 가치와 함축을 통시대적 관점에서 평가하는 시각을 갖는 데 있다. 이러한 방향성을 가지고 구체적으로 한편으로는 당시 시대 학자들이 이론적으로 문제시하던 것들을 서양에 연원을 두는 철학과 사상과의 비교 시각적 관점을 견지하고, 다른 한편으로는 21세기에 공통적인 가치로서 정립할 수 있는 이론을 체계화하는 것이 필요하다.

먼저 19~20세기라는 시대가 지니는 특징을 요약하면 중국을 세계의 중심으로 보던 천하관의 붕괴와 해체를 상징적 의미로 삼아 문제를 파악해 볼 수 있다. 천하관의 붕괴로 상징되는 당시는 중국을 중심으로 하는 동아사아 전통 유학 사상의 도덕적 인륜적 질서가 지배하는 세계관으로부터 서양의 도구적 이성과 자유민주주의, 자본주의적 가치가 지배하는 질서로의 전환과 변화로 특징지을 수 있는 시대라는 것이다. 경제적 물질적 욕구를 긍정하는 서양 근대적 세계관이 동아시아에 엄습하면서 전통적 인륜 도덕적 가치질서가 일거에 붕괴되면서 세계관의 전환이 이루어진 것이다.

이러한 변화 속에는 정치적으로 개인의 자유와 권리를 강조하는 서양의 근대적 민주주의가 동양 전통의 인륜 공동체적 질서를 대체했던 것이다. 이러한 변화의 와중에 척사위정파, 동도서기론, 개화론 등이 서로 다른 사상 노선을 지니고서 시대적 문제를 돌파하고자 한 것이다. 이러한 외적 시대적 특성에 대하여 이해하고 이러한 이해를 바탕으로 19~20세기 한국역학사의 서술 방향을 결정하는 것이 필요하다.

다음으로 『주역』에는 그 이론과 학설을 구성하는 개념과 이론이 연속적으로 일정한 체계를 이루고 있다. 예컨대, 위에서 언급한 '생생(生生)', '효변(爻變)', '추이(推移)'; '상수(象數)', '물상(物象)', '호체(互體)'; '의리(義理)', '중정(中正)', '괘명(卦名)' 등은 『주역』을 구성하는 핵심적인 개념들이다. 이들 개념들이 내포하고 있는 의미를 해석학적 지평융합적 시각을 가지고 현대에 보편적으로 통용되는 개념들과 비교하여 재검토할 필요가 있다는 것이다. 예컨대, 『주역』에서 언급되는 상생(相生)과 상극(相克)과 같은 개념을 갈등과 조화, 대립과 협력 등과 같은 개념으로 지평융합적 해석을 가할 필요가 있을 것이다. 예컨대, 『주역』에서 언급하는 중정(中正)이나 중화(中和), 추이(推移)와 효변(爻變) 공정과 평등, 차별과 편향, 인권과 자유, 개혁과 변혁 등과 같은 개념으로 상관적 의미를 통약할 수 있고 때로는 치환하여 해석할 수 있다. 요컨대, 해석학적 지평융합을 통하여 주역에서 언급되는 개념들과 현대에 보편적으로 통용되는 개념들의 의미를 비교하고 통약하는 과정이 필요하다.

그리고 21세기에 중시되는 시대정신에 따라 19~20세기 당시 학자들의 역학관에 내포되어 있는 의미를 재평가할 필요가 있다는 것이다. 19~20세기의 시대정신이 자본주의의 고도화에 따른 제국주의적 침략으로 특징져지는 물질적 가치를 우선시하는 것이었다면, 21세기 현대사회는 이러한 가치가 지니는 경제적 불평등과 차별, 파생되는 생태계 기후위기 등으로 진리의 기준에서 탈락하고 생태계의 질서와 생명, 사회문화적 상생과 조화, 공동체의 공적 가치질서 회복 등의 가치가 미래적 기준으로 되었다고 할 수 있다. 이러한 관점과 가치기준의 변화에 따라 19~20세기에 학자들의 역학관을 재해석하는 것이 필요하다는 것이다. 그렇다면 19~20세기의 시대정신을 대표하는 경제적 물질적 가치에 대한 지향이 현대 사회에 완전히 제거된 것인가 하면 그렇지 않고 절대 가능하지도 않다. 경제적 물질적 가치를 추구하는 것은 동서고금을 불문하고 언제나 인류의 삶에 필요한 필수적인 조건인 만큼 불가피한 요소이다. 따라서 이것은 인류사회에 인문적 질서의 유지를 위하여 도덕적 가치와 어떻게 조화를 이루도록 할 수 있는가의 문제로 귀결될 것이다. 또한 일한 경제적 물질적 가치에 대한 지향은 21세기에는 고도로 발전된 AI로 대표되는 기술문명 시대에는 지식정보와 디지털 기술습득을 통한 경제적 부의 창출과 불공정한 분배그리고 인공지능 윤리적 기준 속으로 은폐되는 경향을 지닌다. 이러한 문제 또한 『주역』의 관점에서 평가할 필요가 있다.

5. 『주역』과 역학이론이 함축하고 있는 세계관의 중층적 해석

이 장에서는 19~20세기 한국 역학사상사를 보다 체계적으로 서술하기 위한 방법론을 모색하기 위하여 『주역』과 역학이론이 함축하고 있는 세계관을 중층적 해석하면서 서양철학사상에 연원하는 이론적 관점에서 비교시각적 해석학적 지평융합의 방향을 제시하고자 한다. 이것은 『주역』의 여러 중층적인 이론체계를 서양의 근대철학의 인식론과 자연과학적 이론체계와 연속하여 그 사이에 내포되어 있는 해석학적 지평을 융합하고 통약하는 것을 의미한다.

『주역』과 역학은 상(象)과 수(數), 의리, 중정, 효변 등을 기본으로 하는 많은 개념과 이론 구조를 가지고 중층적 학문 체계를 지니고 있다. 예컨대, 중정론(中正論), 상수론(象數論), 호체론(互體論), 효변론(爻變論), 괘변론(卦變論), 벽괘설(辟卦設), 상생상극론(相生相克論), 생수성수설(生數成數說), 오행론(五行論) 등과 같은 이론들은 『주역』과 역학의 체계를 이루는 중심 이론이자 학설들이다. 이러한 이론들은 현대 학문의 이론들로서 생성론 또는 상관론, 인과론, 목적론 등의 관점에서 해석학적 지평융합을 통하여 그 의미를 통약하고 재해석할 수 있다. 그러면 상관론, 인과론, 목적론이 지니는 특성을 간략하게 정리해 보기로 한다.

먼저 상관론은 서양철학에서 그레이엄 하먼(Graham Harman)이 제시한 '객체지향 존재론(Object-Oriented Ontology)'에서 살펴볼 수 있다. 이 이론에서는 인간 중심적 패러다임을 넘어 존재에 대한 관계적 이해를 주장하며, 사물이 인간의 관찰과 독립적으로 상호 작용하고 서로에게 영향을 미친다고 가정한다. 중국에서 상관론의 대표적 사례는 음양오행설이다. 음양오행설은 음양(陰陽) 두 요소와 오행(五行)의 다섯 가지 요소가 각각 독립적 지위를 갖는 것이 아니라 상호관계성을 가지고 상생, 상극 등의 순환과정을 통하여 자연과 인간사의 변화를 표상한다. 『주역(周易)』에서 '생생(生生)'-상생상극(相生相克), '효변(爻變)', '추이(推移)'와 같은 용어들은 상관론의 관점에서 인문, 정치경제, 사회문화 등의 여러 현상을 『주역』적 관점에서 재조명하는 개념으로 삼을 수 있다.

인과론은 과학적 법칙을 세울 때 가장 기본이 되는 이론으로 모든 자연사물의 생성과 변화에는 원인이 되는 현상이 있으면 그에 따른 결과가 있다고 보아, 이 둘 사이의 관계를 설정하는 이론이다. 인과론은 원인과 결과 사이의 관계를 '개연성'만 가지는 것이 아니라 어떤 원인으로 결과가 반드시 발생한다고 가정하므로 여기에는 '필연성'이 전제가 된다. 자연 세계에서는 원인과 결과가 복잡하게 얽혀 하나의 전체를 이루고 있고, 이 가운데 인과관계는 상호연관이라는 보다 큰 법칙의 한 요소가 된다. 『주역(周易)』에서 상수(象數), 물상(物象), 호체(互體)와 같은 용어들은 수리적 연산에 따른 필연적 법칙, 사물의 특정한 상징적 의미, 괘효의 선후 필연적 변화 등을 매개하는 개념들이다. 이들은 괘효사(卦爻辭)의 위치와 음양(陰陽)의 자질, 상수역학적 변화를 통하여 길흉(吉凶)을 예측하는 판단의 기준을 도출하는 근거가 된다. 인과론적 관점에서의 『주역』 해석은 이들 개념들을 통하여 인문 사회현상의 여러 가치 지향적 문제들이 발생하는 경험적 근거를 제시하는 데 의미를 지닌다.

반면 목적론(teleology)은 자연과 인간 세계에서 발생하는 모든 사건을 일정한 목적을 가진다고 해석하는 이론이다. 목적론에서는 자연에 존재하는 다른 사물의 작용과 행위에 대해 그 사물이 스스로 어떤 목적을 추구하거나 초월적으로 세팅되어 있는 목적을 실현시키기 위해 존재한다고 본다. 목적론은 자연세계뿐만 아니라 특히 인간세계에서 인간 주체들이 사회문화 체계에서 어떤 경우이든 보편적으로 특정한 이념이나 목적을 설정하는 것을 설명하는 이론 체계이다. 『주역』에서 의리(義理), 중정(中正), 괘명(卦名)과 같은 개념은 도덕적 정치적 실천과 이념을 지시하고, 이념의 지향성과 전체적 의미를 제시하는 매개 개념이 된다. 따라서 이들 개념을 통하여 특정한 시대의 요청에 대한 가치의존적 당위, 주체들의 정치적 이념, 사회문화적 지향성 등을 검토할 때 이들 개념들에 대한 시의적절한 해석이 유의미성을 가진다.

이처럼 서양철학과 과학사상에서 유래했다고 할 수 있는 상관론, 인과론, 그리고 목적론이 지니는 여러 의미를 『주역』의 여러 개념적 이론적 의미와 결합하여 해석학적 지평융합과 통약을 시도하는 것은 동서철학과 사상이 현대사회에 공통적으로 어떤 유의미성을 지니고 있는가를 보다 선명하게 드러내는 방법의 하나가 될 것이다. 뿐만 아니라 이러한 시도는 19~20세기 역학이론이 지니는 시대적 의미를 재해석하도록 유도하고 그 의미를 입체적으로 바라보는 데 기여할 것이다. 동시에 이러한 시도는 현대사회가 안고 있는 여러 가지 역기능과 시대적 문제를 해결하는 데 필요한 철학적 이론적 기초를 제공할 수 있을 것이다.

이 가운데서도 특히 『주역』의 이론적 특색을 이루는 것 가운데 주목할 만한 이론은 생생론 또는 생성론이 될 것이다. 이 이론은 기본적으로 음양오행(陰陽五行)과 이기심성(理氣心性)을 하나로 관통하는 유기체적 전체론으로 이루어져 있다고 할 수 있다. 이러한 『주역』 이론은 유학사상의 핵심적 특징이 되기도 하는데, 서구적 민주주의적 가치가 개인과 공동체를 이원화하고, 파편화 원자화된 개인을 강조하는 세계관을 개선하고 현대사회의 여러 문제를 해결하는 데 필수불가결한 이론적 토대가 될 수 있다. 서양에서 최근 논의되고 있는 생태이론이나 신유물론과 같은 철학 사조 또한 『주역』의 이러한 생성론 또는 상관론과 밀접한 의미연관성을 가지고 있다고 할 수 있다. 이처럼 서양의 학문적 전통에서 유래한 상관론, 인과론, 목적론과 『주역』의 여러 개념과 이론체계를 지평융합적 관점에서 재해석하고 재조명하는 것은 19~20세기 한국역학사 서술을 위해서뿐만 아니라, 현대 사회의 여러 사회 문화적 거대위기를 해결하는 이론적 모색으로서도 중요한 의미를 갖는다.

7. 맺음말

이 글은 19~20세기 한국 역학사상사를 서술하는 방향을 『주역』과 역학이론이 함축하고 있는 세계관의 중층적 의미를 서양 전통의 상관론, 인과론, 목적론과 연결하여 지평융합적 해석 방법론에 대하여 검토하였다. 이 글에서는 『주역』이론을 통하여 19~20세기가 당면한 문제에 대하여 전통 철학적 입체적인 이론적 대응을 추구하는 것을 목적으로 하였다. 구체적으로 이 글에서는 서양문명과 사상에 대한 해석과 비판 및 수용을 통하여 변화에 대응하는 데 필요한 이론적 탐색의 한 과정으로서 『주역』이론이 지니는 지평융합적 의미를 이끌어내고자 하였다.

이어서 19~20세기 조선의 역학사상사를 서술하기 위한 선이해로서 선행 연구 성과들이 어떤 주제와 방향성을 가지고 이 시기의 역학사상을 연구했는가를 검토하였다. 하지만 지면관계상 이 장에서는 선행 연구 성과를 통하여 19세기 이후 역학자들에 대한 연구 성과의 경향과 방향의 대강을 살펴보았다. 19~20세기에 활동했던 역학 연구자들은 대체로 3단계 시기로 구분할 수 있다. 첫째, 18세기 후반에 태어나 19세기 전반까지 활동했던 인물들로 정약용부터 오희상, 홍석주, 김정희, 이규경까지가 여기에 해당한다. 둘째는 18세기 말부터 태어나 19세기 후반까지 활동했던 인물들로 이항로, 기정진, 심대윤, 이진상, 유중교가 여기에 해당한다. 마지막으로 19세기 중반에 태어나 20세기 전반기까지 활동했던 인물로 전우, 박문호, 곽종석, 이병헌 등이 여기에 해당한다.

『주역』에는 그 이론과 학설을 구성하는 개념과 이론이 연속적으로 일정한 체계를 이루고 있다. 예컨대, 위에서 언급한 '생생(生生)', '효변(爻變)', '추이(推移)'; '상수(象數)', '물상(物象)', '호체(互體)'; '의리(義理)', '중정(中正)', '괘명(卦名)' 등은 『주역』을 구성하는 핵심적인 개념들이다. 이들 개념들이 내포하고 있는 의미를 해석학적 지평융합적 시각을 가지고 현대에 보편적으로 통용되는 개념들과 비교하여 재검토할 필요가 있다는 것이다. 예컨대, 『주역』에서 언급되는 상생(相生)과 상극(相克)과 같은 개념을 갈등과 조화, 대립과 협력 등과 같은 개념으로 지평융합적 해석을 가할 필요가 있을 것이다. 예컨대, 『주역』에서 언급하는 중정(中正)이나 중화(中和), 추이(推移)와 효변(爻變) 공정과 평등, 차별과 편향, 인권과 자유, 개혁과 변혁 등과 같은 개념으로 상관적 의미를 통약할 수 있고 때로는 치환하여 해석할 수 있다. 요컨대, 해석학적 지평융합을 통하여 주역에서 언급되는 개념들과 현대에 보편적으로 통용되는 개념들의 의미를 비교하고 통약하는 과정이 필요하다는 것이다. 그리고 21세기에 중시되는 시대정신에 따라 19~20세기 당시 학자들의 역학관에 내포되어 있는 의미를 재평가할 필요가 있다는 것이다.

『주역』의 특색을 이루는 것 가운데 주목할 만한 이론은 생생론 또는 생성론이 될 것이다. 이 이론은 기본적으로 음양오행(陰陽五行)과 이기심성(理氣心性)을 하나로 관통하는 유기체적 전체론으로 이루어져 있다. 이러한 『주역』 이론은 유학사상의 핵심적 특징이 되기도 하는데, 서구적 민주주의적 가치가 개인과 공동체를 분리하고, 파편화 원자화된 개인을 강조하는 세계관을 넘어서고 현대사회의 여러 문제를 해결하는 데 필수불가결한 이론적 기초가 될 수 있다. 서양에서 최근 논의되고 있는 생태이론이나 신유물론과 같은 철학 사조 또한 『주역』의 이러한 생성론 또는 상관론과 밀접한 의미연관성을 가지고 있다. 이처럼 서양의 학문적 전통에서 유래한 상관론, 인과론, 목적론과 『주역』의 여러 개념과 이론체계를 지평융합적 관점에서 재해석하고 재조명하는 것은 19~20세기 한국역학사 서술을 위해서뿐만 아니라, 현대사회의 사회문화적 거대위기를 해결하는 데도 중요한 의미를 갖는다.

【참고문헌】

成均館大學校出版部, 『韓國經學資料集成-易經』 24-37冊, 1997.
안승우, 「이병헌(李炳憲) 역학(易學)사상의 신(神) 개념 연구」, 『유교사상문화연구』 80, 한국유교학회, 2020
이난숙, 「한국경학자료집성-역경(24책~37책)의 구성 내용과 역학적 특징 분류(Ⅲ)」, 『동양철학연구』 120, 동양철학연구회, 2024
이선경, 「간재 전우의 역학관 시론」, 『한국철학논집』 68, 한국철학사연구회, 2021
이선경, 「조선후기 기호성리학파의 역학계몽 이해」, 『한국철학논집』 35, 한국철학사연구회, 2012
이찬구, 「동학의 관점에서 본 우주변화의 원리고찰 -洛書 相克의 限界와 그 克服으로서의 相均圖-」, 『동학학보』 11, 동학학회, 2007
장병한, 「백운(白雲) 심대윤(沈大允)의 『주역상의점법(周易象義占法)』에 대한 일고찰 -19세기 천주학설(天主學說)에 대한 유학(儒學)의 대응과 극복의 관점에서」, 『한국사상사학』 33, 思想社會硏究所, 2009
조희영, 「유인석의 『우주문답(宇宙問答)』에 내재된 역학 이론 -원회운세론과 「낙서」이론을 중심으로-」, 『동방학지』 194, 연세대 국학연구원, 2021
최영성, 「제4차 산업혁명과 전통적 교육방법 -正易思想에 비추어본 未來敎育」, 『율곡학연구』 41, 율곡학회, 2020

한국미시역학사 서술 일고

황 병 기

요약

이 글은 첫째 문화다원주의적 관점에서 한국주역경학사의 내적 발전사를 도모하고, 둘째 상징인문학의 도구적 패러다임으로 동아시아 문명사에서 미시적 한국역학사를 서술하는 동시에 셋째 그 위상을 제고하여 한국역학의 문화적 개성을 드러내고자 기획한 글이다.

먼저 여말선초『주역』의 조선전래와 관련하여 원대역학과의 상관성을 중심으로 주체적 수용사라는 관점에서 서술할 수 있다. 원대 역학의 상관성을 제기하는 것은 원대역학을 폄하하는 현대 중국 역학자들의 편협한 문명론에 대한 문제제기의 성격도 담고 있다. 또 주역언해와 역학언어의 탈중국화 시도에 나타난 한국역학의 문화다원주의를 서술할 수 있다. 이 위대한 번역의 시대에 조선의 지식인들이 보여준 역학언어의 탈중국화는 미시적 한국역학사를 구성하는 데 긴요한 자료가 된다. 또 조선 중후기 도서학적 경향은 중국역학의 도서학적 성격과 일정 정도 차별성을 지니는데, 도상학적 특징과 역수학적 특징을 비교 분석하여 한국역학의 문화다원주의와 상징인문학의 체계를 구성할 수 있다. 또 서학과 서교의 전래 이후 새로운 천문학적 관점이 반영되거나 새로운 종교관이 반영되거나 새로운 박물학적 관점이 반영되는 경향이 발견되는데, 동서문명의 교류와 융합이라는 큰 지구적 차원에서 상징어의 통섭 관계를 탐구하여 문화다원주의와 상징인문학 체계를 구성할 수 있다. 또 한국역학사에서 발생적 특이성으로 간주할 만한 종교학적 해석 관점을 서술할 수 있다. 19세기 정약용과 윤정기는 종교학적 역학 관점을 드러냈는데, 수용사의 관점뿐만 아니라 문화다원주의적 관점으로도 독특한 위상을 지닌다. 것이다

1. 머리말

'자기가치감'은 자존감의 다른 표현이며, 스스로 자기를 가치 있는 사람이고 남에게 사랑받을 만한 사람이라고 생각할 때 생기는 감정으로 심리학적 개념이다. 이 개념을 바로 지금 한국인이 구가하는 학문 영역 전반에 적용시킬 시점이라고 판단되며, 그 거대 프레임 안에서 한국역학의 자기가치감을 제고하는 것이 이 글의 목표이다.

『주역』은 중국 주나라의 역이라는 의미에서 공간과 시간의 한정성을 지니고 있고, 중국 문자로 기술되어 있기 때문에 태생적으로 그 기원이 명확하다. 한국에서 『주역』을 연구하는 사람은 그 책의 시공간에서 출발해야 하고 우리글과 다른 문자의 제한 때문에 언제나 주변적일 수밖에 없다. 따라서 한국에서의 『주역』 연구는 자연스럽게 중국으로부터의 전래의 관계를 밝히는 영향사로 기술되어 왔다. 실제로 영향의 상호 관계를 파악하는 논문이 주를 이룬다. 그러나 관점을 달리하여 보면 한국인에게 필요하고 도움이 되는 방향으로 수용된 것이다. 한국인이 수용하지 않았다면 『주역』은 현재 한국에서 언급되지 않을 것이다. 본 연구는 영향사의 관점이 아니라 수용사의 관점에서 한국역학을 정리할 필요성이 있음을 강력히 제기한다.

또한 『주역』이라는 시공적 한계성을 넘어서 '역학(易學)'이라는 거대 범주로 확장하면, 역(易)의 기원, 태극(太極)의 기원에 대한 전혀 새로운 시야를 얻게 된다. 현재 한류(K-Wave)의 부상과 함께 새로운 고고학적 발굴 등에 힘입어 문명사에 대한 재편 논의가 일기 시작했다. 중국과의 관계에서 역사논쟁, 한복논쟁, 김치논쟁, 태극기논쟁 등 논쟁거리의 기원에는 문명사적 맥락이 존재한다. 한복이 한푸의 아류이고, 김치가 파오차이의 아류라고 주장하는 중국인의 관점으로 한국인 스스로 역학(易學)을 영위한다면 영향사의 관점에서 벗어날 수 없지만, 수용사의 관점에서라면 한복에 한푸가 기여한 점이 있고, 김치에 파오차이가 기여한 점이 있지만, 파오차이가 김치는 아니라는 것이 분명해진다. 본 연구는 한국학이 이 관점을 준용할 필요성이 있음을 제기하고, 조선시대의 역학에서 그 한 영역을 구성하고자 한다.

이를 위해서는 문화다원주의라는 관점을 통해 한국주역경학사의 내적 발전사를 도모하고, 역학 상징어의 의미의 변화사를 상징인문학의 패러다임으로 재해석할 필요가 있다. 상징인문학은 상징 의미의 역사적 맥락과 다원적 전개 양상을 역리(易理)라는 진리 체계로서가 아니라 인간 문명의 흔적과 자취라는 문명학으로서 탐구한다는 뜻을 담은 용어이다. 문화다원주의는 패권적 문화보편주의와는 상반되는 것으로, 문화의 수직적 서열화 관점이 아니라 수평적이고 상대적 차원에서 개별 문화가 특수하고 고유한 가치를 지닌다고 보는 관점이다.

주역경학 연구는 현재 동양학 연구자들에게 그 난해함으로 인해 기피 대상이 되어 있고, 대학의 교과과정에도 학생의 수요가 없기 때문에 강의조차 개설하지 못하는 형편이다. 대체로 현실적인 인문소양의 수요에 부응하여 인생의 불변진리를 알려주는 인생지침서로 연구되거나, 같은 이유로 우주적 원리와 질서를 계시하는 술수적 점서로 활용되고 있다. 그 대부분의 경우 중국 사고전서의 분류체계인 양파육종(兩派六宗)의 틀 안에서 상수파, 의리파 등의 거대 분류체계를 가지고 줄세우기를 한다. 한국역학의 서술에도 한대 상수학자의 영향을 받았다거나 위진시대 왕필 의리학의 영향을 받았다고 줄세우기를 하거나, 한역(漢易)을 한다거나 송역(宋易)을 한다는 갈래치기를 하기 일쑤다.

그러나 한 역학자가 사용한 상징어의 의미를 미시적으로 접근해 보면, 거시적 계파와는 달리 상징어마다 의리적일 수도 있고 상수적일 수도 있는 다양한 스펙트럼이 펼쳐진다. 이런 점이 한 학자의 역학에 대해 의리역이냐 상수역이냐 하는 끊임없는 논쟁의 소지를 만드는 것일 수 있다. 이른바 '갈래치기(분류)'는 하나의 철학이며, 상징어를 중심으로 한 미시적 역학은 시작은 미약하나 새로운 갈래치기의 대안을 제기하는 것이다.

한국의 특징적 역학 정립과 문화다원주의로 무장하지 않는다면 황하문명일원론의 거대한 프레임에 갇혀 자기가치감을 확보하지 못할 것이다. 『주역』은 중국이 전유(專有)하지만 그것의 기원과 원천인 원시역학은 동아시아인의 공동소유인 것이며, 동아시아인이 공동으로 발전시켜 온 것이다. 역학에 대한 문화다원주의와 상징인문학적 접근은 주역학술과 문화상징에 대한 다양한 스펙트럼을 보여주는 것으로서 연구자에게는 연구의 다양한 관점을 갖게 할 것이며, 독자에게는 성과의 다양한 활용을 제공할 것이다.

2. 문명학과 미시역학

역학가들뿐만 아니라 주역 연구자들이 대부분 의리학 또는 상수학을 자임하며 정교한 논리를 구성한다. 의리역학가들은 괘상(卦象)에 드러난 위(位)와 응(應), 비(比) 등의 관계를 즉자적으로 탐구하여 인문도덕주의적 지침을 주려고 한다. 반면 상수역학가들은 괘상을 정체(正體)와 호체(互體)로 분리하고, 협체(夾體)와 겸체(兼體), 복체(伏體) 등의 방법으로 결합시키기도 하며, 수리(數理)와 오행(五行)을 활용하면서 상호간의 논리적인 관계, 괘효사의 문장 구성 형식, 본괘(本卦)와 지괘(之卦), 벽괘(辟卦)와 연괘(衍卦) 등을 탐구하여 유사 자연과학적 지식을 주려고 한다. 따라서 의리역은 상하 존비(尊卑) 관계에 근거한 도덕서가 되고, 상수역은 괘효사를 상리(象理)와 수리(數理)로 분석한 분석학이자 해석학서가 된다. 상수와 의리의 통합적 성격을 문화적 다원성의 관점에서 재해석하는 일은 모든 지식의 상대적 성격을 드러내어 역학뿐만 아니라 역학 관련 모든 조선의 지식지도를 새로운 형식으로 그리는 작업이 될 것이다. 문명론의 차원에서 하나의 문화가 고립적으로 발전하는 것이 아니라 상대성을 지니면서 교류와 융합의 과정을 거친다는 점을 강조하지 않을 수 없다.

미시역학(微視易學)은 양파육종의 거시적 분류와는 그 결이 다르다. 문화다원주의와 상징인문학은 결국 문화 및 문명학 연구와 일맥상통한다. 상징어들은 역사적으로 그리고 지리적으로 의미의 변천을 겪었고, 당대의 역사환경과 문화, 정치환경 등이 반영되어 재해석되었다. 주석가들은 당대의 역사와 정치와 문화를 기술하고, 문명 개조 및 정치 개혁적 의지를 표명하기 위해 주역의 상징과 기호를 비유와 은유 등의 형식으로 활용하였다. 외교의 수사로 활용하고, 정치적 주장을 표명하고, 보편적 인간성을 설명하는 데에 그것을 이용하였다.

『주역』의 경문은 특정한 시기와 공간의 텍스트이다. 그것은 은말주초의 문왕과 주공의 연역을 거쳐 완성된 것이므로, 은말주초라는 시공간을 담고 있다. 이 텍스트에 대한 전주(傳注)들도 또한 특정한 시공간의 텍스트이다. 십익(十翼)에는 춘추시대의 명분론이 반영되어 있으며, 왕필의 『주역주』는 중국의 위진시기를 배경으로 명교(名敎)적 현학사상이 반영되어 있다. 북송대 정이의 『이천역전』에는 당대에 성장한 신흥세력의 정치경제적 이념이 자리하고 있다. 원대 오징의 『역찬언』에는 중화의 문화와 이민족의 통치를 결합하고자 하는 이념적 장치들이 발견된다. 여말선초 권근의 『주역천견록』에는 격변기 신흥 사대부 지식인의 고민이 반영되어 있고, 조선 중기 이황과 이이의 역설들에는 조선의 성리학을 도덕적으로 실천하고 대중화하려는 지식인의 노력이 녹아들어 있다. 조선후기 정약용의 『주역사전』에는 19세기 초 새로운 세계를 갈망하던 조선의 시대상이 녹아 있다.

상징성의 변천은 시대정신의 변화에 따라 진행된 점이 없지 않지만, 훈고학적 지식과 자연과학적 지식의 확대에도 영향을 받았다. 『설문해자』와 『산해경』 그리고 의서류 등에 등장하는 사물들은 『주역』 경문의 물상과 대비되면서 혹은 동일하게 혹은 상반되게 주석가들의 전주(傳注)에 적용되었다. 중국이라는 넓은 땅에서 주도적인 언어 사용자들이 짧은 시간마다 교체되면서 명칭들이 혼용되었고, 주석이 주석을 낳는 과정에서 오역과 오해가 끊임없이 생성되었다. 이러한 내용을 담아내는 것이 미시역학의 목표이다.

미시역학은 조선에서 역학을 전개한 이들이 직면한 시대정신과 문명사적 의의를 현미경으로 관찰하듯이 분석 종합하는 것이며, 거시역학과 달리 당대의 현실을 살아가는 이의 현실적 해석 관점을 미시적으로 탐구하여 한국역학의 생활근접형 역학사를 구성하는 것이다.

3. 문화다원주의와 상징인문학

문화다원주의는 문화보편주의와는 상반되는 것으로, 문화의 수직적 서열화 관점이 아니라 수평적이고 상대적 차원에서 개별 문화가 특수하고 고유한 가치를 지닌다고 보는 관점이다. 문화다원주의의 패러다임으로 보면 역학가가 담고자 했던 당대의 특수한 시공간적 역사 환경과 상징성이 드러난다. 해석자의 특수한 패러다임에 따라 상징어들에 대한 해석이 달라지는데, 그가 속한 특수한 역사와 문화가 배경이 되기 때문이다. 따라서 상징어의 의미 변천에 대한 문화다원주의적 접근이 가능한 것이다.

나는 크게 세 가지 관점에서 문화다원주의를 적용하고자 한다. 첫째 타국과 다른 조선의 역학적 특징을 다원론의 한 관점으로 간주할 것이다. 둘째 역학의 한국적 전개 내에서 개인적 차이와 학파적 차이 등을 다원론의 한 관점으로 간주할 것이다. 셋째 역학 전개에 있어 한국의 문화적 요소와 특징들이 보여주는 양상들을 문화다원론의 관점에서 다룰 것이다.

한국미시역학사는 한국의 주역경학을 정통적 도통론이라는 수직적인 서열 체계가 아니라, 다원적인 시공간적 특수성에 근거하여 수평적인 관점에서 자리매김하는 것이자, 한국역학사를 영향사의 관점이 아닌 수용사의 관점에서 서술하는 것이다. 학문의 당사자는 언제나 그가 처한 현실에 기반하여 외래의 학문을 수용하고 변형하며 자신의 것으로 체화한다. 미시역학은 외래의 학문 그 자체에 주목하는 것이 아니라 그 수용의 동인이 된 학문 당사자의 현실 곧 그가 처한 환경적 요인에 집중하여 당대의 문화와 문명을 재해석하는 것이다. 외래의 학문에 집중하게 되면 학문 당사자의 주체적 관점과 사유가 사상되기 일쑤고, 흔하게 외래의 학문에 함몰하여 영향관계만을 관찰하는 결과를 낳게 되며, 학문 당사자의 체험적 환경에 관한 미시적 접근을 어렵게 만든다.

조선시대 『주역』 연구는 권근의 『주역천견록』으로부터 시작되어, 선조 때 완성된 『주역언해』, 이황의 『역학계몽전의』, 이익의 『역경질서』, 정약용의 『주역사전』 등으로 전개되었다. 크게 보면, 첫째 역학의 양대파인 의리학과 상수학의 입장에 따라 견해 차이가 있었고, 둘째 언해사업을 통해 드러난 한국적 역학과 한국역학 내의 분기가 있었으며, 셋째 송역의 특징이기도 한 도서역학의 특징이 중국과 상대하여 두드러진 점이 있었고, 넷째 조선후기에 와서는 서양학문의 접목과 융합에 의해 동아시아에서 선진적인 도서역학이 전개되었고, 다섯째 다산역학과 같이 동서융합적 형태이자 종교적 색채가 짙은 독창적인 역학이 탄생하기도 하였다.

미시역학에서는 대체로 이러한 한국역학의 특징들을 문화다원주의의 관점에서 해석하고 연구할 필요성이 있음을 제기한다. 다만, 여기에서 말한 특징 외에도 서술자의 관점에 따라 한국역학의 특징적 요소들은 다양하게 어쩌면 무한히 생산될 수 있을 것이다.

『주역』의 상징들은 역사적 보편성뿐만 아니라 문화적 특수성이 존재하며, 문명사적 상관성을 지니고 있다. 역사적 보편성은 학술적 단절 없이 동아시아 전반에 걸쳐 오랜 기간 연속성을 보여주었다는 점에서 확인할 수 있고, 특수성은 시간과 공간 및 사람의 변화에 따라 상징어들의 차별적 의미 변화가 나타난다는 점에서 알 수 있다. 또한 상관성은 민족적 유사성과 지리적 환경의 유사성 등에 따라 보편성과 차별성이 각각 지속되는 특징이 있다는 점에서 확인할 수 있다. 『주역』의 경문과 전문에 담겨 있는 상징성은 시대마다 각각의 시대정신으로 표현되었고 해석자의 사상이 녹아 들어가 다원성을 내포한다.

상징인문학이라는 용어는 『주역』을 인문학적으로 활용하고자 하는 의도의 한 표현으로 사용한 것이다. 『주역』에는 수많은 상징어(物象)가 등장한다. 동물과 식물, 우주와 자연, 가족과 국가, 남성과 여성, 음악과 미술, 전쟁과 평화, 추상과 구체 등의 상징어들이 등장하는데,

이것들이 주역경학 내에서 어떤 내용을 지니고 어떤 독자성을 지니며, 어떤 변이를 해왔는가 하는 것이 상징인문학의 연구대상이다.

괘효사의 상징어들은 역사적으로 의미의 변천을 겪었고, 당대의 역사환경과 문화, 정치환경 등이 반영되어 재해석되었다. 주석가들은 당대의 역사와 정치와 문화를 기술하고, 주역의 상징기호들을 비유와 은유 등의 형식으로 활용하였다. 정치와 외교의 수사로 활용하기도 하고, 문명 개조와 정치 개혁 등의 주장을 표명하기도 하고, 보편적 인간의 행위를 설명 또는 바로잡기 위해 상징기호들을 이용하였다.

선행연구들은 한국역학의 시공간적 특수성을 배제한 채, 각 역학가의 해석 관점을 수직적 도통론에 함몰시키거나, 중국역학의 분류체계인 양파육종의 계파의식에 의거한 영향사에 매몰되어, 한국역학이 구가해 온 다양한 상징인문학적 패러다임을 외면해 왔다.

미시역학은 종래 거시역학의 프레임에 갇혀 한국역학의 생생한 진면목을 깨닫지 못한 선행연구들을 넘어서서 미시적 생활근접형 한국역학사를 서술하는 하나의 전형이 될 것이다.

4. 한국미시역학사 서술 담론

한국의 미시역학사는 여말선초를 기점으로 할 수밖에 없다. 역사를 거슬러 올라가 고려시대의 역학사는 다룰 만한 남아있는 자료가 없고, 더 거슬러 올라가 삼국시대는 중앙과 지방의 교육기관에서 『주역』을 강의했다는 정도의 기록만 있고, 어떤 실체도 전해지는 것이 없기 때문에 한국인의 주역경학은 권근의 『주역천견록』이 시점이 될 수밖에 없다. 존재하지 않는 것을 마치 추론적으로 논의하는 것은 현

재라는 시점에서 볼 때 의미없는 일이다.[1)]

1) 수용사로서의 미시역학

14세기 말에서 15세기 초반 여말선초 시기에 『주역』의 한국전래와 관련하여 원대역학과의 상관성을 중심으로 주체적 수용사(受容史)라는 관점에서 조선초의 주요 역학저술을 분석할 필요가 있다. 특히 권근의 『주역천견록』은 주로 주희의 본의를 따르면서 간혹 자신의 독특한 견해를 밝히고 다른 학자들의 해설을 비판하였는데, 원대역학에서 취사선택하는 그의 관점을 통해 일방적 영향이 아니라 주체적 수용의 관점을 분석할 수 있다. 이 책은 한국 주역경학사에 있어 중국과의 문명교류의 주요한 자료이다. 역학분야에 한정한다면 한역과 송역의 대립구도는 원대인의 큰그림이었는데, 이민족 왕조의 원대인에게 성리학의 원만한 활용과 응용은 곧 세계통치에 결정적 도움이 될 수 있었다. 권근의 역학과 원대 역학의 상관성을 제기하는 것은 현대 중국 역학자들의 편협한 문명론에 대한 문제제기의 성격도 담고 있다. 조선초기의 지식인에게 있어 원대역학의 수용이 개인의 차원이 아닌 동아시아 문명사의 차원에서 어떤 의미를 지니고 있는지를 재해석하는 계기를 제공할 수 있다.

---

1) 이 4장에서 언급한 서술 담론의 사례들은 「조선 역학의 시대정신과 문화적 상대성 -정약용의 역상학을 중심으로-」, 『도교문화연구』 57, 한국도교문화학회, 2022.11과 「퇴계 이황의 주역학周易學과 『주역석의周易釋義』」, 『국학연구』 25, 한국국학진흥원, 2014.12, 「역학과 서구과학의 만남」, 『도교문화연구』 21, 한국도교문화학회, 2004.11, 「『주역』의 종교성이 갖는 현대적 의미 -다산역학의 종교학적 해석을 중심으로-」, 『동양철학연구』 112, 2022.11에서 일부 발췌하고 수정보완한 글임을 밝힌다.

원대에 주자학이 관학으로 승격되면서 도서학과 의리역을 포괄하는 송역(宋易)은, 상수역에 치중했던 한역(漢易)과 대비되었기 때문에 송역의 완성 이후 역학은 송역과 한역의 양대 학맥으로 전개되었다. 주자학을 관학화한 것은 원대인으로, 역학분야만 놓고 보더라도 한역과 송역의 대립구도는 바로 원대인의 구도였다. 주희가 채택한 선후천 이론은 선천 시기에 차별없는 이상적 세계가 있었고, 이것이 차별적 후천세계를 탄생시킨 것이므로, 획전(畫前)의 형이상학적 이상을 확보한다면 이민족 정권도 중국통치의 정당성을 확보할 수 있었던 것이다. 따라서 주자학적 구도, 즉 송역(宋易)의 한역(漢易)에 대한 대응은 곧 원대인의 구도가 된 것이다. 권근을 기점으로 하는 여말선초 역학의 연구는 조선이 원대역학을 수용하면서 갖게 되는 문화다원성에 대한 연구이다. 권근 개인의 선호 문제를 포함하여 동아시아 문명사의 차원에서 재해석이 가능하다.

수용사의 관점에서 여말선초의 역학을 연구하는 과정을 통해, 원대 역학의 학술 추세뿐만 아니라 조선 역학에 수용된 원대 역학의 의론, 여말선초 성리학자들의 미시적 역학, 권근(權近)의 『주역천견록』에 나타난 상징인문학, 그리고 거기에 나타난 문화다원주의와 미시적 한국역학 등의 논제를 이끌어낼 수 있다.

『주역천견록』은 주희의 점서적 역학의 영향 하에서 주희의 본의(本義)에 근거하여 이른바 자신의 '천견(淺見)'을 밝힌 것이고, 완주한 책이 아니라 선택적으로 주석을 단 책인데, 권근이 선택적으로 주석한 내용을 검토해보면 특이성이 나타난다.[2] 조선초기 지식인으로서의 정치사회적 입장과 철학사상적 입장 등이 투영된 결과일 것이다. 권

2) 졸고, 「퇴계 이황의 周易學과 『周易釋義』」(『국학연구』 52, 한국국학진흥원, 2014)를 참고.

근이 사용한 상징어의 분석을 통해 미시적 한국역학을 논할 수 있다.

예를 들어, 진괘(晉卦) 구사의 '석서(鼫鼠)'에 대해 역학사에서는 참으로 다양한 분석과 해석이 존재했다.

석서(鼫鼠)는 후한 초기의 『설문해자(說文解字)』에서 "다섯 가지 재주를 가진 쥐(鼠)이다. 날 수 있지만 지붕을 넘어가지는 못하고, 나무를 탈 수 있지만 나무 끝까지 오르지는 못하고, 헤엄칠 수 있지만 골짜기를 건너가지는 못하고, 구멍을 파서 살 수 있지만 몸을 완전히 가리지는 못하고, 뛸 수 있지만 사람을 앞지르지는 못한다"[3]고 한 것을 보면, 다람쥣과의 '날다람쥐' 정도로 이해된다.

현대 중국어사전에서 석서(鼫鼠)는 '오서(鼯鼠)'(날다람쥐)의 구칭 또는 옛날 '누고(蝼蛄, lóugū)'(땅강아지)의 별칭으로 풀이되고 있다. 허신의 『설문해자』의 설명은 '땅강아지'와는 거리가 멀고, '날다람쥐'라야만 이해될 수 있는 풀이이다. 땅강아지는 땅을 파고 살며, 날개가 있어 멀리까지 날아갈 수 있다. 날다람쥐는 날개로 나는 것이 아니라서 뛰어내리는 높이 이상으로 날아오를 수 없지만, 땅강아지는 웬만한 집 지붕은 넘어 날아다닐 수 있다. 땅강아지는 또 매우 빨리 달릴 수도 있다. 곧 『설문해자』의 '오기서(五技鼠)'는 결코 땅강아지를 묘사한 문장이 될 수 없다.

당대에 공영달은 『주역정의(周易正義)』에서 석서를 곤충이라고 소(疏)를 달았다.

> 석서(鼫鼠)는 다섯 가지 재능이 있으나 그 재주를 달성하지 못하는 곤충(蟲)이다.[4]

3) 許慎, 『說文解字』, '鼫鼠'. "五技鼠也. 能飛不能過屋. 能緣不能窮木. 能游不能渡谷. 能穴不能掩身. 能走不能先人."

공영달은 '날다람쥐'가 아니라 '땅강아지' 종류로 이해한 것이다. 공영달의 소를 이해하기 위해서는 먼저 왕필주를 살펴야 한다. 왕필의 『주역주』를 살펴보자.

> 밟고 있는 자리가 제 자리가 아니며, 위로 제5효를 받들고, 아래로 세 음(陰)을 의지하니, 밟은 자리도 제 자리가 아닌데다가 머리로는 이고 아래로는 타고 있어서, 편한 사업이 없고 마음은 의거할 곳이 없다. 이런 상태로 나아가니 바르더라도 위험하다. 석서(鼫鼠)처럼 나아간다면 완수되는 일이 없다.[5]

이것은 진晉괘(䷢) 구4의 상황을 묘사한 것이다. 구4효는 양효로서 제4위에 거하므로 있어야 할 자리에 있는 것이 아니고, 위로는 무위지치(無爲之治)를 실현하는 군왕인 육5효를 받들고 있으며, 아래로는 세 음(陰)을 거느리고 있으니 불안한 위치에 있다. 위아래 양방향의 불안 요소를 안은 채 석서(鼫鼠)처럼 전진한다면 수행될 일이 없을 것이다. 왕필은 진(晉)괘 가운데 구4효의 효상을 직접적으로 풀이한 것이다. 그런데 왕필의 주석에서 석서(鼫鼠)가 무엇인지는 알 길이 없다.

공영달은 왕필주에 소를 달면서 석서(鼫鼠)에 대해 명확한 답을 내리려고 노력했던 것 같다. 그는 구4효사를 풀이하면서는 왕필주에 덧붙여 구4의 불안한 상황을 더 강렬하게 묘사하였다.

> 위(육5)에서는 구4가 받드는 것을 허락하지 않고, 아래의 음(陰)들은 구4가 의지하는 것을 허락하지 않으니, 이러한 상황에서 전진한다면 안전한 사

---

4) 공영달, 『周易正義』, 晉卦 구4 疏. "鼫鼠有五能而不成伎之蟲也."

5) 왕필, 『周易註』, 晉卦 구4 註. "履非其位, 上承於五, 下據三陰, 履非其位, 又負且乘, 無業可安, 志無所據, 以斯爲進, 正之厄也. 進如鼫鼠, 無所守也."

업이 없고 지킬 근거도 없어서 하는 일이 석서와 같이 성공할 수가 없다.[6]

그러나 여기까지는 석서가 과연 무엇인지 여전히 뚜렷하지가 않다. 석서의 뜻은 왕필주에 대한 풀이에서 명확해진다. 공영달은 채옹(蔡邕, 133~192)[7]의 『권학편(勸學篇)』을 인용하여 "석서는 다섯 가지 재능이 있지만 한 가지 재주도 달성하지 못한다(鼫鼠五能, 不成一伎术)"고 하면서, 원래 『권학편』의 주에 실려 있던 『설문해자』의 내용을 그대로 다시 인용하였다. 그리고 여기에 덧붙여 『본초경(本草經)』의 '누고(螻蛄, 땅강아지)는 달리 석서(鼫鼠)라고 한다(螻蛄一名鼫鼠)'는 말을 인용하여 『본초경』의 '누고(螻蛄)'가 이 효사의 '석서(鼫鼠)'임을 밝혔다. 그리고 부수적으로 정현은 『시경』의 '큰 쥐여, 큰 쥐여, 나의 기장을 먹지 않는구나(碩鼠碩鼠, 无食我黍)'라는 구절을 인용하면서 큰 쥐(大鼠)로 보았다는 것과, 육기(陸機)는 작서(雀鼠)로 보았다는 점을 함께 제시하였다.(陸機以爲雀鼠)

육기(陸機, 261~303)[8]가 말한 작서는 그의 저작인 『시소(詩疏)』에서

---

6) 공영달, 『周易正義』, 晉卦 구4 疏. "上不許其承, 下不許其據, 以斯爲進, 无業可安, 无據可守, 事同鼫鼠, 无所成功也."

7) 蔡邕: 중국 후한 말기의 학자로, 자가 백개(伯喈)이며, 문학과 서예에 뛰어났다. 채옹이 숭산(崇山)에서 터득했다는 영자팔법(永字八法)은 훗날 왕희지에게까지 전해지니 서도(書道)에 미치는 영향이 지대했다. 후한 영제(靈帝) 때 낭중(郎中)에 기용되어 양사(楊賜) 등과 함께 육경의 문장을 결정했으며, 그것을 돌에 새겨 태학문(太學門) 앞에 세웠는데, 이것이 희평석경(熹平石經)이다. 동탁(董卓)이 정권을 잡았을 때 중랑장(中郎將)까지 올랐지만 동탁의 붕당으로 몰려 옥사했다. 그의 서체를 비백체(飛白體)라 한다. 저서로 시문집 『채중랑집(蔡中郎集)』이 있다.

8) 陸機: 중국 삼국시대 오(吳)나라 출신으로 오의 개국공신 가운데 한 명인 육손의 손자이며, 동생 육운(陸雲)과 함께 '이륙(二陸)'으로 일컬어진다. 자는 사형, 오군 화정 사람이다. 오가 멸망한 뒤 10년 동안 숨어 살다가 290년 진(晉)의 수도인 낙양(洛陽)으로 가서 태학의 장(長)으로 임명되었다. 결국 진의 고위 관직에 오르고 귀

대략 연상할 수 있다. 그는 "지금 하동(河東)에 큰쥐(大鼠)가 있는데, 사람처럼 서서 앞 두 다리를 머리 위에 교차한다. 작서(雀鼠)라고도 한다"[9]고 하였다.[10] 작서(雀鼠)는 현대 중국어에서는 '날다람쥐'를 가리키지만, 육기가 말하는 작서(雀鼠)는 큰 쥐처럼 생긴 일종의 마멋(marmot) 종의 쥣과 동물을 가리키는 것 같다.

왕필에게서는 명확하지 않았지만 공영달은 이 효사의 석서를 『본초경』의 '누고(螻蛄, 땅강아지)'로 명시하였다. 그렇다면 정현의 '큰 쥐'와 육기의 '작서', 그리고 공영달의 '누고'는 어떤 의미차이가 있는 것일까?

족이 되었으나, 후에 정치음모에 연루되어 303년에 처형되었다. 육기는 의고적인 서정시를 많이 남겼지만 그보다는 시와 산문이 뒤섞인 복잡한 형식으로 이루어진 부(賦)의 작가로 더 잘 알려져 있다. 『문부(文賦)』는 탁월한 관찰력과 정확성으로 문장 구성의 원칙을 정의한 뛰어난 문학비평서이다.

9) 陸機, 『詩疏廣要』(흠정사고전서본) 卷下之上, '釋獸·碩鼠'조, "今河東有大鼠, 能人立, 交前兩脚於頭上. 或謂之雀鼠."

10) 참고로, 성호(星湖) 이익(李瀷)은 『성호사설(星湖僿說)』 권5, 「만물문(萬物門)」, '석서오능(鼫鼠五能)' 조에서 공영달 소에 인용된 채옹의 『권학문』, 『광아(廣雅)』, 육기의 『시소(詩疏)』 등을 거의 모두 인용하면서 석서를 풀이하였는데, 특이한 것은 육기의 주석 가운데서 공영달이 언급하지 않은 부분을 추가로 언급했다는 점이다. "陸機疏云'河東有大鼠, 能人立交前兩脚於頸上, 跳舞善鳴, 食人禾苗, 人逐則走木空中', 亦有五技而不窮者也. 後人不能考驗, 以大鼠爲五技而窮, 殊未覺此獸未曾技窮也.(육기의 소(疏)에서 '하동에 큰 쥐가 있는데, 사람처럼 서서 두 앞다리를 목 위로 교차하여 뛰고 춤추고 소리도 잘 내며, 벼싹을 먹는다. 사람이 쫓으면 나무 구멍 속으로 달아난다'고 하였으니, 또한 다섯 가지 재주가 있어서 가난하게 살지 않는 동물이다. 후세 사람들은 고찰하여 검증할 수 없어서 대서(大鼠)를 다섯 가지 재주를 지니고도 가난하다고 본 것이니, 이 동물이 일찍이 재주가 궁색하지 않다는 것을 알지 못한 것이다)" 곧 이익은 육기의 설명을 빌려 석서가 하동대서(河東大鼠)라고 주장하는 것이다. 거기에 더하여 석서가 다섯 가지 능력을 지니지만 각각 조금씩 부족한 것이 아니라 다섯 가지 재주를 잘 발휘하여 결코 궁색하지 않은 동물이라고 본 것이다.

『이아주(爾雅注)』에서는 "석서(鼫鼠)는 모양과 크기가 쥐(鼠)와 같고, 머리는 토끼(兎) 비슷하고, 꼬리에는 털(毛)이 있으며, 청황색이다"11)라고 하였다. 『광아』에서는 석서를 "관서(關西)에서는 구서(鼩鼠)12)라 부른다"13)고 하였다. 『이아주』에서 말하는 석서는 그 형태로 보아 땅강아지나 날다람쥐를 가리키는 것 같지는 않고, 육기가 말한 작서와도 좀 다른 쥣과의 동물로 추정된다. 『이아』나 『광아』는 사전류의 책이고, 『주역』 경문과는 아무 관계가 없을 수 있으므로 논외로 친다 해도, 이러한 의미 차이는 왜 생겨나는 것일까?

중국 송대로 거슬러 올라가서 정이(程頤)는 석서로 욕심많은 인간, 탐관오리 등을 묘사했다.

> 구(九)가 4효에 있으니 제자리가 아니며, 그 자리가 아닌데도 머물러 있으니 그 자리를 탐하여 차지한 자이다. 높은 자리를 탐하여 머물게 되면 이미 편안한 곳이 아니며, 또한 위와 덕을 같이해서 위에 순종하여 붙는데, 세 음이 모두 자신보다 밑에 있으니, 그 기세는 반드시 위로 나아가고자 한다. 그렇기 때문에 마음이 두려워서 꺼리게 되니, 탐하되 사람을 두려워하는 동물은 쥐(鼫鼠)이다.14)

---

11) 郭璞 注, 邢昺 疏, 『爾雅注疏』(흠정사고전서본) 권11, '釋獸·鼢鼠'조, "鼫鼠形大如鼠, 頭似兎, 尾有毛, 靑黃色."

12) 구서(鼩鼠): 구서는 새앙쥐(=사향뒤쥐)를 가리키며, 『이아주』나 『광아』에서는 석서를 '날다람쥐'로 보지 않고 쥣과의 동물로 본 것이다.

13) 『廣雅』, "關西呼爲鼩鼠." (郭璞 注, 邢昺 疏, 『爾雅注疏』(흠정사고전서본) 권11, '釋獸·鼠屬'조에서 재인용)

14) 程頤, 『이천역전』, 晉卦 구4 효 傳. "以九居四, 非其位也, 非其位而居之, 貪據其位者也. 貪處高位, 旣非所安, 而又與上, 同德順麗於上, 三陰皆在己下, 勢必上進. 故其心畏忌之, 貪而畏人者, 鼫鼠也."

정이에게는 '석서'가 별다른 의미 없이 있을 자리에 있지 않으면서 높은 자리를 탐하는 이른바 '쥐새끼' 같은 소인배를 지칭하는 말이었다. 그 쥐는 바로 구4 자신이다. 날다람쥐인가 땅강아지인가 마멋 종의 동물인가 하는 것은 정이의 역전에서는 아무런 의미가 없다. 단지 자리를 탐하는 소인배를 의미하는 '쥐'인 것이다. 주희의 본의(本義)도 정전에서 벗어나지 않는다.

조선 초기의 권근(權近)은 이전의 역학자들보다 문자학적으로 더 세밀하게 접근하였다. 그는 문자 분석과 효상 분석을 통해 석서를 '산쥐'로 해석하였다.

> 이 설명에서 '쥐'의 상을 말한 것은 좋다. 그러나 '두려워 감히 나가지 못한다'면 무슨 위태로움이 있겠는가? 정자 · 주자가 '탐내면서 사람을 두려워한다'고 한 설명을 바꿀 수 없다. 다만 '석(鼫)'자는 '서(鼠)'를 뜻으로 '석(石)'을 소리로 하니, 돌 사이 구멍에 사는 쥐인 듯하다. 돌 사이에 있는 쥐는 작고 빛나는 것이다. 구사가 리괘의 아래에 있어 빛나는 작은 것이므로 여기에서 상을 취하였다. 산쥐는 암석에 오르기를 좋아하고 사람을 보면 두려워하니, 높은 지위에 있어 탐욕스럽지만 사람을 두려워하는 상이 있다. 창고에 사는 쥐라면 엎드려 어두운 곳에 숨어 있어 높은 지위에 있는 상이 드러나지 않는다. 그러므로 오징은 "두려워 감히 나가지 못한다"고 하였다. 그러나 리괘에 있으면서 빛나고, 높은 지위에 있으면서 사람을 두려워하는 것은 산쥐여야 할 것 같다.[15]

---

15) 權近, 『周易淺見錄』. "此說其言鼫鼠之象, 善矣. 然畏而不敢進, 則有何厲乎? 程 · 朱貪而畏人之說, 無以易也. 但恐鼫字從鼠從石, 鼠之穴于石中者也. 石中之鼠, 小而有文者也. 九四居离之下, 有文之小, 故取象焉. 山鼠好上巖石, 見人而畏, 有據高位, 貪而畏人之象. 若夫府庫之鼠, 潛伏隱暗, 未見有據高位之象也. 故吳氏以畏而不敢進言之. 然居离而有文, 處高而畏人, 似當爲山鼠也." (한국주역대전, 한국대전 참조)

권근은 '석'자를 크다는 의미로 보지 않았고, 부수 분석을 통해 이른바 집쥐가 아니라 산속의 돌 사이 구멍에 사는 산쥐를 의미하는 것으로 분석하였다. 이는 중국역학사에서 등장하지 않았던 독특한 해석이면서 대단히 흥미롭고 설득력 있는 해석이다.

조선에서도 석서를 '땅강아지'로 본 유일한 학자가 있었다. 김장생(金長生)은 "석(鼫)은 땅강아지이다. 일설에 모양과 크기가 쥐 같고 일명 '작서(雀鼠, 날다람쥐)'라고 하였다. 『시』에서는 '석서(碩鼠, 큰 쥐)'라고 하였다"[16]고 했다. 이 단 몇 자의 주석을 가지고 김장생의 생각을 읽어내기는 어렵겠으나, 어쨌든 그는 석서를 땅강아지로 해석하였고, 부수적으로 날다람쥐, 큰 쥐로 해석하는 경우가 있음을 소개한 것이다.

정리해 보자면, 진(晉)괘 구4는 최고 권력에 가까이 있으면서 강한 신체를 지녔지만 있을 자리가 아닌 어두운 곳에 거하면서 여러 소인배들을 거느리고 있어서 군주로부터도 경계받고 소인배들로부터도 의심받는 불안한 처지에 있는 형상이다. 이러면서 높은 자리를 굳이 지키고 욕심을 부리는 것이니 쥐와 같은 것이 상징어가 된 것이다. 따라서 석서는 탐욕을 경계한다는 의미에서 쥐, 큰 쥐, 산쥐, 들쥐, 또는 집쥐 등 어느 것이든 통할 수 있다. 그런데 날다람쥐나 땅강아지는 탐욕스런 동물의 상징으로 보기에는 좀 어색한 면이 있다.[17]

---

16) 金長生, 『周易』. "鼫, 螻蛄, 一曰, 形大如鼠, 一名雀鼠, 詩作碩鼠." (한국주역대전, 한국대전 참조)

17) 참고로, '석서(鼫鼠)'에 대한 최근 번역서 가운데 한국어 번역을 몇 가지 소개한다. 김석진은 『설문해자』의 석서의 다섯 가지 재능을 인용하면서 "다섯 가지 기술이 있으나 하나도 제대로 능한 것이 없어서 의심이 많게 된다"고 뜻풀이하고, 효사에서는 '다람쥐'라고 번역하였다.(김석진, 『대산주역강해』 하, 대유학당, 1994(초판 1993), 51쪽) 그러나 석서를 '다람쥐'로 풀이한다면 『설문해자』를 인용한 것이 아무 연관성이 없게 되고 무의미한 주석이 된다. 또한 '현륙(莧陸)'에 대해서는 "자리공과에 속하는 다년초로서 부드럽고 습기가 많은 순음(純陰)으로 된 풀"이라

2) 번역사로서의 미시역학

주역언해와 역학언어의 탈중국화 시도에 나타난 한국역학의 특성도 미시역학의 탐구 대상이다. 한국은 중국과 문자와 말이 달랐기 때문에 삼국시대부터 끊임없이 중국문자를 우리글로 읽고 번역하려는 시도를 해왔다.

삼국시대에 유학이 전래된 이래로 고구려의 태학(太學)과 경당(扃堂), 신라의 국학(國學), 고려의 국자감(國子監), 조선의 성균관(成均館) 및 서원, 향교 같은 교육기관에서 유학 경전을 교육하였는데, 『주역』은 제1의 필수교재였다. 한국은 일찍부터 중국문자를 우리글로 읽고 번역하려는 시도를 해왔는데, 신라의 설총(薛聰, 655~?)은 방언(方言, 신라말)으로 9경(九經)을 해석하여 후학을 교육했다.[18] 그것이 우리나라 최초의 번역언어인 구결(口訣)이다. 현전하는 최초의 구결자료는 12세기 중엽의 불교서적으로 『구역인왕경(舊譯仁王經)』이다. 유학경전은 14세기 무렵에나 구결자료가 등장한다. 훈민정음이 창제되기 이전 정몽주(鄭夢周, 1337~1392)는 『시구결(詩口訣)』을 지었다고 하고[19], 권근(權近)에게는 시토(詩吐)와 서토(書吐), 역토(易吐)가 각각 있었다고 전한다.[20] 그

고 뜻풀이하고, 효사에서는 그대로 '현륙'이라 하였다.(김석진, 『대산주역강해』 하, 대유학당, 1994(초판 1993), 123쪽) 현륙이 한국어로 일치하는 단어가 없어서 '현륙'으로 그대로 사용하는 것은 이해할 수는 있지만 후학에게는 매우 아쉬운 점이다. 김인환은 '석서오능' 고사를 인용해 놓고도 '다람쥐'라고 번역하였다.(김인환, 『주역』, 고려대출판부, 2006, 285쪽) 팥에 대해 설명하고는 콩이라 하는 격이다.

18) 『三國遺事』 권4, 「元曉不羈」, "聰生而睿敏, 博通經史, … 以方音通會華夷方俗物名, 訓解六經文字."

19) 『세조실록』 11년 11월 丙辰, "令禮曹, 廣求本國先儒所定四書五經口訣, 與鄭夢周詩口訣."

20) 『세종실록』 10년 윤4월 己亥, "上語卞季良曰, 昔太宗命權近, 著五經吐, 近讓之不得, 遂著詩書易吐, 唯禮記四書無之."

러나 이 3경(三經)의 구결은 개인의 해석관점이 강하여 통용되기 어려웠다. 이러한 불만을 해소하기 위해서 세종(世宗)은 경서의 구결사업을 유신들에게 명하였다.[21]

훈민정음 창제 후 세종(世宗)이 구결본의 이설들을 해소하기 위해 구결사업을 명하면서 본격적인 한글화사업이 시작된다. 세조 때의 언해사업에는 주역경학에 있어서 정이의 역전의 권위가 인정받는 기능적 역할을 하였다. 선조 때에 완성된 사서삼경의 언해서에는 정이와 주희의 관점이 선택적으로 활용되었고, 『주역언해』에 있어서는 결국 정이의 관점이 반영되었다.

세종대의 구결사업에는 최항과 서거정 등이 참여하였는데 세조대에 와서 완성된다. 세조는 구결사업에 대단히 적극적이었는데, 구결에 머물지 않고 세종대에 창제한 언문 곧 한글을 가지고 경전을 한글화(언해)하는 사업에 본격적으로 뛰어든다. 불경(佛經) 경전을 시작으로 구결과 언해를 진행하였으며, 유교경전의 구결작업은 직접 유신들과 함께 진행하기도 하였다.[22] 『역경』의 구결사업은 세조대에 일차 완성된다. 세조는 주희의 본의(本義)가 통하지 않는 점이 있다고 보고, 1465년(세조 11)에 정전(程傳)에 근거하여 구결할 것을 명하고, 이듬해 완성하여 성균관에 반사(頒賜)하였다. 그러나 3년 뒤인 1468년에 다시 신하들을 불러 『주역구결』의 개정을 위해 참정케 하였다.

이렇게 완성된 구결본이 현전하는 『주역전의구결(周易傳義口訣)』이다.[23] 이 책은 『주역전의(周易傳義)』에서 정이의 『정전(程傳)』을 참고하

---

21) 『徐四佳全集』 補遺, 「崔文靖公碑銘」, "英陵命臣金汶金鉤及公等, 定小學四書五經口訣, 居正亦與其後."

22) 이에 대해서는 이충구의 「周易諺解의 過程과 特徵」(『동양철학연구』 14)를 참조.

23) 안병희, 「世祖의 經書口訣에 대하여」(『규장각』 7, 서울대 도서관, 1983), 7쪽.

여 경문에 구결을 단 것이다. 이후에도 구결작업을 개별적으로 진행하는 학자들이 있었는데, 졸고(2014)[24]에 상세하게 기술하였다. 본고에서는 훈민정음의 서문에서 일렀듯이, "나랏말쌈이 듕귁에 달아" 새로운 문자를 만든 것처럼, 역경의 문자들 또한 외국어로서 인식되었고, 이 외국어를 자국어로 읽고 번역하려고 한 데서 한국 고유의 역학 사상이 탄생한다는 점을 언급하고자 한 것이다. 물론 구결에 대해서도 세조 자신도 불만족스러워 몇 차례 개정을 하였고, 선조 때의 언해 사업도 퇴계학단과 율곡학단의 갈등 속에서 완성되었으며, 각 학파에서 이후 서로의 언해에 대한 비판적 발언들이 지속적으로 생산되었으니, 왕명으로도 통일안을 확정짓지 못하고 논란의 여지를 지금도 가지고 있지만 삼국시대로부터 고려와 조선을 거쳐 한국적인 역학, 특히 한국어로 이해하는 역학을 만들어가고자 했던 노력은 끊임없이 계속되었다고 하겠다.

이런 점에서 문화적 상대성이 존재하고, 탈중국화하는 과정에서 진정한 번역을 하였는가 또는 참 이해를 하였는가와는 별개로 한국인의 관점에서 수용되고 형성 전개되어 가는 자체의 '독화(獨化)'과정을 밟는다는 것을 알 수 있다.

특히 이황의 『사서삼경석의(四書三經釋義)』는 문화적 다원성에 대한 조선지식인의 선언과도 같았다. 간행을 주도한 금응훈(琴應壎)의 후지(後識)에 의하면, 제가의 훈석을 모아서 증정(證訂)하고 또 문인들과 문변(問辨)했던 것에 의거한 연구의 결과물로서 이황이 손수 기록한 책이다.[25] 같은 시기 이이도 『주역구결』을 저술했고, 최립은 『주역본의구

24) 졸고, 「퇴계 이황의 周易學과 『周易釋義」(『국학연구』 52, 한국국학진흥원, 2014)를 참고.

25) 『大學釋義』, 琴應壎 後識, "右經書釋義, 惟我退溪先生, 裒聚諸家訓釋而證訂之, 又因門人所嘗

결부설(周易本義口訣附說)』을 저술했다. 이 위대한 번역의 시대에 조선의 지식인들이 보여준 역학언어의 탈중국화는 한국의 미시역학을 구성하는 중요한 소재이며, 이 과정에 드러난 상징어의 의미 변천은 미시적 역학사 구성의 자료가 된다.

안타깝지만, 여말선초에 정몽주와 권근 등이 했던 구결 작품들은 현재 남아있지 않고, 이황과 이이 때의 작품으로부터 주역언어의 번역사를 논할 수밖에 없다. 『한국경학자료집성』 역경(易經) 편에서 단편적으로 발견되는 언설과 이황의 『사서삼경석의』 내의 『주역석의』, 선조 때의 『주역언해(周易諺解)』, 최립(崔岦, 1539~1612)의 『주역본의구결부설(周易本義口訣附說)』, 조목(趙穆, 1524~1606)의 『개표주역구결(改標周易口訣)』 등이 주 연구대상이며, 이를 통해 조선 초 구결 및 언해의 성과와 의미, 역학언어의 탈중국화에 미친 이황의 역할과 석의(釋義)의 의의, 이황의 역학 성격과 「계몽전의(啓蒙傳疑)」의 위상 및 『주역석의』의 특징, 언해(諺解)와 석의(釋義)에 나타난 문화다원주의, 석의의 비판적 계승과 역사에 나타난 미시적 한국역학 등의 주제로 연구의 범위를 확장할 수 있다. 여기에 더하여 근대 국한문혼용기를 거쳐 순한글 사용기에 들어 출간된 수많은 번역서에서 주역언어가 변화하는 추이를 탐구하는 것도 중요하다.

예를 들어, 이황의 『주역석의』에는 여러 곳에서 현토에 대한 유보적 태도를 보인 곳들이 발견된다. 이것은 번역과정에서 정이와 주희의 권위에 대한 일말의 의혹을 남겨놓은 것이니, 소극적 의미에서의 자기가치감을 드러낸 것이라고 할 것이다.

이황은 「계사상전」의 석의에서 다음과 같이 풀었다.

問辨者而研究之, 皆先生手自淨錄者也."

'繼之者善'의 석의: "繼ᄒᆞᄂᆞᆫ者ㅣ善이오成ᄒᆞᄂᆞᆫ거슨性이니按繼之者ㅣ此吐當矣但一本作者ᄂᆞᆫ未知孰是姑兩存之"

풀이: "잇는 사람이 선이요, 이루는 것은 性이니. 생각건대 '繼之者ㅣ'라는 토가 맞다. 다만 어떤 판본에는 '者ᄂᆞᆫ'으로 되어 있는데 어느 것이 맞는지 잘 모르겠기에 두 가지를 다 보존한다."

'繼ᄒᆞᄂᆞᆫ者'라 하고 '成ᄒᆞᄂᆞᆫ거슨'이라고 하였으니, 아마도 '者'와 '것'의 차이가 있을 것이다. 곧 '者'는 사람을 의미하고 '것'은 이루는 대상을 말하는 것으로 보인다. 다시 말해 잇는 사람'이' 선한 것이고 그 선한 사람이 이루는 내용'은' 성性이라는 뜻이다. 그런데 잇는 사람'은' 선한 것이고 이루는 내용'은' 성이라는 해석도 전칭(全稱)과 특칭(特稱)을 구별할 수 없는 범위에서 타당하다고 여겼기 때문에 두 해석을 모두 열거한 것이다.

이황의 석의는 경문의 한자를 그대로 노출하여 한자에 토를 다는 방식으로 만들어졌다. 이를 통해 완전한 번역을 위해 만들어진 것이 아니라 일정 정도 『주역』에 대한 지식을 갖춘 사람을 위한 교육적 목적으로 제작된 것임을 알 수 있다. 이것은 선조대의 언해본도 마찬가지이다.

그러나 가장 주목해야 할 것은 이황이 정이의 역전을 기본으로 하고 주희의 본의는 부가적으로 다루었다는 점이다.

정전에 근거한 의리적 해석을 기본으로 하고, 필요할 경우 주희의 『본의』에 대해서는 '본(本)' 또는 '본의(本義)'에 네모곽을 두른 뒤 부기하였다. 예를 들면 다음과 같다.

乾卦, '反復道'의 석의 : "復ᄒᆞ요믈道로홀시오○復이道ㅣ오【本】道를

復호미오○道애"

풀이 : "회복함을 道로 삼는다. ○회복함이 도이다. 【本】: 도를 회복함이다. ○도에 (돌아감이다.)"

곧 정이는 반복순환함 그 자체를 도(道)로 여긴 것이지만, 주희는 도(道)를 회복하거나 도(道)에 복귀하는 것으로 풀이하는 것이다.

그런데 네모괄 안에 '본(本)' 한 글자가 있을 때와 '본의(本義)' 두 글자가 있는 것은 의미가 다르다. 정전에 근거한 석의를 한 경우 주희의 본의도 타당하다고 판단되면 네모괄 안에 '본(本)' 한 글자만 넣어 정전에 근거한 석의 뒤에 붙였지만, 정전이 틀리고 본의가 맞는 경우에는 네모괄 안에 '본의(本義)' 두 글자를 넣어 경문 바로 아래 붙이고 정전에 근거한 석의를 아예 없앴다. 이렇게 주희 본의에 근거한 석의만을 달아놓은 곳은 예가 극히 드물어 아래의 딱 2곳이다.

同人卦 '類族' : "【本義】族을類ᄒᆞ며"

渙卦 '渙其躬' : "【本義】그躬을渙ᄒᆞ면"

이렇게 보면 주희의 본의는 이황의 『주역석의』에서 그리 중요한 역할을 하지 못한다. 이것은 아마도 세조(世祖)가 『주역』에 대해 정전을 이용해 구결토록 한 뒤 정전이 표준이 되어 있던 시대에 이황도 정전에 근거한 석의를 한 것일 수 있고, 한편으로는 주희의 상수적 해석이 들어간 내용들을 빼고 정이의 의리적 해석을 본위로 했기 때문일 것이다. 바로 이러한 이황의 석의의 태도가 번역사로서의 미시적 한국역학을 구성하는 것이다.

3) 도서학(圖書學) 경향의 미시역학

언해의 시기를 지난 뒤 전개되는 한국역학의 다양한 스펙트럼도 미시역학의 대상이 된다. 첫 번째는 조선 중후기 도서학적 경향 속에 나타나는 상수의 이질적 내용과 의미를 문화다원적 차원에서 분석하는 것이다. 조선의 도서학적 경향은 중국역학의 도서학적 성격과 일정 정도 차별성을 지니는데, 조선 주역경학사에 등장한 도상학적 특징과 하도낙서를 활용한 역수학적 특징을 비교 분석하여 한국역학의 문화다원주의와 상징인문학의 체계를 구성할 수 있다.

이황의 『역학계몽전의(易學啟蒙傳疑)』가 조선의 도서역학적 흐름의 물꼬를 튼 이후 장현광의 『역학도설(易學圖說)』, 김석문의 『역학이십사도해(易學二十四圖解)』 등이 이러한 흐름을 대표한다. 조선의 도서학적 경향은 중국역학의 도서학적 성격과 일정 정도 차별성을 지닌다.

이황은 만년(1553년 53세 이후)에 주희의 『역학계몽(易學啟蒙)』을 집중적으로 연구하여 『역학계몽전의(易學啟蒙傳疑)』를 저술하였다. 그는 『주역』에 대해 주희가 주장한 점서역(占筮易)적 관점을 드러내었지만, 실제로는 정이의 의리역 노선을 벗어나지 않았다. 다만 주희를 좇아서 상수학(象數學)의 역할을 의리학(義理學)의 실현을 위한 경험적 현실에서 찾고자 한 것이다.

이황은 의리(義理)의 실현을 목표로 하면서도 『계몽(啓蒙)』에서 언급한 상수(象數)의 원리에 대한 이해를 『주역』의 보조 수단으로 매우 절실하게 요구하였다. '의리'는 '상수'를 절실하고 긴요하게 필요로 하고 있으며, 상수의 토대가 없으면, 의리를 실현할 방법이 없다고 보았기 때문이다. 이황의 이러한 의리와 상수의 결합적 공부론은 이후 조선 역학의 기본적 사조로 자리를 잡은 것으로 보인다. 중국 청나라에서도 고증적이고 박학적 경학이 우세를 점하면서 송학(宋學)에 대한 반감으로 한학(漢學)적 학문방법론이 재등장하였는데, 이에 따라 한대 상수학도 의리학 일변도의 송학적 태도를 비판하며 재등장하게 된다. 조선 후기의 도서학적 경향의 역학이 조선만의 특징은 아닐 수 있어도, 이 또한 조선이라고 하는 특수한 시공간의 환경이 요구한 것이다.

퇴계학을 존숭하는 조선 중후기의 학풍 속에서 그가 주장한 의리와 상수의 결합적 역학, 도서학적 의리학은 조선 역학의 중요한 특징으로 자리잡게 된다. 『역학계몽』에서 언급하는 상수는 곧 하도(河圖)와 낙서(洛書)의 수리이니, 결국 이황의 도서학적 의리학은 후학인 장현광(張顯光) 등의 역학서에서 잘 드러나고 있다. 이황의 역학에 대해서는 그간 많은 연구자가 의리역학과 상수역학, 그리고 성리학적 역학 등 몇 가지 해석 관점에 따라 각각 한쪽으로 치우치는 경향이 있지만, 역사환경의 상대성과 문화적 다원성이라는 해석 관점에 따라 통합적으로 이해할 필요가 있을 것이다.

성호(星湖) 이익(李瀷, 1681~1763)의 역학에 대해 그의 『역경질서(易經疾書)』에 단편적으로 나타나는 방법론을 가지고 그의 역학체계를 구성하기는 쉽지 않다. 그러나 주희의 서법이나 상수학을 비판하고 새로운 방법론을 제시한 것은 분명해 보인다. 이익은 송대 주희나 소옹 등의 도서학적 상수학을 비판하고 한대 상수학의 방법론을 주로 활용하였는데, 특히 호체(互體)를 중시하였고 효변(爻變)을 일부 활용하였다. 이는 당시 송학의 절대적 권위에 대해 반기를 드는 것이었다. 이러한 이익(李瀷)의 한학에로의 회귀가 조선 실학의 계기를 만든다고 할 수 있다.

이익의 문하에서 하빈(河濱) 신후담(愼後聃, 1702~1761)은 이익과 교유하며 그를 계승한 실학자이다. 신후담은 효사 384개 전체를 효변(爻

變)으로 해석하였다. 이는 우연하게도 다산역학과 방법 상에서 완전히 일치하는데 본괘와 효변한 지괘(之卦)를 모든 효에서 함께 검토하는 방법이다. 효사의 구체적 해석은 차이가 있지만, 신후담과 정약용은 효변을 효사 해석에 전면적으로 활용하였다. 이는 이익이 『역경질서』에서 효변을 일부 활용한 것을 괘효 전체에 전면적으로 사용한 것이다. 물론 이것 또한 이미 중국 송대에 도결(都潔)이 지괘를 매 효마다 사용했기 때문에 이익과 이익 문하의 학파에서 유일하게 사용한 것은 아니다. 이익과 신후담은 비교적 정주역학과의 친연성이 강하면서도 차별성이 있다. 신후담은 현재까지의 연구결과에 한하여 말할 때 정약용과 교유가 전혀 없었지만, 효변과 지괘를 매 효마다 사용하였으니, 정주역학의 권위에서 자유로워진 것이다. 신후담과 정약용의 효변법은 이익의 문하에서 형성된 실학적이면서 조선적인 새로운 해석 관점이라고 할 수 있다.

신후담과 정약용 사이의 역학적 유사점은 분명 이익의 박학적 계몽주의와 연결되어 있다. 이익은 효변과 추이, 호체 등의 방법을 일부 해석에 활용하였고, 신후담은 효변설을 모든 효에 철저히 적용하였으며[26], 정약용은 효변을 역리사법으로 체계화시켜 실질적이고 구체적인 방법론으로 정리하였다. 이 두 사람의 효변설은 설사 한 차례의 교유도 없었다 하더라도 이익의 박학적 계몽 역학이 촉발한 사상적 흐름과 관련이 있다.

신후담이 사용한 효변과 지괘, 그리고 본괘와 지괘의 물상을 활용

26) 신후담의 역상설에 대해서는 최영진·이선경의 「河濱 愼後聃의 『周易』 해석 일고찰 -乾卦를 중심으로-」(『한국학』 37-2, 2014)와 황병기의 「성호학파의 주역 상수학설 연구 -李瀷, 愼後聃, 丁若鏞의 易象說을 중심으로-」(『다산학』 26, 다산학술문화재단, 2015.06)를 참조.

하여 괘효사를 풀이하는 방식은 정약용의 해석방법과 너무나도 근사하다. 정약용이 신후담의 역학을 습득한 것인지는 알 수 없지만, 이익이 활용한 해석방법이 두 사람에게서 실질적으로 표현되었고, 신기할 정도로 유사했다는 것은 놀라운 일이다. 신후담이 성호 문하에 입문하게 된 직접적인 계기는 불명확하지만 이미 일정 정도 자신 나름의 역학체계를 정립한 후에 이익과 교유했던 것으로 추측된다.[27] 신후담이 『주역상사신편』을 저술하게 된 것은 이익의 지도를 받고 난 뒤의 일이었다. 그러나 그는 일생 대부분 파주 교하지역을 벗어나지 않았던 은둔형 학자였다. 이익과는 입문한 이후 편지 왕래로 교유를 이어갔다. 정약용은 스스로 사숙(私淑)한 스승인 이익의 글을 통해 신후담의 학설을 접했을 가능성이 있다. 신후담과 정약용의 역상학적 유사성을 우연으로만 치부할 수 없다.[28] 두 사람의 차이라고 한다면, 신후담은 물상과 효변을 384효 전체에 활용한 반면 추이(推移)는 활용하지 않았고 정약용은 역리사법 곧 추이, 물상, 효변, 호체를 철저히 준수했다는 점이다.

조선역학사는 기본적으로 정이와 주희 역설의 동이에 대한 통합적 시도가 주류를 이루지만, 주희설을 지지하거나 정이설을 지지하는 등 해석 관점에 따라 차이를 보인다. 엄연석과 이영호가 모두 통합적 이해라는 일반적 노선을 취하면서도 차이가 있는 것은, 엄연석이 안정복 역학의 경향을 상수역으로 표현한 반면 이영호는 점서역으로 표현한다는 점이다. 이것은 두 연구자 간에 미묘한 차이를 보여주는데,

27) 원재린, 『조선후기 성호학파의 형성과 학풍』(연세대 박사학위논문, 2001), 24-27쪽 참조.

28) 황병기, 「성호학파의 주역 상수학설 연구 -李瀷, 愼後聃, 丁若鏞의 易象說을 중심으로-」(『다산학』 26, 다산학술문화재단, 2015.06), 133쪽.

안정복의 글들이 방법론까지 언급하지는 않기 때문에 엄밀하게 상수적이냐 점서적이냐를 판단하기는 부족한 면이 있다. 다만 정전과 본의를 큰 틀에서 구별할 경우, 점서적이라는 표현이 더 타당해 보인다. 왜냐하면 안정복의 문장에서 『주역』은 점서라는 면은 충분하게 언급되었지만, 상수적 방법론에 대한 언급은 거의 없기 때문이다.

김석문은 「역학이십사도해」, 총해에서 "물은 바깥에 있고, 물 안쪽에 돌이 있고, 돌 안쪽에 흙이 있고, 흙 안쪽에 불이 있으니, 이것들은 질(質)에 속한다. 또 지구 밖으로 다섯 가지가 있는데, 물 바깥쪽에 바람이 있고, 바람 바깥쪽에 추위가 있고, 추위 바깥쪽에 더위가 있고, 더위 바깥쪽에 밤이 있고, 밤 바깥쪽에 낮이 있으니, 이것들은 기(氣)에 속한다"[29]고 하였는데, 이것은 종래의 성리학적 기와 질 개념과는 완전 차별화된다. 그가 말한 기와 질은 현대 지구과학의 권역을 의미한다. 지구의 중앙에서 표면까지의 권역을, 중앙에 불이 있고, 그 바깥을 흙이 둘러싸고 있으며, 그 바깥을 또 돌이 둘러싸고 있고, 그 바깥을 물이 둘러싸고 있다고 파악한 것이며, 또한 지구의 바깥 권역을 바람과 추위, 더위, 밤, 낮이 감싸고 있다고 본 것이다. 이것은 지구와 지구 대기권의 구조를 나타내는 말로, 결코 추상화된 개념으로서의 기(氣)나 질(質)이 아니니, 당시 동서양의 융합과정에서 빚어진 한국 역학의 특이점을 보여주는 것이다. 단순한 상징어뿐만 아니라 철학적 개념어에 대한 이와 같은 미시적 접근은 한국역학의 다양성과 풍요를 드러낼 수 있는 적절한 태도가 될 것이다.

조선후기의 상수역학 연구를 통해 조선 특유의 미시역학사를 구성할 수 있다. 예를 들면, 도서학적 경향 속에 나타나는 상수의 이질

29) 金錫文, 『易學二十四圖解』, 總解, 6b. "水居乎外, 水內石居, 石內土居, 土內火居, 是則屬乎質也. 又有五外, 水外有風, 風外有寒, 寒外有暑, 暑外有夜, 夜外有晝, 是則屬乎氣也."

적 내용과 의미, 이황의 『역학계몽전의(易學啟蒙傳疑)』에 나타난 조선 특유의 도서역학, 장현광의 『역학도설(易學圖說)』, 김석문의 『역학이십사도해(易學二十四圖解)』 등의 도서학 경향과 한국적 특질, 조호익의 『역상설(易象說)』에 나타난 문화다원주의적 특이 관점, 한국역학의 도서학과 중국역학의 도서학 비교, 한국 도서역학의 문화다원주의와 상징인문학 등이 도출될 수 있다.

4) 신학 또는 무속 경향의 미시역학

16~17세기 서학의 전래 이후 새로운 천문학적 관점이 반영되거나 새로운 종교관이 반영되거나 새로운 박물학적 관점이 반영되는 경향이 나타났다. 이익이 서양의 천문학과 종교 및 과학 등을 박물학적으로 다룬 것에서 시작하여, 김석문이 서양 천문학의 영향으로 음양오행의 개념을 물리학적으로 사용한다든지, 정약용이 서양 종교의 모티브를 가지고 고래의 상제관을 복원한다든지 하는 경향 등이 그것이다.

특히 한국역학사에서 발생적 특이성으로 간주할 만한 신학적 해석 관점이 등장한다. 정약용은 종교적 해석 관점으로 「주역」을 관통했는데, 그는 자연계와 인간계를 천상계와 구분되는 것으로 보고, 신 대 자연과 인간이라는 신학적 프레임을 사용했다. 이러한 관점은 팔괘의 상징을 이질적으로 활용하는 데에서 확인된다. 그의 해석 관점은 윤정기에게 계승되었는데, 두 사람의 종교학적 역학 관점은 조선역학사의 매우 흥미로운 부분으로, 수용사의 관점뿐만 아니라 문화다원주의적 관점 및 상징인문학의 관점에서도 독특한 위상을 지닌다.

정약용의 역학 패러다임으로 보면, 역사(易辭)보다 역상(易象)이 더 근원적이고 본질적인 것이기 때문에 '사사완상(舍詞玩象, 역사를 버리고 역상을 음미한다)'의 설법으로 보면 역사(易辭)에 드러나지 않은 신명(神明)이 역상에 보존되어 있기 마련이다. 정약용은 역상을 음미하면 64괘 386효의 대의를 모두 파악할 수 있다고 주장했다.30)

정약용은 역경문 해석에서 '제천(祭天)'을 언급한 곳들이 있다. 수(需)괘에서는 '제천지괘(祭天之卦)'라고 초9 효사의 주석에서 언급하였고, 소축(小畜)괘 괘사에서도 '제건천(祭乾天)'을 언급했으며, 동인(同人)괘 상9 효사 주석에서는 '제천지상(祭天之象)'이 있다고 했다. 또 수(隨)괘 상6 효사 주석에서도 '제천(祭天)'의 상으로 해석하였고, 익(益)괘 육2 효사 주석에서도 '제건천(祭乾天)'을 언급하며 제천 의식을 다루었다. 이외에도 제사행위를 직접 언급하지 않았다 하더라도 경배의 대상이 되는 종교적 신앙대상으로서 '제(帝)', '상제(上帝)', '천(天)', '건(乾)' 등을 역사(易詞)31)의 해석에 많이 사용하고 있다. 이렇게 제천의식을 언급하는 괘나 효의 상에는 공통된 특징이 있다.

하나의 예를 들어보자. 수(需)괘(☵☰) 초9 효사 "需于郊. 利用恒, 無咎(교외에서 하늘에 제사드리며 대기하는 것이다. 항상됨을 쓰는 것이 이로우니 허물이 없다)"에 대한 정약용의 주석을 통해 그 공통점을 살펴보자.

> "건(乾) 하늘의 아래〈아래가 본디 건(乾)〉 손(巽)으로서 정결히 재계하고〈아래가 이제 손(巽)〉 저 곤(坤) 소를 죽이니〈1→5〉, 하늘에 제사드리는 괘인데, 하늘에 제사드리는 것을 교(郊)라 하므로〈동인괘에 보임〉, '교외에서 하늘에 제사드리며 대기한다'고 한다. '기다리는(需)' 것은 무엇인가? 손(巽)이

---

30) 『定本 與猶堂全書 17』, 「易學緖言」 4책 권11 편19, '周易答客難' 297쪽, "若夫筮而遇之, 舍其詞而玩其象, 則二篇六十四卦三百八十六爻, 皆大義也."

31) 역사(易詞): 괘사와 효사를 통칭하여 정약용이 사용하는 용어인데, 앞에서 사용한 '역사(易辭)'와 같은 말이다.

하늘 명령을 상징하니〈구가역〉 교외에서 대기하는(待) 것은 바로 하늘 명령이다."[32]

수(需)괘 초9 효사에서 제천의식을 추론해 볼 수 있는 문자는 기껏해야 '교(郊)' 한 글자이다. 고대 중국에서 궁궐 밖 교외에서 하늘에 제사지냈다고 하니 '교(郊)'자에서 제사를 겨우 연상할 수 있다. 그러나 이 글자는 단순한 의미의 '교외'를 의미하기도 한다. 그런데 어떻게 '제천지괘(祭天之卦)'를 언급했을까? '천(天)', '제(帝)', '상제(上帝)' 등과 같은 신앙대상이 전혀 효사에 등장하지 않는데 제천의식을 연상한 것은 괘상과 효상에서 제천(祭天)과 관련된 물상을 추출할 수 있었기 때문이다.

정약용은 일반적으로 괘상에 건(乾, ☰)과 손(巽, ☴)이 나타나면 하느님의 명령을 언급한다. 팔괘의 부호는 8개의 범주로 우주 삼라만상을 포괄한 것이므로 이 가운데 어떤 물상을 선택하는가 하는 것은 해석자의 관점이 결정한다. 예를 들어 손(巽, ☴)의 물상은 바람, 장녀, 겸손, 은둔, 나무, 주인, 명령 등이 있으나, 정약용은 이 손(巽)이 건(乾)과 만나면 거의 예외 없이 명령의 의미로 해석한다. 곧 건(乾)이라는 부호는 대표적 상징어로 천(天)을 연상하고, 손(巽)의 대표적 상징어로는 명(命)을 끌어오는 것이다. 이것들은 「설괘전」에 이미 적시되어 있는 물상이다.

그런데 아무리 수(需)괘(䷄)의 괘상을 쪼개보아도 건(乾, ☰)만 있고 손(巽, ☴)은 보이지 않는다. 위아래의 정체(正體)로 보면 감(坎, ☵)과

---

32) 『定本 與猶堂全書 15』, 「周易四箋」 卷2, 需卦 初九 茶山箋. 152쪽. "乾天之下〈下本乾〉, 巽以潔濟〈下今巽〉, 殺彼坤牛〈一之五〉, 祭天之卦也. 祭天曰郊〈見同人〉, '需于郊'也. 需者, 何也? 巽爲天命〈九家易〉, 待于郊者, 天命也."

건(乾, ☰)이 있고, 호체로 보면 리(离, ☲)[33]와 태(兌, ☱)가 있다. 정약용이 호체의 변형태로 사용하는 겸체(兼體), 대체(大體), 협체(夾體) 등을 활용해도 손(巽)은 추출할 수 없다. 그런데 어떻게 '천명(天命)'을 추출하고 '제천(祭天)'을 언급할 수 있었을까.[34]

정약용의 이러한 종교학적 역학 관점은 그의 외손자인 방산(舫山) 윤정기(尹廷琦, 1814~1879)에게 그대로 전수된다. 최근 그의 『역의증석(易義證釋)』이 다산기념관에 기탁되었는데, 정약용의 역상학적 체계와 종교학적 관점이 그대로 드러났다.

『역의증석』[35]은 정약용의 『주역사전』의 해석방법들과 관점을 그대로 사용하였다. 무엇보다도 역해석에 있어 정약용이 확정한 주역의 4대원리 즉 역리사법을 그대로 활용한다. 다만, 정약용의 것과 비교해 볼 때 동일한 역리사법을 적용하여 효사를 풀고 있지만 동일한 내용이 한 곳도 없다. 윤정기는 정약용의 문장을 교묘하게 피해가며 새로운 문장들을 만들어내고 있다. 정약용은 '잠(潛)', '용(龍)' 등의 물상을 지괘(之卦)와 효변 등의 이론을 가지고 설명하는 데 초점을 맞추고 있다면, 윤정기는 정약용의 주석을 전제로 한 상태에서 정약용이 미처 다 설명하지 못했다고도 볼 수 있는 부분들을 보충해주고 있다. 그러한 의미에서 정약용의 사후 그의 역학을 계승 발휘한 인물은 외손자

---

33) 리(离): 팔괘 상의 리(離)괘를 가리키는 것으로, 정약용은 『주역사전』에서 64괘의 리(離)괘는 '리(離)'자로 쓰고, 팔괘의 리(離)괘는 약자인 '리(离)'자를 썼다.

34) 본고에서는 정약용이 종교적 해석을 위해 벽괘(辟卦)와 연괘(衍卦) 그리고 지괘(之卦)를 활용하여 상을 추출하는 것을 언급하였는데, 이외에 호체(互體)를 활용하여 종교적 해석을 하는 용례는 졸고, 「『주역』의 종교성이 갖는 현대적 의미 -다산역학의 종교학적 해석을 중심으로-」(『동양철학연구』 112, 동양철학연구회, 2022.11)를 참조.

35) 尹廷琦, 『易義證釋』, 다산기념관 소장(기탁본).

인 윤정기가 유일하다 할 것이다.

윤정기는 십익에 대해서도 기본적으로 정약용의 관점을 공유하면서 자신만의 특징을 지니고 있다. 정약용은 「문언(文言)」을 십익에서 제외하고, 경문의 해당 효사 아래에 귀속시켰으며, 「계사전」에서 시괘(蓍卦) 관련 내용을 「시괘전(蓍卦傳)」으로 별도 편성하였는데, 윤정기는 「계사전별편(繫辭傳別編)」이라는 제목으로 새롭게 한 편을 만들고 그것을 「역대전(易大傳)」이라 칭했다. 「계사전별편」은 공자의 「계사전」 중에서 괘효의 상(象)을 별도로 말한 것들을 모은 것이다. 윤정기는 「문언」이 본래 「계사전」에 속한 문장이라고 보고, 이 별편에 함께 묶었다. 따라서 「역대전」은 「문언」을 포함하여 「계사전」 중에서 각 효의 상을 언급한 내용을 합편한 것이다.

「설괘전(說卦傳)」 뒤에 부록으로 '부견겸호취상지법(附見兼互取象之法)'을 달았는데, 이 부록은 정약용이 먼저 「설괘전」 뒤에 붙였던 것이고, 윤정기가 정약용의 체제를 그대로 가져다가 붙인 것이지만, 약간의 문자의 출입이 있다. 예를 들어, 정약용은 제사(祭祀)의 상을 이루는 것으로 손(巽) 재(齊; 재계)와 리(离) 성(誠; 정성)의 본상에 곤(坤) 우(牛; 소)와 간(艮) 묘(廟; 묘당)의 호체가 겸해지면 제사의 상을 이룬다고 보았으나, 윤정기는 태(兌) 무(巫; 무당)와 손(巽) 재(齊; 재계)의 본상에 간(艮) 묘(廟; 묘당)와 곤(坤) 우(牛; 소)의 호체가 겸해지면 제사의 상을 이룬다고 보았다. 아마도 제례(祭禮)를 대하는 두 사람의 태도 상의 큰 차이를 보이는 것으로 추정되는데, 정약용은 신앙의 심리적 기능을 강조하는 반면 윤정기는 예관(禮官)을 매개로 하는 참여적 기능을 강조하는 것으로 보인다.

역학의 양대파는 의리파와 상수파인데, 상수파는 또 상학파와 수학파로 대별할 수 있다. 윤정기가 십익에서 괘상을 일일이 그려 넣는

다거나 종래 대부분의 역학자들이 관심갖지 않았던 「서괘전」과 「잡괘전」 등에서 괘상을 그려 넣은 것은 정약용의 역상학을 좀더 보완코자 한 것으로 보이며, 또한 정약용을 뛰어넘어 새로운 역상학을 전개하고 있는 것으로 생각된다. 이를 통해 해석방법론은 같지만 해석내용은 달라서, 역상의 다양한 해석의 콘텐츠를 확보할 수 있다. 특히 「설괘전」의 '부견겸호취상지법(附見兼互取象之法)'에서 윤정기가 정약용과 달리 역상을 활용한 것은 역상학의 다양한 확장을 예고하는 좋은 본보기가 될 수 있을 것이다. 정약용이 제사(祭祀)의 상을 얻어내기 위해 손(巽) 재(齊; 재계)와 리(离) 성(誠; 정성)의 본상에 곤(坤) 우(牛; 소)와 간(艮) 묘(廟; 묘당)의 호체를 필요로 한 반면, 윤정기는 태(兌) 무(巫; 무당)와 손(巽) 재(齊; 재계)의 본상에 간(艮) 묘(廟; 묘당)와 곤(坤) 우(牛; 소)의 호체로 제사의 상을 얻었다.

성호학단의 신후담, 안정복, 그리고 성호를 사숙한 정약용, 정약용을 사사한 윤정기의 역상학은 조선 후기 역학의 특징적 경향이라 하지 않을 수 없고, 정약용과 윤정기의 종교학적 역학 관점은 조선 역학사의 매우 흥미로운 부분이라 할 것이다. 추정컨대 역상학은 성호학단에서 발단한 박물학적 계몽주의가 한대의 상수학 방법론과 결합하여 그 기원을 이루고, 신후담과 정약용에게서 그 결실을 튼실하게 맺은 것이며, 종교학적 역학 관점은 서교(西教)에 반응하면서 남인 당색의 지식인들에게 비교적 널리 일반화되었던 것이고, 정약용과 윤정기에게서 보유론(補儒論)적 관점으로 체계화된 것이라고 정리할 수 있다. 16세기 말 마테오 리치의 보유론적 저서인 『천주실의』에서 직접적으로 영향을 받아 정약용의 보유론적 종교 역학 관점이 수립된 것이지만, 역해석에 있어 천주교의 신앙대상과는 다른 원시유교의 신앙대상을 언급한다는 점과, 아울러 이러한 종교학적 역학 관점이 조선에서 자체적으로 형성되었다는 것이 조선 역학사의 특징적 문화 현상이라고 할 수 있다.

정약용의 종교학적 역학 관점을 계승한 윤정기는 정약용이 확정한 주역의 4대 원리 즉 역리사법을 그대로 활용하였지만, 그 내용에 있어서는 동일한 것이 하나도 없다. 윤정기는 정약용의 문장을 정교하게 피해가며 새로운 문장들을 만들어냈다. 「설괘전(說卦傳)」 뒤에 부록으로 '부견겸호취상지법(附見兼互取象之法)'을 달았는데, 이 부록은 정약용이 먼저 「설괘전」 뒤에 붙였던 것이고, 윤정기가 정약용의 체제를 그대로 가져다가 붙인 것이지만, 약간의 문자의 출입이 있다. 예를 들어, 정약용은 제사(祭祀)의 상을 이루는 것으로 손(巽) 재(齊; 재계)와 리(离) 성(誠; 정성)의 본상에 곤(坤) 우(牛; 소)와 간(艮) 묘(廟; 묘당)의 호체가 겸해지면 제사의 상을 이룬다고 보았으나, 윤정기는 태(兌) 무(巫; 무당)와 손(巽) 재(齊; 재계)의 본상에 간(艮) 묘(廟; 묘당)와 곤(坤) 우(牛; 소)의 호체가 겸해지면 제사의 상을 이룬다고 보았다. 아마도 제례(祭禮)를 대하는 두 사람의 태도 상의 큰 차이를 보이는 것으로 추정되는데, 정약용은 신앙의 심리적 기능을 강조하는 반면 윤정기는 예관(禮官)을 매개로 하는 참여적 기능을 강조하는 것으로 보인다. 이와 같이 한국역학을 미시적으로 접근할 때 본 연구과제가 지향하는 미시적 한국역학사의 서술이 가능하다.

현재까지 전근대시기에 중국역학사에 이와 같은 신학적 해석이 등장했었는지는 확인되지 않는다. 중국에서 그런 경향이 등장했다고 하더라도 등장의 원인과 기원이 다르기 때문에 조선의 미시역학의 탐구대상이 된다.

이러한 연구를 통해 다음과 같은 내용을 구성할 수 있다. 고대 점서와 『주역』 텍스트의 원천적 종교성의 문제, 한국역학사 속의 신학적 프레임과 종교적 해석 흐름, 정약용의 신학적 해석 경향, 윤정기의 신학 또는 무속적 해석 경향, 정약용과 윤정기의 신학 또는 무속적 역학 계승과 의미, 정약용과 윤정기 역학의 문화다원주의와 상징인문학, 조선 후기 역학의 종교학적 해석 관점에 나타난 문명사로서의 미시적 한국역학사 등을 담아낼 수 있다.

5) 개역(改易)으로서의 미시역학

이외에 제3의 역학이라 할 만한 김항(金恒, 1826~1898)의 『정역(正易)』에 대한 연구도 한국미시역학의 대상이 될 수 있다. 더 나아가 정역의 맥락 속에 있는 학적 흐름도 연구의 대상이 된다. 역학(易學)의 거대 범주 안에서 『주역』이 갖는 시공간적 제한성과는 달리 원시 역학과 근대 『정역』 등이 전개하는 상징적 보편성과 수리적 창안은 한국의 미시역학사에서 중요하게 다루어야 할 영역이다.36)

『정역』은 한국역학사 서술에서 애매하고 곤란한 사례에 속한다. 경학 중심의 주석사나 학파 중심의 계보사를 중시하는 기존 역학사의 관점과 틀로는 『정역』의 후천(後天) 서사(敍事)를 포용하기 어렵다. 반면 한국에서의 신 종교의 탄생과 결부된 종교사의 영역에서만 다루기에는 『정역』이 실제로 전통역학의 텍스트인 「설괘전」에 근거하여 역학적 개념과 상징체계, 방위, 수리 등을 논증하고 있는 역학철학사의 영역이 너무나 크다. 따라서 『정역』은 역학사와 철학사, 종교사의 경계에 놓인 주변자적 텍스트이다. 그러나 한국역학사의 서술이라는 차원에서 볼 때 정통과 이단과 같은 구별의식 하에서 양단의 선택을 강요

---

36) 아래 『정역』에 대한 내용은 최근 논문지도한 유병헌, 「『周易』의 易道 表象體系 硏究 -「說卦」를 中心으로-」, 원광대학교 박사학위논문, 2025, 139-152쪽을 참조하였다.

받는 경계선 상의 존재로서가 아니라 양자가 교차하는 지점이라는 관점에서 바라볼 수 있어야 한다.

특히 『정역』이 보여주는 것은 "새로운 설"의 발생 조건이다. 어떤 시대에는 '주석의 축적'이 학문 발전의 중심이 되지만, 어떤 시대에는 기존 축적을 재배열하는 '구조 전환'이 핵심이 된다. 『정역』은 후자의 사례로 읽을 수 있으며, 이는 한국역학사를 기술할 때 새로운 관점과 새로운 학설, 새로운 도식의 탄생을 억압하지 않는 서술 원칙과도 부합한다.

『정역』을 둘러싼 가장 큰 해석 쟁점은 텍스트의 성격 규정이다. 이를 단순화하면 '경학적 주석서'와 '종교적 계시서' 사이의 선택처럼 보이지만, 실제로는 그 중간 지대에 있다. 『정역』은 경전으로서의 역학 언어인 괘, 효, 상, 수의 수리체계를 그대로 사용하면서 그 역학 언어의 개념을 '시간'의 문제로 굴절시켰다. 이 점에서 『정역』은 역학 언어로 구성된 시간론이며, 동시에 역학 체계로 조직된 사회적 상상력이다.

『정역』을 평가할 때 필요한 것은 역학에 있어 정통과 이단의 구별 의식이 아니라, 양자가 교차하는 지점에서 어떤 방식으로 기존 역학 전통의 자원을 재배열했는지에 대한 분석이다. 예컨대 『정역』은 전통 『주역』 해석의 핵심 범주를 유지하면서, 그것들의 위계를 바꾸고, 여기에 새로운 시대 구획을 부여함으로써 독자적 역학 체계를 구성했다. 이런 점에서 『정역』의 독자성은 새로운 개념의 창안이라기보다 기존 개념의 재배치에 가깝다. 하지만 바로 이 재배치가 역학사에서 변곡점을 만들었다.

김항은 조선 후기 격변의 체감 속에서 기존 질서의 한계를 목도했고, 그 해결의 언어를 『주역』에서 찾았다. 『정역』이 구상하는 후천은 단순한 내면 수양의 갱신이 아니라, 천도(天道)와 인도(人道) 및 치도(治道)의 동시적 전환을 전제한다. 여기서 중요한 점은 시간의 변화를 우연한 사건이 아니라 "역(易)의 필연적 전개"로 설명한다는 사실이다. 후천은 종교적 표어인 동시에 역학의 논리로 정당화된 시간 구조이다. 이때 『정역』의 독특성은 '정(正)'이라는 표지에서 드러난다. '정(正)'은 단순히 바르게 한다는 윤리어가 아니라, 왜곡과 혼란을 바로잡는 표준을 뜻한다. '정역(正易)'이라는 이름은 '바른 역'이라는 평범한 의미이지만, 이 푯말을 내거는 순간 기존의 역학을 '바르지 않은 역'으로 몰아세우는 경쟁 관계가 형성된다. 이 때문에 '바르지 않음'과 '바름'의 경계선이 만들어지지만, 『정역』은 기존 역학을 부정하는 것이 아니라 그것의 방위와 상징을 재배치함으로써 '새로운 바름'의 영역을 세운다.

『정역』의 후천론은 단순한 미래 예언이 아니라, 역학의 범주들을 엮어 새로운 하나의 서사를 만드는 방식으로 전개된다. 크게 세 가지 층위가 확인된다.

첫째, 우주론적 전환의 서술이다. 『정역』은 음양의 배치, 기운의 운행, 시공의 질서가 특정한 국면 전환을 맞는다고 말한다. 여기서 변화는 점진적 누적이라기보다 전환점을 가진다. 이 전환점은 역(易)의 언어로는 '때(時)'의 변환이며, 인간의 언어로는 역사적 격변이다. 『정역』은 바로 이 '때'를 『주역』의 문자에서 포착해 자신의 텍스트로 전환시켰다.

둘째, 의리와 상수의 재배치이다. 한국역학사에서 의리와 상수는 흔히 대립하기도 하지만 긴장 속에서 공존해 왔다. 『정역』은 이 둘을 단순히 절충하는 것이 아니라, 후천 서사를 위해 각각의 기능을 분담시키는 경향을 보인다. 의리는 후천의 윤리적 정당성을 제공하고, 상수는 후천이 필연적으로 도래한다는 우주론적 근거를 제공한다. 결과적으로 『정역』은 의리와 상수의 대립을 '후천 서사'라는 상위 구조 안으로 종속시키며, 그 안에서 두 범주를 동원한다.

셋째, 사회, 윤리, 정치의 새로운 함의이다. 후천이 단지 자연 질서의 변화라면 인간 사회는 부차적이겠지만, 『정역』은 인간의 삶과 제도의 전환을 동시에 함축한다. 이는 우주 질서에 대한 수리적 설명을 초월하여 공동체의 규범, 새로운 리더십, 새로운 정치 질서에 대한 상상력으로 연결된다. 중요한 점은 이러한 함의가 『정역』에서 역학의 귀결처로 제시된다는 사실이다. 즉 인간사회의 개변(改變)이 역학적 논증의 결말로 배치된다는 것이다.

김항은 「설괘전」 제6장을 근거로 제3의 팔괘도라고 할 수 있는 정역팔괘도(正易八卦圖)를 그렸다.[37] 「설괘전」 제6장은 다음과 같다.

> 신(神)이라는 것은 만물을 오묘하게 한다는 의미로 말한 것이다. 만물을 움직이는 것은 우레보다 빠른 것이 없다. 만물을 흔드는 것은 바람보다 빠른 것이 없다. 만물을 말리는 것은 불보다 더한 것이 없다. 만물을 기쁘게 하는 것은 연못보다 더한 것이 없다. 만물을 윤택하게 하는 것은 물보다 더한 것이 없다. 만물을 마치고 만물을 시작하는 것은 간괘(艮卦)보다 성대한 것이 없다. 그러므로 물과 불이 서로 미치며, 우레와 바람이 서로 어그러지지 않으며, 산과 연못의 기운이 통한 뒤에야 변화할 수 있기에 드디어 만물을 이루는 것이다.[38]

37) 류남상 · 임병학, 『一夫傳記와 正易哲學』, 도서출판 연경원, 2013, 102쪽.

38) 『주역』, 「설괘전」, 제6장, "神也者, 妙萬物而爲言者也. 動萬物者, 莫疾乎雷. 橈萬物者, 莫疾乎風. 燥萬物者, 莫熯乎火. 說萬物者, 莫說乎澤. 潤萬物者, 莫潤乎水. 終萬物始萬物者, 莫盛乎艮. 故水火相逮, 雷風不相悖, 山澤通氣, 然後能變化, 旣成萬物也."

「설괘」 제6장은 '신(神)은 만물을 오묘하게 한다는 의미로 말한 것이다'로 시작하여, 뇌(雷) · 풍(風) · 화(火) · 택(澤) · 수(水)의 순서로 각 괘의 작용성을 설명하다가, 마지막에는 간(艮)이라는 괘명으로 마친다. 또한 수 · 화, 뇌 · 풍, 산 · 택이 서로 대대적 관계에서 작용하는 변화로 말미암아 만물이 교감하며 이루어지는 과정을 설명한다. 이 문장의 특이한 점은 천지의 역학적 표현인 건(乾) · 곤(坤)으로 팔괘가 진열하는 것이 아니라, '만물을 오묘하게 만드는 신(神)'이 작용한다는 점이다.[39]

신이 만물을 오묘하게 한다는 의미로 말해진 것이라는 말은 신을 주재적 존재로 본 것일 수도 있고, 원리적 존재로 본 것일 수도 있다. 만물의 오묘한 현상 자체를 지시한 말일 수도 있고, 만물을 오묘하게 만드는 주체를 지시한 것일 수도 있다. 이 주체는 신적 존재일 수도 있고, 원리적 존재일 수도 있다.

다만, 「설괘」 제6장에는 신(神)과 만물이 등장하고, 또 신과 만물 사이에 여섯 가지의 상징 또는 괘가 매개되어 있다는 점에 유의할 필요가 있다. 거칠게 표현한다면 신에서 만물의 단계로 나아가는 데 있어 그것의 변화발전을 촉진하는 여섯 개의 상징 또는 괘가 개입한다는 것이다. 즉 만물을 움직이는 것은 우레보다 빠른 것이 없고, 만물을 흔드는 것은 바람보다 빠른 것이 없고, 만물을 말리는 것은 불보다 더한 것이 없다 운운한 것은 자연세계에서 현상적으로 일어나는 작용성을 설명한 것으로, 현실 속 천지자연의 조화를 말하고 있는 것이다. 이는 「설괘」 제6장을 토대로 만들어진 정역팔괘도가 인도(人道)를 표상하는 근거와 배경이기도 하다.

---

39) 유병헌, 「『周易』의 易道 表象體系 硏究 -「說卦」를 中心으로-」, 원광대학교 박사학위논문, 2025, 139-152쪽 참조.

이 문장에 건(乾)·곤(坤)은 등장하지 않지만, 아마도 신(神) 속에 함의되어 있거나, 아니면 신과 만물을 건곤으로 대신한 것일 수도 있다. 수·화, 뇌·풍, 산·택은 감(坎 ☵)·리(離 ☲), 진(震 ☳)·손(巽 ☴), 간(艮 ☶)·태(兌 ☱)와 같은 말이고, 고대 언어에서 흔히 상징과 괘명을 혼용하는 사례에 불과하다.

「설괘」 제6장은 신(神, 乾坤)·우레(震)·바람(巽)·불(離)·못(兌)·물(坎)·산(山)의 순서로 팔괘의 취상과 기능 및 속성을 먼저 논하고, 이어서 대대 관계인 물·불, 우레·바람, 산·못의 작용성을 설명하고 있다. 「설괘」 제3장에서는 물·불을 마지막에 언급하였으나, 「설괘」 제6장은 물·불이 서로 교감을 이루는 작용을 신(神)에 이어서 언급한 것에 주목할 필요가 있다.

물·불은 천지라는 우주적 프레임 안에서 천지의 탄생 이후 가장 중요한 요소인데, 「설괘」 제3장의 복희팔괘의 단계에서는 만물이 시생(始生)하는 단계로서 물·불이 서로 싫어하지 않으면서 대치하는 상황을 보인다.[40] 「설괘」 제5장의 문왕팔괘의 단계에서는 후천세계의 핵심으로서 불은 태양이 되어 만물을 소통시키는 활동을 하고, 물은 노동하며 만물을 어딘가에 귀속시키는 역할을 한다.[41] 복희 선천의 단계에서 물과 불은 상징성으로만 존재했지만, 문왕 후천의 단계에 오면 세상의 중심적 위치에서 소통과 노동의 기능을 하는 것으로 변모한다. 「설괘」 제6장의 정역팔괘의 단계에 오면 상징성과 기능성을 넘어 질적 전환을 통해 "묘만물(妙萬物)"하는 신적 개변(改變) 작용을 한다. 이 단계에서 물과 불은 서로 영향을 미치면서 교감하며 만물의

---

40) 『주역』, 「설괘전」, 제3장, "天地定位, 山澤通氣, 雷風相薄, 水火不相射, 八卦相錯."

41) 『주역』, 「설괘전」, 제5장, "離也者, 明也. 萬物皆相見, 南方之卦也. … 水也, 正北方之卦也, 勞卦也, 萬物之所歸也, 故曰勞乎坎."

질적 변화를 만들어 만물 곧 세상을 이상적 상태로 변화시킨다.

대체로 이상의 것들이 한국미시역학의 연구 대상으로 언급할 수 있는 것들이라고 판단된다. 미시역학의 연구 대상은 사실 무한히 개방되어 있다. 이것들은 정통 역학과의 계승 또는 반발 등과 같은 작용과 반작용의 결과이고, 한국이라는 특수한 공간과 시간에서 전개된 것이므로, 한국역학의 문화다원주의의 성과와 상징인문학의 종합적 성과로 연결될 것이다.

5. 맺음말

미시역학사 서술의 출발은 문명과 문화의 차이가 빚는 역사적 차별성이 한국주역경학사 내에 존재한다는 전제에서 출발한다. 문화다원주의적 관점으로 동아시아 문화의 다양성을 세밀하게 분석하면, 시대정신과 정치 문화 예술 등의 차별적 역사 환경이 또렷해질 것이며, 한국역학의 독특성이 주체적 수용의 역사임을 알 수 있을 것이다.

미시역학은 『주역』의 상징어들이 내포하는 보편성과 특수성 및 상관성을 동시에 조망하면서, 동아시아의 역사 변천과 지역 또는 민족적 차이 등에서 발생하는 상징성의 제한적 함의를 비교 연구하여, 한국의 문화와 문명이 차지하는 고유의 영역을 확보하고, 한국역학의 독특한 상징인문학적 특징을 밝히는 작업이다. 무엇보다도 역학을 미시적으로 비교 분석하는 상징인문학이라는 새로운 영역을 개척하는 동시에, 거시적 담론에서 탈피하여 미시적 담론으로서 생활근접형 인문학으로 영역을 확장하는 작업이기도 하다. 부수적으로는 21세기 한류가 세계의 문화를 선도하는 시대에 주변국의 한국문화 침탈에 대해 문화다원성이라는 정신적 방패를 확보함으로써, 동아시아인의 원천 사고를 공동 향유하는 데 일조할 것이다.

이 글은 몇 가지 미시역학사 서술의 시론을 제시한 것으로서, 한국역학사가 미시역학사로 서술되어야 한다고 주장하는 글이 아니다. 몇 가지 주제로 한국역학의 미시사를 논증함으로써, 거시사와 아울러 이 글이 티핑 포인트가 되어 수용사로서의 미시적 한국역학사 서술도 동시에 수행되어야 한다는 점을 주장하는 것이다.

미시역학사의 서술은 상징성의 보편적 의미를 전제하면서도 특수한 역사문화적 환경의 탐구를 목적으로 하는 것이다. 통시적 연구를 통해 상징성의 변천사뿐만 아니라 문명의 차별성까지 다루는 것이다. 여기에는 한족과 이민족의 구별의식, 중심부와 주변부의 구별의식, 왕조와 왕조의 구별의식, 중국과 한국이라는 국가의 구별의식 등 다양한 관점들이 개입된다. 따라서 역사, 문학, 정치학, 예술 등 다양한 방면의 문화와 문명의 종합적 연구가 이루어져야 한다.

한국의 역학사는 역사가 오래되고 풍성하지만, 연구자들 스스로 중국역학의 아류로 이해하는 데 머물러 있다. 그러나 『주역』의 한국적 수용은 한국인의 가치관이라는 필터를 통과해야만 가능한 것이다. 여말선초의 지식인들이 성리학적 『주역』을 전래한 이래로 조선의 현실이라는 필터를 거친 한국역학은 그 독특성을 유지하고 있다. 서학과 서교를 수용하는 과정에 겪는 한국역학의 변용 또한 세계사에 유례 없는 양상을 보인다. 이런 것들이 한국미시역학사 서술의 타당성을 충분히 시사하고 있다고 할 것이다. ◈

【참고문헌】

*원전류

『한국경학자료집성(韓國經學資料集成)』 易經 1~37책, 성균관대학교 대동문화연구원, 1996.

권근(權近), 『주역천견록(周易淺見錄)』(『韓國經學資料集成』 易經 1책)

선조(宣祖) 命撰, 『주역언해(周易諺解)』, 1606.

세조(世祖) 命撰, 『역학계몽요해(易學啓蒙要解)』(『韓國經學資料集成』 易經 1책)

이황(李滉), 『역학계몽전의(易學啟蒙傳疑)』(『韓國經學資料集成』 易經 2책)

정약용(丁若鏞), 『정본 여유당전서(定本 與猶堂全書)』(다산학술문화재단, 2012)

*저서류

朴籌丙, 『周易反正—丁若鏞 易學을 中心으로—』, 서울: 서문당, 2002.

방인, 『다산 정약용의 주역사전 기호학으로 읽다』, 예문서원, 2014.

엄연석, 『조선전기역철학사』, 학자원, 2013.

李乙浩, 『茶山의 易學』, 서울: 민음사, 1993.

정병석, 『점에서 철학으로』, 고양: 동과서, 2014.

정병석 · 송호영 역, 『고대 종교와 윤리 –유가사상의 근원』, 고양: 동과서, 2022.

崔英辰, 『주역과 한국역학』, 서울: 범양사, 1996.

黃昞起, 『丁若鏞의 周易哲學』, 고양: 동과서, 2014.

*논문류

구만옥, 「18세기 후반 김석문(金錫文)과 역학도해(易學圖解)의 발굴 -황윤석(黃胤錫)의 이재난고(頤齋亂藁)를 중심으로」, 『한국사상사학』 57, 한국사상사학회, 2017b.

김병애, 「하빈 신후담 주역상사신편 상경 역주」, 고려대학교 고전번역 박사학위논문, 2017.

김영우, 「정약용의 역학 사상 연구」, 서울대 박사학위논문, 2000.

김인철, 「퇴계와 지산의 『주역』 해석』, 『퇴계학과 유교문화』 36, 경북대 퇴계학연구소, 2005.

김재갑, 「權近 『周易淺見錄』의 朝鮮易學史的 位相 硏究」, 동방대학원대학교 박사학위논문, 2010.

김학권, 「權近의 『周易淺見錄』에 나타난 성리학적 의리역학의 정초」, 『동양철학』 40, 한국동양철학회, 2013.
민영규, 「17세기 李朝學人의 地動說 -金錫文의 역학24도해-」, 『동방학지』 16, 연세대 국학연구원, 1975.
방인, 「다산역학의 방법론적 고찰 -毛奇齡과 丁若鏞의 易學방법론의 비교」, 『哲學硏究』 94, 2005.
서근식, 「퇴계 이황의 『계몽전의(啓蒙傳疑)』에 대한 체계적 연구」, 『溫知論叢』 31, 2012.
송호빈, 「正祖의 易學觀과 『周易』해석」, 고려대학교 박사학위논문, 2007.
엄연석, 「퇴계의 역학사상에서 상수(象數)와 의리(義理)의 가역적 전환문제」, 『퇴계학과 유교문화』 49, 2011.
유권종, 「조선시대 역학(易學) 도상(圖象)의 역사에 관한 연구」, 『東洋哲學硏究』 52, 2007.
이기훈, 「권근 역학과 원대 오징 역학의 관련성 연구」, 『哲學硏究』 92, 2004.
이용범, 「李朝實學派의 西洋科學受容과 그 限界 -金錫文과 이익의 경우」, 『동방학지』 58, 연세대 국학연구원, 1988.
임재규, 「권근(權近)의 『주역천견록(周易淺見錄)』에 나타난 상수학적 방법론: 오징(吳澄)의 『역찬언(易纂言)』과의 관련성을 중심으로」, 「泰東古典硏究」 46, 한림대학교 태동고전연구소, 2021.
鄭炳碩, 「朝鮮易學史에서 圖象學的 象數學의 受容과 批判」, 『유교사상문화연구』 58, 2014.
조희영, 「金錫文의 『易學二十四圖解(總解)』 다시 보기 -상수역학, 특히 소강절역학의 관점에서-」, 『민족문화연구』 88, 고려대 민족문화연구원, 2020.
黃昞起, 「생물 해석관점에 나타난 주역인문학 -현륙(莧陸)과 석서(鼫鼠)의 동식물 해석 사례 중심-」, 「민족문화연구」 98, 고려대 민족문화연구소, 2022.
황병기, 「역학과 서구과학의 만남, 조선후기 사상의 내적 발전사 탐구」, 『도교문화연구』 21, 동과서, 2004.
황병기, 「원대 이후 『주역』 주석사에 나타난 중부괘 돈어(豚魚)의 의미 연구」, 『溫知論叢』 37, 2013.
황병기, 「조선 역학의 시대정신과 문화적 상대성 -정약용의 역상학을 중심으로-」, 「道教文化硏究」 57, 한국도교문화학회, 2022.
황병기, 「주역의 종교성이 갖는 현대적 의미 -다산역학의 종교학적 해석을 중심으로-」, 「東洋哲學硏究」 112, 동양철학연구회, 2022.
황병기, 「퇴계 이황의 周易學과 『周易釋義』」, 『국학연구』 25, 2014.

-에필로그-

한국역학사 저술을 위하여

1. 이 프로젝트는 왜 시작되었나

2025년 12월. 우리는 아직 온전한 『한국역학사』 한 권을 가지고 있지 못하다. 그동안 한국역학사를 집필해야 한다는 문제의식이 없었던 것은 아니다. 십수 년 전부터 진지하게 논의하고 토론도 하였지만, 개별연구가 턱없이 부족한 상황에서 만들어지는 책은 일관된 통사적 관점을 결여한 논문집이 되고 말 것이라는 우려에 번번이 무산되곤 했다. 그렇게 시간이 흐를수록 한국역학사 서술에 대한 갈망은 한국역학을 연구하는 학인들의 마음속에 점점 커져 온 것 같다.

2023년 필자가 한국주역학회 회장의 임기를 시작할 무렵 이러한 요구는 다시 표출되었고, 마침내 그 여망(輿望)을 모아 한국역학사 서술을 위한 준비를 시작할 수 있었다. 이에 "한국역학사상사를 어떻게 쓸 것인가"를 대주제로 하는 연속학술대회를 기획하여 모두 네 차례의 학술대회를 개최하였다.

1차에서는 "중국 대만 일본의 역학사상사 연구 현황 검토"를 다루었다. 동아시아 지역에서 어떻게 역학사를 연구하고 있는가를 검토하여 한국역학사를 구성하는 데 참고하기 위해서였다. 2차는 "한국역학사상사 서술의 틀을 어떻게 만들 것인가"를 주제로 하였다. 현재 우리가 보유하고 있는 유일한 역학사인 엄연석의 『조선전기역철학사』의 서술방식을 비판적으로 검토하고, 『한국경학자료집성-역경』에 수록된 자료들의 특성을 분류하고 평가하는 시도가 있었으며, 기존의 인물별 서술 외에 어떤 방식의 틀을 창출할 수 있는가에 대한 모색이 있었다. 그 과정에서 한국역학사를 '어떻게' 쓸 것인가 이전에 '왜' 써야 하는가라는 물음이 선행되어야 한다는 문제제기가 있었다. 그것은 한국역학이 21세기 현재에 갖는 의미가 무엇이냐는 질문이며, 그 의미를 잘 살려내려면 어떤 서술의 틀을 창안해야 하는가에 대한 고민이었다. 또한, 오랜 전통으로 내려온 상수(象數)와 의리(義理)라는 분류 대신 「계사전」에 언급된 사 · 변 · 상 · 점(辭變象占)을 준거로 하는 분류틀을 모색할 수 있다는 주장도 제기되었다.

3차에서는 "조선시대 이전의 역학사상사를 어떻게 접근할 것인가"를 대주제로 논의하였다. 조선시대 이전에는 『주역』 텍스트를 연구한 문헌이 거의 남아 있지 않기 때문에, 고려시대 및 삼국시대의 역학사를 서술한다는 것은 매우 어려운 일이다. 그러나 백제시대에 오경박사를 설치한 일에서도 알 수 있듯이 역(易)이 전래된 역사는 매우 오래되었고, 그 밖에도 여러 유물유적을 통해 뚜렷한 역학적 사유의 흔적을 발견할 수 있다. 이에 조선 이전의 역학사 서술의 방향과 방법에 대한 토의와 더불어 고구려 백제 신라의 역학을 유물유적을 통해 조명하는 시도가 있었으며, 『삼국사기』, 『삼국유사』 그리고 『고려사』를 통해 삼국시대와 고려시대 역학의 모습을 드러내는 노력이 있었다. 이 결과물은 앞으로 조선 이전의 한국역학사를 서술하는 데 소중한 자료가 될 것으로 기대한다.

4차에서는 "조선시대 역학사상사를 어떻게 쓸 것인가"라는 문제를 토의하였다. 조선시대의 역학사는 상당히 화려하다. 전기에는 직접적인 역학 문헌이 적지만, 후기로 가면 아직도 발굴되지 못한 자료들이 많이 있고, 발굴되었더라도 미처 연구자의 손길이 미치지 못한 문헌이 상당수이다. 이러한 정황 속에서 조선시대 역학사상사는 어떻게 쓰여야 할까? 특히 조선 말기는 현대 한국으로 이어지는 시기이기에, 이 시기 역학의 모습을 살펴보는 일은 현재 한국역학 연구가 어떤 방향으로 나아가야 하는지를 모색하는 계기가 된다.

이 학술대회에서는 조선시대 역학사 서술의 틀을 인물별 서술에서 탈피하여 세기별 아젠다를 설정하고 정치 · 사회 · 문화와 역동적 관련 속에서 주제별로 서술하자는 제언이 있었다. 그것은 삶과 밀착된 역학연구를 지향하면서 동시에 공동연구가 지니는 관점 불일치의 약점을 최소화하는 방안의 모색이기도 하였다. 조선 중후기 역학사상사와 관련해서는 학파별, 당파별 분류 역시 하나의 방법이 될 수 있다는 제언이 있었다. 또한, 그동안 조선시대 역학사는 주로 『주역전의대전』과 『역학계몽』을 중심으로 성리학적 역학의 수용과 전개 과정을 밝히는 연구들이 많았는데, 이외에 중국과는 다른 한국의 역학적 사유의 원류가 무엇이었고, 역학적 사유의 전개 과정은 어떠하였는지에 대한 고찰과 논의가 필요하며, 이러한 연구가 선행되어야 서양문화와의 조우 이후 조선에서 창시된 새로운 역학적 성과를 포괄하는 역학사상사 서술이 가능할 것이라는 성찰이 있었다. 나아가 18~20세기에 이르는 한국역학사상 연구는 서구 전통에서 전개되고 있는 생태학적 의미와 관계론적 의미를 재생시킴으로써 인류 문명의 미래 가치를 새롭게 정립하는 이론적 토대를 제공할 수 있다는 전망도 제기되었다. 『주역』은 자연의 법칙을 규제하는 인과론적 법칙, 인륜의 도덕적 지향을 강조하는 목적론적 의미, 사물들 사이의 역동적인 생극(生克)의 관계를 설명하는 상관론 이론체계를 모두 갖추고 있다. 18~20세기 한국역학사상을 재조명하는 과정에서 지평융합적 해석을 통해 역학사상사의 연구방법론을 모색하고, 동시에 현대사회의 문제들을 새로운 시각에서 바라보는 이론을 창출할 수 있다는 전망이다.

"한국역학사상사를 어떻게 쓸 것인가"를 대주제로 하는 연속학술대회는 네 차례로 매듭을 지었고, 그 결과로 이 책이 탄생하였다. 연속학술대회를 진행하는 과정에서 한국역학사상사 집필을 위한 많은 토론과 제언이 있었다. 그 가운데 1년 두 차례의 학술대회만으로는 한국역학사 서술을 위한 실질적 동력을 얻기 부족하며, 이를 위한 연구프로젝트를 진행하여 상시적으로 논의할 때 연구역량을 결집할 수 있다는 결론에 도달하였다. 이에 2024년 한국주역학회 임원들을 중심으로 한국역학사상사 집필을 최종 목적으로 하는 공동연구 프로젝트를 준비하였고, 그 결과 2025년 6월 한국연구재단으로부터 "18~20세기 문명사적 전환기의 한국역학: 관계 · 생성 · 주체에 대한 해석과 전망"을 아젠다로 하는 3개년 공동연구 프로젝트를 수주하는 쾌거를 이루었다. 현대와 근접한 시기인 18~20세기 한국역학사 연구로부터 출발하여 현대사회에 의미 있는 역학사상사 연구방법론을 모색하고, 이를 토대로 전체 한국역학사상사 집필로 확대해 나가려는 구상이다. 이제 1년차 연구가 진행되고 있으며 최종적으로 세 권 이상의 단행본이 출간될 예정이다. 정(貞)에서 원(元)으로, 겨울에서 봄으로 새로운 주기가 시작되듯, 한국주역학회는 새로운 여정을 시작하였다. 지금 우리의 노력이 훗날 21세기 한국역학 연구의 동향이라는 역사로 기록되지 않겠는가.

2. 한국역학사상사 서술은 왜 중요한가

한국역학사상사의 서술은 단지 역학이라는 특수 분야의 숙원사업에 그치지 않는다. 그것은 경(經) 중의 경(經)으로 인식되는 『주역』이 지니는 학문적 위상 때문이다. 한국은 전통적으로 인문학의 나라였고, 그 인문학의 중심에 역학이 자리잡고 있었다. 한 시대의 『주역』에 대한 해석과 전망은 당대의 가치관을 견인하는 지표로 기능하였다. 경학 정신의 구현은 그 시대가 정치, 사회, 교육, 문화의 여러 영역에서 지향하는 목표였다. 그렇기에 한국역학사의 정립은 그 시대를 깊이 있게 이해할 수 있는 초석이 된다. 한국경학자료 가운데 역학 문헌이 으뜸으로 많은 데는 그만한 이유가 있는 것이다.

학술적 차원에서뿐 아니라 문화적 차원에서도 역의 사유는 한국인의 심성에 깊이 뿌리 내리고 있다. 대표적 사례로 우리 국기인 태극기와 우리글 훈민정음이 담고 있는 역의 원리와 정신은 알게 모르게 한국인의 삶 속에 깃들어 있다고 생각한다. 그런 면에서 미처 자각하지 못했던 우리의 모습을 제대로 성찰할 수 있는 계기를 제공할 한국역학사상사의 출현은 매우 소망스럽다. 사실 역학이 한국의 학술문화에서만 근간이 되는 것은 아니다. 동아시아, 그 가운데서도 동북아시아 문명의 근간을 형성하는 것이 역학이다. 동방 문명과 서방 문명이 만나 새로운 교섭과 통섭의 길을 모색한다고 할 때, 미래세계에 기여할 수 있는 가장 가능성 있는 동방의 학술문화 유산이 역학이다.

앞서 언급하였듯 『주역』은 서구문명과 소통할 수 있는 인과론, 목적론 그리고 상관적 관계론을 보유하고 있어서 지평융합적 방법론으로 부상하기에 적합한 성격을 지니고 있기 때문이다.

한국역학사에 대한 관심은 한국의 연구자들에게만 한정된 것이 아니다. 현재 중국과 대만의 학계에서 한국의 역학과 한국역학사에 대한 관심은 지대하다. 동아시아라고는 하지만 실상 역학 자료와 문화를 풍부하게 지니고 있고 활발하게 연구하고 있는 나라는 한국과 중국이다. 최근 중국 산동성의 곡부사범대학에서는 동아시아역학센터[東亞易學中心]을 설립하고, 매년 국제학술대회를 개최하며 적극적인 활동을 펼치고 있다. 2025년 7월에는 한국의 다산학술문화재단과 협력하여 '다산 정약용 역학과 동아시아 역학'이라는 대주제를 앞세운 대규모 국제학술대회를 곡부(曲阜)에서 개최하였다. 현지에서 한국역학을 전공하는 연구자들도 배출되고 있다. 근래 한국역학으로 박사학위를 취득한 사례로는 양성난[楊勝男]의 『朝鮮王朝易學史』, 리우민[劉民]의 『修己 · 治人 · 事天 -丁若鏞易學思想研究』가 있다. 한국에 유학하여 다산역학사상 연구로 박사학위를 취득한 소장학자 장위에[張悅]은 "韓國易學史研究"를 주제로 2025년 중국정부에서 지원하는 다년간 연구프로젝트를 수주하였다. 이 연구의 성과는 몇 년 뒤 책으로 출판될 것이다. 린쭝쥔[林忠軍] 같은 대표적 학자가 한국역학을 깊이 있게 연구하고 있으며, 곡부사대의 동아시아역학센터를 이끌고 있는 리우빈[劉彬] 교수는 방대한 '역도학(易圖學)' 프로젝트를 추진 중이다. 동아시아 각국의 '역도학' 자료를 망라하다시피 수집하여 해제를 붙인 수백 권의 자료집을 출간하고 있다. 대만 학자 라이꿰이산[賴貴三]은 2024년 『한국조선왕조역학연구(韓國朝鮮王朝易學研究)』를 출간하였다.

해외에서 한국역학에 관심을 기울여 연구하는 것은 환영할 일이다. 외부자의 시선은 때로 신선하고 내부에서 미처 생각하지 못한 관점을 던져주기도 한다. 국내에서 한국역학 연구의 토대가 충실하게 닦여진 위에 진행되는 해외학자들과의 교류는 한국역학 연구를 한결 풍성하게 할 것이다. 중요한 것은 국내의 연구자들이 한국역학사 연구에 박차를 가하여, 해외에서 한국역학사를 학습하고 연구할 수 있는 관점과 이론의 틀을 제공해 주어야 한다는 것이다. 최근 학술교류가 부쩍 활발해지는 시점에서 이는 매우 시급한 과제이다.

3. 한국주역학회의 현재와 당면과제

학술연구 분야에도 시대적 과제가 있다. 1970년대 후반에서 1980년대 후반에 걸친 한국철학회의 "한국철학사" 집필 프로젝트를 생각한다. 한국철학회는 한국철학사의 체계적 집필을 목적으로 장기사업을 기획하여, 먼저 1977년부터 1979년까지 37명의 학자가 참여한 연구논문집 『한국철학연구』 상 · 중 · 하 3권을 간행하였다. 이를 기초로 1987년, 25명의 학자들이 참여한 『한국철학사』 상 · 중 · 하 3권의 출판이 이루어졌다. 당시 한국철학과 학부생이었던 필자와 동학들에게 이 소식은 설레고 가슴 뛰는 일이었다. 이런 대형 프로젝트에는 그 의의와 한계가 동시에 존재하기 마련이지만, 한국철학회의 『한국철학사』 출판은 우리 학술계에 한 획을 긋는 사건이었다. 이후 "한국철학사", "한국철학사상사"라는 이름으로 다양한 저술들이 속출하는 마중물이 되어 준 것이다.

한국역학사의 집필은 한국주역학회에 주어진 시대적 책무라 하겠다. 역(易)이란 “때에 따라 변화하여 도를 따르는 것[隨時變易以從道也]”이라 하였다. 인류, 지구, 우주가 삶의 영역으로 들어와 있는 21세기에 집필하는 한국역학사는 어떤 모양새여야 할까? 이 책 『한국역학사 연구담론』은 이를 위해 저마다의 소견을 내보인 것이다. 마치 『한국철학사』의 집필 이전에 『한국철학연구』가 출간된 일에 비겨볼 수 있겠다. 한국역학사도 다양한 형식의 집필을 생각해 볼 수 있다. 역학이라는 학문의 특성상 전문적인 역철학사의 형태, 인접학문과 소통할 수 있는 역학사상사, 역학문화사 등이 모두 가능한 접근이다. 다만 고대로부터 현대에 이르는 한국역학통사를 서술하려면 역사와 문화를 아우를 수 있는 역학사상사의 형태가 적합하다는 생각이다. 또한, 한국역학의 특징 가운데 하나는 『주역』 텍스트 연구에 그치지 않고, 사회문화적으로 응용 창작된 걸작들이 나온다는 것이다. 대표적 사례로 15세기에 건축된 경회루, 훈민정음의 창제 등을 들 수 있다. 이로부터, 단순히 텍스트 연구에 그쳐서는 한국역학의 특징을 충분히 드러낼 수 없다는 중요한 시사점을 얻을 수 있다.

한국역학사의 정립 외에 한국주역학회에 요청되는 또 하나의 과제가 있다면, 한국의 독자가 읽기에 적합한 주역개론서의 집필이다. 주역에 대한 대중적 관심은 높다. 그런데 역의 장벽은 높기만 하다. 주역을 배우고 싶어도 순순하게 역의 세계로 진입할 수 있는 길을 모르겠다는 것이 주역을 배우고 싶은 이들의 솔직한 토로이다. 현재 유명한 일본학자, 중국학자가 집필한 개론서가 주로 읽히고 있지만, 한국의 독자들에게 잘 맞는 옷이라 하기는 어렵다. 한국의 문화 풍토에 적합한 표준적 역학 입문서의 저술은 오늘날 한국역학계가 해결해야 할 또 다른 과제이다.

1990년 창립된 한국주역학회는 이제 36세가 되었다. 선배들이 닦아놓은 터전 위에 어떤 집을 지어 후배들에게 물려줄 것인가를 숙고해야 할 때이다. 한국주역학회는 구성원들이 한국의 역학을 발전시키고자 하는 사명감과 의지를 지니고 열심히 노력하고 있으며, 연구역량도 충분하다. 한국역학사를 출간하고, 인문정신의 보루로서 한국의 역학을 발전시키고자 하는 학회의 좋은 결심과 비전(vision)이 활짝 꽃피울 수 있도록 독자 여러분의 관심과 성원을 간곡히 부탁드린다.

2025. 12. 27.

한국주역학회 명예회장 이선경 삼가 씀.

찾아보기

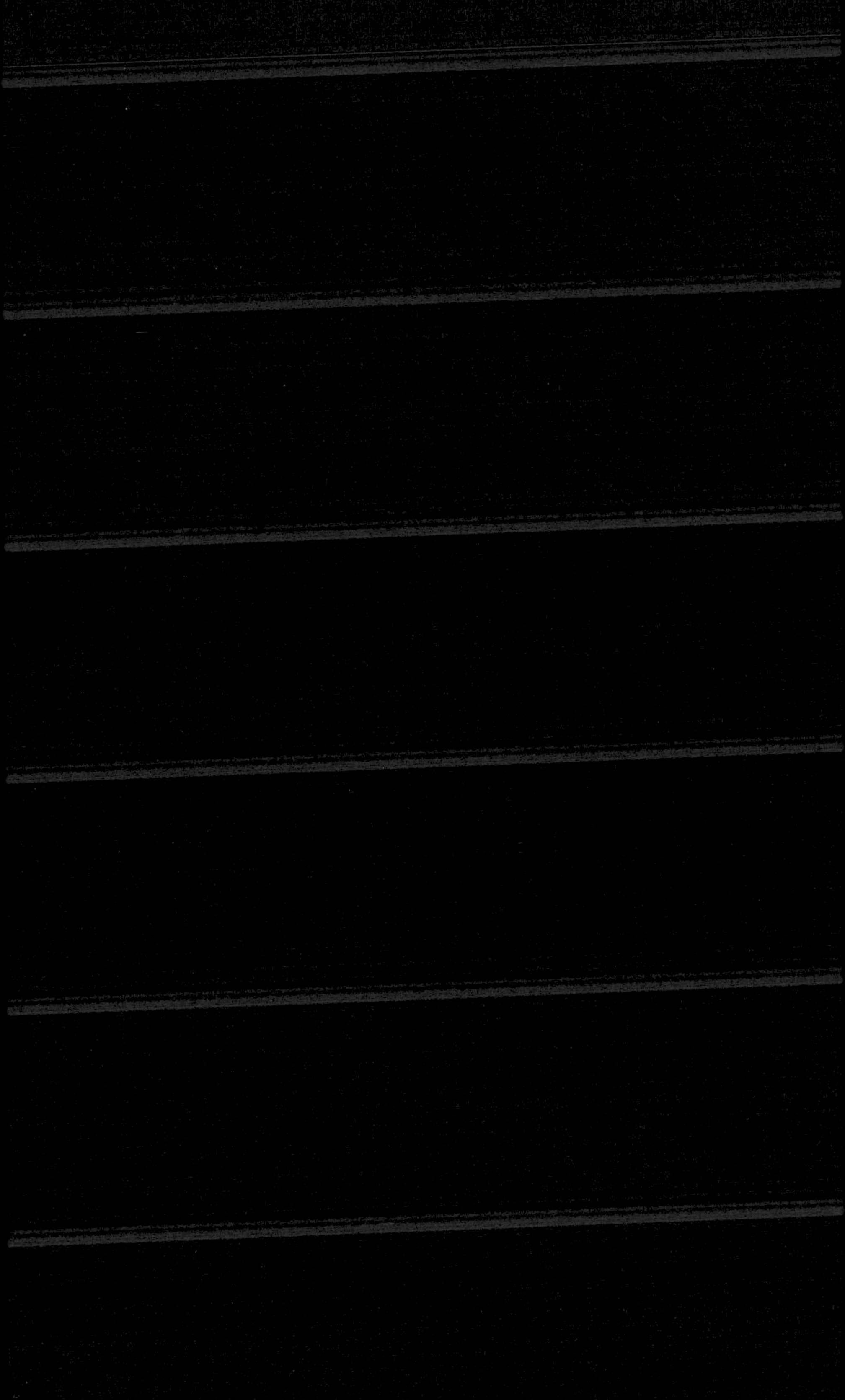